Rudolf Berliner

Rudolf Berliner (1886–1967)

»The Freedom of Medieval Art« und andere Studien zum christlichen Bild

Herausgegeben von Robert Suckale

Lukas Verlag

Abbildung auf dem Umschlag:
Würzburg, Neumünsterkirche,
Schmerzensmann am Kreuz, Anfang des 14. Jahrhunderts,
Bildarchiv Foto Marburg

Erstausgabe, 1. Auflage 2003

Lukas Verlag für Kunst- und Geistesgeschichte
Kollwitzstraße 57
D–10405 Berlin
http://www.lukasverlag.com

Satz und Umschlag: Verlag
Druck: Elbe Druckerei Wittenberg
Bindung: Stein + Lehmann, Berlin

Printed in Germany
ISBN 3–931836–71–1

Inhalt

Vorwort

Die hier wiederabgedruckten vierzehn Texte des Kunsthistorikers Rudolf Berliner (14.4.1886 – 6.8.1967) aus den Jahren 1928–67 haben trotz der Vielfalt der behandelten Gegenstände ein gemeinsames Thema: die Rolle und Eigenart des Bildes im Christentum. Den inneren Zusammenhang dieser Studien hat ihr Autor immer wieder betont.[1] Sein wissenschaftliches Bemühen kreiste um zwei Schwerpunkte, die Krippenkunst und die Bilder der Passion Christi, insbesondere die Arma Christi; deshalb wird dieser Aufsatz (Nr. IX) trotz seiner Länge und leichten Zugänglichkeit hier erneut abgedruckt. Hingegen wurden Arbeiten zu anderen Themen nicht aufgenommen, auch wenn sie noch so bedeutend sind.[2] Denn dies hätte die inhaltliche Geschlossenheit gesprengt.

Rudolf Berliner wird von den einschlägigen Spezialisten, etwa den Erforschern der barocken Elfenbeinskulptur oder der Krippenkunst, hochgeschätzt.[3] Die »Ornamentalen Vorlage-Blätter des 15.–18. Jahrhunderts« sind heute noch *das* Handbuch auf diesem Gebiet. Auch wurden und werden immer wieder einzelne seiner Studien zitiert. Doch hat dieser Gelehrte nie das Ansehen erlangt, das seinem wissenschaftlichen Rang entspräche. Sein Œuvre schien disparat zu sein und wenig zeitgeistgemäß. Vor allem sein neuer Ansatz zum Verständnis des christlichen Bildes wurde kaum wahrgenommen, obwohl er u.a. alle älteren Definitionen ›des‹ Andachtsbildes hinfällig gemacht hat. Sein persönliches Manifest für den Neubeginn 1945, »The Freedom of Medieval Art«, fand keinen Widerhall. Denn anders als die Erfolgsautoren seiner Generation wie Hans Jantzen (1881–1967) wollte er gerade *nicht* ›das‹ Mittelalter ›auf den Begriff‹ bringen.[4] Er rühmte an ihm nicht ›Einheit‹ und ›Geschlossenheit‹, sondern Vielfalt und Fülle, ja Individualität und Freiheit. Er ließ sich nie zu ideologischen Konstruktionen wie z.B. Jantzens ›Stilentelechie‹ hinreißen. Auch bot er weder ein griffiges dreistufiges Interpretationsmodell wie Erwin Panofsky (1892–1968) noch dessen ontologisierende Verallgemeinerungen wie z.B. die Begriffsreihe ›Repräsentationsbild – Andachtsbild – Historienbild‹.[5]

Vor gut einem Vierteljahrhundert war ich auf Berliners Arbeiten zum christlichen Bild aufmerksam geworden und hatte aus ihrem Studium viel gelernt.[6] Seitdem war es mein Wunsch, diese verstreuten Texte zusammenzufassen, vor allem um sie den Studierenden nahezubringen. Ich begann Material über ihn zu sammeln und fand dabei viel Unterstützung, so durch seinen Sohn Christopher Bever und durch Theodor Müller. Doch schien es mir unangemessen, mich als Herausgeber aufzuspielen. Verschiedenen Anläufen, anderen das Projekt ›schmackhaft‹ zu machen, war jedoch kein Erfolg beschieden. Mit der Zeit wurde mir klar, daß der Sammelband nur entstehen würde, wenn ich ihn selbst besorgte. Diese späte Einsicht erschwert bedauerlicherweise die Realisierung. Nun

1 Die Aufsätze Berliners sind in chronologischer Folge mit römischen Zahlen durchnumeriert und werden so zitiert; in Klammern, also: »(hier S. XX)« der Hinweis auf den Fundort eines Zitats in diesem Band. Berliners Aussagen auf die Zusammengehörigkeit der Studien finden sich in: V, S. 288 (hier S. 75) und IX, S. 116 (hier S. 191); X, S. 116f. (hier S. 192f.); XI, S. 177 (hier S. 213ff.) u.a. Das Buch über die Weihnachtskrippe (Nr. 70 der Bibliographie) wird zitiert als: WK, das über die Ornamentalen Vorlage-Blätter (Nr. 30) als: OV. Die Textzitate Berliners sind kursiv hervorgehoben. Die alte Orthographie wurde beibehalten.

2 Dies gilt etwa für die Nr. 39 zur Museumslehre, die eigentlich den Platz des immer wieder zitierten Buches von Julius v. Schlosser über die Kunst- und Wunderkammern einnehmen müßte, aber kaum je beachtet wird.

3 Lenz Kriss-Rettenbeck: Anmerkungen zur neueren Krippenliteratur, in: Bayerisches Jahrbuch für Volkskunde 1966/1967, S. 7–36. Ich danke Christian Theuerkauff für die Mitteilung seiner Einschätzung von Berliners Studien zur barocken Elfenbeinschnitzerei.

4 Hans Jantzen: Ottonische Kunst, München 1947, Hamburg ²1959, Reprint, hg. von Wolfgang Schenkluhn, Berlin 1990. Das Buch ist in seinen Grundanschauungen nationalsozialistisch, wie man leicht an der frühesten Fassung: Ottonische Kunst, in: Festschrift Heinrich Wölfflin zum siebzigsten Geburtstage, Dresden 1935, S. 96–110 feststellen kann. Jantzen verrät sich vollends in seinem Propaganda-Pamphlet »Geist und Schicksal deutscher Kunst«, Köln 1935, insbesondere S. 54f.: »Die Zeitwende, in der wir stehen, läßt das Schicksal der deutschen Kunst [...] des 19. [...] und zu Beginn des 20. Jahrhunderts als eine geschichtlich bedingte letzte Folge der individualistischen Epoche erkennen. Durch die mit der Gründung des Dritten Reiches ermöglichte straffe Formung des gesamten Volkes im Geiste eines neuen schöpferischen Ganzheitsgedankens ist auch für die deutsche Kunst wieder ein tragender Grund geschaffen [...] im Geiste des Hitlerwortes: ›Die Kunst ist eine erhabene und zum Fanatismus verpflichtende Mission.‹« Jantzen war zwar kein PG, doch war er einer derjenigen Konservativen, die dem NS-Regime den Anschein bürgerlicher Wohlanständigkeit verliehen. Es war für ihn ein Glück, daß die 1. Auflage der ›Ottonischen Kunst‹ im Verlagshaus Bruckmann in München 1943 zerbombt wurde. Um so bestürzender ist das die ideologischen Implikationen seiner ›ganzheitlichen‹, vergewaltigenden Begrifflichkeit nicht erkennende, sie fatalerweise noch rühmende Nachwort von Ulrich Kuder: »Jantzens kunstgeschichtliche Begriffe«, in: Hans Jantzen: Über den gotischen Kirchenraum und andere Aufsätze, Berlin 2000, S. 173–187.

5 Hans Jantzen: Die Gotik des Abendlandes. Idee und Wandel. Mit einem Nachwort von Willibald Sauerländer, Köln 1997. – Erwin Panofsky: Zum Problem der Beschreibung und Inhaltsdeutung von Werken der bildenden Kunst, in: Logos 21, 1932, S. 103–119, wieder abgedruckt in: Hariolf Oberer und Egon Verheyen (Hg.): Erwin Panofsky: Aufsätze zu Grundfragen der Kunstwissenschaft, Berlin 1964, S. 85–97; die englische Fassung zuerst in: Studies in Iconology: Humanistic Themes in the Art of the Renaissance, New York 1939 (= Mary Flexner Lectures on the Humanities 1937) und mehrfach anderenorts (s. die Bibliographie bei Oberer/Verheyen, S. 16ff.). – Zur Begriffsreihe der Bild-Funktionstypen s. Erwin Panofsky: »Imago pietatis«. Ein Beitrag zur Typengeschichte des ›Schmerzensmannes‹ und der ›Maria Mediatrix‹, in: Festschrift für Max J. Friedländer zum 60. Geburtstage, Leipzig 1927, S. 261–308. Es hat den Autor offensichtlich nicht gestört, daß funktionale und inhaltliche Begriffe vermengt sind; s. die Kritik in meinem Aufsatz (wie Anm. 6), S. 197f.

6 Arma Christi. Überlegungen zur Zeichenhaftigkeit mittelalterlicher Andachtsbilder, in: Städel-Jahrbuch 6, 1977, S. 177–208, hier bes. S. 198ff.

ist es nicht mehr möglich, Theodor Müller zu fragen, wo der Koffer mit den Papieren Berliners verblieben sein könnte, den er 1967 dessen Söhnen Michael und Christopher Bever im Bayerischen Nationalmuseum gezeigt haben soll. Im Museum und andernorts war er nicht aufzuspüren.[7] Deshalb ist die von Berliner erwähnte deutsche Fassung des Aufsatzes »The Freedom of Medieval Art« aus dem Jahr 1937 ebensowenig greifbar wie die ursprüngliche, längere Version der Arbeit über die »Arma Christi«. Da man im Dritten Reich die Personalakten der entlassenen jüdischen Gelehrten vernichtet und systematisch ihre ›memoria‹ ausgelöscht hat, ist es schwer, Archivmaterial über ihn zu finden. Fast alle seine Freunde und Bekannten sind inzwischen verstorben oder nicht mehr ansprechbar.

Um so wertvoller waren für mich die Gespräche mit dem ehemaligen Direktor des Bayerischen Nationalmuseums, Lenz Kriss-Rettenbeck in Berchtesgaden, der eigentlichen Heimat Berliners und letzten Ruhestätte für sich und seine Frau. Als Vertrauter Berliners nach 1945 half er mir, die Bedeutung des dortigen Freundeskreises um Marie Andree-Eysn, die Begründerin der religiösen Volkskunde, für die Genese der Ideen Berliners zu verstehen und seine Leistungen als Museumsmann zu erahnen. Dafür seien ihm und seiner Frau der herzlichste Dank ausgesprochen.

Danken möchte ich ebenso dem Ernst-von-Siemens-Kulturfonds, München, und seinem Leiter, Herrn Dr. Heribald Närger, für die Bezuschussung der Drucklegung; Wilibald Sauerländer für seine Unterstützung des Vorhabens; Frank Böttcher vom Lukas Verlag für die Bereitschaft, die Publikation in sein Verlagsprogramm aufzunehmen; den Herausgebern des »Art Bulletin«, der »Gazette des Beaux-Arts«, des »Münchner Jahrbuchs der bildenden Kunst« und des »Münsters« für die Abdruckerlaubnis und Bernhard Schemmel von der Staatsbibliothek Bamberg für seine Hilfe bei der Beschaffung der Druckvorlagen. Mein Dank gilt außerdem meiner Frau, Gerhard Schmidt, Jeffrey Hamburger, Lorenz Seelig und anderen Helferinnen und Helfern, sowie dem Siemens-Firmenarchiv, dem Bundesarchiv und den anderen Institutionen, die mir bei meinen Forschungen geholfen haben.

Nach reiflicher Überlegung wurde beschlossen, die Aufsätze nicht nur zu scannen, sondern neu zu setzen. Dadurch wurde ihre Erscheinung vereinheitlicht und der Flickerlteppich der alten Seiten-Layouts vermieden. Vor allem konnten nun die Endnoten in Fußnoten umgewandelt und den Benutzern besser erschlossen werden; dem dient auch das Register. Doch wurde vermieden, die Texte zu ergänzen, abgesehen von einigen Hinweisen in den Anmerkungen der Einleitung. Nur Druckfehler, vertauschte Bildlegenden und dergleichen wurden – soweit als möglich – korrigiert sowie einige wenige, allzu schwer verständliche Abkürzungen aufgelöst. Denn das Hauptziel dieser Publikation ist nicht die erneute Darbietung der Fakten; dann wäre auch die Darstellung der späteren Forschungsergebnisse zu fordern gewesen. Hauptziel ist vielmehr, das Anregende und Fruchtbare von Berliners Denkansatz heutigen Lesern näherzubringen. Das mag jetzt so wenig dem Zeitgeist entsprechen wie zum Zeitpunkt der ersten Veröffentlichung. Doch gebe ich die Hoffnung nicht auf, daß sich die Erkenntnis seiner Vorbildlichkeit allmählich durchsetzen und im Bewußtsein verankern wird.

Berlin, im Dezember 2002 *Robert Suckale*

7 Durch die Hilfe Jeffrey Hamburgers gelang es, zwei Enkel Rudolf Berliners, Christopher Bever jr. und Edward Bever, aufzufinden, die mich bei meinen Recherchen freundlicherweise unterstützt haben.

Rudolf Berliner und sein Beitrag zum Verständnis des christlichen Bildes

Die Lebensgeschichte von Gelehrten wie Rudolf Berliner wirkt in der eintönigen Mühsal ihrer Forschungen und Arbeiten meist langweilig. Deshalb wird in den folgenden Seiten das Biographische nur skizziert, das Hauptgewicht vielmehr auf die Einführung in sein Denken gelegt. Doch galt es zumindest die Prägung seiner Persönlichkeit zu beachten, soweit wir etwas darüber wissen, erst recht die seine Existenz erschütternden, lebensgefährdenden Ereignisse seit 1933, d.h. von der Gefangennahme 1933 bis zur Emigration 1939.

Herkunft und Ausbildung[1]

Rudolf Berliner stammt aus einer jüdischen Familie, deren Geschichte sich kaum über seinen Urgroßvater Aron (1795–1859) zurückverfolgen läßt, der sich – vielleicht angezogen durch die frühe Judenemanzipation in Preußen – in Schlesien ansiedelte; er wird in den Familienakten als Gutsbesitzer verzeichnet. Der Großvater Wilhelm (1822–81) besaß bereits eine eigene Bank und begründete mehrere Fabriken im niederschlesischen Ohlau (Olava), verlor jedoch die Bank und zwei der Fabriken im großen Krach 1878. Er hatte mit seiner Gemahlin Rosalie Leipziger zehn Kinder. Der älteste Sohn Theodor (1851–1915), Rudolf Berliners Vater, übernahm zunächst die verbliebene Fabrik in Ohlau, ging dann nach Berlin und gründete dort u.a. 1898 die Deutsche Grammophon AG, eine Tochtergesellschaft der British Grammophone Co. Ltd. Sein weiterer Lebensweg wurde durch die steile Karriere seines jüngeren Bruders Alfred (1861–1943) in der Firma Siemens mitbestimmt: 1888 war Alfred als junger Physiker in den Dienst von Siemens & Halske eingetreten, hatte für sie in den USA gearbeitet und 1896 wegen seiner Tatkraft und organisatorischen Begabung die Leitung der Abteilung »Beleuchtung und Kraft« übernommen. Er war der engste Berater von Werner v. Siemens bei den Fusionsverhandlungen mit der Firma Schuckert. Ab 1901 saß er im Vorstand der Siemens-Schuckertwerke, von 1903 bis 1912 amtierte er dort als Vorsitzender, wurde dann jedoch in den Aufsichtsrat von Siemens & Halske abgeschoben.[2] Theodor wurde in den Siemens-Schuckertwerken zuerst 1904 Prokurist, 1908 bei Siemens & Halske ordentlicher Geschäftsführer, wechselte aber im Jahre 1912, offenbar im Zusammenhang der Auseinandersetzungen seines jüngeren Bruders mit der Firmenleitung, zur Firma Bergmann, die damals von Siemens übernommen worden war. Später wurde er Direktor der Akkumulatorenfabrik, einer gemeinsamen Gründung von Siemens und der AEG, leitete den Betrieb jedoch teilweise von Berlin aus.[3]

Theodor wandte sich wie die meisten Familienmitglieder seiner Generation vom Glauben seiner Väter ab und wurde Protestant.[4] Das war letztlich die Voraussetzung für die Zulassung zu den ›höheren Kreisen‹ des Kaiserreiches.[5] Er hatte mit seiner Gemahlin Philippine Wollner, der Tochter eines in Breslau und dann in Karlsbad praktizierenden Arztes, zwei Söhne: Wilhelm (geb. 1882, gefallen 1914 bei Metz) und Paul Rudolf (geb. am 14.4.1886 in Ohlau). Deren Erziehung lag teils in den Händen eines Hauslehrers, teils in denen einer französischen ›Mademoiselle‹, so daß die Kinder früh Französisch lernten. 1899 zog die Familie nach Berlin, wo Rudolf das Joachimsthalsche Gymnasium besuchte und dort 1904 das Abitur ablegte, sechs Jahre vor Erwin Panofsky.

Rudolf Berliner ist also großbürgerlicher Herkunft, einerseits geprägt durch das Unternehmertum seiner Familie, andererseits durch die preußischen Ideale, wie man sie in diesen Kreisen hochhielt: unbedingte Pflichterfüllung, Dienst am Staat und der Gemeinschaft, soldatische Disziplin. Alle Männer der Großfamilie Berliner waren sogenannte ›Einjährige‹, d.h. sie dienten freiwillig länger beim Militär und wurden so Reserveoffiziere: Theodor Berliner wird in den Siemens-Akten als Oberleutnant a.D. geführt. Rudolf machte als Leutnant des Garde-Grenadier-Regiments Nr. 3 ›Königin Elisabeth‹ den Ersten Weltkrieg vom ersten bis zum letzten Tage mit, im ersten Kriegsjahr hauptsächlich als Leiter einer Einheit, welche die verwundeten und versprengten Soldaten auf dem Schlachtfeld sammelte.

Die Familie Berliner verbrachte ihre Sommerferien regelmäßig im Berchtesgadener Land. Dort lernte Rudolf durch seinen Jugendfreund Wolf Bever seine 1881 in Stettin geborene Frau Maria Karoline Charlotte Bever aus einer alten preußischen Unternehmer- und Offiziersfamilie kennen († 14. April 1981, also im Alter von 100 Jahren), die das Schneewinkellehen unterhalb des Watzmann in Schönau-Königssee besaß.[6] Und dort fand er Anschluß an den Freundeskreis um

1 Die meisten Informationen entnehme ich Papieren, die mir Rudolf Berliners jüngerer Sohn Christopher Bever überlassen hat und die ich an das Archiv für Kunst im Germanischen Nationalmuseum Nürnberg weiterzugeben gedenke. Aufschlußreich war auch das Promotionsprotokoll einschließlich eines handgeschriebenen Lebenslaufes, dessen Kenntnis ich dem Universitätsarchiv Wien, vermittelt durch Gerhard Schmidt, verdanke.

2 Herr Dr. Närger verschaffte mir freundlicherweise den Zugang zum Siemens-Firmenarchiv. Zur Tätigkeit der beiden Brüder Berliner s. Georg Siemens: Der Weg der Elektrotechnik. Geschichte des Hauses Siemens, 2 Bde., Freiburg/Br. u. München 1961, bes. Bd. 2, S. 7ff. u. 126. – Wilfried Feldenkirchen: Siemens 1918–1945, München u. Zürich 1995, bes. S. 348 und S. 533, Anm. 42.

3 Bei Georg Siemens (wie Anm. 2), Bd. 2, S. 9f. werden die beiden Brüder z.T. verwechselt.

4 Die von Angelo Stefanucci in seinem Nachruf auf Rudolf Berliner (Il Presepio. Rivista dell'Associazione Italiana Amici del Presepio 15, 1967, S. 28–29, bes. S. 28) mitgeteilte Information, die Familie Berliner sei rabbinischen Ursprungs, scheint nicht zuzutreffen.

5 Theodors Bruder Alfred war Mitglied des Kaiserlichen Yachtklubs Kiel und beteiligte sich mit seinen Yachten an den Regatten. Einige Mitglieder der Familie gehörten sogar dem Alldeutschen Verband an, den man als ultra-konservativ einstufen kann.

6 Laut Christopher Bever (wie Anm. 1) war dieses Anwesen ein Erbe seiner Großmutter mütterlicherseits, stammt also aus der Familie Bever.

Marie Andree-Eysn und Rudolf Kriss, die sich der Erforschung der religiösen Volkskunde widmeten.[7]

Rudolf Berliner war der erste Geisteswissenschaftler seiner Familie. Er studierte 1905–09 hauptsächlich Neuere Kunstgeschichte und Klassische Archäologie in Berlin, Heidelberg und Wien. Offenbar wollte er zunächst Orientalist werden. 1913 unternahm er mit seinem bereits genannten Schwager Wolf Bever eine Expedition nach Ostanatolien, über die sie gemeinsam eine Publikation verfaßten. Arbeiten über armenische Kirchen und die Moschee von Diyarbakr (Nr. 22–24) bezeugen sein Interesse für den Orient, ebenso die Publikationen und Rezensionen (Nr. 11, 92, 93, 102, 104). Zeit seines Lebens widmete er sich immer wieder diesem Kulturkreis, seit dem Umzug 1958 nach Washington als Berater des »Textile Museum« besonders den koptischen Stoffen.

Es bleibt Spekulation, inwiefern ihn der Konflikt mit seinem Doktorvater Josef Strzygowski von der Orientalistik abschreckte. Strzygowski hatte als einer der ersten auf der Bedeutung der armenischen Baukunst und überhaupt der orientalischen Kulturen für das Abendland insistiert. Doch bekamen seine Ideen schon damals einen Zug ins Sektiererische und politisch Abwegige; später wurde er einer der wirrsten Nazi-Ideologen. Berliner nennt seinen Namen in seiner Dissertation nur einmal, und zwar kritisch, wogegen er zustimmend, ja rühmend immer wieder Alois Riegl hervorhebt, der ihn tief beeindruckte, der von Strzygowski aber gehaßt wurde. Über dessen 1901 in Wien erschienene »Spätrömische Kunstindustrie« schreibt er: »*Ich bin diesem Werk als einem Lehrer verpflichtet.*«[8] Kurzum ließen ihn Josef Strzygowski und Max Dvořák laut Rigorosumsprotokoll vom 27.2.1910 durch die mündliche Doktorprüfung fallen; bei der Wiederholung am 16.7.1910 reichte es auch nur für die Note ›genügend‹.[9] Kompromißlose Aufrichtigkeit und das Verweigern jeglicher Liebedienerei kennzeichnen diesen Gelehrten von Anfang an.

Berliner versuchte in seiner Dissertation, einer Monographie des berühmtesten byzantinischen Psalters der ›aristokratischen Redaktion‹, des Codex par. gr. 139 der Bibliothèque Nationale in Paris[10], nachzuweisen, warum der Psalter jünger sei, als man – und d.h. auch sein Doktorvater – bis dahin dachte. Genaue Beobachtungen zur Maltechnik, präzise ikonographische Beweisführung, Überlegungen zum Verhältnis der Illustration von Rolle und Codex, vor allem aber eine methodisch vorbildliche und feinsinnige künstlerische Analyse zeichnen die Arbeit aus. Aus diesem Erstlingswerk seien die Ausführungen zu den Personifikationen zitiert (S. 30): »*Wo sie erscheinen, bringen sie das Wehen des Göttlichen mit sich* [...], *Vertreterinnen des ewigen Prinzips, und so entsteht der Eindruck des Kultbildes, der Apotheose* [...]. *Aber aus dem schwärmerischen, fast nüchternen Ernst, der in den Bildern waltet, der Einfachheit und Redlichkeit der Erzählung, wird deutlich: das Ziel war unmittelbare Klarheit, Verständlichkeit des Inhalts. Die Kunst beginnt ihre höchste Aufgabe in der Illustration eines bestimmten geistigen Gehaltes zu sehen. Es verliert sich das artistische Interesse an der Figur, die nur Bedeutung bekommt als Träger der Handlung und als Gefäß des seelischen Gehalts* [...].« Schon zu diesem frühen Zeitpunkt deutet sich also eine Grundeinsicht Berliners an: daß die christliche Kunst nur als eine darstellende verstanden werden kann, bis in ihre Form hinein. Dies unterscheidet ihn von der herkömmlichen Ikonographie, die meist die Inhalte aus den Texten deutet, die Prägung der Kunst bis in den kleinsten Zug durch die Aufgabe des Darstellens aber ausspart: ihm dagegen ging es schon damals um die Erfassung des – im Vergleich zur Antike – prinzipiell Andersartigen am christlichen Bild.

7 Marie Andree-Eysn war verheiratet mit dem berühmten Geographen und Kulturanthropologen Richard Andree (1835–1912) und übertrug dessen Methodik auf das Gebiet der religiösen Volkskunde; Herbert Nikitsch: Marie Andree-Eysn. Quellenfunde zur Biographie, in: Jahrbuch für Volkskunde 24, 2001, S. 7–26 und ders.: Eine Volkskundlerin aus Salzburg. Marie Andree-Eysn (1847–1929), in: Salzburger Volkskultur 25, 2001, S. 42–50. Wenn man ihre Schriften studiert, so etwa: Volkskundliches aus dem bayrisch-österreichischen Alpengebiet, Braunschweig 1910, ahnt man, warum ihr Ernstnehmen des Volksglaubens und seiner wirkungsmächtigen Bilder Berliner so beeindruckte. – Zu Rudolf Kriss s. Nina Gockerell: Rudolf Kriss (1903–1973), Volkskundler, Religionswissenschaftler, Sammler, politisch Verfolgter, in: Oberbayerisches Archiv 124, 2000, S. 195–218.

8 Eva Frodl-Kraft: Eine Aporie und der Versuch ihrer Deutung. Josef Strzygowski und Julius v. Schlosser, in: Wiener Jahrbuch für Kunstgeschichte 42, 1989, S. 7–52. – Berliners harsche Kritik an Strzygowskis »Orient oder Rom« in der Dissertation (1), S. 31f.; das Riegl-Zitat S. 21, Anm. 2. Riegls Einfluß wird u.a. am folgenden Satz deutlich (S. 26): »[...] *eine Unruhe auch des Stilgefühls, das Elemente des zeichnerischen mit dem des malerischen Stiles vermischt hat* [...]. *Die Begrenzungen sprechen also flächenhaft, konstruktive Klarheit anstrebend*« oder S. 27: »*Übergangsstufe vom malerisch-konstruktiven zum zeichnerisch-farbigen Stil*«; s.a. S. 29. Später äußerte er sich kritisch auch zu anderen Vertretern der Wiener Schule, so zu Dvořák, z.B. V, S. 281 und XIII, S. 86 (hier S. 71); ebenso zu Julius von Schlosser: Die Kunst- und Wunderkammern der Spätrenaissance, Leipzig 1908 (Nr. 39, S. 328, Anm. 9): »*Die Ehrlichkeit verlangt das offene Bekenntnis, daß ich die Grundauffassung und damit auch die Einzelheiten* [...] *– aller Verehrung unbeschadet – für verfehlt halte; schon der Titel ist falsch. Dies Urteil gilt auch für die in seinem Schatten Wandelnden.*« Seine brillant recherchierte Widerlegung wurde jedoch kaum zur Kenntnis genommen. (Siehe auch hier S. 235.)

9 Genau aufgeführt sind die Studienzeiten in seinem »curriculum vitae«: ab Ostern 1905 zwei Semester in Berlin; im Sommer 1906 in Heidelberg; die nächsten beiden wieder in Berlin; im Winter 1907/08 in Wien; dann wieder ein Jahr in Berlin; dort hatte während dieser Zeit Heinrich Wölfflin den kunsthistorischen Lehrstuhl inne. Im Sommer 1908 machte Berliner seine Studienreisen nach Paris (s.u.). Siehe auch Ulrike Wendland: Biographisches Handbuch deutschsprachiger Kunsthistoriker im Exil. Leben und Werk der unter dem Nationalsozialismus verfolgten und vertriebenen Wissenschaftler, T. I, A–K, München 1999, S. 42–45.

10 Der Einleitung bzw. den im Text verstreuten Angaben ist zu entnehmen, daß es sich um ein Fragment einer größeren Studie handelt, an der er in der Pariser Bibliothèque Nationale 1908 und in der 1. Hälfte des Jahres 1909 gearbeitet hat; dann wurde ihm durch Henri Omont die weitere Benutzung der Handschrift verweigert. Als Privatadresse gibt er die Kronprinzenallee 2 in Berlin-Grunewald an, eine der feinsten Wohngegenden der Stadt, später den Kurfürstendamm 213. Zur Handschrift neuerdings Anthony Cutler: The Aristocratic Psalters in Byzantium, Paris 1984 (Bibliothèque des Cahiers Archéologiques 13).

Wir können nicht mehr sagen, wie er an das Bayerische Nationalmuseum berufen wurde, damals die bedeutendste kunsthistorische Forschungseinrichtung Münchens. Er ist dort vom 1.5.1912 bis zum 31.12.1919 als Wissenschaftlicher Hilfsarbeiter aktenkundig. Kurze Zeit – vom 1.1. bis zum 30.10.1920 – arbeitete er als Wissenschaftlicher Assistent an der Graphischen Sammlung, wurde danach Konservator und schließlich Hauptkonservator am Nationalmuseum, ein mit dem Professorentitel verbundenes Amt. In seinen Händen lag die Redaktion des Münchner Jahrbuchs der bildenden Kunst. Seinen Kollegen Georg Lill, Philipp Maria Halm, Hans Buchheit und – später – Theodor Müller war er freundschaftlich verbunden, ebenso dem Leiter des Theatermuseums, Franz Rapp.[11]

Entsprechend seinem Dienst- und Pflichtverständnis hat Berliner nie für sich selbst, sondern nur für das Museum gesammelt, mit großem Einsatz und feinem Gespür.[12] Es war ihm ein Greuel, Kennerschaft kommerziell auszunutzen und sich im fragwürdigen Expertisenwesen der Zeit zu bereichern – im Gegenteil, er bekämpfte es erbittert. Vorbildlich ist seine Erschließung der Sammlungsbestände, vor allem der Katalog der Elfenbeinskulpturen (Nr. 33). Er setzte mit ihm neue Maßstäbe, über Vöge und Goldschmidt hinaus. Zugleich stellte er die barocken Elfenbeine und andere Teile der Sammlung neu auf und hat darüber auch berichtet (Nr. 29, 30). Viel Aufmerksamkeit widmete er der Kleinplastik, die er u.a. durch den Erwerb von Peter Vischers Herkules- und Antäus-Gruppe bereicherte. Deren Publikation (Nr. 34, 46) nahm er zum Anlaß, die Probleme der Beurteilung und Händescheidung dieser vielköpfigen Nürnberger Rotgießer-Werkstatt zu erforschen. Man möchte der allgemeinen Abneigung gegen stilkritisch begründete Zuschreibungen – eine Methode, die vor allem bei Fehlen von Schriftquellen weiter der Königsweg zur Erkenntnis der jeweiligen Werkstattpraxis und künstlerischen Eigenart bleibt – seine Bemerkungen zur Kontroverse um das Sebaldusgrabmal entgegenhalten: »*Ich bin davon überzeugt, daß Meller im wesentlichen richtig gesehen und die Hände richtig geschieden hat. Daß aber eine mathematische Sicherheit nicht zu verlangen ist, daß es sich immer um Hypothesen handeln muß, ist klar. Immer wieder ist möglich, daß an einem* [...] *Werk sechs oder mehr Hände gearbeitet und seinen Grundcharakter vor allem auch durch die ›Ausbereitung‹ verfälscht haben. Dazu dann die Wiederverwendung vorhandener Modelle. Da wir vor dem ganzen undurchdringlichen Dunkel eines Werkstattbetriebes stehen, kann man mehr als höchste Wahrscheinlichkeit in einigen Grundzügen nicht verlangen. Meller ist es aber gelungen, an einigen Werken das Auftreten bestimmter Charakteristika zu erkennen, diese innerhalb bestimmter Zeitspannen zu fixieren und damit wahrscheinlich zu machen, daß sie durch Lebensdaten bedingt die Weise einzelner Familienmitglieder offenbaren. Ich glaube nicht, daß gegen ein derartiges Verfahren, wenn es sich seines hypothetischen Charakters bewußt bleibt, irgend etwas eingewendet würde, wenn etwa ein Paläograph die Hände einer Schreibschule zu scheiden unternähme. Die Aufgabe der Scheidung ist nun einmal gestellt, endgültig zu lösen wäre sie nur, wenn bis ins einzelne geführte Arbeitsbücher der Werkstatt vorlägen. Also entweder man resigniert grundsätzlich oder man sucht durch Aufspüren stilistischer Merkmale unter Beachtung äußerer Zeugnisse ein ›mögliches‹ Bild zu entwerfen. Wenn es in sich geschlossen keine Widersprüche enthält, ist es gültig, hypothetisch gültig, bis ein anderer ein überzeugenderes, aber wieder nur hypothetisch gültiges, entgegensetzt. Vorsicht ist jeglicher geisteswissenschaftlichen Leistung gegenüber geboten, Vorsicht in dem Sinne der Verneinung des Vorliegens einer bis in alle Ewigkeit und für alle Standpunkte gültigen Leistung. Gewißheit ist nicht möglich. Aber doch unterscheidet sich die überzeugende Hypothese von dem Mythus, der mit den objektiven Zeugnissen willkürlich schaltend die Geschehnisse so darstellt wie er gern möchte, daß sie sich zugetragen haben.*«[13]

Nebenbei vollendete Berliner das Handbuch »Ornamentale Vorlage-Blätter des 15.–18. Jahrhunderts« (Nr. 30), das sich durch Klarheit und Knappheit der Beschreibung und Analyse, desgleichen durch eine in diesen nationalistisch aufgehetzten Jahren bemerkenswert souveräne Internationalität auszeichnet. Lapidar stellt er fest: »*Es gehört* [...] *zu dem Wesen der Graphik, daß ihre Geschichte von allen Künsten die internationalste ist.*« Ihm wird insbesondere die Erkenntnis der Vorbildwirkung der Schloßausstatter von Fontainebleau für die europäische Ornamentgeschichte verdankt, ebenso die von Künstlern wie Ducerceau und Bérain.[14] Dieses Hand-

11 Mit Philipp Maria Halm schrieb er das Buch über das Hallesche Heiltum, das sie Marc Rosenberg widmeten; Halms Andenken widmete er Nr. IV, dem seines Sohnes Peter die Nr. XIII, Marie Andree-Eysn den Beitrag Nr. I, ihrem Andenken außerdem die Nr. III; Hans Buchheit dedizierte er die ›Ornamentalen Vorlage-Blätter‹ (Nr. 30), seiner Frau das Krippenbuch, Theodor Müller die Aufsätze Nr. X und 85, Martin Weinberger die Nr. XII. – Zu Rapp s. Wendland (wie Anm. 9), II, S. 535–537, zu Weinberger dies., S. 724–727, zu dem von Berliner bewunderten Hans Tietze S. 689–699. – A. Rapp stand ihm schon durch das Thema seiner Dissertation nahe: Studien über den Zusammenhang des geistlichen Theaters mit der bildenden Kunst im ausgehenden Mittelalter, Kallmünz 1936.

12 Nach Kriss-Rettenbeck ist die Zahl seiner Erwerbungen für das Museum sehr groß, besonders in der Abteilung für Volkskunde. Sie spiegeln deutlich seine Forschungsinteressen. Vgl. ders.: Bilder und Zeichen religiösen Volksglaubens, München 1963: so gut wie alle Objekte, die nicht aus der Slg. Rudolf Kriss stammen.

13 Nr. 46, S. 139; Berliner bezieht sich auf: Simon Meller: Peter Vischer der Ältere und seine Werkstatt, Leipzig 1925; S. 135 heißt es: »*Wer unter Geschichtsschreibung den Versuch versteht, das Vergangene an Hand der von ihm hinterlassenen Lebensäußerungen in der Vorstellung zu rekonstruieren und in einen Sinnzusammenhang einzureihen* [...]«. Andererseits forderte er, »[...] *daß* [...] *es verschwinden muß, daß der glaubt, um mit Tristram Shandy zu reden, dem Publikum geruhsam sein Steckenpferd vorreiten zu können mit der freundlichen Einladung hinten aufzusteigen!*« (Nr. 95, Vorwort).

14 OV, S. 119; zu Rosso und Fontainebleau S. 148ff., zu Ducerceau S. 159ff., zu Bérain S. 166ff. – Die von Gerhard Egger eigenwillig veränderte und um das ganz anders geartete 19. Jahrhundert erweiterte Neuedition des Werkes wurde rezensiert von Carsten P. Warncke, in: Pantheon 41, 1983, S. 86; Peter Vergo, in: Burlington Magazine 125, 1983, S. 431/432; Günther Irmscher, in: Zeitschrift für Kunstgeschichte 47, 1984, S. 137–141; Yvonne Hackenbroch, in: Kunstchronik 38, 1985, S. 108–112. Sie schreibt

buch ist eine letzte Auseinandersetzung mit Alois Riegl, keine devote Fortsetzung seines Denkansatzes, wie bereits an den eingestreuten kritischen Anmerkungen, mehr noch an der Anlage des Werkes selbst zu spüren ist. Berliner, seit seiner Dissertation nüchterner geworden, mußte gegen die diffusen, verallgemeinernden Theorien Riegls, etwa den Begriff des ›Kunstwollens‹ oder den Versuch, die Kunstgeschichte als einen Wechsel optischer und haptischer Stil-Perioden zu deuten, zunehmend skeptisch werden. Damit steht er im Widerspruch zur damaligen modisch-ideologischen Bevorzugung gerade dieser Seite des Rieglschen Denkens.[15] Berliners Einstellung zur Wiener Schule wird u.a. daran deutlich, daß er mit Hans Tietze und Kurt Rathe befreundet war, sich hingegen mit Ernst Gombrich heftig stritt, Dvořák, Schlosser und Riegl häufig, wenn auch kritisch, erwähnt, Strzygowski und Sedlmayr jedoch nie.[16]

Das ernsthafte Studium der Ornamentik war in den programmatisch puristischen, ornamentfeindlichen 1920er Jahren unzeitgemäß, ebenso die entsagungsvolle, langwierige Kleinarbeit der Erstellung eines Handbuchs. Doch hat man sich zu hüten, in Berliner einen Außenseiter oder einen rückwärtsgewandten Geist zu sehen. Daß er kein Feind der Moderne war, zeigt sich u.a. daran, daß von ihm wesentliche Anregungen zur Gründung der sogenannten Neuen Sammlung des Bayerischen Nationalmuseums ausgingen. Zu seinen Ornamentstudien bewegte ihn die Einsicht, daß man in der Moderne die Kunst und Kultur vor der Großen Revolution von 1789 insgesamt falsch verstand und bewertete, was sich neben der Abwertung des so genannten Kunstgewerbes vor allem an der Vernachlässigung, ja Verachtung des Ornaments erweist. Sein in typischer Untertreibung ›Begleitwort‹ genannter, erläuternder Text beginnt so: »*Eine kunstgeschichtliche Epoche, die – um eine positive Formulierung zu wählen – den Mut hat, den Primat eines durch das höhere geistige Leben zu begründenden Stilwillens zu leugnen und ihn zu ersetzen durch eine im Individuellen, in den Materialien, in der Technik, im Ökonomischen und dergleichen Ursachen niedrigerer Ordnung wurzelnde Anarchie der Formbildungen, eine so gestimmte Zeit, in der es selbst der Mode außerhalb ihres engeren Herrschaftsbereiches der Bekleidung nicht mehr gelingt, einen in ihr seine letzte Begründung findenden Lebensstil durchzusetzen, kann weder über einen Ornamentstil oder auch nur über Dekorationsmotive verfügen, die einen allgemeingültigen Zeitausdruck darstellen, noch kann sie Verständnis haben für das Wesen des Ornaments in der Vergangenheit.*«[17] Dieser Satz gilt zweifellos bis heute.[18]

Berliner wandte damals unter dem Einfluß seines Berchtesgadener Freundeskreises der bedeutenden und durch Georg Hager recht gut erforschten Krippensammlung des Bayerischen Nationalmuseums seine Aufmerksamkeit zu. 1926 begann er mit der Herausgabe der ›Denkmäler der Krippenkunst‹ im Augsburger Filser Verlag. Das Vorhaben mußte 1930 aus ökonomischen Gründen unterbrochen werden. Nur mit einem Anflug von Bitterkeit notiert er später, daß man 1933 eine Publikation des von ihm gesammelten Materials herausgegeben habe »*zur Verschleuderung unter Fortlassung meines Namens.*«[19]

1931 wurde durch den Deutschen Verein für Kunstwissenschaft die von ihm zusammen mit dem Direktor des Bayerischen Nationalmuseums, Philipp Maria Halm, erarbeitete Edition des illuminierten Aschaffenburger Inventars des ›Halleschen Heiltums‹ publiziert, welches die Magdeburger Erzbischöfe Ernst von Wettin und Albrecht von Brandenburg an der Wende zum 16. Jahrhundert zusammengetragen hatten.[20]

Dann kam das Jahr 1933 und mit ihm die Machtergreifung der Nationalsozialisten. Als Frontkämpfer wurde Berliner von der durch das ›Gesetz zur Wiederherstellung des deutschen Beamtentums‹ ausgelösten Entfernung sämtlicher Juden und mutmaßlicher Regimegegner aus dem Staatsdienst zunächst ausgenommen. Um so deutlicher zeigte sich das Verbrecherische und Willkürliche des NS-Regiments, als Berliner im Juli 1933 von der politischen Polizei in seinem Berchtesgadener Domizil unter Mißachtung aller gesetzlichen Bestimmungen verhaftet und abtransportiert wurde. Offenbar hatten Hitler und seine Paladine es auf das Schneewinkellehen abgesehen, in dem sich später zeitweise Martin Bormann und Heinrich Himmler einquartierten. Man verheimlichte

S. 109 über Berliner: »His way of explaining fluctuations of style in various countries, whether of regional or international significance, remains unsurpassed in clarity, brevity and, above all, in modesty. Where else can one find such pertinent descriptions [...].«

15 Erwin Panofsky: Der Begriff des Kunstwollens, in: Zeitschrift für Ästhetik und allgemeine Kunstwissenschaft 14, 1920, S. 321–339 (mehrfach abgedruckt, auch auf Englisch). – Hans Sedlmayr: Die Quintessenz der Lehren Riegls, in: Alois Riegl: Gesammelte Aufsätze, Augsburg 1929, S. XI–XXXIV (rez. von Hans Jantzen in: Kritische Berichte 1930/1931, Sp. 65–73). – Otto Pächt: Alois Riegl, wieder abgedruckt, in: Ders.: Methodisches zur Kunsthistorischen Praxis, München 1977, S. 141–152. – Willibald Sauerländer: Alois Riegl und die Entstehung der autonomen Kunstgeschichte am Fin de Siècle, in: Roger Bauer u.a. (Hg.): Fin de Siècle. Zu Literatur und Kunst der Jahrhundertwende, Frankfurt/M. 1977, S. 125–139. – Eine Kritik Riegls bei Norbert Huse: Denkmalpflege. Deutsche Texte aus drei Jahrhunderten, München 1984, bes. S. 124–149.

16 Er findet viele lobende Worte für die Jesuiten Josef Braun (z.B. Nr. 48), Hugo Rahner (Nr. XIV) und Aloys Grillmaier (Nr. XI); hingegen äußert er sich skeptisch über die Methode von Günther Bandmann, mehr noch über diejenige von Erwin Panofsky.

17 OV, S. 113; ergänzend seine Bemerkungen zu einem Ornamenttraktat von 1775 auf S. 115: »*In der pädagogischen Wendung der [...] Widmung kündigt sich bereits die verhängnisvolle Wandlung der Dinge an, die die Zeiten heraufführt, die nicht mehr eine unteilbare künstlerische Formenwelt als Ausdrucksnotwendigkeit kennen, sondern die charakterisiert sind durch die Spaltung in ein wirkliches, wildwucherndes Kunstleben des Tages und in eine vorwiegend historisierend und konservierend eingestellte Kunsterziehung, kurz die Zeiten, in denen zu einer Bildungsfrage wird, was einst lebendige Kraft war. Zu jener beizutragen wird dann der Ehrgeiz.*«

18 Studien, die das Defizit überwinden, bleiben die Ausnahme, so zuletzt Wolfgang Wolters: Architektur und Ornament. Venezianischer Bauschmuck der Renaissance, München 2000.

19 WK, S. 9 (Anm.).

20 Jörg Rasmussen: Untersuchungen zum Halleschen Heiltum des Kardinals Albrecht von Brandenburg, in: Münchner Jahrbuch der bildenden Kunst 27, 1976, S. 59–118, und 28, 1977, S. 91–132.

den Ort seiner Internierung, das KZ Dachau. Die Familie setzte alles in Bewegung, um ihn zu finden; unter anderem wandte man sich an den damaligen Münchner Ordinarius für Kunstgeschichte Wilhelm Pinder, der bei der Aufspürung des Verschleppten half.[21] Wie wenig damals Gesetze und Vorschriften galten, mag man daran erkennen, daß schließlich der Kunsthändler Eugen Brüschwiler, der zu den ersten tausend Mitgliedern der NSDAP gehörte, weshalb er ein mit vielen Privilegien verbundenes Goldenes Parteiabzeichen besaß, in SS-Uniform und begleitet von Museumsdirektor Buchheit nach Dachau fuhr, dort die Herausgabe des Gefangenen verlangte und durchsetzen konnte.

Aber Berliner war gebrandmarkt. Mit dem 31.12.1935 wurde er aus dem Museumsdienst entlassen. Er gab seine Münchner Wohnung in der Möhlstraße, einem der schönsten Straßenzüge Bogenhausens, auf – u.a. weil sie zu nahe am SA-Hauptquartier lag –, und zog sich in sein Berchtesgadener Anwesen zurück, um dort seine Studien zu den Arma Christi und zur Weihnachtskrippe voranzubringen. Seine beiden Söhne hatte er vorsorglich in die USA geschickt.[22] Dort suchte auch er nach einer Anstellung; doch war er nur schwer zu vermitteln. Nach der sog. Reichskristallnacht wurde seine Lage immer kritischer. Am 27.1.1939 wurde ihm zwangsweise der zusätzliche Vorname Israel verpaßt. Doch dann gelang sozusagen in letzter Stunde der Umzug, sogar mit vielen für das Familienleben notwendigen Dingen.[23] Er konnte etwa 2000 Bücher seiner Bibliothek mitnehmen, die er zum Teil von seinem Vater geerbt hatte.[24] Berchtesgadener Bedienstete der Familie nahmen den kostbareren, vom Export ausgeschlossenen Teil des Besitzes in Obhut und händigten ihn 1945 ungeschmälert den rechtmäßigen Eigentümern aus. Andere Mitglieder der Großfamilie Berliner hatten weniger Glück und verloren ihr Leben.

Rudolf Berliner diente mit Elan seinen neuen Wirkungsstätten, zuerst dem Cooper Union Museum in New York, dann dem Museum in Providence/Rhode Island und zuletzt dem Textile Museum in Washington. Doch zog es ihn nach 1945 zurück nach München. Er erneuerte alte Beziehungen und knüpfte neue, so zu Pater Herbert Schade SJ und zu Lenz Kriss-Rettenbeck. Doch unternahm niemand im Bayerischen Nationalmuseum oder anderenorts in Deutschland etwas, den nunmehr Sechzigjährigen in den Museumsdienst zurückzuholen. Es finden sich jedoch auch keine Anzeichen, daß sich der Betroffene darüber beschwert habe. Seine gebesserte Vermögenslage, u.a. durch den Verkauf des rückerstatteten Schneewinkellehens, ermöglichte ihm, in den beiden Jahrzehnten nach 1945 als Privatgelehrter winters in Amerika, sommers in München, Rom und andernorts forschend umherzureisen.[25] Sein Tod am 6.8.1967 veranlaßte einige Nachrufe.[26] Der Rang seiner Leistung wurde jedoch nicht angemessen gewürdigt, zumindest nicht im Fach Kunstgeschichte. Dies soll im Folgenden versucht werden.

Die Krippenkunst

»*Was hiermit in die Hände der Leser gelegt wird, ist das Ergebnis einer dreißigjährigen Bemühung*«, so beginnt das Vorwort des 1955 erschienenen Werkes über die Weihnachtskrippe. Das Ergebnis ist ein sehr dichter, faktenbefrachteter Text, der sich der kursorischen Lektüre verweigert. Wichtige methodische Erörterungen, längere Exkurse zu Spezialfragen sowie gewichtige Funde und Einsichten, aus denen man heute eigene Aufsätze zu machen pflegt, sind in den Endnoten eher versteckt.[27]

21 Wilhelm Pinder schreibt in seinem Antrag auf Entnazifizierung, daß Berliner von der SS abgeholt worden sei und er ihn zusammen mit Brüschwiler gerettet habe.

22 Der älteste Sohn Michael Wolfgang Berliner (später unter dem Namen Bever), 7.8.1911 – 14.7.1992, promovierte 1934 zum Dr. jur. an der Universität Heidelberg, emigrierte im selben Jahr nach den USA, wurde 1937 Master of Business Administration an der Harvard University, wandte sich dann dem Studium der Metallurgie am Massachusetts Institute of Technology zu, wo er 1944 promovierte, eine steile Karriere machte und zu einem hochangesehenen Professor und Erforscher der Materialqualitäten der Metalle wurde, vor allem ein Bahnbrecher der Recycling-Technologie. Der zweite Sohn, Christoph Friedrich Wilhelm Theodor Berliner, geb. 12.3.1919, nahm ebenfalls den Nachnamen seiner Mutter, Bever, an und anglisierte seinen Vornamen zu Christopher. Nach Studien u.a. der Kunstgeschichte in Harvard wechselte er zur Medizin und wurde schließlich Psychoanalytiker; vgl. für beide Söhne die verschiedenen Ausgaben des »Who's Who in America« und des »American Men & Women of Science«. Nach Aussage von Christopher Bever haßte sein Vater Freud, Jung und die gesamte Psychoanalyse. Auch machte er sich über den Altphilologen und Autor des bekannten Buches ›Die Götter Griechenlands‹, Walter F. Otto, lustig, der mit der besten Freundin seiner Frau verheiratet war. Berliner ging nicht in die Kirche, verstand sich eher als Agnostiker, stand dem Judentum kritisch gegenüber, während seine ganze Sympathie der frühchristlichen Kirche gehörte, weshalb ihn manche amerikanischen Kollegen als »Early Christian Berliner« neckten. Er tolerierte die Suche seiner Frau nach einem ihr zusagenden Glauben, ihr zeitweiliges Interesse am Buddhismus und ihren (und ihres Sohnes Michael) Wechsel zu den Unitariern.

23 Dieter Wuttke (Hg.): Erwin Panofsky: Korrespondenz, Bd. I, 1910–1936, Wiesbaden 2002, druckt S. 949/950 einen Brief Berliners vom 6.12.1936 an Panofsky ab, in dem er von ihm Hilfe erbat, um in Amerika Fuß zu fassen. Einem noch nicht publizierten Brief vom 24.4.1937 ist zu entnehmen, daß er 1937 mit Panofsky in Princeton zusammentraf, um das weitere Vorgehen zu besprechen.

24 In dem in Anm. 1 zitierten Brief von Christopher Bever werden viele Bücher genannt, u.a. eine umfangreiche Sammlung klassischer deutscher Literatur; auffällig ist die Bevorzugung Goethes (statt Schillers) und die Akzentsetzung auf Herder, Nietzsche und Burckhardt; auch finden sich in diesem Brief Hinweise auf Berliners musikalische Vorlieben und seine Betätigung als Organist.

25 Sein Freund Martin Weinberger vermittelte ihm einen Lehrauftrag für Museumskunde am New York Institute of Fine Arts. In den Unterlagen des Bayerischen Nationalmuseums wird er als ao. Prof. der Münchner Universität verzeichnet. Dies trifft nach Auskunft des Universitätsarchivs nicht zu.

26 Theodor Müller, in: Kunstchronik 20, 1967, S. 331f. – Das Münster 20, 1967, S. 501. – Stefanucci, (wie Anm. 3). – Doris Schmidt, Wahrheit im Anschaulichen, in: Süddeutsche Zeitung Nr. 209, 1.9.1967.

27 Im Band über die Weihnachtskrippe sind z.B. hervorzuheben: S. 66, Anm. 460ff. über die Bevorzugung des Zuges der Hl. Drei Könige für Uhren und Automaten seit dem 14. Jahrhundert; S. 77 und Anm. 530 über die Exportindustrie der Berchtesgadener Schnitzer; S. 159, Anm. 48 über die Bedeutung des Motivs des Christkindbadens mit einer wichtigen Erörterung zum Charakter erzählender Andachtsbilder; Anm. 205 über Wachsbildnerei; Anm. 421 über

Wer das Buch genau studiert, wird reich belohnt. Doch verstand Berliner es nicht als abschließendes Werk, sondern als Impuls zur Vertiefung der Kenntnis eines vernachlässigten Gegenstandes.

Seine Intentionen werden im Titel der seit 1926 herausgegebenen »Denkmäler der Krippenkunst« deutlicher als im Titel »Die Weihnachtskrippe«. Gewiß war er ein in außergewöhnlichem Maße an Volksfrömmigkeit und Volkskunst interessierter Kunsthistoriker; und doch ging es ihm vor allem darum, die Krippe als *Kunst*-Gattung eigener Art zu begreifen, sie vom einseitigen Ruf des ›Kinderspielzeugs‹ und volkstümlichen Weihnachtsbrauchs zu befreien und als Sondergattung der »*rekonstruierenden religiösen Kunst*« zu begreifen.[28] Leider war ihm damit – das sei vorweg gesagt – kein Erfolg beschieden. Auf die aufklärerische Wirkung wissenschaftlicher Darlegungen und Argumente zu hoffen, erweist sich oft als Illusion: Man kann auf ähnliche Erscheinungen im Alten Ägypten oder in Griechenland oder wo auch immer verweisen, doch wird man damit kaum gegen die vorherrschende Kunstauffassung ankommen, die aus Gewohnheit die Gattungen trennt und für die die Nähe der Weihnachtskrippe zu Theater und Spiel eher Grund zum Mißtrauen ist, erst recht ihre große, ja wachsende Popularität.

Berliner war die romantisierende Verklärung des ›Volkes‹ und des Volkstümlichen zuwider; er betrachtete alles mit kritisch-nüchternem Blick: »*Zu den merkwürdigen Mißverständnissen der Neapler Krippe gehört, daß man verkannt hat, um eine wie gehobene Welt es sich hier handelt. Volksmäßig ist an ihr nur, daß sich das Volk in ihr dargestellt findet, und daß auch das Volk sich von ihr angesprochen fühlt* [...], *aber hier lag keine Selbstdarstellung des Volkes zugrunde, sondern es war Folklore von oben. Dem armen, leidenden und gequälten Volk hätte sicherlich anderes entsprochen* [...]« usw., zugleich ein methodisch glänzender Beitrag zum Realismus-Problem.[29]

Für ihn waren diese halb ephemeren Ensembles, die im Unterschied zu Altarretabeln immer nur zeitweise aufgestellt wurden (in der Regel von Weihnachten bis Mariä Lichtmeß) und die deshalb jedes Jahr etwas anders aussahen, eine Sondergattung des christlichen Bildes, die wegen ihrer Verwischung der Grenzen zum Theater sowie zwischen den Künsten das Mißfallen der ästhetischen Dogmatiker auf sich ziehen mußte. Die Krippe war sowohl dauerhaft wie vergänglich, spielerisch wie ernst. Damit widersprach sie dem Ethos und den Normvorstellungen der Moderne und verfiel deshalb ihrem Verdikt.

Berliner bemühte sich, die Krippe von der Retabelkunst, aber auch von den Hl.-Grab-Gruppen, den Mysterienspielen, den lebenden Bildern und ähnlichen theatralischen Praktiken abzusetzen sowie ihre Genese und Vorgeschichte aufzuzeigen.[30] Sie wird nicht, wie man bis dahin meinte, den Franziskanern verdankt, sondern der privaten Devotion. Ein Ausgangspunkt waren die vielfigurigen, tiefenräumlich entfalteten Retabel vor allem nordmitteleuropäischer Herkunft im 15. Jahrhundert. Die Weihnachtskrippe »*sollte den Frommen helfen, das Gefühl zu haben, den Schauplatz der heiligen Geschichte zu betreten, um sie zur möglichst tiefen Meditation über den Heilsweg anzureizen* [...]. [Sie] *ist ein Hilfsmittel der geistlichen Pilgerfahrt* [...]. [Es ging um] *die Beziehung des ›transeamus usque Bethlehem‹ der Hirten (Lc 2,15) auf die unmittelbare Gegenwart.*«[31] Die reichen Leute schufen sich als Hauskrippen zuweilen äußerst kostbare Goldschmiedewerke, einige müssen wir uns aufwendiger vorstellen als das Goldene Rößl in Altötting.[32] Aus den Häusern und Konventen gelangte die Krippe schließlich in die Kirche.[33] Popularisiert wurde der Brauch durch die Jesuiten und andere Orden der Gegenreformation.

Die Krippe ist ein Gesamtkunstwerk eigener Art, für das es zunächst keine zuständigen Spezialisten gab, das vor allem nie nur einem einzigen Künstler verdankt wurde, sondern immer Gemeinschaftsarbeit war, nur selten in einem Zuge entstanden, sondern immer wieder ergänzt und teilweise umgewandelt. In wechselndem Umfang waren Bildhauer und Maler, Architekten, Wachsbossierer, Staffierer und Dekora-

Echthaarkruzifixe; Anm. 677 über cartapesta; Anm. 741 über die Bedeutung der Verschickung kostümierter Puppen usw. Analog etwa der Aufsatz XII, S. 102, Anm. 17 (hier S. 233).

28 WK, S. 190, Anm. 329: »*Der Streit, ob eine Krippe überhaupt in den Bereich der ›Kunst‹ gehören kann, erscheint mir müßig, da er von den Definitionen abhängt, von denen ausgegangen wird. Zunächst wäre überhaupt eine Auseinandersetzung darüber nötig, ob Volkskunst denn stets gleich Un-Kunst ist, oder ob nicht vielmehr für sie genau die gleiche Grenzbestimmung gilt wie für die ›gebildete Kunst‹ (Weimarer Kunstfreunde): die Qualität. Die Krippe stellt eine künstlerische Aufgabe, deren Ziel der möglichst eindrucksamen Wiedergabe der Wirklichkeit sich mit einem in der sogenannten Volkskunst nicht seltenen deckt. Sicherlich begegneten sich in den neueren Zeiten Kunst fürs Volk und Kunst des Volkes nicht oft so natürlich (usw.).*«

29 WK, S. 104; s.a. die allgemeinen Erörterungen zur Volkskunst-These auf S. 42; über die ›Volkstümlichkeit‹ des neuen Brauchs als Anreiz zu seiner Propagierung für die Vorkämpfer der Gegenreformation S. 72; daß man es seit dem 19. Jahrhundert der Volkskunst überließ, den Bedarf zu decken S. 153. – Die Vertreter des Faches Volkskunde haben ihm dennoch mehr Anerkennung gezollt als die Kunsthistoriker: Ihm wurde das Bayerische Jahrbuch für Volkskunde 1966/67 gewidmet, eingeleitet durch einen Aufsatz von Lenz Kriss-Rettenbeck: Anmerkungen zur neueren Krippenliteratur, S. 7–36; doch findet man dort z.B. S. 12 auch Beispiele einer ideologisch verblendeten Kritik an Berliners Krippenbuch gerade aus volkskundlichen Kreisen.

30 Eine Definition s. WK, S. 14f.; zu Bedeutung und Gebrauch der Worte Krippe, praesepe usw. S. 19f.; zur Unterscheidung von Retabeln S. 25f. – Berliner formuliert deutlich die methodischen Schwierigkeiten: »*In aller Krippengeschichte tut man gut daran, grundsätzlich an einen ständigen Fluß der Verhältnisse zu glauben*« (WK, S. 35). »*Auch hier zeigt es sich also, daß das Problem der Geschichte der ›Möglichkeit‹ einer Weihnachtskrippe in engem Rahmen nicht zu lösen ist*« (S. 28). »*Aber die Wirklichkeit ist wie stets reicher gewesen, als sie in historischer Abstraktion erscheint*« (S. 93). Typisch auch die kritische Einleitung des ›Forschungsstandes‹ zur Neapolitaner Krippenkunst S. 96, die in den Satz mündet: »*Sicher ist, daß man früher weniger zu wissen vorgab, als später.*«

31 [Gehen wir nach Bethlehem]; WK, S. 14.

32 WK, S. 13f., 28.

33 WK, S. 24 über die Stiftung einer Weihnachtskrippe durch Bischof David von Burgund 1489 an die Utrechter Kathedrale, deren Materialwert bei ihrer Einschmelzung 1578 auf über 150 000 Gulden geschätzt wurde.

tionsspezialisten daran beteiligt[34]; doch ist auch die Einwirkung der Liebhaber-Dilettanten nicht zu unterschätzen.[35] Die Krippe bedarf der Inszenierung, zumal der Beleuchtung.[36] Sie ist »*gefrorenes Theater*«, unterscheidet sich jedoch von ihm schon dadurch, daß sie nicht auf eine fassadenhaft eingerahmte Bühne begrenzt ist, sondern frei im Raum entfaltet wird, weshalb die Betrachtenden zu ihr ein grundsätzlich anderes Verhältnis entwickeln. Sie gibt eine panoramatische Überschau und ermöglicht doch auch, sich in das Geschehen hineinzuversetzen; sie befriedigt die Neugier und nimmt doch auch die Imagination gefangen; sie läßt den Blick schweifen und führt ihn doch immer zum heiligen Mittelpunkt.

Da dies Gebilde von seinem Wesen her vielfigurig und reich an Staffage sein mußte, durfte auf die einzelne Figur nicht so viel Aufmerksamkeit gewendet werden, wie man es etwa von der Altarskulptur her gewohnt war. War ihr Ort zunächst der Altar selbst oder ein Ort in Altarnähe, und ihre Erscheinung in der Frühzeit noch durch ein rahmendes Gehäuse begrenzt, breitete man sie bald räumlich aus: Das ›Zauberhaus‹ wurde zum ›Zauberberg‹.[37] Bei vielen Ausführungen war nicht nur eine Szene dargestellt, sondern nach Art der kontinuierenden Erzählung die Abfolge der Ereignisse der Weihnachtszeit, bevorzugt der Anbetung der Hirten wie der Könige. Für die Aufstellung benötigte man bald mehr als einen Raum; sie erscheint als eine Vorform des neuzeitlichen Panorama.[38] Die Besitzer von Hauptwerken machten sie nicht selten öffentlich zugänglich; die sehenswürdigsten wurden sogar in den Reiseführern verzeichnet. Waren Besucher hohen Standes angekündigt, sorgte man für musikalische Begleitung. Damit geriet die Krippe sogar in die Nähe der theatralischen Lieblingsgattung der Epoche, der Oper. Deshalb erstaunt nicht, bei Krippen besonders viele Automaten und Maschinerie angewendet zu finden.[39] Der Aufwand, der in der Blütezeit dieser Kunstgattung für eine einzige Weihnachtskrippe betrieben wurde, konnte den Kosten für einen kompletten Kirchenneubau samt Ausstattung gleichkommen.[40]

[Doch] »*es geht ihnen wie allen Devotionalobjekten: höchst geachtet und gehegt, solange die Devotion blüht, werden sie in erstaunlichem Grade vernachlässigt, wenn jene zurückgeht, als wenn sie nun bestraft werden sollten, daß sie, ein Häufchen Materie, Ausgang und Ziel so starker Emotionen gewesen. Dabei ist auch das erste für ihr Aussehen gefährlich, denn die Liebe will sich betätigen – schmückend, ergänzend oder wie immer –, zweitens aber soll die Wirkungsmöglichkeit lebendig erhalten bleiben, was nur der Fall ist, wenn das Aussehen der Arbeiten von Zeit zu Zeit aufgefrischt wird* [...].«[41]

Berliner beachtete mit gleichbleibender Intensität die verschiedenen Länder und Zentren durch drei Jahrhunderte, aber auch die Eigenart der Krippenkunst in den Frauenklöstern und anderen geistlichen Institutionen, ebenso in Pfarrkirchen und Privathäusern. Sein Buch wird so zu einer europäischen Sozial- und Frömmigkeitsgeschichte. Er war offen für alles, was das Verständnis der Werke förderte, darauf bedacht, nie den Gegenstand zu vergewaltigen bzw. sich selbst in den Vordergrund zu drängen, dies alles in einer Zeit, die komplexer und beweglicher Methodik nicht viel abgewinnen konnte und die es erst recht nicht schätzte, wenn jemand von der Mehrheitsmeinung abwich und auf seinem eigenen Weg beharrte.[42]

Berliner stieß jedoch auch auf andere Schwierigkeiten: Schon 1929 klagte er über den dürftigen Stand der Exegese-Geschichte: »*Da es keine Geschichte der Psalmexegese gibt, klafft bei der Bedeutung des Psalters für die christliche Kunst eine vom Kunsthistoriker nicht auszufüllende Lücke schwerster Bedeutung. Die Wichtigkeit der Exegese für die Erkenntnis der christlichen Kunstvorstellungen scheint überhaupt noch nicht recht erkannt worden zu sein* [...]. *Daß die Kunst aber ihre Vorstellungen aus allen Bereichen der Theologie und des kirchlichen und des Frömmigkeits-Lebens nahm, ist selbstverständlich. Was wir brauchen, ist eine Theologie der christlichen Kunst, die die Spiegelung des theologischen und des Frömmigkeits-Lebens in ihr aus deren Geschichte zu erklären weiß, aber auch die Abweichungen berücksichtigt* [...]. *Aber* [...] *in dem Bewußtsein, daß nur ungenügendes Stückwerk zu leisten ist, muß der Kunsthistoriker Versuche zur Erkenntnis unternehmen, damit unsere Fehler Wissendere anreizen, sich mit den Fragen zu beschäftigen, die dann im besten Falle schon Wegweiser vorfinden mögen, in welcher Richtung sie den Weg bahnen müssen.*«[43] Deshalb reagierte er später so enthusiastisch auf Aloys Grillmeiers dogmengeschichtliches Buch ›Der Logos am Kreuz‹ von 1956 (XI) und benutzte umgehend das dort Gelernte für seinen wichtigen Aufsatz über die Darstellungen der Lehre von den ›Zwei Naturen Christi‹ (XIII).[44] Insgesamt gesehen mußte er die von ihm aufgestellte Forderung, Kunstgeschichte enger mit Theologie- und Frömmigkeitsgeschichte zu verbinden, selbst einlösen. Letztlich geht es in allen seinen Studien um die Erhellung des Wesens christlicher Bilder aus den Grundlehren von der Inkarnation, den zwei Naturen Christi, der Mariologie usw. und darum,

34 Zur Tätigkeit verschiedener Gewerke s. WK, S. 49, 79, 100f.; zur Bekleidung s.a. S. 47, 85, 170; über Wachsfiguren S. 35, 64, 73, 85f., 94f., 100 u. 136.

35 Über die Leistungen von Dilettanten s. u.a. WK, S. 81 u. 111.

36 WK, S. 10, 13, 34, 38f., 40ff. usw. »*Es ist nun einmal* [...] *Theater auch darin, daß die Figuren eine glänzende Beleuchtung verlangen. Stumpfes Tageslicht nimmt ihnen viel.*« (WK, S. 104).

37 WK, S. 83.

38 Stephan Oettermann: Das Panorama. Die Geschichte eines Massenmediums, Frankfurt/M. 1980.

39 WK, S. 64ff., 80 und Anm. 457 u. 460.

40 Die Krippe für das Chorherrenstift Diessen am Ammersee kostete 1500 Gulden (WK, S. 135), die stadtberühmte, vor 1775 alljährlich in der Kirche des St.-Josephs-Spitals in München ausgestellte über 4000 Gulden (S. 136). Das ist etwa die Summe, die Balthasar Neumann für die im Auftrag des Fürstbischofs Friedrich Karl v. Schönborn 1740–45 errichtete Hl.-Kreuz-Kirche in Kitzingen-Etwashausen benötigte.

41 WK, S. 53f.

42 Vgl. die Ausführungen zu Hans Jantzen in Anm. 4 des Vorwortes.

43 III, S. 106 (hier S. 37f.).

44 Nach Auskunft von Lenz Kriss-Rettenbeck interessierte ihn gegen Ende seines Lebens brennend die Frage, wie man sich den verklärten Leib Christi zu denken habe.

daß Bilder unabhängig vom Wort eine eigenständige Aussage darüber machen können.

Ein zentrales Anliegen der Weihnachtskrippe ist die Vergegenwärtigung des heiligen Geschehens und die Selbstidentifikation der Betrachtenden mit den dargestellten Personen.[45] Berliners Arbeiten zum Wirklichkeits- und Wirkungsverständnis des christlichen Bildes sind also auch ein Beitrag zur Diskussion um den »Realismus« in der abendländischen Kunst, demjenigen Erich Auerbachs an Bedeutung vergleichbar: auch für ihn ist die Eigenart der christlichen Religion entscheidend für die Genese einer wirklichkeitsnahen, naturmimetischen, zunehmend emotionalisierenden Darstellungsweise seit dem Hohen Mittelalter; nur führte er dies vor allem auf das wachsende Ernstnehmen der Menschheit Christi bzw. der Lehre von den Zwei Naturen zurück.[46] Ihm ging es nicht nur um den Bruch mit der antiken Stillagen-Lehre, der die niedere Stillage des ›sermo humilis‹ zur angemessenen, ›christlichen Rede‹ erhob. Seiner Auffassung nach war es die Lehre von der Menschwerdung Gottes in Jesus von Nazareth, die auf die Dauer zu einer anderen Sicht auf alle Dinge führte: Sie bedingte ein Ernstnehmen von Seiten der Wirklichkeit, die zuvor kaum beachtet wurden, ohne daß dies etwa als Säkularisation zu mißdeuten wäre. Doch ist diese Wirklichkeitssicht nicht gleichzusetzen mit einer der Natur, dem historischen Ort und der historischen Zeit gegenüber getreuen Darstellungsweise: *»Die Ansprüche der einzelnen Zeiten und der einzelnen Bildungsstufen an das, was sie als naturgetreue Darstellung empfinden, sind verschieden. In einer Forderung stimmen sie wohl alle überein: Leben bedeutet raumerfüllende Körperlichkeit, bedeutet Bewegung im Raume. Zweidimensionalität mag ein ›Bild‹ [...] ergeben, aber ihm fehlt das für das Gelingen einer Wirklichkeitsrekonstruktion entscheidende Erlebnis der Tiefendimension.«*[47] Vergegenwärtigung in der christlichen Kunst überwand nicht nur die räumliche, sondern auch die historische Distanz; sie versetzte das Ereignis in die eigene Lebenswelt, durchmischte sie aber zugleich mit einer anderen, fremden, geheimnisvollen und prächtigen Welt.[48]

Und doch wurde die Betrachtung der Bilder (und der Krippen) immer nur als Durchgangsstufe zu einer höheren geistlichen Schau verstanden, wie es die Weihnachtspräfation des Missale Romanum zum Ausdruck bringt: »ut dum visibiliter Deum cognoscimus, per hunc in invisibilium amorem rapiamur.«[49] Das erinnert an die seit dem 12. Jahrhundert verbreitete Theorie, wonach beim Aufstieg der Seele zu Gott den Bildern nur die Rolle einer Eingangsstufe zukommt. Darin war die Krippe dem Theater ähnlich und mußte oft zu seiner Rechtfertigung herhalten.[50]

Die Studien über die Passionsbilder und die Freiheit der mittelalterlichen Kunst

Die Weihnachtskrippe breitet die liebliche und heitere Seite der Heilsgeschichte vor uns aus, welche den Menschen der Frühen Neuzeit mehr lag als die düstere, wenn auch grandiose Verherrlichung des Leidens und Sterbens Jesu Christi. Doch ist nun einmal die Passion und Person des Erlösers der Mittelpunkt des Christentums und entsprechend auch das Hauptthema der Studien Berliners, in *»denen ich über die üblichen Allgemeinheiten hinaus die genaue Verbindung zwischen der Entwicklung der künstlerischen Darstellung eines Themas und seiner Stellung im Frömmigkeitsleben und Fixierung in Worten darstellen wollte. Hatten die ersten drei (Sturz in den Cedron, Ährenmadonna, Urteil des Pilatus* [d.h. I, II, III]) *zum Verständnis seltener Darstellungen geführt, so erlebte ich* [bei den Vorarbeiten zu den Arma Christi IX] die [...] *Überraschung, daß nicht nur eine in unendlich vielen Beispielen erhaltene Darstellung des Erlösers – nämlich der als Toter stehende Christus – nicht verstanden war und ein ganz anderes Verhältnis zur bildenden Kunst voraussetzt als man gemeinhin dem christlichen Mittelalter zuschreibt, sondern daß eine große Zahl der auf die Erlösung bezüglichen Darstellungen falsch oder ungenau benannt zu werden pflegen.«*[51] Die Arbeiten am Hauptstück, den ›Arma Christi‹, waren früh schon weit gediehen und befreundeten Kollegen zugänglich, so daß Campbell Dodgson sie bereits 1935 zitierte, doch gelangten sie erst 1955 gekürzt zum Druck: *»Den Ruf zur Besinnung halte ich noch nicht für überholt und unzeitgemäß, da während der letzten zwei Jahrzehnte das allgemeine Verständnis der westlichen religiösen Kunst bestimmt nicht reifer, wohl aber abhängiger von nicht auf*

45 WK, S. 9, 13. – Sehr schön sind seine Passagen über das Motiv, das neugeborene Christuskind zu baden, das er mit der in mittelalterlichen Frauenkonventen weitverbreiteten Vorstellung von der Nachfolge Mariens als Pflegerin des Christkindes begründet (WK, S. 159, Anm. 48).

46 Erich Auerbach: Mimesis. Dargestellte Wirklichkeit in der abendländischen Literatur, Bern 1946 und viele spätere Auflagen. Zur ›Realismusdiskussion‹ bei Berliner s. WK, S. 28ff., S. 78f., S. 103, S. 159, Anm. 48, S. 175, Anm. 173 usw. S. 51f. über die Integration von Propheten und anderen typologischen Figuren in die Krippen als für das Verständnis von ›Zeit‹ im Sinne der Heilsgeschichte bezeichnend. – S.a. Frederick P. Pickering: Literatur und darstellende Kunst im Mittelalter, Berlin 1966 (= Grundlagen der Germanistik 4). – James Marrow: Passion Iconography in Northern European Art of the Late Middle Ages and Early Renaissance. A Study of the Transformation of Sacred Metaphor into Descriptive Narrative, Kortrijk 1979 (= Ars Neerlandica 1). – Gerhard Schmidt, »Pre-Eyckian Realism«. Versuch einer Abgrenzung, in: Maurits Smeyers / Bert Cardon (Hg.): Flanders in a European Perspective. Manuscript Illumination around 1400 in Flanders and Abroad, Proceedings of the International Colloquium Löwen, 7.–10.9.1993, Löwen 1995, S. 747–769. – Robert Suckale: Zum Körper- und Wirklichkeitsverständnis der frühen niederländischen Maler, in: Klaus Schreiner u.a. (Hg.): Frömmigkeit im Mittelalter. Politisch-soziale Kontexte, visuelle Praxis, körperliche Ausdrucksformen, München 2002, S. 271–297.

47 WK, S. 13; s. dort auch die anschließenden Passagen.

48 WK, z.B. S. 53ff.

49 [»damit wir, indem wir Gott sichtbar erkennen, dadurch zur Liebe der Unsichtbaren empor gerissen werden«] (WK, S. 31). Die Jesuiten gebrauchten die Krippen als Mittel der Inneren Mission: »Denn nichts präge sich dem Geist derart ein und hafte so fest in ihm, nichts rühre mehr als dem Gläubigen sinnfällig Gezeigtes.« (WK, S. 32 nach einer böhmischen Quelle) Parallel dazu erneuerten sie auch wieder die alte Sitte, Hl. Gräber aufzurichten.

50 WK, S. 40f.

51 IX, S. 116 (hier S. 191).

eindringenden Analysen der Kunstwerke basierenden Theorien geworden ist.«[52] So sehr Berliner nach allgemeingültigen Einsichten strebte, sein Vorgehen ist immer empirisch. Nie wird von einem vorgefaßten Begriff aus deduziert. Er betrachtete deshalb die ältere Forschung mit kritischen Augen: »*Was der deutschen Kunstgeschichte nottut, ist ein wirklich strenger Kritiker* [...] [und] *geistige Disziplin*«, äußerte er in einem Brief an Herbert Schade. »*Den angeblichen grundsätzlichen Gegensatz zwischen Andachtsbildern und erzählenden Darstellungen, der unter irgend welchen Bezeichnungen zuerst von hauptsächlich für spätmittelalterliche Plastik interessierten deutschen Gelehrten statuiert wurde, und der nun beinahe zu einem Glaubenssatze geworden ist, gab es nicht.*[53] *Es ist einfach nicht richtig, daß die wesentliche Eigenschaft jedes Andachtsbildes in der Vereinzelung oder der einer ›schlechthinnigen Erzählung‹ beigegebenen visuellen Interpretation des Themas besteht, oder in seiner ›kontemplativen‹ Erfühlbarkeit (auch falls Panofsky mit dieser dunklen Phrase andeuten wollte, daß der Inhalt jenseits der Rationalität liegt). Jede Darstellung aus der Heilsgeschichte kann gar nichts anderes sein als die Darstellung einer Heilstatsache. Formal, d.h. objektiv ist die Grenze zwischen einem Andachtsbild und einem rein erzählenden oder rein darstellenden Bilde durchaus flüssig. Eine Darstellung erhält den Charakter eines Andachtsbildes durch seine Verbindung mit einer Andacht* [...]. *Daher konnte sowohl eine umfangreiche Darstellung als auch nur eine Einzelfigur in ihr zum Andachtsbilde werden, was z.B. besonders häufig mit den Marienfiguren in Geburtsdarstellungen der Fall gewesen zu sein scheint, wie das Frauen in den Zeiten unentwickelter medizinischer Gynäkologie naheliegen mußte. Unser Wissen um die Geschichte des mittelalterlichen Andachtsbildes ist noch sehr beschränkt. Sicher ist nur schon, daß sie mindestens bis in die zweite Hälfte des ersten Jahrtausends hinabgeht, daß in ihr östliche Kunstwerke eine sehr große Rolle gespielt haben, und daß eine besonnene Forschung sich bewußt bleiben muß, daß wir, ihrer besonderen Bestimmung nach, gerade auch der Andacht außerhalb der Kirchengebäude zu dienen, mit dem Verlust zahlloser, auch wichtigster Andachtsbilder zu rechnen haben, wie er für neuzeitliche gedruckte trotz phantastisch hoher Auflagen belegt ist.«*[54] Zutreffend kritisiert er Panofskys Vorstellung vom Primat des Wortes über das Bild und dessen neo-kantianische Denkweise: »*Was zu beweisen nicht gelungen wäre, wird als Selbstverständlichkeit vorausgesetzt: daß es möglich ist, eine der klassischen Archäologie entsprechende Typenlehre zu entwickeln* [...]. *Daß die religiöse Phantasietätigkeit der Christenheit einen viel reicheren Niederschlag in innerlich Geschautem und in Worten als in Werken der bildenden Kunst gefunden hat, und daß die christliche Religion einen Sinnesreichtum und eine Vielfältigkeit der Motive zu entwickeln erlaubt, der die entsprechenden Möglichkeiten der antiken Religionen weit übertrifft, macht aber die Deutung christlich-religiöser Kunstwerke zu einer ungleich schwierigeren Aufgabe als die der klassisch-religiösen, in denen der Sinn jedes Motives als gesichert gilt. Als selbstverständlich vorausgesetzt wurde von Panofsky vor allem die rationale Übersetzbarkeit jeder Darstellung in Worte* [...].«[55]

Berliner bekämpfte energisch einige der gängige Begriffe, wie den des Symbols, weil er sie für unzutreffend und historisch unbegründet hielt: »*Es sei eindringlich betont, daß die mittelalterliche Symbolik kein Lehrgebäude mit gleichsam mathematischen Formeln darstellt, da es kein durchgearbeitetes System der Symbolik gibt, sondern daß sie ein Niederschlag der Kunst der Exegese ist, die immer reichere Beziehungen für den im Augenblick gesetzten Mittelpunkt zu finden weiß.*«[56] Skeptisch äußerte er sich auch gegen die beliebte Herleitung künstlerischer Neuerungen von Visionen der Mystikerinnen, etwa der hl. Birgitta von Schweden, weil diese oft nur wieder Bilder reflektierten. Bemerkenswert früh finden sich bei ihm auch Warnungen vor einer allzu naiven Anwendung der gregorianischen Bildtheologie.[57]

Er bestand auf der Wichtigkeit der Exegese für fast alle von ihm untersuchten Motive: »*Man tut gut daran, sich immer wieder zu erinnern, daß alle ›echten‹ Ausmalungen von Einzelheiten eine Schriftgrundlage haben. Dies nachzuweisen wäre eines der reizvollsten Ergebnisse einer Geschichte der Exegese.*« Da es eine solche Geschichte jedoch nicht gab, hat er sich mit bemerkenswertem Fleiß an die Lektüre der zahllosen Texte gemacht, mit staunenswert reichen, noch lange nicht hinreichend rezipierten Ergebnissen.[58] Es war sein Anliegen herauszuarbeiten, daß eher die Frömmigkeit als die wissenschaftliche Theologie für

52 Ebd. – Zur Ährenkleidmadonna s. Lenz Kriss-Rettenbeck: Lebensbaum und Ährenkleid. Probleme der volkskundlichen Ikonologie, Rudolf Berliner zum 70. Geburtstag, in: Bayerisches Jb. für Volkskunde 1956, S. 42–56. – Zu den Arma Christi ders. (wie Anm. 12).

53 X, S. 116, Anm. 13 (hier S. 197). Allgemeines zu Andachtsbildern findet sich u.a. IX, z.B. S. 55 u. 70 (hier S. 121, 138). – Eine ausführliche, aber unvollständige und z.T. schiefe Geschichte des Andachtsbildbegriffes bei Karl Schade: Andachtsbild. Geschichte eines kunsthistorischen Begriffs, Weimar 1996.

54 Vgl. den in Anm. 5 des Vorwortes zitierten Aufsatz von 1927, S. 264. – Andere Beispiele kritischer Äußerungen zur Literatur s. III, S. 97 u. 104 (gegen Karl Künstle; hier S. 31); IX, S. 138, Anm. 476 (gegen Max J. Friedländer, wenn auch sehr zurückhaltend; hier S. 150); XIII, S. 94 (gegen Wilhelm Päseler; hier S. 241) und S. 101, Anm. 3 (hier S. 241f.), wobei er zu selten scharfen Formulierungen greift: »*Man muß Heideggers von ihm selbst als ›unzureichendes Stammeln‹ bezeichnete Sätze lesen, um sich davon zu überzeugen, was unter dem Einflusse der schon 1917 von Ernst Heidrich (Beiträge zur Geschichte und Methode der Kunstgeschichte, Basel 1917, S. 97ff.) vorausgesagten kunstgeschichtlichen ›neuen Scholastik‹ heute als Beitrag zur kunstgeschichtlichen Erkenntnis gelten kann*«; XIV, S. 228 (hier S. 254 und passim, gegen Ernst H. Gombrich).

55 X, S. 100 (hier S. 194); s.a. S. 112 und XIII, S. 103 (hier S. 251).

56 III, S. 108 (hier S. 38); s.a. III, S. 111 (hier S. 41); V, S. 263 (hier S. 60); XI, S. 178 (hier S. 214); XIV, S. 232 (hier S. 258).

57 I, S. 75 (hier S. 24). – X, S. 104 (hier S. 197). – IX, bes. S. 54, 80 u. 111 (hier S. 119, 150, 185). – Diese skeptische Position wurde in neuerer Zeit meines Wissens zuerst von dem zu früh verschiedenen Michael Camille verfochten: Seeing and Reading. Some Implications of Medieval Literacy and Illiteracy, in: Art History 8, 1985, S. 26–49. – Leonard Duggan: Was Art really the ›Book of the Illiterate‹? in: Word and Image 5, 1989, S. 227–251.

58 IX, S. 148, Anm. 781 (hier S. 181). – S.a. seine biblischen Hinweise in IX, S. 34, 46 (hier S. 97, 111) und passim; X, S. 101 (hier S. 194). Ihm wäre an die Seite zu stellen James Marrow (wie Anm. 45). – Einige von ihm benutzte Bücher verdienten, in kunsthistorischen

die Genese vieler Bildideen verantwortlich zu machen sei; dies formuliert er bereits in seinem ersten Aufsatz zum Themenbereich, über die Cedronbrücke: »*Man wolle nicht vergessen: wir haben es mit Versinnbildlichungen von Vorstellungen zu tun, die nicht wissenschaftlicher Theologie entstammen, sondern meditativer Frömmigkeitsübung mit all den individuellen Schwankungen, die auf diesem Gebiet möglich sind. Es handelt sich nicht um eine Angelegenheit des Glaubens, sondern um ein Schaltenlassen der Phantasie innerhalb des gegebenen Rahmens der biblischen Erzählung. Vielleicht erklärt der fehlende theologische Halt auch, warum das Ganze nicht währte.*«[59] Im selben Aufsatz schlägt er erstmals das ihn fortan so ausgiebig beschäftigende Thema des Verhältnisses zwischen der Wahrnehmung der Wirklichkeit und der frommen Meinung an: »*Sehr lehrreich sind die Ausführungen* [des Pilgerberichts von 1508 des Minoriten] *Anshelm, der auseinandersetzt, warum der Bach [Cedron] nur wenn es während des Winters regnet, Wasser führt, und daß es im Sommer nie regnet, dann aber fortfährt: man glaubt, daß der Bach damals [zum Zeitpunkt der Passion Christi] Wasser führte, iuxta prophetiam David* [...]. *Was bedeutet die Realität gegenüber der Möglichkeit der heilsgeschichtlichen Sinngebung durch ein Bibelwort?*«[60]

Grundsätzlicher wird er in seinem Aufsatz über das Urteil des Pilatus: »*Dieses Zugeben* [eines derartigen Urteilsspruchs durch den Neapler Juristen Borello, und zwar entgegen seiner persönlichen Überzeugung, daß der 1580 in Aquila aufgetauchte Text eine Fälschung sei] *verdient besondere Unterstreichung, da es weit über den Einzelfall hinaus schlagartig die tiefsten Grundlagen der herrschenden wissenschaftlichen Methodik bloßlegt. Gibt es einen Zusammenstoß des auf der Erfahrung beruhenden sicheren Wissens mit einer geheiligten Autorität, so folgt man der letzteren, auch wenn man noch so fest von der Richtigkeit seines Wissens überzeugt ist* [...]. *Konsequenz der wissenschaftlichen Haltung, man könnte auch sagen Wissenschaft als konsequente Haltung, ist eine Forderung, die man nicht kennt* [...]. *Der große Einschnitt, der unser wissenschaftliches Denken vom mittelalterlichen trennt, den zog nicht die Renaissance, sondern die Aufklärung.*«[61]

»*Es ist notwendig, daß sich weiteren Kreisen die Frage aufdrängt, ob denn die konventionelle Methode der Ermittlung des Sinngehalts alter christlich-religiöser Kunstwerke stets sein Verstehen möglich machen kann. Zu viele Erklärer scheinen zu vergessen, daß religiöse bildende Kunst sowohl ein unmittelbarer Ausdruck als eine eigenständige Form des Frömmigkeitslebens ist, die sich theologischer Kontrolle entziehen kann, da es sich um eine nichtverstandesmäßige Äußerung religiösen Geistes handelt. Ein seiner Bezeichnung wertes Kunstwerk hat nicht die Möglichkeit wie Schriftzeichen einen Gedankeninhalt objektiv zu fixieren, damit er andere Gedankeninhalte anzuregen vermag. Ein Kunstwerk wendet sich unmittelbar nicht an den Intellekt, sondern an das emotionale Leben des Beschauers. Viele religiöse Kunstwerke erstrebten natürlich als ›Illustrationen‹ in Worten Formuliertes oder Formulierbares möglichst getreu in Schaubares zu übersetzen. Aber selbst dann liegt es im Wesen des schaubar Geformten, daß es einerseits jener Präzision entbehren kann, deren ein in Worte gekleideter Sinngehalt fähig ist, daß es andererseits von einer engen Bestimmtheit sein kann, die, in Worte gebracht, einen befremdenden, unwahren oder unrichtigen Sinn ergibt, wenn er verglichen wird mit der Lehre der Kirche* [...] *das schwierigste Problem, mit dem die Ikonographie sich auseinanderzusetzen hat,* [ist] *das des Verhältnisses der Kunstwerke, besonders der als Veranschaulichung eines Themas frei geschaffenen, zu den verstandesmäßig formulierten religiösen Vorstellungen.*«[62]

»*Die Kunstwerken zugewiesene Stellung im geistigen und Empfindungsleben unterliegt der Wandlung. Der in der Spätantike* [...] *mögliche Glaube an eine durch die reine Betrachtung erfolgende Übertragbarkeit von Eigenschaften eines Dargestellten auf den Betrachter ist im Westen wahrscheinlich seit dem späteren Mittelalter zu großem Teil und bei vielen völlig erstorben.*[63] [...] *Aber es gehört zum Wesen einer von den Gläubigen* [...] *als realistisch empfundenen Darstellung, stets leicht das Präsenzerlebnis zu vermitteln, d.h. das Gefühl unmittelbarer Gegenwart des Dargestellten zu erregen, mit dem daher eine unmittelbare Kontaktaufnahme möglich ist* [...]. *In der uns hier beschäftigenden, etwa vom 12. bis zum 18. Jahrhunderte währenden Epoche, waren zwischen den Extremen der vorwiegend intellektuell lehrenden und der vorwiegend nur schmückenden Kunstwerke die charakteristischen Beispiele der religiösen Kunst diejenigen, in denen dem Künstler Freiheit gelassen war, seinem Thema die Gestalt zu geben, die sich als ein mit dem Ziele der Beeindruckung des Beschauers erfolgter Ausgleich zwischen den Ansprüchen der Wirklichkeit oder Richtigkeit und rein künstlerischen Gesichtspunkten begründen ließ. Als selbstverständlich vorausgesetzt war die Bereitschaft des Beschauers, sich von dem, was er sah, religiös beeindrucken zu lassen. Für Beschauer, die dem Inhalte skeptisch gegenüberstanden oder am Kunstwerk rein ästhetisch interessiert waren, schuf man damals nicht.*[64] *Was dargestellt wurde, war geglaubte Wirklichkeit.*

Kreisen bekannter zu werden, so: Paulus de Barry und Martinus Sibenius: Magnificentia dei erga matrem suam, Köln 1659 und Ippolito Marracci: Polyanthea mariana, Köln 1683, Rom 1694.

59 I, S. 81 (hier S. 26). – Berndt Hamm hat für diese primär auf Frömmigkeitsförderung bedachte theologische Tendenz den Begriff der ›Frömmigkeitstheologie‹ geprägt: Frömmigkeit als Gegenstand theologiegeschichtlicher Forschung. Methodisch-historische Überlegungen am Beispiel von Spätmittelalter und Reformation, in: Zeitschrift für Theologie und Kirche 74, 1977, S. 464–497 und: Frömmigkeitstheologie am Anfang des 16. Jahrhunderts. Studien zu Johannes v. Paltz und seinem Umkreis, Tübingen 1982 (= Beiträge zur historischen Theologie 65).

60 I, S. 74, Anm. 6 (hier S. 23).

61 IV, S. 140, Anm. 1 (hier S. 52) und IV, S. 142 (hier S. 52).

62 X, S. 97 (hier S. 192). – Diesen Leitsatz hat Berliner mehrfach variiert, z.B. X, S. 99 (hier S. 193): »*Die Zeit ist überreif für die Anerkennung der Tatsache, daß viele Kunstwerke ihr Thema so veranschaulichen, daß eine rationale, mit kirchlicher Lehre übereinstimmende Übersetzung in Worte nicht gefunden werden kann.*« S.a. XI, S. 178 (hier S. 214); XIII, S. 89 (hier S. 235); XIV, S. 227 u.a. (hier S. 253).

63 Zum Prozeß der Rationalisierung s.a. IX, S. 60ff., 78, 136, 139 (hier S. 126ff., 145ff.)oder X, S. 114 (hier S. 209).

64 S.a. V, S. 264, 269 u. 279 (hier S. 60ff.).

Es gehört zum Wesen des Menschen, daß sein spontanes Empfindungsleben gerade auch auf religiösem Gebiete nicht ohne weiteres und in allen Einzelheiten von seinem Wissen kontrolliert wird [...]. [Deshalb] *konnten christliche künstlerische Darstellungen erstaunliche Freiheit haben;* [...] *über ihren religiösen Wert entscheidet* [...] *ihre Fähigkeit, das seelische Leben zu bereichern* [...]. *Als Kriterium für die Duldung einer Darstellung wurde offensichtlich nicht stets genommen, ob sie bei beschreibender* [...] *Übertragung in Worte der Lehre entsprach, sondern ob sie Empfindungen zu erregen vermochte, die als wünschenswert galten, kurz, ob sie die Frömmigkeit zu vertiefen geeignet war. Die Kirchenlehre, die Glaubenssätze standen zu fest* [...]. *Seit der Urzeit gab es z.B. Darstellungen der Anbetung der Magier, die mit keiner Erzählung des Ereignisses in Worten übereingingen und übereingehen konnten, da Maria jene nicht auf einem Throne sitzend empfangen haben kann. Darstellungen solcher Art hatten nicht die Absicht einer Schilderung von Ereignissen, ›wie sie wirklich gewesen sind‹. Die künstlerische Veranschaulichung war da autonom, weil man offenbar vor der historischen Treue dem Gefühle den Vorrang einräumte: so sollte es sich zugetragen haben, wenn es richtig zugegangen wäre [...].« Die Künstler gingen noch weiter, wenn sie z.B. die eindeutig in der Bibel berichtete Nacktheit Christi am Kreuz nicht darstellten, im Einklang mit den Normen der Gesellschaft.*[65]

Nur so konnte es dazu kommen, daß Christus sogar als Frau dargestellt wurde: »*It may be judged as utterly anthropomorphic, to conceive of god* [als weibliche Gestalt, um sein Wesen als ›Liebe‹ zum Ausdruck zu bringen].«[66] Berliner kann seine Verwunderung nicht unterdrücken, aber – so gibt er zu: »[...] *it is wonderfully human.*«[67] – »*Da klafft* [...] *der Gegensatz zwischen einer ›unwahren‹ anschaulichen Darstellung und der in Worten überlieferten Geschichte oder Lehre auf.*«[68]

Die Emotionalisierung sollte vor allem die Bereitschaft zur Nachfolge Christi und Mariä als Ideal der Lebensführung stärken. Doch ist sie tiefer begründet: »*It was a basic religious principle that Christianity does not consist of a theoretical acceptance of dogmas and facts (›our knowledge is but patchwork‹), but of the possession of faith, hope and charity – and of these, charity is the most important* (I Cor 13,8,13). *A Christian is not the individual, who knows the teachings of Christ but rather one to live them. Conduct, therefore, ought to be determined by the desire to imitate* [...].« Für die Künstler bedeutete dies: »*The more emotionally effective art can be* [...] *the better can artists make their point of view prevail.*«[69]

Gott hat Adam als sein Ebenbild geschaffen und in Jesus von Nazareth menschliche Gestalt angenommen, weshalb alle Bilder des Menschen auf Gott zurückverweisen und die ›Menschen-Natur‹ trotz der Erbsünde letztlich positiv gesehen wird: »*The metaphysical relationship of ›subject‹ and ›image‹ belongs among the most essential points of the Christian conception of the universe. If it is accepted that, according to the nature of the human mind, the supernatural is conceivable only through perceptible images, then the artistic image can be acknowledged as a fundamental force.*«[70]

Die Kunst gewann an Wichtigkeit auch durch die Überzeugung, daß der Mensch durch das Auge empfänglicher sei als durch das Ohr[71]: »*Die Gemütserschütterung, die die Predigt oder die Meditation durch sukzessives Versenken in die aufeinanderfolgenden Geschehnisse erzielen konnte, war für den Beschauer bildender Kunst nur bei ihrer gleichzeitigen Vorführung gesichert* [...] *So kam man zu synchronisierenden, ganz ›unwahren‹ Darstellungen.*«[72] Daß durch die Exegese viele Handlungen und Momente hinzutraten, von denen in den Evangelien nichts zu finden war, störte wenig; denn die Lehre besagte, »*daß die Evangelisten ›scripserunt non ad excitandum compassionis affectum principaliter, sed ad faciendum de historia certam fidem.*«[73] Vor allem die Psalmen und die prophetischen Bücher des Alten Testamentes boten den Exegeten reiche Funde. »*Meditieren heißt in unserem Zusammenhang entfalten.*«[74]

Deshalb muß das Zeitverständnis der Andachtsbilder, und folglich auch die Art der Erzählung, anders und wertender verstanden werden, als es uns entspricht: »*Hier* [bei Dürers Holzschnitt] *handelt es sich nicht darum, ein menschliches Drama abrollen zu lassen, hier handelt es sich darum, den Beschauer die einzelne Station so erleben zu lassen, daß für seine Erschütterung im einzelnen das Vor- und Nachher seine Bedeutung verliert, daß das Zeitlose des göttlichen Leidens und des Ringens um den Menschen das ist, was seine Seele erfüllt* [...]. *Dürer trug kein Bedenken, die Pilatusszene an einer falschen Stelle einzuordnen* [...]. *Einer Betrachtung, für die das Miterleben der Vorgänge das wesentliche Ziel bildet, ist es bedeutungslos, ob die historische Reihenfolge auch streng eingehalten wird – wie es etwa auch für den Pilger in Jerusalem nicht von Wichtigkeit war, den Passionsweg in genau dem gleichen Sinne zu wandeln, wie der Zug mit Christus, wenn er nur überhaupt an den Stellen beten konnte, die ›Stationen‹ waren* [...]. *Wie wenig es auf den Fluß der Geschehnisse ankam, zeigt die Einschiebung des Blattes mit ›Veronika zwischen Petrus und Paulus‹, also eines reinen Andachtsbildes zwischen dem Fall unter dem Kreuz und der Kreu-*

65 V, S. 279f. (hier S. 70).
66 VII, S. 159; zuvor schon III, S. 105 (hier S. 36). – Caroline W. Bynum: Jesus as Mother. Studies in the Spirituality of the High Middle Ages, Berkeley u.a. 1982 (= Publications of the Center for Medieval and Renaissance Studies University of California in Los Angeles 16).
67 VII, S. 159 (hier S. 92).
68 IX, S. 66 (hier S. 134).
69 V, S. 273 (hier S. 65); V, S. 270 u. 275 (hier S. 64, 67). – Frank O. Büttner: Imitatio Pietatis. Motive der christlichen Ikonographie als Modelle der Verähnlichung, Berlin 1983.
70 V, S. 271 (hier S. 65).
71 Zu diesem Thema s. V, S. 270, 276 u. 280 (hier S. 64, 68, 70) sowie IX, S. 36 u. 91 (hier S. 98, 163). – Donat de Chapeaurouge: ›Das Auge ist ein Herr, das Ohr ein Knecht‹. Der Weg von der mittelalterlichen zur abstrakten Malerei, Wiesbaden 1983.
72 IX, S. 48 (hier S. 112).
73 Die Evangelisten »*schrieben nicht, um vor allem das Gefühl des Miterleidens zu wecken, sondern um den Glauben an die von ihnen berichtete Geschichte zu bewirken!*« IX, S. 92 (hier S. 164).
74 IX, S. 124, Anm. 200 (hier S. 112).

zannagelung.«[75] Damit wird der von der Erzählforschung der Wiener Schule der Kunstgeschichte eingeführte Begriff z.B. der ›Synchronizität‹ als eine nur äußerlich richtige Benennung, aber falsche Erklärung einer nur aus der christlichen Sicht sich ergebenden Vorstellung von ›Zeit‹ in der bildenden Kunst erkannt. Das impliziert die Ablehnung des formalistischen, inhaltsleeren Autonomieanspruchs der damaligen Kunstgeschichtsschreibung.

Selbstverständlich entfaltete und änderte sich auch Berliners Denken[76]: den zuvor zitierten Begriff der Zeitlosigkeit bei Dürer hat er später zum Teil kritisiert und differenziert. Er nennt es einen »*Fehler,* [der] *sich in Frau Reiners-Ernsts Buch eingeschlichen* [hat]*, daß auch sie (im Banne der herrschenden Theorie über das Andachtsbild!) daran festhielt, daß das Vesperbild weder an Bethlehem noch an Golgotha angeknüpft habe, daß es zeitlos ist. Das ist sowohl ontologisch wie historisch unrichtig.«*[77] Wie schwer jedoch auch für ihn das Zeitverständnis christlicher Bilder zu fassen ist, zeigt die Formulierung in dem fast gleichzeitig geschriebenen Aufsatz über Raffaels Sixtinische Madonna: »[...] *diese Verschmelzung des historischen ›einmal in der Vergangenheit‹ mit einem transzendenten ›heute und überall‹ gehörte für seine Zeit zu den Grundwahrheiten oder vielleicht noch besser: zu den Lebenswahrheiten des Glaubens* [...] *wenn auch jedermann wußte, daß Maria niemals im Himmel den Knaben im irdischen Sinne getragen hat oder trägt.«*[78]

Erst das christliche Zeitverständnis erklärt den ›Schmerzensmann‹ und die ›Arma Christi‹. Das Waffen-Bild im Passionale der Äbtissin Kunigunde aus St. Georg in Prag beschreibt Berliner so: »*Gleichzeitig tot und lebendig, historisch und gegenwärtig, aufrecht und zusammenbrechend, ans Kreuz genagelt und von ihm gelöst, stehend, gelehnt und getragen, mechanisch starr und lebendig bewegt, vereint die Gestalt die auf natürlicher Ebene unvereinbarsten Widersprüche.«*[79] Der Paradigmenwechsel in der Deutung des christlichen Bildes wurde also durch Berliners Studien zu einem der schwierigsten Passionsthemen, den Arma Christi, herausgefordert. Bis dahin hatte man diese der Moderne mehr oder weniger zuwideren Bilder verdrängt. Beim Studium der Literatur konnte man zum Schluß gelangen, dieser Bildtyp sei nur eine Randerscheinung der mittelalterlichen Kunst gewesen. Überproportional viele Werke dieser Thematik sind verloren, weil kaum ein Sammler sie haben wollte. Berliner jedoch förderte große Mengen zutage und bewies ihren zentralen Platz in der Passionsthematik.

Diese Bilder sind besonders geeignet, ein tieferes Verständnis der Kunst- wie der Wirklichkeitsauffassung des Mittelalters zu vermitteln. »*Waffenbilder waren Andachtsbilder, deren Motive nach einem religiösen und nicht nach einem ästhetischen Bedürfnis ausgewählt wurden.«*[80] »[...] *man läßt den Leidenden gleichsam an einem bestimmten Höhepunkt der Leidensbahn noch während des irdischen Lebens gleichzeitig alles ›erleben‹, Späteres zeitlich vorziehend, denn* [...] *für diesen Leidenden ist die Summe der Leiden das Entscheidende, nicht ihr Nacheinander in der realen Zeit* [...].«[81] Die Summe der Leiden setzt jedoch die Abfolge der Ereignisse nicht außer Kraft: das gesamte Leben Christi wurde verstanden als eine einzige Passion, mit der Beschneidung als erster Hauptstation des Leidensweges. Aber die Einhaltung der Zeitfolge in der Darstellung galt nicht als wichtig. Die Arma Christi sind so gut wie nie chronologisch geordnet, denn es ging um die Vorführung der Vielzahl der Leiden: schier unglaubliche Zahlen werden dabei genannt![82] Für das Verständnis des zugrundeliegenden Kunstbegriffs aber ist wichtig, daß Bilder und Zeichen neben- und durcheinander stehen, was auch ein eigentümliches Licht auf den damaligen Bild- und Zeichenbegriff wirft.

Umrißhaft ist der Aufsatz über die Arma Christi auch eine Geschichte des Andachtsbildes, obwohl Berliner immer

75 II, S. 316 u. 317 (hier S. 28f.). – Die Dürerforschung ist Berliners Deutung nicht gefolgt, m.E. zu Unrecht. – Zum eigentümlichen Zeitverständnis des religiösen Bildes s. III, S. 102 (hier S. 35); IV, S. 144 (hier S. 56); IX, S. 39 (hier S. 103) über den Beginn der »*synchronistischen Häufung der Motive*«, u.a. im Rabula-Codex von 586, IX, S. 56 (hier S. 123) schreibt er: »*Alle Zeitbegriffe sind auch hier aufgehoben* [...].« Er weist im übrigen daraufhin, daß im Typus der trauernden hinterbliebenen Maria, die im Geiste die Stationen ihres und ihres Sohnes Lebens immer wieder abgeht, die in ihrer Verkürzung den Arma Christi ähnelnden Stationsbilder in chronologisch korrekter Reihung dargestellt werden: IX, S. 61ff. u. 76f. (hier S. 127ff., 146f.; der Typus kommt aus dem Heilsspiegel. – Bemerkenswert ist seine Erklärung des zeitlichen Durcheinanders bei Arma-Bildern: IX, S. 82 u. 91 (hier S. 153, 163): »*Das Auge soll suchen. Diese richtige psychologische Erkenntnis war es wohl von Anfang an, die in den Waffendarstellungen die an sich naheliegende Aufreihung nach der historischen Abfolge der Ereignisse vermeiden ließ.«*

76 Es ist bezeichnend für Berliners Redlichkeit, daß er sofort Irrtümer, die er in einer seiner älteren Schriften entdeckt, mitteilt und Fehleinschätzungen revidiert; s. z.B. III, S. 106 mit einer Korrektur von Nr. I (hier S. 37); III, S. 105 (hier S. 37) seine Selbstbezichtigung des Dilettierens, ebenso IV, S. 134, Anm. 7 (hier S. 48); IX, S. 120, Anm. 89 über Nr. IV (hier S. 102); OV, S. 144, Anm. 1. – Doch teilt er gelegentlich erfreut mit, wenn seine Arbeiten bestätigt worden sind, so IX, S. 136, Anm. 424 über III (hier S. 144).

77 X, S. 113 (hier S. 208f.). – Elisabeth Reiners-Ernst: Das freudvolle Vesperbild und die Anfänge der Pietà-Vorstellung, München 1939 (= Abhandlungen der Bayerischen Benediktiner-Akademie 2). – Martin Schawe: Fasciculus myrrhae. Pietà und Hoheslied, in: Jahrbuch des Zentralinstituts für Kunstgeschichte 5–6, 1989–1990, München 1992, S. 161–212.

78 XII, S. 96f. (hier S. 228f.).

79 X, S. 106 (hier S. 199).

80 IX, S. 55 (hier S. 121). – Die Priorität des Religiösen über das Ästhetische ist ein immer wiederkehrender Leitgedanke Berliners; z.B. in seinem Aufsatz über Paulus von Vianen (Nr. 49, S. 46): »*Es war der Ernst der Aufgabe, Andachtsbilder herzustellen, der Vianen die Darstellungen nicht zum Anlaß werden ließ, mit immer neuer Lösung formaler oder technischer Probleme zu prunken, sondern er beachtete streng das Wesensgesetz jenes Zweiges der religiösen Kunst, daß inhaltliche Deutlichkeit und Konzentration auf das religiös Wesentliche den Charakter der formalen Lösung zu bestimmen haben.«*

81 IX, S. 82 (hier S. 153). – Auch erzählende Bilder können nacheinander stattfindende Ereignisse gleichzeitig erlebbar machen, so etwa Rogier van der Weyden in seiner Löwener Kreuzabnahme; s. Robert Suckale: Rogier van der Weydens Bild der Kreuzabnahme und sein Verhältnis zu Rhetorik und Theologie. Zugleich ein Beitrag zur Erneuerung der Stilkritik, in: Reinhard Brandt (Hg.): Meisterwerke der Malerei, Leipzig 2001, S. 10–44.

82 Arnold Angenendt u.a.: Gezählte Frömmigkeit, in: Frühmittelalterliche Studien 29, 1995, S. 1–71.

wieder betont, daß er dies nicht bieten könne.[83] Doch beschreibt er die Veränderungen durch die neuen ästhetischen Ansprüche seit dem 15. Jahrhundert, die Gefährdung durch die Tendenzen zur Rationalisierung oder den Aufschwung um 1600. Geschichtliches Denken relativiert das idealtypische.[84] Wie in seinem Buch über die Weihnachtskrippe holt Berliner die Arma-Bilder, die den Kunsthistorikern schon dadurch verdächtig waren, daß sie in der Volkskunst so viel besser überlebten als in der hohen Kunst, aus diesem Bereich wieder heraus, nicht ohne zu zeigen, warum sie allmählich verdrängt worden waren. Viel Platz räumt er auch der Entstehung und Geschichte der wichtigsten Sonderform dieses Bildtypus, der Gregorsmesse, ein und vergißt auch nicht die anderen zeichenhaften Bilder wie die zur Mnemotechnik.[85]

Und weil die künstlerische Gestaltung so wesentlich für die Bildwirkung ist, werden mit größter Sorgfalt kompositorische Eigentümlichkeiten und Probleme analysiert, nur eben nie auf formalistische Weise: »*Am geeignetsten für die seitlichen Einfassungen waren natürlich die langen Waffen, wie die Leiter, Säule usw. Da kommt jede Waffe zu ihrem Recht bei Vermeidung jeder Unklarheit im Einzelnen und jeder Unausgewogenheit der Flächenbesetzung im Ganzen. Aber zu stark betonte formale Ausgeglichenheit entsprach nur ausnahmsweise dem Geist des Themas. Anschaulich sollte grundsätzlich nicht das Gefühl der Beruhigung erzeugt werden, Unruhe, Erschütterung ist das eigentliche Ziel.*«[86]

Fazit

Rudolf Berliner hat mit seinen Arbeiten zum Verständnis der religiösen Bilder eine Grundlage geschaffen, ohne je das Einzelwerk den Allgemein-Begriffen unterzuordnen. Im Gegenteil: Er hat die Ursachen für die bis ins Absonderliche gehende Fülle verschiedener Bildprägungen als Wesenszug der christlichen Kunst des Abendlandes erkannt. Anders als die konventionelle Ikonographie versteht er Bilder keineswegs nur als Umsetzungen theologischer Texte. Das Wort besitzt keine Priorität vor dem Bild. Für ihn sind Panofskys Ikonologie oder analoge geistes- und kulturgeschichtliche Betrachtungsweisen nicht entscheidend für das Begreifen der Bilder. Vielmehr bedarf es zu ihrem Verständnis einer Art Hermeneutik, die einerseits die Eigenart der christlichen Lehre und Weltsicht zum Ausgangspunkt nimmt, andererseits die Bedeutung des Bildes innerhalb dieser Religion. Es gibt meines Erachtens keinen besseren methodischen Ansatz in der Kunstgeschichte, sowohl der Besonderheit wie der Fülle einzigartiger Bilderfindungen gerecht zu werden, als den seinen.

Und doch wurden Berliners Ideen kaum rezipiert. Dazu mag die Überfülle an Fakten in seinen Texten ebenso beigetragen haben wie ihre scheinbare Ferne von der Schönen Kunst. Daß dies nicht in der Art des Autors lag, wird u.a. an seinem Aufsatz über ›Raphaels Sixtinische Madonna als religiöses Kunstwerk‹ (XII) erkennbar, einer das Wesen dieses Meisterwerkes erhellenden Studie, die ihm dennoch die Gelegenheit zur Entfaltung zentraler Einsichten bot.[87] Hauptverantwortlich für Berliners Mißerfolg sind letztlich die von ihm 1958 als »*die trägen Wasser der christlichen Ikonographie*« bezeichneten Verhältnisse, die er »aufzurühren« nicht vermochte.[88] Doch war auch die intellektuell sterile und künstlerisch beschränkte Nachkriegszeit nicht zur Revision ihres hochgradig ideologisierten Mittelalterbildes bzw. ihres Kunstbegriffs bereit.

Die Grunderfahrung, daß sich Bilder nicht restlos in Worte umsetzen lassen, machte ihn vorsichtig bei der Deutung und veranlaßte ihn, die Werke zuweilen eher aus der Distanz zu betrachten oder vorsichtig zu umkreisen. Das schließt Distanz zu sich selbst mit ein und begünstigt ein zuweilen essayistisches Vorgehen. Es versteht sich fast von selbst, daß jemand, dem Freiheit und Entfaltung der Persönlichkeit so wichtig waren, auch Humor hatte. Dafür zum Abschluß nur ein Beispiel aus der Untersuchung des Elfenbeinschnitzers Thomas Lenk: »*Ich finde* [den Sinn für Humor] *gesteigert in dem Vulkan, der sich so recht männlich aufbläht – was bin ich doch für ein Kerl; und man weiß doch, wie Frau Venus es mit ihm trieb und wie niemand Grund hatte, seinen Hammer wirklich zu fürchten!*«[89]

83 IX, S. 40, 53, 58f. (hier S. 104, 119, 124f.).

84 IX, S. 78ff., 84ff., 89f. (hier S. 149ff., 155ff., 160f.) über die Gefahr, daß die Arma zu Dekorationsmotiven wurden.

85 IX, S. 135, Anm. 398 (hier S. 141). – Zur Gregorsmesse: IX, S. 65ff. (hier S. 133ff.). – Kat. Köln 1982: Die Messe Gregors des Großen. Vision – Kunst – Realität, hg. von Uwe Westfehling. – Zur Mnemotechnik s. die Arbeiten von Frances Yates: The Art of Memory, London 1966, ²1969. – Jörg J. Berns und Wolfgang Neuber (Hg.): Ars memorativa. Zur kulturgeschichtlichen Bedeutung der Gedächtniskunst 1400–1750, Tübingen 1993 (= Frühe Neuzeit 15). – Dieselben (Hg.): Seelenmaschinen. Gattungstraditionen, Funktionen und Leistungsgrenzen der Mnemotechniken vom späten Mittelalter bis zum Beginn der Moderne, Wien u.a. 2000.

86 IX, S. 91 (hier S. 162).

87 Daß es ihm durchaus um die ›große‹ Kunst geht, ist z.B. an der enthusiastischen Würdigung der Arma-Bilder des Fra Angelico in den Zellen von S. Marco in Florenz zu bemerken: IX, S. 112 (hier S. 185). Der Aufsatz XIII behandelt fast ausschließlich Werke von Raffael, Jan van Eyck usw. Die XII, S. 91 (hier S. 224) eingeforderte Geschichte des Vorhangmotivs ist inzwischen zum Teil geschrieben; s. Brigitt A. Sigel: Der Vorhang der Sixtinischen Madonna. Herkunft und Bedeutung eines Motivs der Marienikonographie, Zürich 1977.

88 XI, S. 177 (hier S. 213).

89 Nr. 25, S. 28. – S.a. WK, S. 54: »*Das letzte was man bei Maria in diesem Augenblick erwarten sollte, ist die Sorge um die gut gelegte Frisur, wie sie hier mit dem übergeworfenen Schleier und der sauber gelockten vorderen Strähne zur Nahbesichtigung auffordert [...]. Und doch – wer will entscheiden, ob nicht gerade diese Frisur den Beschauerinnen das Präsenzerlebnis erleichterte.*« Vgl. auch S. 87f.

I Die Cedronbrücke als Station des Passionsweges Christi

Wer als christlicher Pilger in Jerusalem die heiligen Stätten aufsuchte, der mußte dabei das Bett des Cedronbaches überschreiten.[1] Auch nachdem die Existenz der sogen. unteren Brücke greifbar wird, ist bis zum Anfange des 16. Jahrhunderts mit diesem Übergange nicht die Erinnerung an einen bemerkenswerten Augenblick in Christi Leben verbunden. Man dachte etwa daran, daß auch er mit den Jüngern den Bach überschritt, um nach Gethsemane[2] zu gehen (Joh. 18,1), aber man gab sich offensichtlich nicht darüber Rechenschaft, daß der Zug mit dem Gefangenen diese Straße zurückziehen mußte, um aufs einfachste zur Stadt zu gelangen; oder wenn man es getan haben sollte, so galt die Brücke nicht als Schauplatz eines individuell-bestimmten Vorganges. Es lagen jedoch der Wunsch und der Gedanke nahe, einen so wichtigen und eindrucksamen Punkt im Gelände als bedeutungsvoll in Christi Leben zu erweisen, und so war im ausgehenden Mittelalter die in mancherlei Art variierte Sage entstanden, daß die steinerne Brücke einen hölzernen Steg ersetzte, der auch den Stamm enthielt[3], der später das Kreuzholz Christi bildete. Das war zwar immer nur erst eine sehr indirekte Verbindung mit Christi Wandel auf Erden, aber etwa Caspar von Mülinen erfuhr[4] 1506 in Jerusalem noch nichts anderes an dieser Stelle. Eine neue Geschichte von der Brücke erzählt als erster der Pilger erst der Minorit Anshelm[5], der 1508 in Jerusalem war: daß von ihr Christus nach der Gefangennahme ins Wasser hinabgestoßen worden sein soll. Seitdem ist die Legende in zwei Spielarten in Jerusalem bis zur Neuzeit lebendig geblieben. Die eine läßt Christus gezwungen werden das Bachbett – daß es mit Wasser gefüllt war, wird den natürlichen Verhältnissen entgegen vorausgesetzt[6] – zu durchschreiten, während die Häscher natürlich die Brücke benutzen; es fehlt auch bald

1 Christus wird in den Cedron geworfen (Ausschnitt aus Abb. 4)

nicht an einer sichtbaren Erinnerung daran: ein oder mehrere Abdrücke von Christi Füßen wurden an der Stelle gezeigt[7]. Nach der anderen wird Christus durch die Soldaten erst von der Brücke herabgestoßen, und auch dafür sind Steine Zeugen, die die Abdrücke seines harten Falles bewahrten.[8] Die Berichte der Pilger schwanken: der eine sah dies, der andere jenes und die Skeptischen dachten sich das ihre; Protestanten glaubten an Betrug[9], Katholiken, unter ihnen wahrscheinlich besonders Theologen, ließen die Sache auf sich beruhen.[10] Aber für den Gläubigen ergab sich der Gewinn vermehrter

1 Vgl. T. Tobler, Zwei Bücher Topographie von Jerusalem, Berlin 1853f., II, S. 14ff.

2 Vgl. z.B. Ignatius von Smolensk (um 1400) in B. de Khitrowo, Itinéraires russes en Orient, Genève 1889, S. 151 und Georg Pfintzing (1440) in B. Röhricht und H. Meißner, Deutsche Pilgerreisen nach dem heil. Lande, Berlin 1880, S. 75.

3 Belege bei Tobler S. 37. Ein früherer (um 1350) in Guide-Book to Palestine. Palestine Pilgrims' text society 26, London 1894, S. 18.

4 Zeitschrift des deutschen Palästina Vereins. XI. 1880, S. 192.

5 H. Canisius, Antiquae lectionis tomus VI., Ingolstadt 1604, S. 1313. »[...] torrens Cedron [...] ubi Christus quando ducebatur de horto captus dicitur impulso inimicorum [Lücke, auch in dem von mir mit freundlicher Hilfe der Herren O. Hartig und A. Hartmann entzifferten clm 3595 fol. 63; zu ergänzen mit Canisius etwa deiectus], ubi est [...] pons [...] per quem ibant ministri Judaeorum Christum benedictum in aquam praecipitantes [...].

6 Sehr lehrreich sind die Ausführungen Anshelms, der auseinandersetzt, warum der Bach nur wenn es während des Winters regnet Wasser führt, und daß es im Sommer nie regnet, dann aber fortfährt: man glaubt, daß der Bach damals Wasser führte, iuxta prophetiam David [...]. Was bedeutet die Realität gegenüber der Möglichkeit einer heilsgeschichtlichen Sinngebung an ein Bibelwort! Die befremdliche Erzählung Peter Faßbenders, daß zu Fasten und Ostern »allewege eyn grois floß« da sei (1492; vgl. Röhricht-Meisner, S. 271), erklärt sich wohl aus dem Eindringen eines Bruchstükkes des heimischen Wissens über die Cedronepisode in den Pilgerbericht; es blieb bei dem Bruchstück, da an Ort und Stelle keine Notiz von dem angeblichen Vorgang genommen wurde. – Hier sei vermerkt, daß eine auffällige Trennung des mit Judas herannahenden Haufens vom Gethsemanegarten durch den Cedron, wie sie etwa ein ostbayerisches Gebetbuch um 1510 im Stift Nonnberg in Salzburg zeigt (vgl. H. Tietze, Die Denkmale des Stiftes Nonnberg in Salzburg Österreichische Kunsttopographie VII, Wien 1911, S. 188), gleichfalls auf die Kenntnis der Legende hinweist.

7 Vgl. Tobler S. 38.

8 Ebenda S. 37f.

9 Vgl. z.B. die Widerlegung im Bericht des Fürsten Nikolaus Radzivill über seine Pilgerfahrt von 1583; mir stand zur Verfügung die Ausgabe Hierosolymitana peregrinatio [...] in latinam linguam translata. Thoma Tretero [...] interprete, Braunsberg 1601, S. 63.

10 Vgl. z.B. die Übergehung der Abdrücke bei Chr. Andrichomius, Theatrum terrae sanctae 1597, der (S. 172) die Erzählung in Klammern mit aliqui opinantur bringt und als Erklärung des Psalmistenwortes bezeichnet. – »[...] qui impressa illa vestigia viderunt imprimi non viderunt« sagt Johannes Nat. Paquot in seinen Zusätzen zu De historia SS. imaginum [...] auctore Joanne Molano, Lüttich 1771, S. 413 über erhaltene Fußspuren Christi von seinem Leidenswege.

Gelegenheit zur Verehrung in des Wortes wahrster Bedeutung greifbarer Spuren des Wandels Christi und zur Erwerbung von Ablaß[11], wenn auch wahrscheinlich illegitimer Entstehung.

Auch in die meditative Literatur über Leben und Leiden Christi dringt die Legende erst spät ein. Die Meditationen des Pseudo-Bonaventura[12] kennen sie nicht, Mystikern, wie der hl. Birgitte († 1373) oder Suso bleibt sie fern. Das im ausgehenden Mittelalter wichtigste und verbreitetste Leben Christi, die Vita Jesu Christi des 1377 gestorbenen Karthäusers Ludolph von Sachsen, die sich Christi Leiden auf dem Wege zur Stadt eindringlich vor Augen zu stellen sucht, läßt ihn die Brücke überschreiten[13], und es ist aufschlußreich, daß hinzugesetzt wird: »ut adimpleretur scriptura quae dicit: de torrente, amarae scilicet passionis, in via bibet.« Wurde überhaupt dieser 7. Vers des 109. (110.) Psalms auf diesen Augenblick[14] in Christi Leben bezogen, dann bedeutete es nur noch einen logischen Schritt, wenn auch ins Grob-Sinnliche, daß das Trinken aus dem Gießbach nicht symbolisch, sondern ganz materiell[15] als wirkliches Trinken oder wenigstens als Durchnäßtwerden[16] aufgefaßt wurde. Wann er zuerst geschah und wessen Lehre ihm Geltung verschaffte, vermag ich nicht zu sagen; man wird dem Kunsthistoriker diese Unterlassung theologie-historischer Studien nachsehen.[17] Daß die Erfindung der ganzen Szene der Ausdeutung des Psalmverses entsprang, glaube ich zu erweisen.

Wie wir sahen, erfuhren in Jerusalem Pilger von der Legende zuerst im vorgeschrittenen ersten Jahrzehnt des 16. Jahrhunderts; in gedruckten Passionserzählungen kann ich sie zufällig ungefähr aus den gleichen Jahren nachweisen im Pinderschen Speculum passionis von 1507 (darüber unten) und in der 1511 in Basel gedruckten Passio domini nostri des Minoriten Daniel Agricola. Er läßt die über die Brücke gehenden Soldaten den Herrn durchs Wasser ziehen, damit das Wort des Psalmisten erfüllt würde. »Et licet illa in euangelio per omnia non scribantur: tamen praeter fidem non sunt. Quamobrem piis mentibus tradi possunt deuote meditanda. Ea nempe quae sola principalia sunt euangelistae recitant: alia sequentibus amplianda reliquerunt.« (S. 12 C.) Einen anderen Beleg als das Psalmistenwort weiß also auch Agricola noch nicht anzugeben, und es genügt ihm, daß die Erzählung »nicht unglaubwürdig« ist, um sie zur Meditation zu empfehlen, wenn auch die Evangelisten, die natürlich nur die wichtigsten, später zu ergänzenden Dinge hätten berichten können, nichts von ihr sagen. In der Meditationsliteratur läßt sich die Legende weiterhin belegen. Quam narratiunculam libellis precatoriis non ita paucis insertam legi, sagt Paquot (S. 414). Vor allem durch die Aufnahme in das noch heute sehr verbreitete, 1689 zuerst erschienene »Leben und Leiden Jesu Christi« des Kapuzinerpaters Martin von Cochem ist sie auch für Nichtpilger vor dem Vergessenwerden bewahrt geblieben, und zwar in einer das Jämmerliche und Erbarmungswürdige der Situation übermäßig betonenden Form.[18]

Ich bilde (Abb. 2) die Darstellung des Vorgangs aus solch einem Meditations- und Gebetbuch[19] ab, aus der Perpetua crux (bei Cornelius Woons, Antwerpen 1649, S. 54), nach einer Zeichnung des Brüsseler Meisters A. Sallaert geschnitten.[20] In der Unterschrift werden Johannes 18,1 und als Quelle für den Wasserwurf Andrichomius[21] genannt. Die gegenüberliegende Seite beginnt mit dem »Typus David« und zitiert IIRg 15,23 den Durchgang Davids durch den Cedron auf der Flucht vor Absalom.[22] Dann folgt Prototypon: »Dominus per torrentem Cedron protractus est, quem cum Discipulis ante transierat« und ein Gebet. Das gleiche Bild ist verwendet in der Altera perpetua crux desselben Verlegers aus demselben Jahre, S. 55, diesmal mit der Unterschrift De torrente usw. und dem Hinweis, daß dieser Psalmvers von einigen Auslegern, darunter Hieronymus[23], auf die Passion Christi bezogen sei. Gegenüber auf S. 54 die Meditation »Af-

11 Vgl. die Schilderung Radzivills, a.a.O. Der Ablaß hatte sich sofort eingestellt. »Ibi in illo ponte quando unus dicit pater noster habet plenariam indulgentiam«, berichtet Anshelm.

12 Dabei spielt interessanterweise der Bach als die Talsohle und demnach den Ausgangspunkt zum Aufstiege nach Jerusalem bedeutend, in ihnen eine Rolle: »Conspice [...] quo modo ducitur [...] de torrente sursum Hierusalem festinanter.« S. Bonaventurae [...] operum tomus sextus Lugduni 1668, S. 386.

13 [...] quam fatigatus, et molestiis afflictus, transiit per torrentem Cedron (= überschritt, nicht durchschritt, vgl. auch Anm. 19) Pars II, Cap. LIX Nr. 78. Ausgabe Antwerpen 1618, S. 607. – Wilhelm L. Schreiber ist (Deutsche Literaturzeitung 1928, Sp. 516) den Beweis für seine Behauptung schuldig geblieben, daß die immer grausigere Darstellung der Szenen des Leidensweges Christi auf die Visionen der hl. Birgitte zurückgehen; daß aus dem gleichen Grunde die Bedeutung des Kreuzestodes zurücktrat, ist erweislich falsch.

14 Hieronymus, Breviarium in psalmos versteht den Vers (Migne PL 26, Sp. 1166ff.) ganz allgemein im Sinne der Passion; so bedeutet via für ihn saeculum istud, »bibit ergo etiam Dominus noster de torrente istius saeculi aquas turbidas, aquas tristes« usw. »Cedron lingua Hebraea interpretatur tenebrae [...] Dominus ergo cum traditur, non traditur rursum in monte Oliveti, non traditur in templo, sed traditur in torrente et torrente tenebrarum, hoc est, Cedron.«

15 Vgl. die Peregrinatio Hierosolymitana des Jodocus a Meggen von 1542, Dillingen 1580, S. 106; sie sahen die Abdrucke »ubi dominus transiens Cedron de torrente in via bibit.« – Andrichomius vgl. Anm. 10. – Paquot, S. 414.

16 Vgl. Anm. 31.

17 Weder M. Wolter OSB, Psallite sapienter IV, Freiburg 1883, S. 225f. noch J. Knabenbauer SJ Commentarius in Psalmos, Paris 1912 halfen weiter.

18 Ausgabe Augsburg 1839, II, S. 106f. Den von Cochem als Quelle ausgegebenen Bernard. de Spoleto gelang mit keinem zur Verfügung stehenden bibliographischen Hilfsmittel zu ermitteln.

19 Als weiteres Beispiel nenne ich Val. Larson OSB, Theatrum dolorum Jesu Christi, Augsburg 1709, S. 174 »[...] quando [...] Jesu ne quidem asserem [...] transire concessum est? Sed inter impudentissimas irrisiones.[...] sordida, caenosa, et tetram mephitim exhalatia loca praeterfluentis intrare et transvadare coactus est. – Vgl. auch die von H. Thurston SJ zitierten: Dit is den Berch van Calvarien, Leyden gegen 1520 und The Spiritual Pilgrimage of Hierusalem von gegen 1630; ich benutzte die französische Ausgabe des A. Boudinhon, Étude historique sur le chemin de la croix, Paris 1907 von des ersteren Buch, S. 104f. bzw. S. 107ff., S. 132.

20 Von einem Monogrammisten 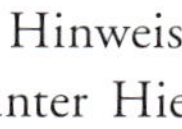. – Vgl. Nagler, Künstler-Lexicon XIV. 214. 3.

21 Vgl. oben Anm. 10.

22 Diese Parallelisierung ist ungewöhnlich.

23 Vgl. oben Anm. 14.

2 *A. Sallaert, Christus geht durch den Cedron*

3 *Mitteldeutsch, der erste Fall Christi*

4 *Südostbayerisch, 1520, Gemälde mit Passionsszenen, Bayerisches Nationalmuseum München*

fectus pii et Proposita. Omnes de aquis tribulationum; omnes cum Christo de torrente in via bibimus; et trahimur de malo in malum; tolerandum est.« usw.

Daß die Legende aber schon früher als sie im Druck oder in Jerusalem nachzuweisen ist, in Deutschland vertraut war, offenbaren bildliche Darstellungen. Bemerkenswerterweise erscheint sie in ihnen zunächst in der Verbindung mit der Darstellung der sieben Schmerzen Marias.[24]

Verwiesen sei auf den Holzschnitt der Albertina in Wien mit der Überschrift »O mensch betracht dy siben vell Christi vnd dy siben hertzenlaydt marie«[25], der in zwei Reihen je vier Darstellungen bringt. »Fälle« ist wörtlich verstanden, Christus soll wirklich zu Boden fallen, »Fälle« ist nicht einfach gleichgesetzt den sog. »Stationen« des Passionsweges, die ja auch bedeutsame Ereignisse umfassen, in denen Christus nicht als Leidender auftritt, wie die Ansprache an die Frauen Jerusalems. Dargestellt wurden also die Fälle[26] in den Cedron, auf der Straße und auf der Treppe während der Vorführung zu Pilatus, die Ohnmacht während der Geißelung, der Fall während der Kreuztragung, der Niederwurf aufs Kreuz zur Annagelung und das Fallenlassen des Kreuzes nach der Annagelung in das Loch zur Aufrichtung.[27] Als achtes Bild folgt die Gregorsmesse. Im Hintergrunde aller sieben Passionsszenen ist Maria mit dem Schwert in der Brust in Begleitung von Johannes dem Evangelisten dargestellt. Das Blatt gibt in seiner Zeit berühmte Kompositionen wieder. Der Sturz in den Cedron ist in noch zwei Varianten nachweisbar: in dem ersten Blatt einer Folge der sieben Fälle in Stockholm[28], (Abb. 3, Schreiber 642) und in einem Einzelblatt, das früher in der Slg. Przibram in Wien war und am 24. Mai 1922 bei Frederik Muller & Cie. in Amsterdam versteigert wurde[29] (Schreiber 643). All diese Blätter gehören in den Ausgang des 15. Jahrhunderts, so daß etwa 1475, um ein rundes Datum zu nennen, die Ausbildung der Legende und ihre Verknüpfung mit den Schmerzen Mariä erfolgt gewesen sein muß. Auch noch Hans Baldung schloß sich eng an die älteren Vorbilder in der Wiedergabe von sechs »Fällen« Christi im Speculum passionis des Dr. Ulrich Pinder[30] an; den Sturz in den Cedron ließ er nicht fort, wie Braun annimmt, weil er ihn kompositionell nicht interessierte, was einem allzu modernen Gesichtspunkt Gewicht verleihen heißt, sondern weil die Szene auch in den Text nicht als sichere historische Tatsache[31] aufgenommen wurde. Man wolle nicht vergessen: wir haben es mit Versinnbildlichungen von Vorstellungen zu tun, die nicht wissenschaftlicher Theologie entstammen, sondern meditativer Frömmigkeitsübung mit all den individuellen Schwankungen, die auf diesem Gebiete möglich sind. Es handelt sich nicht um eine Angelegenheit des Glaubens, sondern um ein Schaltenlassen der Phantasie innerhalb des gegebenen Rahmens der biblischen Erzählung. Vielleicht erklärt der fehlende theologische Halt auch, warum das Ganze nicht währte. Auf der nächsten Folge von Fällen Christi, auf die ich hinweisen kann, auf dem Christgartenaltar Schäuffeleins (Eigentum der staatlichen Galerien Bayerns, z.T. in der Alten Pinakothek, z.T. im Germanischen Museum; gegen 1520) zeigen vier die Verbindung mit der von Johannes begleiteten Schmerzhaften Maria (Treppe, Geißelung, Kreuzanheftung und -aufrichtung), dagegen nicht der Sturz in den Cedron[32]: die Vorstellung ist also bereits wieder in Auflösung begriffen.

Aber auch ohne Verbindung mit Maria ist der Sturz in den Cedron als eine der Passionsstationen vorläufig in einem Kunstwerk am frühesten nachweisbar. Ein aus Kloster Polling stammendes bayerisches Gemälde in Schleißheim aus der Zeit um 1500[33] zeigt ihn im Hintergrunde einer Ölbergdarstellung

24 Weder Analecta Bollandiana XII, 1893, S. 333ff. noch St. Beissel, Geschichte der Verehrung Marias in Deutschland während des Mittelalters, Freiburg i.B. 1909, S. 407ff. helfen für die Frage der Einflechtung der schmerzhaften Maria in alle Passionsvorgänge weiter. Auch Thurston hat (vgl. Boudinhon S. 101ff.) die Quellen dafür nicht gesucht oder bloßgelegt. E. Mâle, L'art religieux de la fin du moyen âge en France, Paris ²1922, S. 122f. bleibt zwar im Allgemeinsten, verweist aber richtig auf Vorstellungen der Mystiker. So nennt z.B. die hl. Birgitte fünf Durchbohrungen des Herzens Mariä während der Passion (Nacktheit während der Geißelung; falsche Anklage; Dornenkrönung; warum hast du mich verlassen; Tod. I, 27. Vgl. auch Sermo angelicus b. Brigittae de virginis excellentia Kap. XVIII. Dagegen vgl. VI, 57, wo der Anteil der Passionsszenen an den sieben Schmerzen sehr zurücktritt.) Prinzipiell noch wichtiger aber ist die – dogmatisch eigenartig formulierte – Einbeziehung der Maria in den unmittelbaren Erlösungsvorgang: »Et cum ipse pateretur, sensi quod quasi cor meum patiebatur. Sicut enim illud quod dimidium est extra, et dimidium intra, et si illud pungitur quod est extra, aeque sentit dolorem, quod intus est. Sic ego cum flagellaretur, et pungeretur filius meus, quasi cor meum flagellabatur, et pungebatur [...] Et cum ipse me cerneret dolore confectam, in tantum amaricabatur de dolore meo, quod omnis dolor vulnerum suorum erat quasi sopitus sibi prae dolore meo, quem in me videbat. Propterea audacter dico, quia dolor eius erat dolor meus, quia cor eius erat cor meum. Sicut enim Adam et Eva vendiderunt mundum pro uno pomo, sic filius meus, et ego redemimus mundum quasi cum uno corde.« (I, 35).

25 Schreiber 641 m. – Abb. in H. Roettinger, Einzelne Formschnitte des XV. Jahrhunderts aus der Albertina in Wien, Straßburg 1911, Taf. VI und Mitteilungen der Gesellschaft für vervielfältigende Kunst, 1924, S. 5.

26 Man kannte bis zu 32 »Fälle«, vgl. Thurston-Bourdinhon S. 105f.

27 So erscheint dieser siebente Fall z.B. noch in The Spiritual Pilgrimage, vgl. Thurston-Boudinhon S. 108. Auch da war eine Steigerung möglich, insofern man das Kreuz mit dem angenagelten Christus erst noch einmal zu Boden fallen lassen konnte, vgl. Schreiber 685 und Dit is den berch van Calvarien, a.a.O., S. 103, 105.

28 202 : 140 mm. Mitteldeutsch. – Soweit die Beschreibungen bei Schreiber erkennen lassen, stimmt mindestens ein Teil der anderen Blätter der Folge mit dem Albertinablatt kompositionell überein.

29 Catalogue d'une collection de gravures sur bois usw. Nr. 29 mit Abb.

30 Vgl. E.W. Braun in Mitteilungen der Gesellschaft für vervielfältigende Kunst, 1924, S. 2ff.

31 Fol. XXVIIIr. Die Erzählung läßt zuerst den Zug ohne weiteres den Cedron überschreiten und knüpft erst nach der Schilderung der Leiden des barfüßigen Christi auf dem weiteren Wege mit dicunt enim quidam an, daß Christus gebunden durch das Wasser gezogen wurde mit der Ausmalung, daß er danach vor Kälte mit den Zähnen klapperte. Zur Erfüllung der Psalmverse: 68(69),2 »Salvum me fac Deus quoniam intraverunt aquae usque ad animam meam« und »De torrente«. – Die Siebenzahl der Fälle ist übrigens in den Illustrationen gewahrt.

32 Die Szene ist erst jüngst nach einer Restauration wieder ganz verständlich geworden.

neben dem Judaskuß, den Malchus- und Longinusepisoden, der Beweinung. Eine individuelle Auswahl der Szenen beweist auch ein etwas späteres ostbayerisches Bild[34] im Bayerischen Nationalmuseum (um 1520; Abb. 1, 4) mit den Malchus- und Cedronepisoden, der Vorführung vor Pilatus oder Herodes, dem Fall unter dem Kreuze und der Kreuzigung neben der Hauptszene des Gebetes am Ölberg. Das Schwanken in der Bevorzugung der Passionsstationen und die Aufnahme der – ich wiederhole: der Meditation entstammenden – Cedronszene hängen ursächlich zusammen: es handelt sich frömmigkeitsgeschichtlich um Erscheinungen des Ringens um die Ausgestaltung des Kreuzweges, das seit dem Beginn des 15. Jahrhunderts aus Heilsgründen die Gemüter immer stärker beschäftigte.[35] Der Cedronszene ist es nicht beschieden gewesen, sich in ihm allgemein durchzusetzen. Nach dem 16. Jahrhundert scheint sie nur noch ganz sporadisch[36] außerhalb der Sphäre der Gebetbücher und erbaulichen Literatur dargestellt worden zu sein. Aber gerade diese Erzeugnisse sind unendlich wichtig für das, was das Volk denkt und glaubt. Die Legende war z.B. Ende des 18. Jahrhunderts so allgemein bekannt, daß sie A. von Bucher in seiner 1778 geschriebenen Satire[37] auf die entarteten und daher 1770 in Kurbayern in alter Form verbotenen Karfreitagsprozessionen verwertete. Er läßt an der Spitze des Zuges hinter einigen einleitenden Figuren die vier Elemente den Tod des Herrn beklagen. »Das Wasser in Gestalt eines Fisches spricht:

Ich Bach Zedron thu bedauren
Daß nit wird zu vesten Mauren
Z' tragen Christ den Heiland dein
Daß ihm nicht schad't die Nässe mein.«

Heute ist die Szene zwar Gelehrten und Gebildeten nicht vertraut, wohl aber noch leicht allen zugänglich, die ihre Kenntnisse der Sphäre der Erbauungsliteratur entnehmen. Aus ihr muß auch die Kunde zu Therese Neumann in Konnersreuth gekommmen sein, in deren Ekstasen der Wasserwurf erscheint, wenn auch anscheinend an falscher[38] Stelle.

33 Katalog von 1914, Nr. 3054. Abb. 2 bei E. Bassermann-Jordan, Unveröffentlichte Gemälde alter Meister aus dem Besitze des bayerischen Staates, III, Leipzig 1910, S. 5. [Im Kupferstichkabinett Berlin SMPK, Inv.-Nr. 17685 liegt eine um 1480 anzusetzende Federzeichnung des Augsburger Meisters von 1477 mit der Darstellung, wie Christus in den Cedron gestoßen wird, R.S.]

34 Es wird im Jahrgang 1928 des Münchener Jahrbuchs der bildenden Kunst ausführlicher behandelt werden.

35 Vgl. P. Keppler, Die XIV Stationen des hl. Kreuzweges, Freiburg i.B. 1891, S. 16. – Thurston-Boudinhon, passim (beachte auch die Kritik des Buches von M. Bihl OFM in Archivum franciscanum historicum I. 1908, S. 50ff.)

36 Einige Beispiele in Löwen nennt ohne nähere Beschreibung Paquot S. 414.

37 Sämtliche Werke, VI, München 1822, S. 165. Über den für den Geist der Aufklärungszeit sehr bezeichnenden katholischen Priester vgl. Altbayerische Monatsschrift, 14, 1917/18, S. 37ff. Seine Schriften bilden auch eine Fundgrube volkskundlichen Materiales.

38 Vgl. J. Bauer in »Die Einkehr« ... Beilage der Münchener Neuesten Nachrichten 14, XII, 1927, S. 366. »Während der Vorbereitungen zur Kreuzigung wird Jesus nach dem Bericht der Therese ins Wasser geworfen«. – Ich verdanke wesentliche Hinweise: Prinz Jos. Clemens von Bayern; P.Dr.Dr. Josef Braun; Prof.Dr. Ernst W. Bredt; Dr. Ernst Buchner; Dr. Karl Feuchtmayr in München; Dr. Kurt Rathe in Wien.

II Zu Dürers Kleiner Passion

Daß Johannes (18, 13–25) abweichend von den Synoptikern den Zug mit dem gefangenen Jesus bei Annas, dem Hohepriester des vergangenen Jahres, zu einem ersten Verhör haltmachen läßt, brachte nicht nur Exegeten in Verlegenheiten, nicht minder auch die Künstler, die die Passionsgeschichte zu erzählen unternahmen. Denn nun wiederholt sich zweimal die Szene vor einem Hohepriester, wenn auch mit der Gegensätzlichkeit, daß das eine Mal der Thronende passiver Zuschauer bleibt und die Handlung sich darin erschöpft, daß ein Soldat zum Backenstreich ausholt, und daß das andere Mal der Gefangene und seine Begleiter das stumme Publikum bilden bei dem Ausbruch des Kaiphas, der sein Kleid zerreißt (Matthäus 26,65; Marcus 14,63) (Abb. 2). Es leuchtet ohne weiteres ein, wieviel an dramatischer Spannung durch Vereinigung der beiden Szenen gewonnen werden konnte; sie bildet daher die Regel und nur mangelnde Präzision der Bilderklärung kann diese Darstellung als »Christus vor Kaiphas« bezeichnen. Es sind die beiden Verhöre vor den Hohepriestern zusammengeschossen zu dem einen vor »dem« Hohepriester. Es kann[1] eben hier einer der Fälle vorliegen, in denen die Kunst sich nicht scheute, sich selbstherrlich über das theologisch Richtige hinwegzusetzen, für die die Darstellung der Inkarnation in Gestalt eines von Gottvater ausgehenden Kindes wegen des groben Verstoßes gegen das Dogma immer das krasseste Beispiel bleiben wird.

Für die Meditation mußten die beiden Szenen als gefühlsmäßig scharf unterschiedene Stationen des Passionsweges auseinanderfallen: bei Annas das Erleiden roher Mißhandlung ohne Berührung des inneren Grundes der Passion, bei Kaiphas aber das Bekennen der Gottessohnschaft mit seinen Folgen – das beides konnte bei eingehender Betrachtung der Vorgänge nicht miteinander vermischt werden. Und so ist zum mindesten seit Ludolph von Sachsen die Betonung des Aufenthalts bei Annas als einer der neun Stationen der via captivitatis in den Passionalien die Regel.

So nahe es dem säkularisierten Denken liegt, Dürerische Passionsfolgen als Darstellungen biblischer Erzählungen, durch die der Genius sich subjektiv angeregt fühlte, aufzufassen, es verwechselt dabei Möglichkeiten der nach- und vorreformatorischen Zeit. Am deutlichsten zeigt die kleine Passion, wo Dürer steht. Anhebend mit dem Sündenfall, schließend mit dem Weltgericht gibt die Folge klar zu erkennen, daß es sich um die Vorführung der bedeutsamsten Etappen des Heilsweges handelt; rein zahlenmäßig stehen – ohne Berücksichtigung des Titelblattes – 21 Szenen der eigentlichen Passion 14 Erzählungen aus der Vor- und Nachgeschichte und ein Andachtsbild gegenüber. Hier handelt es sich nicht um Bekenntnis nach persönlicher Stimmung, hier handelt es sich um Ergriffensein von der Grundlehre der Kirche; hier handelt es sich nicht darum, ein menschliches Drama abrollen zu lassen, hier handelt es sich darum, den Beschauer die einzelne Station so erleben zu lassen, daß für seine Erschütterung im einzelnen das Vor- und Nachher seine Bedeutung verliert, daß das Zeitlose des göttlichen Leidens und des Ringens um den Menschen das ist, was seine Seele erfüllt. Nichts anderes sagt auch das Titelgedicht:

> O mihi tantorum justo mihi causa dolorum
> O crucis o mortis causa cruenta mihi.
> O homo sat fuerit tibi, me semel ista tulisse.
> O cessa culpis me cruciare novis!

Wie Dürer zu dem Programm der Folge kam, muß dahingestellt bleiben. Ein Gedanke ist von vornherein abzulehnen. Dürer griff nicht zur Bibel und suchte sich das Passende selbst zusammen; er blieb innerhalb des Traditionsgewohnten und benutzte ein Passionale, wahrscheinlicher aber ein Leben Christi oder sonst ein Erbauungsbuch, in dem die Passion »aus den vier Evangelisten zusammen in eyn sinn bracht«[2] – wenn er die Szenen selbst auswählte. Aber es ist möglich, daß die Auswahl in groben Umrissen in Besprechungen mit dem Benediktiner Benediktus Chelidonius (Schwalbe), dem Verfasser der lateinischen Gedichte, mit denen die Originalausgabe des Jahres 1511 erschien, festgelegt wurde. Dessen Widmungsgedicht an Pirkheimer schließt es aus, daß Dürer etwa zu den vorhandenen Gedichten die Illustrationen geschaffen hätte. Chelidonius bittet um Nachsicht für die in zweimonatiger Arbeit[3] entstandenen Poesien. Der Grund zu dieser Eile läßt sich nicht erschließen; wahrscheinlich war es Dürer, der zum Abschluß gedrängt hatte – vielleicht war ihm erst, als er zum Drucke schreiten wollte, der Gedanke der Textbeigabe[4] gekommen. Klarheit wird sich wohl da nie gewinnen lassen. Dürer kann ja

1 Es muß aber nicht immer sein. Wie von fast allen Szenen, so fehlt eine pragmatische Ikonographie auch von dieser. Zu beachten bleibt, daß etwa die Schilderung des Pseudo-Bonaventura, des Joh. de Caulibus (um 1300) die beiden Hohepriester zusammen auftreten zu lassen scheint – zu vergleichen wäre Giottos Arenafresko –, daß aber ein Ludolph von Sachsen (†1377) die Annasszene ausführlich schildert (Kap. 59/60), und daß die versuchte Umdeutung des Johanneischen Berichtes durch den Jesuiten Johannes Maldonatus (In quattuor evangelistas commentarii [1. Aufl. 1596], 2. Aufl. Mainz 1624, Sp. 600f.) sich auf keine Lehrautorität oder keinen Vorgänger beruft. Sie fand aber Beifall, z.B. den des Pictor christianus eruditus des Joh. Interian de Ayala (Madrid 1730, S. 146). Vgl. die Verwerfung unter ausführlicher Erwägung des Für und Wider in Franciscus Quaresmus, Historica … terrae sanctae elucidatio, II, Antwerpen 1639, S. 171ff.

2 Aus dem Titel der in Straßburg 1506 mit den Holzschnitten des Urs Graf erschienenen Passion.

3 … Pelle igitur Vildbalde flagro cognomine mendas.
Nostra tuam gaudet musa tulisse manum,
Quae prodire timens prodit tarnen ecce bimestris,
Annos quippe nequit delituisse decem.

4 Ein Beweis für die Behauptung H. W. Singers, Versuch einer Dürer-Bibliographie², Straßburg 1928, S. 2, Nr. 13, daß vor der Auflage Exemplare ohne Titel und Text hergestellt wurden, ist mir nicht bekannt.

1 Albrecht Dürer: Christus vor Pilatus (nicht vor Annas!), B. 65

2 Albrecht Dürer: Christus vor Kaiphas, B. 66

auch einen anderen geistlichen Berater gehabt haben. Wichtig ist aber, daß Dürers Arbeit im wesentlichen beendet gewesen sein muß, als Chelidonius die Muse rief, denn viel Holzstöcke sind in zwei Monaten nicht zu schneiden. Und wir können ja nicht wissen, ob Dürer selbst sie ganz für Arbeiten an der kleinen Passion verwenden oder verwenden lassen konnte.

Jedenfalls lehrt der Augenschein, daß Dürer sich damit begnügen mußte, in einem Falle nur den oberflächlichen Eindruck der Übereinstimmung von Text und Bild zu erwecken. Chelidonius schließt sich in der Schilderung der Vorgänge bei Annas, denen er ein eigenes Gedicht widmet, durchaus der Koine an. Betrachtet man das zugehörige Bild (es ist auf demselben Bogen gedruckt wie der Text), so findet man keinen der Vorgänge, die aus Annas Hause erzählt werden, dargestellt. Was geschieht in Wirklichkeit? (Abb. 1) Einem Thronenden legt eine alte Frau[5] die Rechte auf die Schulter. Sie hat ihm eine Mitteilung

3 Albrecht Dürer: Veronika zwischen Petrus und Paulus, B. 75

5 Sie kann nicht einen der beiden falschen Zeugen abgeben, den H.Ph. Hoff, »Die Passionsdarstellungen Albrecht Dürers«, Heidelberger Dissertation 1898, S. 37, in ihr sieht. Ich lernte das Büchlein erst kennen, als meine Arbeit im Satz war. Wir stimmen überein in der Auffassung des wesentlichen Charakters der kleinen Passion (S. 100f.) – aber ich glaube nicht, daß die Beigabe der durchaus artistischen Gedichte des Chelidonius sie als »für das Volk« (S. 99) bestimmt aufzufassen gestattet, womit ich allerdings der üblichen Interpretation widerspreche. Während ich Dürer inhaltlich innerhalb der Entwicklung der Meditationsliteratur zu begreifen suche, vertritt Hoff gerade die mir falsch erscheinende These des Individualismus (vgl. besonders S. 109) – mir erscheint das alles zu

gemacht und wartet gespannt auf das Echo. In Gedanken versunken blickt der Mann nach dem Gefangenen, den die Soldaten die Stufen heraufzerren. In der Nähe des Thrones stehen ein Priester und ein Soldat der Wache. Nur weil die Szene bisher nicht die richtige Deutung fand, sei noch ausdrücklich gesagt, daß nur einem der über Christus Richtenden eine Botschaft von einer Frau zukommt, und daß die Darstellung eine genau so schlechte Illustration der Annasgeschichte abgibt, wie eine gute des Augenblicks, in dem Pilatus von seiner Frau bestellt wird: habe du nichts zu schaffen mit diesem Gerechten, denn ich habe viel gelitten heute im Traum seinetwegen. Der Schluß ist unausweichlich: Dürer trug kein Bedenken, die Pilatusszene an einer falschen Stelle einzuordnen, für die ihm offenbar eine wirklich zugehörige nicht zur Verfügung stand.

Die Ehrfurcht vor Dürer verbietet jeden Gedanken an einen taschenspielerhaften Täuschungsversuch durch Umetikettierung. Wer anders denkt, müßte auch beweisen[6], daß Dürer überhaupt bei seinen Zeitgenossen mit einem so flüchtigen, so ungegenständlichen Sehen hätte rechnen können wie dem modernen. Ich glaube vielmehr, daß der Charakter des Andachtsbuches die Vorziehung des Blattes möglich machte. Einer Betrachtung, für die das Miterleben der Vorgänge das wesentliche Ziel bildet, ist es bedeutungslos, ob die historische Reihenfolge auch streng eingehalten wird – wie es etwa auch für den Pilger in Jerusalem nicht von Wichtigkeit war, den Passionsweg in genau dem gleichen Sinne zu wandeln, wie der Zug mit Christus, wenn er nur überhaupt an den Stellen beten konnte, die »Stationen« waren. Es könnte Dürers Entschluß erleichtert haben, daß es für den Gang der Ereignisse gleichgültig ist, wann die Warnung des Pilatus erfolgt, denn ihre Bedeutung ist durchaus eine generelle, sie versinnbildlicht die – traditionelle[7] – Rolle, die Pilatus spielt oder vielmehr zu spielen sucht, die des Retters, die des einzigen, der sich des Angeschuldigten annimmt.

Wie wenig es auf den Fluß der Geschehnisse ankam, zeigt die Einschiebung des Blattes mit Veronika zwischen Petrus und Paulus, also eines reinen Andachtsbildes, zwischen dem Fall unter dem Kreuz und der Kreuzannagelung (Abb. 3). Hier möchte es scheinen, daß Dürer sich einem Wunsch des Chelidonius anbequemt hat. Dessen Gedicht zur Kreuztragung erwähnt nichts vom Fall, nichts von Veronika (die bei Dürer zu sehen), aber das folgende beginnt mit der Anrufung der Vera Ikon:

> Milies salve facies beata
> Regis aeterni superis amanda,
> Culta terrenis, erebo tremenda

und erzählt von ihrer Entstehung und zum Schluß von ihrer Aufbewahrung und Verehrung in Rom »Hospitis Petri laris inquilina«. Man wüßte keinen Grund anzugeben, warum gerade Petrus und Paulus[8] (!) als Assistenzfiguren erscheinen, wenn man nicht annimmt, daß die Darstellung des ersteren sich aus dem Gedanken der Schlußstrophe leicht ergab, und daß dann der eine Apostelfürst den anderen für Rom nachzog. Also läßt sich erschließen, daß bei der Schlußredaktion Chelidonius das entscheidende Wort zufiel, indem Dürer die Ausgabe für die Gedichte möglichst passend herrichtete und eine klaffende Lücke schloß, so gut es die Umstände noch erlauben wollten.

protestantisch-theologisch gesehen, womit man m.E. dem Manne einer Übergangszeit Gewalt antut.

6 Ich glaube nicht, daß dazu der Hinweis auf so Bekanntes wie die Verwendung phantastischer und manchmal sich gleichbleibender Darstellungen als Abbilder verschiedener Orte, Geschehnisse oder Menschen genügt. Man darf nicht vergessen, daß das Bedürfnis nach absoluter Identität an wissenschaftlichen Interessen wie Physiognomik, Landeskunde u. dgl. erwuchs, aber erst durch die Photographie allgemein wurde, wobei nicht übersehen werden kann, daß auch die Gegenwart noch rein traditionelle oder ganz phantastische Porträts erträgt. Vor dem Wert des Symbols oder des Typus kann immer noch das Verlangen nach der »Wirklichkeit« schweigen. Und wieviel »typischer« dachte noch das 16. Jahrhundert!

7 Gegen Hoff, S. 108.

8 Durch die Darstellung der Veronika selbst und durch die Einbeziehung des Blattes in den historischen Zusammenhang ist das Thema von vornherein nicht das gleiche wie das der Blätter, die die Reliquie des Schweißtuches unter der Obhut der Apostelfürsten in Rom zeigen (vgl. z.B. W. Schmidt, »Die frühesten Denkmale des Holz- und Metallschnittes« usw., Nr. 14 vom Jahre 1473 und H. Burgkmair bei G. Hirth und R. Muther, Meisterholzschnitte, Nr. 85/86).

III Zur Sinnesdeutung der Ährenmadonna

Dem Andenken an Frau Marie Andree-Eysn
(† 13.1.29)

Sucht man heute die Antwort auf solch eine ikonographische, Frage, wie sie die Verbindung der Jungfrau Maria mit den Ähren stellt, so greift man zunächst nach dem Werk von Karl Künstle über die Ikonographie der christlichen Kunst (Freiburg i. Br. 1926f.), da es das neueste Handbuch ist. Man findet dort (I, 629f.) zum Problem erwähnt das Thema der Madonna im Ährenkleid und im Text verwertet im wesentlichen nur die ersten Forschungen von Graus und diejenigen von Sant' Ambrogio, auf die ich gleich zu sprechen komme. Als eigene Zutaten müssen die wenig bedeutende Bezeichnung der Darstellung als »einen letzten Ausläufer der Maria-Orans, die wegen ihrer besonderen Aufmachung die Aufmerksamkeit der Deutschen auf sich zog«, die ausdrückliche Zurückweisung der Fruchtbarkeitssymbol-Hypothese und die Aufstellung der Devisenhypothese gelten. Da die Rathesche Arbeit Künstle unbekannt blieb (woraus sich nebenbei ergibt, daß er die wichtigste Zeitschrift für Fragen der graphischen Künste nicht herangezogen hat), so erfährt der Wißbegierige nicht gerade sehr viel. Es sei hier eingeschaltet, daß nach meinen Erfahrungen das Buch wohl eine ganze Menge Material verarbeitet, auch kritisch verarbeitet, und dadurch die Aufmerksamkeit auf manche Einzelforschung lenkt, daß es aber als Ganzes weit hinter dem zurücksteht, was man erwarten müßte und was man brauchte, weil es viel zuwenig aus den Originalquellen heraus gearbeitet ist.

Man muß also selbst noch einmal von vorn anfangen.

Ich nannte Joh. Graus. Ihm verdanken wir die ersten ausführlichen Arbeiten[1] zum Thema der Ährenmadonna. Es gelang ihm, der von den Unter- oder Umschriften einiger Ährenmadonnen ausging, die als Vorbild ein Bild im Mailänder Dom nennen, den bekannten Mailänder Forscher Diego Sant' Ambrogio für die Frage des so oft wiedergegebenen Mailänder Gnadenbildes zu interessieren. Dieser[2] ermittelte, daß tatsächlich im 15. Jahrhundert eine Darstellung der Maria, man nannte sie »con cohazono«, sich bei der deutschen Kolonie Mailands als Gnadenbild einer großen Verehrung erfreute. Sie hatte ihm früher einmal die Gestalt einer silbernen Statue[3] gegeben, die sie in den Dom stiftete und die »in structura ecclesiae« zugrunde ging. Um den Beschwerden der Deutschen zu genügen, beschloß die Dombauverwaltung 1465 ein Gemälde des Gnadenbildes malen zu lassen, das Cristoforo de Mottis schon 1464 in Auftrag bekommen hatte und das an einem Pfeiler aufgehängt wurde. Da letzterer abgetragen werden mußte, erging 1479 der Beschluß, in Anbetracht der großen Verehrung bei Deutschen »et partium longincarum« (also auch bei anderen, wir dürfen sagen: Nordländern) das Bild auf einen Altar zu versetzen. Es solle aber später auf den Titel dieser Maria ein eigener Altar geweiht und dieser mit einer Marmorstatue geschmückt werden. Den Auftrag für diese erhielt Pietro Solario, der 1485 für die zwei oder drei Jahre zurückliegende Ausführung entlohnt wurde. Auf Grund der Ährenmadonnen ließ sich die Statue auffinden: sie steht im Kastellmuseum und war von Sant' Ambrogio früher als ein Porträt der Herzogin Katharina Visconti angesprochen worden. Die nicht intakt erhaltene Figur – es fehlt der linke Arm zwischen Schulter und Hand, ein langes Stück des Gürtels – zeigt die wesentlichen Charakteristiken der Ährenmadonna: das offene Haar, die Ähren, den Halsschmuck, den langen Gürtel (mit der sicher zu ergänzenden Inschrift »electa ut sol, pulchra ut luna« [Ct 6.9, umgekehrt]). Es fehlt der Armschmuck. Als Zutat finden sich – eine bekannte Devise der Visconti – Pinienkerne zwischen den Ähren. Damit war also sichergestellt, daß die Beziehung auf Mailand berechtigt war, während die Angabe einzelner Repliken, das Vorbild sei auch »in der stat zu Olana« (Salzburg) oder »in Osanna« (Budweis, Schlägl), wegen der nicht genauen Identifizierbarkeit dieser Orte (Corte d'Olona, Castiglione d'Olona?) auf sich beruhen muß. Es ergibt sich aber, und das ist wichtig, daß die Darstellung in Italien auch außerhalb Mailands bekannt war – das Budweiser Bild stammt aus Benna in Piemont – und es ist noch einmal wichtig, daß nach den Worten der Beschlüsse die eingeborenen Mailänder zum wenigsten damals die Angelegenheit als eine rein die Fremden angehende ansahen – es wird auch nur von Wundern gesprochen, die den Deutschen[4] erwiesen wurden. Es sei hier gleich angefügt, daß der Altar der Madonna del Caozzon, von dem 1485 als künftig gesprochen wird, und der vielleicht 1487 errichtet wurde – denn in diesem Jahre wurde die Statue vergoldet –, schon 1497 wieder umgeweiht wurde in S. Maria della Neve; ob die Statue damals noch am Platz blieb, kann nicht entschieden werden. Als aber unter

1 Graus übersah unter seinen Vorgängern u.a. B. Riehl, Oberbayerisches Archiv 49, 1895/6, S. 449ff.

2 Er legte die Ergebnisse seiner Forschungen nieder in Arte e storia (3. ser. VII) XXIII, Nr. 4, Florenz 1904, und in Rivista delle scienze storiche, Pavia 1904, fasc. 2. Beide Zeitschriften sind in Deutschland schwer aufzutreiben. Daß ich die letztere Abhandlung im Separatabdruck lesen konnte, verdanke ich der Freundlichkeit Fr. Kriegbaums in Florenz.

3 Mir ist unverständlich, warum gegenüber dem klaren Ausdruck des Beschlusses von 1465 »figura … in argento sculpta« Sant' Ambrogio und Graus daran zweifeln können, daß es sich um eine silberne Statue handelte. Ersterer (Arte e stor. Sep. S. 14), »che pare fosse scolpita in argento«; letzterer (II, S. 19) »vielleicht nur eine silberne Votivstatue oder Zier«; dazu auch S. 11.

4 Dabei wurde im Norden der Rosenkranz, den einige Repliken zeigen (vgl. Abb. 3), auf ein von der Herzogin von Mailand erlebtes Wunder bezogen; Graus; Kirchenschmuck 1904, S. 105.

1 Maria im Ährenkleide, Holzschnitt, süddeutsch, um 1460 (München, Graphische Sammlung)

2 Ährenmadonna ohne Ähren, Holzschnitt, nürnbergisch nach oberrheinischem Original, um 1450. Nach mündlicher Mitteilung M. Weinberger. (Straßburg, Landesbibliothek, nach Heitz, Einblattdrucke, Bd. 61, Taf. 4)

dem hl. Karl Borromeo, also in der Mitte der zweiten Hälfte des 16. Jahrhunderts, der Altar drei Bruderschaften, darunter der der Heiligen Viktor und Rochus, übertragen wurde, muß sie spätestens beseitigt worden sein. Die Schicksale der Statue sind nicht bekannt; leichte sind sie nicht gewesen. (Von der Vergoldung findet sich keine Spur mehr; der Bruch.)

Mit Sicherheit läßt sich sagen, daß eine Reihe der Ährenmadonnen älter ist als das Gemälde des Cristoforo de Mottis von 1466. Zu diesen gehört auch der Holzschnitt der Münchner Graphischen Sammlung (Abb. 1), der von einem gemalten Vorbild spricht. Es muß also der von den Deutschen gestifteten Silberstatue ein Gemälde vorausgegangen sein. Wann die Statue gestiftet wurde und wann sie verlorenging, läßt sich nur annähernd erschließen. Gebaut wurde am Dom seit 1386 bis 1500, wenn auch mit Unterbrechungen. Es ist anzunehmen, daß die Anfrage der Deutschen von dem Verlust nicht durch eine sehr lange Spanne getrennt war; das ist doch eigentlich selbstverständlich. Wenn man ihn um die Jahrhundertmitte ansetzt, wird man schwerlich zu weit hinaufgehen. Andrerseits dürften die früheren Wiedergaben des »Gemäldes« auch nicht allzuweit von einem Termin entstanden sein, an dem wirklich ein Bild da war. Vor ungefähr 1420 wird also die Silberstatue schwerlich gestiftet sein. Irgendeine Vermutung darüber zu hegen, wann genau das ihr vorausgehende Gemälde entstanden ist, ist müßig. Es geschah dem Stil nach irgendwann im 14. Jahrhundert.

Sant' Ambrogio hatte darauf hingewiesen, daß mehrere Porträts der Herzogin Katharina († 1404) in der Certosa sie im Ährenkleide zeigten – wohlbeachtet, das früheste von ihnen stammt aus dem späteren 15. Jahrhundert, die beiden anderen aus dem 17. – , daß der gezackte Strahlenkranz eine Devise der Visconti war – er war es in der Tat – , darum schloß Graus (S. Maria im Ährenkleid, Graz 1904, S. 18f.) auf Stiftung durch die Herzogin als Dank für eine Gebetserhörung für erflehte männliche Nachfolge und deshalb mit Anbringung der Ähren als des Symbols der Fruchtbarkeit vielleicht in Erinnerung an den evangelischen Gruß: benedictus fructus ventris tui. Also eine Art Madonna del Parto oder Madonna delle Grazie mit dem Symbol der Fruchtbarkeit. Wegen dieser Beziehungen seien die Ähren dann auf ihre Porträts übertragen worden (S. 18); während es durch die unglücklich formulierte Anmerkung 1 der S. 19 nicht klar wird, ob Graus annimmt, daß die Herzogin – an der Tatsache des Tragens zweifelt er nicht – selbst ein Ährenkleid schon früher als das

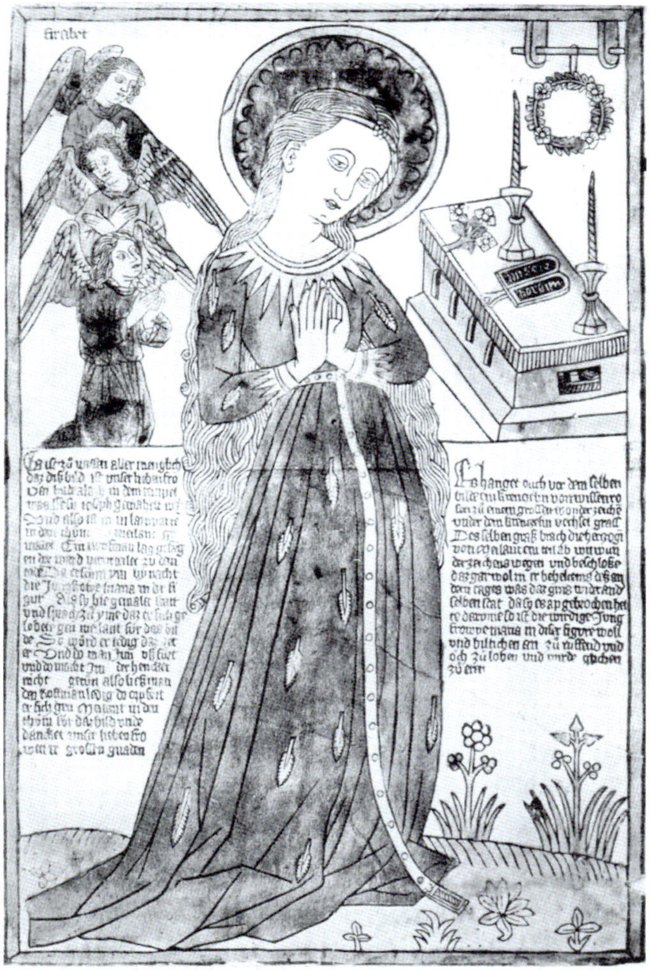

3 Feierabend zu Rapperswil, Ährenmadonna, Holzschnitt, Schweiz, um 1465 (Zürich, Technische Hochschule, nach Heitz, Bd. 67, Taf. 11)

4 Ährenmadonna, Holzschnitt, niederländisch, um 1470 (Kopenhagen, Nationalmuseum, nach Mitteilungen der Gesellschaft für vervielfältigende Kunst, 1922, S. 3)

Gnadenbild trug oder nicht. Nach dem Text ist aber das erstere unwahrscheinlich.

Damit hatte Graus die Ableitung aufgegeben, die er in der ersten[5] seiner originalen Abhandlungen vertrat, als deren Separatdruck das Büchlein erschien, und die von der Auffassung ausging, die nach den Unterschriften die Zeitgenossen von der Darstellung hatten. Die Unterschriften stimmen darin überein, daß es sich um die Darstellung Mariens handle, wie sie sich als Jungfrau im Tempel aufhielt, ehe[6] sie mit S. Joseph vermählt wurde. Also die Darstellung Mariens in einer bestimmten, wenn auch über einen langen Zeitraum – elf Jahre – sich hinziehenden Situation, die durch Beschreibungen der Apokryphen, Marienleben, Dichtungen usw. allbekannt war. Da lange vor dem Okzident der Orient ein Fest der präsentatio Mariä kannte und man in Jerusalem den justinianischen Bau der Marienkirche auf dem Tempelplatz in besondere Beziehung zum Tempelaufenthalt Mariens gebracht hatte, da diese Kirche die Kirche des Templerordens war, andrerseits die Zisterzienser sich für die Feier des Festes einsetzten, da nun endlich eines der ältesten Bilder der Ährenmadonna in einer Zisterzienserkirche stand, so wurde das alles zusammengeworfen zu dem Schluß, daß das Andenken an den Titel der Jerusalemer Kirche wieder auflebte in der Ährenmadonna (S. 5ff.).

Diesen Gedanken hatte Sant' Ambrogio aufgegriffen, dessen Archivforschungen und Hinweisen Graus seinerseits soviel verdankte. Sant' Ambrogios Ansicht, daß die Ähren des Kleides der Herzogin von dem Bild übernommen sind, ist klar ausgesprochen (Rivista Sep. S. 11, Arte e stor., Sep. S. 8). Obwohl er das Hypothetische der Ableitung aus dem Orient einsieht, tritt auch er für sie ein, da die Verehrung Mariens auf Grund der Apokryphen im Orient allgemein war und erst seit der zweiten Hälfte des 14. Jahrhunderts nach und nach in den Okzident eingedrungen sei. Besonders propagiert sei

5 Der Kirchenschmuck 1904, S. 1ff. Die zweite ebd., S. 59ff., 101ff.

6 Die Quelle für die – wahrscheinlich irrige – Angabe W.L. Schreibers, Der Formschnitt VII (Leipzig 1929), S. 115, daß Maria »wie die Legende berichtet« das Ährenkleid bei ihrer Vermählung trug, ist mir nicht bekannt.

die Verehrung der Madonna delle Grazie worden, und zwar besonders als Fürbitterin für das Aufhören des Schismas. Eine spezielle Darstellung der Madonna delle Grazie habe es vorher nicht gegeben, und so sei es gut möglich, daß man aus dem Orient durch Vermittlung eines Ordens die Ährenmadonna übernommen habe. Denn dieser Madonna könnte man das Ährenkleid besonders gut zuweisen, worauf die überraschende Erklärung kommt, daß doch die Ähren das beste Symbol für das tägliche Brot sind, das im Vaterunser erbeten wird (Rivista Sep. S. 10). Bedeutungsvoll ist aber wiederum die Hypothese, die Sant' Ambrogio für den Grund der Verbreitung der Ährenmadonna gerade im nördlichen Alpengebiet auf Grund seiner Beherrschung der geschichtlichen Vorgänge aufstellt. Zu den einflußreichsten Anhängern Urbans VI. gehörte der Kartäuser Stefano Macone, der ganz besonders den Kult der Madonna delle Grazie propagierte. Er besaß großen Einfluß bei der Herzogin und auf ihn geht es wahrscheinlich zurück, daß die Kartause der Madonna delle Grazie geweiht wurde. Macone hatte eine Kongregation der Kartäuser gegründet, die im Unterschiede zu der Hauptkongregation von Grenoble nicht dem Gegenpapst Clemens VII., sondern Urban VI. anhing, und die ihren Sitz in der Kartause von Seitz in Steiermark bekam, wo Macone als Generalprior 1398 weilte.

Fassen wir die bisher erwähnten Deutungen kurz zusammen:

- Graus I (1. Abhandlung 1904): Tempeljungfrau unter Ableitung vom Orient im Andenken an die Jerusalemer Kirche, ohne Versuch der Klärung der Bedeutung des Ährenkleides.
- Graus II (Separatdruck und 2. Abhandlung 1904): Die Gnadenreiche mit dem Symbol der Fruchtbarkeit – vielleicht in Erinnerung an »benedictus ... «.
- Sant' Ambrogio: Madonna delle Grazie; die Ähren mit dem Sinn der 5. Bitte des Vaterunsers.

Im Jahre 1905 brachte Graus im Kirchenschmuck, S. 223ff., einen Nachtrag, in dem er wie ganz selbstverständlich und ohne jedes nähere Eingehen die Ährenmadonna als Tempeljungfrau bezeichnet, und wiederum auf jede Erklärung der Ähren verzichtete.

Es ist also kein Wunder, wenn man schließlich nicht mehr weiß, was Graus eigentlich dachte – und es bleibt als Resultat, daß zwar die äußere Geschichte des Gnadenbildes und seiner Verbreitung geklärt, daß aber die Grundfrage nach seinem Sinn nicht beantwortet, und daß die Frage, welche Bedeutung dem Ährenkleide innerhalb dieses Sinnes zukommt, kaum berührt war, daß aber das Gefühl entstand, die Ährenzier stamme von dem Kleide der Herzogin.

Auch Stefan Beissel, dem man einige wichtige Nachrichten über die Verbreitung des Kultes der Ährenmadonna nach Brüssel, wo die Bruderschaft Unserer Lieben Frau von Mailand schon 1483 wieder aufgelöst wurde, und nach England verdankt, folgt Graus II in der Auffassung. In der »Geschichte der Verehrung Marias in Deutschland während des Mittelalters« (1905) faßt er die Ähren als Bilder der Fruchtbarkeit, »die vielleicht auch an den Heiland, das Brot des Lebens erinnern wollen« (340), ein Zusatz, den er 1913 in den »Wallfahrten zu Unserer Lieben Frau« fortließ (142).

Kritisch ist zu diesen Erklärungsversuchen zu bemerken:

1. Graus, Sant' Ambrogio und Beissel setzen stillschweigend voraus, daß den Ähren ein besonderer Sinn zukommt, daß es sich nicht etwa um einen zufälligen Schmuck eines Bildes handelte, der bei seiner Erhebung zum Gnadenbilde und mit dessen Verbreitung gleichsam zufällig und ohne besondere Bedeutung mitwanderte. Man könnte für diese letztere Auffassung anführen, daß in den Akten niemals die Ähren erwähnt werden, wohl aber immer die langen Haare, und daß z.B. im Beschluß von 1465 nur von diesen, von Sternen und einem Diadem gesprochen wird; aber beweiskräftig wäre dieser Hinweis nicht, da wir am ersten Gemälde und an der Statue des Solario die Ähren erweisen können und es sich somit um ein wichtiges Charakteristikum des Bildes gehandelt haben muß. Auch der Halsschmuck wird nicht erwähnt. Die Ähre bildet überhaupt ein so ausgeprägtes Symbol, daß erst nachzuweisen wäre, daß sie rein dekorativ verwendet worden sein kann, zumal m.W. die Ähre der damaligen Textilornamentik ebenso unbekannt ist und stilistisch widerspricht wie der übrigen Ornamentik.
2. Daß die Ähre eine Devise der Visconti war, ist nicht bekannt. Daß die Herzogin Kleider mit den Ähren getragen hat – was theoretisch möglich wäre, sobald es sich eben um eine Devise und nicht um ein reines Ornament handelte – ist nicht zu erweisen, läßt sich aber auch nicht schlüssig verneinen, wenn man aus ihren späten Darstellungen diesen Schluß ziehen will. Wer aber behauptet, daß die Herzogin vor der Existenz des Gnadenbildes Kleider mit diesem Muster trug, dem fällt die Beweislast zu, daß die Ähren zu ihren Devisen gehörten. Übernahm aber die Herzogin das Symbol von dem Gnadenbilde aus Dankbarkeit für eine Erhörung, dann ist dieses Faktum für die Erklärung des ursprünglichen Sinnes des Gnadenbildes irrelevant.
3. Weder Graus noch Sant' Ambrogio haben den Versuch unternommen, für ihre These der Ableitung aus dem Orient die Hauptsache zu erweisen, daß der Orient eine Darstellung der Ährenmadonna kannte. Behauptet hat das bisher niemand, und soweit meine Kenntnis reicht, läßt sich nicht der leiseste Grund für eine Hypothese finden, daß er sie kannte. Es läßt sich sogar grundsätzlich sagen, daß es der byzantinischen religiösen darstellenden Kunst an seelischer Wärme, an poetisch-individualisierender Gestaltungslust fehlte, um das (wie wir nachher sehen werden: in der Literatur gestellte) Thema der Ährenmadonna auch sichtbar zu formen.
4. Graus hat den Beweis nicht für nötig gehalten, daß es notwendigerweise einen Sinnbezug auf natürliche menschliche Fruchtbarkeit haben müsse, wenn der Jungfrau Maria das Ährensymbol beigegeben wird. Bei Beissel ist nicht mit restloser Klarheit zu entnehmen, an welche Fruchtbarkeit er dachte. Künstle hat m.E. richtig gegen Graus

und G. Schreiber (Mutter und Kind in der Kultur der Kirche, Freiburg i.Br. 1918, S. 104) eingewendet, daß sich die Ähre als Symbol der ehelichen Fruchtbarkeit innerhalb der christlichen Kunst nicht nachweisen läßt. Folkloristisch ist die Beigabe von Ähren an Maria nur im Sinne der Beziehung auf Feldfruchtbarkeit zu fassen, worüber Detzel im Archiv für christliche Kunst 1905, S. 22, und vor allem M. Höfler in der Zeitschrift für österreichische Volkskunde 1912 in einer Abhandlung über den Frauen-Dreißiger einiges zusammengestellt haben.

5. Es ist merkwürdig, daß man die Untersuchung nicht für nötig fand, ob es nicht möglich ist, die Darstellung der Maria als Tempeljungfrau im Schmuck des Ährenkleides in einem theologischen Sinne zu verstehen, ob die Verbindung der beiden Komponenten also kein Zufall war, sondern ob es im spiritualistischen Sinne nicht sinnvoll ist, gerade die Tempeljungfrau mit diesem Symbol der Fruchtbarkeit zu verbinden. Auch Künstle tat es nicht, der gerade, um einer ihm sinnlos erscheinenden Verbindung zu entgehen, die Devisenhypothese vertritt.

K. Rathe hat in seinem Aufsatz in den Mitteilungen der Gesellschaft für vervielfältigende Kunst 1922 völlig recht, wenn er schreibt (S. 7): »Unerbittliche methodische Rücksichten [hätten] vor allem zumindest den Versuch erheischt, innerhalb des zeitgenössischen religiösen Schrifttums und seiner systematisch ausgebauten Symbolik nach dem Losungswort einer so absonderlichen Erscheinung zu fahnden ...«, wobei nur die Worte »systematisch ausgebauten« beanstandet werden müssen und das Wort »zeitgenössisch« einer Interpretation bedarf. Im »religiösen Schrifttum« ist vieles Gegenwart, was im Zeitsinn Vergangenheit ist – es kommt nur auf die lebendige Wirksamkeit an.

Das Versäumnis glaubte er gutzumachen, wenn er »nach der nächstliegenden Quelle«, dem »Defensorium inviolatae Mariae virginis« des Wiener Theologen und Rektors der Universität Franz von Reetz († 1411), griff, das Julius von Schlosser in einem grundlegenden Aufsatz im Jahrbuch der Kunsthistorischen Sammlungen des Allerhöchsten Kaiserhauses, 23, 1902, S. 287ff., behandelt hat. Das Defensorium versagt aber; es kennt kein Ährensymbol. Damit schied für Rathe eine ganze Literaturgattung aus der weiteren selbständigen Durchforschung aus. Er ließ von der Theologie und wandte sich der sich nicht im ausschließlich Christlichen erschöpfenden Weltanschauung zu, für die er bei den Visconti – die Herzogin erscheint als selbstverständliche Urheberin des Schmuckes – mit Recht die Astrologie als integrierenden Bestandteil ansieht.

Franz Boll hatte im 1. Heft seiner Stoicheia (1914), Aus der Offenbarung Johannis, S. 115, folgendes berichtet: »Ich habe oben jene Stelle aus dem Babylonier Teukros (wohl 1. Jahrhundert n. Chr.) erwähnt, die das Sternbild der Jungfrau beschreibt .... Dieser Text ist durch eine persische Übersetzung (wohl aus dem Jahr 542 n. Chr.) ins Arabische übergegangen, und hier heißt der Satz so: »Im ersten Drittel (Dekan) der Jungfrau steigt ein Mädchen auf, das Teukros Isis nennt; sie ist eine hübsche reine Jungfrau mit langem Haar und schön von Angesicht; sie hat zwei Ähren in der Hand[7] und sitzt auf einem Thron, worauf Polster liegen; sie wartet einen kleinen Knaben und gibt ihm Brühe zu essen an einem Orte, der Atrium heißt; diesen Knaben nennen einige Völker Isu, d.i. Jesus.«

»In dem hier verkündeten Synkretismus« sieht Rathe schon den entscheidenden Schritt zur Ährenmadonna getan; von ihm aus könne die Übertragung der Ähren auf Maria verstanden werden (S. 11). Er geht noch weiter. Da die Beschreibung von einem Atrium spricht, in dem die Sternbildszene spielt, ist er nicht abgeneigt, ohne den Apokryphen alles Recht damit nehmen zu wollen, darin auch noch den Anstoß zu sehen, daß die Ährenmadonna eben die Tempeljungfrau ist (S. 12). Rathe hat in seinem bewundernswert sorgfältigen Aufsatz (S. 13ff.) die Beweise für den großen Einfluß des Albumasar während des Mittelalters zusammengestellt. Daß seine eben angeführte Äußerung bekannt war und sogar im Sinne einer Prophezeiung der Geburt Christi aufgefaßt wurde, ist einwandfrei zu belegen. Der 886 gestorbene arabische Astronom wurde so in einem Gemälde des Kaiser-Friedrich-Museums (Abb. Rathe S. 14) unter den Propheten Christi dargestellt, wie etwa Virgil. Es ist auch nicht zu bestreiten, daß das von Albumasar beschriebene Sternbild mit Maria identifiziert wurde, wie auch andere Sternbilder verchristlicht wurden. Rathe erwähnt z.B., daß Roger Bacon das Fest der Geburt Mariä kalendarisch mit dem Sternbild der Jungfrau in Verbindung bringt »quod beata virgo habet figuram et imaginem infra decem gradus virginis«. Am schlagendsten ist aber jene von Boll schon erwähnte, dann von Fr. Saxl in seinem Verzeichnis astrologischer usw. Handschriften des lateinischen Mittelalters in römischen Bibliotheken (Sitzungsberichte der Heidelberger Akademie der Wissenschaften, Philosophisch-historische Klasse 1915) zuerst[8] veröffentlichte Miniatur vom Jahre 1424 aus Rom, Vat. Bibl., Palat. lat. 1066 (Abb. 5). Sie gehört zu den Illustrationen der Imagines virtutum et viciorum secundum Fulgentium (vgl. Saxl, S. 110, und Liebeschütz, S. 40) und der Text verweist auf die Beschreibung Albumasars »per quod clare describitur virgo mater« Christi (fol. 243^{v}. Saxl, S. 111, und H. Liebeschütz, Fulgentius Metaforalis, Studien der Bibliothek Warburg IV, Leipzig 1926, S. 54).

Rathe möchte annehmen, daß die Imagines »die Bildgestaltung der ältesten Ährenmadonna inhaltlich beeinflußt, wenn nicht gar unmittelbar angeregt« haben (S. 19). Der Fortfall des Kindes erkläre sich leicht aus der Verbindung mit der Tempeljungfrau (S. 12). Kurz und gut: die Ideenverbindung Jungfrau – Ähre sei gegeben gewesen und so sei es nicht befremdlich, daß die Herzogin das an ihr selbst Erprobte (also erscheint auch die Devisenhypothese!) unter Umdeutung von ihr auf das Gnadenbild übertrug (S. 19).

7 Natürlich die Spica, den hellen Stern im Bilde der Jungfrau; der »himmlischen Jungfrau« des Christentums bleibt auch die Ähre erhalten (z.B. Palat. lat. 1066 [a. 1424], f. 243: Maria mit Kind und Ähren) [Anm. Bolls].

8 Wir verdanken einen Abzug der Photographie der Güte der Bibliothek Warburg.

5 *Die Sonne als Christus und das Sternbild der Jungfrau als Madonna, Zeichnungen, 1424 (Rom, Vatikan. Bibl., cod. Palat. lat. 1066, fol. 243ʳ)*

6 *Circe mit Odysseus und seinen Gefährten, aus dem Defensorium inviolatae virginitatis b. Mariae des Fraters Antonius von Tegernsee, 1459 (München, Staatsbibliothek). Überschrift: Carminibus si cyrce homines vertisse claret Cur Jesum Christum ex se virgo non generaret*

Die schwachen Stellen der Ratheschen Deduktion sind leicht zu finden: die Erklärung geht von Stiftung des Bildes von der Herzogin aus und setzt bei seiner Gestaltung die Kenntnis ganz spezifischer, man kann schon sagen spezialistischer Interessen eben für den Kreis der christlich umgedeuteten antiken Überlieferung voraus. Schlimmer noch ist der Fortfall des Kindes und seine Begründung durch die etwas gewaltsam herbeigezogene Ableitung von der Tempeljungfrau. Ganz unüberzeugend ist der Gedanke an die Umwandlung des Ährenattributes des Sternbildes in den Gewandschmuck unter Vermittlung des Sternenmantels und an Ableitung des langen Gürtels vom Himmelsgürtel (S. 19). Rathe scheint mir aber überhaupt den Sinn der Miniatur entscheidend mißzuverstehen. Gewiß hat sie die Überschrift imago beatae sanctae mariae virginis gloriosissimae – aber es ist keine Darstellung der Madonna gewissermaßen in concreto beabsichtigt, sondern es ist das Sternbild, das im Gewande oder vielmehr in der Figur der Madonna erscheint. Man verkennt den spiritualistischen Charakter mittelalterlicher Kunst, wenn man solche Unterschiede nicht beachtet. Das mittelalterliche Denken hat – ich sage da Altbekanntes – eine ganz merkwürdige Eigentümlichkeit gewonnen, gewissermaßen durch alle Dinge, alle Geschehnisse durchzublicken und erst hinter ihrer Erscheinung das Wesentliche zu sehen, den bedingenden Grund, nämlich die positive oder auch negative (teuflische) Verbindung mit der Heilsgeschichte. Im Grunde ist das einzig Reale das Transzendente; die niedrige, wirkliche Realität hat nur dadurch einen Wert, daß sich das Göttliche in ihr ausdrückt, wie gesagt, dieses auch in seinem Widerspiel. Die Abb. 6 und 7 zeigen mit wünschenswerter Deutlichkeit, wie z.B. im Defensorium selbst die antiken Wundergeschichten in das Weltbild eingebaut sind. Aber natürlich: sie *konnten* so eingebaut werden, denn es gibt nicht nur ein Verhältnis »des« Mittelalters zu den Überlieferungen der Antike.[9] Das Defensorium vertritt aber jene Anschauung, für die ein antikes Wunder nicht weniger real ist, als etwa ein alttestamentarisches. Die Realität ist nicht zu diskutieren, genau wie die antiken Götter als wenn auch in der Hölle, aber doch existierend (also nicht etwa als Irrtümer einer heidnischen Zeit) gedacht werden *konnten*. Ich glaube, es ist kein falsches Bild, wenn ich formuliere, daß sie aber nur deswegen und insoweit real waren, als sie eben in dem göttlichen Heilsplan eingebaut sind, als sie – wenn es sich um Wunder handelt – ein Wunder dieses Heilsweges präfigurierten, und daß daher ihre Realität sich vergleichen läßt mit dem zum Leben Erwachen der Schatten im Hades, wenn sie lebendes Blut zu trinken bekommen – der Bezug auf den Heilsplan ist eben dieses lebenmachende Blut. Das mittelalterliche Denken hatte ja weiter eine ganz einzige Fähigkeit des bezugreichen Zusammendenkens für uns ganz disparater Dinge ausgebildet, und es ist daher m.E. durchaus irreführend, wenn man mittelalterliche Kunst als im wesentlichen Charakter symbolisch bezeichnet, wie jetzt etwa wieder Künstle (I, 12) – wobei ich ganz von dem großen Bestandteil historischer Darstellungen absehen will, auf den schon Josef Braun in seiner Kritik Künstles[10] hingewiesen hat. Aber alle diese Darstellungen von Präfigurationen oder alle typologischen Darstellungen sind als symbolisch viel zu eng charakterisiert – ihr Sinn ist komplexer, sie symbolisieren nicht einfach, sondern *sie erinnern an die vorhergegangenen Prophezeiungen* und manifestieren an diesen Prophezeiungen den Heilsweg. So handelt es sich in unserem Fall eben um die in

9 Worüber man z. B. bei Liebeschütz, a.a.O., viel Lehrreiches findet.
10 Stimmen der Zeit, Bd. 114, S. 75.

dem Sternbild präfigurierte Madonna, um das Sternbild, das per intelligentiam spiritualem als Madonna aufzufassen ist. Der Text zeigt deutlich, daß vom Sternbild gesprochen wird, daß aber seine Beschreibung als die der Madonna verstanden wird und seine Charakteristika nun spiritualisiert werden. So bedeutet die Ähre nach einer auch von mir nicht identifizierten Stelle »secundum Gregorium in moralibus« die Ähren der himmlischen Gnaden und Tugenden, die Maria denen, die sie lieben, austeilt, indem sie sie zur himmlischen Heerschar führt (Saxl, S. 111). Daß ich nicht konstruiere, schließe ich auch aus der Darstellung, die neben derjenigen der Jungfrau gemalt ist, und die Rathe noch nicht kennen konnte, da sie erst von Liebeschütz in seiner Abbildung 22 veröffentlicht wurde. Da steht eine Frau, in der Rechten ein Schriftband haltend mit dem Wort Tria und darüber die Bezeichnung Imago Christi sic depingitur. Also Christus unter dem Bild einer Frau! Ich weiß nicht, ob jemand die Erklärung fände, die der Text (Palat. 1066, fol. 243v. Liebeschütz, S. 54) andeutet: Varro erzählt, daß die Römer »simulacrum solis« als Gott verehrten und die Sonne Janus nannten. »Spiritualiter per Janum intelligere debemus filium dei qui nobis sue gracie quasi per portas orientis apparet.«[11] Das Wichtigste für unseren Zusammenhang ist das: ebensowenig wie die Frau Christus »ist«, sein kann – so wenig Notwendigkeit besteht für die Auffassung des angeblichen Madonnenbildes als eines solchen und nicht vielmehr als eines Sternbildes. Belegen läßt sich wohl die Verchristlichung der Sternbilder (vgl. Rathe S. 17), aber nicht die Darstellung einer der göttlichen Personen unter der Gestalt eines Sternbildes.

Aber es war überhaupt zu schnell von Rathe, weil das Defensorium versagte, von der rein theologischen Literatur zu lassen. Es ist richtig, über das uns am meisten interessierende Ährensymbol ist der Frage nicht wirklich nahe zu kommen. Es versagen alle üblichen modernen Hilfsmittel, wenn man danach sucht, wie man die Ähre und die Tempeljungfrau als in einen Gedankenkreis gehörend nachweisen will. Stellt man aber die Frage in der Form – hat vielleicht die Tempeljungfrau mit Maria als Hervorbringerin der Ähren, also als »Feld« (ager, campus) zu tun: dann liegt – trotz Rathe, der den Stein verwarf, der m.E. zum Eckstein taugt (S. 7) – auf einmal eine Straße offen, denn die Bezeichnung Marias als Feld gehört zu den häufigen.

Ich bin mir vollkommen bewußt, daß es im Grunde ein Herumdilettieren wie auf dem Gebiete der Geistesgeschichte, so auf dem der Theologie ist, was ich hier treibe. Aber vorläufig kann die Kunstgeschichte leider oft nicht mehr als vage Schritte machen, wenn sie sich das Ziel setzt, die in den Kunstwerken gestalteten geistigen Vorstellungen wirklich

7 Danaë und Diomedes, aus dem Defensorium inviolatae virginatis B. Mariae, Blockbuch von Joh. Eysenhut, 1471 (Gotha, Bibliothek)

zu verstehen. Es fehlen zu viele Vorarbeiten auf den für sie als Hilfswissenschaften in Frage kommenden Gebieten, in unserem Falle der Theologiegeschichte. Nach soviel Jahren kunstgeschichtlicher Arbeit stehen wir ja heute noch an dem Punkt, daß man immer noch nicht wirklich weiß, welche Niederschläge des religiösen Lebens nun eigentlich als Quellen der Kunstvorstellungen in Frage kommen (über die kindlich-naive Ansicht mancher Kollegen, man sieht dann in der Bibel nach, ist ja überhaupt nicht zu reden). Das Suchen nach den Quellen der Cedronepisode[12] führte über die Meditationsbücher in die Geschichte der Exegese eines Psalmverses hinein. Da es keine Geschichte der Psalmexegese gibt, klafft bei der Bedeutung des Psalters für die christliche Kunst eine vom Kunsthistoriker nicht auszufüllende Lücke schwerster Bedeutung. Die Wichtigkeit der Exegese für die Erkenntnis

11 In diesem Vorstellungskreis führt ein Franz Jos. Dölger, Sol salutis (Liturgiegeschichtliche Forschungen 4.5.), Münster i. W. 1920.

12 Festschrift für Marie Andree-Eysn, München [1928], S. 73ff. – Es sei gestattet, hier nachzutragen, daß sich die dort S. 78, Anm. 18 herangezogene Stelle des Bern. de Spoleto durch ihren Abdruck bei Fr. Quaresmius, Historica ... terrae sanctae elucidatio, Antwerpen 1639, S. 169, identifizieren läßt. H. Tietze in Wien hatte die Freundlichkeit, mich auf die Darstellung des Durchgangs durch den Cedron auf dem Chorgestühl von S. Stephan in Wien hinzuweisen (vgl. E. Klebel, Das alte Chorgestühl zu St. Stefan in Wien. [H. Glück – Fr. Wimmer, Österreichs Kunstdenkmäler IV], Wien 1925, Abb. 90). Sie ist wahrscheinlich – entstanden 1476 oder etwas später – die älteste bisher bekannte.

der christlichen Kunstvorstellungen scheint überhaupt noch nicht recht erkannt worden zu sein, während in ihr m.E. eine wesentliche Quelle und die wesentliche Geschichte der theologischen Symbolik verborgen liegt, die in der Kunst einen zweiten Niederschlag erfuhr. Daß die Kunst aber ihre Vorstellungen aus allen Bereichen der Theologie und des kirchlichen und des Frömmigkeits-Lebens nahm, ist selbstverständlich. Was wir brauchen, ist eine Theologie der christlichen Kunst, die die Spiegelung des theologischen und des Frömmigkeits-Lebens in ihr aus deren Geschichte zu erklären weiß, aber auch die Abweichungen berücksichtigt. Besäßen wir so etwas, dann wäre die wichtigste Vorarbeit für das Verständnis der christlichen Kunst geleistet – bis dahin bleibt alles ein Tasten, dem im einzelnen Falle die Enträtselung einiger Züge gelingen kann, dem aber die erschöpfende Erkenntnis doch verschlossen bleiben muß. Aber trotz des Wissens um diese Gefahr und in dem Bewußtsein, daß nur ungenügendes Stückwerk zu leisten ist, muß der Kunsthistoriker Versuche zur Erkenntnis unternehmen, damit unsere Fehler Wissendere anreizen, sich mit den Fragen zu beschäftigen, die dann im besten Falle schon Wegweiser vorfinden mögen, in welcher Richtung sie den Weg bahnen müssen.

Nicht mehr als solch einen Wegweiser glaube ich für die Beantwortung unserer Frage aufstellen zu können: es ist eben der Hinweis auf die Auffassung Marias als Acker Gottes. Es gibt ein ebenso nützliches wie anscheinend unbekanntes Repertorium der marianischen Symbolik: eine alphabetisch geordnete Zusammenstellung der Namen und Lobsprüche Marias bei Kirchenvätern und einigen anderen Schriftstellern von Hippolyt Marracci, erschienen zuerst[13] 1686. Sie ist bei weitem nicht vollständig, aber es bedarf nur eines geringen Suchens, um zu erkennen, daß schon den griechischen Kirchenvätern das Motiv der Ährenmadonna leicht zu entnehmen gewesen wäre (wobei hier unberücksichtigt bleiben kann, aus welchen Bibelstellen es jeweils entwickelt ist). *ἡ ἀγεώϱγητος καλλίκαϱπος ἄϱουϱα* = ager, qui non exaratus fructus protulit pulcherrimos (Gregorius Thaumaturgos, † 270. Orat. I in Annunc. Migne, PG 10, 1152, 1151). *ἡ ἀγεώϱγητος χώϱα, ἡ τὸν λόγον ὡς κόκκον σίτου δεξαμένη, καὶ τὸ δϱάγμα βλαστήσασα* = ipsa est ager minime cultus quae verbum velut granum frumenti suscipiens etiam manipulum germinavit (Epiphanius, † 403. Sermo de laude Mariae PG 43, 491, 492. Zugeschrieben) … *οὐϱανίου στάχυος ἀθέϱιστος ἄϱουϱα* = caelestis spicae arvum, quod non metitur (Früher Johannes Chrysostomus zugeschrieben. In Christi natalem diem. PG 61, Sp. 737). … *ἡ θεογεώϱγητος ἄϱουϱα, ἡ τὸν ἄσποϱον καὶ ἀπότιστον τῆς ζωῆς ἡμῶν ἄσταχυν* … *βαστάσασα* … = arvus ille a deo cultus, quae vitae nobis spicam, nullo satam semine … gestasti (Andreas Cretensis PG 97, 865, 866). *Ἡ γῆ ἡ κατάκαϱπος ἐκ γῆς ἀκάϱπου γεννᾶται, ἥτις καϱπογονήσει … ζωηφόϱον ἄσταχυν τὸν τϱέφοντα πάντας θείω νεύματι* = mira fecunditate praedita terra ex terra nascitur infecunda; et fecundissimum[14] fructum gignet … et spicam vitae allatricem quae nutrit omnes divina voluntate (S. Josephus Hymnographus, † 883. Mariale PG 105, Sp. 985, 986 und passim). Es genügt wohl schon, um zu zeigen, wie alt die Vorstellung ist, und um deutlich zu machen, daß der springende Punkt der ist, daß Maria einem unbearbeiteten Acker gleich gesetzt ist, der trotzdem Frucht[15] gibt, und zwar, weil sie der Acker Gottes ist. Daß die Frucht, die spica, vielfach aufgefaßt werden und immer vielfachere Bedeutung annehmen konnte, versteht sich von selbst. Sie kann Christus bedeuten, das Engelsbrot, die himmlische Weisheit usw. Es sei eindringlich betont, daß die mittelalterliche Symbolik kein Lehrgebäude mit gleichsam mathematischen Formeln darstellt, da es kein durchgearbeitetes System der Symbolik gibt, sondern daß sie ein Niederschlag der Kunst der Exegese ist, die immer reichere Beziehungen für den im Augenblick gesetzten Mittelpunkt zu finden weiß. Es wäre also ein verkehrtes Verlangen, wissen zu wollen, was die Ähre nun wirklich »genau« bedeutet: sie bedeutet das, was christliche Symbolik in sie hineinlegen kann, wenn sie mit der Jungfrau Maria verbunden ist.

Daß die Auffassung Mariens als Acker Gottes – sie konnte auch mit anderen Feldern verglichen werden – vom Westen übernommen wurde und nicht verlorenging, will ich an einigen Beispielen erweisen. Bei Marracci findet man erwähnt vom bekannten Dichter und Bischof von Poitiers, Venantius Fortunatus († um 600): »Dignus ager Domini dignus generans sine semine frugem« (In laudem Sanctae Mariae Virginis PL 88. 281). Albert der Große († 1280) erklärt den Satz (Mariale, opp. ed. Lyon 20, 1651, S. 84) »in principio creavit Deus coelum et terram: id est beatam Mariam« und vergleicht nun Maria in verschiedener Beziehung mit Himmel und Erde; dabei kommt auch vor: »Item coelum et terra fuit: quia purissima virginitate et foecundissima maternitate Virgo et mater simul fuit«. Fast acht Seiten des gleichen Foliobandes (S. 224ff.) sind in dem Buch über De laudibus B. Mariae den Vergleichen mit terra, ager, campus, area gewidmet. Man braucht nicht weit zu lesen, um die von den griechischen Vätern angeschlagenen Motive wiederzufinden: im Anschluß an Gn 2,5 (et homo non erat qui operaretur terram) wird Maria als die terra bezeichnet, aus der der neue Adam (dazu Gn 2,7) gebildet worden: »nullus enim homo operatus est in ea terra virgine de qua formatus est Christus« (S. 224). Wiederum: »Mariam … Et hanc terram solus Deus inhabitavit, solus etiam excoluit et ipsum solum haec terra fructivicavit« (S. 225). Und für die Ähre: »(Maria campus) ibi enim crevit frumenti illius pretiosi granum, quo pascuntur aves et animalia, angeli scilicet et fideles simplices in sacramento altaris … « (S. 230).

13 Köln. Ich benutzte die Ausgabe Rom 1694. – Marracci hatte Vorläufer, von denen ich dankbar nennen will Paulus de Barry – Martinus Sibenius, Magnificentia dei erga matrem suam, Köln 1649, da sie mir auf den Weg half.

14 In der Übersetzung hinzugefügt.

15 Dazu etwa noch S. Proclus, † 446. PG 65 in orationes VI passim.

8 Ährenmadonna, salzburgisch, um 1475 (München, Nationalmuseum)

9 Ährenmadonna im Sternenkleid als Silberstatuette, Anfang 16. Jahrhundert (Aschaffenburg, Bibliothek, Zeichnung aus dem Halleschen Heiltum, fol. 134v)

10 Ährenmadonna, fränkisch, um 1430 (München, Nationalmuseum)

Mit drei Zitaten, die uns in die Epoche der Ährenmadonna hineinführen, will ich diese Aufzählung schließen: Im Mariale des Jacobus de Voragine, des bekannten Erzbischofs von Genua († wahrscheinlich 1298), steht ein langer Vergleich Marias mit der Erde (Venedig 1497, Bl. 64), aus dem ich nur anführen will: »fuit terra bona terra bono semine seminata, terra fecundata et terra ad germinandum apta«. Aus dem Marienleben des Franziskaners Bartholomaeus de Pisis († 1401): »[...] Mariam, quae terra fuit a Deo benedicta, quae fructum benedictum peperit« (Venedig 1596, S. 384). Und aus den Predigten des seligen Dionys des Kartäusers († 1471): »Quemadmodum enim virgultum oritur et ascendit seu crescit ex terra non seminata, neque humano artificio aut labore parata aut fecundata; et sicut radix ex sicca pullulat terra: sic Unigenitus Dei a Virgine est conceptus, atque ex ea natus, ea a nullo homine fecunda effecta, nec semine viri tacta.« (Opp. ed. Cart. XXXI, S. 402f.)

Es ergibt sich also: auch in der Entstehungszeit der Ährenmadonna war theologisch der Vergleich Marias mit der fruchttragenden Erde ein *gebräuchliches Bild für die Unbefleckte Empfängnis*. Es gibt ja keine Darstellung der Maria immaculate concipiens außer der Verkündigung; ich meine, die den Begriff der unbefleckten Empfängnis so verkörpert und zusammenfaßt, wie es die Darstellung, die man Immaculata Conceptio nennt, tut, von der ja nicht oft genug betont werden kann, daß sie die passive unbefleckte Empfängnis darstellt, die Erbsündelosigkeit. Es gibt nun kein marianisches Symbol, das sich zur Verwendung zu solcher Versinnlichung so eignet wie das Ährenkleid, denn gerade die unmittelbare Verbindung ist ausdrucksvoll, in der das geschmückte Kleid mit dem Körper steht und die Ähre war vielseitigerer passender Interpretation zugänglich als etwa die Rose oder die Rebe. Also Maria als die jungfräulich Gottes Sohn Empfangende, das ist m.E, der Hauptsinn des Ährenkleides: das Empfangen und Erzeugen außerhalb der Naturgesetze. So kann man auch verstehen, wieso das Bogenberger Gnadenbild zu seinem Ährenschmuck kam: die einzige bisher bekannte Darstellung[16] Marias nach der Inkarnation mit dem Ährenkleid. Die Statue zeigt Maria gravida; also ein Unterstreichen des Übernatür-

16 Frau A. v. Eckardt in München erzählte mir von einer Figur, die sie vor Jahren im Kunsthandel sah und die nach der Beschreibung eine Wiederholung des Bogenberger Gnadenbildes mit dem Ährenkleid war. Die Wiederholung des Bayerischen Nationalmuseums (um 1520) zeigt es nicht.

11 Ährenmadonna, Holzschnitt, süddeutsch, um 1500 (Weimar, Schloßmuseum, nach Heitz, Bd. 59, Taf. 7)

12 H. Funhof, Ährenmadonna, um 1480 (Hamburg, Kunsthalle)

lichen des Vorgangs. Übrigens kann man bisher nicht mit Bestimmtheit sagen, ob das Gnadenbild von Anfang an die Ähren trug – aber 1679 ist es der Fall gewesen.[17]

Aber was hat das Ährenkleid als Zeichen der Unbefleckten Empfängnis mit der Tempeljungfrau zu tun? Man weiß ja, daß schon nach apokryphischen Erzählungen Maria ihre Jugendzeit im Tempel verbrachte und immer bestimmtere Formen nahm die Schilderung jener Zeit an. Mariens äußere Arbeit bestand im wesentlichen in Tempelarbeiten – ihre Gedanken waren nur Göttlichem gewidmet. Maria war die erste der Welt, die Keuschheit gelobte. Sie versenkte sich in die Schrift und besonders in die Stellen, die vom Kommen des Messias sprachen. Nach dem 3. Kapitel der Meditationen des Pseudo-Bonaventura, des Johannes a Caulibus (um 1300), gehörten zu ihren sieben Gebeten, wie aus den einer Heiligen – man glaubte, es sei die hl. Elisabeth von Ungarn – gewordenen Offenbarungen bekannt sei, dasjenige, sie die Geburt der Jungfrau erleben zu lassen, die Gottesmutter werden solle, damit sie sie und ihr Kind verehren könne.[18] Das älteste Marienleben, das des griechischen Mönches Epiphanius (um 810), kennt einen besonderen Zug, von dem ich nicht weiß, ob er weitere Anerkennung gefunden hat: Maria hört mit zwölf Jahren eine Stimme vom Himmel: du wirst meinen Sohn gebären (PG 120. 193)! So nahe der Erfüllung wird in

17 Vgl. Die Kunstdenkmäler von Bayern. Niederbayern XX (1929), S. 52. – Wichtig scheint mir, daß selbst bei dieser Verbindung mit der leiblichen Fruchtbarkeit Marias folkloristisch nur ein Hinzielen auf die Feldfrucht nachzuweisen ist. Wenigstens sagte mir die heimgegangene beste Kennerin süddeutscher Volkskunde, Frau Andree-Eysn (wenn ich nicht sehr irre), daß in Bogenberg Ähren der Ernte geopfert würden. – In der Erscheinungssage der Madonna mit den drei Ähren dienen die Ähren als Zeichen, daß Gott die Gegend segnen würde, wenn Buße getan würde (Beissel, Wallfahrten, S. 63, 347). – In einer Legende, wie der von Sepp (Altbayer. Sagenschatz, München 1876, S. 619) aus Kirchenthal im Pinzgau berichteten, wo 1693 eine Kapelle da gebaut wurde, wo mitten im Winter drei Ähren wuchsen, die Maria nun in der Hand hält, erscheint Maria in Verbindung mit übernatürlicher Feldfruchtbarkeit. Man wird aber wohl gut tun, zwischen dem Sinne des Ährenmantels und dem der getragenen Ähren zu unterscheiden.

18 Vgl. dazu etwa G. Duriez, La théologie dans le drame réligieux en Allemagne, Lille 1914, S. 225f.

den anderen mir bekannten Marienleben die Situation nicht geführt – aber auch Ludolph von Sachsen († 1377) etwa sagt in seiner Vita Jesu Christi, daß Maria schon vor der Verkündigung Christum »per fidem et devotionem conceperat in corde suo« (I, 5). Der Unterschied liegt nur darin, ob man annimmt, daß es nicht nur eine Zeit der unbewußten Vorbereitung auf das göttliche Wunder war oder auch schon eine nicht mehr ganz unbewußte. Das Ergebnis ist das gleiche: da ist die »virgo mente, virgo corpore, virgo professione« (Ludolph I,5), die gewürdigt ist rein zu sein und sich zu schmücken, »ut potem aulam, quam suus et omnium creator deus corporaliter inhabiturus [erit]« (ebd, I,2). Es ist die Zeit der Heiligung, des vollkommen Bereitwerdens – und es hat nicht fehlen können, daß man theologisch auch den Charakter ihres Jungfräulichkeitsgelübdes erörterte und dann dahin definierte, daß es den Vorbehalt einschloß: wenn es Gott so gefällt (ebd.).[19] Damit ist die unmittelbare Vorstufe zur aktiven Bereitschaft zur incarnatio erreicht, die den Inhalt der Antwort an den Engel bildet: »ecce ancilla domini, fiat mihi secundum verbum tuum«. Wiederum hat die Kunst keine eigentliche Versinnlichung des Tempelaufenthalts gefunden, wenn es nicht Marias Bekleidung mit dem Ährenkleide ist (es widerspricht übrigens der ausdrücklichen Schilderung des einfachen Kleides der Marienleben, vgl. etwa Bart. de Pisis, S. 183). Sonst ist es ein junges Mädchen, das Göttlichem hingegeben ist, dem die Engel dienen (s. Abb. 3, 4, 10) – aber das ist kein spezifisches Charakteristikum Mariens. Steht sie in einem Raum mit den gottesdienstlichen Geräten des Alten Bundes und hängt vielleicht ein Christusbild an der Wand (Abb. 11), so ist die Situation schon deutlicher – aber es fehlt der Ausdruck des spezifischen Zustandes Marias, dessen, wodurch sie prinzipiell von jeder anderen Heiligen getrennt ist – eben daß sie das Feld Gottes ist, das er besäen wird, wenn die Stunde da ist. Das sagt das Ährenkleid.

In dieser Richtung, glaube ich, ist das Verständnis der Darstellung zu suchen. Dorthin richte ich, wie gesagt, den *Wegweiser*: es handelt sich um die *Darstellung* des göttlichen an und in Maria zur Erscheinung gelangenden Wunders: »quicquid fecit Deus in Maria et de Maria ... totum fuit miraculosum« (Bern. de Pisis, S. 187). Dann kann auch der den Hals und gelegentlich die Enkel umgebende Strahlenkranz sinnvoll rein marianisch verstanden werden, denn dann können auch die Strahlen als ein anderer Nimbus den Sinn der *Darstellung*, der Sichtbarmachung des Wunders haben. Die möglichen symbolischen Beziehungen zwischen Maria, auch der Tempeljungfrau, und einem strahlenden Glanz sind wiederum zu vielfach, um in diesem Zusammenhange noch ausführlich dargelegt zu werden. Es genügt wohl darauf hinzuweisen, daß den Strahlen wie dem Ährenkleid die Fähigkeit innewohnt, den gleichen komplexen Doppelsinn auszudrükken: Heiligsein zur übernatürlichen Empfängnis und Geburt des Sohnes Gottes wie zur Gnadenausteilung – wenn es eben

19 Vgl. dazu etwa » ... virginitatem promisit; tamen, ut loquitur Augustinus, sub honestissima conditione, videlicet nisi Deus aliter de ea disponeret«. Dionysius Cart, a.a.O., S. 396.

13 Ährenmadonna mit Stifter, Werkstatt Lucas Cranachs, 1518 (Weimar, Schloßmuseum)

um Sichtbarmachung des in Maria Vorgehenden, des in Maria Gegebenen geht, wobei aber wiederum das vielfache Hin und Her, das Nichtsystematische der wechselseitigen Beziehungen nicht vergessen werden darf, und daß etwa ebensogut Christus als Sol aufgefaßt wird wie Maria.

Es sind die Vorstellungskreise, die Maria einerseits als Sonne, Stern und dergleichen, also als Lichtbringerin (lucifer; Albertus magnus, a.a.O., S. 12, 215), andrerseits als Gebärerin des Christus-Sol verstehen, die als zugrunde liegend anzusehen sind. Einen Hinweis trägt die Kastellmadonna selber mit dem auf die sponsa dei bezogenen Spruch:»Quae est ista, quae progreditur quasi aurora consurgens, pulchra ut luna, electa ut sol ... « Albertus magnus interpretiert ihn u. a.:»... id est, ad hoc electa ut sit quasi sol« oder »id est, sicut Christus filius suus: ergo sine macula ut sol« (a.a.O., S. 210). Sie wirkt als Sonne: »Quia sicut enim sol lunam, sic Maria totam illuminat ecclesiam. Unde beatus Bernardus: Tolle Mariam, quid restat nisi tenebrae?« (a.a.O., S. 211, dazu 210). Sie gleicht der Sonne »... Clara per sapientiam, pura per continentiam, fulgida per famam, calida per caritatem, exaltata per Christi conceptionem et huius modi« (S. 212. Man übersehe ja nicht die grundsätzliche Wichtigkeit dieses Schlusses für die Erkenntnis der

Methode). Maria »ist« der Stoff, aus dem Gottvater die Sonne schuf: »Quid autem est nubecula materia corporis solaris, nisi beata virgo mater et materia corporis salvatoris?« (a.a.O., S. 84). In ihr wirkte stets die »Sonne«: »optime dixit Ambrosius: Incomprehensibilis incomprehensibiliter operabatur in matre; et sol ipse justitiae, sol sapientiae sempiternae, in mente genitricis suae clarissime splenduit, calefecit, peregit gratiosissime et quasi continue« (Dionysius Cart., a.a.O., S. 55). »De hac [stella] enim una ortus est sol justitiae, cuius fulgore illustrantur omnia, quam qui sequitur non ambulat in tenebris sed habebit lumen vitae. Cuius ergo fulgoris illam stellam esse putamus, quae hunc tantum talemque solem peperit mundo? Qui hanc stellam sequitur deviare non poterit nec errare.« (Ludolph, Kap. 5.) »Erat vero quasi semilunium ante conceptum salvatoris illustrans alios bonorum radiis exemplorum, quando scilicet nutriebatur in templo ... « (Albertus, S. 213). Diesem Wort, das eine unmittelbare Beziehung zur Zeit des Tempelaufenthaltes herstellt, sei in diesem kleinen Ausschnitt aus überreichem Material angefügt nur noch der Hinweis, daß auch der 6. Vers des 18. Psalms auf die Inkarnation, sol in ihm auf Maria bezogen wurde: »In sole posuit tabernaculum suum, et ipse tamquam sponsus procedens de thalamo suo, exsultavit ... « (vgl. z.B. Albertus, a.a.O., S. 276 ; Bartholomaeus de Pisis, S. 399).

Da sich der Sinn des Strahlenkranzes so gut in den der Darstellung einfügt und es sich nicht erweisen läßt, daß er nicht ursprünglich, wie noch oft später, die Form einer einfachen Strahleneinfassung hatte, reicht er als Stütze der Hypothese einer Stiftung des Urbildes der Ährenmadonna durch die Visconti nicht aus. Er kommt zwar wirklich als Devise der Visconti vor, und es ist sogar wahrscheinlich, daß er auf einigen der Darstellungen, z.B. der Kastellmadonna, absichtlich die gleiche Form wie die Devise bekommen hat, aber das braucht nichts anderes zu bedeuten als eine Umbildung, als Verneigung vor dem Herrscherhause (wie sie die Zutat der Pinienkerne auch darstellt). Begreift man den Sinn des Ährenkleides und der Strahlen in der von mir angegebenen Richtung, dann ist es zudem allgemeingeschichtlich ganz gleichgültig, wer der Stifter des ursprünglichen Bildes war, da etwas Weltlich-Persönliches in ihnen nicht zur Aussprache kommt. Wohl aber läßt sich erschließen, daß bei der Erschaffung des Urtyps ein starkgeistiger, mit bildschöpferischer Phantasie begabter Theologe Pate stand. Der Beziehungsreichtum, dem er zur Gestaltung verholfen hat, der sich aber nur dem Wissenden erschließt und daher etwas Unnaives an sich hat, mag es erklären, daß seiner Schöpfung bisher[20] nur eine begrenzte Popularität beschieden war.

20 Es ist bezeichnend, daß die Ährenmadonna in Weilheim (Schreiber, a.a.O., S. 105) ihre Entstehung einer Anregung des Stadtpfarrers Joh. Damrich verdankt, der als erster in einer – mir vor Abschluß des Druckes nicht mehr zugänglichen – Schrift (Matthias Grünewald in »Die Kunst dem Volke«) die Mariendarstellung des Kolmarer Altares mit der Tempeljungfrau in Verbindung brachte.

IV Das Urteil des Pilatus

Piae memoriae Philippi Mariae Halm

Es gibt Darstellungen der Verurteilung Christi durch Pilatus, die sich besonders im 18. und 19. Jahrhundert einer größeren Volkstümlichkeit erfreut haben, die aber bisher der Aufmerksamkeit der Wissenschaft entgangen sind. Dabei mag jeden, der bewußt auch nur eine von ihnen sieht, die Frage beunruhigen, was ist das eigentlich für eine Vorstellung von dem Gang des Gerichtsverfahrens gegen Christus, die sich die Verurteilung so erfolgt denkt, daß Pilatus zusammen mit dem Hohenpriester Caiphas und den Mitgliedern des Synedriums zu Gericht sitzt, daß er gleichsam nur ein Urteil zu formulieren hat, dessen Inhalt Ergebnis der Beratung der anderen ist, zusammengefaßt in dem den Tod fordernden Spruch des Obmannes? Und worauf geht die Kenntnis des Inhalts der Meinungsäußerung der einzelnen zurück, die jedem der Richter so betont beigeschrieben ist? Warum ist so auffällig ein Tisch für den Protokollführer in den Vordergrund gestellt – ist da nicht die Existenz eines Sitzungsprotokolles vorausgesetzt? Das hat doch alles mit dem biblischen Bericht nichts zu tun, steht sogar im Widerspruch zu ihm, und trotzdem die Verbreitung? Die Antwort auf die Fragen war nicht leicht zu finden und kann auch jetzt noch nicht ganz vollständig sein.

Zu Beginn des neunten Jahrzehnts des 16. Jahrhunderts durchlief Europa die Kunde, in Aquila, der Hauptstadt der Abruzzen, sei die hebräische Originalfassung des von Pilatus über Christus gefällten Urteiles gefunden worden. Das war eine Nachricht, die dazu angetan war, weit über die theologisch oder allgemein wissenschaftlich interessierten Kreise hinaus aufhorchen zu lassen. Die Evangelisten haben ja den Wortlaut des Urteiles nicht mitgeteilt, jenes Urteiles, das zu vernehmen Himmel und Hölle den Atem anhielten. Nie vorher, nie nachher hatte ein Richter ein Urteil zu fällen, von dem die Geschichte eines Weltzeitalters abhing, aber bei den Evangelisten geht es wie im lärmenden Getümmel unter. Lukas ist der einzige, dessen Erzählung wenigstens mit einem Worte daran erinnert, daß hier ein römisches Gerichtsverfahren der Form entsprechend zu beendigen war (»Et Pilatus *adjudicavit* fieri petitionem eorum.« Lc 23,24). Die anderen drei schweigen von der entscheidenden Handlung ganz und gehen gleich zu ihren ersten Folgen über, der Überlieferung Christi zur Geißelung (Mt 27,26; Mc 15,15) und zur Kreuzigung (Io 19,16). So kann es nicht überraschen, daß seit der Frühzeit der Kirche hier und da die Ansicht vertreten wird, Pilatus habe überhaupt kein Urteil gegen Christus gefällt, wie das z.B. Laktantius Firmianus[1] oder der hl. Johannes Chrysostomus[2] taten. Sie hat sich aber nie wirklich durchsetzen können, auch bei solchen Theologen nicht, denen es an sich um möglichste Entlastung Pilati zu tun war, wie etwa Papst[3] Leo der Große. Auch für den hl. Augustin z.B. ist Pilatus multo innocentior[4], viel weniger schuldig als die Juden, aber[5] ille dixit in eum sententiam. Und wiederum[6]: die Evangelisten gebrauchen den Ausdruck tradidit ut crucifigeretur, um zu verdeutlichen, daß Christus judicio ac potestate praesidis crucifigeretur, daß aber Pilatus dabei dem Willen der Juden willfahrt habe. Mochte man also das Verhältnis der Verschuldung der Juden und der des Pilatus wie auch immer ansetzen – Ausgangspunkt war die herrschende[7] Exegese des Christuswortes Io 19,11: »Propterea qui me tradidit tibi, majus peccatum habet« –, das entscheidende Schlußwort, das der Richter sprechen mußte und gesprochen hatte, das kannte man nicht. Ließen sich in der Heiligen Schrift zwar die Präfiguration und die Prophezeiungen der Urteilsfällung durch Pilatus finden, wie die Verurteilung Daniels durch Cyrus (Dn 14,29), wie der Vers Ez 21,27: »Iniquitatem, iniquitatem, iniquitatem ponam eam: et hoc non factum est donec veniret cujus est judicium, et tradam ei«, wie Jes 59,14: »Et conversum est retrorsum judicium, et justitia longe stetit: quia corruit in platea veritas, et aequitas non potuit ingredi«, wie Iob 36,17: »Causa tua quasi impii judicata est, causam judiciumque recipies« – über den Wortlaut des Urteils enthielt sie keinerlei Hinweis. Deshalb hat – wenigstens soweit meine Kenntnis reicht – auch keiner der Kirchenväter versucht, ihn zu rekonstruieren. Damit versagten alle Quellen, die ein legitimes Wissen vermitteln konnten, »quia[8] neque in Evangelio habetur, neque in Scriptura, neque a Sanctis Patribus traditum est«. Aber eine apokryphe Quelle sprach: die Acta Pilati, das sogenannte Evangelium Nicodemi. Hier[9] war das Urteil formuliert. »Gens tua increpavit te tanquam regem: ideoque decrevi primum flagellari te propter statuta imperatorum, et tunc crucifigi in cruce«. Vom christlichen Standpunkt aus beurteilt, ist diese Fassung bedenklich[10], denn

1 Inst. IV, 18 (Corpus scriptorum ecclesiasticorum latinorum XIX, S. 350, 6).

2 Sermo de eleemosyna. Migne, PG 51, Sp. 263.

3 Sermo de passione domini VIII. Migne PL 54, Sp. 338f.

4 Enarratio in Ps. 63. Migne PL 36, Sp. 762.

5 Ebd., Sp. 763.

6 In evang. Io tract. CXVI. PL 35, Sp. 1944.

7 Vgl. z.B. die Belege bei Simeon Mänhard, Passologia, Graz 1639, 3. Buch, S. 119 D.

8 Ich benutze eine Formulierung des Fr. Suarez, Tertia pars Summae theologiae doctoris S. Thomae Aquinatis Quaestio XLVI Articulus VIII. Disputatio XXXV, Sectio II, 5. ed. Berton, Parisiis 1866, tom. XIX, S. 558.

9 PL cap. IX. C. Tischendorf, Evangelia apocrypha, Lipsiae 1853, S. 339.

10 Dem hatte Ammonius von Alexandrien, dessen Meinung in Katenen tradiert wurde (in S. Io XIX, 19ff., vgl. z.B. Balthasar Corderius, Catena patrum graecorum in S. Joannem, Antverpiae 1630, S. 439) begegnen zu können gemeint: […] quia Judaei regem suum e medio tulissent eos perstringens hoc scripsit (Migne, PG 85, Sp. 1511/2). – Von den griechischen Fassungen entspricht die der sogen. Gesta Pilati der lateinischen, fügt aber hinter dem Kreuzigungsbefehl hinzu *ἐν τῷ κήπῳ ὅπου ἐπιάσθης· καὶ Λυσμᾶς καὶ Γέστας οἱ δύο κακοῦργοι συσταυρωθήτωσάν σοι.* Die Acta Pilati sagen *Ἡ γενεά σου λέγει καὶ μαρτυρεῖ σε ὅτι*

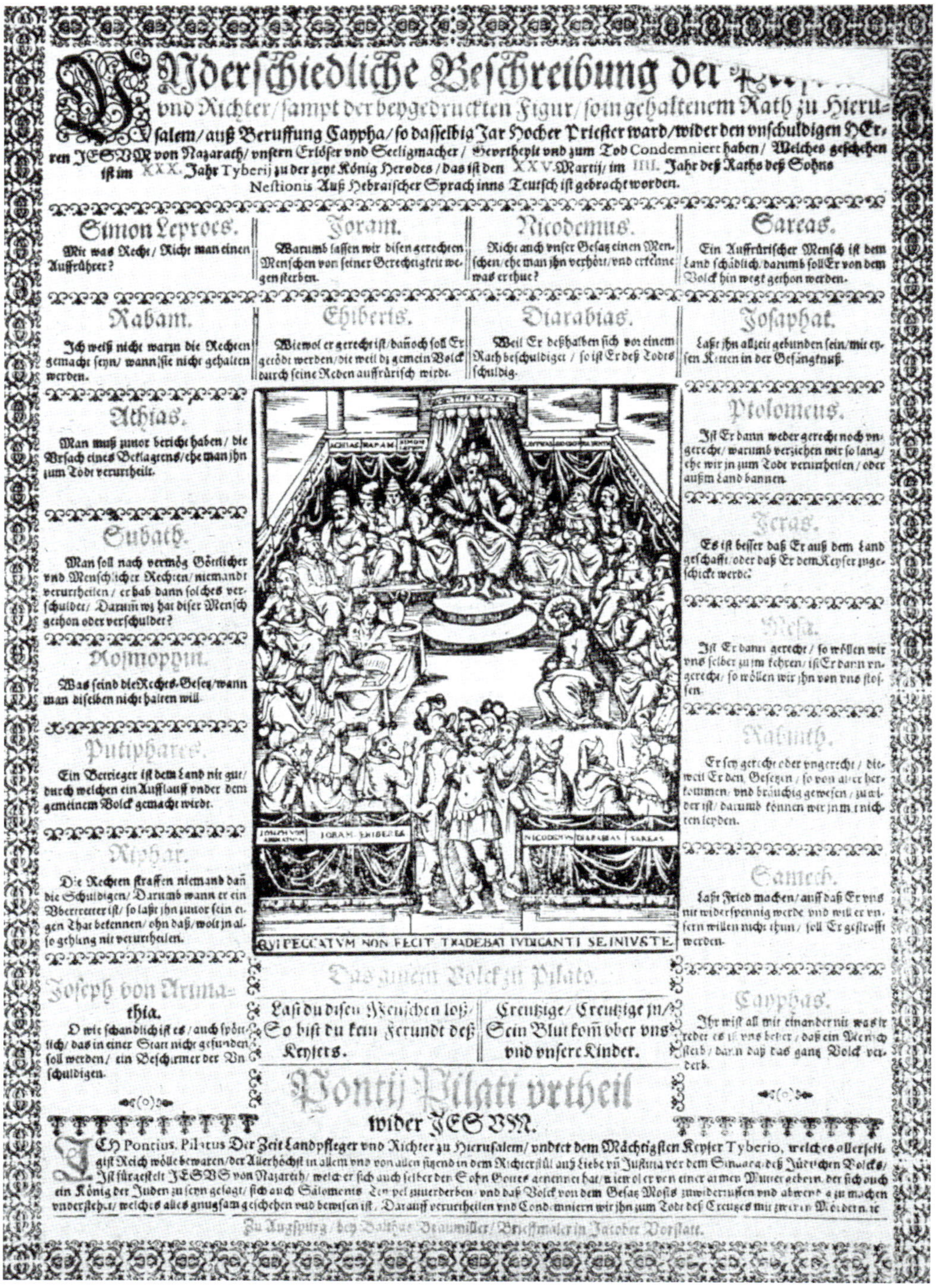

1 B. Braumiller: Das Urteil des Pilatus, Augsburg, um 1585, Underschiedliche Beschreibung der Personen [...], Flugblatt (Nürnberg, Germanisches Museum)

sie spricht Christus als anerkannten König der Juden an; es fehlt also nicht eine für den römischen Machthaber todeswürdige Schuld. Wie man zu dieser Auffassung kommen konnte, ist einleuchtend, sie ist die des sehr positiv gedeuteten Kreuztitels, der paraphrasiert wird.

Das Mittelalter bis an die Schwelle der Neuzeit heran scheint die Sache auf sich haben beruhen zu lassen. Eine einzige Stimme durchtönt das Schweigen, die des Verfassers des dem hl. Anselm († 1109) zugeschriebenen Dialoges beatae Mariae et Anselmi de passione domini. Niedergeschrieben hat ihn der hl. Anselm selbst sicherlich nicht, wieweit aber sein Inhalt auf ihn zurückgeht, muß dahingestellt bleiben. Der Heilige erbittet und erhält von der Jungfrau Maria Aufklärung über den Verlauf der Passionsgeschichte. Dabei[11] erzählt Maria: »Ad nimiam igitur plebis instantiam Pilatus hanc mortis sententiam protulit adversus filium meum, dicens: Jesum Nazarenum abjudico vitae, et adjudico morti crucis«. Dieser Versuch, den Wortlaut zu fixieren, ist in mehreren Lesarten überliefert, einer[12] noch

θέλεις ἵνα βασιλεύσῃς· διὰ τοῦτο ὁρίζω ἵνα σε τύφωσι πρῶτον μετὰ ῥάβδου πληγὰς τεσσαράκοντα, καθὼς ὁρίζουσιν οἱ νόμοι τῶν βασιλεών, καὶ ἵνα σε ἐμπαίξωσι, καὶ τελευταῖον ἵνα σε σταυρώσωσιν. Tischendorf (wie Anm. 9) S. 231, 281.

11 Migne, PL 159, Sp. 281.

12 Z.B. bei Dan. Mallonius, Historia [...] de Jesu Christi stigmatibus [...] ab Alphonso Paleoto [...] explicata, Duaci 1607, S. 166.

um das Wort crucis, also um das Wort kürzeren, das im Urteil auf keinen Fall fehlen durfte, und in anderen um mehr oder weniger zahlreiche ausschmückende Worte erweiterten. Natürlich: eine solche Fassung des Urteils, die sich innerhalb eines reinen Formelwesens hielt, nur zu einem Ausspruch zusammenzog, was auch so schon bekannt war, brachte inhaltlich keine Bereicherung der biblischen Erzählung. Es fehlte eine Begründung, die Formulierung der Schuld.

Daher wohl griff Ludolph von Sachsen († 1377) in seiner Vita Jesu Christi[13] doch auf die Acta Pilati zurück, als er sich im Rahmen seiner ausführlichen Passionserzählung vor der Unmöglichkeit sah, über das Urteil nichts Näheres zu sagen. Es klingt aber nach Distanzierung, wenn er sein Zitat einleitet: »Quae autem fuerit forma sentenciae non est expressum ab evangelistis. In evangelio tamen Nicodemi scribitur quod pylatus protulit sentenciam sub his verbis: Gens tua comprobavit te regem, propterea praecipio te primum flagellari secundum principum statuta et deinde in cruce allevari.« – Soweit ich sehen kann, ist man erst spät Ludolph in der Aufnahme dieser Fassung des Urteils oder dem Anschluß an die Acta Pilati gefolgt, trotz des so großen Einflusses, den sein Werk sonst gehabt. Ihm darf man denn wohl auch zuschreiben, daß die Theologie der Folgezeit dem Problem nicht mehr grundsätzlich auswich.

Als der hl. Vincenz Ferrer (1374–1419) in einer Karfreitagspredigt[14] den Wortlaut des Urteils zitierte, tat er es, als ob es sich um die selbstverständlichste Sache der Welt handele, für die man eine Quelle des Wissens gar nicht erst anzugeben brauche. »Et fuerunt haec verba quibus pylatus cristum sentenciavit Jhesum seducentem populum blasphemantem deum dicentem se cristum regem esse iudeorum cruci affigendum condempno et adiudico.« Die Kritik dieser Formulierung ist leicht. Pilatus urteilt hier, als ob er der jüdische Hohepriester wäre. Dem Römer war in Wirklichkeit eine Lästerung des jüdischen Gottes etwas, was ihn nicht berührte, und der biblische Pilatus hat ja das Ersuchen der jüdischen Geistlichkeit ausdrücklich abgelehnt, als Schuld des Gekreuzigten anzugeben: »quia ipse dixit, rex sum Judaeorum« (Io 19, 21. 22).

Der Dominikaner Gabriel Barletta († um 1470) gab in einer seiner noch im ganzen 16. Jahrhundert sehr verbreiteten Predigten[15] der Formulierung der von ihm aber nicht genannten Acta Pilati einen neuen Sinn. Er verstärkte dann noch dem Formelwesen der Zeit entsprechend den Umfang des Vorspruches und den Tenor der Strafe, auch betonte er im ganzen die formale Gesetzmäßigkeit des Verfahrens. Es ergibt allerdings eine merkwürdige Unproportionalität, wie der Grund der Verurteilung, das Majestätsverbrechen, kurz abgetan wird. Er formulierte: »Nos pontius pilatus, pariterque senatus populusque romanus, in hierosolymis universaque iudea locumtenens generalis, sedens pro tribunali, volens Caesaris Augusti mandatisque populi romani obedire ac decreta servare, Iesum nazarenum conspectui nostro astantem, quem scribae ac pharisei crimine laesae maiestatis accusarunt, ac idem per testes idoneos, rite iuratos, interrogatosque comprobarunt, prout senatus consulta ac decreta clamant, condemnamus. Ducatur itaque ad locum iusticiae solitum, et post cum multis verberibus caederitis, cruci appendite, tali modo, ut eius anima a corpore separetur.«

Hatte sich erst einmal das Interesse der Rekonstruktion einer Einzelheit der formalen Prozeßführung durch Pilatus zugewendet, so konnte es nicht ausbleiben, daß sie sich früher oder später zu einer Prüfung erweiterte, ob jene denn mit dem für den Richter verbindlichen römischen Recht in Einklang zu bringen sei. Es hob damit das an, was man[16] mit Recht die Revision des Prozesses Jesu nennen konnte, die bis zum heutigen Tage unendlich viele Federn in Bewegung gesetzt hat. Soweit ich feststellen konnte, war der erste, der wenigstens den Willen hat, systematisch den Maßstab des römischen Rechts – übrigens unter Heranziehung auch des kanonischen – an einen Teil der Prozeßführung, und zwar gerade an das gefällte Urteil zu legen, Ludovicus Montaltus ex Siracusiis Siculus utriusque juris doctor. Seine in Vergessenheit geratene Schrift, die mit seiner Promotion oder dem Beginn der Dozentur[17] zusammenhängen dürfte, ist betitelt Tractatus reprobationis sententie pilati und gedruckt in Paris von Michel Lenoir 1496.[18] Wichtig in unserem Zusammenhang: Montalto formuliert (A III v) vier Anklagesätze der Juden (auf Grund von Io 19,7 und Lc 23,5 und 2) als dem Urteil zugrundeliegend, aber nicht das Urteil selbst. Seinem Begriff von Wissenschaftlichkeit hat das bei dem Fehlen sicherer Unterlagen offenbar nicht entsprochen, wenn er auch andererseits davon ausgeht, daß die vorgebrachten Anklagen auch die Verurteilung begründeten. Die von ihm nicht erwähnten Formulierungen des Pseudoanselm, des hl. Vincenz, des Barletta müssen ihm, wie leicht verständlich, nicht überzeugend erschienen sein, wenn er sich auch im Grundsätzlichen mit dem ersteren berührt. Wichtig ist, daß Montalto in Vienne war. Gläubig[19] wandelte er an diesem mit dem Andenken an Pilatus[20] so verknüpften Orte in dessen Spuren, und gläubig ließ er sich erzählen, was man über das Ende des Bösewichts und über das Schicksal seines Leichnams

13 P. II, cap. 62. Zitiert nach dem Straßburger Druck von 1474. (In der Antwerpener Ausgabe von 1618, S. 635.)

14 In die parasceves sermo. Ich zitiere nach einer Inkunabel s. l. et a.: Sermones sancti Vincentii fratris.

15 Sermones fratris Gabrielis Barelete, Brixiae 1497. In die parasceves. Sermo de passione domini [...] fol. 123v. f.

16 K. Borinski in: Beilage zur Allgemeinen Zeitung, München, 3. Vierteljahr 1904, S. 386.

17 M. bezeichnet sich noch als sehr jung (cum vix pubescere cepimus, A IIr; pubertati nostrae, A IIv), hält aber schon Kolleg (me facile potest excusare cum impeditus cotidianis lectionibus, H VIIv). Er wurde ein berühmter Jurist und starb in Neapel angeblich 1533; vgl. Gius. M. Mira, Bibliografia siciliana, Palermo 1884, II, S. 98.

18 Wieder abgedruckt in Tractatus illustrium [...] Jurisconsultorum. XIV, Venetiis 1584, S. 8ff.

19 G IIv. Abgedruckt bei Anton B. Walther, Juristisch-Historische Betrachtungen Über das Leyden [...] Jesu Christi, Breslau 1738, S. 116ff. Als Probe des Tones: »Et ex istis miraculis si nullo alio modo tuam iniquitatem probarem sceleste pilate satis eam iudico esse probatam.« Walther bespricht M.s Buch eingehend, Bl. 3v ff.

20 Vgl. z.B. Gustav Ad. Müller, Pontius Pilatus, Stuttgart 1888, S. 53.

2 *Marten de Vos: Urteil des Pilatus, um 1590, Kupferstich, gestochen von Adr. Collaert*

zu berichten hatte. Über ein dort gefundenes Urteil Pilati erfuhr er nichts. Er hätte es sonst in seinem Zusammenhange unmöglich übergehen können.

Es bleibe dahingestellt, ob und wieweit sein Besuch und sein Buch einen Einfluß darauf ausgeübt haben mögen – jedenfalls grub man zwischen 1496 und 1522, wahrscheinlich 1511, in Vienne angeblich ein Kästchen aus mit einer französischen Fassung des Urteils Pilati. Migne[21] berichtet aus einem Buch, das mehrfach zu Beginn des 16. Jahrhunderts erschienen sei, Vie de Jésus-Christ avec sa Passion: L'an de Nostre-Seigneur Jésu-Christ cinq cent onze, fut trouvé à Vienne, un petit coffret caché soubz terre: la sentence donnée par Ponce-Pilate à l'encontre de Jésu-Christ, nostre Saulveur, translatée de latin en françois comme sensuyt. »Nous, Ponce-Pilate, prevost et juge en Hierusalem, soubz très-puissant et monarque Empereur Tybère César, duquel très heureux le Très-Haut soit garde de son empire. A tous et chascuns, salut. Nous estans seans pour juge en la synagogue du peuple de Judée, pour le grant amour qu'avons à justice; nous a esté présenté Jésus de Nazareth, qui, follement a asseuré et affermi soy estre fils de Dieu, combien qu'il soit né d'une povre femme. Oultre se dict estre roy des Juifs, et le presche et se vante de destruire le magnifique et excellent temple de Salomon, et aussi séduict et révoque tout le peuple de la loy de Moyse, très-approuvée, lesquelles choses veues, considérées et approuvées, l'avons condamné et proscript à estre crucifié et mis à mort, au gibet, entre deux larrons, chascun à costé.« Das ist natürlich der Form nach kein Urteil, sondern die öffentliche Bekanntgabe eines gefällten Urteils. Die Kenntnis Barlettas ist wegen der Formulierung der Einleitungsworte und wegen der unnötigen Erwähnung des Hochgerichts wahrscheinlich. Die Urteilsgründe ziehen, über Montalto hinausgehend, nun auch noch die nur vor dem Synedrium vorgebrachte Beschuldigung der angeblichen Absicht des Tempelabbruches (Mt 26,61; Mc 14,58) heran. Es bedeutete dann nur ein konsequentes Fortschreiten auf dem betretenen Wege, wenn Pilatus, dem ausdrücklichen Zeugnis Io 19,13 zuwider, nicht vor seiner Residenz, sondern in der Synagoge das Gericht abhält; es bleibe dahingestellt, ob darunter der Tempel verstanden werden sollte. So war man in schrittweiser Entwicklung zu

21 Troisième [...] Encyclopédie théol. XIV. Dict. des légendes, Paris 1855, Sp. 1092ff. Verf. Cte. de Douhet. Schon zitiert in R. Hofmann, Das Leben Jesu nach den Apokryphen, Leipzig 1851, S. 366.

3 Urteil des Pilatus, neapolitanisch, um 1590, Ölgemälde (Neapel, Cav. Vinc. Catello)

einer von der biblischen Erzählung durchaus abweichenden Darstellung der Ereignisse gelangt. Kein Wunder, daß dieser angebliche Fund in den wissenschaftlichen Erörterungen der Passion unbeachtet blieb. Das sehr einflußreiche Itinerarium Hierosolymitanum[22] des Bartholomaeus de Salignac hat ihn scharf zensiert: »Falsa est ergo omnino vulgaris illa et inepta sententia, quae incipit: Nos Pontius Pilatus etc.«, woraus sich nebenbei ergibt, daß nur eine französische Fassung im Umlauf war. Sie macht auch völlig den Eindruck eines Originales.

Ich wiederhole, es läßt sich nicht nachweisen, daß es gerade das Buch Montaltos war, das die Frage der Fassung des Urteiles zu einem brennenden Tagesproblem machte. Es kann auch sein, daß er selber schon sein Thema unter dem Einfluß eines allgemeinen Interesses an dem ganzen Problemkomplex des Prozesses Jesu wählte. Da das Datum des »Fundes« in Vienne noch nicht genau bekannt ist, läßt sich auch noch nicht übersehen, wieweit er es anfachte. Sicher ist nur, daß seit der Frühzeit des 16. Jahrhunderts das Urteil offenbar ein wissenschaftliches Problem darstellte, dem man schlecht ausweichen konnte.

Der Minorit Daniel Agricola half sich in seiner seit 1511 mehrfach in Basel aufgelegten Passio domini nostri Jesu Christi mit der Anführung der Formel des hl. Vincenz (XVIIv).

1513 gab der damalige Bischof von Fossombrone, der Niederländer Paulus, nach seinem Geburtsort von Middelburg genannt, sein hauptsächlich Zeitrechnungsfragen gewidmetes Werk[23] Paulina de recta paschae celebratione etc. heraus. Darin veröffentlicht er auch das Urteil, wie er es gefunden zu haben erklärt, wo wird nicht gesagt. Er versuchte aber die Glaubwürdigkeit dadurch zu unterstreichen, daß er ebenso ohne Quellenangabe (und falsch) behauptet: »erat enim vetus romanorum decretum, ut iudices et praesides per provincias constituti, omnes sententias [...] latino sermone dictarent [...] hanc ergo Pilati de Christo sententiam his verbis annotatam invenimus. Nos Pilatus et deorum immortalium voluntate, et romanorum principum ac senatus autoritate, praeses iudaeorum provinciae constituti: cupientes provinciam fidei nostrae creditam vacare malis hominibus quemadmodum et gravis praesidis interest: omni vi omnique industria romano imperio propagando, et paci perpetuae servandae consulere gestimus: verum quia in praesentiarum Iesum nazarenum hominem seditiosum atque seductorem invenimus: qui usque adeo in sua temeritate confisus est: ut non sit veritus contra fas legesque imperiales regnum sibi asciscere iudaeorum: eundem tanquam hominem factiosum, et bonorum vitae ac pacis moribus insidiantem, ultimis suppliciis deputamus, ne vel ipse audeat tale aliquid posthac: et caeteri sint ad invadenda imperia tardiores. Sed quia turpissime degentes turpissimo sunt afficiendi supplicio: nefarium hominem quasi latronum et factiosorum principem, patibulo crucis addicimus. romanorum vero atque divi Caesaris Imperium precamur maneat semper, et deorum immortalium pietate, et bonorum principum aequitate servatum.« Das sollte Barletta und doch wohl auch Vienne übertrumpfen.

Salignac beruft[24] sich 1522 für seine Mitteilung zweier Urteile des Pilatus auf alte Annalen, über die er nichts Nä-

22 Tom. VIII cap. 7. In dem mir nur zugänglichen Magdeburger Nachdruck von 1587 fol. I i r. – S. schrieb seinen Reisebericht bald nach seiner 1522 erfolgten Heimkehr nieder (Vorrede, S. 2). Über sein Buch vgl. R. Röhricht, Bibliotheca geographica Palaestinae, Berlin 1890, S. 173. R. nennt Ausgaben: Venedig 1519 (was falsch sein muß), Paris 1522, Lyon 1525 und 1526. Ich weiß nicht, in welchem Index librorum prohibitorum pag. 53 Joh. Beckmann (Litteratur der älteren Reisebeschreibungen, II, Göttingen 1810, S. 76) das Buch verboten fand. Die von mir eingesehenen Indices führen es nicht auf, vor allem nicht die für unseren Zusammenhang wichtigsten ersten Ausgaben von 1559 und 1564.

23 Forosempronii 1513. fol. GGv. Es ist wichtig, daß Paulus, der noch keinen Familiennamen trug, auch Semproniensis genannt wurde und sich als solcher zitiert findet.

24 Hh 4v f. »Proinde sciendum, quod reiecto errore Lactantii Firmiani, dicentis, Pilatum non protulisse sententiam mortis in Christum, ut ex vetustis annalibus prolatum invenimus, Pilatus duas in Christum sententias protulit, minorem flagellationis, maiorem vero crucifixionis.«

heres angibt. »Forma sententiae minoris vera haec est: Iesum Nazarenum, virum seditiosum, et Mosaicae legis contemptorem, per Pontifices et principes suae gentis accusatum, expoliate, ligate, et virgis caedite. I lictor expedi virgas. Sententiae maioris forma est: Iesum Nazarenum subversorem gentis, contemptorem Caesaris, et falsum Messiam, ut maiorum suae gentis testimonio probatum est, educite ad communis supplicii locum, et cum ludibrio regiae maiestatis in medio duorum latronum cruci affigite. I lictor, expedi cruces.«[25] Die Urteile, von denen uns hier nur das zweite[26] angeht, sind nicht ungeschickt formuliert, wenn man von der biblischen Darstellung der Ereignisse ausgeht. Dann konnte Pilatus so oder ganz ähnlich geurteilt haben. Salignac war Jurist, er wird selbst der Redaktor gewesen sein, da er seine Quelle betont unbestimmt läßt. Freilich gab er damit seinen Formulierungen nur so viel an Autorität mit, als man ihm persönlich zuzubilligen bereit war. Die bemerkenswerte Erwähnung des Hochgerichts und der beiden Schächer dürfte aus dem Vienner »Funde« übernommen sein.

1529 berührte Martin Luther die Frage in einer Predigt[27]: »Es scheint, quod urtel sonuerit ut titulus: weil dieser Jhesus sich auffgeworffen hat pro rege Iudeorum und damit contra maiestatem Cesaris, Ideo so urteil ich yn zum kreutz, ut plectatur ut seditiosus.« Der Vorwurf des Majestätsverbrechens, den Barletta und Salignac zuerst ausgesprochen, findet sich also auch hier. Er ist noch betonter in der von A. Poach bearbeiteten[28], 1557 zuerst erfolgten gedruckten Veröffentlichung der Predigt: »dieweil dieser Jhesus von Nazareth sich auffgeworffen hat für einen König der Jüden und damit wider Keiserliche Maiestat gehandelt als ein widersetziger und Auffrhürer und Keiserlich Hoheit und Kron beleidigt, So urteile ich Pilatus und Römischer Landpfleger jn zum tode des Creutzes, das er gestrafft und ans creutz gehenckt werde wie ein Auffrhürer.«

Etwa um die gleiche Zeit schrieb der Kartäuser Johann Landsberg (etwa 1490–1539) nieder, was 1553 gedruckt wurde[29]: »Pilatus in hunc modum dictavit sententiam: Iesum Nazarenum, qui contra decretum imperatoris, filium se Dei et regem nominavit Iudaeorum, iussimus extra civitatem duci et cruci affigi.« Das ist wieder mehr ein Bericht als ein Urteil. Die nicht sehr glückliche Formel contra [...] weist auf Kenntnis der Fassung Pauls von Middelburg. Eine Quelle wird nicht genannt.

Ich schmeichele[30] mir nicht, schon alle Stufen der Entwicklung klarlegen zu können, wenn ich auch hoffe, daß von dem wirklich wichtig Gewordenen nicht allzuviel fehlt. Manches wird vorläufig nur durch einen Niederschlag an anderer Stelle greifbar. Es läßt sich schon an den bisher mitgeteilten Formeln feststellen, daß man manchmal ein wesentliches Mittel der Glaubhaftmachung in größerem Wortreichtum sah. Dieser Methode war auch die Formulierung der Acta Pilati unterworfen worden. Der französische Dominikaner Guillaume Pepin[31] fand in dem von ihm verwendeten Exemplar eine stark interpolierte Formel, die als Strafgrund die Beschuldigung des Strebens nach der Königsherrschaft nennt. Auch die zweite von ihm mitgeteilte – »alii autem dicunt hanc fuisse sententiae suae formam« – ist aus der lateinischen und griechischen der Acta kompiliert und dann erweitert. Sie ist die erste, die den Kreuzigungsort in monte Calvariae nennt. Eine gleichfalls unter Einfluß der griechischen Fassung entstandene Lesart der von Ludolph von Sachsen benutzten Formulierung übernahm hingegen Alfonso Salmeron[32] als nikodemisch. Dieser bedeutende Theologe, der zu den ersten vier Gefährten des hl. Ignatius gehörte und z.B. päpstlicher Theologe auf dem Tridentiner Konzil und seit 1562 Mitglied der Indexkommission war, stand dem ganzen Problem sehr reserviert gegenüber. Er zitiert außer der eben herangezogenen, von ihm aber mit einem gegen die Glaubwürdigkeit[33] des ganzen Nikodemusevangeliums skeptischen Vorspruch eingeleiteten, Formulierung und der »anselmischen« nur noch die des Paulus von Middelburg, die er für unglaubwürdig hält. Ihm erscheint die Frage nach dem wahren Wortlaut für das Seelenheil nicht so sehr wichtig, »qualis autem extiterit sententia non satis est exploratum [...] neque videtur admodum ad salutem necessarium«. Aber sogar diese milde Polemik weist darauf hin, daß hier doch eine für das Frömmigkeitsleben, wenn auch unnötigerweise, wichtig gewordene Frage vorlag. Das steigende Interesse an der Formulierung des Urteils war eben nicht mit einem ständigen Strengerwerden des kritischen Maßstabes verbunden gewesen. Man war in weiteren Kreisen offensichtlich darauf vorbereitet, hier auch recht Phantastisches, für eine wissenschaftliche Einstellung Unglaubwürdiges hinzu-

25 Hier folgt dann das oben wiedergegebene absprechende Urteil über die Vienner Fassung.

26 Das erste nach Io 19, 1. Auf die Meinungsverschiedenheiten über den Sinn und den Zeitpunkt der Geißelung braucht in unserem Zusammenhange nicht eingegangen werden.

27 Vgl. Weimarer Ausgabe 28, S. 379. Nach Rörers Nachschrift.

28 Ebd., S. 34ff., 379.

29 Vgl. D. Ioannis Iusti Lanspergii [...] Paraphrases et Exegeses, Coloniae 1553. In passionem Christi elucidatio VI G. – Über L. vgl. AdB, 17, S. 594.

30 Ich bitte mutatis mutandis auch hier gelten zu lassen, was ich in dieser Zeitschrift XXVI, S. 105f. zu meiner Entschuldigung schrieb. – Bei einem Teil der durch die Zitiersitten des 16., 17. und manchmal auch noch des 18. Jahrhunderts wahrlich nicht einfachen bibliographischen Recherchen hat mich Herr Dr. Hans Halm von der Münchner Staatsbibliothek in der hilfsbereitesten Weise unterstützt. Ihm sei auch hier herzlich gedankt. Auch Herrn Oberbibliothekar Dr. O. Hartig bin ich sehr zu Dank verbunden.

31 Sermones Guil. Pepini quadragesimales, Lyon 1541, fol. CCLXXXII v. f. (Ed. Coloniae Agrippinae 1610, S. 430). – P. wurde 1499 Lic. theol. und starb 1533. Vgl. Quétif-Echard, Scriptores ordinis Praedicatorum II, S. 87.

32 Alfonsi Salmeroms [...] Commentarii in evangelicam historiam [...] de passione (tract. XXXII). Coloniae Agrippinae 1604. Tom. X, S. 274. (1. Ausgabe Madrid 1601). Geschrieben wohl vor Ende 1579, vgl. G. Boero, Vita di [...] Salmerone, Firenze 1880. S. 147. – Über S. vgl. O. Pfülf in Wetzer und Weltes Kirchenlexikon, 2. Aufl. X, Sp. 1565f. Er lebte 1515–1585. – Joh. A. Fabricius bringt in seinem Abdruck des Nikodemusevangeliums (Codex Apocryphus Novi Testamenti, Hamburg 1703, S. 257f.) die gleiche an einer Stelle korrumpierte Formel noch um einen Fesselungsbefehl erweitert. Statt piorum: priorum.

33 [...] si aliqua dignum fide censetur [...]

4 Das Urteil des Pilatus, süddeutsch (vielleicht alpenländisch), um 1590, Stoffklebebild (München, Bayerisches Nationalmuseum)

nehmen, selbst wenn es sich nicht als durch die Autorität der Frühzeit legitimiert gab.

Mindestens seit dem Anbruche der zweiten Jahrhunderthälfte hatte das Urteil Pilati begonnen, in einer der Fassungen in die Gebets- und Erbauungsliteratur einzudringen. In Vienne mag es schon seit dem »Funde« eine gewisse Rolle im Frömmigkeitsleben gespielt haben, allgemeiner war das aber wohl erst jetzt der Fall. Migne erwähnt[34] einen Abdruck des »Vienner« Urteils in den Heures, dem Stundenbuch für Chartres, das in Paris gegen 1554 erschienen ist. Der nichtgeistliche Volksschriftsteller Adam Walasser brachte 1573 in seiner Vita Christi[35], wenn auch mit einer Reservation, diese wohl mit Anlehnung an Salignac und Landsberg formulierte Fassung: Pilatus habe geurteilt »mit solchen oder dergleichen worten«: »Ich Pilatus schaff auss dem gewalt, der mir von der Herrschafft zu Rom geben ist, dass Jesus von Nazareth lebendig wird angenaglet an ein Creutz, von wegen der klag, die wider ihn ist furbracht worden, dass er das volck verfürt, Gott gelestert, und sich ein Kunig der Juden genennt hat. Und darnach brach er den stab vor dem Volck.« Wie wenig religiösperipher die Urteilsfällung durch Pilatus für jene Zeit war, wie wenig nur die Frage nach einer Formalität, scheint sich mir mit besonderer Deutlichkeit zu ergeben, wenn einer der bedeutendsten Theologen der Reformierten, Zacharias Ursinus[36] (1534–1583), in seinem Kommentar zum kurpfälzischen Katechismus von 1563 dem passus sub [...] ausdrücklich auch die Bedeutung des passus sub judice ordinario zuerteilt. Wenn also die maßgebliche Auslegung der »bedeutendsten Bekenntnisschrift der reformierten Kirche Deutschlands« eine religiöse Bedeutung[37] gerade auch darin findet, daß Christus »debuit sub judice pati et condemnari ordinarie«, so mußte das Interesse notwendigerweise auch um den Wortlaut des Urteiles kreisen.

Es muß nunmehr verständlich geworden sein, daß die Kunde, die aus Aquila kam, empfängliche Herzen und Köpfe vorfand. Versprach sie doch authentische Aufklärung aus einem bisher unberührten Quellenbereich, dem jüdischen. Wie sie zuerst außerhalb der engsten Kreise verbreitet wurde, ist bisher nicht bekannt geworden. Ein italienischer Erstdruck hat sich noch nicht auffinden lassen, aber seine Existenz ist aus inneren Gründen wahrscheinlich und beinahe gesichert durch den Titelapparat der französischen Ausgabe[38] von 1581.

34 Dict. des Légendes, Sp. 709.

35 Erschien in Dillingen. »Vorzeiten durch einen andächtigen und Gaistlichen Lehrer [...] zusammen gezogen [...] jetzt erneuert [...]« Über W. vgl. AdB, 40, S. 640ff.

36 Zachariae Ursini Opera teologica, Heidelberg 1612, I, Sp. 169. Über U. vgl. J. Ney in AdB, 39, S. 369ff.

37 Ich zitiere zum Belege den zweiten Grund. »Ut ipse consequeretur testimonium suae innocentiae ab ipso judice, a quo est condemnatus. Ideo non debuit Christus clam a Judaeis abripi, neque per tumultum ad mortem pertrahi: sed legitimo ordine et judicio, facta inquisitione in omnes accusationes, voluit eum pater. 1. Examinari, ut patefieret eius innocentia. 2. Damnari, ut constaret, eum innocentem antea pronunciatum non sua, sed nostra culpa condemnatum esse atque ita ipsius damnatio injusta esset loco justissimae condemnationis nostrae. 3. Interfici, tum ut implerentur vaticinia, tum ut constaret, et a Judaeis et a gentibus ipsum esse interfectum, et in crucem actum. Haec ergo circumstantia in passione Christi diligenter est consideranda, ut sciamus, hunc Jesum a Pilato damnatum esse Messiam, et nos per hunc a severo Dei iudicio esse exemtos.«

38 Paris, Bibl. Nat. – Ich verdanke meine Angaben der Güte Jean Babelons. Den bibliographischen Hinweis fand ich bei Migne, Dict. des Légendes, Sp. 1095. M. zitiert noch eine andere Ausgabe, Paris 1621, und einen Pariser Faksimiledruck von 1839. Nach Babelon umfaßt die Ausgabe von 1581 22 Seiten in 12°.

»Thrésor admirable de la sentence prononcée par Ponce Pilate contre Nostre Sauveur Jésus-Christ, trouvée miraculeusement escripte sur parchemin en lettres hébraïques dans un vase de marbre, enclos de deux autres vases de fer et de pierre, en la ville d'Aquila au Royaume de Naples, sur la fin de l'année 1580. Traduict d'Italien en François, tant pour l'utilité publicque et l'exaltation de nostre saincte foy, que pour louange de ladicte ville. A Paris, par Guillaume Julien, à l'enseigne de l'Amitié, près le collège de Cambray. MDLXXXI.« Es liegt kein Grund zum Zweifel daran vor, daß der Inhalt einer italienischen Originalausgabe (die Ruhmmehrung Aquilas!) getreu wiedergegeben wurde. Wir dürfen also den Angaben der Fundumstände, wie sie in der Einleitung zum Text noch einmal genauer erzählt werden, Glauben schenken. »Copie de la sentence prononcée par Ponce Pilate, président en la Judée, l'an dix-septième du règne de l'Empereur Romain Tibère, à l'encontre de Jésus, Fils de Dieu, et de la Vierge Marie, nommé Christ, condamné à la mort de la croix entre deux voleurs, le vingt-cinquiesme de mars, trouvée miraculeusement par des passans en la ville d'Aquilée, dedans un tumbeau fait d'une belle pierre, auquel furent trouvées deux caisses, l'une de fer et dedans icelle une de marbre fin dedans laquelle fut trouvée escripte en hébrieu la Sentence cy après contenue.« Man behauptete also in Aquila, daß Ende des Jahres 1580 wunderbarerweise, man möchte sagen, von Spaziergängern ein kleiner Sarkophag gefunden wurde, der in zwei Kästchen verpackt die hebräische Niederschrift enthielt. Aus dem Discorso Cattolico [...] Sopra un Giudicio Fatto Intorno A Quella Sentenza di Pilato [...] trovata nell' Aquila des Camillo Borello[39] (geschrieben 1581, erschienen Neapel 1588) erfahren wir noch den Fundort: in einer Mauer in einem in Ruinen liegenden Bau. Auf dem perspektivisch verunglückten Titelbilde des Pariser Druckes sind die drei Behältnisse dargestellt. Der »tumbeau«, ein kleiner sarkophagförmiger Kasten mit einem langen schmalen, wohl vertieft zu denkenden Feld an der Vorderseite, mit gerundeten äußeren Ecken und mit rechteckiger Höhlung. Darin, hineingelegt, etwa die halbe Länge ausfüllend, der eiserne Kasten, offenbar eine zylinderförmige, kreuzweis mit Bändern beschlagene Büchse mit einem Griff an der sichtbaren Deckfläche. Darüber das dritte niedrige, marmorne Kästchen mit der Pergamentrolle. So die Zeichnung der Behältnisse. Die Deckel der beiden steinernen sind nicht wiedergegeben. Wer die Kästen ihren Formen nach datieren müßte, der könnte vor allem vor dem eisernen kaum etwas anderes sagen als: neuzeitlich.

Über das hebräische Original erfahren wir nichts weiteres. Sein Inhalt wurde nur in Übersetzungen bekanntgegeben. Wir haben allen Grund zur Annahme, daß es nie existiert hat. Zwar erzählt[40] der »Gestreng, edel, nothvest, fürsichtig und weiss Herr Melchior Lussy, Ritter, Landamman zu Underwalden etc.«, dessen Glaubwürdigkeit ich nicht zu nahe treten will, man habe ihm während seiner 1583 unternommenen Pilgerfahrt ins Heilige Land »die Abschrifft diser Urtheil [...] in Hebraischer Sprach mitgetheilt« und er hätte sie zuerst ins Französische und dann ins Deutsche übersetzen lassen. Aber wer kann wissen, was man ihm für Possen vorgemacht. Glauben können wir, daß die von ihm wiedergegebene deutsche Übersetzung nach einer französischen Vorlage hergestellt ist. Der Juliensche Druck hatte aber nicht dafür gedient; die Übersetzung stimmt mit ihrem Text nicht ganz überein. Es hatten sich auch bereits zwei sehr charakteristische Fehler eingeschlichen. Aus dem Fundort Aquilée und dem Datum der Kreuzigung, dem 25. März, der Einleitung jenes, ist hier in dem im engsten Anschluß an sie formulierten Vorspruch Aquileia bzw. der Tag des Fundes geworden, wobei die Angabe des 15. März dann schon eine Korrektur des Zwischengliedes bedeuten wird, um die Gleichheit mit dem Tage der Urteilfällung zu vermeiden. Der Text des Urteils wurde auch in Abschriften verbreitet, was bald Schwankungen der Formulierung verursachen mußte. Der Hieronymit Rodrigo de Yepes schildert[41] sehr lebendig, unter welchen Umständen der Fund in Madrid bekannt wurde. Zunächst wurde der Hof unterrichtet, noch 1580 oder 1581, aber jedermann ob von Stand oder aus dem Volk wünschte ihn zu sehen. Auch Yepes verschaffte sich ein Exemplar – Handschrift oder Druck? – war aber enttäuscht wegen der fehlenden Beglaubigung der Fundumstände und wegen der ungenügenden Datierung und Namensangaben im Text. Viele Exemplare wurden in Umlauf gebracht, wahrscheinlich in Druck und Handschrift, aber wie er sagt von sorglosen und unwissenden Menschen, so daß der Inhalt recht unverständlich wurde.

Ob die kirchliche Behörde in Aquila in Sachen des Fundes etwas unternahm, ist nicht bekannt. Wir können den Faden erst wieder aufnehmen, als der Bischof einer anderen neapolitanischen Diözese, Paolo Giovio d.J. von Nocera dei Pagani († 1585) dem Neapler Juristen Dr. Cam. Borello den italienischen Text übersandt und ihn aufgefordert hatte, ein Gutachten über die Echtheit abzustatten. Ihm traute er die erforderlichen Kenntnisse in der Heiligen Schrift, in der Profan- und doch wohl auch der Rechtsgeschichte zur Abgabe eines maßgebli-

39 [...] dentro il muro ove si dice esser trovata [...] (S. 138).

40 Reissbuch gen Hierusalem. Freyburg in Uchtland, 1590, S. 31ff.

41 Tractado [...] de la tierra [...] de Palestina, Madrid 1583. Angeschlossen als 2. Teil mit eigenem Druckvermerk aber durchpaginiert (fol. 44ff.): Discurso [...] de la peregrinacion que Jesu [...] hizo en este mundo – Fol. 86 v. f. (Die Angabe 1580 auf fol. 76 v.) [...] Començaronze a sacar muchas copias della, con descuydo de gentes ignorantes, que anadieron tantos yerros de su cabeça que ia dexaron assi viciosa, que apenas se podia leer clausula entera [...] Yepes steht dem Urteil aus den angegebenen Gründen skeptisch gegenüber, aber da es vom Tode am Kreuz handelt, hält er es doch für geeignet, am Schlusse der Geschichte Jesu mitgeteilt zu werden, »[...] tambien esta sentencia es muy verisimil en lo substancial del hecho y formas de proceder de aquellos tiempos, y en otras cosas agradables, de que no fue justo privar al pio lector.« Der Fund sei erfolgt »[...] 1580 andando abriendo unos cimientos entre unas ruynas de un edeficio antiguo, en una aldea nombrada Amitherno junto a la cividad del Aguila«. Darauf die Erzählung von den drei Kästchen.

5 Das Urteil des Pilatus, Augsburg oder Nürnberg, 17. Jahrhundert (München, Bayerisches Nationalmuseum)

chen Urteiles zu. Dieses sollte dann auch dem gelehrten Don Ferrante Carafa, Herzog von Nocera, und dem päpstlichen Ersten Sekretär, Kardinal Barthol. Gallio überreicht werden (S. 4f.). Man erkennt wieder die Weite des Wellenschlages. Borello hat seine Arbeit im Jahre 1581 vollbracht und ins gleiche Jahr ist bei ihm auch der Fund datiert (fol. d r), was nach dem oben Vorgebrachten auf einem leicht begreiflichen Irrtum beruht. Alle übrigen Zeugen nennen, wenn überhaupt ein Jahr, dann 1580. Der Text des Urteils, den Borello abdruckt, muß als der gelten, den man in Aquila »gefunden« hatte. Er lautet – nach Korrektur offensichtlicher Druckfehler – :

L'Anno 17. Tiberio Cesare Imperadore Romano, e di tutto il Mondo Monarca invittissimo, nell' Olimpiade 121, e nella Chiliade 84, e della creation del Mondo, secondo il numero, e computation de gl'Hebrei quattro volte 1174, e della propagine del Romano Imperio l'anno 73, e della liberacion della servitù di Babilonia l'anno 480, della Restitution del Sacro Imperio l'anno 497. Sotto li Consoli del Popolo Romano L. Pisone, e Mario Isaurico, Proconsole l'invitto Valerio in Palestina, publico Governator di Giudea Q. Flavio, sotto il governo, e regimento della Città di Gierusalemme presidente grandissimo Pontio Pilato, della Bassa Galilea Herode Antipatro, Pontefici del Sommo Sacerdotio Anna, et Caiphas Alisamel Magno del tempio Rabin, Archabel Ioacchim Centurione, Consoli Romani nella Città di Gierusalemme Q. Cornelio Sublima e Sest. Pompilio Ruffo, nel mese di Marzo, sotto il di vinticinque.

Io Pontio Pilato, qui Presidente per l'Imperio Romano, dentro al Palazzo del l'Archiresidentia, Giudico, condanno, e sententio alla Morte Giesu, chiamato dalle Turbe Christo Nazareno, di Patria Galileo, Huomo sedicioso della legge Mosaica, contrario al Magno Imperadore Tiberio Cesare, determino, e pronuntio per questa, che la Morte sua sia nella Croce, però con chiodi all'usanza di Rè, perchè qui congregatosi molti huomini, ricchi, e poveri, non hà cessato commover tumulto per tutta la Giudea, facendosi Figliuolo d'Iddio, Rè d'Israele, con menacciar la Rovina de Gierusalemme, e del sacro Tempio, con degenerare il Tributo à Cesare doversi, havendo ancora havuto ardire entrare con Palme, e Trionfo, et con parte della turba come Rè dentro la Città Gierusalemme, e nel Sacro Tempio. Onde comando al mio presente Centurione Q. Cornelio, conduca publicamente per la Città di Gierusalemme esso Giesu Christo, ligato, e flagellato, e di Porpora sia vestito, Coronato di pungenti spine, con la Propria Croce ne gl'humeri, acciò sia essempio à tutti gli Malfattori, con lui voglio siano condotti due Ladroni, Homicidi et usciranno per la Porta Zagarola, Hora Antoniano conduca esso Giesu al publico Monte di Scelerati, chiamato Calvario, dove crucefisso, e morto, il Corpo resti in sù la Croce per commune spettacolo di tutti li Malvaggi, e che sopra la Croce sia posto il Titolo in tre linguaggi ciò e Hebrea, Iheù Aloy Oysiadios, in lingua Greca Iesù Nazarenus Rex Iudaeorum. Comandamo ancora, che niun di qualsivohlia sorte, et qualità, ardisca temerariamente impedir tal Giustitia, per me Comandata, et administrata et esseguita con ogni raggione secondo gli Decreti, e Leggi, tanto di Romani, come d'Hebrei, sotto pena di Rebellione al Popolo Romano.

Testimoni per questa nostra sentenza per le dodici Tribù d'Israele.

Daniel					
Radanir				Radam	
Ioanni		Radam		Mordagni	
Bonicar	Rabini	Simeon	per li Farisei	Bencarfassi	Per li Consoli, e officiali del publico Magistrato et il Sommo Sacerdotio
Raban		Bonel		Iodas	
Iusabel				Bancasalò	
Pariculan					

Rotam Barta	Notari di questa publica de criminale per gl'Hebrei.	Lucio Sestilio Aman Strenileo	Per l'imperio, e Presidente di Romani

Borellos Gutachten ist scharf ablehnend. Questa scrittura e piena di menzogne (S. 5). Er weist eingehend die äußeren und inneren Unwahrscheinlichkeiten und Unmöglichkeiten von Formulierung und Inhalt, wie auch der angeblichen Überlieferungsgeschichte des Fundes nach. Man habe im römischen Reiche überhaupt erst 3½ Jahrhunderte nach Christus Urteile schriftlich formuliert (S. 133). Wenn ihn aber trotz dieses Wissens etwas die Möglichkeit des Ergehens eines schriftlichen Urteils zugeben[42] lasse, so sei es der Bericht des Evangeliums des Nikodemus, das er für authentisch hält. Wenn überhaupt, so sei nur hier die richtige Formel zu finden, und der sei ein Narr, der ihr andere vorziehe (S. 137f.). Das Gutachten wurde zunächst nur in vollständigen Abschriften und in Auszügen verbreitet – so erhielt z.B. Kardinal Peretti, der 1585 Papst Sixtus V. wurde und dem der Druck gewidmet ist, gleich la prima abbozzatura di scritti a penna – und wurde der breiten Öffentlichkeit erst 1588 zugänglich. Die Nachrichten über den Inhalt des Fundes hatten also Zeit, sich ungestört als Sensation zu verbreiten. Baldige Reaktionen hier und da müssen aber gezeigt haben, daß immer noch nicht genug getan sei, um den Charakter des offiziellen Aktenstückes zu sichern. Man tat also einen letzten Schritt. Waren bisher nur die Namen der Gerichtsschreiber und der das Urteil beglaubigenden Vertreter der jüdischen und der römischen Behörden genannt, so fügte man jetzt noch ein Protokoll der Stimmabgabe von Caiphas und von 19 Synedriumsmitgliedern hinzu.

Auf wen der »Fund« in Aquila zurückgeht und durch welche Verhältnisse es sich erklärt, daß er gerade dort gemacht wurde, ist nicht bekannt. Keine Aquilaner Quelle gibt eine Auskunft, kein Geschichtsschreiber überlieferte ein aufklärendes Wort. Alles muß aus den ortsfremden Drucken[43] entnom-

42 Dieses Zugeben verdient besondere Unterstreichung, da es weit über den Einzelfall hinaus schlagartig die tiefsten Grundlagen der herrschenden wissenschaftlichen Methodik bloßlegt. Gibt es einen Zusammenstoß des auf der Erfahrung beruhenden sicheren Wissens mit einer geheiligten Autorität, dann folgt man der letzteren, auch wenn man noch so fest von der Richtigkeit seines Wissens überzeugt ist und es auch sonst zum Ausdruck gebracht hat. Konsequenz der wissenschaftlichen Haltung, man könnte auch sagen Wissenschaft als konsequente Haltung, ist eine Forderung, die man nicht kennt, so wenig noch etwa die Zuschauer im Theater Konsequenz der Charakterzeichnung fordern. Dafür noch ein bezeichnendes Beispiel aus den gleichzeitigen Discours [...] de la licorne des als Protestanten geltenden, französischen Leibarztes Ambroise Paré von 1582. Er, der von sich sagt: »j'aimerois mieux faire bien tout seul que de faillir non seulement avec les sages mais mesmes aves tout le reste du monde«, er ist davon überzeugt, daß das Einhorn ein Phantasiegebilde ist und er schreibt ein Buch darüber – um an dessen Ende zuzugeben: »il faut donc croire qu'il est des Licornes«, da die Bibel ihre Existenz bezeuge. (Ich zitiere nach dem aufschlußreichen Buch Odell Shepards, The lore of the unicorn, Boston 1930, S, 169, 171f., 289.) Der große Einschnitt, der unser wissenschaftliches Denken vom mittelalterlichen trennt, den zog nicht die Renaissance, sondern die Aufklärung. – Borello bringt die Ludolphsche Fassung ohne die Worte secundum bis et. Das Problem der Lesarten, das sich uns mit aller Schärfe stellt, kannte seine Zeit noch nicht. Der Lesartenapparat Tischendorfs erscheint mir durchaus ungenügend. Es konnte hier nicht meine Aufgabe sein, die Geschichte der Formulierungen philologisch zu behandeln. Das würde auch ein Zurückgehen auf die handschriftliche Überlieferungen voraussetzen. Es bleibe dahingestellt, ob das Ergebnis die Mühe lohnen würde.

43 Auch der einzige Aquilaner Historiker, der sich überhaupt mit dem Funde befaßt hat, A.L. Antinori (1704–1778, vgl. E. Moschino, La »Tommasiana«, Aquila 1931, S. 45ff.), der eine Zeitlang Bischof von Lanciano und dann vor seiner Resignation Bischof von Acerenza und Matera war, schöpfte aus ihnen sein Wissen: aus Borello und Motillo (s.u.). Siehe Bibl. prov. in Aquila. MSS. Antinor. P. 1a, vol. 20, S. 527. (Hier z.B. die Angabe von einer späteren Ausgabe Borellos, Neapel 1607.) P.2a, vol. 25, S. 523ff. – Herrn Direktor Prof. Moschino danke ich auch hier für die Förderung meiner Nachforschungen. – Auf Grund der Antinorischen Notizen schrieb als einziger Autor der Gegenwart über den Fund P. Bilancini in der Letteratura Montanara. Anno I, Num. 9, Aquila 16. V. 1888. Diesen Hinweis verdanke ich Don Luigi Rivera in Aquila.

6 Urteil des Pilatus in der Aquilaner Fassung, wohl frühes 17. Jahrhundert, Rahmen um 1770 (Schwäbisch-Gmünd, Museum)

7 Das Urteil des Pilatus, 2.–3. Viertel des 19. Jahrhunderts, Öldruck von Leiber (München, Bayerisches Nationalmuseum)

men oder erschlossen werden. Daß dieses Urteil in der Fortsetzung der Entwicklungslinie liegt, die von Barletta über Vienne zu Semproniensis führt, ist einleuchtend. Der antiquarische Charakter, die Überschüttung mit Formelkram werden noch gesteigert. Die Mehrung der äußerlichen Beglaubigungen soll von Zweifeln am Kern des Inhalts ablenken, nach jenem Kunstgriff, dem so viele pseudonotarielle Handlungen der späteren Lustspielbühne ihre Gestaltung verdanken. Die Hinzufügung der Unterschriften war eine glückliche, wenn auch naive Idee. Die Namen wurden aller Wahrscheinlichkeit nach frei erfunden; ich wenigstens kenne keine Quelle für sie.

Vom Protokoll läßt sich nicht einmal auch nur mit einiger Sicherheit sagen, wo es dem Urteil hinzugefügt wurde. In Aquila selbst scheint es nicht geschehen zu sein; nicht das leiseste Anzeichen weist darauf hin. Borello kennt das Protokoll auch in seiner Buchausgabe nicht. Es wird zuerst greifbar in der Bekanntgabe des Aquilaner Fundes durch deutsche Drucke[44] des Jahres 1581. Deutsche sind dann auch die Hersteller von Flugblättern, die sich der neuen Sensation bald bemächtigt haben werden. Ich kenne ein anonymes ohne jede Illustration[45] und auch eines von dem Augsburger Briefmaler Liborius Schlintzing (Univ.-Bibl. Erlangen), das wahrscheinlich dem des Balthasar Braumiller (Abb. 1) als Vorlage diente, wenn beide nicht auf eine gemeinsame zurückgehen. Die Fälschung – das Wort urteilt aber, vom Zeitgeist ausgegangen, viel zu hart; man müßte etwa sagen: die Rekonstruktion – ist also vielleicht im Norden entstanden. Ihr Verfasser hat gute Arbeit getan. Die Versammlung, die er darstellt, ist ja keine

44 Glaubwirdige [...] Verzeichnusz [...] des [...] Urtheils, auch andererer umbstende [...] welliches [...] Pilatus [...] gefellt. Jetzt neulicher zeyt in [...] Aquila [...] wegen eines Gebeus, so erweitert worden [...] gefunden [...] Sampt [...] Vermeldung der 20 Beysitzenden Gerichtspersonen ...] und was jeglicher für ein Urtheil [...] bekennt. 1581. Gedruckt zu Nürnberg durch Leonhard Heuszler. (Es gibt auch eine Ausgabe mit getilgter Jahreszahl.) Mit geringen orthographischen Abweichungen entsprechend: 1581. Gedruckt zu Regensburg durch Hans Burger. (Alle drei: München, Staatsbibliothek) Ein Nachdruck: Zu Magdeburg, bey Johann Francken. Anno 1584 (Augsburg, Stadt-Bibliothek). Ich verdanke den Nachweis Herrn Direktor Dr. Schmidbauer.

45 Ich sah es vor Jahren in einem Kodex der Wolffenbüttler Bibliothek eingeheftet, wahrscheinlich in einem der Hainhoferschen, vermag aber nicht seine Signatur zu nennen. – Die beiden Augsburger lernte ich durch das unentbehrliche Repertorium der Augsburger Kunst des Maximilians-Museum in Augsburg kennen. – Welche Urteilsformel das Wolffenbüttler Exemplar verwendet, kann ich nicht sagen. Die der Augsburger Flugblätter ist die ein wenig veränderte von Vienne. Es muß natürlich heißen: aus Liebe zur Justitia.

der nach der Gefangennahme Christi abgehaltenen, nicht diejenige, in der er als Gotteslästerer des Todes schuldig befunden wurde (Mt 26,59ff.; Mc 14,55ff.; Lc 22,66ff.), aber auch nicht die interne Beratung vor der Auslieferung des Gefangenen an Pilatus (Mt 27,1; Mc 15,1), sondern es ist die zeitlich zurückliegende, aber darum nicht minder entscheidungsvolle nach der Auferweckung des Lazarus (Io 11,47–53). Außerordentliches religiöses Feingefühl hat diese Wahl bestimmt. Die Darstellung jeder anderer der Versammlungen (es hätte unter anderen ja auch noch Mt 26,3f. oder Io 12,19 zum Thema genommen werden können) hätte gewiß den äußeren historischen Ablauf der Geschehnisse verdeutlichen können, aber nur die gewählte brachte eine neue Sinngebung, hob das ganze auf ein höheres Niveau: nunmehr wird erinnert an die Bedeutung der Passion im Heilsplan Gottes. Es geht ja hier eben nicht um einen beliebigen Märtyrer ungerechter Justiz, sondern um das Opfer, das nach Gottes Ratschluß gebracht werden mußte, sollte die Menschheit erlöst werden. Mag daher für noch so wichtig und bedeutungsvoll gehalten werden, *was* Christus litt, unendlich wichtiger ist, *warum* er litt. Und das konnte in diesem Zusammenhange nicht besser ausgedrückt werden als durch die Worte des Caiphas: Es ist uns[46] besser, daß ein Mensch sterbe, denn daß das ganze Volk zugrunde gehe (Io 11,50). Denn der Evangelist selbst hatte dem Wort die autoritative Exegese[47] mitgegeben: »Hoc autem a semetipso non dixit: sed cum esset pontifex anni illius, prophetavit, quod Jesus moriturus erat pro gente, et non tantum pro gente, sed ut filios Dei, qui erant dispersi, congregaret in unum« (v. 51f.). Der Ton der Versammlung[48] ist hoch gestimmt, weit entfernt von jeder Karikatur.

Johannes berichtet zwar (12,42) »et ex principibus multi crediderunt in eum: sed propter Pharisaeos non confidebantur, ut e synagoga non ejicerentur«, hier aber bekennen sich uneingeschränkt zwei Stimmen, Nr. 8 und 9, zu ihm, während zwar neun (Nr. 1, 6, 10, 12–16, 18) für Verurteilung sind, aber nur sechs für Todesstrafe. Die Verurteilung hat also voll Caiphas zu verantworten, der nur durch ein Minoritätsvotum gedeckt ist. Ganz widerspruchsfrei ist freilich die Darstellung nicht: Das Votum des Diarabias setzt ein erfolgtes Bekenntnis Jesu vor dem Rat voraus (also etwa nach Mt 20,64; Mc 14,62), aber von einer Beschuldigung der Gotteslästerung ist nicht die Rede. Und wenn dann die Drucke anschließen[49]

DAS GEMEINE VOLCK / ZUM PILATO.

Lestu diesen Menschen loß / so bistu kein freund des Keisers.	Creutzige / Creutzige jn / sein Blut kom uber uns / und unsere Kinder,

so sind wir mitten in der Szene des Urteilsspruches Pilati. Religiöse Deutung und historische Erzählung schneiden sich. Eine Vorlage der Protokollformulierung kann ich nicht nachweisen. Die Passionsspiele kannten natürlich Szenen der Beratungen der Mitglieder des hohen Rates (wie ebenso natürlich auch einen Urteilsspruch Pilati), aber ich habe kein benutztes Vorbild[50] finden können. Es läßt sich mit Sicherheit aussagen, daß diese Literatur auf die ganze hier verfolgte Entwicklung keinerlei Einfluß gehabt hat. Merkwürdigerweise sind für das Protokoll aber auch die Acta Pilati nicht benutzt worden. Das ergibt sich besonders daraus, daß Nikodemus in ihnen[51] – ganz im Gegensatz zu Io 3,1 – nur ein quidam vir Judaeus

46 Die Vulgata hat [...] expedit vobis [...]

47 Vgl. z.B. Ludolph von Sachsen, P. II. Kap. 18.

48 Nach dem Schlintzingschen Flugblatt, dessen Textanordnung mir glücklicher zu sein scheint, als die der Heftdrucke, denen ich das Numerieren entnehme: 1. Simon Lepros. Mit was Recht, Richt man einen Auffrührer. 2. Rabam. Ich weiss nit warzu die Rechten gemacht sein, wann sie nit gehalten werden. 3. Achias. Man muss zuvor bericht haben die Ursach eines Beklagten, ehe man ihn zum Todt verurtheilt. 4. Subath. Man soll nach vermög Göttlicher und Menschlicher Rechten niemandt verurtheilen, er hab dann sollichs verschuldet, Darumb was hat diser Mensch gethon oder verschuldet? 5. Rosmophin. Was seind die Rechtsgesetz, wann man dieselben nicht halten will. 6. Putiphares. Ein Betrieger ist dem Land nit gut, durch welchen ein aufflauff undter dem gemeinen Volck gemacht wirdt. 7. Riphar. Die Rechten straffen niemande dann die Schuldigen, Darumb wann er ein Ubertretter ist, so lasst ihn zuvor sein eigen that bekennen, ohn das wolt ihn also gehling nit verurtheilen. 8. Joseph von Arimathia. O wie schandlich ist es, auch spöttlich, das in einer Statt nicht gefunden soll werden ein Beschirmer der Unschuldigen. 9. Joram. Warum lassen wir disen Gerechten Menschen von seiner Gerechtigkeit wegen sterben. 10. Ehiberis. Wiewol er gerecht ist, dannoch soll er Getödt werden, dieweil das Gemein Volck durch seine Reden auffrürisch wirdt. 11. Nicodemus. Richt auch unser Gesatz einen Menschen, ehe man ihn verhört und erkenne was er thue? 12. Diarabias. Weil Er desshalben sich vor einem Rath beschuldiget, so ist Er dess Todes schuldig. 13. Sareas. Ein Auffrürischer Mensch ist dem Land schädlich, darumb soll er von dem Volck hinwegk gethon werden. 14. Josaphat. Lasst ihn allzeit gebunden sein mit eysen Ketten in der Gefängknuss. 15. Ptolomeus. Ist Er dann weder gerecht noch ungerecht, warum verziehen wir so lang, ehe wir ihn zum Tode verurtheilen, oder aussm Land bannen. 16. Jeras. Es ist besser dass Er auss dem Land geschafft, oder dass Er dem Keyser zugeschickt werde. 17. Mesa. Ist er dann gerecht, so wöllen wir uns selber zu ihm kehren, ist Er dann ungerecht, so wollen wir ihn von uns stossen. 18. (In den Heftdrukken: 14) Rabinth. Er sey gerecht oder ungerecht, dieweil er den Gesetzen, so von alter herkommen, und bräuchig gewesen zuwider ist, darum können wir ihnen mit nichten leyden. 19. Samech. Lasst Fried machen, auf dass Er uns nit widerspennig werde, und will Er unsern willen nicht thun, soll er gestrafft werden. 20. Cayphas. Ihr wisst all mit einander nicht was ihr redet, es ist uns besser dass ein Mensch sterb, dann dass das gantz Volck verderbe.

49 Nach dem Magdeburger Druck.

50 Vgl. z.B. die Nachweise und Angaben bei G. Duriez, La Théologie dans le drame religieux en Allemagne, Lille 1914, S. 313ff. Da es sich um ein Spiel des 16. Jahrhunderts aus den Abruzzen handelt, sei als weiteres Beispiel genannt V. de Bartholomaeis-L. Rivera, Il teatro abruzzese del medio evo, Bologna [1924], S. 147f., 174, 344.

51 Kap. V und I. Fabricius, S. 249, 238. Tischendorf, S. 222, 331, 206, 315. – Nachträglich sind dann doch in das Protokoll die Namen der Acta aufgenommen worden. Das bezeugt der Leidener Theologieprofessor Joh. Hoornbeek (1617–1666) in seinen Miscellanea sacra, Ultrajecti 1677, S. 33: [...] quae etiam illa nomina sunt vulgo in pictura judicii de Christo expressa. Abgedruckt bei Fabricius S. 228.

8 Das Urteil des Pilatus, Kupferstich, gezeichnet von C. Deruet, gestochen von Ph. Tomassin

ist, der vor dem hohen Rat für Christus eintritt, und daß keiner der Namen der nichthohenpriesterlichen Mitglieder des Synedriums übereinstimmt.

Julien[52] und Lussy[53] haben die religiösen Gründe genannt, aus denen ihnen die Kenntnis des Urteils, schon dieses allein, für wichtig erschien. Dem ersteren erscheint es »[...] un Thrésor à tous autres thrésors incomparable pour estre le plus grand et le plus précieux qui fut oncques, pour ce que tout le genre humain participe au fruict d'iceluy, d'autant que son salut en depend totalement; je n'ay voulu, ledict Thrésor m'ayant esté communiqué, estre si avare et ingrat d'un si grand bien que de le garder entier pour moy sans t'en faire jouyr [...]« Den anderen bewog zum Abdruck, »[...] auff das es dem Christlichen Leser desto mehr bewegnuss und einbildens gebe, sein [Christi] bitter Leyden zu betrachten und zu verehren«. Wieviel mehr noch galten nunmehr diese Gründe, wo die äußere Beglaubigung verstärkt, dabei aber die Heilsbedeutung noch unterstrichen war.

Die Augsburger Flugblätter haben den Text zeitlich sinngemäß um einen Holzschnitt angeordnet, der ihn »illustriert« und damit naturnotwendig zur Darstellung einer Szene kam, die historisch falsch, im höheren, in einem symbolischen Sinne aber wahr ist. (Abb. 1) Es ist, was die Textgestaltung ja schon begonnen hatte, im Sinne religiöser Zeitlosigkeit zu einem Moment zusammengezogen, was sich in der zeitlichen, »niederen« Wirklichkeit ohne gleichzeitige Sinndeutung in seine Elemente zerlegt und mit anderem vermengt abgespielt hatte. Es sitzt also Pilatus als Vorsitzender mit den jüdischen Richtern zusammen in Gerichtssitzung. Die Anordnung der Plätze folgt der damals für solche Beratungen[54] üblichen. Ein durch Schranken abgeteilter Sitzungsraum, in der Mitte der Rückseite der erhöht thronende Vorsitzende, ihm gegenüber zwischen vom Rücken Gesehenen der Eingang. Im Mittelraum, als hier unentbehrlich, Christus und die beiden Sekretäre, neben ihnen die Geräte für die Handwaschung. Freilich, da die künstlerische Darstellung innerhalb eines gewohnten Kompositionsschemas blieb, konnte sie noch keine adäquate Gestaltung des künstlerischen Vorwurfs werden. Der »fruchtbare Moment« ist zwar erkannt, aber nicht gestaltet. Noch ist nicht sichtbar gemacht die prophetische Rolle des Caiphas als eines Protagonisten auf der jüdischen Seite, sichtbar noch nicht die Spannungen zwischen den hier zusammenstoßenden geistigen Welten. Dazu mußte ein größerer Künstler den Griffel in die Hand nehmen. Die Komposition, wie sie abgeändert kanonisch geblieben ist, schuf Marten de Vos[55] in Antwerpen (um 1531–1603) wahrscheinlich bald nach dem Bekanntwerden des Protokolles. (Abb. 2) Er ordnete die Richter in einem an der Vorderseite offenen Trapez an; an der einen Schmalseite als der Entscheidende herausgehoben Pilatus, in der Mitte der Langseite, ebenfalls wenn auch schwächer betont, der Gegenspieler Caiphas. Beide blicken zum schweigenden Jesus hin, Pilatus mit einer auffordernden Geste, Caiphas, leidenschaftsdurchwühlt nach oben weisend. So werden zwischen den drei Hauptpersonen die Linien eines Dreiecks gespannt, dessen

52 Im Vorwort.

53 Reißbuch, S. 31.

54 Vgl. z.B. den »Vertrag mit Ungarn« im Weißkunig. – Die Komposition lebt mißverstanden nach als »Christus vor Caiphas« (das Protokoll!)

55 P. Zani, Enciclopedia [...] delle belle arti. Parte sec. Vol. VII, Parma 1821, S. 314f. Nagler, Künstler-Lex., XX, S. 558. Der Stecher, der mit Sicherheit als Nordländer anzusprechen ist, war A. Collaert (um 1560 bis 1618; unter diesem Namen war das Blatt auch in der Münchner Graph. Sammlung eingeordnet); Zani dachte irrig an Capriolo. Ein zweiter Zustand des Stiches mit dem Verlegernamen I. C. Vischer im Cod. Ottobon. lat. 3111 der Vaticana, fol. 87v/88r.

verdeutlichende Basis eine verstärkende Parallele durch die von der Soldatengruppe zum Simon aufsteigende Linie erhält. Hier sieht man, daß die Atmosphäre mit Spannung geladen ist, daß hier ein schwerer Konflikt ausgetragen wird. Eindeutig ist die Kontrastierung Christi und der Soldaten. Der Großteil der Synedriumsmitglieder ist wie ein begleitender Chor zusammengefaßt, unter sich Gruppen bildend, deren Gestaltungsprinzip von Leonardos Abendmahl abstammt. Aber der Text hatte dem schon vorgearbeitet, da die Äußerungen teilweise aufeinander Bezug nehmen. Die starke Dynamik des Geschehens hat auch die beiden Sekretäre ergriffen, die über das Gesetz disputieren. Die Bildunterschrift auf den Augsburger Flugblättern »qui peccatum non fecit tradidit iudicanti se iniuste« faßt den Inhalt zutreffend zusammen als das ungerechte Gericht, und diesen Titel behielt die Darstellung auch im 19. Jahrhundert (Abb. 7). Die Überschrift, die der Verleger dem Stich nach de Vos gab, deckt nur einen Teil des Inhalts und übergeht die Hauptsache, das Urteil. Daß auch hier dessen Formulierung eine von der Vienneser abstammende ist, ist leicht begreiflich, der Aquilaner war jetzt unnötig umfangreich. Das war ja überhaupt die gefährliche Stelle für die Neuschöpfung, daß man es für unerläßlich hielt, die literarische Unterlage beizugeben. Man wünschte daher ihre Einarbeitung in die Komposition, die aber zugleich motivlich möglichst vereinfacht werden sollte. Die Darstellung mußte sich ja für Massenverbreitung eignen. Wer die Umarbeitung (vgl. Abb. 3 und 4) veranlaßte, das läßt sich nicht sagen, wo sie erfolgte, nur hypothetisch. Ich glaube in Italien, denn die Gebäudegruppe des Hintergrundes ist italienisch und italienisch ist auch die weitausholende Geste des Caiphas mit der das Motiv Vossens übertreffenden differenzierten Armhaltung. Wir dürfen nicht vergessen, daß wir bisher nur Wiederholungen und Nachklänge[56] des Originales kennen. Es muß sich einer ungeheuren Popularität erfreut haben, sonst hätte es nicht für drei Jahrhunderte maßgebend bleiben können. Woher sie kam, wissen wir nicht. Man könnte an den Charakter eines Gnadenbildes glauben, der die weite Verbreitung gut erklären würde; möglich, daß es auch nur ein graphisches Blatt war, das als ein aus irgendeinem Grunde autoritäres Vorbild überall hinkam – ich kann es nicht sagen. Der Umgestalter gab den sich Äußernden Schrifttafeln bei, während der eine der Sekretäre nach Pilati Diktat das Urteil niederschreibt. Die Soldaten fielen fort, dafür erhielt Pilatus höhergestellte Begleiter. Die drei Hauptpersonen wurden noch mehr aus ihrer Umgebung herausgehoben, vor allem wurde Christus aus der Umklammerung durch die Reihe der Richter gelöst. Das Volk ist nun auch dargestellt zum Fenster herein rufend, und Pilatus wurde durch Beischrift als Richter gekennzeichnet. In dieser Form erhielt sich die Darstellung ihre Volkstümlichkeit bis in die zweite Hälfte des 19. Jahrhunderts. Freilich ist in der letzten hier[57] durch Abb. 7 vertretenen Stufe der ursprüngliche Sinn der Komposition und der Darstellung zerstört. Pilatus ist, in die Ecke zurückgeschoben, mit der Handwaschung beschäftigt, während seinen Platz in der gleichfalls veränderten zentralen Dreieckskomposition der Centurio einnimmt, der den Stab bricht (was, wenn überhaupt, durch den Richter[58] selbst zu geschehen hatte). Pilatus ist in seine den Passionsdarstellungen außerhalb unseres Themas entsprechende passive Rolle zurückgefallen.

Abb. 8 zeigt, daß man schon früh versucht hat, der kanonisch gewordenen eine andere Komposition[59] entgegenzustellen. Gegenständlich bezog sie nun auch noch die Warnung des Pilatus ein. Ohne Ehrfurcht vor dem Ideengehalt gestaltet, viel mehr als virtuose Leistung sich gebend – die Architekturkulisse geht natürlich auf Raffaels Schule von Athen zurück – denn als Illustration konnte sie Vossens Erfindung nicht verdrängen. Aber auch sie fand ihre Liebhaber, wenn auch nicht erkennbare Nachfolge.

Es scheint, daß das Aquilaner Urteil eine wissenschaftliche Behandlung nach Borello erst wieder von dem Capuaner Gregorio Motillo in seiner Notizia di Ponzio Pilato[60] erfuhr. Er kannte Borellos Schrift nicht und hielt das Urteil für echt: 1674! Er glaubt, Pilatus habe die Originalausfertigung zu seiner Rechtfertigung vor dem Kaiser – hier also ein Zusammenhang mit der sagenhaften Ausgestaltung[61] der Schicksale Pilati – nach Rom mitgenommen und später nach seiner

56 Außer den sonst hier herangezogenen kenne ich bisher an weiteren Nachbildungen: je ein Bild im Museum in Überlingen, das ich als aus dem 17. Jahrhundert stammend in Erinnerung habe, und eines in der Herrgottsruhkapelle in Mindelheim, dieses wohl etwa zweites Viertel des 18. Jahrhunderts mit der Fundortsangabe für das Urteil Wien (= Vienne!). (Den Nachweis verdanke ich Herrn Dr. Ritz in München.) Ein gemaltes Antependium in der Totenkapelle bei der Pfarrkirche in St. Lorenzen im Pustertal; Mitte 18. Jahrhundert; Fundort: Wien. (Nachweis von Herrn Dr. C.Th. Müller, München.)

57 Ich verdanke das Blatt der Güte des Herrn Silla Rosa, ispettore onor. dei monumenti in Rom. Das Bayer. Nationalmuseum besitzt ein entsprechendes deutsches Blatt in Reliefdruck im Stil des zweiten Rokoko. Als Fundort des Urteils ist Jerusalem genannt, kompositionell und textlich genau entsprechend ein französischer Bilderbogen, Lith. F. Wentzel à Wissembourg [...] Paris rue St. Jacques 55, im Besitz von M. Lucien Crick in Brüssel, der meine Studien in der liebenswürdigsten Weise gefördert hat.

58 Darüber siehe unten.

59 Zeichner: Claude Deruet (1588–1660), Stecher und Verleger: Phil. Thomassin. Erster Zustand, 1617; zweiter, 1649. Vgl. Zani, a.a.O., S. 313f., Nagler, Künstler-Lex. 18, S. 369f., Leblanc 27. Den Nachweis verdanke ich Herrn Dr. P. Halm in Dresden. – Das Musée du Cinquantenaire verwahrt einen Bilderbogen des Verlages Gangel in Metz, dessen sehr großartige Komposition im Empirestil dem ersten Viertel des 19. Jahrhunderts entstammen dürfte. Vor einer sich diagonal in die Tiefe erstreckenden Wand zu seiten des in der Mitte vor seinem Thron stehenden Caiphas in zwei Geschossen sitzend die anderen Richter. Auf einer von Caiphas ausgehenden zweiten Diagonale sind angeordnet der stehende Christus und in der linken vorderen Ecke der niedriger als der Hohepriester thronende Pilatus, von schräg hinten gesehen. Auf einer von Christus ausgehenden Parallellinie zur Wand sitzt im Vordergrunde ein Sekretär, wohl das Urteil verlesend. Der Text bringt nicht das Urteil, wohl aber ein Gebet an Christus. Maße der Bildfläche: H. 30,5; Br. 55 cm.

60 1674. Nach Antinori, Ms 2a, 25, S. 533, vielleicht 1707 neugedruckt. Ich kenne nur die Auszüge A.s. (a.a.O., S. 523ff.), die auch von Bilancini benutzt sind.

61 Vgl. z.B. Müller, a.a.O., S. 46, 55 f.

angeblichen Heimat Amiternum. Da man dieses in der Lokalliteratur mit Aquila identifiziert hatte, war der Kreis geschlossen. Eine in Freiburg herausgegebene Zeitschrift ›Der mit allerhand Staats- [...] Affairen beschäfftigte Secretarius‹ brachte 1710, als für die Fastenzeit sehr geeignet, ohne Stellungnahme zur Echtheitsfrage nach einem Nürnberger Druck das Aquilaner Urteil samt Protokoll in der sinngemäßen Anordnung Protokoll, Volksgeschrei, Urteil (S. 856ff.). An diese Vorlage hielt sich Fabricius, der natürlich die Fälschung erkannte, in dem 3. Teil seines oben schon herangezogenen Werkes.[62] Ihm folgte der Jurist Walther[63], der aber, eine Äußerung des Fabricius mißverstehend, das Abgedruckte für eine jüdische Fälschung erklärt. Im übrigen bringt er in seinem sehr nützlichen Buch noch die von Steller (s.u.) mitgeteilten vier Formeln. Mit diesen Ausnahmen scheint die Verbreitung des Aquilaner Fundes wie des Protokolles, verbunden oder getrennt, durch die Einzelstücke erfolgt zu sein. In der Passionsliteratur, die in der Zeit von 1580 bis etwa 1630 außerordentlich reich ist, habe ich keine Erwähnung finden können. Der wichtige Christian van Adrichem[64] (1533–85) übernahm gläubig die zweite Formel Salignacs. Ihm schloß sich darin der Jesuit Cornelius van den Steen (a Lapide; geb. 1567, Professor der Exegese seit 1596, † 1637) in einem seiner vielfach aufgelegten exegetischen[65] Kommentare an. Der Hieronymit und Professor Mallonius[66] zitiert Pepin, Adrichomius, außerdem die Heiligen Anselm und Vincenz, ferner Landsberg, eine einfachere nikodemische Lesart und eine angeblich in Jerusalem[67] gefundene Formulierung, die Adrichomius sehr hoch stellen soll, was nicht richtig ist. Hier ist also noch ein unbekanntes Zwischenglied vorauszusetzen. Mallonius steht allen Formeln sehr skeptisch gegenüber, incertam rem omnem puto. Der Franziskaner Johannes von Carthagena[68] hält in seinen 1609 approbierten Homiliae in universa [...] religionis arcana drei Formulierungen für der Wahrheit am nächsten kommend: die nikodemische in der Form Salmerons, die des Paulus van Middelburg und die in Jerusalem gefundene. Der Franziskaner Mänhard[69] begnügt sich 1639 schon mit der Anführung der pseudoanselmischen Formel. Daß aber auch die skeptisch eingestellten Theologen an der Beschäftigung mit den Formulierungsversuchen nicht vorbeigehen konnten, beweist nur die Stärke des allgemeinen Interesses an ihnen. Einige Jahrzehnte scheint es dann abgeflaut zu sein, um im achten Jahrzehnt zur vollen Stärke angefacht zu werden. 1670 erschien in Madrid La mystica Ciudad de Dios der Maria von Agreda (Maria von Jesu; 1602 bis 1665), die ungeheures zustimmendes und ablehnendes Aufsehen erregte und weiteste Verbreitung fand. Darin[70] wurde eine ausführliche, auch unter Benutzung der Aquilaner kompilierte Formel mitgeteilt. 1672 läßt der Jesuit Wilhelm Gumpenberg[71] in der Urteilssitzung vor Pilatus Maria den Spruch des Caiphas mitanhören, geht also von einer Situation aus, die der bildlich dargestellten entsprach. Das Jahr 1674 brachte, wie wir sahen, die Schrift Motillos und diejenige des juristischen Doktoranden Joh. Steller. Ihre These, Pilatus habe gar kein Urteil gefällt, führte zu heftigsten wissenschaftlichen Kontroversen.[72] Steller nannte[73] vier Formeln, die des hl. Vincenz, die Ludolphs, Luthers und des Adrichomius. 1676 oder 1677[74] erschien dann das Leben Christi des Kapuziners Martin von Cochem, das bis weit ins 19. Jahrhundert hinein wenigstens für die deutschen Katholiken das volkstümlichste seiner Art geblieben ist. Es brachte eine nicht sehr umfangreiche, in Anlehnung an verschiedene Vorlagen kompilierte Formel und hat so bis zu einer noch nicht weit zurückliegenden Vergangenheit die Vorstellung eines formuliert ergangenen Urteiles wachgehalten. Von der uns hier besonders beschäftigenden Urteilssitzung erzählt Cochem nichts, wohl aber hebt er wie Walasser[75] das Stabbrechen hervor.

Im 18. Jahrhundert scheint die wissenschaftliche Beschäftigung mit den Urteilsformeln besonders mit dem Streit um den Wert der Visionen der Maria de Agreda zusammengehangen zu haben. Er war 1744 durch eine Polemik des Pollinger Kanonikers Eusebius Amort[76] neu entfacht worden. Amort bestritt auch die historische Möglichkeit der Urteilsformel.

62 Hamburgi 1719, S. 487ff.
63 A.a.O., S. 399ff.
64 Ierusalem. Coloniae Agrippinae. 1584, S. 121. Theatrum terrae sanctae, Ebd. 1590, S. 163.
65 In evangelium Matthaei, cap. 27. Commentaria in Scripturam Sacram. Ed. Parisiis 1877, T. XV., S. 608. – Vgl. über ihn Buchberger, Kirchliches Handlexikon, II, Sp. 486.
66 A.a.O., S. 165f.
67 Es ist bemerkenswert, wie spät Jerusalem auf dem Plan erscheint. Soweit ich feststellen kann, spielte die Urteilsformel für die Pilger aber auch dann noch keine Rolle. Es bleibt bei der Erwähnung durch Lussy (und Yepes). Auch die bildliche Darstellung hat keine Beziehung zum Jerusalemer Legendenkreis. Nach der seit dem Mittelalter herrschenden Legende stand Christus vor Pilatus erhöht auf einem Stein, der den Abdruck seiner Füße bewahrt hat. Vgl. T. Tobler, Topographie von Jerusalem, Berlin 1853, I, S. 224, 247.
68 Coloniae Agrippinae 1626, S. 564 [...] quae maiorem praeseferre videntur veritatis speciem [...]
69 A.a.O., 3. Buch, S. 120. In einer Anmerkung wird auf Adrichomius verwiesen.
70 P. II. Lib. VI. Cap. 21, Nr. 1358. Über die Verfasser siehe J. Feiler in Wetzer-Welte, VIII, Sp.740ff.
71 Jesus vir dolorum, München 1672, S. 130.
72 Vgl. Walther, a.a.O., Vorrede, Bl. 7ff. – Borinski, a.a.O., S. 386.
73 Defensum Pontium Pilatum [...] exponit 23.4.1674. Dresdae. Bl. C3r, Nr. 68ff.
74 Vgl. H. Stahl, P. Martin von Cochem und das »Leben Christi« (Beiträge zur Literaturgeschichte usw. der Rheinlande, 2), Bonn 1909, S. 40ff. Zum Urteil s. S. 167. Ich lernte die treffliche Arbeit leider erst spät kennen. 2. Teil, Kap. 30.
75 A.a.O., Bl. 271 V. – An eine gemeinsame Urteilssitzung glaubte ein Gelehrter vom Range und von der Bedeutung John Seldens (1584–1654). Vgl. De synedriis. Lib. II. Cap. 15. Nr. IV. Londini 1653. S. 619f. Amstelaedami 1679, S. 378.
76 Observationes de Revelationibus, Augustae 1744. – Fr. Didacus Gonzales Matheo, Mystica civitas dei vindicata, Matriti 1747, S. 67. (Ich weiß nicht, wer »Siuri« ist.) – Landelin Mair, Valde probabilis [...] praesumptio etc., Monachii 1747, IV, S. 176ff. – Amort, Controversia, Augustae Vind. 1749, S. 400f. – Ders., Nova demonstratio. ebd. 1751, S. 64. – Jos. d'Amalet, Epistolae [...] in causa Agradana [...] Argentorati 1754, S. 149 [...] A circumforaneis quibusdam circumfertur Judicium sanguinarium [...] quod dicitur Viennae (fors Vienna Allobrogum [...]) fuisse inventum [...] Suspicor eiusdem farinae illam quoque formulam fuisse Amiterni inventam. – Die Literatur ist noch viel reicher.

Er fand Anhänger und Gegner, und wir können der Diskussion entnehmen, daß im Norden die Aquilaner Formel nicht mehr allgemein bekannt war, daß aber auf den Jahrmärkten die bildliche Darstellung mit der Fundortsangabe Wien (oder Vienne) vertrieben wurde.

Viel später noch läßt sich ein literarischer Niederschlag der Meinung von der protokollarischen Fixierung des Urteiles finden: in der 1820 von Clemens Brentano niedergeschriebenen, 1833 veröffentlichten Beschreibung der Betrachtungen[77] der Anna Katharina Emmerich, Das bittere Leiden unsers Herrn. Der Bericht ist sehr unpräzis. Pilatus schreibt das kurze, von ihm formulierte Urteil nach dem Ausspruch selbst, dann schreiben es andere mehrmals ab. Er selbst schreibt aber sofort eine Rechtfertigung seiner selbst noch nieder und auch sonst wird weiteres unbestimmt Bleibendes geschrieben.

Diese Übersicht ergibt, daß der Aquilaner Fund[78] zur Lebendigerhaltung des innerhalb des Frömmigkeitslebens eine Zeit lang wichtig gewordenen Problems unmittelbar nichts beitrug – , dazu hatte er des Guten zuviel getan – aber um so mehr mittelbar durch die Anregung zur Hinzufügung des Protokolles. Aus ihr erwuchs die ikonographische Neuschöpfung mit ihrer tiefen symbolischen Bedeutung. Sie hatte Kraft zu einem selbständigen Leben, das aber auch nur so lange währte wie das Leben des Mutterbodens, dem es einst entsproß. Als die literarischen Zeugnisse nicht mehr gelesen wurden, verlor man auch das Verständnis für die Darstellung.

77 2. Aufl. Sulzbach 1834, S. 224f.

78 Er erlebte eine kuriose Wiederholung. Angeblich 1820 wurde »in Aquileja (!) im Königreich Neapel« bei Ausgrabungen eine Erzplatte gefunden, die sich als von Jerusalem an jeden Stamm gesendet ausgab und das Urteil enthielt. Ich kenne die Geschichte nur aus Hofmann, a.a.O., S. 369, dessen Quellen mir nicht zugänglich waren. Sie klingt reichlich konfus. Interessant ist, daß eine Kopie dieser Platte bei der Versteigerung der Sammlung Denon von Lord Howart für 2890 Frs. erworben wurde.

V The Freedom of Medieval Art

It is unusual to acknowledge that western religious art could enjoy great freedom in depicting both historical events and church doctrines during the medieval period. Perhaps this is so because it has been generally accepted that medieval art was *symbolic.* But the term »symbolic« does not of itself dispose of the problem, which may be posed by the following question: »How could art dare to represent certain themes in such a way that verbal descriptions of them are historically or dogmatically or intellectually unacceptable?« In pursuing the answer to this question we intend to show that the freedom of art resulted from theological concepts of its role in the realm of religion. Some examples of the remarkable freedom accorded to artists will follow to illustrate our problem.

In the *Crucifixion* on the Korsunski gate in Novgorod, executed about 1150 (Fig. 1), Christ on the cross, still living, has freed his right arm and extends it to his mother.[1] This representation is without historical foundation, if it is interpreted literally. But it was not intended to be interpreted literally; the gesture was intended to visualize the intensification of Christ's agony as He looked upon His sorrowing mother, and to lend religious significance to her anguish. Either Bishop Alexander of Plock, who commissioned the gate, or Archbishop Wichmann of Magdeburg, to whom may have been entrusted the supervision of the details of the execution, thus interpreted this »Station« in Christ's Passion. Just as it was natural for the Bishop to give verbal assistance to his hearers or readers in understanding the significance of the events connected with the Passion, so too he saw no objection to affording a similar aid to spectators – an aid produced by the creative power of an artist; an aid to understanding through the medium of sight; an aid to which an emotional, not a reasoning response was expected.

Many representations show Christ standing in the sarcophagus with a body entirely or partially *in rigore mortis*, but actively standing, therefore living (Fig. 3). Others show Christ with a dead body but with the head of a living person on the Cross (Fig. 6)[2], or in the lap of the Virgin (Fig. 7). The corpse may have the eyes of a living person (Fig. 8), and a living body may have the eyes of a corpse (Fig. 9). These are some types of the representation of Christ dead, yet not lacking life. To be simultaneously dead and alive makes no sense rationally. But in the death of Christ the natural order had been superseded by supernatural life. Christ suffered *qua homo.* He died as man and the soul left Him. But *qua deus* His being a part of the Trinity was never affected. In order to show Christ victorious over death although being visibly a corpse, he was shown living in spite of the appurtenances of death. But it was never intended to convey »that the Saviour came back to life for a short period between the Crucifixion and the Entombment.«[3] Such an utterly fantastic Interpretation proves how difficult it is to understand the intentions of an unrationalistic art through a rational approach. Reason is rather helpless before works of art, the verbal description of which is an inadequate means of communicating their subject matter.

Antonello da Saliba (Fig. 4) knew of course that Christ was not carried to the grave by angels. But he had to have angels in order to »show« that this »is« God. Hans Baldung Grien knew that Christ's dead body was not raised to heaven (Fig. 5). But he wanted to intensify the emotional effect by contrasting the utter human destruction with the grandeur of the heavenly abode.

Another and most striking illustration of the problem is furnished by representations which constitute a contradiction of one of the most fundamental dogmas – the *Incarnation,* in which the Infant was shown coming down from heaven into the Virgin (Fig. 2). Pictorially her part in the formation of the Babe was denied. But neither the artists concerned nor the tolerant priests wanted to profess the Valentinian heresy.[4] They would have been eager to admit that, of course, the representation was to be interpreted in a way that differed from the visual evidence. They would have wondered why a representation and its significance should be expected to correlate factually and unmistakably. From their point of view, what turns out to be false when formulated into words, may not be so when perceived by the eyes and dealt with emotionally; that is, the thing seen and its intellectual interpretation do not have to be patently correlated.

1 A. Goldschmidt, Die Bronzetüren von Nowgorod, Marburg 1932, p. 16, 20, pl. 55. Goldschmidt sought an explanation for the gesture in the corresponding motif in depositions. But in these an alleged fact is depicted. Even if Goldschmidt were right the problem would still remain. The significance of the gesture was recognized by Fr. Adelung, Die Korssun'schen Türen, Berlin 1823, p. 45, and by A. Brykcsijnski (quoted by J. Levelet, in: Revue de l'Art Chrétien, XLVI, 1903, p. 140). W. L. Hildburgh (in: Archaeologia, 81, 1931, p. 56) followed Goldschmidt's lead in the explanation of the gesture, but was much more puzzled by the representation than Goldschmidt.

2 Fig. 6 is reproduced here after K. Loeffler, Schwäbische Buchmalerei in romanischer Zeit, Augsburg 1928, pl. 17. The inscriptions refer to the death of Christ. The most revealing one reads: »After having suffered on the cross, now I am saving Adam« etc. – Fig. 7 (Schreiber, 973); The Pieta is not an »untrue« representation. For Catholic pre-modern exegesis the scene was reported in the Vulgata in Iob 19, v. 27: »This hope of mine has been laid in my lap«. Fig. 8 reproduced after C. Dodgson, English woodcuts, 1936, no. 13.

3 K. Künstle, Ikonographie der Christlichen Kunst, vol. I, Freiburg im Breisgau 1928, p. 486. Neither had Franz Bock een able to explain the representation satisfactorily in: Jahrbuch der K.K. Central-Commission zur Erforschung der Baudenkmale, III, 1859, p. 113. Nearest to my Interpretation is that of Mrs. [Anna] Jameson and Lady Eastlake, The History of Our Lord, London 1864, v. II, p. 362. But I believe that the connection with the sacrament of the Eucharist has been established only in the advanced XIV Century.

4 Künstle, loc. cit., p. 340.

The iconoclastic controversy of the VIII Century brought out the importance of the problem of whether matter could express the spiritual by means of material representation. The *Libri Carolini,* expressing the ideas of Charlemagne and his advisers, solved the problem by denying its existence.[5] The very object of the controversy was whether images were able to reveal some »knowledge of God« beyond the power of words. One of the most famous sentences (II, 22): »as, of course, man can be saved without seeing pictures, but he cannot without the knowledge of God« evades the issue. The *Libri* confined the purpose of an image almost entirely to stimulating the memory by its content. The representation of the spiritual is beyond its power for words, not pictures, are spiritual teachers. Even specific emotional influence of works of art was denied. But the contradictory acknowledgment of purely esthetic effects, the decorative value, and varied artistic qualities of paintings (IV, 27), proves that the problem was not explored to its full extent.

The authors of the *Libri* did not care for the investigation of specific expressive qualities of art, which were suggested by some of those who participated in the iconoclastic controversies of the late Ancient and early Byzantine periods.[6] They denied the attribution to art of a revealing quality which had been recognized – its ability to portray the unseen world. This quality had evidently reached its unqualified recognition in statements of the rhetorician Dion Chrysostom (ca. 100 A.D.) and of the pagan philosopher Porphyrius (ca. 260 A.D.) who acknowledged that the otherwise intrinsically invisible can be made perceptible through art.[7] This appreciation required that divine inspiration which had been recognized in poets since ancient times should be attributed also to artists. Rhetoricians were again the first to do so publicly. Dion granted this recognition, and Callistratus (III Century A.D.) stated it without ambiguity: »Works of art too are divinely inspired revelations.«[8] They reveal the divine as well as other invisible phenomena, by embodying them in form. Art makes its subject matters real by creating the very »structure of reality.«[9]

1 Calvary, German, about 1152, Korsunski gate, Cathedral, Novgorod, Russia

To make perceptible is the aim of art, according to the elder Philostratus († about 245 A.D.), and perceptibility of the invisible is attained through imagination, that is, through the faculty of creating suitable expressive forms.[10] To him a realistic representation corresponding to actuality, was a matter of course, but only in so far as this actuality was adapted to the specific conditions of artistic

5. Ed.H. Bastgen, Monumenta Germaniae, Concilia, II, suppl., 1924. Conf. lib. III, cap. 23; lib. II, cap. 30; lib.I, cap. 10, 17.
6 J. Geffcken, in: Archiv für Religionswissenschaft, XIX, 1916/19, p. 286ff. Bo de Borries, Quid veteres Philosophi de idolatria senserint, Göttingen 1918.
7 Dion: Olympikus, 59. B. Schweitzer, Neue Heidelberger Jahrbücher, 1925, p. 119. Porphyrius: J. Bidez, Vie de Porphyre, Gand 1913, p. I+. Geffcken, loc. cit. pp. 306ff.
8 Dion: Olympikus, 49; Callistratus: Statuae, 2. Schweitzer, loc. cit., pp. 121, 81.
9 Callistratus: Statuae 10 (notice the reasoning), and 2.
10 Im. II, 14; Apollonius, VI, 19 (cf. Schweitzer, loc. cit., p. 110. Although Schweitzer himself gave way (Philologus 89, 1934, p. 297), I believe his first interpretation of the phrase in Apollonius was, nevertheless, better than that of E. Birmelin, (in: Philologus 88, 1933, p. 395ff). M. W. Bundy, The Theory of Imagination in classical and mediaeval thought, University of Illinois, 1927, p. 114ff.; Philostratus the Younger, Imagines, Introduction. Neither the Philostrati of the Imagines nor Callistratus wrote as philosophers of art. What they published may best be called models for looking at, and speaking about, works of art. It seems to me that they consistently followed more the point of view of contemporary artists than of philosophers. The elder Philostratus emphasized his friendship with the painter Aristodemus in his introduction. In explaining works of art, none of the three referred to abstract, philosophical principles, but they endeavored to teach how the forms must be understood in order to grasp the intentions of the artists, which of course they may have occasionally identified with their own ideas. (Since I wrote this Karl Lehmann-Hartleben published a masterly article on the Imagines of the elder Philostratus, in: The Art Bulletin, 23, 1941, p. 16ff., compare there p. 41ff.) They believed that *mimesis* and *phantasia* had to contribute their share if a picture was to be satisfactory. *Phantasia* will strive to make the invisible perceptible until the (whole) Being of the subject matter is represented (Philostratus jr., introduction). Bundy treated the history of the philosophical terms *mimesis* and *phantasia* extensively, but he paid little attention to the specific artistic problem of making things perceptible, a problem which refers to the »realization of the conception of phantasy« as well as to the »imitation of the visible«. He seems to interpret »realization«, etc. exclusively as a mental process.
11 Cf. e.g. Im. I, 12; II, 1.

2 *The Annunciation, German, about 1435, Marienkapelle, Würzburg*

form.[11] He who grants approbation to that which accords with *mimesis,* with the imitation of visible nature, praises mere trivialities (1,9). Philostratus had little interest in mere realistic effect, which aims at naturalistic illusion (I, 23). A »significant content« ought to be achieved by means of the »visible form« (II,13). Art reaches beyond *mimesis* by visualizing »the inner meaning« proper to the subject matter (I,9).[12] More important than the mere visual effect, be it ever so beautiful in itself, is the power of art to express its significance in a sense other than esthetic. Philostratus might have written the phrase of Bishop Asterius of Amasia (330–410): »I admire the artist for having given more attention to the harmony of spiritual expression than [merely] to that of the colors.«[13]

In general, the ancient Greeks seem not to have approved of a purely hedonistic conception of art, but rather expected of it, above all, an appeal to the mind. They were highly interested in physiognomy, in the broadest sense of the term; in the expressive faculty of form[14], which was expected to embody something more than mere beauty alone.

It was the realization of the actual presence and the immediate experience of the god, not purely esthetic values, that, according to Dion, transported the beholder of the Olympian Zeus beyond all human suffering. Dion, by no means a believer in the idolatrous conception that a god lived in his image, attributed to this work of art the power to reveal an absolute reality through a non-intellectual, acquiescent recognition. Damascius (about 480 A.D.) »broke into a perspiration from wonder and emotion« on beholding a statue of Aphrodite. He could scarcely tear himself away for joy, »so compelling was the beauty with which the artist has endowed it.«[15] The continuation of the narrative shows, however, that beauty was understood in the sense of making the soul of the goddess visible, in endowing her with »strength, vigor, the ability to defend herself, yet making her seem as if she were returning from a victory.« Porphyrius had taught that such revelation of the Divine through art was relative and could be understood only by those who were moved by inspiration or learning.[16] But Libanius (probably in 361 A.D.) took it for granted that the mere contemplation of images of the gods would make men wise.[17]

Certainly, as long as Antiquity survived, the theory that art is without deeper significance found adherents. Figurative art had begun, however, to gain recognition as an autonomous method of acquiring knowledge otherwise unobtainable. The victory became apparent, when in the V Century a pagan philosopher accepted the theory that a great artist ought to be credited with »inspiration«, that is, with more than common human faculties.[18] The artists, those »rude mechanicals, who work for bread«, had won over the philosophers after having undermined them with the aid of the rhetoricians[19], and, possibly of Christian theologians.

There are two groups of persons who think and talk about art: those who practice it and for whom it is a direct and personal expression of their vitality and their relation to the world, and those who are merely sensitive to the creations of the members of the first group. It is surely no coincidence that the first recognition of the capacities of art for visualizing the inner life of man, came through the former sculptor Soc-

12 Cf. O. Kuelpe, Anfänge psychologischer Aesthetik bei den Griechen, in: Philosophische Abhandlungen, Max Heinze [...] gewidmet, Berlin, 1906, p. 121.
13 Hom. XII; Migne, PG XL, col. 337.
14 Cf. Th. Birt, Laienurteil über bildende Kunst bei den Alten, Marburg, 1902, p. 23ff. K. Borinski, Die Antike in Poetik und Kunsttheorie, Leipzig 1914, vol. I, p. 94, made some remarks about the classical interest in physiognomy and about some of its repercussions in the Christian era.
15 R. Asmus, Das Leben des Philosophen Isidoros, Leipzig, 1911, p. 53.
16 Eusebius, Praeparatio Evangelica, III, 7; PG XXI, col. 180. »[...] those who are instructed in acquiring from Images, as if they were books, knowledge of the gods«. Surprisingly, Edward Stillingfleet interpreted this sentence as valuing images as books for the ignorants, A discourse concerning the idolatry practiced in the church of Rome, 3rd. ed., London 1672.
17 Or. 64, pro saltatoribus, ed. Foerster IV, 495, cap. 116.
18 It was probably Isidorus of Damascus. Cf. Asmus, loc. cit., p. 74.
19 Birt, loc. cit., p. 28, claims in another connection that publications by artists may have influenced rhetoricians.

3 Follower of Giovanni Bellini, The »living dead« Christ in the sarcophagus, about 1500, Museo Poldi Pezzoli, Milan

4 Antonello da Saliba, The Entombment of Christ, about 1490, Palace of the Doges, Venice

rates.[20] The conception was bound to develop in the studios, that art endowed its creations with the language of form, and that through adequate representation not only the outer appearance but the essence and nature of the subject could be realized.[21] It followed from the natural logic of things that artists were compelled, at a given moment, to assert the superiority of artistic form over a mere copy of actuality.[22] Their calling was concerned with visual impressions and it was imperative for them, as soon as self-consciousness awoke within their circle, to come forward as defenders of this claim by emphasizing their positive accomplishments – their ability to create mood, to make visible the otherwise unseen, and to give form to »things unknown.« For example, when philosophers emphasized the fact that centaurs were anatomically impossible, artists retorted that they could, nonetheless, make them look convincing.[23] They and their followers could interpret a work of art as an autonomous approach to knowledge through creation of appropriate visible forms appealing to the emotions in contrast to any approach through reasoning.

Such Christian theologians as were in favor of a positive relationship to religious art, could accept this theory, even if they did not agree with all the arguments put forward for sustaining it. They could not accept, of course, an indiscriminate attribution of special spiritual gifts to the artists as inherent in their profession, but they could, after about 600, acknowledge them in individual cases, like the Saints who were regarded as Christian archartists such as St. Luke or Nicodemus.[24] They could accept the evaluation of art as a distinct and irreplaceable approach to God, or at least as the most effective way of impressing man's soul. Gregory of Nyssa (second half of the IV Century) related that he could never look at a certain picture of the Sacrifice of Abraham without being moved to tears.[25] Bishop Basilius of Ankara commented on this Statement in 787, during the second Council of Nicaea, and added conclusively that the painted rendering of the scene had an effect on Gregory which the description in the Bible obviously did not have.[26] A contemporary of Gregory, Basilius the Great, willingly admitted

20 Xenophon, Memorabilia, III, 10. Cf. Birt, p. 15; Kuelpe, loc.cit., p. 109.

21 Dion Chrysostom, IV, 86. »They are unable to give speech to the images, but they can embody them in appropriate figures suitable to and manifesting their nature ...«

22 Some remarks on this development were made by P. Wolters, in: Münchner Jahrbuch der bildenden Kunst, 1934, p. 10ff, and by Schweitzer, in Philologus, 89, p. 291.

23 Cf. e.g. Lucretius, De rerum natura, V, 578ff. Lucianus, Zeuxis 3, Philostratus, Imag. II, 2. The theme reappears in Cennino Cennini's, Libro dell' arte, cap. I, about 1400.

24 There is a testimony of about 1300 for the belief, that in the beginning of the church the prototypes of all images were created by Saints and that those which had originally come from Byzance were of great authority. Cf. E. Narducci, Prediche inediti del B. Giordano Rivalto, Bologna, 1867, p. 170, 17.

25 Oratio de deitate filii et spiritui sancti, PG XLVI, col. 572.

5 *Hans Baldung Grien, The Sacrifice, woodcut, about 1515*

6 *Calvary, pendrawing, German, about 1125, Württembergische Landesbibliothek, Stuttgart*

that painted representations made a stronger impression than verbal ones.[27]

It was a basic religious principle that Christianity does not consist of a theoretical acceptance of dogmas and facts (»our knowledge is but patchwork«), but of the possession of faith, hope, and charity – and of these, charity is the most important (I Cor 13,13). A Christian is not the individual who knows the teachings of Christ but rather one who lives them. Conduct, therefore, ought to be determined by the desire to imitate – to become similar to Christ and the Saints. Images can help in this endeavor, as they realized something of the portrayed personalities. We find Christians and pagans agreeing about this. The ability of a portrait to make »the natural individuality of the subject clearly and distinctly apparent« as a pagan of late Antiquity put it[28], could acquire unique religious significance for a Christian. For him authentic portraits of Christ, man-made and those of a miraculous origin alike, were legitimate sources of knowledge concerning Christ's human nature.[29]

The union between man and God was consummated in the life of Christ. This implied a fundamental difference between all pagan and Christian religious art. If within the sphere of classical religion there was occasional belief in the visible manifestation of a god, it was merely a transient appearance of the supranatural in the earthly world. Substantially the two worlds remained separated. Since Christ, however, had lived a complete human life from birth to death, it was legitimate to represent Him in the human form, which itself had been created »in God's image.«[30] Thus the ancient problem of how man could assume the right to depict the deity in his own image was solved. A supernatural truth can be found in the representation of Christ in human form, provided the representation be like Him, for He did reveal Himself thus in reality. In a true portrait of Christ one ought to comprehend

26 Mansi, S. Conciliorum collectio, XIII, col. 10.
27 Homiliae in Barlaam martyrem, PG XXXI, col. 490.
28 Asmus, Isidorus, p. 54.
29 The [protestant] standard book for the theme is still: Ernst von Dobschuetz, Christusbilder, Leipzig, 1899. It follows a different line of research than this paper does. The statement on p. 280–281 is, in my opinion, regrettable. Surely, the certainty as to how far the laics of a Church accept its teachings is not easily obtainable. But to deny it without even an attempt at proof, does not give a solution of the question.
30 Cf. for the beginning of the theory K. Holl, Sitzungsberichte der K. Preussischen Akademie der Wissenschaften, 1916, p. 867ff. Most medieval theologians quoted John of Damascus as their authority. To my knowledge he was the most often quoted authority in matters of images.

something of His invisible divinity. St. Paul has written that in the face of Christ the knowledge of the glory of God was given to man (II Cor 4,6), Christ Himself being »the image of the invisible God« (Col 1,15; conf. Hbr 1,3) to a degree which far surpassed ordinary mankind.

The metaphysical relationship of »subject« and »image« belongs among the most essential points of the Christian conception of the universe. If it is accepted that, according to the nature of the human mind, the supernatural is conceivable only through perceptible images, then the artistic image can be admitted as an indispensable help toward knowledge, and artistic activity can be acknowledged as a fundamental force. John of Damascus (about 675–749) formulated the theory substantially: »If because of love for man, the shapeless receives shape in accordance with our nature, why should we not outline in images that which became evident to us through shape, in a manner proper to us and with the purpose of stimulating the memory and inciting the emulation of what may be represented?«[31] There must, however, be no arbitrariness; subject and image must be related by similarity.[32] Then, living reality and lifeless image agree in form, and the image conveys some knowledge of the very essence of the portrayed. It imparts something of the living power which in reality the portrayed has, or had, in command. This power is conveyed through the very qualities of artistic form, a theory founded upon the Platonic theory of perception rather than on any implication of magic, which not even Plotinus avoided with his notion of an allpervading sympathy which created power in the image of a god.[33]

In the opinion of the defenders of images, the enhancement of spiritual life, and the strong emotion aroused in the soul by visual representations, lead to a striving toward emulation.[34] Perception was believed to reach beyond emotion and to become a stimulant to the will. Images were supposed to make men better; active sanctification stands in the stead of the modern passive emotion of being »uplifted.« Contemplation of images should bring about actual performance of good works and the will to endure suffering. Thus the Patriarch Germanus of Constantinople, about 720, defined the purpose of painting.[35] The Second Nicene Council declared that pictures of the saints were painted in order that the spectator might participate in a certain feeling of holiness as a final result of contemplation.[36] Not the bodily appearance of the

7 Pietà, woodcut, Austrian, about 1410

8 Pietà as one of the Weapons of Christ, woodcut, English, about 1490

31 De imaginibus oratio I, PG XCIV, The main passage on col. 1260, similar sentences col. 1241 and al. John comments on one of the fundamental passages of Dionysius the Areopagite, De divinis nominibus I, 4 (PG III, col. 592). Cf. my footnote 43.

32 Cf. St. John Chrysostom, In epistulam ad Colossos hom. III, PG LXII, col. 318: »The image is only then an image, and that is valid also among us [men] – when it is similar, with regard to the peculiar characteristics and the likeness [of the represented] ...«

33 Plotinus, Enneades, IV 3, 11; Geffken, loc. cit. p. 304. The relevant Platonic ideas to be found in *Phaedrus* and in *The Republic* have been interpreted by Walter Pater in: Marius the Epicurean ch. 3, and in the lecture on Plato's *Aesthetics* in: Plato and Platonism.

34 K. Schwarzlose, Der Bilderstreit, Gotha 1890, p. 161ff.

35 Mansi, XIII, col. 103, St. Nilus († 430) expressed in his often quoted letter 4 (PG LXXIX, col. 577ff.) basically the same opinion. The classical counterpart is told by the anecdote of the Athenian courtesan who became a paragon of temperance through the influence of the portrait of a philosopher.

36 »[...] as one can through the [...] painted representation be lifted up to the recollection and the memory of the represented and to a share in a certain degree of sanctification«. Mansi, XIII, col. 131.

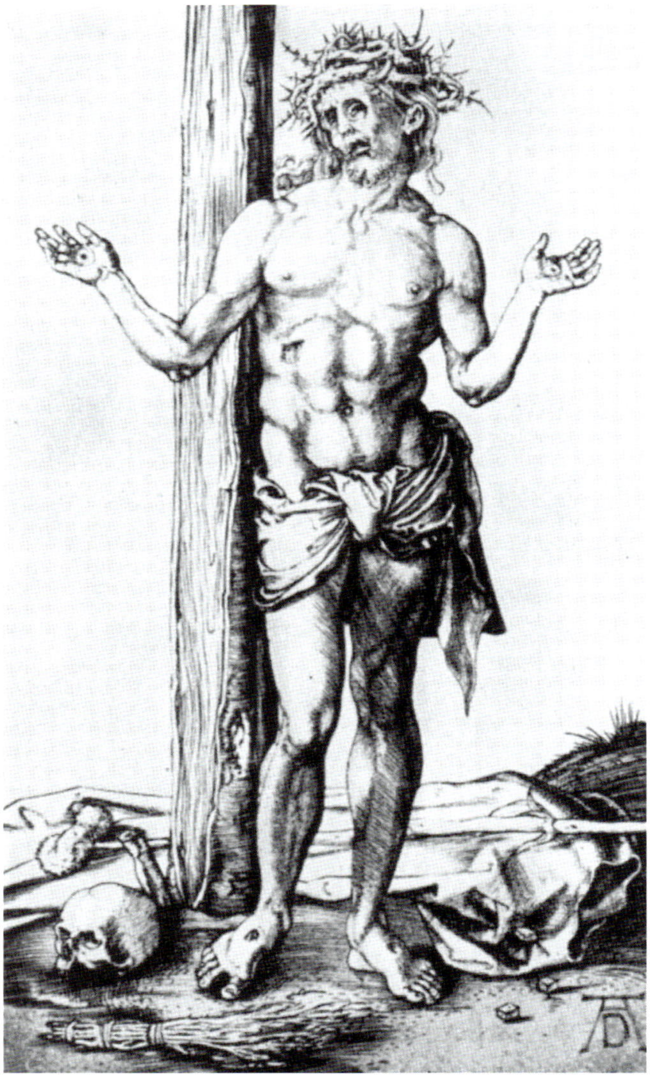

9 *Albrecht Dürer, The »living dead« Christ under the Cross, engraving, about 1500*

10 *Pall Cross, Rhenish, St. Marien im Kapitol, Cologne, 1304*

saints, but their saintly virtues are to be brought to consciousness, said Germanus.[37] These were supposed to work upon the spectator and hallow him.[38]

This concept of an active emotional power enshrined in a religious picture had led Gregory the Great, about 600, to call it a source of »instruction« for those who could not read the Scriptures. Gregory had in mind the spiritualizing and moralizing influence of the Bible as well as of the pictures. He ardently desired girls to read the Bible for the very reason, »that you may know how to order your life and conduct your household when God Almighty will unite you to husbands.«[39] On the other hand, the polemical sarcasm with which St. Augustine rebuffed those, who considered artistic representations as a source of factual information, must have been well known to Gregory. It served such people right, Augustine declared, if they were deceived.[40]

In connection with the theory of art in his time, Pope Gregory's concern for doctrinal instruction through works of art could only be secondary. His primary interest was centered only in the emotional and spiritual powers of art. He shared

37 Ibid., col. 101.

38 John Damascenus, PG XCIV, col. 1268: »The images [...] instruct the spectators in soundless voice and sanctify the sight«. He calls the effects loc. cit. XCV, col. 313: »recollection and love and right conduct of life«.

39 Ep. XI, 78 (PL LXXVII, col. 1219ff.).

40 De consensu Evangeliorum, lib. I, cap. 9ff. St. Augustine saw no objection to representations of Christ with St. Peter and St. Paul, although the latter never met the Lord. However: »They have deserved to be mistaken who have searched Christ and His apostles not in the Holy Scriptures but on painted walls: small wonder that speculating [instead of studying] they have been deceived by the painters«. (cap. 10, 16, PL XXXIV, col. 1049). Archbishop Agobard of Lyon († 840) quoted this sentence as a proof of an alleged hostility of Augustine to images (Opera, ed. Steph. Baluzius, Parisiis, 1666, I, 254). But it has a different connection. Augustine did not attribute the task of intellectual teaching to art, but he approved of its following its own nature which he seems to have considered as confined to decoration. Otherwise, St. Augustine remains conspicuously silent concerning the new approach to art. In his relation to music he could not understand himself (Confessiones, X, 33) ; his intellect could not rule the emotions caused by music. Music had an immediate effect upon him – Art evidently had not. – Comp. E. Bevan, Holy Images, London 1940, p. 120ff.

the belief that art was capable of a specific effect upon every beholder, an effect independent of his intellectual culture, but inseparably connected with artistic representation. He believed that the contemplation of representations of an occurrence, or of a person, could stir the emotions also of those who did not have an intellectual understanding of the subject matter; that the spiritual life would, nonetheless, be quickened and guided in the right direction.[41] In the mind of the Pope, when »the uninformed« see »that which has occurred,« they experience the actions or sufferings in empathy. Pope Hadrian I has indicated the context in which the ideas of Gregory the Great belong, in the following interpretation of those ideas: »[...] holy images [...] are honored in order that our mind, through the visible external form, might be transported to the invisible glory of God through the spiritual emotion produced by contemplation of the likeness of the body which the Son of God accepted for our salvation.«[42] In his reply to the *Libri Carolini,* Pope Hadrian concurred in the teaching that images were capable of arousing supernatural thoughts and feelings.[43]

The Patriarch Germanus had acknowledged that, since the nature of man is determined by his physical entity, the spiritual was more firmly established through the visual, at least for those who were unable to attain the highest spiritual contemplation without assistance.[44] This referred to the vast majority of mankind. For John of Damascus it was a matter of indifference whether an object be presented to the mind by means of words or by perception of its form through an image.[45] He wrote, however, most beautifully on the manner in which a work of art lifts the soul directly to God without recourse to the intellect.[46]

The more emotionally effective art can be – instead of being merely illustrative – the better can artists make their points of view prevail. It is not to be taken for granted that Christian artists ever allowed themselves to be completely silenced. This seems less probable if doubt were cast upon their right to practice their art, and if clerics belonged to their circle. Artists must have discussed the specific value of art, and the author believes that vague traces of the diffusion of such studio discussions can be found.

11 Vierge ouvrante, east German, about 1390, Cluny Museum, Paris

The Patriarch Nicephorus in Constantinople (about 758–829) puts his definition of the two types of works of art, classified according to the existence or non-existence of their subject matter, into the mouth of an artist speaking to a group of his colleagues[47]: »The representation of an actuality is related to the subject represented through similarity. Even though the two are different in substance, they are essentially connected. The image imparts the knowledge of the original nature of the subject, and one sees in it the subject as really existing. Images reveal the subjects by creating their presence.[48]

41 Ep. XI, 13: »[...] a painting [...] in it also the uninformed see what they should emulate [...] that the vision of the event create in them a strong emotion ...« Ep. IX, 52: »[...] that by seeing a picture of Him, your heart may be set afire with love of Him Whose image you desire to see« It should be a matter of course to think of Pope Gregory as a man of the highest possible standards of education and thought of his time. That art begins only above a certain level of quality was then well known. It could have been said of Gregory, what Bishop Nikephorus of Dyrrachion said about Asterius during the Second Nicene Council: »Through his skill the painter always attributes reality to the events [...] therefore the Father praises with this (story) also the (specific) art of painting«. Mansi, XIII, col. 20.

42 Mon. Germ. Epist. V, 56. Mansi, XII, col. 1061ff.

43 Mon. Germ. Epist. V, 32. Pope Hadrian I made the statement orally in 769 (cf. K. Hampe, Mon. Germ. Concilia, II, 1, p. 91). He quoted Dionysius the Areopagite, De coelesti hierarchia, cap. I, 3 (PG III, col. 124). Dionysius himself dealt with the symbolic meaning of the sensible world, but for the Middle Ages the broadening of the meaning to cover all kinds of creation was a matter of course.

44 Mansi XIII, col. 101: »Intermingled with flesh and blood (as we are) we establish certainty concerning matters of the soul also through sight«. Col. 116: »To represent in images the nature of God's human body, serves as a certain help to those who are unable to rise (from their own) to the height of the Spiritual vision ...« Col. 113: »The represented shape of His figure becomes [...] the principal guidance [...] in the picture«.

45 De imaginibus oratio, I, PG XCIV, col. 1248.

46 Ibid. col. 1268: »I enter [...] the church [...] the brilliancy of the painting drags me to beholding and delights the sight like a flowery pasture, and imperceptibly it brings to the soul a vision of God«.

47 Antirrheticus, I, 28; PG C, col. 277. The borderline does not run between the realms of the ideas and of the visible, but of the materially or metaphysically real and of the mere imagination. This was evidently an Epicurean doctrine, cf. Lucretius, De rerum natura IV, 722. F. A. Gasquet, The eve of the reformation, London 1919, p. 258 and 268, quotes relevant late medieval references.

48 Antirrheticus, I, 30; III, 5 Loc. cit., col. 280, 381ff.

12 Master of Flémalle, Annunciation, about 1428, New York, The Cloisters formerly Count Mérode Collection, Westerloo, Belgium

Since vision leads to knowledge more forcefully (literally, more swiftly) than hearing, and since it is more impressive through the actual presence which allows for no misunderstanding, it is often possible for vision to convey a meaning more clearly than words.«[49] To find these statements put into the mouth of an artist is all the more remarkable, since they were a summary of the very teachings of the theologians. But that artists shared in these discussions may be discerned from the arguments themselves, inasmuch as they were founded on empirical and psychological factors rather than on theological thoughts. The outburst of Rhabanus Maurus in his Poem 38 – surpassing even the *Libri Carolini* in his accusation that painting distorts the true meaning of the subject matter – might reflect the angry mood of a theologian about the interference of unwanted competitors.

We cannot, and need not, here investigate the development of the theological doctrine of man's capacity for metaphysical knowledge based on »image« relationship. We need only be aware that the evaluation of figurative art as a quality in religious life unrivalled by words, had its counterpart in a relativistic evaluation of human language. The writings of Hugo of St. Victor (1096–1141) point to the direction in which the pendulum had swung. In his opinion, words are made only by man; their meaning is established by arbitrary convention. Hence, for an understanding of the Holy Scriptures, the wordless manifestations of the essence of creation are much more important than the words in which they have been formulated by man, since all their visible and invisible qualities must be taken into account.[50] Of course, a principle of biblical hermeneutics was here established. Yet it sets up a hierarchy of expressive media, in which speech is secondary to knowledge acquired without words as intermediaries. One need only contrast this devaluation of words with St. Thomas Aquinas' formula that the Bible »is« God's word. According to the will of God, however, that which is referred to by a word, may have significance beyond the verbal aspect.[51] But however subject to theological criticism Hugo's theory might be, it was a challenge for art lovers to emphasize that art, conceived out of wordless visions, produced in the beholder the desired impressions without words. If words were not exempt from misunderstanding and needed explanation, they had no basic advantage over pictures.

For the Christian conception of the world, earthly reality had long outgrown the limitations of visible appearance. Potentially all non-divine reality was deprived of stable significance; it could mean what the perceptive powers of man saw in it, or it could be a symbol of one or more realities in the actual, or in the transcendental world. »Lion« might mean the animal itself, or Christ, or the Devil.[52] Had not Christ Himself said (Mc 4, 11,12; conf. Mt 13,13): »Unto you it is given to know the mystery of the kingdom of God, but unto them that are without, all things are done in parables, that seeing they may see and not perceive, and hearing they may hear, and not understand [...] « If words, objects, and events lose their »evident« meaning, then the relationship to actuality must thereby become fluid.

One of the most complex problems of Christian religious art was posed by the Crucifix, which became one of the focal points of the iconoclastic controversy. This subject could reasonably be interpreted by the spectator in one way – someone was dying, or had died on the cross. As Bishop Claudius of Turin

49 Ibid. III,3 (col. 380ff.). – Already St. Augustine following a Platonic idea, had given to the eye the first place among the senses (Conf. X,35; cf. also sermo 112, VI,7). This statement is indirectly well known to art historians by a phrase of Albrecht Dürer. It is not known where he picked up this thought which was, after all, a common one. A Franciscan stated about 1428 that sight is »eindrucksvoller, edler, stärker als das Gehör« (C. F. Arnold, Geschichtliche Studien für Albert Hauck, Leipzig 1916, p. 200). The most astonishing fruit of this tree was the conception of Richard Wagner (Das Kunstwerk der Zukunft, 1849), that all art remains unsatisfying and unsatisfied unless it appeals to the eyes; cf. Ernest Newman, Richard Wagner, New York 1941, p. 187ff.

50 De scripturis et scriptoribus sacris, cap. 14: »The philosopher (Aristotle) knew only of the meaning of the words in his books; but in the holy Scriptures the meaning of the things is much more important than that of words, because the latter is only customary, but the former is ordered by nature. The latter is the language of man, the former that of God addressed to man. The meaning of the words is man-made, the things have their meaning from nature and by the act of God who wished some things to be meant by others. The meaning of things is also much more multiple than that of words. Because few words have more than two or three meanings, but every thing may mean as many other things, as it has visible or invisible qualities in common with other things.« (PL CLXXV, col. 20ff.)

51 Summa Theologica I qu. I.a.X.

52 I am taking the example from the treatise of Jonas quoted in the following note 53, col. 358, but he did not mention the literal meaning of the word.

(818–827) wrote, it tells us only »that he died and continually suffers.«[53] But Christians had to be prepared to experience the living God in the dying or dead human body; to experience the transcendental Truth in spite of the material disguise.

I cannot state exactly when the last phase of the evolution was reached in which the assertion could be made quite frankly that religious art needed freedom in visualizing the truth, or even freedom from truth itself, and that a theological adversary would judge such assertions »almost rational«. But, at least since the beginning of the XIII Century, the claim of an autonomous relation between the artistic representation and subject matter could be defended even without pretension to spiritual significance other than an emotional one. About 1230 Bishop Luke of Tuy in Spain furnished proof for that.[54] »Since the aim of religious art is to arouse the emotions of the spectator, the artist must have liberty to compose his works, so as to assure to them the greatest effectiveness. The representation should not always be forced into traditional patterns. In order to avoid the dullness of accustomed formulas, the artist needs freedom to devise unusual motifs and to invent new ideas as they seem appropriate to him with respect to the location of the work of art and to his period, even if they contradict the literal truth and only serve to deepen love for Christ through the emotion they arouse.« The formulation was that of a foe of such freedom, but what he relates is written testimony coinciding with a practice, the painted and sculptured evidence for which is abundant. If the ear has been tuned to the key, the polemic against what was termed the lies of art, against its lack of dogmatic correctness, and against its pose as an independent instructor, can be recognized in other verbal formulations. The following quotation is taken from a sermon of an English priest of the late XIV Century[55]: »We see that painting, if it be true, without a mixture of lies, and not too eager at abundant feeding of men's wits, and not an occasion of idolatry for the people, serves but to read the truth, as naked letters to a scholar.«

13 Michelangelo, Calvary, drawing, about 1540, Louvre, Paris

Even if Bishop Luke had invented the argumentation against which he himself argues, it would not lose its importance for our context because he termed it »almost rational«. He discussed at some length the reason why images were shown in the Church (II,2); they acted as a charm in some cases, and served merely as decoration in others. But he ex-

53 Quoted by Jonas of Orleans, De cultu imaginum, lib. I; PL CVI, col. 334.

54 The statement is a part of the polemics of Luke against a new kind of representation of the Crucified (De altera vita lib. II, cap. 9; Bibliotheca maxima veterum patrum, vol. 25, Lyons 1677, p. 222 – misprinted 122). He accuses the Albigenses of using artistic representations as a part of their propaganda. »Alius mediantibus picturis est haereticis modus decipiendi. [...] Depingunt plerumque deformes sanctorum imagines, ut earum intuitu devotio simplicis Christiani populi vertatur in taedium. In deris[i]um etiam et opprobrium crucis Christi imaginem crucifixi unum pedem super alium uno clavo figentes [...]« »Another means used by the heretics to deceive the people are paintings [...] They paint mostly distorted pictures of the Saints, that the aspect may transform the devotion of the plain Christian people into disgust. As a mockery and as an insult of the Cross they represent the crucified Christ with one foot above the other and pierced by one nail [...]« He puts a defense of such crucifix into the mouth of a heretic or an artist, in analogy to the »haereticus seu pictor« he addresses in cap. 9. »Sed dicat aliquis, ad hoc uno pede super alio uno clavo dicimus Dominum crucifixum, et consuetudines Ecclesiae volumus immutari, ut maiori acerbitate passionis Christi populi devotio excitetur et novitate in consuetudinibus succedente fastidium relevetur. Non enim sunt ista de Sacramentorum substantia, vel articulorum fide [...] Sufficit ad salutem Christum credere crucifixum et pro indifferenti habere in cruce illum quatuor vel trium brachiorum fuisse positum, quatuor vel tribus clavis confixum [...] Etiam alqua fingenda sunt pro loco et tempore, quamvis vera non sint, ut Christi nominis gloria dilatetur. Haec et huius modi illis quasi rationabiliter asserentibus [...]« »But somebody may state we report the Lord was crucified with one foot over the other, pierced by a single nail, and we wish to change the practice of the Church, so that we may be able to excite the devotion of the people by the greater intensity of the passion of Christ and to prevent boredom by replacing the customs of long standing by something new. Because they do belong neither to the Sacraments, nor to the articles of Faith [...] It suffices for the salvation to believe that Christ has been crucified and to believe it immaterial whether he was put on a Cross with four or with three arms, whether he was pierced by four or three nails [...] Even motifs may be represented in accordance with the demands of the place and the period although they be untrue, with the purpose of divulging the glory of Christ's name. That and suchlike they say so that it seems almost rational.«

55 J. Halliwell-Phillips, Reliquiae antiquae, London, 1893, II p. 42ff. I am indebted to Claude M. Simpson Jr., of Harvard University, for his help in rendering the sentence in modern English.

pected of a work of art emotional appeal, and influence on the spiritual life of the spectator. In that expectation he did not differ from the artists. But referring to Job (13,7) he did not approve of deviations from the truth, and as so many others have done or are doing, he asked for beauty in art, but acknowledged it only in the traditional style, to which he was used, and not in the trends of contemporary art. Artists could not be impressed by such esthetic standards and could not be blamed if they found his demand for literal truth in art not strongly supported. »Naked was Christ fixed to the cross; correspondingly in naked truth the believers have to proclaim Him«, exclaimed Luke (II,10). To this the artist might well have replied: »My lord, you would be the first one to eject from the churches representations showing Him crucified naked – as history and doctrine have Him. If deviations from truth are right for reasons of decency, are they not similarly right for stimuli to devotion?«

Ancient artists did not ask for so much independence from reality. But Eratosthenes, in the III Century B.C., freed poetry from all didactic function, or any connection with Being, and saw its essence exclusively in the stimulation of emotions.[56] Similarly, Philodemus (I Century B.C.) gave poetry autonomy in dealing with its subject matters.[57] Horace (Ars Poetica 9ff.), however, allowed the same freedom to artists as to poets, in a phrase which has become the very charter of emancipation for artists and which was cited by Bishop Durand of Mende (about 1290), as if in acknowledgement of such authority:[58] »But different stories of the Old and the New Testaments are also painted according to the will of the painters because

[...] pictoribus atque poetis
Quidlibet audendi semper fuit aequa potestas!«

Bishop Durand did not concern himself with the liberty of the artist as such, but only with his renditions of biblical incidents. Nevertheless, his quotation could not but be interpreted as paying respect to the independence of art, especially as he felt no need of adding the slightest qualification.

Theology still adhered to both theories which left room for an intrinsic value of religious art. Its unique emotional value was acknowledged. Works of art, in the formulation of St. Thomas Aquinas (of 1255), are proper means of deepening piety, since it is aroused more by visual than by auditory impressions.[59] Bishop Durand gave as the reason why this is so: »an event is put before the eyes by a painting, but [only abstractly] recalled to mind by hearing which impresses the mind less than seeing.«[60] That is the old argument about the greater impressiveness of things seen, which has been repeated over and over again.[61] The second theory had indirectly a bearing on the evaluation of art. It was held, into the XVI Century at least, that the human mind is capable of approaching the supernatural with the aid of »visible« things whether imagined or real.[62] »The proper object of the human intellect is a quiddity or nature existing in corporeal matter, and through such nature of visible things, it rises also to a certain knowledge of the things invisible«, formulated St. Thomas.[63] Because

14
Master of Flémalle,
The Trinity,
about 1430,
Staedel Institute,
Frankfurt a.M.

56 H. Mutschmann, in: Hermes, 52, 1917, p. 190ff.

57 A. Rostagni in: Atene e Roma, N.S., 1920, p. 55.

58 Rationale divinorum officiorum I, 3 n. 22. (Cf. e.g. Didron, Manuel d'Iconographie chretiénne, Paris, 1845, p. VII) »Pictoribus atque poetis semper fuit et erit equa potestas«, served as a motto for the book of drawings of a pupil of Benozzo Gozzoli, cf. Old Master drawings, 4, 1929–1930, p. 53.

59 Scriptum super sententias III. dist. 9. qu. I.a.2, sol. 2.

60 Loc. cit. I, 3 no. I, 4. The priest John who represented the three Sees of Alexandria, Antiochia, and Jerusalem at the second Nicene Council formulated: »[...] stronger than the word is the image, and it is so by the providence of God for the benefit of uninstructed men.« Mansi, XIII, col. 20.

61 E.g. the influential Summa, cap. V of the Dominican Rainerius of Pisa († 1348) taught the same as St. Thomas; similarly that of Jean Gerson (1362–1428), Venice, 1587, fol. 30r.

62 Conf. for the level of devotional practices: Johannes Mauburnus, Rosetum exercitiorum spiritualium, Douai 1620, p. 411. Mauburnus, a Dutch Augustinian, died in 1501. His book was first printed in 1494.

63 Summa, I, qu.84. a.7. The quotation follows closely the translation made by Fathers of the English Dominican province, 2nd ed. London, 1922. The statement belongs in a discussion of logic. It does not seem to be generally realized that St. Thomas wrote few sentences referring directly to art. In speaking about »ars« he did not mean art, but every craft and profession; he did not have in mind the specific characteristics of art, but those which it shares with the

the supernatural cannot be comprehended by man »without the cloak of any extraneous shape«[64], artists got their chance. They could claim that striving to visualize the inexpressible and the incomprehensible was a task beyond the limits of theology which itself is confined to the use of words. Every definition is a limitation, as the old saying goes. Even theologians like Thomas Netter (Waldensis, † in 1430), whose teachings about images would not lend themselves to use in our context, defends the freedom of art to visualize what we are trying to define by words.[65] Theologians, of course, continue to speculate about the necessity of »similarity« in images[66], but this had very little effect on western medieval art. As a matter of fact, it has always been up to the artist to determine what he understood by »similarity«. Moreover, the general understanding of »similarity« is not the same in all periods. Certainly, in medieval times similarity could be constituted by a similarity of the ideas underlying quite different realizations. Such notion lacked the restricting power on an art which believed in its right to transform actuality in accordance with artistic necessities.

Of course, there were members of the clergy who sensed a danger in works of art, because they might detract from purity of belief, if, instead of arousing emotional response, they were accepted as the equivalence of actuality. Nevertheless, in general, the ecclesiastical authorities seem to have avoided open conflict with the artists, although they evidently held them exclusively responsible for their representations. If art had been not only »under steady control, but under the supreme rule of the clergy«[67] then one should expect that those clergymen, who exhibited dogmatically incorrect works of art, would be blamed rather than those, who allegedly executed only what they had been told. But in reality the artists had to take the blame, which was equivalent to an ill-humored acknowledgment of the autonomy they had gained. St. Antoninus, Archbishop of Florence (1389–1459) wrote quite explicitly: » [...] the painters are to blame when they paint what contradicts the Faith.«[68] He quoted among such contradictions the *Annunciations* showing the Child. Bishop Luke of Tuy did not blame the priests who set up the »distorted« images on account of their appeal to the people, but he blamed the artists for making them (II, 9). He, like Bishop Radulph of London in 1306[69], saw in the yoked or Pall crosses with obliquely rising arms, the arbitrary inventions of artists (Fig. 10). The bishops charged them with lack of understanding of the mystical meaning of the traditional cross. They did not connect the Pall cross with the Tree of Life as one is wont to do today, in spite of the fact that this association cannot explain the oblique direction of the cross-arms.[70] Bishop Luke's polemics are about as early as the earliest examples of such crosses known. He ought to know whether or not they represented an invention of theologians. The more vertical the arms of Christ, the more strained they seem. On account of this expressive value, the motif of the oblique cross-arms has been used by artists now and then; but it seems not to have become part of a settled iconographical tradition.

These are proofs of a disciplinarian attitude – by no means the preponderant one. In a disputation between a Dominican and a Franciscan, about 1428, among the subjects discussed, was the freedom of artists.[71] The Dominican stated somewhat fantastically, »nobody is allowed to invent new and individual representations for the devotion of the common people without the consent of the Roman Pontiff [...]« The Franciscan replied rightly, »that [procedure] has not been necessary formerly, nor is it evidently necessary today.« He proves this by telling of a painter who came from Nuremberg to Breslau and who invented many formerly unknown representations of Christ, the Virgin, and the Saints, without interference by the ecclesiastical authority.

The lenient attitude of the Church is even more strikingly apparent in a sermon of Jean Gerson, about 1400, because the words were spoken in a critical mood.[72] Images are made »for no other reason than for showing the plain people who are ignorant of the Scriptures, what they must believe. Therefore, one must prevent acceptance as true, of any untrue representation which expounds the Scriptures incorrectly.« Gerson says that this statement, the first sentence of which contradicts his *Summa*[73], was partly prompted by a *Vierge Ouvrante* in the church of the Carmelites in Paris (Fig. 11). This representation was decidedly anti-dogmatic because it visualized the Trinity as incarnate. One should have expected such representations to have been unacceptable *ipso facto* for the Carmelites as well as for Gerson. But the Carmelites saw no objection to show-

making of ploughs, the baking of bread, or the performing of surgical operations. Those characteristics cannot have been the most important ones of art for Thomas.

64 St. Thomas, Summa, IIa, IIae. qu. 174 art. 2.

65 Netter discusses the representations of the Trinity; De sacramentalibus, Tit. XIX, cap. 155.

66 Also for St. Thomas similitude was the very essence of imago; cf. Summa, I, qu.93. a.II.2. It has become common knowledge that Max Dvořák treated his literary sources for Idealismus und Realismus in der gotischen Kunst, Munich, 1918, in a most unfortunate manner. This is also true of his page 35.

67 Paul Keppler, who became a Roman Catholic Bishop in Wurtemberg, in: »Goerresgesellschaft, Historisches Jahrbuch«, IV, 1883, p. 183. 68. Summa III, tu. 8 cap. 4 §II.

69 R. C. Fowler, Registrum Radolphi Waldock; The Canterbury and York Society, London, 1841, p. 19. (I believe that one ought to read »in patibulo sine ligno transversali«). The bishop prevented the use of this type of cross in his diocese. The sculptor was a German.

70 Conf. e.g. Künstle, loc. cit., I, pp. 468ff. (No distinction is made there between the Pall cross, the cross in the traditional manner made of branches, and the tree of life or the tree of the Cross). The oldest examples of the Pall cross known at present are those of the workshop of Bonaventura Berlinghieri, in Lucca. The most characteristic one is shown on the Easter candelabrum in Gaëta, where the rough cross is made from two planks (cf. E. Vavalà, La Croce dipinta Italiana, Verona 1929, fig. 458, p. 714 and fig. 25). The most important visual evidence for the transplantation of the independently developed Pall cross scheme into the tree scheme is the rosebush reliquary in S. Francesco in Lucignano, about 1350.

71 Comp. my footnote 49.

72 Opera Omnia, Anvers 1706, vol. II. col. 947.

73 Compare my footnote 61.

15
The Weapons of Christ, Nürnberg, about 1350, Germanic Museum, Nürnberg

ing this »Mother of God«, and Gerson himself felt the need for further explanation of his repudiation: »And I do not see why such works are made. Because, in my opinion, they lack any beauty, nor are they devout, but they may cause erroneous faith and lack of devotion.« Apparently, beauty and devoutness outweighed dogmatic correctness even for Gerson. He – as for that matter did the Carmelites – left it to the priests to make sure that the dogmatic beliefs were upheld despite anti-dogmatic representations.

The conception of an independent emotional value of art was so deeply rooted in theologians that even a Martin Luther approved of the *Annunciation* showing the Child carrying the cross (Fig. 12). He did so out of regard for the plain people and prompted by Is 9,6.[74] But for a »plain« contemporary of Luther, the representation could hardly mean anything else but that »God« was suffering or conscious of his coming sufferings before the incarnation. Both concepts had become popular since the second half of the XV Century and the verse of the Scriptures to be quoted were: Idc 13,7 and Apc 22,12. Only the learned Protestant would associate the visual impression with the verse from Isaia, a verse, which art had visualized in several ways, but always according to the verse, showing the Child after birth. Luther raised no objection to the heretical concept of the representation, and he expected its true meaning to be understood without being visualized.

In spite of the renewed iconoclastic controversies, the decisions of the twenty-fifth session of the Council of Trent in 1563 did not peremptorily curtail the independence of art in dealing with actuality in its own way. They even tried to limit interference by the authorities of the Church to whom fell the application of the decisions. Only the display of images apt to cause »dangerous errors« by the uneducated, was forbidden. A representation could not be repudiated merely because it could cause a dogmatic error; the error had to be dangerous. Furthermore, the Council forbade the display of »unusual« images without the approbation of the Ordinary. But its ruling referred only to the future; nothing was said against earlier images. Johannes Molanus, the author of what became a standard theological book on religious art, interpreted this silence as proof that none of the existing images in churches were dangerous[75]; that no one would be induced to error by them; but if some were so induced then this error should be corrected by teaching (II,25). He was against rash repudiation of images which had been accepted by common consent, or which were born out of popular devotion (II,30). He contended that no single person had the right to prohibit any older image, that right belonging only to the Church (II,24). He defended, however, the right of theologians to judge dogmatic correctness in art (II,26), and he advised instruction of artists so that they might avoid grave and striking errors (II,28). For what was forbidden in print, was also forbidden in images, because even scholars were often influenced by images. Horace's verse was not valid for religious art and it always required the qualification that nothing obscene was shown (II,2). The lenient attitude of Molanus was prompted by the desire to avoid anything which could be detrimental to piety, by severing the connection with accustomed types of representations. Molanus, a theologian addressing himself to theologians, was influenced by considerations for the care of the soul, rather than by those of art.[76] But even after Trent, mere esthetic considerations could carry weight against truth. The Jesuit Francesco Suarez (1548–1617) called it a mistake of painters to represent Mary fainting during the Deposition. »But maybe they did not want to express differently the extreme suffering in an image.«[77] Fainting may seem more acceptable esthetically than facial contortions.

At present not much is known about Christian iconography after the firm establishment of the Protestant Churches had changed the climate in which the Roman Catholic Church had to live. But I do not believe myself mistaken in holding that boldness and inventiveness of new motifs, united with the retention of old, unorthodox ones, became relegated to the sphere of devotional imagery, whereas in general, so-called high art became cautious and conventional in the interpretation of religious themes. The chasm began to open during the lifetimes of Michelangelo (1475–1564) and Rubens (1577–1640). If any artist could have hung Christ on a Pall cross, then it would have been Rubens, but in his spiritual world there was no room for an unorthodox type. On the other hand, Michelangelo did not feel restrained from using such forms of the yoked cross as suited him (Fig. 13).[78]

The first »untrue« representation lost in this chasm seems to have been the *Mass of St. Gregory*. Of enormous popularity during the XV and early XVI Centuries, it had become obsolete by about 1550. The theologians did not object to it. Nonetheless, it died, probably because it was realized that the representation was not supported by a generally accepted legend. The early biographies of the Pope do not report that an apparition of Christ appeared to Gregory the Great, but in the XIV Century it was believed that the »image of the Crucified« appeared to the Pope while officiating in Sta. Prisca.[79] No corresponding artistic representation seems to be known, and we may doubt whether this legend ever became deeply rooted. Molanus (III,9) knew of a variation which he stated to be very popular in Rome during his time. The *Imago pietatis*, the now so-called *Gregorian man of sorrows*, was said to have appeared to the Pope. In this Variation Molanus saw the artists' source

74 Auslegung der Evangelien, Wittenberg, 1532, vol. II, fol. XXVIII v.

75 First edition: De Picturis et Imaginibus sacris, Louvain 1570; second edition with the title: De historiae SS. imaginum, edited by H. Cwyckins, Louvain 1594; third edition, edited by J.N. Paquot, Louvain 1771.

76 The need of representations to round out a story is acknowledged in II, 19.

77 Commentaria [...] in tertiam partem D. Thomae; quaest. XL VI. art., VIII, disput., XXXV, sect. III, 11 (Opera, vol. 19, Paris 1866, p. 692).

78 The relevant works were listed by H. Thode, Michelangelo, vol. III, 2, Berlin 1912, p. 682.

79 Mirabiliae Romae; ed. Parthey, Berlin 1869, p. 61.

16 The mass of St. Gregory, Rhenish, about 1500, Gallery, Augsburg

of inspiration.[80] There are representations of the *Mass of St. Gregory* which show the Lord, in whatever form, appearing alone, and there are some which do not even show Him.[81] But the earliest known representations dating from about 1400 show the unabridged version, *Christ in the midst of His weapons.*[82] The corresponding legend was fixed at about the same time in the Benedictine abbey of Andechs, near Munich.[83] It is probably there, between 1389 and 1393, that the Papal legat in Germany, John of Gubbio, learned about this legend and amalgamated it with the Roman traditions.[84] According to him, the miracle occurred during a mass in honor of a visiting Spanish queen, held in Sta. Croce, in Rome.

It cannot as yet be proved that the »Andechs« legend originated from a pictorial representation. But it can be assumed that the source for the images did not lie in this tradition. Even if none of them had been created before 1395, it is improbable that the new legend could have spread so quickly to such different regions as France and the Grisons, and without leaving any trace in literary sources. The evidence points to a French inventor of the new artistic theme.

I believe that a comparison of the *Weapons of Christ* (Fig. 15) with the *Mass of St. Gregory* (Fig. 16) would help us to recognize what really happened. In my opinion it does not matter that the first painting dates from about 1350 while the other is from about 1510. Often the developmental fulfillment of a trend is even more evident and emphatic than are the initial phases. What happened was that artists wanted to give a visual explanation to the agglomeration of the Weapons. What explanation could have been more appropriate than that of a supernatural apparition? The painting in Augsburg is a representative of the last phase of the development which, though showing the Weapons, reserved for Christ alone the miraculous apparition. It is characteristic of many representations, in that it emphasizes the Pope's inability to see visions. Such representations are in reality those of the transcendental repetition of the Sacrifice during the mass. In Spain, even the representation of Doomsday could be combined with the mass of the Pope – a visualization of the importance of the mass in general, without apparent connection with any event mentioned in the Pope's biographies.[85] On the other hand, many representations emphasize that the apparition occurred after the end of the mass.[86] For others the theme consisted of the veneration of the Sacrifice, not of the representation of a specific

80 This derivation has been widely accepted. Compare e.g. E. Mâle, L'art religieux de la fin du moyen âge en France, Paris, 1908, p. 91 ff. J. A. Endres in: Zeitschrift für christliche Kunst, 30, 1917, p. 146ff. Künstle, loc. cit., p. 486ff. – The value of all existing discussions of our theme, however learned and meritorious their authors, is impaired by the erroneous presupposition of a single definite subject for all representations. Even Father Josef Braun, Der christliche Altar, Munich 1924, vol. 2, p. 453ff., accepted the presupposition.

81 E.g. Brit. Libr. Add. Ms. 11866 (c. 1500), fol. 156 vo.

82 Cod. Vindob. 1840 (Kunst und Kunsthandwerk, 5, 1902, p. 303. B. Martens, Meister Francke, Hamburg 1929, note 260); ms. lat. par. 18026 (Mâle, loc. cit., p. 94). Castle Rhaezuens (R. Borrmann, Aufnahmen mittelalterlicher Wand- und Deckenmalereien in Deutschland. I. 1.)

83 R. Bauerreiß, in: Studien und Mitteilungen zur Geschichte des Benediktiner-Ordens, 44, 1926, p. 75; 47, 1929, p. 66. He dated the entry in Clm 3005: »begin of the XIV Century«. A. Brackmann, in: Abhandlungen der preuß. Akad. der Wissenschaften, 1929, No. 5, p. 5, is, in my opinion, correctly dated »about 1400«.

84 Bauerreiß, loc. cit., 44, p. 75ff. Brackmann, loc. cit., p. 24ff.

85 C. R. Post, History of Spanish Painting, vol. VI, 2 (1935), fig. 179ff.

86 E.g. in Westphalia; cf. Bau- und Kunstdenkmäler Westfalens. Kreis Ahaus, pl. 16. Kreis Coesfeld, pl. 65. Kreis Steinfurt, pl. 60, 5.

mass or of a miraculous apparition of the Weapons.[87] The fact is that the theme of the *Mass of St. Gregory* was never governed by any definite subject-matter. There was always ample room for subjective predilection. The reverence for salvation and the gain of indulgences were the important things for those who prayed before the image. Specific details could be left to the artists. Up until now, no one has been able to explain cogently why Gregory the Great was chosen to be included in the representation.[88] Nor can I explain it. The facts seem to indicate that it was originally the arbitrary choice of an individual.

Still, two centuries after the Council of Trent, Catholic religious art was not always required to be patently orthodox. Otherwise Pope Benedict XIV (1740–1758), who was a foe of the freedom of art beyond the formulation of the Council of Trent, would not have approved of the representations of the *Trinity* showing Christ dead (Fig. 14). The Pope based his approval upon their compliance with the rule, that God should be represented as seen by human eyes.[89] But visually, the representations contradict the correct dogmatic belief and cause much error. Never has a Person of the Trinitarian One God been considered dead. The motif, invented as a pictorial device to stir the emotions, but unconcerned with correctly symbolizing actuality, was sanctioned for a mere legal reason as late as 1745.

87 E.g. Mâle, loc. cit., fig. 37.

88 I have dealt with the theme more explicitly in my study on the *Arma Christi* which is waiting for publication. But the following fact needs mentioning here, especially with respect to the last paragraph of this paper. The legend of an apparition of the *Imago pietatis* contradicted the fundamental theological teaching that no miraculous apparition showed Christ dead; comp. Molanus IV, 16, or for a testimony which was contemporary with the making of the image: Frater Heinricus Institor, Tractatus novus de [...] sacramento, Augsburg 1493, fol. A, II v. Pope Benedict XIV did not repudiate the doctrine.

89 Benedicti Papae XIV ... Bullarium, vol. I, Rome 1746, p. 567ff. I wrote this paper in German in 1937 and I should like to acknowledge the generous help of many who participated in its preparation for publication.

VI A Relief of the *Nativity* and a Group from an *Adoration of the Magi*

The early sixteenth century wooden relief of the *Nativity* (Fig. 1), from Lombardy, in the Art Museum of Worcester, Massachusetts, has one particularly strange feature: it is divided into at least six parts, some or all of which evidently were interchangeable with others, so as to make a change of the representation possible.[1] The parts are now fastened to a background consisting of two boards on which the sky has been painted. The outlines of the parts do not correspond exactly at all points, so that the lower boards are not completely covered. There are occasional voids in the representation, e.g., beside the left-hand top corner of the piece with the Holy Family. In general, the pieces fit so well together as to make it certain that they were not originally intended to be exhibited isolated in space, although too little of their reverse is visible to allow any conclusion as to how they were held in place in the original state. We can only suppose that it was done by fastening them against a background in such a way as to permit their replacement without difficulty. It is probable that a frame similar to the present one was part of the original work, though only parts of it may have survived. The pilasters seem to be contemporary with the representational carvings, but at least the upper part of the entablature and part of the base are of a later date. I am inclined to believe that the entire base was replaced when the relief got its present appearance, which hardly happened before the seventeenth century, and perhaps as late as the nineteenth century. It seems to me that it was at that time that the frame got the artificial »worm holes« to cover up the fact that it was in part new.

Works of art have often visualized simultaneously more than one moment, or scene, of a story. Either the happenings were synchronized into a unified whole which is ruled by an imaginary time, or timelessness; or no attempt was made to obscure the fact that it was a matter of mere expediency to show together what should be understood as being separated in time and space. On the other hand, there have been works of art in which some mechanical device made it possible to represent a story, using automatons in the manner of living actors; and others which had at least enough flexibility of a Protean character to allow participating in a *quasi*-active manner in the re-enactment of a story. Much less is known about the last type than about automatons. Only some of the information referring to figures for the actual theater has been collected and discussed in recent times.[2] The use of relevant figures in religious ceremonies remains uninvestigated.[3] It is by good luck that I can relate a story connected with the beatified Polish Franciscan, Ladislaus of Gielniów (ca. 1440–1505).[4] He placed a column with the utensils needed for the flagellation of Christ so that he could see them while preaching on the subject. At a given moment, a figure of Christ, which must have been provided with flexible limbs, was undressed and bound to the column. The preacher was taking the scourges for the actual whipping of the figure when he fainted, overcome by emotion. This story is helpful for the understanding of an entire province of Christian art which was marked by the desire not merely that events should be visually commemorated, but that both clergy and laity should be helped to identify themselves with the participants of the past, but supernaturally timeless, events. Stimulation of the »spiritual pilgrimage« was to be supplied to those who – less favored than Christ's contemporaries – must believe without seeing him, without even living in the presence of the holy places.[5] We know that during the fifteenth and sixteenth centuries sermons could be connected with representation of the events by living persons, or with demonstration of works of art. In Stralsund, Germany, for example, in the early sixteenth century a priest illustrated his sermon on the Passion with the demonstration of five or six doll-like figures of Christ.[6] However, as no one has collected the written references to this method of preaching, the available documentation is not abundant. Yet it is sufficient to help us to understand some artistic phenomena. Who, after all, if not a preacher, can be supposed to have spoken the words accompanying the motions of apparently animated figures of Christ on the Cross? Did not the Crucifix in Boxley (Kent), which was destroyed in 1538, require verbal explanations of Christ's expressions? It was »... of wood, wyer, paste and paper a Roode of such exquisite art and excellencie, that it not only matched in comlynesse and due proportion of the parts, the best of the common sort; but in strange motion, varietie of gesture, and nimbleness of joints, passed all other that before had been seen: the same being able to bow down and lift up it self, to shake and stirre the hands and feet, to nod the head, to rolle the eyes, to wag the chaps, to bend the brows, and fi-

1 The measurements of the relief without and with the frame are respectively: H. 0.533 and 0.670; w. 0.651 and 0.813 m. – I am indebted to Messrs. George L. Stout and de Beaumont of the Worcester Art Museum and Mr. Albert E. Simonson of the Rhode Island School of Design in Providence, R. I., for help in my investigation of the relief, and to M. Fr. Salet of the Musée de Cluny in Paris for information.

2 Ludwig Geiger, in the 9th ed. of Kultur der Renaissance by Jacob Burckhardt, Leipzig, 1904, pp. 130ff.; G. Cohen, Histoire de la mise en scène, Paris, 1926, pp. XXXVff., 148ff.

3 For some information and remarks, see Charles Magnin, Histoire des marionettes en Europe (1st ed., 1852), Paris, 1862, pp. 60, 112ff., 286; Theodor Graesse, in J. A. Romberg, Die Wissenschaften im 19. Jahrhundert, I, Leipzig, 1856, p. 632; Alfred Chapuis, Le monde des automates, Paris, 1928, I, ch. VI; Frederik Poulsen, in: Acta Archaeologica, XVI, 1945, pp. 192ff.

4 Acta Sanctorum, Mai, I, p. 586, no. 110.

5 My wording is based upon ch. 35 of Book 3 of Historica ... terrae sanctae elucidatio by Franc. Quaresimus, Antwerp, 1639.

6 Florenz Landmann, Das Predigtwesen in Westfalen in der letzten Zeit des Mittelalters, Münster, 1900, p. 113, n. 6. For explanation by the preacher of living images shown during a sermon, in 1512, cf. L. Petit de Julleville, Les mystères, Paris, 1880, I, p. 220.

1 *Nativity, relief, wood, Lombard, early XVI century (Courtesy of Worcester, Mass., Art Museum)*

2 *Nativity, rear view (Courtesy of Worcester, Mass., Art Museum)*

3 *Nativity, roof-boss, XIV century, Chancel, Nantwich, England*

nally to represent to the eye both the proper motion of each member of the body, and also a lively, express, and significant shew of a well contented or displeased minde; byting the lipp, and gathering a frowning, froward, and disdainfull face, when it would pretend offence; and shewing a most milde, amiable, and smiling cheere and countenance, when it would seem to be well pleased ...«[7] We know that the limbs of the *Santísimo Cristo de Burgos,* a similar Crucifix in S. Augustín near Burgos in Spain, were moved in a solemn ceremony by priests.[8] One may take it for certain that verbal explanations preceded or accompanied the performance and we can assume also that all *bona fide* performances of other large-sized figures of Christ or the Virgin capable of expressing feelings or shedding blood or tears were shown in connection with a sermon or some prayer service.[9] Of small-sized ones, or figures like the small thief in the Cluny Museum in Paris (Auvergnat, fifteenth to sixteenth century), one cannot be certain whether they did not belong to mechanized representations of the Crucifixion such as were carried about by showmen.[10] That saints' figures with a simulated animation were used as visual centers of the festivities on their feast days is evident. William Bonflet in Ripon was commissioned in 1518 to make a statue of St. George to which three arms and two heads belonged, in order to represent the saint both during and after the fight with the dragon.[11] Such a change of the representation required accompaniment by words.

Not every relevant work of art needed explanations, nor represented events which had occurred during a short interval of time. The reliquary of 1489 in Utrecht represented consecutively the adorations of the shepherds and of the Magi.[12] It was certainly solemnly exhibited on Christmas Day and Epiphany. The evidence suggests that the relief in Worcester was made for a similar purpose. We know that during the fifteenth and sixteenth centuries in some churches, religious houses, and palatial homes mobile painted or modeled representations of the Nativity other than *crèches* were used as the center of Christmas celebrations.[13] But no existing work of art has up to now been known which could be classified with certainty as such

7 William Lambard, A Perambulation of Kent (compiled 1570, first published 1576), London, 1656, pp. 242ff. – Martin Luther knew of this Christ and other figures of which limbs were movable through hidden mechanisms; see Paul Lehfeldt, Luthers Verhältnis zu Kunst und Künstlern, Berlin, 1892, pp. 52, 123; Christian Rogge, Luther und die Kirchenbilder seiner Zeit, Leipzig, 1912, p. 17. I owe the reference to Luther to Ulrich Middeldorf.

8 »Des böhmischen Herrn Leo's von Rozmital Reise durch die Abendlande in den Jahren 1465, 1466, 1467«, which is preserved in a Latin version written by one Ssassek, and in a German version written by Gabriel Tetzel. Both were published by J. A. Schmeller (Bibliothek des literarischen Vereins in Stuttgart, Stuttgart, 1844). »Burgos ... est monasterium, haud procul ab urbe. In eo asservatur crux quaedam; et simulacrum hominis, pilis in capite et barba vestitum, affixum est. Eius imaginis singula membra magna cum reverentia, canentes et omnibus campanis insonantes, sacerdotes attrectabant« (p. 65). Tetzel calls the figure life-size, neither of wood nor stone, with a skin-like surface. Several sculptors unsuccessfully tried to determine the material, according to P. Henrique Florez, España sagrada, XXVII, Madrid, 1772, pp. 495ff. The Hystoria de como fue hallada la ymagen del sancto Crucifixo ... de Burgos (1554), fol. XIIIr, reports that the figure was originally without a cross. To my knowledge this type of Christ figure has not been investigated. They are the ones which were attributed to Nicodeme especially, provided they were at all believed to be man-made. There is, for example, one which could date from the fifteenth century over the Passion altar in the cathedral in Palermo (F. M. Maggio, Relatione dell'origine del SS. Crocifisso del Duomo, Palermo, 1648. G. B. Castellucci, Giornale sacro Palermitano, Palermo, 1680, pp. 205, 228).

9 I do not know of any reason for excluding such *bona fide* exhibitions of figures. Alleged miracles and evident fraudulent use are different matters. I repeat, the uses during church services of the relevant figures is uninvestigated. – In my opinion, in the case of some statues of Christ, intended for the performance of shedding blood, the receptacle for the fluid has been misinterpreted as receptacle for the Host. Prince Joseph Clemens of Bavaria in Munich owns such a figure, Tirolean, of about 1400.

10 Edmond Haraucourt, Catalogue des bois (1925), no. 231; Chapuis, op.cit., pp. 95ff.

11 Memorials of the Church of SS. Peter and Wilfred, Ripon IV, Publ. of the Surtees Society, no. 115, 1908, pp. 294ff.

12 J. A. F. Kronenburg, Maria's Heerlijkheid in Nederland, V, Amsterdam, 1907, pp. 635ff.; my paper in Gazette des Beaux-Arts (= Nr. 57), p. 270. Stylistically, the reliquary belonged in the tradition of the realistic art of the French goldsmith-sculptors, of which the so-called »Golden Horse« in Altötting in Bavaria is the main surviving monument (Die Kunstdenkmale des Königreichs Bayern, I, Munich, 1905, pl. 266). Although it was given to Charles VI of France by his queen on New Year's Day, 1404, and though Charles seems to be performing the part of one of the Magi, he is in reality represented in a devotional image lacking any visible reference to Christmas.

13 My paper (Nr. 57), pp. 269ff. – To the best of my knowledge, no real Flemish Bethlehem has been preserved. I believe with J. Casier and

4 *Jacopo della Quercia, Madonna and Child (Courtesy of National Gallery of Art, Washington, D.C., Samuel H. Kress Collection)*

P. Bergmans (L'art ancien dans les Flandres, Brussels, 1914, I, p. 75, pl. LIV) that the »Bethlehem« of the Family Baus in Ypers (Niffle-Anciaux, Les repos de Jésus, Namur, 1896, p. 19) was in reality a part of an altar. I do not believe the architecture to be entirely authentic. In my opinion, the *crèche* in the Franciscan friary in Weert, Holland (H. Dausend after J. Boverman in: Die Weihnachtskrippe, 6. Jahrbuch, pp. 16ff.) is a composition of the nineteenth century. The architecture is typically romantic; the figures may date from the seventeenth century. The earliest recorded dates of carved Bethlehems are 1502 and 1537 respectively. Nothing hints at their having become customary long before these dates. We do not know anything of the appearance of the Bethlehem in Delft of 1502. The two Bethlehems, which the inventory of the Carmelite nunnery in Bruges listed in 1537, were small objects. One of them consisted of a group of figures and a separately worked architectural structure. It included four pilasters, and was evidently a kind of canopy in which the figures stood. If this interpretation is correct, then we can be nearly certain of its origin not long before 1537 and its execution in Renaissance style.

a Bethlehem, as we may appropriately call these predecessors of the Christmas *crèche* in accordance with a Dutch custom. The relief in Worcester offers this opportunity. The question of whether *Nativities,* when especially made as Bethlehems, were different from other representations of the same subject matter, whether their function led to special artistic forms, can now at least be answered with reference to one concrete work. It reveals itself as belonging to the class of works of art with more than one static representation. We have no way of knowing how many scenes could be shown, but it is certain that there were several of them. What we see cannot have been the representation of the very Nativity. The Virgin did not crouch to adore the Child. Correspondingly inappropriate for the first solemn moments after the Birth are both the crude and burlesque manner in which Joseph grasps the leg of the Babe, and the overemphasis laid upon ox and ass. What is shown is probably the preparation for placing the Child into the cradle. Joseph made it, and the animals, whose breath kept the Babe warm in the manger, seem to want to help in the transfer.[14] The annunciation to the shepherds asks at least for representation of two of them. There must have existed a piece with one or more additional shepherds.

We do not know from where the carver of the relief got the idea of composing it of interchangeable, cut-out parts. Our knowledge of the techniques used during the Middle Ages for works of the minor arts is too scanty for that. It was, of course, known that flat painted figures gained in realism and mobility, when cut out. Oswald Sirén[15] remarked most judiciously that Lorenzo Monaco (ca. 1370 – ca. 1425) composed his *Crucifixion* in S. Maria dei Cavalieri in Florence of such figures »to stir the illusion … of immediate presence.« We can assume that such figures were occasionally used for Easter sepulchers and other temporary representations, but I do not know of any early evidence for such use. Cut-out paper figures as children's toys were known some time before 1470.[16] But it seems that the usefulness of cut-out painted and interchangeable figures was not generally realized before the end of the sixteenth century. On the other hand, at least in northern countries, altar shrines often showed cut-out reliefs before a naturalistically, or neutrally, painted background from the fourteenth century on. But I do not know of any evidence that interchangeable parts were ever used in altar shrines.

As mentioned before, the present background with the painting is not the original one. It is intriguing that for the greater part of this background the façade of a miniature house was used (Fig. 2). It seems that originally the façade had joined to it parts of the roof and scaffolding of a two-story shack, the interior of which was open to the view. Such architecture could not form part of a relief. It could only be intended for isolated display in a landscape. We know of no other types of work than a *crèche* into which such a group of buildings would fit. In a *crèche,* it would aptly represent the inhospitable inn of which not even a dilapidated shack offered a shelter to the Holy Family. The conclusion seems obvious, that in the course of time – probably between 1600 and 1650 – what had originally been a Bethlehem had, in its entirety or with some parts, become a part of a real *crèche.* It is attested in several instances, and it may have happened quite often, that independently exhibited statuettes of the Child served as a nucleus for developing *crèches* after these became customary.[17] It is probable that occasionally something analogous happened to Bethlehems. If my interpretation is correct, then the relief in Worcester is the first evidence which has become available for such development. What the *crèche* may have looked like in detail one can only guess. Any part of this Bethlehem which could stand independently could easily be used in a *crèche.* There would have been several such pieces, including the one which represented the first adoration of the Child, and another which could replace one of the two preserved pieces in the cave, because only such a supposition explains why this scene was not carved from a single piece of wood. But it might have been that a scene around the inn was simply added to the Bethlehem. The scale of the house – one can safely assume that it was originally somewhat higher – makes it probable that it stood in the foreground, and that the scenes in the cave were shown in the distance. Historiography of the *crèche* deals with many monuments which no longer exist and must be reconstructed from vestiges, and it is evident that such reconstructions must be largely hypothetical. But there must be something to base the hypothesis on. In the present case I see no way of guessing how it came about that, after the discarding of the *crèche,* just those parts of the Bethlehem which are preserved were joined to the façade.

Together with the whole of what I call »*crèche* art«, the early permanent reconstructions of scenes of the Nativity (*praesepia*) are still so unfamiliar to art historians that they are not yet accepted as something to be reckoned with. The point I make is well illustrated by the discussions of the Goldman-

14 That some active participation of animals in events connected with the Nativity is occasionally represented seems to have been generally overlooked. The exception is C. I. P. Cave, who drew attention to a fourteenth century roof-boss in the chancel at Nantwich, England, in a letter printed in the London *Times* of December 29, 1938. »The Infant is shown lying on a cloth whose ends are supported in the mouths of the ox and the ass; they are evidently supposed to have taken Him from the manger, and they are lowering Him to his mother, who is lying on a couch below …« Many years ago, Mr. Cave was kind enough to send me the photograph of the roof-boss (fig. 3). In my opinion, the animals wish to prevent the removal of the Babe into the cradle. It seems to me that Joseph is brandishing his stick. The piece of furniture is not a manger. – The fourteenth century must have known a story about the horses wishing to participate in the adoration of the Magi. I have as yet not succeeded in finding a literary reference to it, but some representations, e.g., in the Providence ivory (Koechlin, no. 348 *bis),* attest to such a story.

15 Don Lorenzo Monaco, Strasbourg, 1905, p. 90.

16 Karl Groeber, Children's Toys, New York, 1928, p. 36.

17 It would be easy to quote more examples than I have done (op.cit., p. 269, n. 89).

Kress so-called *Madonna of Humility* in the National Gallery of Art (fig. 4). Charles Seymour, Jr., and Hanns Swarzenski have exhaustively dealt with it in the September 1946 issue of the *Gazette des Beaux-Arts* (pp. 129ff.). Taking it for granted that no alternative exists to the customary interpretation of the subject matter, they found it difficult to determine the principal view of the group. Like W. R. Valentiner before them[18], they correctly felt the right-hand side view to be the principal one. At least they devoted two illustrations to it. However, no sculptor aware of the most elementary requirements of his art could possibly have composed an isolated *Madonna of Humility* so that Mother and Child look strikingly away both from each other and from the spectator. Since the front view lacks balance to a degree which excludes it as a principal one, there remained only the three-quarters view as the one intended to face a spectator standing straight before the group. No attempt was made in the article to demonstrate that an isolated sculpture of the period in question could have been intended for exhibition in this three-quarters view, *i.e.,* upon an obliquely disposed base and with subsequent oblique deployment into depth. I doubt that such a demonstration, if attempted, could be successful.

If all possible solutions of a problem prove themselves intrinsically wrong, then the problem was wrongly posed. In my opinion, the side view (Seymour and Swarzenski, fig. 5; Charles Seymour jr., *Masterpieces of Sculpture,* Washington, 1949, p. 55; my Fig, 4) is actually the intended principal view. Consequently, the group can only have been a part of an ensemble. As soon as this has been recognized, what was baffling before becomes meaningful. The group is a fragment of an *Adoration of the Magi* in form of a *praesepe,* which rose immediately from a floor. The group was placed at the extreme right of the scene, and the attention of Mother and Child has been diverted from each other. They gaze at the strangers, the Virgin with a deep emotion, the Child with aroused interest, though not yet ready to move away from the Mother and her protection. The Virgin sits immediately on the floor, not comfortably on a cushion as she does in most of the so-called *Madonnas of Humility.* Both her humility, which found its essential expression in her assent to the Incarnation and in the fulfillment of her motherly duties, and the poverty of the setting are visualized. The low position of the Virgin makes it certain that the first king was shown kneeling and offering his gift. The two others probably stood toward the left end. To counterbalance them, Joseph might have been placed in a second plane in the interval between Mary and the first king. This however is hypothetical, especially as we cannot guess whether the animals were represented. Nor can it be surmised with certainty whether the scene was housed in a reproduction of the cave of the Nativity or in a room similar to that of Arnolfo da Cambio's *praesepe.*[19] The spectator who, in accordance with the intentions of a *praesepe,* partly imaginatively, partly bodily, accompanied the Magi on their walk toward the Child, saw the group of the Virgin at first in a three-quarters view before he stood straight before it. This special reason explains why the three-quarters view is such an elaborated one.

We observe here again, as throughout the history of *crèche* art, that it posed problems of its own which artists had to meet irrespective of their normal style. Therefrom springs the difficulty, often the impossibility, both of recognizing the hand of individual artists in such works, and of dating them in narrow limits without the help of some documentation. This *praesepe* ranked certainly among the most remarkable ones we know of. I beg leave to postpone the attempt of my own classification until having been able to test John Pope-Hennessy's suggestion[20] of a possible authorship of Domenico di Niccolo dei Cori.

Museum of Art,
Rhode Island School of Design

18 Burlington Magazine, (76) 1940, pl. III B, bei S. 85.
19 Essays in Honor of Georg Swarzenski, Chicago and Berlin, 1952, pp. 51ff. (= Nr. 61)
20 Burlington Magazine, (83) 1951, p. 98.

VII »God is Love«

You need not mistrust your eyes when looking at figure 1. They do not deceive you. In the reproduced drawing from the Cooper Union Museum, in New York, a woman as ruler of the world holds the attributes of sovereign power – the pair of scales of Justice and the sword with which to enforce Peace – and she is labeled »*Christus Iudex*«. Any possible ambiguity as to meaning was carefully excluded. Not an impersonal divine justice, but Christ as judge of the world (Io 5,22) is represented. The problem is unequivocally posed. How, in 1657, could someone dare to represent Christ as a woman, and as a woman well provided with the characteristics of her sex? I do not claim intimate knowledge of the medieval concepts about the anatomy of the abdomen of Jesus. But I know that the theory of the incompatibility of the normal anatomy with the divinity of the God-man found its adherents, in spite of Hbr 2,17: »In all things it behoved him to be made like unto his brethren.« With this sexless and, in a certain way, butterfly-like person the Christ of the drawing is not comparable. Ours is not a problem of abstruse physiology and anatomy, but the spiritual one of why a female body appeared to the draftsman as a more appropriate image of Christ than the male body.

The first representation of Christ as a woman to become known was published by Hans Liebeschütz in 1926.[1] It is a picture by the German illustrator of *cod. vat. lat. 1066,* and dates from 1424. It shows a woman in stylish clothes standing *de face* and holding a scroll with the word »*Tria*«. A caption reads: »*imago Christi sic depingitur*« – that is the manner in which to paint the image of Christ. The text gives a curiously inconclusive explanation of the representation. It states that the Romans revered Janus as Sun god; »we have spiritually to understand Janus as standing for the Son of God who in his mercy appears to us as if through the gates of the East.« The riddle of the female embodiment of Christ is therewith not solved. The mere mention of the spiritual connection between the sun and Christ – the *verus sol, sol salutis* – is insufficient as explanation, because the sun is conceived as a male in Antiquity as well as in Romanesque, Byzantine, Anglo-Saxon cultures. No more helpful is the reference to the »gates of the East«, which probably contains a reminder that Janus was primarily the god of all entrances. In Roman mythology Janus was conceived as having grown together from, and thus originally as standing for, two or four deities – those of the sun and moon, or of light and darkness, or of the seasons, or of the four elements. The word *tria* may have been intended as a reminder of the three essences united in Christ – soul, human body, God – but one cannot be sure of that. In any case, Janus was always a male god, even if he was understood as including Diana. The solution of the riddle can only lie in »*sue gracie*«. In general, medieval art visualized God's mercy by representing Christ as suffering or as having suffered or as ready to suffer again. The cry, »God, Christ have mercy on us«, rose toward heaven in the centuries from roughly 1200 to 1600 with more fervour than any other. It voiced the all pervading fear of eternal damnation. It made people seek help for influencing God's decision wherever a chance might be, through religious magic, through Saints, but especially through the Virgin, the mother of Grace. She had been created, was a full human being (even if not subject to Original Sin). She had not the awe-inspiring Majesty which God has even in the guise of the Man of Sorrows. She had been a woman and a mother. A gulf seems to separate any concept of a male being, even when referring to God, and the emotional complex expressed by mother and child. But it had been bridged in the Old Testament by Is 66,13: »As one whom his mother comforteth, so will I comfort you.« To this had been added for Christian readers[2] as a word of Christ about himself: »I am the mother of fair love« (Sir 24,18). In these verses was found the justification of adding motherliness to the attributes of God and of describing the relation between Christ and a soul as that of a mother and child.

I know of no better introduction to the relevant concept of God than the Revelations of Juliana, the Benedictine anchoress of Norwich (1343 – after 1413).[3] The 58th and 59th chapters of the fourteenth revelation are especially interesting for our theme. I can only quote here the most important of Juliana's sayings. »I saw and understood, that the high might of the Trinity is our Father, and the deep wisdom of the Trinity is our Mother, and the great love of the Trinity is our Lord. And all these have we in kind, and in our substantial making. And furthermore, I saw that the Second Person which is our Mother substantially, the same dear worthy person is now become our Mother sensually; for we be double of God's making; that is to say, substantial and sensual. Our substance is the higher party which we have in our Father God Almighty: and the Second Person of the Trinity is our Mother in kind, in our substantial making, in whom we be grounded and rooted: and he is our Mother of Mercy, in our sensuality taking. And thus our Mother is to us diverse manner working, in whom our parts be kept undeparted: for in our Mother Christ we profit and encrease; and in mercy he reformeth us

1 Fulgentius Metaforalis, Leipzig, 1926, p. 40, 54, fig. 22. Repr. in: »Die christliche Kunst«, (26) 1929–30, p. 103.

2 Cf. A. Edersheim in: Clergy of the Anglican Church, The Holy Bible. Apocrypha, ed. by Henry Wace, vol. 2, London, 1888, p. 128. – The verse is e.g. quoted by Heinrich Suso (1295–1366), Büchlein von der Ewigen Weisheit, ch. 7, beginning (Melchior Diepenbrock, Heinrich Susos ... Leben und Schriften, Regensburg [4]1884, p. 335).

3 Ch. 6. – Mother Juliana, Sixteen Revelations of Divine Love, Boston, 1864, p. 14. (Personally I prefer this edition to the standard one by Grace Warrack.)

1 *Christ the Judge, pen and color wash-drawing, German, November 10, 1657 (Courtesy of the Cooper Union Museum, New York)*

and restoreth ... by the vertue of his passion, his death, and his uprising oned (united) us to our substance. This worketh our Mother in mercy ...« (p. 145). »Thus Jesu Christ that doth good against evil is our very Mother. We have our being of him, where the ground of Mother-head beginneth, with all the sweet keeping of love that endlessly followeth. As verily as God is our Father; as verily is God our Mother ...« (p. 147). «Our Father willeth, our Mother worketh ... and therefore it longeth to us to love our God ... mightily praying to our Mother of mercy and pity ... And thus is Jesu our very Mother in kind of our first making: and he is our very first Mother in grace by taking of our kind made; all the fair working, and all the sweet kindly offices of dear worthy Mother-head is impropriated to the Second Person: ... I understood three manner of beholdings of Mother-head in God. The first is, ground of our kind making. The second is, taking of our kind « (p. 148), »and there beginneth the Mother-head of grace. The third is, Mother-head in working ... and all is one love« (p. 149). Then follow chapters which are in themselves like a song of songs of motherly love in general, and its expression in Christ's love to us especially, Christ being »our kind Mother, our gracious Mother; for he would all whole become our Mother in all thing ...« (p. 149). »The mother may lay her child tenderly to her breast; but our tender Mother Jesu he may homely lead us into his blessed breast by his sweet open side ... This fair lovely word, Mother, it is so kind in itself, that it may not verily be said of none but of him, and to him ... « (p. 151). But, with a very expressive turn of thought, or better, of emotion, Juliana adds: »And to her that is very Mother of him and of all.« Somehow for her the Virgin remained emotionally the arch-mother whose exclusion from the complex would have asked for a special effort. Somehow the Virgin was intrinsically for Juliana such an essential part of the complex »God's love, mercy, mother of mankind« that she could not be omitted. It was a matter of feeling, not of reasoning. It would be a pleasure to continue quoting Juliana. But only the end of chapter 61 adds

2 A Vision Suso's, pen wash-drawing, German (Suabian; Konstanz), about 1440 (Courtesy of the Stift, Einsiedeln [Switzerland]).

something substantial for our theme. There Juliana speaks of »our Mother Holy Church, that is Christ Jesu« (pp. 154ff.). Herewith another reason is hinted at why there was a possibility of conceiving Christ in female shape and as mother. The Church as a mystical entity, even when conceived as Christ's body, is always symbolized as a woman without raising the difficulty of gender.

Juliana did not *see* Christ as a woman. Under divine guidance, as she believed, she understood female attributes in the essence of God. It had been different with another Benedictine nun, St. Elizabeth of Schönau (about 1129–1164), whose revelations may well have been known to Juliana. Elizabeth saw in one of her visions – it extended over the day and night preceding Christmas – Christ as a virgin.[4] This »very beautiful« virgin with hair falling upon her shoulders sat in the midst of the sun and held a golden chalice. Clouds repeatedly veiled the sun, plunging the world into darkness. Whenever this occurred the virgin shed profusely tears of sorrow. On Christmas day an angel came at hand to explain to Elizabeth the meaning of her vision. The virgin is the »sacred humanity of the Lord Jesus.« The sun is his divinity »which comprises [verbally: owns] and glorifies the humanity of the Savior.« The clouds are the iniquity which reigns in the world and prevents God's benignity from shining perpetually over mankind. The virgin's tears express God's wrath over the sinfulness of the greater part of mankind which refuses to accept or even to gratefully acknowledge its redemption which the incarnate Son of God bought so painfully. The golden crown upon the head of the Virgin means the celestial glory which Christ's humanity won for those who believe in him. The chalice is the fountain of life which the Lord offers to the believers (Io 7,37; 7,38). All that sounds very obvious, with the exception of the female impersonation of Christ's humanity. Christ's humanity was, and is, a male person who has »dwelt among us« (Io 1,14). It was assumed to be the only way of acquiring some immediate knowledge of God. How could it be female? Evidently, this part of the vision met with a baffled reception. Elizabeth's spiritual adviser may have

4 I.W. Roth, Visionen der hl. Elisabeth, Brünn, 1884, pp. 60ff. My friend Kurt Rathe, in Rome, was kind enough to copy these pages for me.

suggested that she ask one of her heavenly teachers for explanation. This time it was St. John the Evangelist, the favorite Saint of the mystics, who appeared to Elizabeth three days later, and readily answered her relevant question. The Lord wanted the vision also to be understandable as referring to Mary. »Because she too verily is the virgin seated in the sun, because the majesty of the most high God glorified her more than anyone who preceded her on earth, and because through her God came down [from heaven] to visit the darkness of the world.« Now, the crown signifies Mary's royal blood and her reign in heaven and on earth. Now, the chalice contains the graces of Holy Ghost, of which the Virgin is filled more than any other of God's Saints, and which she gives to drink to those who through her intervention are accepted by the Lord as members of holy Church. Now, the tears of the Virgin are interpreted as the constant intercession for sinful mankind of this most commiserative mother with her son. Solemnly St. John assures: »These words of mine are true, because if her incessant prayers did not contain God's wrath, the whole world for the abundance of its iniquity would already have perished in damnation.«

The explanation does not answer the most difficult question raised by Christ's female body. Why did Christ's created, but glorified, humanity appear in Mary's likeness, who, however exalted her role as purveyor of God's mercy be conceived, is incomparably less than her son on earth as well as in heaven? Why does the greater one appear in the guise of the smaller one, if only to remind Elizabeth of her? No explicit answer is given to such questions. Evidently Elizabeth spoke as much as did Juliana of an emotionally perceived image in which the borderlines between Christ as mother and the Virgin as mother became blurred, and in which the emphasis on motherdom was able to lead to a female impersonation of *Him*. Possibly Elizabeth, consciously or subconsciously, feared to appear as all too feminine if in this case she upheld with words the insight acquired in the wordless images of her vision. However that may have been, I at least found the vision allusive enough to inspire me to search for an explanation of Christ's female body as an expression of God's mercy before I became acquainted with Juliana. Christ acts in the vision in a surprisingly passive way. He sheds tears and waits for his graces to be accepted. He seems to be powerless to do more than to express on the emotional level perfect love, which endureth all things and never faileth. No sign refers to his Passion, and only the human body refers to the Incarnation. Tender motherly love took the place of the merciful sufferer, emotions have replaced action in a very womanly way. In the vision Christ's humanity had its complement in the sun, as expression of his deity. Elizabeth saw, however humanly veiled, an image of the Second Person of the Trinity. In my opinion some influence of the description of the Apocalyptic woman in the Revelation of St. John (Apc 12,1) is probable – we must assume that many strands went into the fabrics of revelations. The woman, who was understood as the Virgin, was »clothed with the sun.« We found that the Vatican illumination also has a connection

3 The Virgin with Stigmata, pen and wash-drawing, Italian (Florentine), about 1390 (after James & Berenson, op. cit.)

with the sun, but we found also that the sun itself would not have lead to a female impersonation. Could the association of the Virgin with the sun be strong enough occasionally to cause a female embodiment of Christ if intimately connected with the sun? I would not dare to answer the question affirmatively but I feel at least warranted in raising it.

Let us understand one point quite clearly. Both revelations and both representations agree in this: »mother« and the female body are understood as an image of Christ. It is »He« in female shape. Any such description of Christ would have been heretical and utterly unacceptable, even when God is given »the feminine character of Mercy or Wisdom«, as L. Smith[5] rendered Father Tanner's words: »*Dieu ... prend le personnage féminin de la Miséricorde ou de la Sagesse ...*« The Father quoted as references especially St. John the Almoner († 619), St. Lawrence Giustiniani (1381–1456), Heinrich Seuse (1295–1366), male mystics speaking of spiritual

5 In his translation of A. Poulain, Des Graces d'Oraison, London, 1910, p. 284, n. 1; quoted by Joseph B. Collins, Christian Mysticism in the Elizabethan Age, Baltimore, 1940, p. 226.

marriage.[6] Of course the source for such identification of Christ with the Wisdom of God was 1. Corinthians (I Cor, 24). But God remains always of male gender when spoken of in words. Even when behaving as is a woman's privilege on earth, and conceived as an essence of female gender, He remains a »he«. According to dogmatics, Christ's humanity, body and soul, became somehow a part of the Second Person of the Trinity after the Ascension. No assertion to the contrary was, of course, intended by the mental or actual images. What asserts itself is the faculty of the prerationalistic Christian mind, to concentrate on the relevant, and to ignore unwanted qualities, aspects and implications of the evident, in order to visualize something essential which defies rational visualization. That this was understood by those breathing the same air appeared as a matter of course to those conceiving such images. It was up to the teachers of religion to take care that the correct interpretation was known.

To make perceptible the invisible and shapeless, was – and is – the goal of any truly religious art, as it was – and is – of much of art in general. The power of art to do so was not doubted by those imbued with classical traditions as they had been developed during our era.

»*Pictura gravium ostenduntur pondera rerum Quaeque latent magis haec per mage aperta patent.*«

(Images show the implications of serious matters, and the more hidden ones become evident through those which are more manifest). Thus an Italian Renaissance humanist formulated the basic conviction.[7] Although, after the Council of Trent, the Catholic Church found it desirable to protect its members from being shocked or perturbed by the unusual in places of public worship, it did not ask for censorship over images addressing themselves to private devotion. There the most surprising freedom of art remained possible. No Christian Church shared Abbé du Bos' personal »opinion, that artists, who treat of the miracles and dogmas of our religion, are allowed no kind of allegorical composition.«[8] The most that his unemotional approach to art could tolerate was the introduction of some allegorical figures into the »imitation of historical truth«, which any religious image was asked by Du Bos to be. Actually, the study of devotional imagery and literature after the Reformation cannot but be surprising for the uninitiated. He might take for granted that Roman Catholic mysticism remained essentially unchanged, and as influential in the structure of the religious system as ever. But he will be surprised to learn how readily, with or without adaptations, Catholic mystic tendencies, methods, expressions, images, books were taken over by Protestants.[9] Somehow even the dryest theological reasoning about Salvation had to start from God's mercy. Theologically speaking, it may be preposterous to assign ranks to the attributes in the Divine Essence. But it is wonderfully human to do so, if Love becomes the supreme attribute of God, and is identified with Him. After all, one can quote chapter and verse of indisputable authority (Io 4,8; 4,16) for that concept.

»[...] *Vray amour, ou charité en somme, Que Dieu aussi saint Jean proprement nomme.*«[10]

It is evidently this concept in which the revelations and the images meet. However, it can be stated only hypothetically that the Vatican miniature's complex meaning included also a reference to the sun as a symbol of God's Love. Either of them shines through the whole universe, to use again the words of a Renaissance humanist.[11] The chain of reasoning leading to the visualization in the miniature can only be reconstructed hypothetically. It is thin, long and somewhat twisted: Trinity – Janus – Sun – God's Love, as especially expressed in Christ – the Virgin. Closer and more cogent is God's love or mercy connected with Christ as judge in the Cooper Union drawing. Not the day of the last judgment is represented, but judgment over Islam and heathendom, each bearing a characteristic symbol, turban and a Roman legionary sign, respectively. Juridically, their case is clear; their scale is all too light. But there always is hope in God's »measurelesse mercie« (Spenser), especially for those who did not know better. The Cooper Union drawing is a message of God's all-embracing mercy as personified in Christ, in a concept of God which is the same as Juliana's. I believe the drawing to be a personal confession such as was, e.g., made in an album, a *liber amicorum*. The precise dating makes it certain that it was dedicated to someone as a memorial.[12] The inscription reveals the designer as a German, who was a draftsman of mediocre ability.

Healthy religious, especially devotional, art is primarily a manifestation of emotional life. It tends to put less emphasis

6 I was unable to locate something relevant to read of St. John and L. Giustiniani. – Joseph Bühlmann, Christuslehre und Christusmystik des Heinrich Seuse, Lucerne, 1942, pp. 30ff., 42ff., 55.

7 Achilles Bocchius, Symbolicarum quæstionum ... libri quinque, Bologna, 1555, lib. 1, symb. 3. – Prof. Walter F. Otto, in Tübingen, helped me to solve some of the philological difficulties I met.

8 Du Bos, Reflexions critiques sur la poësie, etc. (1719), vol. 1, ch. 24; quoted after Thomas Nugent, Critical Reflections on Poetry, etc., vol. 1, London, 1748, p. 171.

9 Comp. Hermann Beck, Die religiöse Volksliteratur der evangelischen Kirche Deutschlands, Gotha, 1891, passim. – Karl Viëtor, Probleme der deutschen Barockliteratur, Leipzig, 1928, pp. 31ff., 48ff. – Adolf Spamer, Das kleine Andachtsbild, Munich, 1930, pp. 157ff. – Maria Hagedorn, Reform und spanische Andachtsliteratur, Leipzig, 1934, pp. 150ff. –Marie-Luise Wolfskehl, Die Jesusminne in der Lyrik des deutschen Barock, Gießen, 1934, pp. 60ff. – Collins, op. cit., passim.

10 Georgette de Montenay, Emblèmes, Lyons, 1576. (I do not know the book.) Quoted by Mario Praz, Studies in Seventeenth Century Imagery, vol. 1, London, 1939, p. 40.

11 Vincenzo Cartari, Le imagini dei Dei de gli antichi, Venice, 1571, p. 496.

12 Being pasted on cardboard an investigation of the reverse is impossible. Measurements: h. 142 mm, w. 157 mm. Accession number: 1931-66-81; the drawing entered the Museum before that year as a loan by Miss S. C. Hewitt.

4 Christ and a Soul, woodcut, German (Swabian), about 1450 (after Haberditzl, Die Einblattdrucke der Wiener Hofbibliothek, No. 163, pl. CII.)

upon conformity with the coherent system of codified doctrines, than with emotional religiosity, the term being understood as covering true mysticism as well as naive reactions of individual souls or groups to the doctrines of the church and the experiences of life. Such religiosity will easily come to thrive on inconsistencies in the coherent system, however well dogmatists may succeed in covering them up. To the best of my knowledge, theological historians have only begun to evidence interest in the manifestations of this religiosity in non-doctrinal literature and art. Often the historian of these disciplines has to gather himself what he needs to know of past religious life. But he usually lacks specific training for such investigation. In the history of literature, which is the much older discipline, the average approach to the problem of interpretation seems to me to be sounder than in art history. Of course, in general, subject matter and underlying ideas were unmistakably expressed in literature, which they were not in art. The danger of amateurishness of the interpretation is there evident. I was conscious of this when I ventured to write this paper, but especially the following sentences.

At the roots of Christ's teaching lay his conviction of God's love for these poor creatures we human beings are, and of his only demand for love in return. But it seems to me that only during the XVII Century was the relationship between God and man so generally expressed as one of *mutual* passionate love, though such a relationship had been familiar to mystics and individual theologians. It could not have been otherwise since the interpretation of the Song of Songs with this concept in mind had begun with Origin and always found its adherents.[13] But only in the XVII Century a visible impersonation of Christ and of God himself as Cupid became possible. The development had started with the embodiment of Divine Love as classical Cupid, probably as early as in the XIV Century.[14] In general, this Divine or Celestial or True Love, or Charity, seems at first not to have been understood as God's Love, but as love for God, though – if I am not mistaken – some reference to the needed help of God as a moving force was contained in the concept. No theology or philosophy which wanted to be consonant with Christian dogma, could accept the Platonic concept of Eros as an independent being or force mediating between the Deity and man. There was only one Love in the world, the love God felt and with which he imbued all creatures.[15] When loving him and that which he loves they reflect his love as what I shall now exclusively call True Love. But, in general, their will, vitiated as it is by Original Sin, directs it as vulgar love upon some sinful, or at best irrelevant, goal. It was not inappropriate in itself to personify with the same figure both kinds of human love, that directed toward God and what is his, and that which is »*Cause de mal, et de toute ruine*«, in the words of Georgette de Montenay[16], whereas Christ said: »Her sins, which are many, are forgiven; for she loved much« (Lc 7,47). It is one stream. Whether its water be pure or polluted, it springs from the same source. It proved impossible to invent new attributes which could clearly differentiate the two human Loves. Without wings the boy was no Cupid. His customary weapons were needed to denote the irresistibility of love, and to make it evident that not an angel was represented. The halo of course was available as a distinguishing sign for True Love. It was needed where the two Cupids appeared together in one image without the true one being clearly shown as victor over his erring or degenerate brother. There could never be a lack of good psychologists among such clergymen who actually ministered to souls. Someone like the bishop of Girgenti, Juan Horozius Covarubias de Leyva, knew that passions of undesirable direction are best mastered when superseded by stronger ones, elementally alike but of a superior character. »*Flammis flammas composuit et ignibus ignes*« – with flames he checked the flames and with fire the fire – this is his explanation of the image of the true Cupid burning the weapons of the vulgar one, who for a humanist like the bishop was identical with »the Amor of Venus«.[17] But, be it repeated, though opposed as values, the two spring from the same root, and therefore can look alike, as they have much in common. It complicated matters further that True Love coincided partially with Love as felt by God. The complexity of the concept becomes especially evident in Covarubias' text, short as it is. Starting from a word of Propertius (III, 5, I), that God is the Love of Peace, and combining it with the Biblical words that God is Love and that His thoughts are thoughts of Peace (Ier 29,11), God is understood as the Love of Peace. »Therefore the love of Peace in the soul is the True Love.« Nothing distinguishes the Love of Peace as felt by God and the human soul, except as we may add, the degree.

It is evident that it was impossible to prevent the impersonation of True Love from being understood sometimes, rightly or wrongly, as impersonation of God's love.[18] But Boëtius a Bolswert (about 1580–1633), in the illustrations he engraved for Herman Hugo's *Pia desideria emblematis, elegiis et affecti-*

13 Robert H. Pfeiffer, Introduction to the Old Testament, New York, 1941, p. 714.

14 I do not know of any real investigation of the problem. When, e.g. did the »hymn which is errouneously attributed to St. Bernard: Amor Jesu dulcissimus« etc., originate? (Friedrich Zoepfl in: »Volk und Volkstum«, Jahrbuch für Volkskunde, 1936, p. 154.) Was the Cupid-concept of any influence during the XV Century upon the rapidly growing devotion, to Christ as a boy, who is neither the babe nor the twelve-year-old boy of the Temple? He uses bow and arrow in a German miniature of the early XV Century (cod. Casantensis 1404, fol. 35 v; cf. Fritz Saxl, in: Festschrift für Julius Schlosser, Vienna, 1927, p. 107).

15 Compare Pierre Rousselot, Pour l'histoire du problème de l'amour au moyen âge, Münster, 1908 pp. 32ff. – Eduard Wechsler, Das Kulturproblem des Minnesangs, vol. 1, Halle, 1909, pp. 314ff.

16 Praz, op. cit., n. 10, vol. 10, p. 40.

17 Emblemata moralia, Girgenti, 1601; V, 37. – The simile sounds like a quotation from, a Roman poet. Substantially it occurs again in a poem by Paul Flemming (1609–1640), quoted by Viëtor, op. cit., p. 56.

18 Otho Vaenius, Amoris divini emblemata, Antwerp, 1615, contains some transitional representations. They are in the edition of 1660, which I used, pp. 48–49; 62–63; 86–87; 118–119.

5 Boëtius a Bolswert, A Soul before the Crucified Christ, engraving, Antwerp, 1624 (from H. Hugo's Pia Desideria, courtesy of the Metropolitan Museum of Art, New York)

6 Boëtius a Bolswert, A Soul and Christ as Fountain of Life, engraving, Antwerp, 1624 (from H. Hugo's Pia Desideria, courtesy of the Metropolitan Museum of Art, New York)

bus SS. Patrum illustrata (Antwerp, 1624), went farther.[19] So far as is known at present, he was the first to represent unambiguously the Deity as a winged boy. It is unthinkable that he did so without the approval, at least, of the author, who was a Jesuit Father. This authorship guarantees that the book, which is dedicated to Pope Urban VIII, conformed to strictest contemporary clerical standards. It is a devotional book in Latin, the content of which is summarized in the captions of its three sections. Edmund Arwaker rendered them in his English edition of the book (London, 1686) as »Sighs of the Penitent Soul, Desires of the religious Soul, Ecstacies of the enamour'd Soul.« Each section comprises fifteen »addresses«, each of which consists of a quotation from the Bible which is expounded by a print, a poem of Hugo's and quotations from the Fathers. The illustrations are easily understandable images in which the mental and emotional concepts have been transposed into natural or manmade forms. No emblems in a hieroglyphical sense are used except for the occasional occurrence of an emblematical device as an accessory. The subject matter is visualized in a direct, not in a circuitous way. The personifications were familiar ones, except for the mentioned impersonation of Christ or God as Cupid. Hugo did not feel the need for a justification of this strange and novel representation. Evidently, to him and his contemporaries it was an appropriate impersonation. Of course, they could not foresee that one day art would be expected not to convey emotional insights, but to conform to the pretensions of a true or fictitious realism, and that, fundamentally, truth and reality would no longer be determined by religious doctrines and metaphysics, but by sense perceptions, common sense

19 The book is extensively discussed by Spamer, op. cit., p. 143ff. and Praz, op. cit., p. 131ff. Praz overlooked Spamer's reference to Father Romuald Banz, Christus und die minnende Seele, Breslau, 1908, pp. 247ff. – It is not my intention in this paper to deal exhaustively with the illustrations. – God is represented as Cupid in I,5 (Io 10 v. 9); III,6 (Ps 73,24); 14 (Ps 84,1).

and science. For someone like Hugo, in a conflict between the evident and a religious doctrine or experience, the latter had prevalence. Where such a conviction was held, it was of course reflected by religious art. It must still be emphasized, that before 1800 the evident and the intended meaning of a religious image do not necessarily coincide. The phenomenon has too long received no attention in spite of its obviousness, to be now readily acknowledged. But even visualizations, which one might correctly call didactic, did not necessarily avoid contradictions to verbal statements of the facts. If there was a conflict between the transmission by the representation of the fact and its real meaning, emotions were expected to stick to the latter. A literal interpretation of what is transmitted to the mind by the eyes was then to be refused. The freedom accorded to art in this respect was astonishingly great.

The beatified Dominican Heinrich Suso[20] once saw in a vision a seraph as »a simile of the crucified Christ«. The seraph showed, written on two pairs of his wings, what he wanted to exhort Suso to do: to accept suffering in the spirit of Christ. The written report states unambiguously that Suso saw a seraph and not Christ. But in a painted representation of the vision the body of Christ is that of a seraph (fig. 2). Can one imagine more liberty for art than that permitting a transformation of the most sacred body of Christ for the purpose of giving a visual interpretation of an entirely personal experience? The miniature originated in the very center of Suso's sphere of activity. Possibly, it was intended as a parallel to the stigmatization of St. Francis, among the representations of which analogue combinations of Christ and the seraph occur. Two more[21] examples of representations of the Incarnation and the Virgin's Compassion may stress the point that religious art did not necessarily report facts, but might visually comment on them, or interpret them. When a *Bible moralisée* showed St. Gabriel presenting the Babe to the Virgin, everyone knew that the representation did not report the facts correctly, but that it attempted instead to emphasize the miraculousness of the Incarnation.[22] When a *Speculum humanae salvationis*[23] showed the Virgin with a sword in her side and with nails in hands and feet (fig. 3) no claim should be made that she actually bore the stigmata. The intention was to visualize the strength of her co-suffering with Christ.

Possibly Hugo used the term »emblems« for the illustrations as a warning to understand them rationalized according to the teachings of the Church, and not according to appearance. It is hard for us to realize that a winged boy, who for us is firmly associated with the meaning of Genius, Cupid or Angel, may not mean any of them, but Christ or God. Certainly some latitude in the interpretation of the teachings of the Church seems to have been needed to allow the conveyance of such meaning. But to discuss this point here would be beyond reasonable purpose. For us it can suffice that the Pope did not object to the representations, and that good Protestants found them inspiring. The context in which they belong as both subject matter and visualization is obvious; it is the concept of the love relation between Christ and an individual, but unspecified, soul.[24] No great artist seems to have attempted to visualize it, in contrast to the theme of the relation between Christ and a specified soul, which of course is embodied in a specific person.

Known early representations of mutual relationship between Christ and an unspecified soul are of a cool temperature (fig. 4). Though the Soul is always represented as a girl and Christ may help her to undress or lie with her in bed, no one familiar with the teachings of the Church would interpret such scenes in an improper way. But after the Reformation caution became imperative. The words of the language of love could continue to be tolerated in the old and the new churches. But visible images have both greater definiteness and greater suggestive power than those which are clothed in words. Realistic visualizations of the love relation better avoided motifs which could be interpreted wantonly by bad will. The way out was open. The closer the XVI Century drew to its end the more was the representation of Christ as a boy favored in symbolical devotional imagery.[25] Before popular psychology was also poisoned in this direction, at least love between children was interpreted as innocent. The wings give a strongly unrealistic aspect to the Christboy as well as make him look like Divine Cupid, as the impersonation of God's love. One may be inclined to ask, *is* the boy now Christ or is he Cupid? But that would be pressing matters too hard. All depends on the meaning one imparts to the copula »*is*«. The words »my love« will be understood as meaning either the affect or the beloved one, according to the context. But visibly Cupid stands for either the affect or the mythological figure. Thus rationally interpreted the winged boy cannot *be* Christ, can only *be* Cupid, whether as representative of the affect as attribute of God, or as felt as True Love by man. But nonetheless Cupid can stand for Christ, when acting or suffering as only Christ, and no other human or divine person, acted and suffered. The *Pia Desideria* represent both the Savior crucified and the Fountain

20 Vita, ch. 46. – Bühlmann, op. cit., pp. 90, 96 and pl. – Illustration from cod. 322, Stiftsbibliothek, Einsiedeln. – Suso's head is surrounded by a wreath of roses. The monogram IHS is over his heart. (Alfred Peltzer, Deutsche Mystik und Deutsche Kunst, Straßburg, 1899, pp. 104ff.) He prays: »Oh Lord, teach me that I can suffer as you like it best.« According to the captions, »This image teaches man how to suffer to benefit«, by exhorting him to »Learn to suffer as Christ did«, to »Bear suffering with patience«, to »Accept suffering willingly«.

21 Compare my article in »Gaz. des Beaux-Arts«, VI, ser., vol. 28, p. 263ff. (hier: Nr. V)

22 Cod. Oxf. Bodl. 270 b; fol. 59 v. Comte A. de Laborde, La Bible moralisée, Paris, 1911ff., pl. 59. The miraculousness was still increased by those for whom the Incarnation resulted in immediate creation of a perfect human being; see e.g. H. Engelgrave, Lux Evangelica, Antwerp, 1648, p. 49.

23 M. R. James and Bernhard Berenson, Speculum humanæ salvationis, Oxford 1926, ch. CLIV, 1, p. 36 and fig. – James erroneously (but characteristically) interpreted the nails as swords.

24 Banz, op. cit., passim. Spamer, op. cit., p. 15ff., 142ff.

25 Spamer, op. cit., passim.

of Life (fig. 5 and 6) in the form of Cupid. Jesus Christ was not born a God but as God-man. The Salvation was not the work of God's love – however causative it was for the Salvation – but of this God-man. As God his love was limitless, but as God-man he was human enough for the cry on the cross: »My God, My God, why hast thou forsaken me?« (Mt 27,46). Even if Hugo's poem, like Arwaker's, had addressed the Crucified as his Love, instead of addressing him as bridegroom (of course of his soul) it would not explain why theologians accepted such a representation which visually contradicts basic teachings. Words permit, as I mentioned before, an easier shifting of the implied sense than visual images do. One could sing or speak of »Love crucified« – which Hugo did not – , but to show Love instead of Christ crucified was another matter. An emblem, even in the most lenient understanding of the term, could *per se* not be allowed to present the matter referred to in a way contradicting its very essence. Certainly in some of the illustrations Cupid has to be understood as representation of God's love, and it may be, that Georg Philipp Harsdoerffer, a protestant laic, had only these in mind, when he wrote of »Hugo Hermann« (!) ... »introducing God's mercy in the figure of an angel.«[26] We have no reason to suppose that the theologian Arwaker was correspondingly superficial when he did not find any fault in the images, though he criticized Hugo for having been »a little too much a poet« by inserting »fictitious stories in his Poems.« The solution of the problem must lie in the general approach to, and concept of, devotional art, and in the role emotionally accorded to Love as the strongest link between God and man.

Judged by art, it seems to me as if in general in the XVI Century European mankind was beginning to lose some of the fears aroused by the concepts of a world full of demonic enemies, and of a God whose »Mercy does not limits know«, but whose »Justice must have satisfaction too«, because »these Attributes in equal ballance lye.« Thus, in Arwaker's free but correct rendering, Hugo expounds (I,10) the Church's doctrine about divine Justice. The relevant illustration, however, shows the winged boy as judge over a soul with Justice as plaintiff (fig. 7). Her attitude and attributes make it evident that she asked for condemnation of the accused. But he who sees the illustration will rest emotionally assured that this sweet boy cannot but be merciful. There are illustrations where the boy hides himself (II,11; III,12), turns away from soul (I,7; II,8), threatens her with swords (I,6) or the glaring lightning (I,12; II,4) or even cruelly makes her drive the millstone (I,4). That a God-loving soul may have to pass through darkest nights of pain and despair everyone knew. Corresponding motifs belonged traditionally to the cycle of illustrations of the communion between Soul and God, not less than do those of the embraces (II,9; II,12), of instruction (II,15), of arrows shot toward God (frontispiece). But one desired the cool Christ of earlier times replaced by someone

7 Boëtius a Bolswert, Christ as Judge over a soul, engraving, Antwerp, 1624 (from H. Hugo's Pia Desideria, courtesy of the Metropolitan Museum of Art, New York)

visualizing immediately God's love and raising hope even when in wrath. Confidence in God's love, or, to quote the Epistle to Titus (Tit 3,4), in his philanthropy, filled the hearts with what appears as a new happiness and a new optimism. It was not a shallow optimism. It knew about evil and suffering and sin. But it caused the hearts to know better about God's love than the reasoned doctrines seem to do. Again a vision of Juliana is illuminating.[27] She heard Christ promise »in the end I shall make well all that is not well«, and Juliana stuck to this conviction of hers in spite of its conflict with the doctrine that damnation be eternal. She did not doubt that the Church is infallible, but neither did she doubt that God would fulfil his promise to her. For her, no one can know how the contradiction will be solved. Christianity would not exist without the conviction of its founders and early adherents of God's dealing with mankind not in terms of justice but of

26 Gesprächsspiele, vol. 4, Nuremberg, 1644, p. 203.

27 XIIIth Revelation, ch. 29, 32.

love as a »kind and tender-hearted father«.[28] Forgiveness belongs to God's glory, and there is an interdependence through sin between God and man. »Had I not Err'd, thy Glory had been less«, Hugo puts in the mouth of the Soul (I,6). It may be judged as utterly anthropomorphic to conceive of God as subject to a conflict between justice and love in which the latter emerges victorious, and certainly so when aided by True Love of man.[29] But, I repeat, it is wonderfully human. Which of the discussed concepts carried the most weight for the theologian in Hugo, his colleagues and successors when they accepted Cupid as a worthy representative of God, we do not know. But we can readily understand that as emotional beings they were not less susceptible to the persuasiveness of the personification than were laics. A contribution to the general large-mindedness may have been the fact that educated people knew the tradition of a miraculos conception, without a concurring father, of the mythological son of Venus.[30] Whether this tradition had some influence or not, it is certain that in general Cupid must have appeared as a less strange and more expressive embodiment of God than a female one. Of course, a spiritual man of Hugo's time could not foresee that one day the unity of the world in which he lived would be destroyed, and the mythological and poetical figures of Antiquity would lose an organic place in it, to become, more and more, playful ornaments. He could not foresee that in the XVIII Century Cupid would be understood nearly exclusively as an erotic and morally irresponsible character.

On the other hand, Hugo could not foresee that the illustrations would have a success unparalleled in all history of devotional imagery. Copied for editions of his book in their original, or adapted, forms, or as devotional images, they remained alive for about 200 years. Conceptionally they had an even longer life through Francis Quarles' *Emblems*[31], the most successful of the books which the *Pia Desideria* inspired. They still influenced the illustrations of a Quarles edition of 1861. Thus a Protestant English devotional book passed on the concept of an impersonation as Cupid of God's love nearly up to our own day.

Speaking as a Protestant clergyman, Arwaker called his Jesuit author »an excellent Christian in the main«. He was impressed by the absence of denominational narrowness. In our context it will be noted that Mary is not introduced as a necessary intercessor for mankind. If lovelessness is the only unforgivable sin, then Soul's relation with God is so immediate that there is hardly room, certainly no need, for an intercessor with God. The hypothesis may be allowed, that the impersonation of God as Cupid ought to appeal more to Protestants than would God in female shape, just because even the slightest allusion to a mediating role of the Virgin was excluded. Correspondingly, it might appear as probable that the designer of the Cooper Union drawing was a Catholic.

28 Clement Romanus as quoted by T. R. Glover, The Conflict of Religions in the Early Roman Empire, London, 1909, p. 149.

29 Banz, op. cit., pp. 88ff. – Rousselot, op. cit., pp. 67ff., quotes some theologians praising Love's triumph over God.

30 E.g. Edmund Spencer, The Faerie Quene, 4-10-41.

31 London 1635.– Praz, op. cit., pp. 143ff. Rosemary Freeman, Engglish Emblem Books, London, 1948, pp. 114ff; 132ff. – The 1861 edition was illustrated by Charles Bennett and W. Harry Rogers, and published by James Nisbet and Co. – Mrs. Helen B. Head, formerly of Providence, R. I., kindly helped me in editing this paper.

VIII Zwei ungewohnte Darstellungen des Gekreuzigten

Vorwort des Herausgebers

Als Herr Professor Berliner mir die hier wiedergegebenen Bilder zeigte, war ich von den Darstellungen sehr beeindruckt und bat ihn, darüber doch im Bayerischen Jahrbuch für Volkskunde zu berichten, da zweifellos volkskundliche Beziehungen vorhanden seien. Ich dachte sogleich an das noch ungelöste Problem der tieferen Gründe für die Umwandlung des Volto santo in die Kümmernis. Am Schluß unseres Werkes Ritz-Schnürer, St. Kümmernis und volto santo, Düsseldorf 1935, haben wir davon gesprochen, daß sich hinter dem Kümmerniskult noch ungelöste lokale und allgemeine Probleme volkskundlicher Art verbergen und daß wir deren Bedeutung nicht verkennen. »Es lockt zu den letzten Gründen hinabzusteigen, die Seelenlage zu erkennen, aus der heraus solche geschichtliche Erscheinungen möglich wurden.« Herr Prälat Professor Dr. Georg Schreiber hat schon einmal die Vermutung ausgesprochen, daß hier sich ein weibliches Prinzip im Erlösungswerk bzw. in der Auffassung desselben durchsetzt. Der vorliegende Aufsatz zeigt, daß es also eine breitere Schicht des Weiblichen in dieser Hinsicht gibt, daß die Frauengestalt am Kreuz keineswegs auf die Kümmernis beschränkt bleibt. Es ist natürlich mit den von Professor Berliner aufgestellten Tatsachen noch keine Lösung des tieferen Entstehungsproblems des Kümmerniskultes gegeben, man darf auch nicht einmal eine lose Beziehung dieser zwei ikonologischen Erscheinungsgruppen annehmen. Aber ein wichtiges Symptom sind diese Bilder und die dahinter stehenden Anschauungen. Sie können vielleicht auf die allgemeine Richtung weisen, in der die Entstehung des Kümmerniskultes zu suchen ist.

J. M. Ritz

Unter dem alten Besitze der Staatlichen Graphischen Sammlung in München befindet sich die abgebildete Zeichnung (Abb. 1), die um ihres Gegenstandes willen, der schlechten Erhaltung zum Trotz, Beachtung verdient.[1] Es ist eine italienische – man darf wohl sagen: oberitalienische – Zeichnung von etwa 1600–1625. In Tinte mit Feder und Lavierung über einer Vorzeichnung mit Metallstift ausgeführt, war sie als selbständiges kleines Kunstwerk gedacht. So sah keine Vorzeichnung zu einem Gemälde aus, wohl aber mag eine Nachzeichnung nach einem Bilde, das schon dem reifen 16. Jahrhundert hätte entstammen können, vorliegen. Wir haben es mit einem gezeichneten Andachtsbilde zu tun, dessen Thema unschwer zu erkennen ist, wenn wir von den unverletzten Teilen des Blattes ausgehen. Wir sehen die wichtigsten »Werkzeuge« der Passion Christi in waldbestandener Landschaft verteilt: eine Laterne der Gefangennahme, den Hahn des Petrus, das Waschgerät des Pilatus, die Geißelsäule, den Hammer und drei Nägel der Kreuzannagelung, den Hysopschwamm, die Würfel der Kleiderverteilung, die Lanze des Longinus, die Zange und die Leiter der Kreuzabnahme, von denen die letztere auch der Annagelung gedient haben kann. All das entspricht dem Üblichen. Ungewöhnlich, aber nicht einzigartig, ist das aufgeschlagene Buch, das m.E. das Gesetz Mosis darstellt, auf Grund dessen Jesu Verurteilung verlangt wurde. Da es sich also bei den Gegenständen um die »Waffen Christi« handelt, ist es nicht schwer, in dem von dem Engel neben dem Hahn Gehaltenen die Geißeln zu erkennen und das Schweißtuch der Veronika ihnen gegenüber. Eine zweiflügelige weibliche Gestalt hängt am Kreuze, neben dem oben ein Vogel friedlich singt und an dessen Fuße ein Engel musiziert. Die Darstellung ist eindeutig. Wenn es ihr Sinn für uns nicht ohne weiteres ist, so kommt das daher, daß wir zu lange Augen und Gedanken vor den nicht menschlich-rationalen Darstellungen Christi verschlossen haben, als daß sie sich jetzt rasch öffneten. Dabei ist auch der Sinn des Blattes völlig eindeutig, wenn man von dem ausgeht, was betont ist: die Versetzung der an sich grausigen Passion in einen anschaulich idyllischen Rahmen, zu dem die irdische Natur und himmlische Boten gleichermaßen beitragen, und die Vertretung des gequälten menschlichen Körpers Jesu durch die zwar ans Kreuz genagelte, aber nicht sichtbar schmerzenleidende weibliche Figur. Das kann nichts anderes bedeuten als Betonung der in Jesus sich offenbarenden Göttlichen Liebe, die ihn alles tragen ließ, wie sie ihn selber auch während der finstersten Momente des subjektiven Gefühls der Gottverlassenheit umgab. Diese göttliche Liebe, die stärker ist als Tod und Grauen, die nach Erlösung aller trachtet, soll veranschaulicht sein. Darum der Friede in der Natur. Ich erinnere mich mit Sicherheit, daß mir einmal in einer Schilderung der Kreuzigung das rührende Motiv des Vogels begegnete, der, als der Abendfriede sich über die Erde zu senken begann, nach Golgotha kam, um mit seinem Gesange die Sterbestunde zu versüßen. Hier sollte wahrscheinlich das Idyll noch dadurch betonter sein, daß das Nest sich an der Stelle des Kreuzes befindet, an der öfter der Opfertod des Pe-

1 Inv. Nr. 44021; 235 : 168 mm.

1 Italienische Zeichnung, ca. 1600–26 (München, Graphische Sammlung)

likans dargestellt wurde[2], aber die Unklarheit der Zeichnung läßt nicht mit Sicherheit ausschließen, daß es sich nicht um eine ornamentale Bekrönung des Kreuzes handelt. Wiederum mengt sich das Übernatürliche in das natürliche Idyll; das musizierende Engelchen verstärkt den Eindruck des eingetretenen Friedens.

Man muß sich eines ganz klar machen: Christus litt in seiner menschlichen Natur; in ihr und nicht als göttliche Liebe, die eine menschlichen Begriffen entsprechend formulierte Qualität des nicht leidensfähigen Gottes ist, bewirkte er die Erlösung. Er wurde als Mensch ans Kreuz geschlagen, nicht in einer Eigenschaft, an der er als Gott teilhatte. Trotzdem war es möglich geworden – soweit wir bisher sicher wissen: seit dem frühen 17. Jahrhundert –, den Gekreuzigten durch einen geflügelten Amor darstellen zu lassen.[3] Die Zeichnung ist seine erste bekanntwerdende Darstellung durch ein weibliches Wesen, die dabei zugleich durch die so betonten »Waffen Christi« an das realistische historische Geschehen gemahnt. Den offenkundigen anschaulichen Widerspruch zu Dogma und Geschichte[4] müssen wir einfach hinnehmen; wir können nur seine Entstehung und Duldung zu erklären suchen. Für den Amor habe ich es in dem herangezogenen Aufsatze versucht; ich habe in ihm auch eine etwas spätere deutsche Zeichnung veröffentlicht, in der Christus als »Weltenrichter« bezeichnet und in weiblicher Gestalt dargestellt ist. Wer will, kann seinen Augen den Glauben versagen; er kann aber die Tatsachen dadurch nicht aus der Welt schaffen. Wir anderen müssen unsere Gedanken daran anpassen, daß im 17. Jahrhundert eine menschliche Darstellung Christi in anderer als männlicher Gestalt möglich war, wie kein allzu großes Wissen vorausgesetzt werden muß, um an seine im 18. Jahrhundert gar nicht seltene Personifizierung durch eine Hirtin nur zu erinnern. Ich unternahm es in dem zweiten meiner genannten Aufsätze, die Beweisführung zu beginnen[5], wie es in der bildenden Kunst zu dem Gestaltwandel kommen konnte. Meine Bemühungen, eine Bearbeitung der mittelalterlichen, vor allem nicht-theologischen, Vorstellungen über Christi menschlichen Körper zu finden, waren bisher vergeblich. Ich will daher hier einen weiteren Hinweis auf ernsthafte theologische Spekulationen anschließen, wie sie möglicherweise von Einfluß auf Veranschaulichungen waren; ich stieß auf sie rein zufällig in einem Predigtbande des 14. Jahrhunderts. Jesus habe als Mann geboren werden wollen, weil sonst infolge der Jungfrauengeburt das männliche Geschlecht als von der Erlösung ausgeschlossen hätte erscheinen können; durch die Jungfrauengeburt sei er auch weiblichen und beiderlei Geschlechts, neutralen Geschlechts aus metaphysischem Grunde (in wievielen Darstellungen der Taufe und der Kreuzigung ist das letztere betont! Auch die noch unbearbeitete, ungeklärte, sich manchmal findende Augengestalt des Nabels diente wahrscheinlich der gleichen Ausschaltung des allzu Menschlichen.)

Ich habe in meinem zweiten Aufsatze schon darauf hingewiesen, daß auf der Grundlage der der mittelalterlichen Kunst eingeräumten Gestaltungsfreiheit individuelle Visionserlebnisse zu einer Darstellung des Gekreuzigten als eines Seraphs führen konnten. Die anläßlich der Vorbereitungen zur Hundertjahrfeier-Ausstellung des Bayerischen Nationalmuseums im Museum gemachte Entdeckung, daß die Vorderwand des wegen seiner Regensburger Miniaturen des späten 13. Jahrhunderts bekannten Reliquienkästchens des Regensburger Domschatzes in Wirklichkeit aus einem Diptychon besteht, in dessen Innenseiten die beiden großen Miniaturen eingeklebt sind[7], läßt mich über die Andeutung ein wenig hinaus-

2 Eine mitschwingende symbolische Bedeutung kann auch hier nicht ganz ausgeschlossen werden. Über Maria und Jesu der Pietà in Michael Wenings »Der neuen Himmelsburg 1. Theil« (München 1693) schnäbeln sich sehr betont zwei Vögel.

3 Vgl. meinen Aufsatz »God is Love« in: Gazette des Beaux-Arts, Juli–August 1953, S. 9ff. (hier: Nr. VII).

4 Ich habe das Grundsätzliche zu behandeln versucht in meinem Aufsatz »The freedom of medieval art«, S. 263ff. (hier: Nr. V).

5 »Nam simul inventum, et perfectum nil fuit unquam«, so plädiert für sich Achilles Bocchius, Symbolicarum quaestionum de universo genere ... Libri quinque, Bologna 1555, S. VI.

6 Ms. Vat. lat. 1264 fol. 154 r. »... masculus est ... Est etiam generis feminini, quia sine viro solus de femina natus. Est generis neutri, quia apud eum non est acceptio personarum ... Est genus(?) promiscum, quia Jesus voluit nasci masculus, sed de femina ... ut salvaret utrumque sexum«.

7 Vgl. Sigrid Müller-Christensen im Katalog der Ausstellung: »Sakrale Gewänder des Mittelalters«, München 1955, Nr. 59.

2 Reliquienkästchen des Regensburger Domschatzes, Miniatur, Ende 13. Jahrhundert

3 Reliquienkästchen des Regensburger Domschatzes, Miniatur, Ende des 13. Jahrhunderts

gehen. Die Außenseiten des hölzernen Diptychons, die unter dem das Kästchen ausschlagenden Stoff verborgen waren und wieder sind, erwiesen sich als bemalt, die Vorderseite mit einem Medaillonbild der vera ikon, die Rückseite mit einer Stigmatisation des hl. Franz, beide Darstellungen ergänzt durch ornamentales Zweigwerk. (Abb. 2) Im 1. Band der Kunstdenkmale des Kantons Thurgau[8] ist auf Seite 131 eine Miniatur der Stigmatisation abgebildet, die zweifellos von der gleichen Hand wie die Regensburger gemalt ist.[9] Die Handschrift ist von zwei aus der Oberpfalz stammenden Nonnen 1337 geschrieben, und nach der – wenn einmal erkannt – typischen Klosterfrauenmalerei von einer Mitschwester ausgeschmückt. Die Darstellung der Stigmatisation der Handschrift ist durch Einbeziehung des Bruders Leo und von Baulichkeiten auf der rechten Seite, durch vegetabile Belebung des Averna-Berges, durch allgemeine Auflockerung der Umrisse und durch Linienverbindungen der entsprechenden Wundmale reicher als in dem Diptychon. Aber an der Fertigung durch die gleiche Malerin kann nicht gezweifelt werden, dafür ist die Ähnlichkeit vor allem der Köpfe zu groß. Die etwas geringere Detaillierung der Formen und vor allem die starre Konturierung auf dem Diptychon mag auf dem Holzgrunde technisch, besonders durch eine Eigenheit der tiefschwarzen Farbe, bedingt gewesen sein. In beiden Darstellungen erhält der hl. Franz die Stigmata von den Wunden eines jungen Seraphs, der an einem Standkreuz hängt, das durch den Hügel als das auf Golgotha stehende für den mittelalterlichen Beschauer eindeutig charakterisiert war. Das entspricht also dem Schema der von mir abgebildeten Seusedarstellung, die damit als von entsprechender Franziscusdarstellung abhängig erwiesen ist. Unbekümmert um Übereinstimmung mit den Legendenberichten sieht der Heilige in Umbrien am Feste der Kreuzerhöhung (hl. Bonaventura) das Kreuz von Golgotha, an dem Christus in zeichnerisch »willkürlicher« Gestalt als kindhafter Seraph hängt, wenn auch mit dem Kreuznimbus deutlich bezeichnet. Denn zu betonen ist wiederum: das ist nicht als Darstellung eines Seraphs qua Seraph gemeint, sondern als die Jesu, und zwar eines sich dem Heiligen liebevoll zuwendenden Jesu. Vielleicht haben wir damit einen Hinweis gewonnen, wie die Darstellung Christi in Gestalt eines geflügelten Knaben, des Amor, aufgenommen werden konnte: auf dem Weg über den Seraph des hl. Franz fehlte ihm nicht jede (anschauliche) Sanktionierung. Aber man muß in jede derartige heuristische Hypothese die Möglichkeit einschließen,

8 A. Knoepfli, Der Bezirk Frauenfeld, Basel 1950, Abb. 92, S. 129ff. Die Handschrift kam aus dem Kapuzinerkloster Frauenfeld ins Provinzialatarchiv Luzern. Herkunft aus einem Franziskanerkloster der Diözese Regensburg ist mit Sicherheit anzunehmen.

9 Daß Arbeiten der gleichen Hand vorliegen, beweist auch die Gleichheit der ornamentalen Rahmenmotive in der Miniatur und im Diptychon. Danach sind die Miniaturen erst nachträglich zu einem Altärchen vereinigt worden, und zwar im 2. Viertel des 14. Jahrhunderts, eine Datierung, die demnach auch für den Michael und Petrus (H. Swarzenski, Die lateinischen illuminierten Handschriften des XIII. Jahrhunderts in den Ländern am Rhein, usw., Berlin 1936, S. 37, Anm. 5) gilt. – Ich halte eine zwingende Entscheidung, welche der beiden Darstellungen die frühere ist, stilistisch für nicht möglich, mir scheint aber die des Diptychons die spätere zu sein, da sie schematischer ist. Ich stütze mich dabei hauptsächlich auf die Stellung des Heiligen, der beide Male im Begriff ist niederzuknien. Im Diptychon hat er aber bereits die Stigmata empfangen – was die Miniatur noch andeutet –, das erste Erscheinen der Vision ist also bereits vorbei, das den gewählten Zeitpunkt im Verhalten des Heiligen allein erklären kann.

daß mehr als ein Keim in einer (rein geistigen oder dargestellten) bildlichen Vorstellung Gestalt angenommen haben mag, und sich dessen bewußt bleiben, daß ein geistiger Keim, gleich einem vegetabilen, seine Lebenskraft über sehr lange Zeiträume hin behalten kann. Es ist die Schwäche einer hauptsächlich auf Werden und Vergehen menschlicher Wesen und Einrichtungen eingestellten geschichtlichen Betrachtung, daß sie die Lebensfähigkeit und Zeugungskraft von Gedanken und Gefühlen, wegen ihrer Fähigkeit lange latent zu bleiben, zu unterschätzen neigt. Eine vorwiegend an etwas so Flüssigem wie Stilgeschichte interessierte Kunstgeschichte unterliegt dieser Gefahr in besonderem Maße. Wenigstens die religiöse Ikonographie hätte nie vergessen sollen, daß Kunstwerke ihrer inneren Struktur nach auch im besten Falle sich nie mit theologischen, d.h. also begrifflichen Formulierungen decken können, daß ihnen vielmehr darüber hinaus, wenn sie bewußt Einstellungen des Frömmigkeitslebens zum Ausdruck bringen wollen, Unbekümmertheit um anschauliche (manchmal begrifflich überhaupt gar nicht definierte) Korrektheit als selbstverständliches Recht erscheinen kann. Wer bildende Kunst wirken lassen will, muß ihre konstitutiven Eigenschaften in Kauf nehmen. Zu ihnen gehört die gestaltliche Präzision von Personifikationen, die Worten nicht zu eigen zu sein braucht. Wenn Hildegard von Bingen den Logos als Caritas erscheinen läßt, oder Ignatius von Loyola von seiner gekreuzigten Liebe spricht oder ein amerikanischer protestantischer Geistlicher um 1790 von der sterbenden Liebe seines Erlösers – ich nenne absichtlich Beispiele[10] aus zeitlich und milieuhaft sehr verschiedenen Kreisen –, so gilt die Liebe als gestaltloses Gleichnis für Christus, dessen menschliche Person damit nicht negiert ist, wie das anschaulich die uns hier bisher beschäftigenden Darstellungen tun. Der Grund der Gestaltwahl war beide Male der gleiche: das irdisch betrachtet nur Grauenvolle sollte als auf die Ebene göttlicher Transcendenz gehoben erscheinen und damit sein Sinn veranschaulicht werden. Es handelt sich um Versuche, die äußere Gestaltgebung zum Wesensausdruck zu benutzen, sie einer hauptbetonten Gemütshaltung des Erlösers entsprechen zu lassen. Auch bei der Kreuzannagelung und Seitenöffnung durch Tugenden, wie sie die eine Miniatur des Diptychons zeigt (Abb. 3), soll nicht die Handlung von selbständigen begrifflich-personifizierten Wesenheiten dargestellt sein, sondern es sind Eigenschaften und Empfindungen Jesu veranschaulicht, von denen in diesem Beispiele zwei: Humilitas und Gehorsam rein menschlich, zwei auch göttlich sind, Erbarmen und Caritas.[11] Sie erklären vom Gottmenschen her das Ereignis. Dieses anschauliche Aufspalten seiner einheitlichen, die Erlösungstat motivierenden, geistig-seelischen und göttlichen Haltung sollte anschaulich durch eine Gesamtform ergänzt und ersetzt werden von genügend suggestiver Kraft, wie sie irdisch mit dem Komplex »Liebesbezeigung« verbunden ist. Wie andererseits in den Miniaturen der gewollten Veranschaulichung der göttlichen Natur im Gekreuzigten die der realen Menschwerdung in der menschlichen Mutter gegenübergestellt war, so ist außen, auf der gleichen Seite des Diptychons, das reale Aussehen des menschlichen Gesichtes Jesu betont. Ein Gebet, das eine entsprechende Darstellung der vera ikon in einem Psalterium von 1259–60 umgibt[12], gibt dem durch unsere Analyse des Sichtbaren gewonnenen Verständnis Bestimmtheit und Erweiterung. Christus hat uns willentlich im Schweißtuche der Veronika ein Bild seines Antlitzes hinterlassen, daß es über uns leuchte. Mögen wir es getrost von Angesicht zu Angesicht (I Cor 13,12) ansehen können, wenn er zum Gerichte kommt, so wie wir es jetzt auf Erden in Spiegelung und rätselvoller Weise (ebendaher) verehren, anbeten und in Ehren halten können. Als Rahmung dienen Bibelverse: »Aufgegangen ist über uns deines Antlitzes Licht oh Herr, Du hast mir Freude ins Herz gegeben« (Ps 4,7 und 8) und »ich habe den Herrn von Angesicht zu Angesicht gesehen, und meine Seele ist gerettet« (Gn 32,30).[13] Da finden wir einige der Motive angeschlagen, die für unseren Zusammenhang die wichtigsten sind, wie den zwar unendlichen Wert der menschlichen Gestalt Jesu, die aber doch irdischen Verhältnissen angepaßt war. Auf solcher Schriftgrundlage erwuchs die Möglichkeit zu anderer als rein menschlicher Gestaltgebung, vor allem wenn sie, wie im Diptychon, zu deren Komplettierung gewählt wurde. Der franziskanische Entwerfer seines christologischen Programms wußte genau was er tat, wenn er die Grundthemata der Miniaturen durch Variationen ergänzte. Es war ihm zu wichtig, um es durch Einbeziehung des Erzengels Michael und des Petrus, die der Besteller des Diptychons nicht entbehren wollte, zu durchbrechen. So wurden sie auf der Rahmung untergebracht, wodurch zugleich äußerlich bewiesen ist, was auch die Stilverschiedenheit erkennen läßt, daß die Miniaturen vorhanden waren, ehe man sie im Diptychon wiederverwendete.

10 Vgl. Magna Ungrund, Die metaphysische Anthropologie der hl. Hildegard von Bingen (= Beiträge zur Geschichte des alten Mönchtums und des Benediktinerordens 20), Münster 1938, S. 78; H. Rahner, Ignatius von Loyola, Graz 1947, S. 63 mit Anm. 103; Mary Ellen Chase, Jonathan Fisher, New York 1948, S. 44 »... the redeemer's dying love ...«

11 Vgl. Swarzenski, a.a.O., S. 19, Anm. 1 und S. 96, Anm. 1.

12 Ebd., S. 128, Anm. 9 und Abb. 555. Aus Ms. 54 der Bibl. municipale Besançon. Stammt aus einem Cistercienserkloster der Diözese Basel.

13 »... Signatum est super nos lumen uultus tui domine dedisti letitiam in corde meo ... memoriale tuum ad instantiam ueronicae ymaginem tuam ... relinquere uoluisti ... ut ita nunc in terris per speculum et in enigmate uenerari adorare honorare ipsam ualeamus ut te tunc facie ad faciem uenientem ... securi uideamus ... salua facta est anima mea, amen Amen, Amen«.

IX Arma Christi

»[...] *ex immensa silva hic pauca velul ligna colligam.*«

Paquot-Molanus S. 407

Das Herrenwort Mt 24,30 stellt der Schriftauslegung die Frage, worin wohl das Zeichen des Menschensohnes bestehen wird, das am Himmel erscheinen soll, bevor er selbst sich zum Weltgericht offenbart. Die vorreformatorische[1] Exegese beantwortete sie einmütig[2] durch den Hinweis auf das Kreuz, aber sie war nicht einig über die Natur dieses Kreuzes, ob es ein reines Symbol des Herrscherrechtes Christi sein würde, oder das wahre Kreuz, an dem Christus gestorben. Noch Martin von Cochem[3] beruft sich im Anfang des 18. Jahrhunderts auf das Zeugnis »der« Kirchenväter, daß dieses am Himmel stehen werde. Der hl. Chrysostomus[4] z.B. hatte diese Ansicht vertreten, und seine Autorität war stark genug, sie auch entgegen dem ausdrücklichen Widerspruch des hl. Thomas von Aquino[5] lebendig zu erhalten. Vor allem scheint ihre Aufnahme durch den hochangesehenen Thomas Netter[6] (Waldensis, um 1451) dazu beigetragen zu haben, da sie selbst auf einen so wichtigen nachtridentinischen Theologen wie den Jesuiten Cornelius a Lapide[7] (1567–1637) ihren Eindruck nicht verfehlte. Suarez freilich hatte sie trotzdem abgelehnt, »ne sine sufficiente fundamento miracula multiplicemus« (a.a.O., S. 1084). Die aus dem Petrusevangelium[8] bekannte apokryphe Tradition, die die Auferstehung einer ersten Himmelfahrt gleichsetzte und Christus durch das Kreuz begleiten ließ, war ja nicht allgemeiner angenommen worden, wenn sie auch heute noch ikonographisch im Kreuzstabe[9] des Auferstehenden oder Himmelfahrenden nachlebt. Man mußte also zur Voraussetzung greifen, daß das in unzählige Partikel zerteilte wahre Kreuz sich wieder zusammenfügen würde, um seinen Platz im Himmel einzunehmen.[10]

1 Arma Christi mit Ecce-homo-Christus, Elfenbein, Süddeutschland (Augsburg?), gegen 1600 (New York, Kunsthandel)

1 Die protestantische Exegese hat die Deutung nicht übernommen. O. Zöckler, Das Kreuz Christi, Gütersloh 1875, S. 481. – Vgl. P. Canisius, De Maria Virgine, Ingolstadii 1577, S. 423.

2 F. Suarez, Commentaria [...] in tertiam partem Divi Thomae. (Opp. Parisiis 1866, 18, S. 1082) qu. 59. A. 6. disp. 57. sect. 2.1. »Hoc enim signum nullum aliud esse futurum, quam crucem Christi, omnes Patres summa consensione docent exponentes haec loca.« Eine Aufzählung vieler Belegstellen z.B. bei S. Mänhard, Conciones I. Augustae Vindelicorum 1629, S. 17.

3 Nützlicher Zusatz zu dem Leben Christi von denen viel letzten Dingen, S. 39. (Anhang zur Steyrer Ausgabe des großen Lebens Christi von 1753).

4 Hom. de cruce et latrone I: PG 49. Sp. 403. Pseudo-Chrysostomus PG 61. Sp. 776.

5 Opuscula S. Thome, Venetiis 1508, op. LX. fol. 237 v. – Etwa der wichtige sel. Dionys der Kartäuser († 1471. opp. XI, S. 267) hielt reale Erscheinung der »Crux Christi et cetera arma suae passionis«, von denen er noch die Nägel und die Lanze nennt, für möglich, fügt aber hinzu – oder »aliqua lucida in similitudine«.

6 Doctrinale III, Venetiis 1571, fol. 283 v.

7 Commentaria in scripturam sacram XV, Parisiis 1877, S. 514. – Siehe auch J. Gretzer, De sancta cruce, Ingolstadii 1616, Sp. 300.

8 E. Preuschen, Antilegomena, Gießen 1905, S. 148f. – Zwei andere deutliche Bezeugungen der Lehre von der unmittelbar nach der Passion erfolgenden Versetzung des Kreuzes in den Himmel bei A. Holder, Inventio s. Crucis, Lipsiae 1889, S. 54f. – Einschub in Theodosius, De terra sancta. »Sunt tamen, qui affirmant partem omnem, quae corpus domini contigit nudum et sanguine eius tincta fuit, ab omni humano tactu atque conspectu statim in celum raptam fuisse eamque demum in iudicio apparituram« (vgl. T. Tobler u. A. Molinier, Itinera Hierosolymitana I, Genevae 1879, S. 64.)

9 Vgl. R. Berliner, Kataloge des Bayerischen Nationalmuseums, XIII 4: Die Bildwerke in Elfenbein, Knochen, Hirsch- und Steinbockhorn, Augsburg 1926, S. 4, Nr. 2 (= Nr. 33).

10 So z.B. Martin von Cochem, a.a.O. – Eine Zusammenstellung früher Bezeugungen der Verbreitung von Kreuzpartikeln bei Fr.J. Dölger, Antike und Christentum, III, Münster 1932, S. 100ff. – Ebd. S. 115 die Legende des trotz aller Entnahmen unverändert bleibenden Volumens des Kreuzes.

Die Differenz in dieser Einzelheit war außerhalb theologischer Fachkreise bedeutungslos gegenüber der niemals angezweifelten Selbstverständlichkeit der Auffassung, daß Christus, wenn er sich am Jüngsten Tage der Menschheit wiederum offenbaren wird, als Herrscher im Reiche Gottes auftreten, daß er in dieser Stellung durch persönliche Attribute ausgezeichnet sein wird, und daß diese Attribute nur in Zeugen seiner Passion bestehen können. Daher wird zum mindesten den erklärten Feinden des Richters schon ein Blick genügen, um zu wissen, wie ihr Urteil lauten wird. Es gehört zu den Hauptwesenszügen der Bibel, von einer Anthropologie getragen zu sein, für die der Mensch, als Gattung, im wesentlichen ein Augenwesen ist, dessen Geist am stärksten durch optische Eindrücke oder durch Erregung von Sehvorstellungen angesprochen und erschüttert wird, daß sie daher überwiegend in leicht vollziehbaren Bildern erzählt, lehrt und voraussagt. Daher kommt das Verdienst, daß die religiöse Kunst der Christen diejenige mit den vielfältigsten und beziehungsreichsten auf Gott bezüglichen Themen unter allen religiösen Künsten ist, vor allem der Bibel zu und ihren theologischen Ausdeutern. Diese haben in ihrer schon bei den Aposteln und den Evangelisten einsetzenden Kollektivarbeit als eine der Wunderleistungen menschlichen Geistes durch Verknüpfung (Typen!) und durch Entfaltung das Gewebe erstellt, von dem die kleinsten Ausschnitte genügt haben, um Kunstwerken Stoff und Gehalt zu liefern.

Ich unternehme es nur andeutungsweise, darzulegen, aus welchen Schriftgrundlagen, außer der eingangs genannten, die Exegese die für unseren Zusammenhang wichtigen, oben erwähnten Teile ihres Weltgerichtsbildes[11] entwickelt hat. »Introibit rex gloriae«, Ps 23,9. »Deus manifeste veniet«, Ps 49,3. »Et levabit signum in nationes«, Is 11,12. »Ad filium autem: Thronus tuus Deus in saeculum saeculi: virga aequitatis, virga regni tui«, Hbr 1,8. »Ferculum fecit sibi rex Salomon de lignis Libani [...] media caritate constravit propter filias Jerusalem«, Ct 3, 9,10. »Factus est principatus super humerum eius«, Is 9,6. »Positus est hic in ruinam et in resurrectionem multorum in Israel: et in signum, cui contradicetur«, Lc 2,34. »Dicite in gentibus quia Dominus regnavit a ligno«, Ps 95,10 (die beiden letzten Worte christlich interpoliert[12]). »Ostendit eis manus et latus«, Io 20,20. »Aspicient ad me, quem confixerunt: et plangent eum planctu«, Za 12,10. »Videbit eum omnis oculus et qui eum pupugerunt. Et plangent se super eum omnes tribus terrae«, Apc 1,7. »Ero mors tua o mors, morsus tuus ero interne«, Os 13,14. Daß Christus die Menschen am Kreuze erlöste, dieser Glaube bildet doch das eine Herzstück des Christentums (Is 53,5; I Cor 15,3); der Schuldbrief der Menschheit[13] wurde am Kreuze getilgt (Col 2,14), das Christi Herrschaftssitz[14], sein Thron ist, oder, wie Augustin[15] mit einem anderen Bilde sagt: »lignum illud ubi fixa erant membra morientis etiam cathedra fuit magistri docentis.« Das Kreuz, das Christus auf dem Wege zur Schädelstätte trug, das war also das Zeichen[16] der Herrschaft, das Jesaias vorausgesagt hatte. Es ist also nach menschlich-höfischem Sprachgebrauch das Zepter[17] seines Reiches, sein Siegesmal, seine Trophäe[18], weil es dem, der sterben mußte, um zu siegen, als Waffe diente, durch die der Teufel besiegt wurde.[19] Wie die Jünger die Identität des Auferstandenen an den Wundmalen erkannten, so wird auch die des Richtenden durch sie offenbar werden: »propter vos alligatus et delusus et caesus et crucifixus sum.«[20] Denn das Gewissen wird die Juden dann mahnen, das ist also der, dessen Gesicht geschlagen und bespien, der gefesselt, der am Kreuze der Verachtung preisgegeben wurde![21] Wie ruft da von selbst die eine anschauliche Vorstellung die anderen herbei, aber die Exegese blieb im Auffinden der Typen nicht zurück. Das salomonische Prunkbett des Hohenliedes ruhte auf silber-

11 Einiges wenige über die Schriftgrundlagen der mittelalterlichen Auffassungen vom Weltgericht wie ihre Exegese bei E. Waldstein, in: Zeitschrift für Wissenschaftliche Theologie, 38, 1895, S. 574ff. – Sehr beachtlich: G. Grau, Quellen und Verwandtschaften der älteren germanischen Darstellungen des jüngsten Gerichtes (Studien zur englischen Philologie 31), Halle 1908.

12 Vgl. J. Kayser, Aus der Schatzkammer des Domes zu Minden, I, Paderborn 1867, S. 16. – Noch etwa A. Salmeron, Commentarii de hist. vitae Dom. Prolog IV, Ed. Coloniae Agrippinae 1612, I, S. 33, erklärt umgekehrt das Fehlen der beiden Worte im hebräischen Text für eine jüdische Streichung aus nachchristlicher Zeit.

13 Vgl. Fr.J. Dölger, Die Sonne der Gerechtigkeit und der Schwarze, Münster 1918, S. 129ff.

14 Vgl. z.B. Cyrill von Jerusalem, Homiliae in paralyticum XI. PG 33. Sp. 1145. – Dargestellt vielfach auf Weltgerichten seit dem zweiten Viertel des 12. Jahrhunderts; vgl. St.-Denis (M. Aubert, Die gotische Plastik Frankreichs 1140–1225, Leipzig 1929, Tafel 1), St.-Jouin-de-Marnes (A. Gardner, Medieval sculpture in France, Cambridge 1931, S. 131), Beaulieu (A.K. Porter, Romanesque sculpture of the pilgrimage roads IV, Boston 1923, Tafel 412). – Petrus Damianus († 1072) hatte formuliert: »locus juris patibulum crucis«, sermo 12. PL 144. Sp. 566.

15 In evangelium Joannis tr. CXIX. 2. PL 35. Sp. 1950.

16 So schon S. Justinus, Apologie, Kap. 55. PG 6. Sp. 412, aber mit anderer Begründung. – Joh. Lanspergius, De agone seu passione Christi, Coloniae 1536, S. 660: »Quomodo igitur in signum nobilitatis excellentiaeve alii balteum, alii coronam, alii mitram, alii auream portant catenam, ita in signum sui imperii Christus suam portat crucem [...]« – Das frühe Mittelalter kannte die Ansicht, daß deshalb auch der zum Weltgericht erscheinende Christus das Kreuz wieder selbst tragen werde; vgl. Dungal (825), PL 105. Sp. 490.

17 So z.B. mehrfach in P. Zingerle, Ausgewählte Schriften des hl. Kirchenvaters Ephräm, Bd. I, Innsbruck 1845, S. 154. VI. 1837. S. 212. – M. Escherich zitiert in Heft 300 der Studien zur deutschen Kunstgesch., Straßburg 1934, S. 25 aus einem Briefe des Heinrich von Nördlingen an Margarete Ebner, in dem sie mit Esther parallelisiert wird:»[...] deines Königs Jesu Christi [...], der dich so oft berührt hat mit dem Zepter seines heiligen Kreuzes [...]«

18 Vgl. Fr.J. Dölger, Antike und Christentum, a.a.O., S. 137f.

19 Vgl. z.B. Cyrill von Jerusalem, Ep. ad Constantinum imperatorum III. PG 33. Sp. 1169, oder Johannes Chrysostomus, PG 49. Sp. 396, oder Augustinus, sermo 243, PL 38. Sp. 1210. Ausgang: Ps 35,2.

20 Joh. Chrysostomus zugeschriebenes opus imperfectum in Mt PG 56, Sp. 919.

21 Vgl. Cyrill von Jerusalem, Catechesis XV, 22. PG 33, Sp. 900. (Nach Za 12,10; Io 19,31; Apc 1,7.)

22 Ders. Homilia in paralyticum XI. PG 33, Sp. 1146.

23 Elucidarium (erste Hälfte 12. Jahrhundert) lib. III. nr. 12. PL 172. Sp. 1165: »Sicut, cum imperator ingressurus est civitatem, corona eius et alia insignia praeferuntur, per quae adventus eius cognoscitur, ita Christus in ea forma qua ascendit [...] ad judicium veniet; angeli crucem eius ferentes praeibunt [...]«

nen Säulen; wie jenes das Kreuz, so bedeuten sie die Stationen der Passion, die anheben mit den Silberlingen des Verrates.[22] Da ist der Rahmen der Erinnerungsbilder noch erweitert, aber die Einzahl des signum im Herrenwort ließ offenbar lange davor zurückscheuen, sie innerhalb der Beschreibungen neben dem Kreuze durch das Erscheinenlassen der jeweils wichtigsten Marterinstrumente stichwortartig zu objektivieren. So fehlen sie z.B. selbst in der Beschreibung des Einzuges Christi durch Honorius von Augsburg[23], in der rein literarisch angesehen ihre Erwähnung durch den gebrauchten Vergleich nahe gelegen hätte. Aber Ausnahmen hat es sicher gegeben, wie z.B. in des Pseudohippolyts De consummatione mundi[24] Christus sein Kreuz und die Nägel vorweist. Aber erst seit dem Beginn des 13. Jahrhunderts lassen sich die Nachweise häufen: Gorran[25] erwähnt z.B. ausdrücklich, daß unter dem Kreuz auch andere Passionsinstrumente verstanden würden. Außer dem Kreuz nennt Jacobus a Voragine[26] die Nägel, ein unbekannter Autor[27] die Dornenkrone, den Rohrstab, die Nägel, den Speer. Die Vorstellungen des späteren Mittelalters fassen dann in sehr charakteristischer Weise die Institutiones ad naturalem et christianam philosophiam des Joh. Viguerius[28] (»oft aufgelegt und viel gebraucht«, Grabmann) zusammen: beim Weltgericht werde alles wie bei Prozessionen sehr geregelt zugehen. »Cum Deus omnia in pondere, numero et mensura statuerit, et Salomon mirabilem ordinem in ministerio templi posuerit, [...] quanto magis Christus (qui est plus quam Salomo) in ministerio generalis iudicii. [...] primus infimi ordinis (sc. angelorum) portabit crucem [...] quae dicitur signum filii hominis [...] per quam intelliguntur alia instrumenta passionis Christi reservata, ut dicit [...] Gorra [...] Deinde primus angelus secundi ordinis deferret cordas [...] elevatas. Primus tertii [...] virgas et flagella [...] Primus quarti [...] columnam [...]« Und so fort für das Purpurkleid, die Nägel, den Schwamm, den Speer, die Dornenkrone. »Nun gehn die Generationen durcheinander [...] Das Ganze ist nie ein Ganzes [...]«, schreibt Goethe 1788 an Herder. Salmeron[29] stellt sich der durch Autoritäten gestützten Ansicht nicht ausdrücklich entgegen, von der er sich aber doch zu distanzieren scheint, während Cornelius a Lapide unmißverständlich formuliert (a.a.O.): »hoc probabile est, at non certum, quia nusquam expressum.« Wie sehr die Vorstellungen der Phantasie aber durch die symbolbeschwerte Pracht und Feierlichkeit kirchlicher Prozessionen und staatlich-höfischer Aufzüge gebunden waren, auf dem einmal betretenen Wege fortzufahren, das bezeugt vor dem Aufdämmern des Rationalismus noch einmal mit aller Deutlichkeit die Schilderung Cochems (a.a.O.):

»[...] wir werden sehen, wie der große Ertz-Engel St. Michael [...] herabsteige, tragend das [...] hochwürdige Creutz unsers Herrn [...] welches zu größerer Magnificentz auf beyden Seiten von unterschidlichen Engeln getragen [...] wird [...] seyn. Nach dem H. Creutz werden andere Engeln folgen, welche, wie der Englische Doctor [...] lehret, alle andere Instrumenten des Passions bey sich haben: Nemlich die säul, den spiess, den schwamm, die leyter, das rohr, die ruthen, die geisslen, die dörnecron, die nägel, die strick, die seiler, die ketten, die hämmer, die zangen, den bohrer, die eysene handschuh, die würflen, das purpurkleyd, das tuch, so Christo spottweiss um das haubt gebunden worden, den ungenähten rock, die grabtücher, das H. schweisstuch, die myrrhenbüchsen, samt allen und jeden Instrumenten, welche zum leyden Christi seynd gebraucht worden. Und dis darum, damit alle welt mit augen sehen, wie vilerley instrumenten man Christum zu peynigen gebraucht habe, und die vilerley peyn und marter dem höchsten Sohn Gottes angethan habe«.

Eine für unsere Zwecke genügende Geschichte der Passionsreliquien gibt es nicht, da alle neueren Gesamtübersichten[30] sich nur mit den kirchlich noch heute anerkannten beschäftigen. Eine Übersicht, was alles die Zeiten zu besitzen glaubten, die der wissenschaftlichen Reliquienkritik vorausgehen, fehlt. Am frühesten, vor 326 – dem Beginn des Baues

24 PG 10. Sp. 941. Ob der Text *καὶ τὴν κάραν τὴν ἐξ ἀκανθῶν στεφανωθεῖδαν* sagen will, daß der Kopf die Dornenkrone oder nur ihre Spuren trägt, ist im Zusammenhange durchaus möglich rest, muß dahingestellt bleiben.

25 Um 1210–um 1295. Commentaria in quattuor evangelia, Coloniae 1537, fol. 122 v: »Et per hoc intelliguntur alia signa passionis, ut clavi, lancea et corona, quae (ut aiunt quidam) in iudicium deferentur. Vel potius per hoc signum intelliguntur stigmata passionis in carne Jesu.«

26 Legenda aurea. Cap. 1. de adventu Domini.

27 Clm. 7785 saec. XIII, fol. 68. Zitiert von G. Nölle in: H. Paul u. P. Braune, Beiträge zur Geschichte der deutschen Sprache und Literatur, 6, 1879, S. 466, S. 609 Anm. 5. – Ebd. S. 574 Anm. 3 kann irreführen. Der originale Lucidarius vom Ausgange des 12. Jahrhunderts (vgl. F. Heidlauff, Deutsche Texte des Mittelalters 28, Berlin 1915, S. 68f.) folgt Honorius von Augsburg. – Die Basler Handschrift, aus der Wackernagel, Die altdeutschen Hss. der Baseler Universitäts Bibliothek, Basel 1836, S. 21 zitiert, stammt aus dem Ende des 14. Jahrhunderts und bietet nach Wackernagel keinen originalen Text. Es ist nur ein Beleg der Bedeutung, die die Passionsinstrumente im Laufe des 14. Jahrhunderts gewannen, wenn hier außer dem Kreuz Engel auch den Speer, drei Nägel, die Dornenkrone »und andere Dinge, mit denen Gott gemartert wurde« herbeibringen. Eine parallele Entwicklung findet sich z.B. im Texte der um 1300 entstandenen Gesta Romanorum. Während die originale Fassung von Kap. 66 (58 der Zählung von Hermann Oesterley, Gesta Romanorum, Berlin 1872, S. 377) die »arma« der Erzählung erklärt als: »semper memoriam recentem de Christi passioni habens«, als die Passion an sich, erklärt sie das entsprechende 54. Kapitel einer deutschen Fassung als: »[...] Wappen Christi, das ist die Krone, Kreuz, Speer, Nägel, Geißeln und alles das das zu der Marter gehört, das [...] sollen wir haben in unseren Sinnen; Vor Anfechtungen soll man zu dem Wappen sich wenden«. Ad. Keller, Gesta Romanorum, Quedlinburg 1841. Grimmsches Wörterbuch 13. Sp. 1951. – Für Wolfram von Eschenbach, Willehalm 17,16 ist um 1215 sines tôdes wâpen das Kreuz.

28 Parisiis 1550, fol. 284. Cap. 21. §: 2. Ver. 6.

29 Commentarium De historia vitae Domini P. III. Tract. XL. (a.a.O., IV, S. 674). Nach den früheren Zitiersitten konnte Salmeron aber nun gerade als Beleg für den Glauben genannt werden. So z.B. von dem einflußreichen Nic. Alberti (1650–1707), Commentarii [...] della vita etc. di Gesù Cristo, (zuerst Palermo wahrscheinlich 1703), Venezia 1740, S. 482: »[...] benchè, si stima probabile da tutti quasi i Moderni, non s'intende però, come della Croce, che dovessero realmente apparire gli stessi stromenti, che furono nella Passione di Cristo, ma l'immagine di essi, formati, di aria [...]«

30 Ich nenne als Beispiel nur: F. Soara, Le reliquie della passione, Trento 1934.

der Grabeskirche – wurde das Grab gefunden und vor 333 die Geißelsäule[31] identifiziert. Bei der Auffindung des Kreuzes (zwischen 320 und 345[32]) wurden mitgefunden die Nägel[33], der Titel[34], dessen Vorhandensein für das späte 4. Jahrhundert sichergestellt ist, und angeblich auch die Lanze[35], deren Verehrung in Jerusalem aber erst für das frühere 6. Jahrhundert bezeugt ist.[36] Es folgten zunächst die Dornenkrone[37], das Rohr der Verspottung (Mt 27,30) und der Schwamm[38], dann der Stein[39], auf dem Christus beim Verhör durch Pilatus stand, dann die Lampe, die im Grabe zu Häupten des Toten gebrannt, und der Sessel des Pilatus[40], ferner die Säule[41] einer zweiten Geißelung und der heilige Rock.[42] Spätestens um 670 hören[43] wir von einem der Grabtücher und von dem durch Abdruck des Knies geheiligten Stein[44] des Gebets am Ölberg. Im 9. Jahrhundert waren[45] hinzugekommen das Trinkgefäß, in dem Christus vor der Kreuzigung (Mt 27,34) saurer Wein und Galle zu trinken gereicht wurde, im 10. das weiße Kleid der Verspottung durch Herodes.[46] Vor dem Ende des 11. Jahrhunderts[47] kannte man weiterhin: eine Geißel, weitere Grabtücher, den Purpurmantel der Verspottung[48], weitere Kleidungsstücke[49], die vor der Kreuzigung ausgezogen wurden. Die Zange der Kreuzabnahme[50] befand sich in Jerusalem. Als 1204 Konstantinopel von den Kreuzfahrern geplündert wurde – das historische Ereignis, das wie kein anderes für die Versorgung des Abendlandes mit Passionsreliquien wichtig wurde –, fand man weiter vor: ein eisernes Halsband, durch das Christus an die Geißelsäule angeschlossen war[51], den Stein[51], der im Grabe als Kopfstütze diente, die Fußstütze am Kreuz[51], das Siegel des Grabes[52], eine eiserne Rute[53], Bohrer und Säge zur Kreuzherstellung[54], das Holzfutter der Kette, das Christi Hals berührt hatte[55]; die Holzplatte, auf die der Leichnam gelegt wurde, mit den Spuren von Marias Tränen.[56] Anschei-

31 Pilger von Bordeaux. Vgl. E.v. Dobschütz, Christusbilder, Leipzig 1899, S. 71ff., 138ff.

32 J. Sauer in: M. Buchberger, Lexikon für Theologie und Kirche VI, Freiburg/Br. 1934, Sp. 252–254.

33 Vgl. Holder, a.a.O., S. 40. Ihre Anzahl ist z.T. gar nicht genannt, wie bei Sozomenos, z.T. schwankt sie. Ambrosius und Socrates, wie offenbar die Inventio selbst (S. 12) und der griechische *λόγος* (S. 38), wissen von zwei, Theodoret von drei, Gregor von Tours von vier, Moses von Chorene (um 450; vgl. F.X. Kraus, der hl. Nagel [...] zu Trier, Trier 1868, S. 175f.) von fünf. Auch etwa Nägel, die die Werkzeuge zusammenhielten, gehörten zu den »Waffen Christi«, vgl. das Reliquien Verzeichnis von Clairvaux a.d. Jahre 1517: »ung demy cloux, dont estoit cloué le fer de la lance de Longis«, H. Michelant in Annales archéologiques 3, 1845, p. 225.

34 Nach Johannes Chrysostomus und Sozomenos; vgl. De Waal in: F.X. Kraus, Real-Encyklopädie der christlichen Alterthümer, II, Freiburg/Br. 1886, S. 870 und E. Lucius, Die Anfänge des Heiligenkults, Tübingen 1904, S. 167, Anm. 5.

35 Andreas Cretensis (660–740) sagt in exaltationem Sanctae Crucis I, PG 97, Sp. 1024f., daß die Werkzeuge der Passion von den Juden vergraben worden seien, damit sie nicht gegen sie zum *ἀμυντήριον*, den Christen aber zum *φυλακτήριον* werden könnten, und erklärt: »[...] *τῶν κατὰ πάθος ἐκεῖνο* [...] *χρηστηρίων* [...] *λέγω δὴ τὸν σταυρὸν καί τὰ περὶ τὸν σταυρὸν ἅπαντα · τοὺς ἥλους φημί, καί τὴν λόγχην, καί ὃν* [...] *τίτλον.*« Diese meist übersehene, bisher älteste Bezeugung der Fundgeschichte der hl. Lanze schon bei F. de Mély, Exuviae sacrae constantinopolitanae, Paris 1904, S. 44.

36 Breviarius de Hierosolyma (um 530). – Vgl. Joh. Reil, Die frühchristlichen Darstellungen der Kreuzigung Christi, Leipzig 1904, S. 45.

37 Bezeugt um 409 bei Paulinus von Nola, Ep. 49 ad Macarium; ed. de Hartel CSEL. 29, S. 407. – Vgl. H. Leclercq im DAC, VII, 1, Paris 1925, Sp. 1156.

38 Wie Anm. 36. »In [...] ille calamus et illa spongia [...]« bedeutet calamus nicht den Schwammstab, sondern wie Cassiodorus (um 550) in Ps 86, PL 70 Sp. 621. deutlich sagt: »[...] Ibi arundo servatus, quae caput Domini percussit [...]« Vgl. F.X. Kraus, Der hl. Nagel zu Trier, S. 176. – Später wurde ein Stück im Lateran verwahrt; Giov. Batt. Anguissola, Gli stromenti che servirono alla passione, II, Piacenza 1813, S. 70.

39 Cassiodorus, a.a.O. – Vgl. F.X. Kraus, a.a.O., S. 175f.

40 Pseudoantoninus, Preambulatio locorum sanctorum (um 570); ed. Geyer CSEL 39, S. 173, 205 bzw. 171, 203. – Die von F.X. Kraus, Der hl. Nagel zu Trier, S. 100, angeführten Sätze der hl. Chrysostomus und Ephrem müssen m.E. nicht dahin interpretiert werden, daß die von ihnen genannten Gegenstände vorhanden waren.

41 Pseudoantoninus c. 25. – Vgl. E.v. Dobschütz, a.a.O., S. 139*f., dem anscheinend zuerst auffiel, daß es sich nicht um »die« Geißelungssäule handeln kann. Die Ansicht, daß Christus zweimal gegeißelt wurde, hat bis in die Neuzeit ihre Vertreter gefunden.

42 Vgl. A. Molinier u. Chr. Kohler, Itinerarium Hierosolymitanum, II, Genevae 1885, S. 251.

43 Arculfus-Adamnanus, Geyer (wie Anm. 40), S. 236: »De [...] sudario, quod in sepulcro Domini super caput ipsius fuerat positum [...]« – Nach dem Reliquienverzeichnis des Altars der Lateransbasilika des Diakonus Johannes (um 1170) waren es im ganzen fünf gewesen; vgl. DAC VIII, 2 Sp. 1626.

44 Arculfus-Adamnanus, Geyer (wie Anm. 40), S. 240. – Ich habe in meiner Zusammenstellung die zur Lokalisierung der Vorgänge dienenden Naturobjekte nur berücksichtigt, soweit sie durch Abdruck von Körperteilen Christi zu Reliquien im eigentlichen Sinne wurden. Unberücksichtigt bleiben auch die Blut- und entsprechenden Reliquien, ferner die Reliquien des letzten Abendmahles, da sie für unseren Zusammenhang nicht wichtig sind. Erwähnt sei nur, daß ein bei ihm benutztes Messer schon um 880 vorkommt, AASS. August III, S. 592. – F.X. Kraus, Der hl. Nagel, S. 129.

45 Epiphanius monachus Enarratio Syriae (um 900), PG 120. Sp. 261.

46 A. Stückelberg, Geschichte der Reliquien in der Schweiz, II, Basel 1908, S. 6, Nr. 1989.

47 Der für die Unechtheit des Schreibens des Kaisers Alexius I. Comnenus an den Grafen Robert von Flandern eintretende Cte. Riant bestreitet selbst nicht, daß es bereits im Anfang des 12. Jahrhunderts im Umlauf war, Exuviae sacrae constantinopolitanae, I, Genevae 1877, S. 203. – Vgl. A. Potthast, Bibliotheca historica medii aevi, Berlin 1896, S. 331.

48 Riant, a.a.O., II, Genevae 1888, S. 208.

49 Ebd. – Vgl. F. de Mély, a.a.O., S. 57 und Stückelberg, a.a.O., I, Zürich 1902, S. 18 (1064). – Ich kenne an älteren Erörterungen der Frage, wieviele Kleider Christus vor der Kreuzigung trug, nur die von Euthymios Zigabenos († nach 1118) Commentarium in Mt 27. PG 129, Sp. 724f. Gegenüber der Ansicht einiger, daß es fünf waren, tritt er für drei ein: den ungenähten auf dem Körper, der ausgespielt wurde, während zwei andere zerteilt wurden.

50 Riant, a.a.O., S. 217.

51 Riant, a.a.O., S. 211, nach einem Reliquienverzeichnis von um 1150.

52 Ebd., S. 218, Erzbischof Antonius von Nowgorod, Pilgerfahrt nach Konstantinopel, 1200. Nicht erwähnt in B. de Khitrowo, Itinéraires russes en Orient I, 1, Genève 1889, S. 87.

53 Riant, a.a.O., S. 222. – B. de Khitrowo, a.a.O., S. 96. Geht den beiden folgenden Geräten unmittelbar voraus, so daß sich der Nachsatz auch auf jenes beziehen könnte. Vielleicht aber gar nicht zu den Passionsreliquien gehörig.

54 Riant, ebd.

55 Riant, a.a.O., S. 222. – B. de Khitrowo, a.a.O., S. 96. – Pariser Translationsbericht von 1241, de Mély, a.a.O. – Ps. Beda, PL 94. Sp. 565, spricht von einer während der Vorführung zu Pilatus verwendeten Kette um den Hals, die in Jerusalem gezeigt würde.

56 B. de Khitrowo, a.a.O., S. 102. – F. de Mély, a.a.O., S. 107.

nend nur im Abendland hatte man schon vorher besessen Reliquien des Riemens[57] der Fesselung und des Stabes[58], mit dem der Schwamm emporgehoben worden war. Das Schweißtuch der Veronika ist für Rom spätestens[59] 1140 bezeugt. Während des 13. Jahrhunderts erscheinen neu: die rechte Hand Josephs von Arimathia[60], das Kreuz des guten Schächers[61], ferner[62] das blutige Tuch, mit dem bei der Verspottung die Augen verbunden wurden, die ausgerissenen Barthaare, das blutige Lendentuch, Ruten der Geißelung. Das 14. Jahrhundert bereicherte den vorhandenen Reliquienschatz um den Kamin, an dem Petrus[63] den Herrn verleugnete, einen der Silberlinge[64], den Strick der Fesselung an die Geißelsäule[65], das Waschbecken des Pilatus[66], ein in der Seitenwunde gefärbtes Tuch[67], eine – als Teil der Verhöhnung durch Herodes benützte – stroherne Krone[68], wahrscheinlich auch um den Stein, auf dem Judas das Geld vorgezählt wurde.[69] Das 15. Jahrhundert fand hinzu: die Säule, bei der Petrus nach der Verleugnung weinte[70], den Tempelvorhang[71], Myrrhen und Weihrauch aus dem Grabe und die Rohre, mit denen die Dornenkrone aufs Haupt gedrückt wurde[72], weitere Geißeln[73], einen Stecken, mit dem Christus beim Fall unter dem Kreuze geschlagen wurde[74], ein am weißen Kleide angebrachtes Folterinstrument[75], den Schleier Marias, den das aus der Seitenwunde spritzende Blut getroffen hatte[76], einen der Kreuzkeile.[77] Wahrscheinlich waren im gleichen Jahrhundert identifiziert worden die Würfel[78], der Hahn[79], das Schwert, mit dem Petrus das Ohr des Malchus abhieb[80], Laternen der Gefangennahme[81], während die Legende von dem bei der Kreuzabnahme blutbefleckten

57 Petrus Diac., De locis sanctis, CSEL 39, ed. Geyer, S. 109. – Liber de Constitutione von Charroux, 12. Jahrhundert, vgl. de Mély a.a.O., S. 185. – H.J. Floss, Geschichtliche Nachrichten über die Aachener Heiligtümer, Bonn 1855, S. 35f.

58 F. de Mély, a.a.O., S. 185.

59 Vgl. E.v. Dobschütz, a.a.O., S. 283. Petrus Diaconus Casinensis. – Ein von J.A.S. Collin de Plancy, Dictionnaire critique des reliques, III, Paris 1822, S. 183 erwähntes Breve Sergius IV. von 1011 fand ich sonst nicht berücksichtigt.

60 In Armenien; F. de Mély a.a.O., S. 57.

61 Auf Cypern; vgl. Lucas von Tuy (um 1230), De altera vita, lib. II. cap. 19. Maxima bibliotheca veterum patrum, Lugduni 1677, S. 233. – Vgl. O. Zöckler, a.a.O., S. 189. – In S. Croce in Gerusalemme in Rom wurde gleichfalls ein großes Stück dieses Kreuzes gezeigt (15. Jahrhundert).

62 Translationsbericht von Clermont-Ferrand, geschrieben 1291; F. de Mély, a.a.O., S. 204. – Zum Lendentuch vgl. auch den armenischen Bericht bei F. de Mély, a.a.O., S. 54, zu den Barthaaren G. Thiepolo, Considerationi sopra la Passione, Venetia 1618 (zuerst 1610), S. 1221:»[...] noi godemo in [...] Venetia nella cattedrale di San Pietro [...] tre pelli della santissima barba di Christo [...] sueltigli a tempo della sua [...] passione.«

63 Pilgerfahrt des Ignatius von Smolensk (um 1400); B. de Khitrowo a.a.O., S. 155.

64 Nach der im 1375 geschriebenen cod. vat. 4265 enthaltenen Redaktion der Mirabilia Romae; ed. G. Parthey, Berolini 1869, S. 51. – An der Fassade von S. Peter. Vgl. W. Vogt, Nikolaus Muffels Beschreibung der Stadt Rom (1452), Literarischer Verein in Stuttgart, Tübingen 1876, S. 19. – Nicht bei G.F. Hill, The medallic portraits of Christ, Oxford 1920, der das nächste erwähnte Exemplar nennt: 1413 in Rhodos (S. 106 nach Luchino del Campo, Viaggio a Gerusalemme di Niccolò da Este), das 1395/96 noch nicht gezeigt wurde.

65 G. Parthey nach der gleichen Quelle S. 59 bei S. Croce in Gerusalemme.

66 Pilgerfahrt des Archimandriten Grethenios, gegen 1400; B. de Khitrowo a.a.O., S. 172. – Muffel sah in St. Peter in Rom das Messingbecken, daraus Pilatus »wasser nam«; W. Vogt a.a.O., S. 20.

67 A. Stückelberg, a.a.O., I, S. 51.

68 Fink, in: Zeitschrift für Kirchengeschichte 27, Gotha 1906, S. 467 in einem Reliquien-Verzeichnis des Osnabrücker Domes von dem Jahre 1343. – Vgl. dazu H.J. Vollmer, Die neue ee, Berlin 1929, S. 114. – *Eine* Dornenkrönung genügte auch nicht; vier erfolgen (z.B. Jean d'Outremeuse, Mandeville's Travels; Early English Text Society 153, S. 8f.). Eine schon in Gethsemane: böhmische Miniatur in London, British Library add. ms. 24 198 (um 1420); vgl. Burlington Magazin 73, 1938, S. 202.

69 W. Vogt a.a.O., S. 13, 36. Verwahrt in der Sala del consiglio des Laterans und in S. Croce in Gerusalemme.

70 Pilgerfahrt des Diakons Zosimus, um 1420; B. de Khitrowo a.a.O., S. 203. – Aller Wahrscheinlichkeit nach identisch mit der von G. Thiepolo a.a.O.,S. 1240 und von O. Panciroli, Tesori nascosti [...] di Roma, Roma 1625, S. 130 erwähnten Säule, auf der der Hahn gesessen hatte.

71 Wiener Heiltumbuch von 1502. Erster Umgang.

72 Ebd. Zweiter Umgang.

73 Z.B. Wittenberger Heiltumbuch von 1509, VIII, 1. – Hallesches Heiltum II, 20. – F. de Mély a.a.O., S. 370.

74 Bamberger Heiltumbuch von 1493, 1. Gang; von 1509, zweiter Umgang.

75 Hallesches Heiltum (= Nr. 48), II, 24: »Vom Klotze das Christo am weißen Kleide für seine Füße gehangen«. Ein entsprechendes Folterinstrument findet sich seit dem zunehmenden 15. Jahrhundert manchmal dem Kreuztragenden vorgehängt, vorwiegend in deutschen Bildern; vgl. z.B. die wohl bald nach der Mitte des Jahrhunderts anzusetzende Kreuztragung des Meisters von Laufen im Kunsthistorischen Museum in Wien (Abb. im Jb. d. kunsthistorischen Sammlungen in Wien, NF, 4, 1930, Tafel V, S. 180ff., Aufsatz v. O. Benesch, Neue Materialien zur altösterreichischen Malerei); den Hochaltar der Stadtpfarrkirche in Hersbruck um 1490 (Abb. Tafel V zur Katalognr. 4 im Katalog der Albrecht-Dürer-Ausstellung im Germanischen Museum, Nürnberg [2]1928); verdoppelt: Meister der Kilianslegende, Kreuztragung in St. Florian, Stiftsgalerie, aus dem letzten Viertel des Jahrhunderts (Abb. S. 499 in E. Buchner u. K. Feuchtmayr, Beiträge zur Geschichte der deutschen Kunst, II, Augsburg 1928, in einer Buchbesprechung von E. Buchner S. 497ff.); um 1510: Halepagenaltar in Buxtehude (Abb. im Pantheon IX, 1932, S. 9, im Aufsatz von H. Busch, Der Halepagenaltar). Aber siehe auch die Kreuztragung von Hieronymus Bosch im Kunsthistorischen Museum in Wien (Abb. in in L. v. Baldaß, Hieronymus Bosch, Wien 1943.) Man übernahm aus der zeitgenössischen Behandlung von Gefangenen, was geeignet erschien. So trägt der in Halbfigur dargestellte »Schmerzensmann« von Jan Mostaert in der Sammlung Wedells in Hamburg um den Hals eine Schandtafel, auf die wohl der Inhalt des Titels geschrieben ist. Über ihm Engel mit anderen Waffen. – Vgl. Anm. 611.

76 Wittenberger Heiltum, VII, 5. – Nach Collin de Plancy, a.a.O., II, 1821, S. 167 befand sich in Bologna eine Stirnbinde der Jungfrau mit einigen von der Seitenwunde herrührenden Blutflecken. – Vgl. Wiener Heiltum, III. – Hallesches Heiltum, III, 2.

77 Wittenberger Heiltum, VII, 12. – Hallesches Heiltum, II, 20 (= Nr. 48). Der Stein zu Füßen des Kreuzes gehörte zu den alten ortsgebundenen und ortsbezeichnenden Reliquien.

78 Vgl. J. Calvin, Traité des reliques (zuerst erschienen 1543), Corpus reformatorum 34, Sp. 424. – Bei Collin de Plancy, a.a.O., III, 1822, S. 279; II, S. 75.

79 Ebd., I, 1821, S. 34.

80 Ich fand es zuerst erwähnt bei Alberti, a.a.O., S. 544.

81 Den frühesten Nachweis einer von ihnen kenne ich aus Michel'Ang. Mariani, II più curioso [...] della Francia (Druckpriv. Jan 1666) Ausg. Venetia 1673, S. 159. Er vermerkt im Schatz von St.-Denis, übrigens in einem Schrank, der nur Raritäten und keine Reliquien enthielt, die Laterne des Malchus, die später stets als die des Judas

Handschuhfinger[82] des Nikodemus, den die 1035 gegründete Abtei Bec in der Normandie verwahrte, sicherlich älter ist.

Zweifellos ist mir die Erwähnung manch einer Reliquie entgangen, denn Ottavio Beltrano nennt andere. Der hatte 1626 die Herausgabe des von Rutilio Benincasa 1593 begründeten Almanacco perpetuo übernommen, freilich »invece d'illustrarlo lo rendette storpio e confuso con mille ciance«.[83] So nahm er auch eine Erzählung auf, derzufolge nach der Eroberung Jerusalems die vorgefundenen Passionswerkzeuge dem Papst überbracht und von diesem verteilt worden seien.[84] Er selbst habe sich den Kreuztitel behalten und gegeben dem Kaiser (offenbar dem deutschen) das Kreuz, den Königen von Frankreich, Navarra, Ungarn, Cypern, Kastilien, England, Aragonien, Portugal, Schottland, Böhmen, Polen jeweils die Dornenkrone, die Kette, den Hammer, eine Leiter, die Säule, drei Nägel, die Lanze, die Geißeln, den Schwamm, den Schleier, den Strick.[85] Es erhielten die Herzöge von Calabrien, Savoien, Burgund, Bretagne, Mailand, Orléans je die Würfel, die Fackel, den eisernen Handschuh (des Gesichtsschlages), das Rohr, die Laterne, die Zange. Der Großmeister des Malteserordens bekam die Trompete[86], der Fürst von Tarent die 30 Silberlinge, der Graf von Foix die Börse des Judas, der Graf von Armagh den Eimer.[87] Seine Quelle gibt Benincasa nicht an. Ich kann nicht mehr sagen, als daß es eine ebenso phantastische wie in Einzelheiten abstoßende Passionserzählung gab, die als Quelle eine angeblich bei den Minoriten in Monte Possulano gehaltene Predigt eines getauften Rabbiners Isaac nennt, die »der hebräischen Bibel« entnommene Angaben enthielt. So zu lesen in einem »per Simonem de Luere« 1506 in Venedig veröffentlichten Büchlein[88]: »Ista sunt quedam notabilia de passione christi extracta de biblia hebreorum [...] Et vocatur Thesaurus passionis Domini nostri« usw. In einer Aufzählung der Passionsreliquien werden weder viele Besitzer genannt – nur die Könige von Frankreich, Cypern, Armenien (1), Böhmen (2), ein unbekannter (eine Geißel), dann St.-Denis, ein armenischer princeps (Barthaare), ein arabischer Graf in Cypern (3) – noch viele Reliquien, unter denen meines Wissens sonst nicht erwähnte stark vertreten sind: der Strick, mit dem der Hals an die Geißelsäule gebunden war, eine der zur Kreuzaufrichtung gebrauchten Gabeln, das Urteil[89] (bei 1), der besonders lange Nagel zur Durchbohrung der Füße[90] (bei 2), der Sitz Christi während der Verspottung (bei 3). Benincasas Liste fand Gläubige, aus der »Scuola del Cristiano« des Antonio di Paolo Masini (Bologna 1681, S. 231, Venedig ^{2}1701) übernahm sie Alberti, so daß sie noch im frühen 19. Jahrhundert[92] als authentisch gelten konnte.

Schon der hl. Cyrill von Jerusalem[93] hat, wie wir sahen, Schilderungen des Hohenliedes auf Vorgänge der Passion gedeutet; er riet über jenes zu meditieren, da es diese symbolisiere. Die grundsätzliche Anweisung, wie über das Leben Christi zu meditieren sei, entnahm man Lev 2,5.6: »Si oblatio tua fuerit de sartagine [...] divides eam minutatim«. Nach der glossa ordinaria des Walafried Strabo (PL 113, Sp. 303) bedeutet die zweite Hälfte dieses Gebotes »ut sermonem passionum eius, quae per partes processerunt, dividamus, alapas scilicet colaphos, sputa et vulnera diligenter distinguamus«, und die glossa interlinearis sagt[94] entsprechend: »si oblatio tua, id est dispensatio passionis, fuerit de sartagine, id est de cruce, divides eam minutatim singulas partes passionis distinguendo, scilicet proditionem, sputa, colaphos, coronam spineam« usw. Daher die Aufforderung durch Christus in der Sprache des Hohenliedes lautet: »veni in hortum meum soror [...] messui myrrham meam [...] comedite amici et bibite [...]« (5,1). »Columba mea in foraminibus petrae, in caverna maceriae, ostende mihi faciem tuam« (2,14), was nach einer Gregor d. Gr. zugeschriebenen Auslegung[95] als Hinweis auf die fünf Wunden gilt. »Pone me ut signaculum super cor tuum [...]« (8,6). Hier ist die Verbindung zum signum Christi von selbst gegeben, aber darüber hinaus hatte Gottvater den Inhalt des Siegelbildes selbst verkündet (Za 3,9): »[...] ego caelabo sculpturam eius, ait Dominus [...]: et auferam iniquitatem terrae illius in die una.« Verstand man diese Worte als Hin-

galt. – Vgl. A. Baillet, Les vies des saints. Paris 1710 (Approbatum Jan. 1698), S. 22. – Ders., Histoire des festes mobiles, Paris 1707 (Approb. 1699), S. 499. – Collin de Plancy, II, S. 84.

82 Collin de Plancy II, S. 65f. nach H. Estienne, Apologie pour Hérodote (zuerst 1566), La Haye 1735, II, S. 231f.

83 Vgl. S. Spiriti, Memorie degli scrittori cosentini, Napoli 1750, S. 122.

84 Noch nicht in der Ausgabe Napoli 1629 enthalten, fand ich sie in der nächsten mir zugänglichen Ausgabe Napoli 1636, S. 381.

85 Der Strick, mit dem Judas sich erhängte, hing schon im 12. Jahrhundert in S. Peter neben dem Altar, an dem bei den Kaiserkrönungen zelebriert wurde (Mirabilia Romae S. 51). Er wurde 1527 beim sacco di Roma durch Sebastian Schertlin entführt (vgl. Jb. der kunsthistorischen Sammlungen des allerhöchsten Kaiserhauses 7, Wien 1888, S. CCXCV, fol. 407, der Nr. 5379 der Urkunden u. Regesten aus der K.K. Hofbibliothek, herausgegeben v. W. Boeheim). Abschnitte fanden sich seitdem in Kunstkammern.

86 Nach Masini geblasen, als Christus zur Geißelung (vgl. H. Burgkmaier d.Ä., Geißelung in Klosterneuburg, Pantheon 21, 1938, S. 178) und zur Kreuzigung geführt wurde. Blasen während der Verspottung (z.B. Maestro di S. Martino alla Palma, Bollettino d'arte, 1937, S. 69).

87 Nach Masini »adoperato col fielo et aceto«. Benincasa hat Conte d'Arminache, Masini Aroach. Beides weist eher auf die irische, auch Armach heißende Grafschaft als auf Armagnac.

88 Harvard College Library. Versuche bibliographischer Ermittlungen blieben erfolglos. Zufällig kenne ich eine nur mit ihrem Anfang erhaltene handschriftliche andere Fassung in der Biblioteca communale in Palermo, Ms. 4 Qq A 8 (n. 3) (15. Jahrhundert).

89 Mein Verständnis der arma war noch das konventionelle, d.h. ohne Ahnung ihrer tieferen Bedeutung, als ich über die Darstellungen des Gerichts über Christus schrieb. (= IV), S. 128f. Armabilder, in denen das Urteil erscheint, sind selten.

90 Das weist auf Entstehung nicht vor der Zeit, in der sich die künstlerische Darstellung der Kreuzigung mit übereinander genagelten Füßen durchgesetzt hatte, also nicht vor etwa 1250.

92 Giov. Batt. Anguissola, Gli stromenti che servirono alla passione, 3 Bde., Piacenza 1812ff., verwendet die Geschichte als Quelle. Sein Buch bringt nicht so viel als man hätte erwarten können.

93 In Paralyticum X, PG 33, Sp. 1141, bzw. XI, Sp. 1144.

94 Nach Johannes de Carthagena, Homiliae catholicae in universa Christianae Religionis arcana (Approb. 1609), Coloniae 1614, S. 635, Lib. X, Hom. I.

95 Super Canticum Canticorum, PL 79, Sp. 499.

weis auf die Erlösung und ihr Mittel, das Leiden Christi, so lag es nahe, sich daran gemahnt zu fühlen, daß es sich um ein Geschehen in Zeit und Raum gehandelt hatte. Wiederum schrieb man[96] Gregor d. Gr. die Deutung zu, daß unter dem gemeißelten Bildwerk die Wunden Christi zu verstehen seien. Dann hatte also Gottvater – bildlich ausgedrückt – einer Mehrzahl von Werkzeugen sich bedient, so daß wir auch innerhalb dieser exegetischen Gedankenreihe wieder auf eine Zerlegung des signum in mehrere »Zeichen« hingeleitet werden. Die Seele antwortet denn auch: »[...] Fasciculus myrrhae dilectus meus, inter ubera mea commorabitur« (Ct 1,12). Jedoch: so schlüssig[97] sich das alles systematisch aufbauen läßt, geschichtlich ist die Entwicklung nicht so einsinnig und geradlinig verlaufen. Man kann nur sagen, in der zweiten Hälfte des 1. Jahrtausends begann sich die Aufgabe einer sich in alle Einzelheiten der Passion vertiefenden Meditation und damit auch für entsprechende Darstellungen der bildenden Kunst zu stellen, soweit sie eine meditative Andacht erwecken sollten. Auch in diesen mußte die dargestellte Szene aus ihrer Vereinzelung gelöst und die Stimmung des Schrecklichen durch Erinnerungserregung vervielfacht werden. Die Lösung war vorbereitet durch den Hinweis auf die Gegenstände, die an die einzelnen Phasen der Passion zu erinnern geeignet waren, sie konnte man »bündeln«; und es fehlte sofort nicht an einem gewissen inneren Spannungsmoment zwischen dem Gedanken an alle Leiden Christi und der Heraushebung der mit Blutvergießung verbundenen durch Papst Gregor, unter denen die durch die Geißelung dazu noch fehlt. Sie können aber allein eine volle Vorstellung des Grauens nicht anregen; sie müssen in eine Stimmungsumwelt gestellt werden, wie z.B. das schreckenerregende Dunkel der Nacht mit dem Getümmel der Gefangennahme, die ständig gleichbleibende Roheit der Schergen und der Volksmenge und dergleichen. Es galt[98] – in jeder Hinsicht – wenigen Motiven möglichst reichen Ertrag zu entnehmen. Daß dazu ihre breite Ausmalung nicht immer nötig, daß eine stichwortartige Aufzählung oft hinlänglich ist, das wußte bereits die Kanzelberedsamkeit etwa des hl. Andreas von Kreta[99], aber auch daß der Hinweis auf anscheinend Nebensächliches, wie etwa den begleitenden Lärm, nicht fehlen durfte.

Damals kannten bildliche Darstellungen der Passion schon nachweisbar über ein Jahrhundert eine synchronistische Häufung der Motive; die Kreuzigungsminiatur[100] des Evangeliars des Rabula von 586 vereinigte den Streit der Soldaten um den Rock, die Tränkung mit dem Schwamm und den Lanzenstich, das etwas ältere Mosaik der Apostelkirche in Konstantinopel[101] und der Reliquiardeckel aus Sancta Sanctorum[102] im Vatikan die beiden letzteren.[103] Jahrhunderten hat dieses Andachtsbildschema Genüge getan, in das meistens Maria und Johannes einbezogen sind und oft die verdunkelten Himmelskörper von Sonne und Mond, die einen weitere Leidensgründe, die anderen die Anteilnahme der Natur andeutend.

Innerhalb der uns bekannten Welt der künstlerischen Darstellungen erscheinen als Majestätssymbole des erhöhten Christus neben dem Kreuz zuerst die Lanze und der auf einen Stab gesteckte Schwamm; so auf dem Triumphbogenmosaik aus S. Michele in Affricisco[104] (Ravenna) aus dem 6. Jahrhundert. Daß der, wie wir genau wissen, damals in Jerusalem isoliert, seit dem 7. Jahrhundert im Abendmahlskelch aufbewahrte Schwamm[105] sofort in Verbindung mit dem Stabe auftritt, ist bemerkenswert, denn sie beweist die Bedeutsamkeit rein formaler Überlegungen für die Darstellung. An sich gehörte der Schwamm zu den mit einer besonderen Kraft

96 Carthagena, a.a.O. Ich konnte die Stelle nicht identifizieren.

97 Carthagenas Ausführungen belegen das am besten. Aber z.B. die eben herangezogene super canticum expositio bezieht den »fasciculus myrrhae« nicht auf Christus, sondern auf den ihm Folgenden und die aus der Versenkung in Christi Leben erwachsenden Früchte. Noch bei Anselm von Laon († 1117) bedeutet er nicht nur die»multidudo amaritudinum«, sondern auch die Freuden, während die Myrrhe usw. in 5,1 auf die Märtyrer und Bekenner bezogen werden.

98 Ps. Beda, De meditatione passionis, PL 94, Sp. 561. Praefatio: »[...] Anima enim contemplativa et spiritualis de paucis extrahit multa«. Der Traktat ist doch wohl wesentlich später als Beda entstanden.

99 In exaltatione Sanctae Crucis, I, PG 97, Sp. 1020, wo die seelischen Martern mit dem Judaskusse, den falschen Zeugnissen und den Verhören vertreten sind, und zur Umweltschilderung der Überfall durch die Bewaffneten und das Geschrei aufgezählt werden.

100 Bekanntlich glauben manche an eine Überarbeitung oder spätere Entstehung (vgl. Joh. Reil, a.a.O., S. 69) der Miniatur; ich konnte bei einer vor mehr als 40 Jahren erfolgten Durcharbeitung keinen Grund für diese Annahme finden. C.R. Morey lehnte sie durchaus ab (The painted panel from the Sancta Sanctorum, in: Festschrift zum 60. Geburtstag von Paul Clemen, Düsseldorf, Bonn 1926, S. 163). Auch Joh. Reil hielt das Schema der Komposition für zeitgemäß.

101 Vgl. Joh. Reil, a.a.O., S. 69f.

102 C.R. Morey, a.a.O., S. 151ff.

103 Es gab eine sehr alte Überlieferung, die den Soldaten in den noch Lebenden stechen ließ (vgl. Jacoby in: H. Bächtold u. Stäubli, Handwörterbuch des deutschen Aberglaubens V, Berlin, Leipzig 1927ff., Sp. 1329); sie hat noch im Mittelalter gewisse Spuren hinterlassen, so z.B. beim 1298 gestorbenen Franziskaner Olivi oder in Passionsspielen (vgl. E. Roy, Le mystère de la Passion en France, Dijon 1903, S. 38f. – G. Duriez, La théologie dans le drame réligieux en Allemagne au moyen âge, Paris, Lille 1914, S. 438). Aber die kirchliche Lehre stand unverrückbar fest, und in jedem Fall war Christus ein Sterbender, während die Bilder ihn in voller Lebenskraft darstellen. Joh. Reils Zurückführungen (z.B. S. 88) hätten mehr Überzeugungskraft, wenn die Syrer z.B. die eben herangezogene Überlieferung auch lehrend aufgenommen hätten. So bleibt doch immer das Problem, wieso die Kunst etwas darstellt, was eigentlich der logisch aufgefaßten Lehre widerspricht. Daß C.R. Morey für die angeblich syrische Komposition die byzantinische Vorlage so wahrscheinlich wie nur überhaupt möglich macht (S. 164), entzieht dann Joh. Reil eine weitere Stütze seiner These. – Mir war leider bei der Veröffentlichung meiner 1937 substantiell fertiggestellten Ausführungen über die Freiheit der mittelalterlichen Kunst (= V) entgangen, daß inzwischen L.H. Grondijs den dem Toten nicht entfließenden, sondern herausschießenden Blutstrahl als Veranschaulichung der lebendigen göttlichen Natur durch byzantinische Künstler erklärt hatte, in: L'iconographie byzantine du crucifié mort sur la croix (Bibliotheca byzantina bruxellensis, I), Bruxelles et Leyden, S.a.

104 Berlin, Skulpturensammlung SMPK. – O. Wulff, Die Koimesiskirche in Nicäa, Straßburg 1903, S. 224; und O. Wulff, Altchristliche und Byzantinische Kunst II, Berlin 1924, Abb. 367.

105 Vgl. Anm. 38. Arculfi CSEL 39 (Geyer S. 235. – Joh. Reil S. 45.)

ausgestatteten Passionsreliquien, deren man teilhaftig wurde, indem man von ihm Wasser trank.[106] Daß aber der Lanze schon früh eine besondere Wunderwirksamkraft zugeteilt wurde, ist meines Wissens nicht erweislich; erst im 13. Jahrhundert begegnet der armenische[107] Glaube, daß, wer die, natürlich in Armenien verwahrte, hl. Lanze ansieht, dadurch vor der ewigen Verdammnis gerettet ist. Aber schon vorher läßt der Dichter des französischen Rolandsliedes[108] im Schwertknauf Karls d. Gr. einen Splitter der hl. Lanze verwahrt sein; sie gehörte also mindestens seit dem Beginn der Kreuzzüge zu den spezifisch ritterlichen Talismanen. Es entsprach dann aber einer naturalisierenden Auffassung, wenn die Waffe Christi im ritterlichen Kampf mit dem Teufel nicht das Kreuz, sondern die Lanze wird[109], und sie blieb, soweit ich sehen kann, auf enge Kreise beschränkt. Daß »die« Passion aber schon im 1. Jahrtausend durch die »Bündelung« anderer Motive dargestellt werden konnte, beweist die Illustration zu Ps 21 im Utrechtpsalter.[110] Vers 19 ist durch die Verlosung des Gewandes wörtlich illustriert. Rechts dahinter steht das Kreuz mit einer Geißel an dem einen Arm, der Dornenkrone und der Lanze an dem anderen. Daneben (auf der Erde liegend?) der Schwammstab; vielleicht lagen links und rechts oberhalb des Kreuzfußes noch zwei weitere Werkzeuge, von denen das rechts die Zange gewesen sein kann. Daß der in der ersten Hälfte des 9. Jahrhunderts in Hautvillers-Reims entstandene Utrechtpsalter auf ältere Vorlagen zurückgeht, dürfte heute kaum noch bestritten werden. Daß diese byzantinisch und etwa aus dem 7–8. Jahrhundert waren, beweist wiederum das Passionssymbol. Denn daß im 6. Jahrhundert die Geißel bereits in den Kreis der »Werkzeuge« einbezogen war, ist nicht zu belegen; die in Anm. 99 herangezogene Äußerung des hl. Andreas von Kreta erwähnt sie sogar um 700 noch nicht, was aber natürlich nicht von allgemeiner Verbindlichkeit zu sein braucht. Andererseits weist die ungeschickte Unterbringung des Schwammstabes daraufhin, daß es sich noch um kein fertig ausgebildetes Symbol handelte, für das die symmetrische Stellung der beiden Stäbe so nahe liegt. Wir sind noch nicht im Bezirk einer festausgebildeten ikonographischen Tradition; auch noch nicht, als um das Jahr 1000 das Symbol in England kopiert[111] wurde: die Anordnung wurde beibehalten unter Hinzufügung des Titels. Im allgemeinen war der Bereich der Psalterillustration wohl zu speziell, als daß von dorther ein Einfluß auf die allgemeine Entwicklung hätte ausgehen können.

Vereinzelt ist vorläufig noch die Darstellung des Lammes Gottes zwischen den Evangelistensymbolen und hinter der Lanze, einem Kreuzstab und dem auf eine Stange gesteckten Kelch eines der dem Gekreuzigten gereichten Tränke[112] im cod. Aemilianensis des Escorial.[113]

Ich vermag nicht, die Entwicklung durch alle Jahrhunderte hindurch im einzelnen zu schildern. Es ist die Wiedergabe[114] einer zufälligen Lesefrucht, wenn ich erwähnen kann, daß in der Mitte des 9. Jahrhunderts die Meditation der Passion als höchste der geistlichen Exerzitien galt, die man aber für den in die Weltläufte Verstrickten noch nicht als recht geeignet ansah. Damals war das Thema schon so durchgearbeitet, daß bereits auch das Motiv der im irdischen Leben Christi immer wiedergekehrten Passionen angeschlagen war, so wenn der Patriarch Nikophoros[115] die Beschneidung zu ihnen rechnet. Einen erneuten Einfluß auf die Ikonographie scheinen aber die Passionsmeditationen erst wieder gewonnen zu haben, als die Verehrung der Passionswerkzeuge weitere Kreise ergriff. Es ist nicht wahrscheinlich, daß der hl. Anselm[116] von Canterbury († 1109) für unser ikonographisches Thema unmittelbar von Bedeutung war. Bei aller Verehrung

106 Pseudoantonin bei Geyer, S. 173, 205.

107 F. de Mély, a.a.O., S. 56.

108 V. 2503ff. – E. Le Blant, in: Mémoires de l'Institut National de France 34, 2, 1895, S. 118. – Vgl. A. Jacoby, in: Schweizer Archiv für Volkskunde 29, 1929, S. 209.

109 Vgl. K. Burdach, in: Sitzungsber. der preußischen Akademie der Wissenschaften, Berlin 1920, S. 316. – Ich halte die Angabe für irrig, daß der Auferstehende »unzählige Male« den Longinusspeer in der Hand trage. Mir ist kein Beispiel präsent. Ich habe oben S. 97 schon auf die Entstehung des Kreuzstabes hingewiesen. Wenn der oft ausgesprochene Stabform hat, so hat sicherlich die aus Ps 22,4 entwickelte Auffassung des Kreuzes als baculus (vgl. z.B. den Eberhard von Béthune zugeschriebenen liber contra Valdenses Kap. 17, Maxima Bibliotheca veterum patrum 24, Lugduni 1677, S. 1561) darauf eingewirkt. Ich glaube, daß sie auch nicht ganz unbeteiligt war an der Entstehung der Vorstellung von der Pilgerfahrt Christi auf der Erde, für die der Stab und der Beutel die symbolisierenden »Waffen« werden; vgl. M. Didron, Iconographie chrétienne. Histoire de Dieu, Paris 1843, S. 301ff., bes. 307ff. – Guillaume de Deguilleville, Le pélerinage de Jhesu crist (gedichtet 1358); ed. Jakob Stürzinger, Roxburghe Club, London 1897, deutet die beiden Ausrüstungsstücke vor der Inkarnation ganz symbolisch. Aber bei der Rückkehr in den Himmel gibt Christus ihnen die Bestimmung der Erinnerungsstücke an seine Pilgerfahrt, entsprechend der Bedeutung, die die Theologie den Wundmalen am Leib des Himmelfahrenden beilegte.

110 Fol. 12 r. – Ernest T. De Wald, The illustrations of the Utrecht Psalter, Princeton usw. 1933, S. 13, pl. 19.

111 British Library Harley Ms. 603, fol. 12; vgl. L. Twining, Symbols and Emblems of early and mediaeval christian art, London 1852, pl. 18,2.

112 Das halte ich für die wahrscheinliche Erklärung. Das Motiv findet sich wenig später auch an der Bernwardstür in Hildesheim (A. Goldschmidt, Die Bronzetüren des Mittelalters, I, Marburg 1926, Tafel LIV), im 14. Jahrhundert z.B. im Lutrell Psalter der British Library (E. Millar, The L. Ps. London, pl. 31 B), im Altar von Nes (unten S. 112 und Anm. 204). Wenn Christus tot ist, bekommt die Vorhaltung des Schwammes für die Anschauung einen dem wahren entgegengesetzten Sinn: den der versuchten Erfrischung.

113 Fol. 457. Begonnen 976. Juan Domínguez Bordona, Die spanische Buchmalerei, Firenze 1930, Tafel 28.

114 Rudolf Presbyter Vita B. Rabani Mauri; AASS, Febr. III, S. 531: »Omnium [...] spiritualium exercitiorum Dominicae passionis est maximum, in quo monachus [...] cito magnum inveniet conversationis internae profectum. Monachum in hac sancta meditatione homini mundano praeposui, propterea quod exutus negotiis saecularibus ad meditationem [...] aptior iure censetur.«

115 A.a.O., Sp. 312. Das Beschneidungsmesser als Reliquie: Wiener Heiltum, 2. Umgang.

116 Die Hauptstellen: Med. IX: »Salvatoris infirma nos [...] reverenter venerari, amanter amplecti, fortiter imitari dignum est et salubre et honorificum. Haec enim sunt instrumenta fortissima, quibus omnipotens virtus et investigabilis sapientia Dei restaurationem mundi [...] operata est, et usque modo operatur [...]«; »[...] ad tuae passionis gloriosa insignia, in quibus salutem meam operatus es, totum me inclino. Tuae victoriosae crucis regale vexillum in

der Passionswerkzeuge überschreitet er die »gregorianische« Linie nicht grundsätzlich. Auch in die Schilderung der Leiden scheint er kein neues Motiv eingeführt zu haben. Da findet etwa Abt Theofried von Echternach[117] († 1110), auf den der Trierer heilige Nagel begeisternd eingewirkt haben mag, sehr viel wärmere Töne für die Lanze und vor allem für die Nägel: »o quam praeclara dominicorum clavorum et salutaris lanceae specialis materies, quae auri et argenti ac omnium metallorum longe excellit species [...] O quam sancta, quam pretiosa, quam dulcis, quam amabilis et delectabilis ferri materia, unde clavi [...], unde [...] procusa est lancea [...] quid [...] clavis sanctius, quid eminentius?«

Das 11. Jahrhundert hatte zunächst in die byzantinischen Weltgerichtsdarstellungen als neue Form des signum Christi die Etimasia[118] aufnehmen sehen; sie behält ihr bisheriges Zentralmotiv, das Buch, das von einigen der Passionsinstrumente umgeben wird, wie dem Kreuz, der Lanze und dem Schwammstab[119], die ja bisher schon als Majestätssymbole dienten. In diese neu einbezogen erscheint damals die dem Kreuz übergeworfene Dornenkrone. Es hätte jetzt die Möglichkeit bestanden, daß dieser stark dekorative Aufbau wie eine Wappenform erstarrt wäre, jedoch wirkte dem das Vereinzelungsstreben der Meditation entgegen. Es ist wohl der hl. Bernhard von Clairvaux (1090–1153) gewesen, von dem es im Bereich des Nacherlebens der Passion die für die Zukunft entscheidenden Anleitungen erhielt. Er präzisierte seinen inneren Sinn: so intensiv mit-leiden, daß die Erlösung verdient werde; »compatere patienti, ut merearis redimi.«[120] Dabei wird die Stärke des Leidens Christi bis zu einer äußersten Grenze betont: »misericordiae Domini multae, sed et miseriae Domini multae«[121], womit eine unmittelbare neue Verbindung hergestellt wird zwischen dem leidenden und dem erbarmenden Christus[122] als Entsprechung zu der älteren des gelitten habenden und des richtenden. Es gilt[123] daher, alle »Bitterkeiten« und Mühen in Christi Leben zu sammeln und nachzuerleben, »tota vita illius crux fuit et martyrium« (sermo 22), und es gab damals schon Gedächtnishilfen für die Erinnerung an die Art der Leiden. Bernhard zitiert wohl eher (Instr. sac.), als daß er selbst gedichtet hatte:

»Quinque vices, et quinque modi te, Christe, cruentant:
Circumcisio, sanguineus sudor, et flagra, spinae,
Fixurae quinque, lateris, manumque, pedumque.«

Man sieht, die Zahlenspielereien haben schon begonnen: fünf Wunden, also fünf Arten von Ursachen der (neun) Blutvergießungen, deren Bernhard selbst an anderer Stelle[124] sieben zählt. Aber damit soll natürlich nur der schematische Rahmen abgesteckt sein, die Betrachtung hat sich gerade in die Individualität jeden Ereignisses zu versenken[125]: die Dornenkrone[126] wird nicht einfach aufgesetzt, sondern roh aufgedrückt; nicht die Nägel allein sind bei der Verwundung der Hände und Füße beteiligt, mit Hämmern werden sie eingeschlagen, und je tiefer sie eindringen, desto weiter reißen sie die Wunden auseinander (Instr. sac). Wie in das Königssiegel[127] das königliche Bildnis eingegraben ist, so lebenswahr soll die Vorstellung des leidenden Christus ins Gedächtnis gegraben sein. Es scheint mir eine neue Wendung bei Bernhard zu sein, wenn er[128] als

nomine tuo [...] adoro«; folgt noch Anruf der Dornenkrone, »tuo rubentes sanguine clavos«, der Lanze, der Wunden, des Blutes, des Todes, des Grabes, der Auferstehung und Himmelfahrt. Or. XX: »[...] ego non quantum debeo sed quantum queo, memor passionis tuae, memor alaparum [...] flagellarum, memor crucis, memor vulnerum [...]« PL 158, Sp. 748, 758, 903. – Auch Petrus Damiani scheint mir nicht von Bedeutung. Er hat die Erklärung des Myrrhenbüschels als Hinweis auf die Passion (Institutio monachorum cap. III) und hat einen allerdings verstärkten Hinweis auf die Gemeinheit der Gesichtsschläge und des Speiens (Sermo 48: »Speciosa illa facies [...] sputis illita est, afflicta colaphis, addicta delusionibus«) PL 145, Sp. 735; 144, Sp. 763.

117 Vgl. F.X. Kraus, a.a.O., S. 101, aus den Flores epitaphii SS. lib. IV, cap. 3.

118 O. Wulff, Koimesiskirche S. 240ff.

119 Vgl. z.B. A. Goldschmidt u. K. Weitzmann, Die byzantinischen Elfenbeinskulpturen, II, Berlin 1934, Nr. 123.

120 Instructio sacerdotis P. I. cap. 6. PL 184, Sp. 779. – Dazu etwa noch: Meditatio in passionem VI. 13, ebd. Sp. 750: »qui portat crucem tuam, portat gloriam tuam. Qui gloriam tuam portat te portat: te portantem autem tu portas super humerum tuum [...]« Soweit mir die wissenschaftliche Literatur bekannt ist, hat sie bisher nicht geklärt, ob und wieweit Bernhard sich auf Vorgänger stützte. Peter Abälard (1079–1142) hatte damals vielleicht schon gedichtet:

»[...] tua [...] supplicia
quibus sic compati fac nostra pectora,
ut vel compassio degna sit venia.
Tu tibi compati sic fac nos, Domine,
tuae participes ut simus gloriae.«

Es ist charakteristisch, daß eine so ausgezeichnete Kennerin des Mittelalters wie Helen Waddell, die (Mediaeval latin lyrics, 4. Ed. New York 1933, S. 166f.) das Gedicht nach P. Dreves, Abelardi hymnarius, Paris 1891, abdruckte und übersetzte, compati mit den abgeschwächten modernen Ausdrücken für Mitleiden pity, compassion wiedergab und so den Sinn völlig verfehlte.

121 De passione Domini, PL 183, Sp. 267. – Sermo 62 in Canticum: »quid [...] tam efficax ad curanda conscientiae vulnera, nec non ad purgandam mentis aciem, quam Christi vulnerum sedula meditatio?«, ebd., Sp. 1079.

122 Die entsprechende Vorstellung bei Ps. Beda, a.a.O., Sp. 562: »[...] ita te habeas in dolendo, ac si Dominum tuum coram oculis tuis haberes patientem, et ita ipse Dominus praesens erit, et accipiet tua vota.«

123 Sermo 22 de diversis: »quid non suave tibi, cum tibi collegeris omnes amaritudines Domini tui, et rememoraberis primum quidem illarum infantilium necessitatum, deinde laborum quos pertulit in praedicando [...]« Ml. 183, Sp. 597. Sermo in coena dom.: »[...] connectendo fasciculum de omnibus et singulis, quae facta referuntur [...]« Ml. 184. Sp. 952. Die von U. Pinder, Speculum passionis, Nürnberg 1507 fol. A UII v. zitierte Mahnung: »Cotidiana christiani hominis lectio debet esse dominicae passionis recordatio« dürfte kaum von Bernhard, dem sie zugeschrieben war, stammen. Man mochte wohl etwa erst seit dem 14. Jahrhundert entsprechend beten: »[...] que tous les jours de ma vie je puisse pleurer et lamenter ta doloreuse passion.« (British Library Add. Ms. 31 838 des späten 15. Jahrhunderts).

124 Vitis mystica, cap. 35, PL 184, Sp. 711.

125 Ebd. cap. 44, Sp. 725f.

126 Ebd. cap. 39, Sp. 713.

127 Ebd. cap. 44, Sp. 727: »[...] signaculum enim regium crux est [...] Habet hoc sigillum imaginem crucifixi Jesu in ipso sigillo crucis multis fossuris effossam et expressam, sicut in sigillis imago regum exprimitur fodiendo.« Als Überschrift diene der Titel.

128 Lamentatio in passionem Christi, PL 184, Sp. 770: »[...] ecce [...] vox sanguinis fratris mei Jesu Christi, clamat ad te de terra, id est de cruce [...]«

Ausdruck des gleichen Kreaturgefühles, das dem hl. Franziskus seinen Sonnengesang eingab, das Leiden Christi Gott gegenüber als das seines Bruders in Anspruch nimmt. Die Skala der mit der Vorstellung des leidenden Christi verknüpften Gefühle wird immer reicher: der Mensch wohnt dem denkbar furchtbarsten Leiden[129] seines – trotz des zwischen ihnen bestehenden Abstandes, der so groß ist, wie der zwischen dem Herrn der Heerscharen und dem Erdenwurm[130] – Mitmenschen bei, der als derselbe, qua Deus, sich um des Leidens willen des Anteilhabenden erbarmt. Die Werkzeuge des Leidens, abgesehen von den individuellen Reliquien, erscheinen hier noch nicht als Objekte einer besonderen Andacht, wenn auch bereits auf sie zur Erregung der Leidensvorstellung verwiesen[131] wird. Denn je mehr die Beschäftigung mit den einzelnen Leidensstationen propagiert wurde, desto größer mußte das Bedürfnis[132] nach ihren Repräsentationen werden und desto sicherer mußten sie eines Tages in irgendwelchen Zeichen und Gedächtnishilfen objektiviert werden, und als diese lagen Darstellungen der als Schmerzerreger unmittelbar in Frage kommenden Gegenstände und Personen am nächsten. Nichts konnte ja auch das Mitgefühl so erwecken wie der Kontrast zwischen Christi körperlichem und geistigem Wesen und irgendeinem fühllosen Werkzeuge oder einem menschlich-gemeinen Ausdruck. Antithetik ist im Bereich des Demonstrativen das stärkste Erregungsmittel; das hat man seit der klassischen Rhetorik nie vergessen.

Wie sehr die Geister auch der Laien seit der Mitte des 12. Jahrhunderts mit dem Problemkreis beschäftigt waren, lehrt z.B. die Entstehungsgeschichte des portugiesischen Wappens. König Alfons I., der Eroberer, bezeugt[133], daß ihm 1172 vor einer Schlacht der Gekreuzigte erschien und ihn zum Gedenken dessen, dem das Reich verdankt würde, aufforderte, als Wappenbilder zu vereinen den Preis, den er, Christus, für die Erlösung der Menschen erlegt habe, und die Geldstücke, für die er den Juden verkauft worden sei. So kamen zusammen mit den fünf Wunden die dreißig Silberlinge ins portugiesische Wappen, in dem die beiden Motivgruppen zwar abgekürzt, aber doch noch schlagender den gleichen Gedanken aussprachen, wie die Darstellung des Gekreuzigten zwischen Longinus und dem Schwammträger. Gegenstände, wie die Geldstücke, die heute dem Uneingeweihten bestenfalls als skurrile Kuriositäten erscheinen, waren Träger bedeutendsten Sinnes geworden. Jahrhundertelange Gedankenarbeit hat sich eine neue Bildersprache geschaffen, deren Zeichenschatz erst langsam, dann immer schneller anwächst, und zwar als Niederschlag einer lebendigen Entwicklung und nicht nach den festgelegten Regeln eines Systems. Wir sahen schon, daß im 11. Jahrhundert in die Zahl der als Majestätssymbole Christi geltenden Passionswerkzeuge die Dornenkrone neu aufgenommen wurde. Ihr folgten erst die Nägel, was wundernehmen könnte, da es sich bei ihnen um die schlimmsten und eigentlich heiligsten Wundenreißer handelt. Um 1100 vermag ich ihre isolierte Darstellung zum ersten Male nachzuweisen: das sein Blut vergießende Lamm Gottes auf dem Tragaltar im Domschatz zu Modena[134] ist umgeben von der Lanze, dem Schwammstab und einem riesigen Nagel. Es ist also nicht eine historisch getreue Abbildung der bei der Kreuzigung verwendeten Nägel oder einer bestimmten Reliquie beabsichtigt, sondern eine Aufforderung, sich ja die Durchbohrung des Körpers durch die Nägel deutlich zu vergegenwärtigen. Anders als bei den Geldstücken, deren Anzahl gerade das Wichtige und Bedeutsame ist, ist bei den Nägeln ihre Funktion, die Durchbohrung beider Hände, beider Füße, wichtiger als ihre Zahl, die man gewiß zum Gegenstand gelehrten Streites machen konnte, der aber nie daran etwas ändern konnte oder sollte, daß die Nägel vier Wunden geöffnet hatten. Das war es, was in der Vorstellung nacherlebt werden sollte, wie die Nagelspitze in das Fleisch eingedrückt wird, wie das Eisen unter den Hammerschlägen immer tiefer eindringt, das Fleisch auseinanderreißt, die Knochen zersprengt, wie das Blut herausspritzt, wie die Schmerzen immer furchtbarer werden. Vier Nägel sagten da nicht mehr als einer. Warum sich aber die Tradition herausbildete, zumeist drei wiederzugeben, während die herrschende theologische Lehre vier gebraucht sein ließ, vermag ich nicht zu erklären. Im Bereich der französischen Plastik[135] gehören drei Nägel seit etwa dem zweiten Viertel des 12. Jahrhunderts zu den üblicherweise dem Weltrichter beigegebenen Passionswerkzeugen, während auf dem

129 Die Schriftgrundlage ist stets Lam 1,12 »[...] videte, si est dolor sicut dolor meus«.

130 Sermo 22, a.a.O.: O quam indebita miseratio [...] Regem gloriae pro despicatissimo vernaculo, imo vermiculo crucifigi! »Vermis« nach Ps 21,7.

131 Etwa: in feria IV hebdomatae sanctae, 11, PL 183, Sp. 269 »Recordabor [...] dolorum eius conviciorum, sputorum, colaphorum [...] clavorum, horumque similium [...]«

132 Ich glaube, daß die Worte in dem dem Guibert von Nogent († 1124) zugeschriebenen Traktat PL 184, Sp. 1035 auch noch rein bildlich gemeint sind: »Sic ergo calicem eius accipiam, quia monumenta passionis suae intra animae meae sinum, intra memoriae cellas semper revolvam [...] Haec, inquam, crucis et passionis eius insignia sint praesentia, ut laeva eius dilectionis [...] sit sub capite meo [...]«

133 »[...] ut cognoscant successores tui datorem regni, insigne tuum ex pretio, quo ego humanum genus emi, et ex eo, quo ego a Judaeis emptus sum, compones, et erit mihi regnum sanctificatum [...] quod taliter fuerit, iure ego Alphonsus rex [...] Idcirco praecipio successoribus meis [...] ut scuta quinque in crucem partita propter crucem et quinque vulnera Christi in insigne ferant, et in unoquoque triginta argenteos, et super serpentem Moysis ob Christi figuram [...] Facta charta Colimbri, tertio Kalendarum Novembris era 1172. Ego Alphonsus [...]«. – Chrysostomus Henriquez, Fasciculus sanctorum ordinis Cisterciensis, Bruxelles 1623, I, S. 65f. – L. Gougaud, Dévotions et pratiques ascétiques du moyen âge (Collection »Pax« XXI) Paris 1925, S. 79.

134 Ch. Rohault de Fleury, La Messe, V, Paris 1887, pl. 343. – B. Kleinschmidt, in: Zeitschrift für christliche Kunst, 17, 1904, Sp. 105/6 (mit richtiger Datierung). – J. Braun, Der christliche Altar in seiner geschichtlichen Entwicklung, München 1924, I, S. 460, 464.

135 Z.B. Beaulieu (Porter, a.a.O. – P. Deschamps, Die romanische Plastik Frankreichs, Florenz 1930, Tafel 23); Martel (auch Lanzenspitze, Dornenkrone, A.K. Porter, a.a.O., Tafel 432); Conques (auch Lanzenspitze, Deschamps, a.a.O., Tafel 57); Laon (auch Dornenkrone, Aubert, a.a.O., Tafel 40). Immer Engel als Träger.

ungefähr gleichzeitigen Reliquiar[136] von Ste.-Croix in Lüttich außer der Kreuzreliquie Eimer, Dornenkrone und vier Nägel in der Fläche verteilt an die Passion erinnern. Im fortgeschritteneren 12. Jahrhundert häufen sich dann die Beispiele: im oben schon herangezogenen Clm 14159 fol. 5v[137] begleiten den Weltrichter als signum das von einem Engel gehaltene Kreuz, Lanze, Schwammstab und, streifenförmig übereinandergestellt, Eimer, drei Nägel, Dornenkrone, im Hortus deliciarum der Herrad von Landsberg[138] auf der Etimasia Kreuz, Dornenkrone und vier Nägel, auf einem Kapitell[139] aus der Abtei Sa. Maria de Lebanza (Palencia) von 1185, wohl von den Aposteln gehalten, Lanze, vier Nägel und ein Kreuz mit Titel, im Fresko von S. Giovanni a Porta Latina in Rom[140] Lanze, Schwammstab und vier Nägel. Nikolaus von Verdun läßt 1181 auf dem Klosterneuburger Altar[141] einen Engel Kreuzstab und drei Nägel, einen anderen Dornenkrone, Lanze und Schwammstab halten, während er auf dem 1205 vollendeten Marienschrein in Tournai[142] beiden außer der Lanze bzw. dem Schwammstab je zwei Nägel zuteilt.

Den Nägeln folgte – die oben besprochene Darstellung der Psalterillustration war Ausnahme geblieben – im 12. Jahrhundert die Aufnahme der Geißel. Sie wird von einem der den Weltrichter begleitenden Engel gehalten, z.B. in Clm 23093 fol. 133v[143] nebst drei Nägeln, Dornenkrone und Lanze, und auf einem Kapitell[144] aus dem Kreuzgang von S. Maria de Aguilar de Campos im Museo Arqueologico von Madrid nebst Kreuz mit Velum, Lanze, drei Nägeln und Schwamm. Der Niellogrund der Rückseite des Kreuzes von St. Trudpert[145] (gegen oder um 1200) enthält als signum Christi Dornenkrone, Kreuz, Lanze und Kelch mit drei Nägeln. Nicht eindeutig bestimmbar ist die Bedeutung des Kelches; es kann derjenige des Abendmahles gemeint sein oder der des Ölbergs oder der des Trankes vor der Kreuzigung oder, wenn auch unwahrscheinlicher, das Mischgefäß des Schwammtrankes; am unwahrscheinlichsten bei einer isolierten Darstellung ist damals aber der symbolisch gemeinte Kelch, in dem das Blut der Seitenwunde aufgefangen wird. In Chartres[146] (um 1210) halten Engel um den Weltrichter Lanze, Dornenkrone, Kreuz, drei Nägel und Geißelsäule mit Geißel, in einer fränkischen Miniatur[147] der ersten Hälfte des 13. Jahrhunderts Dornenkrone und Lanze, Schwammstab und zwei Rutenbündel, in einer englischen[148] ungefähr der gleichen Zeit Dornenkrone und Geißel und das Kreuz.

Je weiter das 12. Jahrhundert vorschritt, desto freier wurde man in der Auswahl der vorzuführenden Instrumente; offenbar begannen sich persönliche Andachtsbeziehungen zu einzelnen der Passionsstationen, wie sie in den Instrumenten ihre Objektivierung fanden, herzustellen. Man war für die Sprache der Werkzeuge aufs höchste empfänglich geworden. Sie können, wie z.B. in der Kreuzigung auf dem Deckel des Andreasreliquiars in Siegburg[149], zu den Hauptträgern des Ausdruckes des schrecklichen Geschehens werden. Ganz still sind hier die Motive der heiligen Figuren, um so lauter ist die harte Liniensprache der Geräte, die alle durcheinander schreien; noch sind die riesigen Nägel nicht sämtlich eingeschlagen, da sticht der Speer schon zu. Es könnte hier das Nebensächliche zur Hauptsache geworden erscheinen, aber das wäre ein Mißverstehen der Absicht. Sie zielt nicht auf objektbetonte realistische Darstellung des Geschehens als einen Selbstzweck, sondern als Anregung der Vorstellung des unmittelbaren Beiwohnens, und dieses nicht aus objektiv naturalistischen Realitätsinteressen, sondern zur Aufrüttelung der seelischen Kräfte zur Kommunion mit dem Erlöser. Was jeweils dazu taugt, ist unter verschiedenen Himmeln und zu verschiedenen Zeiten und in verschiedenen Seelen verschieden. Was dem einen empfindungshaft neutral oder gar kalt erscheinen mag, rührt den anderen zu Tränen.[150] Wir können nicht wissen, warum seit dem 12. Jahrhundert der eine gerade dieses Passionsinstrument nicht missen wollte – der Besteller des Taufbeckens[151] für St.-Germain in Tirlemont ließ z.B. neben das Lamm Gottes den ungenähten Rock legen – und der andere gerade eine andere Kombination vorzog. Wir können nur sagen, es müssen da persönliche Beziehungen obgewaltet haben, die aber allem Anschein nach nicht notwendig

136 O. v. Falke u. H. Frauberger, Deutsche Schmelzarbeiten des Mittelalters, Frankfurt/M., 1904, S. 65. – M. Devigne, La sculpture Mosane, Paris 1932, pl. 1.

137 A. Boeckler, Die Regensburg-Freisinger Buchmalerei des 12. und 13. Jahrhunderts, München 1924, Tafel 35, S. 40.

138 O. Gillen, Ikonographische Studien zum Hortus deliciarum der Herrad von Landsberg, Berlin 1931, S. 7, 15.

139 Cambridge (Mass.) Fogg Art Museum. – A. Kingsley Porter, in: M.E. Gilman, Fogg Art Museum Notes, Cambridge 1927, S. 90ff.

140 J. Wilpert, Die römischen Mosaiken und Malereien der kirchlichen Bauten vom 4.–13. Jahrhundert, Freiburg/Br. 1924, Tafel 256, S. 1038. Zwischen 1191 und 1198. Eine andere Interpretation ist unmöglich.

141 O. v. Falke u. H. Frauberger, a.a.O., S. 93. – K. Drexler, Der Verduner Altar, Wien 1903, Bild 50. S. 19.

142 J. Braun, Meisterwerke der deutschen Goldschmiedekunst der vorgotischen Zeit. München 1922, I, Tafel 93.

143 Boeckler, a.a.O., Abb. 94, S. 104.

144 D. Juan de Dios de la Rada y Delgado, Museo español de antiguedades, I, 1872, Tafel vor S. 597, Text S. 619.

145 M. Rosenberg, Niello seit dem Jahre 1000 n. Chr., Frankfurt a.M. 1925, S. 21ff.

146 M. Aubert, a.a.O., Tafel 74.

147 Psalterium Staatsbibliothek Bamberg, Msc. Bibl. 48; vgl. H. Swarzenski. Vorgotische Miniaturen, Königstein 1931, S. 86.

148 Trinity College Cambridge; Burlington Fine Arts Club, Exhibition of illuminated manuscripts, London 1908, Nr. 38, pl. 37. Um 1220–40.

149 Zweite Hälfte des 12. Jahrhunderts. Am hinlänglichsten die zeichnerische Wiedergabe bei E. aus'm Weerth, Kunstdenkmäler des christlichen Mittelalters in den Rheinlanden, I, Leipzig 1857, Tafel 49, Abb. 3a. – H. Swarzenski, Monuments of Romanesque Art, London 1954, fig. 438.

150 Sehr schön formuliert L. Gillet, Histoire artistique des Ordres Mendiants, Paris 1912, S. 109 bei Besprechung der orientalischen Motive in den Darstellungen der heiligen Geschichte: »Devant ces détails qui nous amusent, le fidèle d'autrefois s'agenouillait en silence et se prenait à rêver.«

151 Vom Jahre 1149. Brüssel, Musée du Cinquantenaire. In welcher Verbindung der Engel, der als dritte Figur im Kompartiment dargestellt ist, mit den beiden anderen gedacht sein mag, kann hier unerörtert bleiben.

verbunden waren mit der zu bestimmten Reliquien. Denn eine so wichtige Rolle z.B. der Leiter[152] im Empfindungsleben vieler Jahrhunderte zugekommen sein muß – sie war durchaus nicht nur ein Werkzeug der Kreuzabnahme, sondern auch der Kreuzanheftung; noch im 18. Jahrhundert war eine Komposition[153] verbreitet, auf der sie sehr betont als bei dieser gedient habend fortgetragen wird als Veranschaulichung des: »Es ist vollbracht« –, ich habe keine Reliquienpartikel von ihr erwähnt finden können. Ebensowenig von der Zange, für die ebenfalls gilt, daß ihr ein besonderer Erregungswert für das fromme Gefühl zukam, denn auch die Verletzungen, die das Ausziehen der Nägel selbst bei der größten Sorgfalt dem toten Körper beibrachte, stachelten das Mitleiden auf. So konnte[154] die Zange durch Steigerung des brutalen Charakters des fühllosen Gerätes geradezu ein Hauptmotiv in der Kreuzabnahme werden, die durch die Geräte überhaupt nach dem glücklichen Wort von Cecile Jeglot[155] »plutôt déclouement que descente« werden kann. In vielen Fällen mag auf die Auswahl der dargestellten Waffen auch ein dem dunklen irrationalen Gebiete des Aberglaubens (auf das ich hier nur kurz eingehen kann) entsprungener Einfluß wirksam gewesen sein.

Es versteht sich leicht, daß dem Kreuz Christi[156], das sein Blut getränkt hatte, bald nach seiner Auffindung eine liturgische Verehrung[157] gezollt wurde, und daß man ihm eine besondere Wunderkraft zutraute. Schon Paulinus von Nola weiß in den ersten Jahren des 5. Jahrhunderts um sein unverändert gleichbleibendes Volumen, Beleg der ihm innewohnenden lebendigen Kraft. Es war ihm ein Schutz in der Gegenwart und ein Unterpfand des Heiles[158], von dem die kleinsten Splitter die Kraft des Ganzen bergen. Sie dienten daher als Amulette zur Abwehr alles Übels. Aber dem Volksglauben unterschieden sie sich von der reliquienlosen Kreuzform stets wohl nur durch die größere Kraft. Das Christentum trat ja in eine Welt, die, ob jüdisch oder heidnisch, voller Glaubens an die magische Kraft von Worten und Gegenständen war, und es blieb natürlich von ihm nicht unbeeinflußt, da sich das Frömmigkeitsleben nun einmal mit dem der strengsten Lehre nicht restlos zu decken pflegt. Schon das zweite Jahrhundert[159] glaubte nachweisbar an die Dämonen bannende Wirkung des Kreuzzeichens, und dieser sich immer mehr durchsetzende Glaube an das »lebensspendende« Kreuz hatte durch die Kreuzauffindung wohl nur eine besondere Weihe erfahren. »Crux est vita mihi Mors inimice tibi«, diese Inschrift einer Seite des bei S. Lorenzo fuori le mura gefundenen Brustkreuzes[160] mit einem Kreuzpartikelchen aus dem 5.–6. Jahrhundert formuliert klassisch in Kürze[161] einen Glauben, für den aber auch in weiten Kreisen das Kreuzzeichen allein, das die stärkere Sicherung durch eine Reliquie nicht bot, den gleichen schützenden Sinn hatte. Noch für die Zeit der Wanderungen möchte A. Wilmart die in einer Handschrift des 11. Jahrhunderts erhaltene Anrufung[162] in Anspruch nehmen: »Lignum crucis tuae fiat mihi [...] lorica fortis in corpore, totum medicamen in corde. Sit galea salutis in capite. Sit scutum et arma invictissima contra omnium visibilium et invisibilium inimicorum insidias [...]« Die Sitte, Fieberkranken Wein oder Wasser zu geben, in das ein – auch reliquienloses – Kreuz getaucht war, läßt sich bis ins 7. Jahrhundert zurückverfolgen[163], diejenige, Broten zu Heilzwecken ein Kreuzzeichen aufzudrücken[164], bis um das Jahr 1000, die Verwendung zur Unwetterbannung bis ins 11. Jahrhundert.[165]

In der Wirkung als Phylakterion scheinen im allgemeinen Glauben dem Kreuz am nächsten die Nägel gekommen zu sein, wozu vielleicht mit beitrug, daß Nägel schon in der Antike zu den Amuletten[166] gehörten. Im Glauben an diese Wunderkraft liegt auch die Erklärung für die Verwendung, die die hl. Helena oder Constantin nach einigen Berichten[167] den heiligen Nägeln selbst zuteil werden ließen. Ob sie teils einem kaiserlichen Zaumzeug, teils einem Diadem oder Helm

152 Wer sie rein formal ansieht, nennt das Motiv: »die immer unangenehme Leiter«; Goethe, Die Externsteine.

153 Z.B. auf einer Ofenkachel von 1766 im Museum zu Lindau.

154 Vgl. z.B. aus dem 12. Jahrhundert die Messinggruppen auf den Reliquiaren des Germanischen Museums in Nürnberg und des Victoria u. Albert Museums in London. – F. Witte, Neue Hoffnungen? In: Zeitschrift für christliche Kunst 22, Düsseldorf 1909, Sp. 304ff. – Die Bibel aus Avila der Nationalbibliothek in Madrid fol. 324 bei J.D. Bordona, a.a.O., Tafel 49 – Aus dem 13. Jahrhundert den Würzburger Psalter der Münchner Staatsbibliothek bei H. Swarzenski, Die lateinischen illuminierten Handschriften des 13. Jahrhunderts in den Ländern an Rhein, Main und Donau, Berlin 1936, Tafel 172, Abb. 940. – Aus dem 14. Jahrhundert das Bild des Enrico di Tedice im Museo Civico in Pisa, Nr. 15 des Kataloges der Mostra Giottesca, Città di Firenze, Palazzo degli Uffizi, Bergamo 1937. Ebd. und Nr. 14 zeigen riesige Hämmer.

155 C. Jeglot, La vie de la Vierge dans l'Art, Paris 1927, S. 153.

156 Joh. Reil, a.a.O., S. 39ff. – Vgl. J. Sauer, a.a.O., Sp. 244f. Wie weit schon vorher die cruces exemplatae Verehrung genossen, braucht in unserem Zusammenhange nicht erörtert zu werden; vgl. J. Kayser, a.a.O., S. 7ff.

157 Zum folgenden besonders F.J. Dölger, Antike und Christentum, III, S. 81ff.

158 Aus Ep. 31: »[...] crux in materia insensata vim vivam tenens [...] Totaque in exiguo segmine vis crucis est [...] munimentum praesentis et pignus aeternae salutis [...]«

159 vgl. das Amulett bei H. Leclercq, a.a.O., I, 2. Sp. 1795f. – Über die (spätere) theologische Fundierung dieses Glaubens durch Athanasius und Joh. Chrysostomus vgl. O. Zöckler, a.a.O., S. 260.

160 F.J. Dölger, a.a.O., S. 97f. – H. Leclercq, DAC III, 2. Sp. 3104f.

161 Der Patriarch von Konstantinopel Nikephoros sagt um 817 (Antirrheticus III, 36, PG 100, Sp. 433) man trage Brustkreuze mit Kreuzpartikeln: *πρὸς φυλακὴν καὶ ἀσφάλειαν τῆς ζωῆς ἡμῶν, καὶ σωτηρίαν τῶν ψυχῶν τε καὶ τῶν σωμάτων ἡμῶν* [...] *πρὸς ἰατρείαν παθῶν καὶ ἀποτροπὴν τῆς τῶν ἀκαθάρτων δαιμονίων προσβολῆς*.

162 Vgl. A. Franz, Die kirchlichen Benediktionen im Mittelalter, Freiburg/Br. 1909, II, S. 468f.

163 Vgl. Eckstein in Bächtold u. Stäubli a.a.O., V, Sp. 501 nach der vita des sel. Adalbert von Metz, MG SS IV, S. 589. – Eine englische Bezeugung aus dem 16. Jahrhundert in R. Whitford, A werke for Housholders, London 1537, fol. L I r. (F.A. Gasquet, The eve of the reformation, London 1919, S. 276 benutzt eine Ausgabe von 1554.)

164 Ephemerides liturgicae 46, 1932, S. 31f. über cod. Farfensis no. 4. der Bibl. Vittorio Emmanuele in Rom.

165 A. Franz, a.a.O., S. 80. – Fr.J. Dölger, a.a.O., S. 112. – R. Hindringer in: Lexikon für Theologie und Kirche III, Freiburg/Br. 1931, Sp. 520.

166 F.X. Kraus, Der hl. Nagel zu Trier, S. 101f. – H. Leclercq, a.a.O., I, 2. Sp. 1791ff., III, 2. Sp. 2036f.

167 Am übersichtlichsten F.X. Kraus, a.a.O., S. 51ff., 76ff.

eingefügt wurden, teils zur Beruhigung des Meeres in dieses geworfen sein sollen, Gregor von Tours[168] bezeugt ausdrücklich den Glauben an ihre menschliche und dämonische Feinde bezwingende Kraft. Und wenn, woran zu zweifeln kein Grund vorliegt, etwas von den Nagelreliquien in Konstantinopel einer Denksäule[169] eingefügt wurde, so findet das – im Glauben an die Dämonen abwehrende Macht – seine Entsprechung in dem religiösen Sinne, der dem 1586 auf dem Petersplatz in Rom neu aufgestellten Obelisken beigelegt[170] wurde: das den Gläubigen heilbringende, den Dämonen feindliche Kreuzeszeichen zu tragen. Selbst die Wirkung der im Besitz der deutschen Könige befindlichen Heiligen Lanze[171] lag in den in sie eingefügten »siegbringenden Nägeln«. Man darf also gerade auch wegen der Amulettbedeutung annehmen, daß die Erklärung[172] des Zeichens auf einem in einem fränkischen Grabe der Provinz Namur gefundenen Ringe als Darstellung dreier Passionsnägel richtig ist.

Schon aus dem 5. Jahrhundert nennt E. Le Blant[173] einen Ring mit dem als Beschwörungsformel bis in die Neuzeit verwendeten, der Passionserzählung zugehörigen Spruch aus Io 19,36: »os non comminuetis ex eo«. Wieso man seinem Besitz, seinem Aussprechen einen körperlich beschützenden Sinn geben konnte, ist ohne weiteres verständlich. Es wird ein genau umrissener Vorgang aus Christi Geschichte in der Verdichtung eines heiligen Satzes als Phylakterion für eine ähnliche Lage in Anspruch genommen. Wir finden Analoges in dem uns hier interessierenden Bereich auch sonst. Die Geißelsäule bewahrte Abdrücke von Körperteilen Christi, deren Masse als Heilmittel[174] gegen Krankheiten der einzelnen Körperteile diente, in diesem Falle also doch wohl der entsprechenden. Aber man darf die Analogie nie zu eng begrenzen wollen, echter Glaube an übernatürliche magische Kräfte weiß um keine Systematik.[175] Die von den Abdrücken auf dem Stein, auf dem Christus beim Verhör vor Pilatus stand, abgenommenen Maße seiner Füße dienten offenbar als Heilmittel[176] gegen verschiedene Krankheiten, wie man auch nach dem Bericht[177] Gregors von Tours annehmen muß, daß man das Maß des Umfanges der Geißelsäule entsprechend verwertete. Dieser Glaube an die Heilkraft der Christi Leiden unmittelbar darstellenden Reliquien gründet sich natürlich auf Ps 53, 4.5: »Vere languores nostros ipse tulit, et dolores nostros ipse portavit [...] et livore eius sanati sumus.« Dem Fußschemel kam wiederum deshalb eine besondere Bedeutung zu, da er in Ps 98(99),5 »[...] adorate scabellum pedum eius, quoniam sanctum est« ausdrücklich geheiligt ist und die Väter[178] darunter den Hinweis auf die menschliche Natur Christi verstanden. In allen Fällen ist es nicht möglich, anzugeben, warum sich mit bestimmten Reliquien der Glaube an eine bestimmte Wirkung verband; man kann ihn nur feststellen. Dem Öl der Grablampe[179] war z.B. offenbar eine besondere Segenskraft zu eigen, was daran erinnert, daß das Grab Christi sie überhaupt ausströmte. Wir wissen durch Augustin[180], daß man in der Erde des Grabes einen wundertätigen Talisman von größter Wirksamkeit zu besitzen überzeugt war, der gleichermaßen Dämonen vertrieb und wunderbare Heilungen verursachte. Hier handelt es sich um Wirkungen der Reliquien unmittelbar, und man hielt[181] ja das kleinste Staubteilchen der heiligen Orte für einen heil- und segenbringenden Besitz.Dem Bezirk des oben berührten Analogiezaubers gehört es an, wenn sich die Anrufung des heiligen Grabes, das den Auferstehenden nicht festhalten

168 Vgl. Miraculorum liber, I, cap. 5. MG SS rerum Merovingiarum, I, S. 491. – Die unter Berufung auf Gregor angeführte Wunderkraft des konstantinischen Zaumes dient noch Martin Del Rio als einer seiner Belege der der katholischen Kirche in den Reliquien zur Verfügung stehenden übernatürlichen Kraft; Disquisitionum magicarum libri, Lib. 6, Sectio 3. (zuerst erschienen 1599) Ausg.: Venetiis 1652, S. 735.

169 F.X. Kraus, a.a.O., S. 78f.

170 Vgl. z.B. den Bericht über die Weihefeier des Obelisken von dem damaligen Rektor des Collegium Germanicum P. Mich. Loredano: »[...] ut [...] vero Deo sacer esset eiusque salutiferum inferisque tremendum vexillum suo vertice sustineret [...]«; Römische Quartalschrift für christliche Altertumskunde, 11, 1897, S. 461. Die eine Seite des Sockels erhielt die Formel des Wettersegens »ecce crucem domini« usw. zur Inschrift. Am ausführlichsten über den Obelisken ist L. v. Pastors Geschichte der Päpste seit dem Ausgang des Mittelalters, X, Freiburg/Br. 1926, S. 453ff.

171 Vgl. Liudprandus, Antapododosis [...] libri (950), IV, 24. MG SS brerum germanicarum in usum scholarum, Liutprandi, opp. Hannoverae ²1877, S. 91. – F.X. Kraus, Der hl. Nagel zu Trier, S. 89ff. – Dazu Jacoby, a.a.O., S. 211.

172 M. M. Deloche, Étude [...] sur les anneaux sigillaires [...] des premiers siècles du moyen âge, Paris 1900, S. 113, Nr. XCVII; dazu S. 372ff. das Gutachten Ph. Bergers, daß es sich um einen hebräischen Buchstaben handeln könne. H. Leclercq ist a.a.O., I, 2 Sp. 2213 unentschieden, VII, 1, Sp. 1153 für die Deutung auf Nägel. Dagegen entscheidet er sich nicht hinsichtlich der Exemplare, auf denen M. Deloche die Darstellung des Kreuzes mit vier Nägeln für möglich hält (Nr. CXXII, CLXff., zu denen dann doch auch XC gehörte). Eine Entscheidung ist auch m.E. noch nicht möglich. Jacoby erwähnt a.a.O., S. 213 das Vorkommen der Passionsnägel in einem Amulett des 6. Jahrhunderts.

173 E. Le Blant, De l'ancienne croyance à des moyens sécrets de défier la torture, a.a.O., 34, 1, 1892, S. 293.

174 Pseudo-Antonin, Geyer, a.a.O., S. 174, 206 »[...] ita ut pro singulis languoribus mensura tollatur; exinde et circa collum habent et sanantur.« Der Sinn der Worte richtig erkannt bei E.v. Dobschütz, a.a.O., S. 139*, nur daß mensura ganz wörtlich das Längenmaß bedeutet.

175 Wo sie sich einzuschmuggeln versucht, entbehrt sie nach meinem Gefühl nie einer gewissen Selbstironie. So wenn Del Rio den im Hexenhammer vertretenen zauberbekämpfenden Wert der Länge Christi (vgl. Jacoby bei H. Bächtold u. Stäubli, a.a.O., V Sp. 901) zurückweist: »De longitudinis Christi Domini mensura, quid illa operari idonea, novit Deus [...]« l. V. sect. 9, a.a.O., S. 531.

176 Pseudo-Antonin, Geyer a.a.O., S. 175, 205: »[...] ligantes pro singulis languoribus et sanantur«.

177 Pseudo-Antonin, Geyer, a.a.O.: »ad columnam [...] accedentes, corrigias textiles faciunt eamque circundant; quas rursum pro benedictione recipiunt, diversis infirmitatibus profuturas«; E.v. Dobschütz, a.a.O., S. 140*; Jacoby, Archiv S. 191.

178 Vgl. Lucas von Tuy lib. II. cap. 20, a.a.O., S. 236: »Per scabellum namque pedum Dei Christi humanitas in scripturis patrum dicitur designari«. Siehe auch Ps 132,7.

179 Pseudo-Antonin, Geyer, S. 171, 203: »[...] ex qua benedictionem tulimus et reconposuimus ea«.

180 De Civitate Dei lib. 22, cap. 8. Unvollständig erwähnt von Collin de Plancy, a.a.O., III, S. 145f.

181 Paulinus von Nola a.a.O.: »[...] aut de ipsis locis exiguum pulverem aut de ipso crucis ligno aliquid saltem festucae simile sumere et habere, benedictio est [...]«; vgl. A. Molinier u. Ch. Köhler, a.a.O., S. 122.

konnte, in einer Beschwörungsformel für ersehnte Rückkehr eines Verirrten findet.[182] Das Längenmaß des Grabes[183] war ein allgemeines Amulett. Über die Grenzen unserer Aufgabe, die sich ja nicht mit der Passion im allgemeinen befaßt, hinaus greifen die Schicksale des Kreuztitels; denn wenn man ihn als die kräftigste der Teufelsbeschwörungen unter allen Passionsinstrumenten bezeichnet[184] findet, so gehört das in das Kapitel des Namenszaubers. Seine als Amulett kursierende Länge[185a] wurde nicht auf die Titelreliquie selbst zurückgeführt, sondern der rein literarischen Beschreibung Ludolphs von Sachsen entnommen. Hier kann uns besonders deutlich werden, daß auf diesem Gebiet jeder Teil seinen selbständigen Wert besitzt, ein generelles Ordnungsprinzip ist in ihm für unseren Zusammenhang nicht zu finden.

Ich habe wenigstens andeutungsweise zeigen können, daß schon rund ein halbes Jahrhundert vor der Geburt des hl. Franziskus auch dem Laien als Ideal tägliche Beschäftigung mit der Passion Christi, die mehr umfaßte als nur die eigentlichen Leidenstage, als Aufgabe gestellt war, und daß die Erschütterungen zartesten Mitempfindens erregt werden sollten durch seelenlose Geräte, zu denen sich damit Andachtsbeziehungen herstellen mußten, unabhängig von einer ihnen zugebilligten magischen schützenden Kraft. Der hl. Franz hat also mit dem Streben, Christi Leiden nachzuleben, nichts Neues[185b] in die Welt gebracht. Aber diese ihr Kraftzentrum im Nachleben von Christi Leiden findende Frömmigkeitsrichtung mußte einen ganz besonderen Auftrieb erfahren, als bekannt wurde, daß Franziskus mit den Wundmalen Christi begnadet worden. Es war also doch die Kluft zwischen dem Staubgeborenen und dem Gottmenschen nicht für jeden Überbrückungsversuch zu gewaltig. Gott selbst hatte durch ein Wunder bezeugt, daß die Angleichung bis zu den äußeren Leidensmalen nur durch innerseelisches Erleben möglich ist. Meisterhaft hat Gillet[186] gesagt, warum damit eine neue Epoche anheben konnte, der göttliche Urgrund des Lebens – des Lebens als Einheit – hatte sich wieder einmal offenbart. Man darf wenigstens die Frage stellen, ob allerdings die Offenbarung so blitzartig eingeschlagen hätte, wie sie es tat, wenn sie nicht als göttliche Bestätigung einer längst bestätigten religiösen Praxis und als göttliche Stellungnahme zu einem religiösen Problemkreis hätte aufgefaßt werden können. Gillet betont mit Recht mehrfach, daß für die Zeitgenossen und für das Mittelalter überhaupt die entscheidende Bedeutung des hl. Franz von seinen Stigmaten ausging. Durch sie war er zum vollkommenen Abbild Christi[187] geworden, das über ihn dokumentarische Aussagen[188] machen konnte, aber diese bezogen sich, was die Passionsinstrumente angeht, nur auf Kreuz und Nägel[189], deren Verehrung wie die der fünf Wunden und die Kreuzanbetung sich nach wie vor als kirchlicher Brauch ergab.[190] Nichts hören wir denn auch über eine besondere Pflege der Andacht zu den übrigen Passionsinstrumenten innerhalb der Schar der Franziskusjünger der ersten und zweiten Generation, nichts über ihren besonderen Einbau in die Methodik der Meditationspflege. Maßgebend blieb[191] auf diesem Gebiet durchaus der hl. Bernhard. Auch Jacopone da Todi (um 1230–1306) wußte hier kein neues oder ihm zu-

182 Clm 536 (geschr. Prüll zwischen 1143 und 1147); fol. 84 v: »Adiuro [te] terra per patrem et filium et spiritum sanctum et per sepulchrum domini ut eum non retineas sed citissime redire facias ad me«.

183 Vgl. W. Butler u. Bowdon, The book of Margery Kempe [geschrieben 1436], London 1936, S. 121, wo es heißen muß »the measure of Christ's grave« [für: grace].

184 Vgl. Jacoby, a.a.O., S. 183 aus einer Trierer Handschrift des 15. Jahrhunderts: »In omni diabolica impugnatione Christianus hunc titulum in corde et ore gerat, quod inter omnia arma passionis dominicae diabolus hunc titulum triumphalem maxime perhorrescit [...]«

185a Ebd. S. 184.

185b Dies gegen die übliche Ansicht, für die hier als Beispiele auf K.A. Kneller, Geschichte der Kreuzwegandacht (Ergänzungsheft zu den Stimmen aus Maria-Laach 98), 1908, S. 46 und W. Goetz, in: Archiv für Kulturgeschichte 17, 1927, S. 144 verwiesen sei. Eine Ausnahme bildet L. Gillet, a.a.O., S. 102.

186 A.a.O., S. 99: »Un homme du siècle, un moderne, a reproduit en lui les caractères divins. Chose imprévue ! L'antique mère est toujours féconde: la vie ne s'est pas encore retirée de ses flancs [...] le fait tient uniquement à la merveille des stigmates. Il fallait ce miracle pour rompre l'enchantement [...]«

187 L. Gillet zitiert, a.a.O., S. 31 Anm. das Wort Renans »un parfait miroir du Christ« und fährt fort: »Voilà ce qui a tant frappé le moyen âge, et ce dont il a vu la preuve dans les stigmates.«

188 Vgl. z.B. Lucas von Tuy, a.a.O., S. 224f., der 1231 (»ante quinquennium aspexerunt«) die Beschaffenheit der Stigmata als endgültigen Beweis dafür anführt, daß Christus mit vier Nägeln gekreuzigt wurde. »Ubique per eum veritas fulget Evangelii, sanctarum scripturarum inundantia repletur terra [...] Prae caeteris enim sanctis signis passionis Dei et hominis antonomastice sublimatus, velut sol meridianus torpentia corda hominum calore fidei inflammavit. Signa passionis Christi fide sensibili demonstravit, ne stigmata humanae redemptionis vetustate de fidelium mentibus delerentur. Iam enim multi retro ibant veritati contraria sentientes [...]« Wer jetzt noch weiterhin an der Vierarmigkeit des Kreuzes und der Vierzahl der Nägel zweifelt »Apostolicum contra se iudicium provocat in districto examine, et filiorum Francisci turbam pauperum beatorum, quorum est regnum coelorum.«

189 Ebd. S. 226: »Nos igitur [...] crucem Domini nostri [...] humiliter adoremus, clavos et vulnera regis nostri devotissime veneremur [...]«

190 Vgl. P. Candido Mariotti, La Passione di G. Cristo ed i Francescani, S. M. degli Angeli 1907.

191 Vgl. z.B. S. Antonii Paduani (1195–1231) expositio in psalmos, sermo 34 (Horoy, Medii aevi bibliotheca patristica VI, Paris 1880, Sp. 659): »Memores ergo simus omnis sacrificii et omnium iniuriarum, et contumeliarum, quas passus est Christus, antequam levatus est in cruce. Per sacrificium intelligitur patibulum crucis, videlicet sputa, flagellaminae, crux, clavi, lancea, spinae, de quibus omnibus debemus habere memoriam, unde in canticis dicit sponsa: Fasciculus myrrhae [...] Sic sponsa, id est fidelis anima omnes passionis circumstantias debet in corde colligere [...]« – S. Bonaventura (1221–1274), Regula novitiorum, cap. II, 7. (Opp. ed. Quaracchi, VIII, 1898, S. 478): Quae autem de passione [...] debeas cogitare, dicit Bernardus: O homo respice [...] Auch der berühmte Hymnus: In passione Domini

[...]
Portemus in memoria
Dolores et opprobria
Christi coronam spineam usw.

(Officium de passione Domini. Ebd. S. 152; C. Mariotti a.a.O., S. 86f.) bringt nichts grundsätzlich Neues. – Die dritte Blutvergießung nennt Vitis mystica, cap. 18 (ed. Quar., a.a.O., S. 183) in vellicatione genarum; die erste ist, wie üblich, die Beschneidung.

sagendes Motiv zu finden. Als er Christus[192] dem Menschen seine undankbare Kargheit vorwerfen läßt, da sind es die Wunden, auf die als Erlösungspreis verwiesen wird. Vielleicht war diesem Frömmigkeitstyp die Beschäftigung mit den Werkzeugen zu kalt, zu mittelbar; vielleicht war ihre Erschütterung durch das Sündenbewußtsein vor dem als ganz nahe empfundenen Erlöser zu gewaltig, als daß nicht als Störung des Einswerdens mit ihm empfunden wurde, was sich irgend zwischen seine Wunden und die eigene Person schob. Diese Menschen standen Gott ganz unmittelbar gegenüber; er hatte für sie mit seiner menschlichen Person bezahlt, sie strebten nach Vergeltung mit Gleichem. In seinem erschütterndsten Gedicht (a.a.O., S. 473ff.) wünscht sich Jacopone alle Leiden und Gebrechen auf den Hals, Leben bis ans Weltende, dann einen harten Tod und Verschlingen seines Leichnams – er will sich dem Zahlen nicht entziehen. Hier liegt, selbst wenn der Ausgangspunkt kein spontaner war und der Gefühlskomplex in der Strafdrohung Dt 28,20–26 wurzeln sollte, eine vitale, eine Lebens-Beziehung, keine reine Andachtsverbindung mehr vor – grundsätzlich nicht unterschieden von der gleichen, die den hl. Franz im Tode nackt wie den Heiland auf der Erde liegen lassen will, und die sicherlich das Kostbarste war, was der Heilige als sein persönliches Vermächtnis mit der Beglaubigung durch die Stigmaten seinen Jüngern hinterließ. Sündige Kreatur und leidender Gottmensch sind gleichsam durch »Sympathie« in ihren Lebensäußerungen »korrespondierend« miteinander verbunden. Dies als Erlebnis zu fühlen, darin bestand vielleicht das Besondere der franziskanischen Frömmigkeit. Wenigstens vermochte ich in ihrem Kreise erstmalig die Auffassung vertreten zu finden, die die Leiden der einzelnen Gliedmaßen Christi als verursacht und entsühnend mit den Sünden der entsprechenden menschlichen in Verbindung setzt. Es war die selige Angela von Foligno († 1309), der Christus in einer Vision[193] dies lehrte. Im Gefühl des Einsseins mit dem Leidenden rechnete sie sich geringfügige Menschlichkeiten, ja selbst nur die Erfüllung menschlicher Bedürfnisse wie des nach Reinlichkeit als schwere Sünde an.

Die Temperatur erscheint kühler, die Distanz größer, die Reaktion unspontaner in der Sphäre, in der die Geschichte der Passionswerkzeuge als Vertreter der Leidensstationen weiter verläuft. Wir konnten der Sprache der Denkmäler entnehmen, daß sich schon im Laufe des 12. Jahrhunderts persönliche Andachtsbeziehungen zu einigen von ihnen zu bilden anfingen. Nur dadurch läßt sich erklären, daß wir in diesem Jahrhundert arma in einfacher Reihung ohne jeden Träger in Darstellungen der Kleinkunst und der Miniaturen eindringen sehen konnten. Seit um 1250 läßt sich Entsprechendes auch in der Monumentalkunst belegen. Neben dem den Kreuzstab haltenden Weltrichter in dem unter Innozenz IV. gemalten Weltgericht der Kapelle des hl. Silvester in SS. Quattro Coronati[194] in Rom hängt auf der einen Seite an einem Stabe die Dornenkrone, auf der anderen stehen (eigentlich: schweben frei im Raum) die Lanze, neben ihr drei Nägel, darüber der Schwamm mit Stabansatz. Die Werkzeuge sollen vor allem deutlich gesehen werden können und die Aufmerksamkeit auf sich ziehen, was in so umfangreichen Kompositionen allerdings besser erreicht wird, wenn sie, wie es z.B. wieder Cavallini um 1293 im Weltgericht von S. Cecilia in Trastevere[195] tat, etimasiaartig vor bzw. auf einem Altar angeordnet werden (zu seiten des Kreuzes die Lanze und zwei Nägel bzw. der Schwammstab, ein dritter Nagel und das Essiggefäß). Die arma sind aber schon ein selbständiger, eigengesetzlicher Motivkreis für sich geworden, der einer realistischen Einbeziehung in die übrige Darstellung des Weltgerichtes durch Getragenwerden nicht mehr unbedingt bedarf, wenn auch die Großkunst[196] zunächst noch meist und die Kleinkunst[197] oft an den Engeln als Trägern festhalten. Sehr bezeichnend für das Übergangsstadium ist die Darstellung des Weltgerichts auf dem toskanischen Bilde Nr. 1041 des Kaiser-Friedrich-Museums in Berlin von um 1300, die das Kreuz mit Titel und übergeworfener Dornenkrone, neben ihm je eine Geißel und auf der einen Seite noch den Hammer darunter »schweben« läßt, während beidseits je ein Engel einen Nagel und die Lanze bzw. zwei Nägel und den Schwammstab hält.

Die Meditation arbeitete an einer ständigen Erweiterung des Vorstellungskreises über die Geschehnisse während der Passion. Es scheint, daß Thomas von Aquino es war, der zuerst (compendium theologiae, S. 244; drittes Viertel des 13. Jahrhunderts) den bernhardinischen Satz: so innig mitleiden, daß wir deshalb erlöst werden auf eine (angebliche) apostolische Verheißung begründete: »homines conformati passionis eius ad societatem gloriae ipsius assumuntur, secundum illud Apostoli: Si compatimur et conregnabimus«, II Tim 2,12 (wo unsere Vulgata aber liest: »si sustinebimus [...]«). Der Gedanke schlug ein[198], und er mußte den Drang zum wahren Mitleiden mit neuer Leidenschaftlichkeit erfüllen, wenn es als sicherer Weg zur Erlösung gelten konnte, und das erschien ja durch die Stigmata des hl. Franz bestätigt. Natürlich ist un-

192 Francesco Tresati, Le poesie spirituali del B. Jacopone da Todi, Venetia 1617, S. 377f.

193 J. H. Lammertz, B. Angelae de Fulginio visionum et instructionum liber (Bibliotheca mystica et ascetica V), Coloniae 1851, S.137ff.

194 J. Wilpert, Die römischen Mosaiken und Malereien der kirchlichen Bauten des 4. bis 13. Jahrhunderts, Freiburg/Br. 1924, Tafel 268.

195 Vgl. ebd. Tafel 281, S. 1044. Die Anordnung um einen Altar findet sich im Bereich der römischen Ikonographie noch auf dem Weltgericht in der Annunziata in Cori aus dem zweiten Viertel des 15. Jahrhunderts; R. van Marle, Development of the italian schools of painting VIII, Den Haag 1925, S. 250.

196 Vgl. z.B. den französischen Freskoentwurf um 1300 in Bibl. Nat. ms. lat. 11 907, fol. 231v bei H.F. Delaborde u. Ph. Lauer in: Monuments Piot 16, 1909, S. 65, 75, pl. VIII. Die arma auf den Konsolköpfen der Westfassade von St.-Médard in Thouars (Deux-Sèvres) gehören der Restauration an und gehen kaum auf etwas Originales zurück; A.K. Porter a.a.O., VII, Tafel 1060.

197 Vgl. z.B. Bibliothèque Nationale Département des Manuscrits. Psautier illustré, Paris (1906), Ms. lat. 8846, Tafel 96. Um 1300. Zu seiten eines Kreuzes stehen je drei Engel mit Werkzeugen: das Signum des Weltrichters zugleich als Darstellung der auf die Gefangennahme folgenden Passionsvorgänge.

198 Vgl. z.B. Stimulus amoris fratris Jacobi Mediolanensis (Bibl. francescana ascetica medii aevi IV) Quaracchi 1905, S. 109.

mißbräuchlich jeder Gedanke an so etwas wie einen Handel, sum ut des, abzuweisen; dem das Leiden Christi mit wahrer Hingebung Betrachtenden wird eine besondere seelische Verfassung zuteil, seine Liebe zu Christus muß sich steigern, sein ganzes Sein und Verhalten sich dessen Wünschen immer mehr anpassen. Schon Albertus Magnus bezeichnete das einfache Andenken an die Passion für nutzbringender als Kasteiungen und Gebetsübungen, da nichts so zur inneren Vervollkommnung beitrage als Versenken in die Passion.[199] Auch die Meditationes vitae Christi des Johannes de Caulibus (cap. 69) machen mit der Schilderung der Wirkung der Meditation der Passion auf die Steigerung des Lebensgefühles halt; der Betrachtende hat hier schon einen Vorgeschmack der himmlischen Herrlichkeit. Aber es mußte von großer Bedeutsamkeit für die den Werkzeugen der Passion im Frömmigkeitsleben zukommende Rolle sein, daß auch strengste Theologie, wie die des hl. Thomas (Summa III. Qu. 46 a., V), ihnen eine ausschlaggebende Stellung bei der Behandlung einer ganz zentralen Frage der Passionstheologie, der nach dem Umfang des Leidens Christi, anwies. Objektiv habe Christus nicht alle Leidensarten über sich ergehen lassen können, subjektiv habe er aber alle Leidensmöglichkeiten erschöpft, wie sich aus dreierlei Erwägungen ergäbe. Er habe gelitten durch Heiden und Juden, durch Männer und Frauen, durch die führende, durch die gehorchende, durch die freie Schicht des Volkes, durch Vertraute und Bekannte.[200] Er habe die schlimmsten Erfahrungen erleben müssen, Flucht der Freunde, Verleumdungen und übelste Beschimpfungen, tiefste Verletzung des Schamgefühls durch völlige Entblößung (das Schrecklichste, was ihm rein geistig Sachen, hier also durch ihren Entzug, antun konnten), seelisch tiefste Trauer, höchsten Ekel, größte Furcht, körperlich die Geißelung und die Kreuzigung. Er habe an allen Gliedern gelitten, am Kopf durch die Dornen, im Gesicht durch Schläge und Speichel, an Händen und Füßen durch die Nägel, am ganzen Körper durch die Geißelung; er habe durch alle Sinne gelitten, er habe Geißelung und Kreuzigung gefühlt, Essig und Galle geschmeckt, den Verwesungsgeruch der Schädelstätte gerochen, Mutter und Lieblingsjünger weinend unter dem Kreuz stehend gesehen. Vergleicht man diese Ausführungen mit denen des hl. Bernhard, so darf man wohl formulieren, daß hier den »Werkzeugen«, die jetzt auch die Personen einschließen, weniger eine Stellung als Gedächtnishilfen gegeben wird als die der Leidensrepräsentanz; sie erhalten eine andere Würde, da sie nicht so sehr die Taten anderer vertreten als die jeweils spezifischen Leiden Christi. Vielleicht darf die Möglichkeit ins Auge gefaßt werden, daß hier eine gewisse Einwirkung der in der Volksfrömmigkeit sich verbreitenden Andacht zu den Werkzeugen spürbar sein könnte, indem ihr theologisch eine andere Wendung zu geben versucht wird. Andererseits erfahren wir von einer neuen Bedeutung der »Schädelstätte« als Leidensstation, die vielleicht die Erklärung für manche Teildarstellung auf Kreuzigungsbildern enthält. Man wußte immer neue Motive zu finden. Indem Joh. de Caulibus (Cap. 71) die Angabe des Johannesevangeliums 18, 18 »es war kalt« noch für die Zeit der Geißelung gelten läßt, kann er den Gegeißelten als Steigerung der Qual auch vor Kälte zittern lassen. Ungefähr gleichzeitig gibt aber der (fälschlich Huelen genannte) Dominikaner[201] Berthold auch diesen Minuten einen spezifischen Inhalt: »das milt hertz« soll betrachten, wie Christus seine Kleider zusammensuchte oder daß die unseligen Buben sie ihm bringen, ihn aber dabei verspotten und mißhandeln oder daß vielleicht ein milder (barmherziger) Mensch ihm hilft. Die Tendenz ging, worauf ich schon hinwies, im allgemeinen dahin, inhaltlich durch Fülle der Geschehnisse das Grauen immer mehr zu steigern und eine stetig anwachsende Anzahl von Handelnden tätig sein zu lassen, deren stets frisches Eingreifen die Vorstellung eines Nachlassens der Quälereien und der Mißhandlungen nicht aufkommen läßt. Ausgangspunkt ist Ps 22,8: »omnes videntes me, deriserunt me«; 17: »[...] circumdederunt me canes multi: concilium malignantium obsedit me.«

Die Gemütserschütterung, die die Predigt oder die Meditation durch sukzessives Versenken in die aufeinanderfolgenden Geschehnisse erzielen konnte, war für den Beschauer bildender Kunst nur bei ihrer gleichzeitigen Vorführung gesichert; er durfte nicht in die Betrachtung sonst immer wieder zu gestaltender nebensächlicher Details ausweichen können. So kam man zu synchronisierenden, ganz »unwahren« Darstellungen, die in die Entwicklungsreihe gehören, deren Vorstufe wir oben mit der Kreuzigung des Siegburger Andreasreliquiars betrachteten. Verwiesen sei auf viele Darstellungen der Bible moralisée[202] und auf etwas spätere, sehr charakteristische englische Beispiele: auf die Kreuzigungen in der im späten 13. Jahrhundert entstandenen De-Quincey-Apokalypse[203], in dem gleichzeitigen Psalter Brit. Libr. add. ms. 38 116[204] und auf den Altar des frühen 14. Jahrhunderts, der aus Nes in das Museum von

199 C. Richstaetter, Christus-Frömmigkeit, Köln 1949, S. 87 zitiert nach Lud. de Ponte, Meditationes, p. IV. Introductio.

200 Natürlich konnten solche Zusammenstellungen immer noch weiter bereichert werden; meditieren heißt in unserem Zusammenhang entfalten. Bei Joh. de Carthagena sieht z.B. dann a.a.O., S. 640 dieser Thomassche Gedanke so aus: »[...] invenies non tantum homines sed etiam Deum ipsum« (Mt 27,46. Ps 22,2), »[...] ecclesiasticos ac saeculares, dominos ac servos, litteratos atque idiotas [...], homines tum bonos, tum malos habitos, Christo Domino contradixisse.« (lib. X, hom. 1).

201 Zitglögglyn, aIIIr. Über Bertold vgl. O. Geiger im Freiburger Diözesan-Archiv, 48, 1920, S. 1ff. Die obige Stelle S. 32. Eine Fortbildung des Motives soll durch S. Francesca Romana (1384–1440) erfolgt sein, die die Kleider versteckt werden läßt; Alberti, a.a.O., S. 358 nach ihrer vita von Ursinus l. 3. c. 6. – T. Gebhard schrieb über diese Passionsstation in: Bayer. Jahrbuch f. Volkskunde 1951, Festschrift für J.M. Ritz, Regensburg 1951, S. 56ff.

202 Cte. A. de Laborde, La bible moralisée illustrée, Paris (Soc. française de reproduction de mss. à peinture) 1911ff., pl. 8, 45, 61, 90, 172, 208 (hier ist ein Keulenträger einbezogen). 393, 397, 407, 512, 618.

203 Lambeth Palace. Bibl. Vgl. P. Clemen. Die gotische Monumentalmalereien der Rheinlande. Düsseldorf 1930. Fig. 74 und S. 57. Den viereckigen Gegenstand, den ein Mann hält, kann ich nicht erklären; vielleicht handelt es sich um das velum.

204 Cat. of the fifty manuscripts and printed books, bequeathed to the British Museum by Alfred H. Huth. London 1912, pl. 2d.

2 *Mittelstück einer Stuckdecke, Bayern, gegen 1700 (Essenbach, Pfarrkirche)*

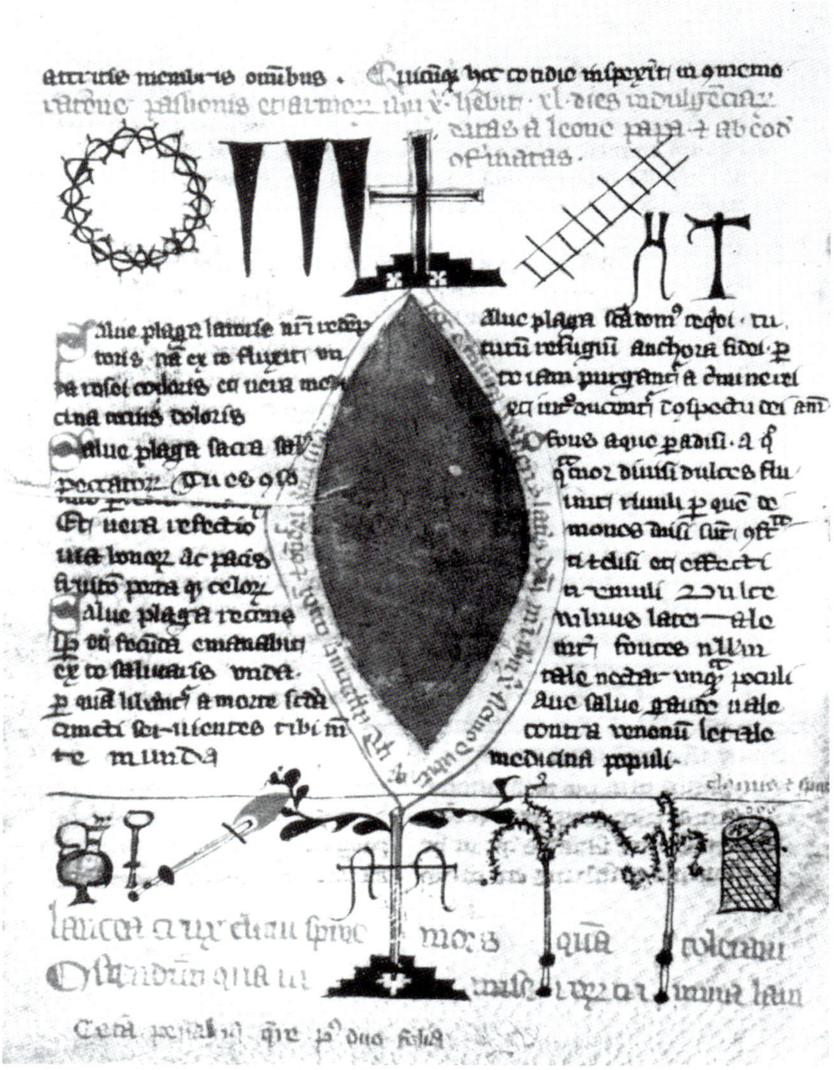

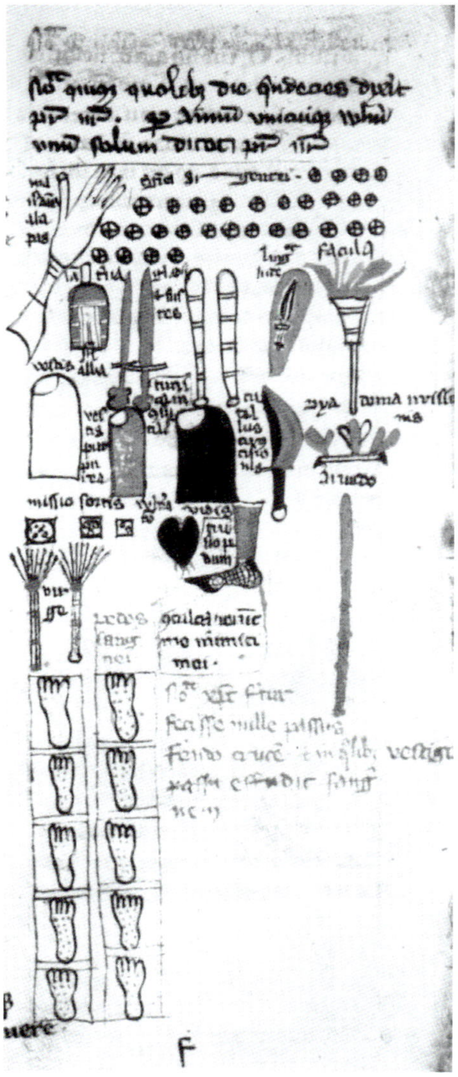

3 und 4 Ms. 4459–4470, fol. 150 v und fol. 152 v (Ausschnitt), Belgien, 1320 (Brüssel, Bibliothèque Royale)

Bergen[205] gekommen ist. Christus ist bereits verschieden, aber es werden erst die Nägel eingeschlagen, der Titel angebracht bzw. als ein selteneres Motiv, die Dornenkrone aufgedrückt, der Schwamm gereicht und schon die Seite durchstochen. Das simultane vielfache Geschehen, das unruhige Hinundhergezogenwerden der Augen soll den Geist beunruhigen. Es ist, als wenn alles durcheinander schriee. Diese Synchronisierung erhielt sich mindestens das ganze 15. Jahrhundert hindurch, wofür als Beleg auf das Relief des Schnütgenmuseums A 89 verwiesen sei, auf dem die Nägel dem schon Verschiedenen eingeschlagen werden. Gelegentlich kommt sie noch viel später vor, was hier mit dem eine Parallele zum Altar von Nes bildenden Stuckrelief der Kirche von Essenbach (Niederbayern)[206] von gegen 1700 belegt sei (Abb. 2). Das ist eine durch die Waffentrophäen in der Rahmung unterstrichene Waffendarstellung ganz im mittelalterlichen Sinne. Die Bible moralisée enthält auch die Darstellung[207] des noch Lebenden, dem der Schwamm gereicht wird, während ihm als Toten bereits die Nägel wieder entfernt werden, was sehr roh unter Benutzung von Stemmeisen und Hammer erfolgt. Sie läßt aber selbst die Geißelung[208] an dem Gekreuzigten vollziehen. Das ist grundsätzlich nichts anderes, als wenn auf manchen Kreuzigungen mit bereits verschiedenem Christus die Nägel nur mit ihren äußersten Spitzen eingeschlagen sind, damit der Betrachter angeregt wird, sich die Einzelheiten des Vorganges genau vorzustellen (s. oben S. 98f.), also bewußter Unnaturalismus zur Erzielung einer Gemütswirkung durch das erstrebte Bewußtwerden der Unvollständigkeit der künstlerischen Darstellung.

205 T. Borenius u. E.W. Tristram, Englische Malerei des Mittelalters, Firenze 1927, Tafel 46.

206 Kunstdenkmäler Bayern IV, 2, München 1914, Tafel VI. Ich kann nicht alles deuten. Der Engel oben rechts hält einen zerbrochenen Pfeil (Sinn?), der Mann unten rechts aufgespießt an seinem Stabe zwei Gebilde, die ich nur als zwei Schläuche auffassen kann; da er den Mischkrug hat, kann es sich um die Behältnisse von Wein und Galle handeln. Bemerkenswert die Maske (als Schandmaske?).

207 A. de Laborde, a.a.O., pl. 265, nach ms. par. lat. 11 560 fol. 41v.

208 A. de Laborde, a.a.O., pl. 25, nach Oxford. Bibl. Bodl. ms. 270 b, fol. 25v.

5 *Ms. 6 E VI, fol. 15 v, England, um 1350 (London, British Library)*

Ein ausgezeichnetes Beispiel auf dem Altar des Lopes de Ayala von 1396 im Art Institute von Chicago.[209]

Ich sprach (S. 110) von der sich verbreitenden Andacht zu den Werkzeugen. Die Stadien der Entwicklung im einzelnen aufzuzeigen, bin ich nicht imstande. Aber wir dürfen vermuten, daß spätestens um 1300 das Endstadium erreicht war, und daß die Grundzüge etwa um 1250 formuliert wurden. Es hat sich aus der Meditation eine (außerliturgische) thematisch festumrissene Andacht entwickelt, die dem sie Übenden reiche Früchte verheißt, und sie ist sichtbar objektiviert in Zeichen einer Bildersprache, deren langsame Ausbildung wir verfolgten. Die Szenen der Passion werden vertreten durch charakteristische Gegenstände oder – das ist neu – durch Körperteile Christi und der Peiniger. Urbilder und Zeichen nannte man arma Christi oder arma passionis. Vollständigkeit der Erinnerungsweckung zu erstreben war ausgeschlossen, handelte es sich doch um eine täglich vorzunehmende Übung. Aber eine Mehrzahl der Passionsstationen war jeweils zu meditieren. In der bisher als frühest bekannten literarischen Bezeugung der Andacht, einer 1320 für die Zisterzienserabtei Villers (Brabant) geschriebenen Handschrift[210], wird sie sehr bezeichnenderweise in zwei Spielarten übermittelt, die beide mit Ablaßverheißungen verbunden sind. Die erste wird auf einen damals unspezifizierten, später[211] mit dem Großen seines Namens identifizierten Papst Leo zurückgeführt – sich dadurch schon als apokryph erweisend –, der vierzig Tage Indulgenzen gewährt habe, wobei die niedrige, mit der alten Praxis der Kirche übereinstimmende Zahl auf relativ hohes Alter weist. Die zweite Fassung weiß schon von Jahren der Indulgenzen zu sprechen. Aber nicht genug damit, sie verheißt auch für den Tag Schutz vor »üblem«, d.h. plötzlichem, unbußfertigem[212] Tode, und sie bringt Gebärenden wirksamsten Beistand. Da ist also der Amulettcharakter auf eine Gesamtheit der Zeichen, wenn auch im einzelnen nicht obligater Zusammenstellung, ausgedehnt. Die beiden Darstellungen finden sich auf zwei nicht benachbarten Seiten. Auf der einen (fol. 150 v. [Abb. 3]) begleiten die Seitenwunde, deren Größe nach einer Offenbarung[213] wiedergegeben ist, in einer oberen Reihe die Dornenkrone, die Nägel, das Kreuz, die Leiter, Hammer und Zange, in einer unteren die Wasserkanne der Handwaschung, Schwammstab, Lanze, Kreuz mit Velum, zwei Geißeln, Purpurrock und Speichel (»clamis et sputae«, wie, das sonst schwere Verständnis erleichternd, beigeschrieben ist). Dazu die Ablaß Verheißung: »Quicunque hoc cotidie inspexerit in commemoratione passionis et armorum ihesu christi habebit XL dies indulgenciarum datas a leone papa et ab eodem confirmatas.« Die andere Darstellung (Abb. 4) folgt zwei Blatt später. Da finden sich: die Hand der Gesichtsschläge (»manus dans alapas«), die Silberlinge, die Laterne, je zwei Schwerter und Keulen (»gladii et fustes«) der Gefangennahme, eine Zunge mit aufgelegtem Dolch (vgl. Ps 63, 4.5, und Ier 9,8); eine Fackel, der weiße, der purpurne und der ungenähte Rock, das Beschneidungsmesser, das (nicht nach einer Dornenkrone aussehende, vgl. oben S. 98) Diadem der Verspottung, die Würfel, das blutende Herz, ein Stiefel der Fußtritte (hier bezeichnen die Beischriften nicht die Gegenstände, sondern die Geschehnisse: »missio sortis, vulneratio cordis, trusio pedum« und: »caliaverunt me inimici mei«), der Rohrstab, zehn blutige Fußspuren (»pedes sanguinei; scitote christus fertur fecisse mille passus ferendo crucem et in quolibet vestigio [verbessert für gestrichenes: passu][214] effudit sanguinem«).[215] Dazu die Indulgenzverheißungen: »Quicumque intuebitur haec arma domini nostri ihesu christi quibuscum nos redemit [...] habet [...] Summa annorum indulgenciarum de veneracione armorum passionis [...]« Und die Schutzverheißung: »Item qui cotidie devota mente inspexerit non quadam mala morte peribit. Item mulieribus in partu laborantibus prestat optimum remedium.« Um 1350 wird die in der englischen Handschrift der British Library Royal MS 6 E VI fol. 15v enthaltene Niederschrift der Andacht[216] angesetzt. Auch hier erscheint sie in einer noch nicht vereinheitlichten Fassung. Wer die in einem Hymnenvers als vexilla regia angesprochenen Waffen – Kreuz, Dornenkrone, Nägel, Lanze – »per que coronam glorie perpetue queramus« verehrt und dem Gebet entsprechend handelt, dem gewährt ein undefinierter Papst Innozenz eine dreijährige Indulgenz.Darauf wird die Hymne »Ave facies« zitiert, den Kreis der arma erweiternd, was die beigegebenen Miniaturen ausgiebig tun (Abb. 5). Sie enthalten einige seltene Darstellungen, wie die beiden Lampen, zwei Kerzen, Fisch und Brot des Mahles der Erscheinung des Auferstandenen in Johannes Kap. 21. Jetzt gilt die von Päpsten gewährte Indulgenz schon der frommen Betrachtung der »insignia domini nostri – quicumque [...] devote inspexerit [...]« – und auf die Amulettwirkung verweist die zitierte Hymne »Hiis qui arma Jesu Christi« usw.

Wir dürfen mit Sicherheit annehmen, daß weitere Fassungen der Andacht schon damals verbreitet waren, wenn

209 C.R. Post, A History of Spanish Painting II, Cambridge (Mass.) 1930, S. 126ff.

210 Brüssel, Bibliothèque Royale Ms. 4459–4470. J. van den Gheyn, Catalogue des manuscrits de la Bibliothèque royale de Belgique, V, Bruxelles 1905, S. 116f., Nr. 3161. Die Darstellungen sind in Gebete eingefügt, beginnend fol. 150. »Oratio quam fecit [...] Arnulfus de Lovanio 15. abbas Villariensis«. U. Berlière, La Dévotion au Sacré-Coeur dans l'Ordre de St. Benoît, Paris 1923, S. 58.

211 Vgl. unten S. 151.

212 Vgl. L. Gillet, a.a.O., S. 235 f. über die mittelalterliche Angst vor dem plötzlichen Tode.

213 Hec est mensura vulneris lateris domini nostri ihesu christi. Nemo dubitet quia ipse apparuit cuidam et ostendit ei vulnera sua.

214 Das heutige Aussehen der zwei Seiten ist offensichtlich das Ergebnis der Arbeit zweier verschiedener Hände.

215 Ausgang: Is 60,14; I Pt 2,21. – In einem Gedicht, das als von Clément Marot (1496–1544) zitiert war, aber sich nicht in den von G. Guiffrey herausgegebenen œuvres findet, und das beginnt: »La Passion du dous Jésus« ist eine Leidensart aufgeführt, der ich sonst nicht begegnet bin: »Il a marché sept ans déchaus, pour faire pénitence«.

216 Sir G.F. Warner – J.P. Gilson, Catalogue of western manuscripts in the old royal and King's Collections, II, London 1921, S. 157ff.

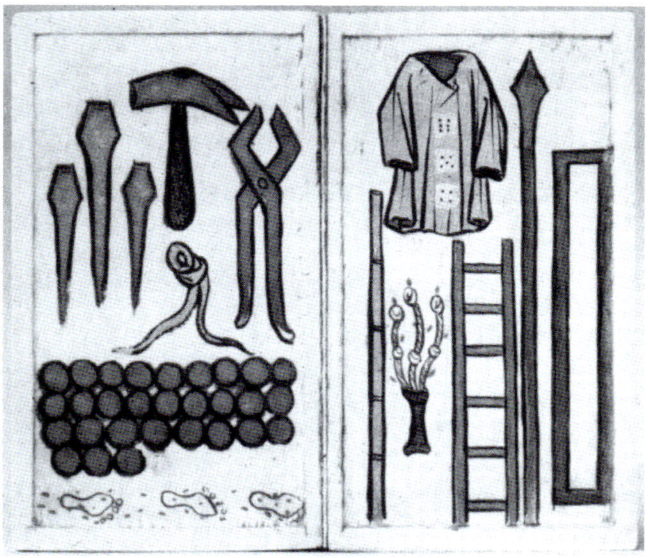

6 und 7 Täfelchen eines Andachtsbüchleins, Westfalen, 1. Hälfte des 14. Jahrhunderts (London, Victoria and Albert Museum)

sie vorläufig literarisch auch erst aus dem 15. Jahrhundert[217] wiederum bezeugt ist. Es liegt z.B. keinerlei Grund zur Annahme vor, daß erst so spät die Versenkung in die einzelnen Zeichen und damit in die von ihnen vertretenen Leidensstationen erfolgte, damit um ihretwillen »entsprechende« Sünden vergeben oder Gnaden erteilt werden. Es ist leicht möglich, daß die oben besprochene Bedeutung, die man der Leiter und der Zange beimaß, gerade in einer symbolischen Analogie wurzelte; Christi Lösung vom Kreuz – Lösung des Menschen von Sünde? Spätere Fassungen der Andacht[218] kennen jedenfalls diese Bedeutung. War einmal die Verbindung zwischen menschlichen Sünden und korrespondierenden Leiden Christi[219] geschlagen, dann konnte sie ebensogut in der Richtung Gott – Mensch wirksam werden wie umgekehrt. Wenn in einem schriftlosen, wahrscheinlich westfälischen Andachtsbüchlein[220] der ersten Hälfte des 14. Jahrhunderts auf neun Miniaturen mit Darstellungen aus der Leidensgeschichte vom Abendmahl bis zur Auferstehung ein Blatt mit der Vera Ikon und vier Blätter mit den arma (Abb. 6, 7) folgen, so läßt sich das nur durch die Annahme erklären, daß die einzelnen Zeichen für den Andächtigen eine Bedeutung hatten, die über den Zweck der Erinnerung an die Leidensstation hinausging. Als Vertreter ihrer Urbilder hatten sie deren Phylakterienbedeutung. Da z.B. die Auferstehung in einer Miniatur ausführlich dargestellt ist, kommt dem isolierten Grabe als Zeichen eine spezielle Bedeutung für den Betrachtenden zu, und wir brauchen nicht zu fürchten, uns zu täuschen, wenn wir sie in der Hoffnung sehen, durch seine Betrachtung vor unbußfertigem Tode bewahrt zu bleiben. Wir erfahren das zwar erst durch eine im frühen 15. Jahrhundert in England niedergeschriebene Fassung[221] der Andacht, was aber nicht ausschließt, daß das 14. Jahrhundert schon genau so glaubte. Eine philologische Behandlung der erhaltenen Texte liegt jenseits meiner Kompetenz. Aber die Annahme ist logisch, daß sich erst die Andacht als Ausdruck des Frömmigkeitslebens ausbildete, und daß man ihr dann erst zur wirksameren Propagierung die Ablaßgewährung, die zum mindesten, soweit sie sich auf Päpste beruft, apokryph ist, beigegeben wurde. Wenn man im 15. Jahrhundert in England eine Fassung ohne jede Ablaßgewährung kannte (London, Brit. Libr., Add. Ms. 22 029), so scheint mir das für ein hohes Alter mindestens ihrer Grundform zu sprechen. Das gleiche gilt für die Fassung (Add. Ms. 11 748), die zwar in der Ablaßverheißung von über 6000 Jahren schon einer ganz späten folgt, aber noch jegli-

217 Vgl. R. Morris, Legends of the Holy Rood (Early English Text Soc. 46), London 1871, S. 170ff.: The symbols of the passion nach Brit. Libr. Royal Ms. 17. A 27 (fol. 72 v ff.), Add. Ms. 11 748 und 22 029. Noch nicht benutzen konnte er Add. 32 006, gleichfalls aus dem 15. Jahrhundert. Die beiden letztgenannten Handschriften sind Pergamentrollen, die damals für Andachtsbücher noch gelegentlich gebraucht wurden; vgl. A.J.C. A book of hours in roll form, in: The British Museum Quarterly IV/4, 1929/30, S. 111 über eine ähnliche, aber viel größere Rolle des 14. Jahrhunderts. – Über die Handschriften siehe auch den in Anm. 215 zitierten Katalog S. 221. – Catalogue of additions to the Manuscripts in the British Museum in the years 1854–60, London 1875, S. 57 und desgl. 1882–87, London 1889, S. 20.

218 Vgl. R. Morris, a.a.O., S. 186. V. 121ff. »Scala.
The laddur upset be enchesoun
Wen thow wer ded be taken adoun,
Wen i ham ded in ani sinne
Take me that i ne die ther-ine.
Forceps.
The tonges that drow the nayles out,
Of fet, of handes, al about,
And louset his bodi from the tre,
of alle my sinnus they lese me.«
Wenn nicht anders erwähnt, entstammen die Beispiele dem Royal Ms.

219 Die hl. Mechtild von Hackeborn (1241–98) läßt die Beleidiger der Geistlichen in Christi Gesicht speien; Revelationes Gertrudianae ac Mechtildianae; Solesmensium OSB monachorum cura II, Pictaviae 1877, S. 51.

220 London, Victoria and Albert Museum. Als Deckel dienen zwei französische Elfenbeinplatten, Raymond Koechlin: Les ivoires gothiques français, Paris 1924, Bd. II, 526. M.H. Longhurst, Catalogue of carvings in ivory, II, London 1927, S. 24.

221 R. Morris, a.a.O., S. 190, V, 139ff.

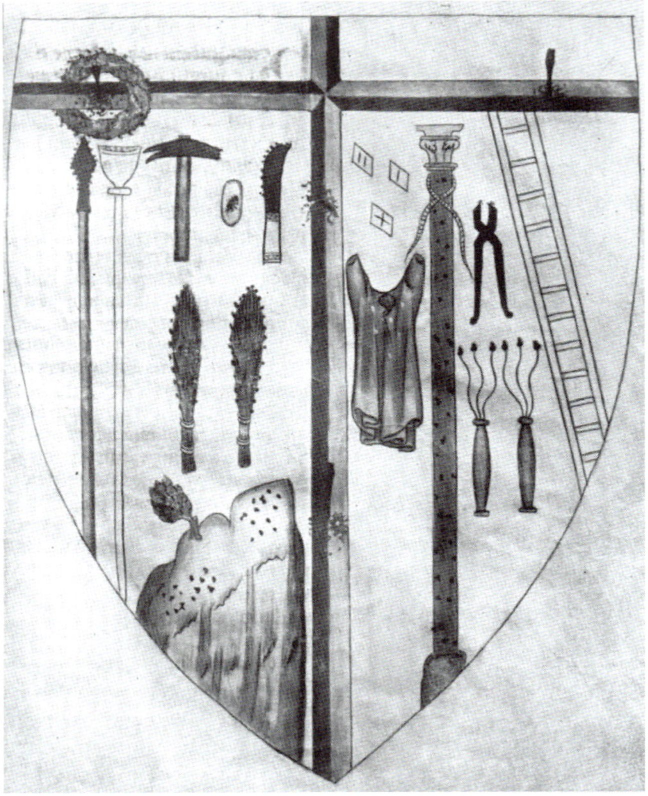

8 Passionale der Äbtissin Kunigunde, Wappen Christi, Böhmen, um 1320 (Prag, Universitätsbibliothek)

cher Bekräftigung durch Hinweis auf Päpste und Bischöfe entbehrt, während man in Villers doch schon einen Leo und sonst schon vor 1310 einen Innozenz hereingezogen hatte.

Je größer die Zahl der arma war, die man darstellen wollte, desto brennender mußte das formale Problem ihrer Anordnung werden, denn ohne die mit ihnen Hantierenden besteht ihr einziger Zusammenhang untereinander darin, daß jedes von ihnen an Leiden erinnert, die dem gleichen Leidenden zugefügt wurden. Eine Unform, wie sie etwa die zweite Darstellung der Handschrift aus Villers vorführt, mußte formal anspruchsvollen Augen unerträglich sein, zumal einer Kultur, die Heraldisches wichtig nahm, der Weg zur Abhilfe naheliegen mußte. Daß arma außer Waffe auch Wappen bedeutet, wies von vornherein auf die Möglichkeit einer Anordnung in Wappenform hin; aber potentielle Möglichkeiten und ihre Realisierungen sind zweierlei. Immerhin um 1300 war in aristokratischen Kreisen die Wappenform möglich; wann genau und wo zuerst ist kaum zu entscheiden. Aus dem um 1320 für die Äbtissin des Prager St. Georgs-Klosters Kunigunde, die eine Schwester König Wenzels II. war, geschriebenen Passionale[222] stammt das Beispiel Abb. 8. Es ist bezeichnet als »Hic est clipeus arma et insignia invictissimi militis, qui cognominatus est victor cum quinque vulneribus, fultus lancea, decoratusque corona«. Die Wappenform hat hier noch einen spezifischen inneren Sinn, denn Christi Passion wird vom Verfasser, dem Dominikaner Kolda, in Form einer 1310[223] niedergeschriebenen Parabel erzählt, in der Christus als Ritter den Erlösungskampf um die Seele gewinnt. Kolda weist in der Dedikation[224] ausdrücklich auf die Einbeziehung der »arma redemcionis nostre, que Papa Innocencius explicavit« hin; sie galt ihm offenbar in diesem Zusammenhang noch als neues Motiv.[225] Er hatte jedenfalls den Beziehungsreichtum, der mit dem Thema: Christi Kampf geboten war, voll erfaßt; wie vieles läßt sich »de sponso [...] sub militis apta figura« sagen! Auf welcher biblischen Grundlage er fußt, zeigt sein Zitat Eph 6,11, und er kannte natürlich die alttestamentarischen Hauptstellen über den göttlichen Streiter Ps 34,2.3 und Habakuk Kap. 3. Kunigunde war offenbar eine glühende Verehrerin der arma Christi, und so schlägt Kolda die Brücke zwischen ihnen und der vom Apostel empfohlenen »armatura dei«. Wie anders konnte dann der »scutum fidei, in quo possitis omnia tela nequissimi ignea exstinguere« (Eph 6,16) aussehen als geschmückt mit den als die wichtigsten angesehenen Kampfinsignien Christi? Alle Einzelmotive haben sich thematisch hier echt zu einem neuen Komplex verschlungen, in dem alle Bestandteile gleichermaßen voneinander abhängig und bedingt sind. In dem ältesten E. Mâle[226] bekannten Beispiele (Abb. 9), das aus einem ostfranzösischen Livre d'Heures des Anfangs des 14. Jahrhunderts stammt, bedeutet nach der beigegebenen Erklärung der weiße Grund Christi Leib, die roten Flecken die Geißelwunden, die fünf Rosen die Kreuzwunden. Es ist ein echt ritterliches »memoire«, Taten und Ruhm eines Kämpfers werden in einem redenden Wappen verkündet, aber damit ist der Sinn nicht beschlossen, denn es fehlt nicht die Betonung der Andachtsbeziehung auf die Wappenbilder: im Apostelwort Phil. 2,5 »hoc sentite in vobis, quod et in Christo Jesu« ist sentire als mitfühlen verstanden. Mit vollendetem rhythmischem Sinn sind die arma in der Fläche verteilt und in einen großen linearen Zusammenhang eingebunden in einer meisterhaften Form, der gegenüber das Wappen im Passionale der Kunigunde ungekonnter wirkt.

Soweit erkennbar war damals in der Monumentalkunst die für die Zukunft wichtigste Entwicklungsstufe schon

222 Prag, Univers. Bibl. – G.P. Waagen im Deutschen Kunstblatt 1850, S. 155. – J.E. Wocel, Miniaturen aus Böhmen, in: Mitteilungen d. K.K. Central-Commission 5, 1860, S. 76. – A. Matějček, Le passionaire de l'abbesse Cunégonde, Prague 1922. Terminus a quo ist 1314; vor dem 1321 erfolgten Tode der Kunigunde muß mindestens mit der Arbeit begonnen worden sein, A. Matějček, a.a.O., S. 12f.

223 J.E. Wocel, a.a.O., S. 83 Anm. 2.

224 J.E. Wocel, a.a.O., S. 77.

225 Der hl. Mechtild (1241–98) erschien (a.a.O., S. 51. Liber specialis gratiae. P. I. Kap. 18) Christus mit einer goldenen Halskette, an der eine seine ganze Brust bedeckende Platte (clypeus) hing, auf der alle Arten seiner Leiden dargestellt waren (continens omnia passionum Domini genera) und eine Rose und eine Lilie. Diese Platte oder Schild bedeutet die siegreiche Passion, und bei der Profess bekommt ihn jede Nonne, was bedeutet, daß die Passion ihr »munimen et robur« gegen alle Feinde sei. Mechtild hat noch Mühe, den ihr bereits vertrauten Begriff der arma in Worte zu bringen.

226 E. Mâle, L'art réligieux de la fin du moyen âge en France, Paris [3]1925, S. 104. – H. Martin, Catalogue des Manuscrits de la Bibl. de l'Arsénal (I. Paris 1885, p. 173. ms. 288. fol. 15).

erreicht worden: die Figur des von aufgereihten Passionssymbolen umgebenen Weltrichters des 12. Jahrhunderts war ersetzt worden durch die den Endpunkt seiner irdischen Leidenslaufbahn erreicht habenden Gottmenschen. Das älteste bisher bekannt gewordene Beispiel befindet sich in der Kirche von Oberwälden[227] in Württemberg, dem späteren 13. Jahrhundert entstammend. Zu seiten eines Fensters, in dessen Gewände die Kreuzannagelung und die Kreuzszene gemalt sind, sind dargestellt links Maria als Schutzmantelmadonna, oben die Ausspeiung des Jonas durch den Walfisch, rechts Christus stehend zwischen Werkzeugen, von denen erkenntlich sind links Zange, Hammer, Ruten und der Schwammstab, rechts die Leiter, Schwert, strickumwundene Säule, Nägel, Lanze, Stäbe. Das Programm der drei inhaltlich zusammengehörenden Darstellungen ist klar: Maria als Fürbitterin bei dem Erlöser für Gewährung der Auferstehung zum Ewigen Leben (symbolisiert im »Typus« des Jonas). Auch das nächste Beispiel stammt aus Württemberg, aus der um 1300 erstellten Friedhofkapelle S. Afra in Schelklingen.[228] Es ist unverständig erneuert; aber es ist erkennbar, daß zwischen der Leiter und den Fußstapfen, Lanze, Dornenkrone, Nägeln, einer Geißel einerseits und je einer Hand mit dem Schwammstab und einem Rohr, einem anderen Rohrstab, dem Kreuz mit zwei Geißeln und noch einer Geißel andererseits als Mittelgruppe die Fürbitte der hl. Afra bei einem im Sarkophag stehenden »Gregorianischen Schmerzensmann«, dem während der allerletzten Station der menschlichen Leidensbahn veranschaulichten Erlöser dargestellt war.

Es muß unentschieden bleiben, ob Kolda mit Kenntnis solcher Darstellungen die Disposition eines zweiten Blattes mit den arma Christi im Passionale der Kunigunde (fol. 10) entwarf, ob es selbständig geschah oder ob es sich überhaupt nur um eine Kopie einer fremden Komposition handelt.[229] Als Zentralfigur dient die Gestalt des leidenden Erlösers im vollen Inbegriff, Peitsche, Rutenbündel und ein Schriftband haltend: »sic homo sto pro te dum peccas desine pro me«.[230] Die Gestalt vereint die natürlich unvereinbarsten Widersprüche. Verschwunden sind im Zusammenprall von Gott und Menschheit die menschlichen Kategorien von Zeit und Raum, von Tod und Leben, von Schuld und Sühne, von menschlicher Form und göttlichem Wesen, geblieben sind die göttlichen. Die stets Leidensgegenwärtigkeit des Gottmenschen sollte in jener die größten Gegensätze vereinenden Darstellung sichtbar gemacht werden. Man kann nicht genug betonen, daß sie ganz »unwahr« ist, wenn sie in Worte unmittelbar übersetzt wird;

9 Ms. 288, fol. 15, Frankreich, Anfang des 14. Jahrhunderts (Paris, Bibliothèque de l'Arsénal)

anschaulich ist sie wahr, in Worten nur »übertragen«. Es ergibt sich, mit welcher Vorsicht religiöse Darstellungen als dogmatische Erkenntnisquellen zu benutzen sind; wird das zu Sehende in Worten beschrieben und wörtlich verstanden, so kann ein völliger Unsinn das Ergebnis sein. Schroffer kann der Gegensatz zur Auffassung religiöser Kunst als einer »Bibel der Unverständigen« nicht offenbar werden; nur dem Eingeweihten öffnet sich das Verständnis, denn es handelt sich um echte Symbolbildung: Gestaltgebung an etwas zwar als faktisch Angesehenes, aber unter menschlich-rationalen Kategorien nicht Gestaltfähiges.

Unter den Werkzeugen begegnen wir auf dem Koldablatt zum ersten Male der Einbeziehung des Gebetes am Ölberg mit der Darstellung der Vergießung des Blutschweißes (Lc 22,44); da lag offenbar eine besonders enge persönliche Andachtsbe-

227 Die Kunst- und Altertums-Denkmale im Königreich Württemberg. Donaukreis II, Eßlingen 1924, S. 126f. Von E. Panofsky, in: Festschrift für Max J. Friedländer zum 60. Geburtstag, Leipzig 1927, S. 300 zu spät datiert.

228 Die Kunst- und Altertums-Denkmale im Königreich Württemberg. Donaukreis, I, Eßlingen 1914, S. 108.

229 Vgl. R. Berliner, Bemerkungen zu einigen Darstellungen des Erlösers als Schmerzensmann (= X), S. 97ff.

230 Vgl. Č. Zirbt, Sitzungsberichte der k. böhmischen Gesellschaft der Wissenschaften. Classe für Philosophie usw., 1894, 8. Abh. Tafel. – G. Dobner, Monumenta historica Boemiae, VI, Pragae 1785, S. 333 gibt noch eine Fortsetzung an: id est propter me, von der ich keine Spur entdecken kann. Daß die Beischriften, so wie sie heute erscheinen, verschiedenen Zeiten entstammen ist einleuchtend. D. beschreibt S. 332 das Blatt als durch Küsse sehr zerstört; es schiene zur Verehrung leicht zugänglich ausgestellt gewesen zu sein. – Biblische Quelle für die mittelalterliche Exegese war das»hodie« Ps 94,7 und die Interpretation Hbr 3,7ff.

ziehung zu den Vorgängen in Gethsemane vor, worauf auch die betont gehäufte Vorführung der Ausrüstung der Häscher hinweist: je zwei Schwerter, Keulen, Laternen, Fackeln sollen sichtbar machen das eine, das durch die Beischrift noch unterstrichen ist: »tamquam ad latronem existis cum gladiis et fustibus« (Mt 26,55), und das andere, das im natürlichen Empfindungsleben eine große Anregungskraft hat, das Grausen vor nächtlichen Vorgängen, die Scheu vor Störung der Nachtruhe, die Angst vor der Dunkelheit und die Beeindrukkung durch plötzlichen Lichteinfall, all das, was man auch im übertragenen Sinne in Christi Wort ausgedrückt fand: »haec est hora vestra et potestas tenebrarum« (Lc 22,53). Der Leiter ist durch Inbeziehungsetzung zur Tugendleiter[231] ein besonderer allegorischer Sinn gegeben. Wahrscheinlich war hier auch die Bedeutung des Kelches eine komplexe; im Sinne von Mt 20,22[232] mag er dem Beschauer Christi Frage vorlegen sollen – es liegt so nahe, eine Beziehung zum Gesicht nebenan mit dem tragischen Ausdruck und mit seinen streng prüfenden Augen herzustellen –: »potestis bibere calicem, quem ego bibiturus sum«? Anstachelung des Mit-Leidens durch Erregung des Gegenwartsgefühles ist der Hauptzweck des Blattes; daher die Betonung der Blutbefleckung der Werkzeuge und die ungewöhnliche Hervorhebung[233], daß Christus während des Erlösungstodes die Vorübergehenden seine Wunden sehen ließ. Die Erschütterung des Betrachters durch die Zurschaustellung der Leiden ist Koldas Ziel – verwiesen sei noch auf das merkwürdige Gespräch[234] Marias mit dem Gekreuzigten (Fol. 8r): »Fili. Quid mater? Deus es? Sum. Cur ita pendes? Ne genus humanum tendet ad interitum« –, damit er mitleide und »tu miserere mei«, Christi Gnade anflehe, deren äußeres Unterpfand im Amulettwert der arma gegeben ist. Dieser ist hier verstärkt durch jenen der Länge Christi, die an sich nicht zu den arma gehört.

Die weitere Entwicklung im 14. Jahrhundert verläuft großenteils in den gewiesenen Bahnen. Entsprechend der Vorliebe persönlicher Andachtsbeziehungen zu einzelnen Passionsszenen wurde im Typus mit einer Christusdarstellung als Kompositionsmittelpunkt das Thema gewählt. Auf einem Epitaph (Abb. 10) der St. Michaels-Kapelle in Fulda[235] (wahrscheinlich zweites bis drittes Viertel des 14. Jahrhunderts) ist es der an der Geißelsäule Stehende mit den formal dem Kreuzigungsschema entstammenden, inhaltlich aber voll bedeutsamen Assistenzfiguren der Maria und des Johannes. Es ist der Leidende in der Gesamtheit seines Leidens und in seiner richterlichen Gewalt, den der Kniende anfleht: »miserere mei«. Er hatte eine besondere Verehrung für den Gegeißelten, und er hatte auch die Bezugnahme auf die Verleugnung des Petrus[236] nicht missen wollen, dem wir in unserem Zusammenhang damit zum ersten Male begegnen. Da diese Leidenszufügung durch einen Hauptjünger wie wenige Handlungen menschliche Schwachheit zu vertreten geeignet ist, andererseits zeigt, daß alles Bereute Vergebung findet, so belegt ihre späte Aufnahme in den Kreis der arma nur einmal mehr, wie anders lebendige Entwicklungen verlaufen können, als die Theorie erwarten könnte.

Auf der aus St. Stephan in Wien stammenden Säulentrommel[237] (erste Hälfte des 14. Jahrhunderts) ist als Zentralmotiv eine der Fortbildungen des Gregorianischen Schmerzensmannes vor das Kreuz gestellt. Die erhobenen Arme erinnern an Oberwälden, an Schelklingen[238] die geschlossenen Augen und die wahrscheinlich auch hier dem Sarkophag entwachsende Dreiviertelfigur. Mit diesem Sar-

231 Die im 15. und 16. Jahrhundert verbreitete »oratio de armis Christi indulgenciis quam exuberans«, die anhebt »Culter qui circumcidisti«, enthält auch:
»scala Cristum quae de cruci
tulit vespertina luce
tollat nos ad gaudea«
Zitiert nach Horae Cursus collecti, Inc. s. l. e. a.

232 Schon Porphyrios erklärte: »Per huius modi potum significat passionem«. Vgl. A. v. Harnack, in: Sitzungsberichte der preußischen Akademie der Wissenschaften, Berlin 1921, 2. Halbbd., S. 835. Mittelalterliche Exegese bezog auch Ps 22,5 auf den Kelch der Passion. »[...] calix meus inebrians quam praeclarus est«.

233 Die Lesung der Umschrift um die Seitenwunde durch Jacoby, Schweizer Archiv, a.a.O., S. 207 ist richtiger als die Dobners, a.a.O., S. 332; aber das vierte Wort kann nicht vulneris gelesen werden und der Vorschlag zur Füllung der Lücke ist unüberzeugend. Für unseren Zusammenhang genügt das Deutliche: »[...] nos redemit pendens in cruce sancta ostendens vulnera hominibus transeuntibus [...]«

234 P. Waagen, a.a.O., S. 156.

235 Erwähnt zuerst von H. Bergner, Handbuch der kirchlichen Kunstaltertümer, Leipzig 1901, S. 525. Die Umschrift lautet: »O Domine Jesu Christe Fili Dei vivi, natus ex Maria Virgine qui pro me crucifixus es« (nach freundlicher Mitteilung von Prof. Dr. G. Richter in Fulda). Photo Kunsthistorisches Institut Marburg. Außer den oben erwähnten Werkzeugen sind dargestellt: Nägel; Hammer; Kreuz mit Titel; Dornenkrone und velum; Hand mit Fackel; Essigeimer mit Schwammstab; Veronika; Rock; Würfel; Hand mit Beutel (?); Lanze; Leiter; Fußspuren; Silberlinge; Geißel; Ruten; Messer; Schergenkopf; Keule; Schwert; Rohrstangen; Zange.

236 Während eine Bezugnahme auf sie z.B. auch noch bei Johannes de Caulibus fehlt, ist sie in der Meditatio des Rolle schon im spezifischen Sinn wichtig geworden: »[...] and namely I thank thee swete Jhesu for that merciful lokynge that thou turnynge azen bihelde upon Petir thi disciple that forsoke thee and zit in myche anguysch thou shewedist thi loue opinly to him. So that never shame ne payne myz drawe thin herte fro him. Now swete Jhesu turne the eyze of thi mercy towarde us synful. so that thoruz thi mercy and grace remove repente of oure trespas and mys dedis. so that we may come with seint Petir to thi mercy. Pater noster [...]« Vgl. H. Lindkvist, Richard Rolle's Meditatio de passione domini. Skrifter af K. Humanistika Vetenskaps Samfundet i Uppsala 19.3, S. 39f.

237 Museum der Stadt Wien; vgl. Österreichische Kunsttopographie, XXIII, Wien 1931, Abb. 153, S. 533, Abb. 672. (H. Tietze, Geschichte und Beschreibung des St. Stephansdomes in Wien. Im Text bestehen Unstimmigkeiten, da S. 201 sich auf Abb. 154 bezieht.) Dargestellt – soweit erkennbar – sind noch eine weisende und eine schlagende Hand; Augenbinde; Essiggefäß; Schwammstab; Jude mit Schwert, wahrscheinlich Malchus mit dem Schwert des Petrus (Malchus galt in manchen Erzählungen als besonderer Quäler trotz der ihm erwiesenen Wohltat der Heilung); Dornenkrone; Säule; Ruten.

238 Zum formalen Typus von Schelklingen gehört unter Fortfall der Fürbitte und des Sarkophages die Initiale aus dem Missale des Johann von Neumarkt nach 1364 in der Bibliothek des Prager Metropolitankapitels, Topographie der historischen und Kunst-Denkmale im Königreich Böhmen, Bd. 24, Prag. Hradschin, II, 2, Prag 1904, Fig. 37. (A. Podlaha.)

10 Epitaph, Deutschland, 2.–3. Viertel des 14. Jahrhunderts (Fulda, St. Michaels-Kapelle)

kophagmotiv ließ sich in jeder Beziehung das Zentralmotiv sehr wirkungsvoll gestalten, wenn es mit dem Kreuzmotiv des »Gregorianischen« Andachtsbildes verbunden war. Man gewann einen breiten Fußpunkt, aus dem der Körper und das Kreuz erwuchsen, man konnte – wenn man ihre Zahl nicht sehr steigerte – die Werkzeuge in einen rationalen räumlichen Zusammenhang bringen, und die formale Heraushebung der Hauptstationen des Kreuztodes und des trotzdem Lebenden war gesichert. Man muß annehmen, daß der so entstehende Typus ältere Vertreter hatte, als mir bekannt sind. Ganz scharf konzentriert ist die Darstellung auf einem Florentiner Gemälde des Musée des Beaux-Arts in Straßburg[239], das wahrscheinlich schon der zweiten Jahrhunderthälfte entstammt. Dem Sarkophag entwächst der von Maria und Johannes unterstützte Christus; über ihm – nicht unmittelbar hinter ihm in Kopfhöhe – das Kreuz mit Titel; an den Balken hängen Geißel, Hammer, Zange, Rute. Auf dem vorderen Sarkophagrand stehen als ein neues Waffenbild die Salbtöpfchen der drei Marien. Maria und Johannes sind nicht etwa in einer real vorgekommenen Situation[240] gedacht, wie die »Anschauung« hier oder vor dem Fuldaer Grabstein vermuten lassen könnte; ihre Beteiligung an den Passionsgeschehnissen und die innere Verbundenheit Christi mit ihnen ist veranschaulicht; auch sie gehören also zu den »arma«.

Waffenbilder waren Andachtsbilder, deren Motive nach einem religiösen und nicht nach einem ästhetischen Bedürfnis ausgewählt wurden und die bei unserem Thema, schwoll die Zahl der Waffen oder ihre Größe zu sehr an, die Komposition immer wieder zerfließen lassen konnten. Ob der Künstler diese Gefahr meisterte, hing von seinem dekorativen Geschick ab. Es war hinlänglich bei Roberto Oderisi, der in der Jahrhundertmitte auf seinem heute im Fogg Museum in Cambridge (USA) verwahrten Gemälde[241] die Aufgabe, sehr viele der Werkzeuge vorzuführen, löste, indem er sie mit vollendetem rhythmischem Gefühl in zu den Bildrändern parallel laufende Streifen einordnete. Bemerkenswert ist die große Zahl mißhandelnder Hände, unter denen eine die Spottgeste der Fica machende hier für uns zuerst erscheint. Es sollte im Sinne des hl. Thomas die Universalität des Leidens geschildert werden, daher auch das Motiv des ohrenzerreißenden Trompetenlärms. Ungewöhnlich auch die Aufnahme der drei Kreuzkeile[242] und der schlafende Grabeswächter, während das abgeschlagene Ohr des Malchus bald zu den oft gezeigten Werkzeugen gehörte (Abb. 11).

Auch der oberitalienische (wohl paduanische) Maler, der um 1380 das Stundenbuch ms. lat. 757 der Pariser Nationalbi-

239 Vgl. H. Haug, in: Archives alsaciennes d'histoire de l'art, 9, 1932, S. 97.

240 Auf dem Bilde Nr. 587 des Museo Poldi-Pezzoli in Mailand von einem Schüler des Fra Filippo Lippi stehen Maria und Johannes neben Christus in einem quadratischen Kasten, während der leere Sarkophag daneben wiedergegeben ist. Baldung Grien stellt außer den beiden auch Gottvater in den Sarkophag (London, Nat. Gal.)

241 B. Berenson, in: Napoli nobilissima, NS. 3, 1922, S. 157. Bessere Abb. in Bollettino d'arte 26, 1932/33, S. 234. In Berensons Beschreibung ist irrig die Deutung der Augenbinde als Strick. Berenson war wohl bisher der einzige, der die innere Problematik des Vorwurfes fühlte, so wenn er vom bilderschriftlichen und mnemotechnischen Charakter spricht. Aber in der Formulierung ist sie noch nicht bewältigt, so z.B. wenn er sagt »l'uomo del Medio Evo ha piutosto adorato che contemplato questo lavoro« (S. 158). Die Antithese ist falsch. Das Ansehen sollte zur Verehrung, zur Versenkung, zum Teilhaftwerden besonderer Gnaden führen.

242 Für mich bedeuten diese Keile, die von früh auf in den Kreuzigungsbildern so betont erscheinen, noch ein ungelöstes Problem. Sie hatten sicherlich eine ganz besondere Bedeutung, tauchen aber unter den Reliquienschätzen erst spät auf; vgl. oben S. 101. Eigenartig und unerklärt ist noch ihre gitterartige Verbindung in einigen Miniaturen des frühen 13. Jahrhunderts; A. Haseloff, Eine sächsisch-thüringische Malerschule des 13. Jahrhunderts, Straßburg 1897, S. 144, 332; W. Arslan, in: Studi trentini di scienze storiche, 16, 1935, S. 172.

11 Roberto Oderisi, Arma Christi, 2. Hälfte des 14. Jahrhunderts (Cambridge [Mass.], Fogg Museum of Art)

bliothek[243] illustrierte, läßt den im Grabe Stehenden von den Waffen rahmenartig eingefaßt sein. Um die Waffen in möglichst geschlossener Form vorzuführen, sind außer den dort üblichen alle irgend geeigneten am Querbalken des Kreuzes befestigt. Zange und Hammer hängen an Schnüren von ihm herab; der Rock ist übergeworfen, die Augenbinde und der Strick sind umgebunden. Der Hahn steht auf einer Sprosse der Leiter.[244] Wiederum sind die Hände als Waffen betont. Dem Maler (oder seiner Vorlage) war daran gelegen, zu verdeutlichen, daß es sich um abgekürzte Vorführung von Aktionen handelt; wie er den Schergenkopf und die Zeugenhand mit dem Schmerzensmann in Verbindung setzt, so stellt er neben die Hand mit der Fackel und neben die der Fica je ein Christusgesicht. Zu seiten des Sarkophages erscheinen Maria und Magdalena, deren Salbtöpfchen, hier sicherlich im Sinne des Gerätes der Leichenzurüstung verstanden, als Gegenstück zu den Würfeln auf dem Sarkophag steht.

Don Lorenzo Monacos Bild im Chiostro degli Oblati in Florenz[245] (gegen 1400) zerfließt, während ihm auf dem der Akademie[246] von 1404 eine geschlossene Form gelang. Erstmalig begegnen wir hier einem Frauenkopf, der wahrscheinlich die Frau des Pilatus bedeutet. Daß später die dem Florentiner Quattrocento eigene Schulung in klarer Gliederung einer Bildfläche auch durchschnittliche Künstler die Aufgabe befriedigend lösen läßt, belege hier ein Bild des Neri di Bicci[247] gegen 1470 (Abb. 12). Er hat die gegenständlichen Waffen allerdings auf die wichtigsten beschränkt und läßt die menschlichen zu möglichst geschlossenen Formen vereint am stärksten sprechen. Ausgezeichnet der blicklose Blick des ganz in sein Leiden versunkenen Christus, für den die uns naiv wie eine Linderung erscheinende anschmiegende Teilnahme von Mutter und Jünger in der Tat eine Leidensstation mehr bedeutet.

Die vorauszusetzende einfache Grundform des ganzen Typus, wie ihn etwa grundsätzlich noch eine Initiale[248] des nach 1364 entstandenen Missale der Bibliothek des Prager Metropolitankapitels zeigt, war vielfältiger Ausgestaltung fähig gewesen. In Wien fanden wir mit dem umgeworfenen Mantel die Leidensstation des wirklichen Eccehomo einbezogen, die dem im Typ sonst entsprechenden Fresko in Bunge[249] (Gotland, um 1370) fehlt. Günstiger war ihre Einbeziehung; denn wählte man sie als formales Ausgangsmotiv für Christi Stellung, so entstand der ganz unrealistische Schmerzensmann einer fiktiven Ausstellung vor dem Volke, der lebend eine bestimmte historische Leidensstation eben zu überstehen scheint, aber die Wundmale trägt, jedoch nicht der Auferstandene ist, wenn natürlich auch der Gedanke an die Auferstehung erweckt werden soll. Alle Zeitbegriffe sind auch hier aufgehoben, aber anschaulich kommt die Darstellung dem menschlichen Verstande dadurch entgegen, daß nicht ein Toter lebend erscheinen soll, sondern ein sichtbar Lebender, als Gott Gekannter, nur die Spuren auch von Vorfällen trägt, die sich erst nach seinem menschlichen Tode ereigneten. Formal und inhaltlich gewann man auf diese Weise ein wirklich beherrschendes Zentralmotiv, vor allem wenn man sich auf die Wiedergabe nur einiger wichtigster arma[250] beschränkte. Welche Konzentration man dann erreichen konnte, zeigt das Hirzlach-Epitaph[251] in Heilsbronn. Hier haben jene wieder mehr die Bedeutung von Insignien des Richters als die von Vertretern der einzelnen Leidensstationen, mit deren jeder eine Andachts- und Schutzverbindung hergestellt werden soll. Derjenige, an den der Beter sein »miserere mei« richtet, ist ihm in kühler Majestät ungleich ferner als der Leidende des Fuldaer Grabsteines. Es ist nicht der immer Leidende, sondern doch der Gelittenhabende, wenn auch äußerlich noch im Leidenszustande Befangene, der vor uns steht. Werden viele arma dargestellt, so verliert der Schmerzensmann trotz übermenschlicher Größe an majestätischem Charakter, wie das Beispiel des etwas später als das Heilsbronner Bild entstandenen, gleichfalls Nürnberger Passionsaltärchen des Germanischen Museums[252] zeigt. Unter den Werkzeugen begegnen wir hier erstmalig den Köpfen von Kaiphas und Herodes und der Hand des Pilatus mit dem Zepter des Richters. Beachtenswert, wie auch der dritte Nagel rechts im Kreuzbalken steckt – es kommt auf Sichtbarkeit[253] an. Der Sarkophag ist geöffnet zur Erinnerung an die erfolgte Auferstehung, auf die noch einmal der seine totgeborenen Jungen am dritten Tage durch Anhauchen zum Leben erweckende Löwe hinweist. Auf einem Epitaph der Erfurter Peterskirche[254] steht vor Kreuz mit Titel und Nagellöchern der Oberkörper des gregorianischen Schmerzensmannes mit offenen Augen und Dornenkrone, aber leblosen Armen, in die man ihm – ein Typus, der weite Verbreitung fand – Ruten und Geißel gesteckt hat.[255] Unten

243 V. Leroquais, Les livres d'heures de la Bibl. Nat., Paris 1927, pl. X, Textband I, S. 5f.

244 Eine Sprosse dieser Leiter gehörte zu den Reliquien des Magdeburger Domes; H. Alt, Der kirchliche Gottesdienst, Berlin ^{2}1851, I, S. 100.

245 O. Sirén, Don Lorenzo Monaco, Straßburg 1905, S. 22, Tafel 1. – R. van Marle, The development of the italian schools of painting, 9, Den Haag 1925, S. 79.

246 E. Panofsky, a.a.O., S. 268f.

247 New York, Mr. Charles Iklé. Zu beachten die nicht seltene Vereinigung der Kelche des Abendmahles und des Ölbergs.

248 Cim. 6 fol. 67b. Topographie der historischen und Kunst-Denkmale im Königreich Böhmen, a.a.O., S. 39f. (wie Anm. 238).

249 Vgl. G. Samuelsson, in: Konsthistorisk Tidskrift, 4, 1935, S. 68.

250 Als einen Grenzfall lasse ich – trotz seiner geschichtlichen Wichtigkeit – den außer Betracht, der sich auf Beigabe der Geißeln oder Ruten beschränkt.

251 E.H. Zimmermann, Die Tafelmalerei, in: Anzeiger des Germanischen Nationalmuseums, 1930/31, S. 23, Tafel 23. Man sollte nicht zu präzise 1350 datieren, da der 1346–50 regierende Abt das Bild selbst gestiftet haben kann. Außerdem kann die Inschrift des 19. Jahrhunderts falsch sein und Hirzlachs Vorgänger in Frage kommen. Also: gegen 1350. Ein Beispiel aus dem 15. Jahrhundert bei W. Schmidt, Die frühesten Denkmale des Holz-und Metallschnitts aus dem 14. und 15. Jahrhundert nach den Originalen im Kupferstichkabinett und in der Hof- und Staatsbibliothek in München, Nürnberg 1884, Nr. 71.

252 E.H. Zimmermann, a.a.O., S. 24, Tafel 32.

253 Im ms. lat. par. 757 ist er über dem Kopf Christi eingeschlagen.

254 Vgl. A. Overmann, Die älteren Kunstdenkmäler [...] der Stadt Erfurt, Erfurt 1911, S. 31.

255 Das gleiche Motiv und Nägel in den Füßen beim isoliert stehenden Christus auf einem etwas jüngeren Bilde des Erfurter Museums. Es enthält auch Prophetensprüche: »omnes videntes [...]« und »vidi-

12 Neri di Bici, Arma Christi, gegen 1470 (New York, Mr. Charles Iklé)

sind Beine angefügt, die im Schreiten begriffen sind, und sie schreiten, obwohl den linken Fuß, wie es bei den Händen auch der Fall, ein riesiger Nagel durchbohrt. Die Lanze zielt auf die Seitenwunde: das Ganze ist eine Darstellung der arma, von denen besonders viele synchronistisch mit Christi Körper verbunden sind. Immer wieder ist es der »Erlöser«, der gemeint ist: »Christ geruche zu labine / di Sele der begrabine amen.«

Wie oft man so kühn[256] war, läßt sich heute bei dem unzulänglichen Stande der Inventarisation in vielen Ländern, und weil gerade solche Darstellungen späteren Zeiten unverständlich und zugleich anstößig erschienen sein mögen, schwer sagen. Man kann aber vermuten, daß man es öfter war, als es heute scheint. Hierher und nicht in den Kreis des am Kreuze Hängenden gehört z.B. der Christus aus Langenstriegis in der Altertümersammlung zu Dresden[257], der nach Haltung der Beine und Füße zum Stehen bestimmt war. Er hatte sicherlich ursprünglich ein Kreuz hinter sich; wieweit er von anderen arma umgeben war, muß dahingestellt bleiben. Die Regel war aber vielleicht doch, daß, wenn man den ganzfigurigen gregorianischen Schmerzensmann vor dem Kreuz darstellte, man ihn zumeist wie auf dem böhmischen Mühlhausener Altar[258] von 1385 oder in der Miniatur einer Handschrift der Kapitelbibliothek in Prag[259], gleichfalls vom Ende des Jahrhunderts, stehen ließ, ohne das Un-Natürliche des synchronisierenden Zustandes besonders zu definieren. Auf dem ersteren sind Nägel und Dornenkrone auf dem Kreuzbalken untergebracht, in der zweiten stecken die Handnägel betont ungleich wieder in den Löchern der Balken, Geißel und Rute halten wieder die Arme des gregorianischen toten Oberkörpers mit offenen Augen, die Beine sind leblos, aber sie stehen.

mus eum non habentem speciem« (Is 53,2). Die Kunstdenkmale der Provinz Sachsen, II, 1, Burg 1931, S. 122, 125f. Es ist die Darstellung des Inbegriffs des leidenden Erlösers.

256 Das französische Diptychon der Gemäldegalerie SMPK in Berlin (Nr. 1120. Um 1400) ist »rationalisierter«, da der bemerkenswerter Weise nur in drei Wunden Nägel stecken habende Christus in einer Glorie schwebend, gleichsam in einer Vision vor dem Stifter erscheint. Die Anwesenheit der schmerzhaften Maria erweist das Bild als einen Grenzfall der arma-Darstellungen.

257 Beschreibende Darstellung der älteren Bau- und Kunstdenkmäler im Königreich Sachsen, Heft 25 (C. Gurlitt, Döbeln), Dresden 1903, S. 105f. – G. von der Osten, Der Schmerzensmann, Berlin 1935, S.11 und Abb. 12.

258 Stuttgart, Gemäldegalerie. – Vgl. z.B. C. Glaser, Die altdeutsche Malerei, München 1924, Abb. 9.

259 Topographie der historischen und Kunstdenkmale im Königreich Böhmen, II/2 (A. Podlaha), Prag 1904, S. 191, Fig. 217.

13 Arma Christi, Ausschnitt einer Vita-Christi-Tafel mit Heiligen, um 1350/60 (Köln, Wallraf-Richartz-Museum)

Neu für uns ist auf dem Altar der betont dünne, durchsichtige Schleier um die Hüfte, es ist der Mariens, den sie ihm reichte, um seine Blöße zu decken, und die Anspielung auf diese bedeutet den Einbezug einer weiteren Leidensstation in die dargestellten arma. Grundsätzlich gleich, aber mit geschlossenen Augen, also menschlich tot, steht der Schmerzensmann auf einem Altar des späten 14. Jahrhunderts in der Erfurter Barfüßerkirche[260], aber diesmal nicht vor dem Kreuze, sondern vor der Säule, deren Kapitell von zwei weiteren arma flankiert wird, dem Schweißtuche der Veronika und dem Kopf der Maria. Die Bereitschaft zum Verständnis der real gemeinten Verbindung des Schmerzensmannes mit der Leidensstation des Kreuzes scheint mit dem fortschreitenden Jahrhundert immer geringer geworden zu sein. Auf der hinteren gravierten, silbervergoldeten Außenseite des 1388 wahrscheinlich in Elbing verfertigten Buchreliquiars der Marienburg[261] ist sie wohl nur noch dekorativ gedacht. Die Auswahl der übrigen dargestellten Werkzeuge belegt wiederum, wie persönlich sie gefärbt sein kann. Neben der hier erstmals uns begegnenden Veranschaulichung der Handwaschung des Pilatus lag dem Besteller, dem Hauskomtur des Deutschen Ordens, Tile von Lorch, offensichtlich an ausführlicher Vorführung der zur Kreuzherrichtung benutzten Werkzeuge, so daß wir ein Zimmermannsbeil und einen Bohrer finden. Woher diese letztere Andachtsbeziehung genährt wurde, können wir nur teilweise[262] erraten, während einem Manne, der selbst richterliche Funktionen auszuüben Gelegenheit hatte, jene zum Urteil über Christus naheliegen mußte. Ungefähr in die gleiche Zeit gehört das Bild der Nikolaikirche in Brieg.[263] Hier ist die Ablösung Christi vom Kreuze vollständig geworden, wie auch

260 Kunstdenkmale Provinz Sachsen II, 1, S. 195ff.

261 Eugen v. Czihák, Die Edelschmiedekunst früherer Zeiten in Preußen, II, Leipzig 1908, S. 150, 154f. – Zeitschrift für christliche Kunst, 28, 1915, S. 94.

262 Man hatte die Löcher vorgebohrt, und da sie zu weit auseinanderstanden, mußten Christi Glieder zum Annageln ausgereckt werden, was man unter Zuhilfenahme von Stricken im 15. Jahrhundert oft dargestellt findet. Die arma-Bedeutung von Stricken war offenbar oft diese. Beschreibung des Vorganges kenne ich u.a. aus der französischen Handschrift London, Brit. Libr. add. ms. 12 215. fol. 78 r (sicher nach 1429, m.E. aus dem späten 15. Jahrhundert).

263 Vgl. H. Braune – E. Wiese, Schlesische Malerei und Plastik des Mittelalters. Leipzig o.J. Nr. 178, S. 82, Tafel 185. Abb. auch in: Cicerone 18, 1926, S. 601. Stilistisch gut etwa zwischen 1390 und 1410 möglich. Nach der Rahmeninschrift »1443 demum praesens tabula comparata est«, also gekauft und nicht bestellt oder gemalt. Daß 1443 nicht ein 1428 beim Hussiteneinfall zerstörtes Bild kopiert werden konnte, braucht nicht erst umständlich bewiesen zu

als Standfläche der betont über dem Sarkophag schwebende Deckel dient. Zu beachten der auf Christi Gesicht gerichtete Speichel, Maria als Mitleidende und die hier ganz klare eucharistische Sinngebung an Kelch und Hostie; von den fünf Hauptwunden gehen Blutströme in den Kelch.

Wie ungern man sich gelegentlich zu der völligen räumlichen Scheidung von Kreuz und Schmerzensmann entschloß oder umgekehrt, wie sehr man an der Zusammenrückung der beiden Stationen hing, beweist die Miniatur des Slowénicer Missales von 1398 in Wittingau[264], auf der zu Füßen des Kreuzes mit dem Gekreuzigten in der Golgotha-Szene in einem Rund der Gregorianische Schmerzensmann in der Grabkufe steht, eine Geißel im Arm, die andere neben ihm. Auf dem dem späten 14. Jahrhundert angehörenden, wahrscheinlich südfranzösischen Altärchen der Pierpont Morgan Library[265] in New York ist die Darstellung ganz in die einzelnen Grundelemente des Typus zerlegt. Es füllen nebeneinander jeweils einen Flügelabschnitt der Gregorianische Christus, Johannes, die eigentlichen arma: Kreuz mit Lanze und Schwammstab, die senkrecht vor die Kreuzarme gestellt sind, am Boden links die Nägel und zwei Geißeln, rechts das Essiggefäß und die Dornenkrone – also eine etimasiaartige Bildung, die der des Utrechtpsalters vergleichbar ist –, Maria. Formal angesehen hat eine Rationalisierung der Darstellung stattgefunden. Der Gregorianische Schmerzensmann ist aus jedem natürlichen Raumzusammenhange gelöst, eine Andachtsbild-Welt für sich, während die Gerätschaften mit dem Boden verbunden sind. Man will »natürlichem« Verständnis entgegenkommen. Gleichem Bedürfnis entspringt es, wenn auf dem Epitaph des 1386 gestorbenen Siegfried zum Paradies in Frankfurt a.M.[266] das Gregorianische Bild in jenem Typ[267] erscheint, der den Oberkörper von einer Wolkenschicht getragen sein läßt. Er gehört dadurch für die Anschauung der gleichen Wirklichkeitsschicht an wie die begleitenden zwei Engel, die mächtige arma tragen, der linke Kreuz, drei Nägel und die Säule, der rechte Leiter und Lanze. Vereinigte man die beiden eben besprochenen Kompositionstypen, so ließ sich eine einheitliche Darstellung gewinnen, wie sie uns am frühesten bekannt wird um 1420 in der Zeichnung des Jacques Dalive[268], auf der der Gregorianische Tote aus einer Engelsglorie hervortaucht, während Maria und Johannes auf der Erde hocken, auf der weitere nicht durchgängig erkenn- oder erklärbare Waffen herumliegen.

Als Kopfbild der zweiten der zum Gedächtnis der Konsekration[269] der erneuten Zisterzienserabtei Marienstatt 1325 oder bald danach gefertigten Gedächtnistafeln wählten diese Jünger des hl. Bernhard die Darstellung der arma Christi, von denen die ihnen wichtigsten um den am Kreuze Gestorbenen herum angeordnet wurden. Der Gekreuzigte findet sich auch auf einem gleichfalls kölnischen, rund eine Generation jüngeren Bilde des Wallraf-Richartz-Museums (Abb. 13), hier aber in Begleitung des Gottmenschen im Grabe. Von den übrigen Werkzeugen braucht nur hingewiesen zu werden auf die Zange, die einen Gegenstand hält, der kaum anders interpretiert werden kann denn als Zahn. Da die Zange der Kreuzabnahme sonst fehlen würde, ist nicht anzunehmen, daß der Hinweis einer mir sonst auch nicht bekannt gewordenen Quälerei während der Nacht der Gefangenschaft gilt. Es ist also einer der Zähne dargestellt, die man[270] dem Gesichtsschlage zum Opfer fallen ließ. Schon die Marienstatter Tafel stellt eine Augenverbindung her zwischen den beiden Schergenköpfen, von denen der eine wahrscheinlich Judas bedeutet, und Christus. Im späteren Bilde schreit synchronisiert der Schergenkopf noch gleichsam hinauf – das gleiche Motiv findet sich auf dem ungefähr gleichzeitigen Nürnberger Bilde –, und auch die Hand ist noch auf Christus gerichtet. Es entbehrt nicht einer gewissen Komik, wie auf dem Rand des der Situation gewiß nicht angemessenen Heiligenscheines des auch im Typus sehr niedrig gegriffenen Petrus der Hahn steht und seinen Ruf schmettert. So überlegen kann ein instinktsicheres Tier dem angeblich seiner selbst sicheren Heiligen sein.

Auf einem meines Erachtens französischen Elfenbeinrelief des Berliner Deutschen Museums[271] aus der zweiten Hälfte des 14. Jahrhunderts finden wir als Zentralmotiv den Christus

werden. Kopie setzt voraus, daß das Kopierte irgendwie existiert; »demum« muß auch einen Sinn haben, den ich für nicht schwierig zu finden halte. Das Bild war 1428 der zerstörten Kirche entfremdet worden und wurde »erst« 1443 durch den altarista Kaecherdorff zurückerworben. Meine Erklärung enthält keinerlei Unwahrscheinlichkeiten; vgl. für ihre Möglichkeit P. Buberl. Beschreibendes Verzeichnis der illuminierten Handschriften in Österreich, IV, Leipzig 1911, S. 205 die Geschichte des Antiphonars.

264 Topographie der historischen und Kunstdenkmäler im Königreich Böhmen, X (F. Mareš u. J. Sedlaček, Wittingau), 1904, Tafel vor S. 107.

265 R. van Marle in: Gazette des Beaux-Arts 73, 1, Paris 1931, S.20ff.

266 Nikolaikirche. G.v.d. Osten, a.a.O., Abb. 42, S. 66.

267 Ich kenne ihn nicht vor um 1375: Regensburg, Domkapitelhaus, vgl. Die Kunstdenkmäler von Bayern II, 22, 1 (F. Mader u. A. Mitterwieser, Stadt Regensburg), München 1933, S. 204. – G.v.d. Osten, a.a.O., S. 57, Abb. 26.

268 E. Panofsky, a.a.O., Abb. 26. Berlin, Staatsbibliothek. Mir ist nicht bekannt, daß schon jemand die Entwicklung des in den Wolken erscheinenden Gregorianischen Christus verfolgt hätte. Im Diözesan-Museum in Köln hängt ein Bild als Maas-Schule der zweiten Hälfte des 15. Jahrhunderts, auf dem er mit zwei das Tuch vorhaltenden Engeln auch in die Wolken versetzt ist.

269 Bonn, Provinzialmuseum. – Vgl. Ausstellung der kunstgewerblichen Altertümer in Düsseldorf 1880, 2. Aufl. S. 323ff. – H. Dekkert, R. Freyhan, K. Steinbart, Religiöse Kunst aus Hessen und Nassau, Marburg 1932, S, 102. Tafel 169ff. Die Feier war am 27. Dezember 1324.

270 Vgl. z.B. J.J. Lanspergius, Homilia XV in passionem Christi (Opp. I. Coloniae 1554, Fol. CIIIIr). »Dicunt hanc alapam adeo fuisse vehementem, ut dentes moverent.« Anguissola gibt a.a.O., II, S. 101 als weitere ältere Quellen den hl. Bernhard und Vinzenz von Ferrer an. Im ersteren Falle muß es sich um eine falsche Zuschreibung handeln, während der zweite wohl Christus zur Erde fallen läßt, aber nicht von den Zähnen spricht. (In die Parasceves, Sermo unicus. ed. Dam. Diaz. Antverpiae 1570. Sermones hyemales. S. 732). – Die biblische Quelle der Erzählung ist: Lam 3,16.

271 Ich weiß nicht, warum es in Berlin für deutsch gilt (W. Bode u. H.v. Tschudi, Beschreibung der Bildwerke der christlichen Epochen, Berlin 1888, Nr. 537. – W. Vöge, Elfenbeinbildwerke, Berlin 1900, Nr. 131. – W.F. Volbach, Die Elfenbeinbildwerke, Berlin 1923, S. 50). Die Beschreibungen sind nicht restlos richtig gewor-

mit den vom Kreuz gelösten Armen wieder. Seine Darstellung entspricht grundsätzlich derjenigen im Passionale der Kunigunde, jedoch ohne Einbeziehung der Geißeln, die der Mann ganz rechts trägt, und mit dem weiteren Unterschiede, daß dem toten Oberkörper ein sehr lebendiges Gesicht aufgesetzt ist, das mit der Beterin in Augenverbindung steht, wie überhaupt für das Relief das Bemühen charakteristisch ist, eine Beziehung zwischen möglichst vielen der Dargestellten herzustellen. Damit nähern wir uns systematisch und historisch einer Typusgrenze, jenseits derer die Vorzeigung von Waffen, deren Darstellung gewünscht war, in die Komposition eines dargestellten thematisch einheitlichen Vorganges einbezogen werden. So halten – wie später unzählige Male, z.B. in der Beweinung Christi auf der Innenseite des Deckels des Heiligen Grabes[272] in der Klosterkirche der Magerau in Freiburg in der Schweiz (zweite Hälfte des 14. Jahrhunderts) – Joseph von Arimathia und Nikodemus Hammer und Nägel, beziehungsweise Zange und Augenbinde. Die Unterbringung der Dornenkrone und der Geißeln auf dem Kreuze war weitverbreitet und entstammte ebenso wie das häufige Taukreuz einem bestimmten, aber noch nicht identifizierten Andachtsbildschema.

Wie der Typus des von Werkzeugen flankierten Weltrichters noch in der Mitte des 14. Jahrhunderts lebendig[273] war, so erhielt sich der aus ihm hervorgegangene mit dem von Werkzeugen flankierten Erlöser mindestens das ganze Jahrhundert hindurch. Das Schema von Oberwälden wiederholt sich, nur mit gesenkten Armen, in einem Wandbilde des Kreuzganges der Stiftskirche zu Aschaffenburg[274] aus dem Jahrhundertende. Aber diese einfache koordinierende Aufreihung Christi und der Werkzeuge konnte höheren formalen Ansprüchen nicht genügen. Sie mußte zu einer dekorativen Organisierung des Typus auffordern, die in der Tat wahrscheinlich bereits in der Frühzeit des Jahrhunderts erfolgte, und zwar im Anschluß an das übliche gotische Schema für entsprechende Aufgaben: Einfassung der Zentralfigur durch ein kleinteiliges architektonisches System, in dessen freien Flächen, formal zu sekundärer Bedeutung herabgedrückt, die anderen Motive untergebracht werden. So finden sich die Werkzeuge vorläufig zuerst innerhalb des Wandbilderschmucks der Stiftskirche zu Landau[275] (um 1350). Dem gleichen Typus gehört das Wandbild in der Kirche zu Friedelsheim (Rheinpfalz) aus dem späten 14. Jahrhundert an (Abb. 14). Die Teilnahme der Natur vertreten hier neben Sonne und Mond die gespaltenen Felsen (Mt 27, 51). Der Mensch rechts unten stellt schwerlich den Stifter vor, sondern einen der Spötter. Links unten das Beschneidungsmesser, Kelch und Hostie. Der Typus muß älter sein, denn in der Illustration des Speculum humanae salvationis, die spätestens der gleichen Zeit wie das Landauer Bild entstammt, wird

14 Arma Christi, Rheinpfalz, spätes 14. Jahrhundert (Friedelsheim, Pfarrkirche)

den. Die knieende Gekrönte kann unmöglich die Königin von Saba sein – was sollte sie unter den Waffen Christi? –, es kann nur die Bestellerin gemeint sein, also eine Fürstin. Oben links darf nicht an das Schweißtuch der Veronika gedacht werden – es ist oft wie hier durch die Vera ikon ersetzt –, es handelt sich um das Grabtuch. – W. Bode u. H.v. Tschudi haben rechts richtig Magdalena mit dem Salbtöpfchen erkannt. Was alles auf diesem Flügel weggebrochen ist, läßt sich nicht sagen; wahrscheinlich entsprach aber der Leiter mit den Fußspuren die Säule. – C.R. Morey, a.a.O., S. 205 folgt der Bestimmung als deutsch, die mir zweifelhaft bleibt.

272 J. Zemp, in: Fribourg artistique à travers les âges, 15, Freiburg i.Ü. 1904, No. 1, Pl. 2. – H. Reiners, Das Malerische alte Freiburg-Schweiz, Augsburg 1930, S. 39, Tafel 57.

273 Vgl. die Miniatur der Handschrift des Speculum im Staatsarchiv Marburg, Bau- und Kunstdenkmäler im Regierungs-Bezirk Kassel, 8, Kassel 1934, Tafel 1. (F. Küch u. B. Niemeyer, Kreis Marburg-Stadt).

274 Die Kunstdenkmale des Königreichs Bayern, III, 19, München 1918, S. 135f. (F. Mader. Die Stadt Aschaffenburg).

275 Die Kunstdenkmale von Bayern, VI, 2, München 1928, Tafel IV, S. 39. (A. Eckardt, Landau, Pfalz).

er bereits transponiert verwendet. Seine Bedeutung wurde demnach als schon so vertraut vorausgesetzt, daß er auch mit einem neuen Inhalt erfüllt werden konnte. Er diente zur Darstellung der Besuche[276], die Maria nach Christi Himmelfahrt den heiligen Stätten regelmäßig abgestattet haben soll und in denen man die erste »peregrinatio ad loca sancta« sah. Maria als Zentralfigur ist von Kompartimenten umgeben, in denen teils Passionswerkzeuge, teils andere ihnen entsprechende Abkürzungen die Orte vertreten, die Maria um der an ihnen vorgefallenen Geschehnisse willen aufsucht. So vertritt z.B. der Oberkörper des Engels Gabriel Nazareth und die Empfängnis, die Köpfe von Ochs und Esel Bethlehem und die Geburt, das Bein eines Apostels in der Fußwaschung und Abendmahlsgeräte, die allein nicht zur Bezeichnung ausreichen würden, den Saal des Abendmahles, Fußspuren den Felsen der Himmelfahrt usw.

Innerhalb der italienischen Speculum-Illustration[277] wurde dieses Kästchenschema zu einem wirklichen Schrank umgestaltet, vor dem Maria die für die Anschauung nur in Form von plastischen Modellen oder von Zeichnungen vorstellbaren Hinweise auf das an den Gedenkstätten Geschehene betrachtet.

Nicht in Kästchen, sondern in den Unterteilungen einer Fläche bringt die Miniatur auf fol. 236v eines englischen Psalters der Bodleiana[278] von um 1370 die arma unter. Es ist das ein interessanter Versuch ihrer Verteilung auf einer rhythmisch gegliederten Fläche um eine mittlere Kreuzform. Offenbar sollte die Wappenform vermieden werden. Denn nicht überall mag die Zuteilung einer so ausgesprochen dem aristokratischen Weltleben entstammenden Form an Christus mit gleicher Freude begrüßt worden sein. Wie man im 19. Jahrhundert das im 14. Jahrhundert beginnende Auswuchern des heraldischen Schmuckes mit dem Niedergang der wahren Religiosität in Verbindung bringen konnte[279], so lag der Gedanke an irdischen Pomp und Tand zu nahe, vor allem einer Zeit so starker sozialer Spannungen. Der Erlöser durfte nicht gleichsam für einen Stand in Anspruch genommen werden,

15 Ms. 212, fol. 9 v., Frankreich oder Rheinland, 2. Hälfte des 14. Jahrhunderts (Paris, Bibliothèque de l'Arsénal)

dem er im irdischen Leben dazu so gar nicht angehört hatte. Andererseits bot sich hier aber auch ein Motiv, das man als passende Mahnung[280] jeglicher vanitas vanitatum in entsprechender Form entgegenstellen konnte. Unter diesem Zeichen gab es für alle guten Christen nur eine Gleichheit des Schutzes: »C'est li vraiz écuz aus Crestiens« oder

276 Vgl. J. Lutz u. P. Perdrizet, Speculum humanae salvationis Leipzig 1909, pl. 69, 92. Der Text steht zu Anfang des Kap. 35 und de septem tristitiis; septima. S. 72, 95. – E. Breitenbach, Speculum humanae salvationis Straßburg 1930, S. 248. Entsprechende Abb. aus dem Speculum der Heidelberger Universitäts-Bibliothek von um 1425 bei H. Wegener, Beschreibendes Verzeichnis der deutschen Bilderhandschriften, Leipzig 1927, S. 22. – Auch diese Legende hatte ihre Entwicklung. Bei Ps. Hieronymus, ep. 9, PL 30. Sp. 136f. besucht Maria nur die Stätten der Passion und der Himmelfahrt, bei Odilo Cluniacensis sermo 12, PL 142, Sp. 1026f., etwa ist die Geburtsstätte hinzugekommen. Vgl. K.A. Kneller, a.a.O., S. 10.

277 Vgl. die Handschrift des späten 14. Jahrhunderts bei Mr. Riches; M.R. James, Speculum humanae salvationis Oxford 1926, Kap. 35.

278 E.G. Millar, La miniature anglaise du 14e et du 15e siècle, Paris 1928, S. 31, 69. Pl. 65 a. – Ms. auct. D. 4. 4. – Ich kann der Beschreibung nicht ganz zustimmen. Nicht das suaire ist wiedergegeben, sondern der deutlich als solcher charakterisierte Tempelvorhang. Auf den Schwammstab folgen eine Fackel mit anhängendem Tuch, wahrscheinlich der Augenbinde, dann das Lilienzepter des Pilatus, Keule, Schwert. In der zweiten Reihe links sind m.E. dargestellt die Fußspuren der Kreuztragung beim Zug aus der Stadt heraus (in dieser Form ungewöhnlich, aber viel weniger befremdend, als wenn eine Grabesdarstellung gemeint wäre). Der Strauch vertritt m.E. Gethsemane. Für die Darstellung rechts unten, die zwei Kapuzenträger, einen Bischof und eine Fürstin bei einer Mahlzeit wiedergibt, wußte Millar keinen anderen Vorschlag zu machen als den, daß es sich vielleicht um Pilatus und seine Frau handele. Aber eine Beziehung zwischen biblischem Bericht und Darstellung wäre nicht vorhanden. Ich glaube, daß es sich um das Eindringen einer Darstellung aus einem völlig anderen, von mir am Schluß zu behandelnden Typus der arma Christi handelt: der Herr wird durch Schlemmer und Unzüchtige verwundet.

279 Ch.R. Cockerell, Iconography of the west front of Wells Cathedral, Oxford 1851, Appendix S. 12 »[...] the vice of heraldry, the pomp and pride of which now began to supersede every other consideration [...]«

280 So gut P. Durand, Étude iconographique sur [...] le mot *ΕΤΟΙΜΑΣΙΑ* in: Mémoires de la soc. archéol. d'Eure-et-Loire, 4, 1867, S. 411. Er gibt nichts Näheres über das französische Manuskript des frühen 14. Jahrhunderts an, dem er die von mir zitierte Unterschrift unter einem Schilde mit dem Kreuz und anderen Werkzeugen entnahm.

»A scheld of red, a crosse of grene,
A croune y-writhe with thornes kene;
A sper, a sponge, with nayles thre,
A body y-bounde to a tre;
Who this schild in herte wul take
A-monge his enimes thar he nozt quake.«[281]

Mit solchen Erklärungen konnte man den Sinn der Darstellung auf den des »scutum fidei« und zugleich den des Amuletts[282] einzuschränken versuchen, aber ein Halten auf dem einmal eingeschlagenen Wege gab es nicht. Noch im 14. Jahrhundert wurde gelegentlich das Wappen Christi, nach allen Regeln der heraldischen Kunst ausgestaltet; es bekam (Abb. 15)[283] einen Helm mit Dornenkrone, Geißel, Lanze, Arm mit Segenshand Gottes, Schwammstab, Ruten als Zier und mit dem blutbefleckten Rock als Decke. Der Helm konnte auf die Soldaten bezogen werden und die Hand auf den Schutz Gottes, den die Wappenbilder, die jeweils persönlich wichtigsten der Waffen Christi[284], beinhalten. »Hec sunt arma et signa«, so beginnt das die Zeichnung begleitende Gebet (fol. 10r). Noch trat aber keine Vermischung mit den Abzeichen weltlicher Größe ein; den Kronen der Könige Frankreichs und Englands entspricht auf der Epistel des Philippe de Mézières[285] von 1395/96 an Richard II. von England die Dornenkrone des »roy de paix«, und von ihr geht ein jene überstrahlender Glanz aus.

In Weltgerichtsdarstellungen erhielt sich die Zusammenstellung »schwebender« Werkzeuge zu einem um das meist mit Tuch versehenen Kreuz angeordneten rhythmisch-dekorativen Aufbau, der nicht immer Schwerkraft und rationale Raumvorstellungen berücksichtigt, als signum Christi. In S. Maria Maggiore in Tuscania[286] aus der ersten Hälfte des 14. Jahrhunderts schweben über den Armen die Dornenkrone und die Nägel; links von ihnen Schwammstab und Lanze, rechts die Säule, von der zwei Geißeln herabhängen. Ein einfacheres Schema, wie es manche italienische Bilder der ersten Hälfte des Jahrhunderts[287] für die Erscheinung im Tale Josaphat verwenden, hängt die Geißeln an das von Lanze und Schwammstab flankierte Kreuz. Reicher konnte die Zusammenstellung sein, wo sie als Veranschaulichung der von Maria während der Passion gelittenen Schmerzen wenigstens die Höhepunkte der Leidensgeschichte vorführen mußte. Im italienischen Speculum des 14. Jahrhunderts[288] ist auf Golgotha, an dessen Fuß der Sarkophag steht, das Kreuz mit den Nägeln aufgerichtet; links von ihm die Lanze zwischen zwei Geißeln, rechts der Schwammstab und ein Kelch, der hier wahrscheinlich auf den Gallentrank vor der Kreuzigung hinweist.

Ein »Bündel« läßt auch der Genuese Bartolomeo Pellerano da Camogli 1346 auf der Predella eines Madonnenbildes[289] von Angehörigen einer Geißlerbruderschaft und einigen Herren und Damen verehrt werden. Das ist bisher die einzige nachweisbare Verbindung der Geißlerbewegung mit den Waffen Christi, was wundernehmen kann bei ihrer starken Verwurzelung in der Verehrung des Leidens Christi. Aber sie wendete sich hauptsächlich an die fünf Wunden. Sie werden im deutschen Geißlerlied von 1349[290] zur Behütung vor dem jähen Tod angerufen; ihre Messe wird bei der den Anstoß zur Bianchibewegung von 1399 gebenden Erscheinung Christi und Mariens vor einem Landmann[291] besonders empfohlen. Sie bilden jetzt allerdings in Verbindung mit der Dornenkrone, das Abzeichen einer italienischen Bußbruderschaft[292] des 16. Jahrhunderts. Demgegenüber wissen wir vom Jahre 1356, daß man sich in Deutschland[293] außerhalb der Geißlerkreise besonders dem Schutz der Nägel, der Lanze und

281 Vgl. C. Brown, A register of middle english religious [...] verse, Oxford 1920, II. S. 25, Nr. 66. Nach einer Handschrift des frühen 14. Jahrhunderts. Th. Wright u. J.O. Halliwell, Reliquiae antiquae, II, London 1845, S. 18.

282 Die Ablässe bezog man auch auf die »qui portent sur eux les armes de Jesus Christ«. V. Leroquais, a.a.O., I, S. 320 nach ms. lat. 10 527 fol. 200; zweite Hälfte des 14. Jahrhunderts.

283 Paris, Bibl. de l'Arsénal, ms. 212. fol. 9 v. H. Martin, Catalogue des manuscrits etc, I, 1885, S. 111. Die Handschrift kann französischen Ursprungs sein.

284 Wir begegnen hier erstmals dem Ersatz der Seitenwunde durch die Herzwunde, formal: des Negativums durch eine positive Gestalt.

285 London, Brit. Libr. Royal Ms. 20. B VI. Sir Warner u. P. Gilson a.a.O., II, S. 363, IV, Tafel 115. – M.V. Clarke in: The Burlington Magazine 58, 1931. S. 283ff.

286 Vgl. R. van Marle, a.a.O., V, Fig. 215. – Vlad. Zabughin, Dante e l'iconografia d'oltratomba (Cod. e Vat. sel. ser. mai. XIII) Milano 1921, Abb. 127. Die arma-Darstellung auf dem Weltgericht in S. Stefano in Spoleto, ebd., Abb. 128, von 1374 halte ich für übermalt, wenn wahrscheinlich auch den alten Zustand wiederholend: auf einem Altar stehen Kreuz mit Titel, Säule und Essigeimer, daneben Lanze und Schwammstab.

287 Vgl. z.B. Jac. Landini, Kunsthalle Bremen Nr. 292; und Walters Art Gallery in: Baltimore Nr. 722.

288 M.R. James, Catalogue of the manuscripts in the library of the Corpus Christi College Cambridge, Cambridge 1911, Kap. 44.

289 Palermo, Pinakothek; vgl. R. van Marle, a.a.O., Fig. 185. Das Bild stammt aus dem Kreuzgang des Franziskanerklosters in Palermo (A. Mongitore, Palermo divoto di Maria vergine, Palermo 1719, I, S. 209), wann es dorthin kam, ist nicht bekannt. Eine assoziazione di Genovesi disciplinanti wurde im Kloster 1480 gegründet; ob und was sie für Vorgänger hatte, weiß man nicht. Vgl. G. di Marzo, La pittura in Palermo, Palermo 1899, S. 39ff.

290 Vgl. E.G. Förstemann, Die christlichen Geißlergesellschaften, Halle 1828, S. 270ff. – J.F.C. Hecker u. A. Hirsch, Die großen Volkskrankheiten des Mittelalters, Berlin 1865, S. 93ff. – Fr. Schulze-Maizier, Mystische Dichtung aus sieben Jahrhunderten, Leipzig 1925, S. 160f. Das Lied enthält auch keine ausführliche Aufzählung der Leiden Christi; genannt werden die Nägel, die Dornenkrone, das Kreuz, die Lanze. Der Anruf lautet: Jesus dor dine wunden rod Behod uns vor den gehen dod. Bei K. Lechner, Die große Geißelfahrt des Jahres 1349, in: Historisches Jahrbuch der Görresgesellschaft, V, 1884, viele Beschreibungen des Aussehens der Züge; nie werden die Waffen Christi erwähnt. Nach einem flandrischen Bericht war es den Geißlern verboten, beim Leiden Christi einen Eid zu schwören. S. 461.

291 Förstemann, a.a.O., S. 113 nach Luca di Bartolommeo da Pistoia bei G. Lami, Lezioni di Antichità, Firenze 1768, S. 638f.

292 Ebd., S. 195.

293 Limburgische Chronik: »In dieser Zeit sang man das Tage- [= Morgen-]lied von der heiligen Passion, und war neu, und macht es ein Ritter: [...] Laß uns den Tag mit Gnaden überscheinen,
Die Namen drey,
Die stehend uns bey
In allen Nöthen wo wir seyn,
Die Nägel und das Sper und auch die Crone.«
Bei E.G. Lessing, Sämtliche Schriften ed. K. Lachmann, XI, 2. Leipzig 1857, S. 84f. – O. H. Brandt, Die Limburger Chronik, Jena 1922, S. 24f. – W. de Gruyter, Das deutsche Tagelied, Leipziger Diss. 1887, S. 133f.

der Dornenkrone empfahl. Das mag mit der gesicherten Festeinführung für die heilige Lanze und die Nägel durch die oberste kirchliche Autorität im Jahre 1353 zusammenhängen. Die Verehrung der arma mußte leicht eine Verwischung des Bewußtseins der verschiedenen religiösen Bedeutsamkeit der einzelnen Werkzeuge mit sich bringen. Als Gedächtnishilfen waren alle gleich wichtig, aber theologisch beurteilt war ihr Anspruch auf Heilighaltung und liturgische Verehrung sehr verschieden (während umgekehrt für den Volksglauben gerade an einem ganz »unheiligen« der Werkzeuge ein besonders starker Amulettschutz haften konnte). Es mag die warnende Stimme manches Theologen laut geworden sein, wie ich sie in der der ersten Hälfte des 14. Jahrhunderts entstammenden Summa des Rainer von Pisa zu vernehmen glaube. Er zieht scharfe Grenzlinien zwischen dem Kreuz und den sonstigen Werkzeugen, und bei diesen zwischen denen, die mit Christi Körper oder Blut in Berührung kamen, und den anderen. Dem Kreuz gebühre in jeder Gestalt die »adoratio latriae. Alia vero quae fuerunt instrumenta passionis et mortis Christi, puta clavi, corona et lancea et huiusmodi a nobis non adorantur adoratione latriae sicut crux. Cuius ratio est, quod ista non representant imaginem Christi sicut crux, quae dicitur signum filii hominis, quod apparebit in coelo: Mt 24. Ideoque mulieribus dixit angelus Jhesum quaeritis Nazarenum crucifixum, non lanceatum, non coronatum, non huiusmodi. Et inde est, quare imaginem crucis Christi veneramus in quacumque materia videtur, non autem imaginem clavorum vel quodcunque huiusmodi, quamvis etiam omnia praedicta ex contactu sancti corporis et sanguinis Christi decenter adoremus, ut dicit Damascenus [...], non tamen adoratione latriae [...]«[294] Keinerlei Verehrung kommt also den Werkzeugen zu, die nicht durch Christi Körper oder Blut berührt wurden (also z.B. auch nicht dem Kreuztitel).[295] Demgegenüber konnten die Worte der Bulle[296] Papst Innozenz' VI. als eine Billigung wenigstens des Hauptteiles der religiösen Praxis, wie sie sich im Frömmigkeitsleben entwickelt hatte, angesehen werden: »In redemptoris nostri [...] sacratissima passione sic nos gloriari oportet, ut ipsius passionis mysteria dinumerantes et merita in singulis etiam salutaribus instrumentis et fructibus gloriemur [...] Licet igitur lancea et praedicti (scil. clavi) aliaque ipsius passionis salutifera instrumenta sint a cunctis Christi fidelibus ubilibet veneranda«, wenn das Fest auch dort besonders zu begehen sei, wo Reliquien verwahrt würden. Um einen mächtigen Block wurden damit die Fundamente der Verehrung der arma Christi verbreitert. Bisher vorwiegend für die Oberschicht des religiösen Frömmigkeitslebens durch spirituelle Erwägungen gefördert und für die Unterschicht durch abergläubische, bekam sie jetzt ihren legitimen Platz innerhalb des liturgischen Festlebens der Kirche angewiesen. Die Bulle enthielt implicite die Erlaubnis, den Titel des Festes – de lancea et clavis – zu erweitern und allgemein auf die Waffen Christi auszudehnen, wie er sich schon um 1363 in einem böhmischen Antiphonar[297] nachweisen läßt. Andererseits mußte der Wunsch nach dem Besitz von Passionsreliquien neu entfacht werden, und es ist vielleicht in diesem Zusammenhange kein Zufall, daß Karl V. von Frankreich gerade zwischen 1368 und 1378 seinen Brüdern von den in der Ste.-Chapelle verwahrten abgibt, wovon das dem als Neapler Thronfolger 1384 in Süditalien verstorbenen Ludwig von Anjou geschenkte, heute im Baptisterium in Florenz verwahrte Reliquiar noch ein Zeugnis darstellt.[298] Das vom Olmützer Bischof Jan XI. Volek dem 1340 von ihm gerundeten Benediktinerinnenkloster Pustoměř wohl 1347–49 gestiftete Reliquiar[299] eines Dorns (Abb. 16) bezieht in die Darstellung außer einigen Hauptwaffen auch noch die Würfel und den Hahn ein. Dem Bischof waren gerade diese Stationen offenbar ein Gegenstand besonderer Verehrung; besaß er keine Reliquie, so wollte er wenigstens das Abbild nicht missen.

Die Aufmerksamkeit war von der autoritativsten Stelle erneut auf die Bedeutung der Passionsvorgänge im einzelnen gelenkt worden, so daß, am Ideal gemessen, Philippe de Mézières[300] in diesen Jahren urteilen konnte, die meisten Christen hätten die Passion vergessen, die jeder Christ ständig vor Augen haben, deren Andenken alle seine Taten regeln sollte. Dabei scheint für unser rückschauendes Urteil im 14. Jahrhundert nicht anders als in seinem Vorgänger und Nachfolger die Passion tatsächlich in das Zentrum des Frömmigkeitslebens gerückt gewesen zu sein. Das Waffenfest breitete sich im 15. Jahrhundert immer weiter aus, und man schrieb das Verdienst daran für Deutschland hauptsächlich dem Kardinal Nikolaus von Cues († 1464) zu.[301] Wann genau es als das der Lanze und Nägel in Köln eingeführt wurde, kann ich nicht angeben; es galt dort nach Schulung (S. 49f.) als »festum celeberrimum«. Es gab auch ein recht verbreitetes Fest der Dornenkrone, wäh-

294 Kap. 5. Ich zitiere nach einer Inc. s. l. c. a.
295 Die römische Reliquie wurde 1492 bei einer Reparatur in S. Croce in Gerusalemme wiedergefunden. Die Benediktiner von Notre Dame de Ladorade in Toulouse sollten das größte Stück vom Titel besitzen. Vgl. A. Baillet, Saints, S. 20.
296 Vgl. F.X. Kraus, Der heilige Nagel, S. 102. – Christ. Erdtmannus, Norimberga in flore avitae Romano-catholicae religionis. o. O. 1629, pag. 26ff.
297 H.J. Hermann, Beschreibendes Verzeichnis der illuminierten Handschriften in Österreich, IV, Leipzig 1923, S. 209. – Nach Fr. Ser. Huttier, Die bildliche Darstellung des göttlichen Herzens, Innsbruck ²1894, S. 8, erhielt das Fest später auch den Namen »von den Leidenswerkzeugen unseres Herrn«.
298 Vgl. G. Poggi, Il reliquario »Del libretto« nel battistero fiorentino, in: Rivista d'arte 9, 1916, S. 238ff.— Zu Nr. 6 des Reliquienverzeichnisses und S. 240 Anm. 1: es handelt sich um die (oben S. 100) erwähnte Holztafel, auf der der Leichnam Christi gelegen hatte.
299 Karel Otavsky, in: Kat. der Ausstellung »Die Parler und der Schöne Stil 1350–1400«, Köln 1978, Bd. II, S. 702f. – Inschrift: HANC MONSTRANCIAM CUM SPINA DOMINI DNS IOHANNES OLOMUCZENSIS EPISCOPVS PRAEPARARI FECIT.
300 In der Vorrede der ersten Redaktion für die Regel des von ihm gestifteten Ordens der Chevalerie de la Passion de Jésus Christ; vgl. A. Molinier, in: Archives de l'Orient latin, 1, Paris 1881, S. 339.
301 Corn. Schulting, Bibliothecae ecciesiasticae tomus III, Coloniae Agrippinae 1599, S. 50.

16 Reliquiar eines Dornes, Böhmen, 1347–49 (Baltimore, Walters Art Gallery)

rend das Fest de facie Domini bis jetzt nur für die Diözesen Meißen und Breslau[302] belegt ist. Im Grunde entsprach es dem psychologischen Ursprung der ganzen Waffenverehrung, wenn auch das Fest nicht zu vielen von ihnen auf einmal galt, sondern möglichst viele Feste möglichst oft die Erinnerung an Passionsvorgänge weckten.[303] So gab es meines Wissens Meßformulare auch nur für einzelne der Waffen. Dem für die fünf Wunden sind wir im 14. Jahrhundert begegnet; ob frühere Zeiten dergleichen schon kannten, vermag ich nicht zu sagen.[304] Die große Verbreitung dieser Waffenmessen erfolgte wohl erst im 15. und im 16. Jahrhundert.[305]

Um 1400 hatte die Andacht zu den Waffen ihre umfänglichste literarische Formulierung erhalten. Wo es geschah, wissen wir nicht, aber die Bezeugungen stammen aus England (vgl. oben S. 116), wo die Andacht bis ins 16. Jahrhundert hinein sich großer Beliebtheit erfreut haben muß. Die Amulettbedeutung des Gesamtkomplexes ist die gleiche geblieben[306] oder wird erweitert.[307] Die Ablaßgewährungen sind vermehrt, und man hat ihnen einen noch größeren Wert zu verleihen gesucht, indem[308] man bereits St. Peter die Andacht begründen und mit drei Jahren Ablaß ausstatten ließ. Dreißig seiner Nachfolger und achtunddreißig Bischöfe hätten sich mit der Gewährung von je hundert bzw. je vierzig Tagen angeschlossen, bis endlich Papst Innozenz auf einem großen Konzil alles bestätigt habe. Welcher von den in Frage kommenden Päpsten mit dem Namen Innozenz gemeint ist, wird nicht gesagt. Der zweite, der dritte und der vierte beriefen je ein großes Konzil[309]; keines von ihnen befaßte sich mit der Andacht. Erst später[310] wurde präzisiert, daß es sich um Innozenz IV. und das Konzil von

302 C. Schulting, a.a.O., S. 50. – A. Franz, Die Messe im deutschen Mittelalter, Freiburg 1902, S. 157.

303 So erklärt auch C. Schulting die Mehrzahl der Feste: »Mater Ecclesia adeo sollicita est de inculcandis omnibus passionis dominicae partibus filiis suis«, daß sie sich nicht mit einem Feste begnügt, »[...] eodem redeat ac recurrat post [...] resurrectionis festa, ne ingrata [...] obliviscatur«.

304 A. Franz, Beiträge zur Geschichte der Messe im deutschen Mittelalter, Mainz 1899, S. 70, sagt, daß Messen zur Verehrung bestimmter Werkzeuge erst im 14./15. Jahrhundert in weitere Kreise drangen. Schulting kannte eine Missa de quinque armis et insignibus passionis, die er für identisch mit der der fünf Wunden hielt (S. 50). A. Franz, Die Messe, S. 157ff.

305 F.X. Kraus, Der hl. Nagel zu Trier, S. 161, erwähnt für Trier Messen für Lanze und Nägel in Missalien seit 1498. – Thiers, Sacremens II, S. 410ff. nennt Missalien des 16. Jahrhunderts; er erwähnt, daß die Wundenmessen verschiedene Namen haben.

306 Vgl. R. Morris a.a.O., S. 196, V. 219.

307 Vgl. British Library, Add. Ms. 37 787 (Cat. add. 1912. S. 140ff.) geschrieben für einen 1396 in das Kloster probationis beatae Mariae de Bordesley eingetretenen frater Joh. Northewode wohl bald nach 1400. (W. Hübner datierte in die erste Hälfte des Jahrhunderts.) In Cod. Vindobon. 4106 des 15. Jahrhunderts wird dem Träger der arma verheißen (Cl. Blume u. G.M. Dreves, Analecta Hymnica Medii Aevi, 31, Leipzig 1886, S. 98):

»Portans secum arma digne
A periculo et igne
Et ab aquis est securus,
Cum est vitam redditurus
Sacramentis non carebit
Nec daemonium pavebit.
Mulier in partu stricta
Portans secum arma picta
Contuenda reverenter
Mox solvetur eius venter.«

308 R. Morris, a.a.O., S. 192 und S. 195, V, 201.

309 2. und 3. Laterankonzil 1139 und 1215, Lyon 1245. Auf dem 3. Laterankonzil wurde bestimmt, daß kein Bischof (außer bei Gelegenheit von Kirchweihen) über 40 Tage Indulgenzen bewilligen dürfe. Wenn auch unkanonisch, so wurden doch diese einzelnen bischöflichen Bewilligungen addiert, zum mindesten in England (in der Tat auch sonst). Vgl. D. Rock, The church of our fathers, G.W. Hart u. W.H. Frere (Hg.), London 1905, III, S. 58f., S. 63 wird (für die mit dem Andachtsbild der Gregorsmesse verbundenen Ablässe) vermutet, daß ein Bischof, um die Andacht zum Leiden Christi zu fördern, zunächst einen Ablaß bewilligt habe, und daß andere Bischöfe sich dem angeschlossen hätten, je mehr sich die Andacht verbreitete; die Addition sei dann erfolgt »not by lawfull, but private authority«. Man könnte dieser Hypothese auch für die Andacht zu den arma, die ja der zur Gregormesse vorausgeht, zustimmen; vielleicht verbirgt sich unter Leo ein Bischof.

310 Vgl. z.B. Cgm 80 (Mitte 15. Jahrhunderts) fol. 94r: »Wer unsers herren waffen altag ansicht mit sampt der parmherzikait vnd spricht mit dem psalm Deus misereatur nostri mit den hernach geschriben gebetten der hatt von sant Peter dem zwölf botten vier Jar antlass vnd von dreysig bäbsten nach ym von yedem hundert tag. Item von acht vnd zwainzig bischoffen von yedem XL tag antlass. Innocentius der vierd babst hat den obgenanten antlass bestett in ainem gemainen concilio und darzu hundert tag antlass [...]«

Lyon handele. Daß das eine falsche Behauptung ist, betonte schon Jean Bapt. Thiers.[311] Innozenz V. soll 1276 Feste zu Ehren der Lanze, der Nägel und der Dornenkrone verordnet haben. Wenn die Nachricht[312] auf Wahrheit beruht, kann es sich nur um eine lokal begrenzte Anordnung gehandelt haben. Aber jedenfalls sehen wir wiederum einen Papst Innozenz mit den Waffen Christi in Verbindung gebracht. Diesmal handelt es sich allerdings aller Wahrscheinlichkeit nach um Passionsreliquien als Gegenstände der Feier, wie sie – mit oder ohne päpstliche Autorisation – im 13., wenn nicht schon im 12. Jahrhundert sicherlich hier und dort stattfand.[313]

Ich habe schon oben (S. 117) erwähnt, daß im Rahmen der Andacht jede Waffe und die durch sie vertretene Leidensepisode betrachtet und damit Vergebung »entsprechender« Sünden[314] des Betrachtenden und Erteilung »entsprechender« Gnaden errungen werden. Diese können noch auf einer Phylakterienbedeutung[315] beruhen. Es sind in den englischen Handschriften nicht immer genau die gleichen Waffen aufgenommen oder gleichmäßig angeordnet; der persönlichen Vorliebe[316] war da Spielraum gelassen. Aber es erscheinen[317] jeweils gegen 25 von ihnen. Gemeinsam ist allen Handschriften, daß gleichsam als eine Art Einleitung mit dem Schweißtuch der Veronika, dem Beschneidungsmesser[318] und dem Pelikan begonnen wird. Da Add. Ms. 32 006 am unteren Abschluß unvollständig erhalten ist, läßt sich nicht sagen, ob das Dankgebet an den Erlöser[319], dessen hauptsächlichste Leiden noch einmal genannt werden, dort auch ganz aufgenommen war. Mit den »Werkzeugen« hat Christus seine Passion vollbracht – uns helfen sie zur Erlösung. Er wird um Hilfe angefleht, daß wir ihn nach Gebühr lieben und daß wir durch einen bußfertigen Tod der Verdammung entgehen – um seiner Barmherzigkeit und um seiner Mutter willen. Das Gebet richtet

311 J.B. Thiers, Traité des superstitions qui regardent les sacremens, Paris 1704, IV, S. 71. Ihm lag eine Formel vor, in der aus den XXXVIII Bischöfen bei R. Morris, a.a.O., S. 196 in leicht erklärlicher Weise 128 geworden waren.

312 Ich kenne sie nur aus C. Horstman, Yorkshire writers, I, London 1895, S. 410, Anm. 3. Die mir zugängliche Literatur versagte.

313 M. Barth, Die Herz-Jesu-Verehrung im Elsaß (Forschungen zur Kirchengeschichte des Elsaß, I, Freiburg 1928) betont, daß die Anordnung des Festes der hl. Lanze durch Innozenz VI. 1353 für das Elsaß nichts Neues bedeutete. Denn hier war Hagenau das Ziel einer Wallfahrt zu den Waffen Christi, als die Passionsreliquien selbst, die als Bestandteile der Reichskleinodien durch Kaiser Barbarossa 1153 in der obersten der Burgkapellen verwahrt worden waren (S. 20), längst ihren Aufbewahrungsort gewechselt hatten (S. 86). Noch im 16. Jahrhundert wurde ihr ursprüngliches Behältnis verehrt; A. Hanauer, La Burg impériale de Hagenau; in: Revue d'Alsace, 56, Straßburg 1905, S. 581.

314 Z.B. R. Morris, a.a.O., S. 174. Triginta denarii.
The pens also that iudas tolde,
That for iesu crist was solde,
Us Schilde from tresun and couetyse,
Ther-in to die in no wise.
Lanterna,
The lantern that me bar in the lyght,
Wen crist was taken in the night,
Hit lyt me from nightus sine,
That i neuer be tak ther-inne.
S. 188. V. 129: Iudeus spuens in facie christi.
The iewe that spit in goddus face –
For he hit suffurd, he ghyf us grace;
That I haue reuilud or ani man me,
For that despit for-ghyf it be.

315 So die Schwerter und Keulen der Häscher der Gefangennahme gegen die Dämonen R. Morris, a.a.O., S. 174. V. 37:
Suerdus and battus that they bere
Iesu crist ther-with to fere –
From findus, lord, thow kepe me
Of hem aferd that i ne be.
In diesen Zusammenhang gehört wohl die Nachricht des Berner Chronisten Conrad Justinger aus dem Anfange des 15. Jahrhunderts, daß ein römischer König, der kein anderer gewesen sein kann als Rudolf von Habsburg 1289, noch vor der Schlacht von Morgarten den Schwyzern wegen einer Waffenhilfe an ihr rotes Banner »daz heilig rich, daz ist alle waffen und Instrument der heiligen marter unseres herrn« verliehen habe (G. Studer, Die Berner Chronik von C. Justinger, Bern 1870, S. 46). Weiteres ist darüber nicht bekannt, denn andere Nachrichten belegen nur die Aufnahme des Kruzifixes in das Schwyzer Banner; vgl. Ch. Borgeaud in: M. Feldmann u. H. G. Wirz, Schweizer Kriegsgeschichte, H. 10, Bern 1917, S. 90f. Eine Erklärung der arma als Wappenzeichen des himmlischen Reiches wäre einzigartig, der Ausdruck darf aber m.E. nicht gepreßt werden; wahrscheinlich handelt es sich um eine volkstümliche Bezeichnung: wir befinden uns ja einmal außerhalb der klerikalen Kreise. Daß die Schwyzer ein ihnen zustehendes so schutzkräftiges Wappenbild wieder hätten fallen lassen, erscheint zunächst als sehr unwahrscheinlich, andererseits ist Justinger eine grundlose Erfindung der Nachricht nicht zuzutrauen. Sie mögen in der Tat an ihr Banner über das ihnen verliehene Kruzifix hinaus eine Zeit lang auch noch das mächtige Schutzzeichen der arma geheftet haben.

316 Das Royal Ms. führt neben dem Purpurmantel (der Verspottung) noch (R. Morris, a.a.O., S. 178 V. 62) auf: The whit cote that hade sem none [...] Der ungenähte Rock galt also als weiß. Diese nicht ganz seltene Annahme muß auf eine Trübung der Tradition zurückgehen. Der weiße Rock der Verspottung durch Herodes wäre sinnlos, wenn der von Christus üblicherweise getragene weiß war. Als 1156 in Argenteuil der ungenähte Rock aufgefunden wird, ist er rötlich (subrufi coloris); Chronicon Nic. Trivetti in Dachery, Spicilegium VIII, Parisiis 1668, S. 441.

317 In London, Brit. Libr. Ms. Add. 32 006 sind es außer den genannten drei: die Silberlinge; Laterne; Schwert gekreuzt mit Keule; Rohr; Hand eines Schlages; Hand mit Haar; Augenbinde; Kopf und Hand; zwei Stöcke; Geißel; Dornenkrone; Christus an der Säule mit betontem Strick; Kreuzträger mit blutigen Trittspuren; Nägel; Hammer; Mörser; Schwammstab; Lanze; Leiter; Zange; spuckender Kopf; Christus am Kreuz; Christus im Grabe stehend.

318 R. Morris, a.a.O., S. 172 V. 15. Cultellus circumcisionis.
This knif be-tokeneth circumcision,
He distroyet sinne al and sum
Of oure formefadur adam,
Were-thorow thow tok kynde of man;
From temptacioun of lecherie
Be my socoure whan i schal diee.

319 R. Morris, a.a.O., S. 194, V. 155: Graciarum acciones iesu christo stanti in sepulcro. – S. 195, V. 179:
These instrumentus that here pertend (purtraid) beth
In memori of thi bittur deyt,
They hulpun hem to do thi passioun,
They help us to oure sauacioun,
For they greuet the ful sore,
Thin anguich wex so lenger the more.
Lord, what may i for that ghylde the?
Thow desirdust noght but loue of me.
V. 195. But merci, lord, i the prey,
Thow let me neuer in sine dye,
Werethorow i schuld dampned be;
Derworth lord, for thi pite
This graunt me [...]

sich an den im Grabe stehenden Erlöser, was eine viel präzisere Bezeichnung ist als imago pietatis oder »Barmherzigkeit« und dergleichen.[320] In den dem Royal Manuscript beigegebenen farbigen Zeichnungen[321] steht der Gregorianische Schmerzensmann mit offenen Augen im Sarkophag; hinter diesem rechts und links je der Oberkörper eines anbetenden Engels vor dem aufgerichteten Sarkophagdeckel. Im Ms. Add. 22 029[322] ist der aus dem Grabe Auferstehende abgebildet. Hinter ihm das Taukreuz mit schwebendem Titel und zwei Nägeln im Querholz, von denen Blut tropft. Im Ms. Add. 32 006[323] steht wiederum der Gregorianische Typ im Grabe. Man sieht, wie frei man in den Einzelheiten schalten konnte. Das Royal Manuscript, das das ausführlichste ist, bringt außer den blutigen Fußspuren[324] des Kreuzträgers, den die Illustration mit abbildet, noch einmal das Kreuz[325] der Kreuztragung für sich. Es bildet auch unterhalb der Lanze die Seitenwunde ab.

Ich hatte bereits wiederholt darauf hinzuweisen, daß mit dem späteren 14. Jahrhundert offenbar der Wunsch an Stärke zunahm, die schwierig verständliche Darstellung des lebendtoten Gottmenschen irgendwie für die Anschauung rationalisieren zu können. Einen gern beschrittenen Weg scheint nun gerade die offizielle Verbindung der Waffenverehrung mit der Liturgie gewiesen zu haben, womit auch die auffallende Gleichzeitigkeit der Hauptverbreitung von Fest und Darstellung nördlich der Alpen seine Erklärung fände. Die vom Zeitgeist aus gesehen natürlichste Rationalisierung war die im Rahmen einer Vision, denn in ihr öffnete sich ein Ausblick in die übernatürliche Welt mit ihrer Aufhebung von Zeit und Raum und Schwere. Daß als Gelegenheit dieser Vision eine Messe Gregors d. Gr. gewählt wurde, war aber so wenig selbstverständlich, daß eine durchschlagende Begründung dafür bis heute noch nicht gefunden ist.[326] Denn die schriftlich nieder-

320 Schon die Zeitgenossen bezeichneten die Darstellung mit dem des in ihr anschaulich Werdenden: des erlösenden Erbarmens. Misericordia domini steht unter der böhmischen Kopie des »Gregorianischen« Christus aus der Jahrhundertmitte; vgl. Anm. 310. – Messmer, Über Darstellungen der Passion Jesu Christi, in: Mitteilungen der K. K. Centralcommission 14, 1869, S. 135 zitiert aus Schriftquellen »Erbärmde unsers Herren« 1404, »Ein Barmherzigkeit mit zween Engeln« 1408. Die biblische Grundlage gibt die Inschrift auf dem von Abt Georg Dünspier von Oberaltaich (1502–19) gestifteten Bilde der Alten Pinakothek in München (Messmer a.a.O.; E. Buchner, Der Meister des Oberaltaicher Schmerzensmannes, in: Zeitschrift für bildende Kunst, 59, 1925/26, S. 19ff.) an: »misericordias domini in aeternum cantabo« (Ps 88,1). Auf seinem Grabstein ließ der Abt dem gleichen Vers als Begründung vorausgehen: »tribularer si nescirem misericordias tuas domine sed quia tu dixisti nolo mortem peccatoris sed ut magis convertatur et vivat ideo [...]« (Benutzung von Ezechiel 18,23,32). – Die Kunstdenkmäler von Bayern, IV, 20, München 1929, S. 300. (H. Röttger, Bogen.)

321 Sie sind recht roh. R. Morris reproduziert sie nach Kopien. Die Abbildungen gehen den Texten voraus. Nicht alle Texte sind illustriert.

322 Die Abbildungen sind besser als im Royal Ms. Im übrigen gelten die Ausführungen von Anm. 321.

323 In diesem Ms. stehen die Abbildungen am Rand.

324 R. Morris, a.a.O., S. 182, vor V. 79. »Uestigia saluatoris, quando exiuit per portam ierusalem, portando crucem, coronam spineam coronatus, mille passus sic incedens, roseum cruorem distillando.«
V. 93: Tho steppus of sine ghif us pardoun,
Wen we gon with deuociun
On pilgremage on hors or fote;
Of alle oure sinnus they ben our bote.

325 R. Morris, a.a.O., S. 190, V. 133. Die beiden anderen Ms. zeigen nur den Kreuzträger mit Fußspuren.

326 Es ist nicht einzusehen, warum man durch die Wahl dieses Themas die Erinnerung an das Gregorianische Sakramentar, das damals schon im Missale aufgegangen war, hätte erneuern wollen. Das behauptete m.W. zuerst J. Interian de Ayala, Pictor christianus, Matriti 1730, S. 243, während Joh. van Meulen die Darstellung aus diesem Grunde »non inepte« fand, aber nicht an seinen Einfluß auf die Entstehung glaubte; De historia ss. imaginum [...] auctore Joanne Molano [...] Jo. Natalis Paquot recensuit, Lovanii 1771, S. 263f. (1. Aufl., Löwen 1570). Leider hat Ayala die Kenntnis der anderen Gründe, deren Aufzählung er zu weitläufig fand, mit sich ins Grab genommen. – Soweit ich sehen kann, ist die Entstehungsgeschichte der sogenannten Gregorianischen (Passions)gebete noch nicht geklärt. (N. Paulus, Geschichte des Ablasses im Mittelalter, III, Paderborn 1923, S. 294 enthält wenig für unseren Zusammenhang.) Es muß also vorläufig dahingestellt bleiben, ob nicht auch ihre Verbindung mit Gregor erst erfolgte, nachdem die des Andachtsbildes, vor dem sie gesagt werden sollen, mit ihm vorangegangen war. Aller Wahrscheinlichkeit nach war es so der Fall mit dem Gebete, das gleichfalls »ante imaginem pietatis dicenda per quam ut fertur concessit beatus Gregorius omnium peccatorum remissionem« und das in Wahrheit nicht anders lautet, wie eine Worterklärung einer ganz entwickelten Armadarstellung:
»In mea sint memoria,
Iesu pie, signacula,
Quae passionis tempore
Pertulisti durissime.
Hoc primum exercitio:
Denarios conspicio,
Quibus te Judas vendidit
Et te judeis tradidit.
Hiccalix adest. Fugiunt
Discipuli et rugiunt,
Sevi lupi cum facibus
Verbis adsunt minacibus.
Das proditori osculum« usw.
Die Kollekte sagt: »Domine [...] salvator mundi [...], qui sanctissimum passionis tuae mysterium beato Gregorio famulo tuo mirabile relevasti«. Die Ereignisse werden der historischen Reihenfolge nach erzählt, wie auch in dem vielleicht etwas älteren, in die Hortuli gleichfalls übernommenem Gebet ad arma oder de armis et passione Christi:
»Culter qui circumcidisti
Sacrosanctam carnem Christi
Reseca nocentiam.
Jesum Joseph ut est scriptum,
Tollens fugit in Egyptum« usw.
»Cuncta Christi armatura
Nos hic salvet ut futura
Perfruamur gaudia. Amen.«
Von Gregor ist hier noch nicht die Rede, wohl aber wird in der mir bekanntesten ältesten Lesart auf die Ablaßerteilung auf dem Konzil von Lyon Bezug genommen. (M.R. James, Catalogue of the Manuscripts in the library of Corpus Christi College Cambridge, Cambridge 1911, II, S. 489ff., Nr. 537. James datiert: 14.–15. Jahrhundert. Die beiden Schlußverse lauten: »nos hic sanet ut futura perfruamur gloria«. Die oben angegebenen entnahm ich einer Inc. s. l. et a. der Staatsbibliothek in München: Horae Cursus collecti.) Die Verbindung zur arma-Verehrung ist einleuchtend. Noch deutlicher tritt sie in Erscheinung, wenn die Werkzeuge aus dem historischen Ablauf herausgenommen sind und gleichsam regellos, wie auf den bildlichen Darstellungen, ins Gedächtnis gerufen werden. Am charakteristischsten dafür erscheint mir die Gebetshymne:
»Crucem, coronam spineam,
Clavos, diramque lanceam

gelegten originalen, also von der Bilddarstellung noch nicht beeinflußten Legenden des Papstes kennen eine Geschichte, die dem Zelebrierenden Christus als imago pietatis mit oder ohne andere Werkzeuge erscheinen läßt, nur ausnahmsweise. Erst seit der Mitte des 15. Jahrhunderts ist sie fixiert verbreitet nachweisbar[327], und zwar zunächst mit auffallend schwankenden oder ungenauen Angaben über Ort und Gelegenheit der Vision. Da die ältesten bildlichen Darstellungen sämtlich[328] Christus als Teil der arma[329] erscheinen lassen, ist es unwahrscheinlich, daß ihnen ein Typus vorangegangen sei, in dem Christus allein dem Papst erschien. Es ist vielmehr anzunehmen, daß die Verbindung des byzantinischen Mosaiktäfelchens[330], des Vorbildes des »Gregorianischen« Andachtsbildes von Israhel von Meckenem, mit einer Vision Gregors d. Gr. erst ex post erfolgte. Weil sich unter den Kompositionstypen der dem Papst erscheinenden arma gerade als ältester ein den Typus jenes Andachtsbildes erweiternder befand, nahm man eine Erscheinung des Schmerzensmannes als Ausgangsereignis[331] an. Das mußte aber zu einer unerwarteten theologischen Schwierigkeit führen: Christus nusquam in specie mortui corporis apparuisse legitur[332], und für die Sakramentslehre ist der menschlich tote Gottmensch irrelevant.[333] Da klafft wiederum der Gegensatz zwischen einer »unwahren« anschaulichen Darstellung und der in Worten überlieferten Geschichte

Devote veneremur;
Acetum, fel, veronicam,
Virgas, sputaque, spongiam
Iugiter meditemur.
Velum, lanternam, nobilem
Pellicanum et calicem,
Arundinem pungentes,
Tunicam inco(n)sutilem,
Columpnam minime fragilem
Et funes urgentes« usw.
[...] »Urceos amenos« (die Salbtöpfchen) [...]
»Serpentem, scalam et mallium,
Sepulcrum, lumen, candelabrum
Corditer recolamus.
Facinat hoc nam regium
Vexillum, per quod gaudium
Perpetuum speramus [...] Oremus: Quesumus omnipotens deus, ut qui redemcionis nostre temporaliter veneremur signa, per hec desinenter signiti a peccatorum nostrorum nexibus liberemur.« (C. Horstmann, a.a.O., I, S. 410. Aus dem ca. 1430/40 geschriebenen [S. 184] Ms. Thornten, Lincoln Cathedral. Libr. A. I. 17. fol. 278 v. Die von C. Horstmann für möglich gehaltene Verfasserschaft R. Rolles erscheint mir wegen der sehr entwickelten Vorstellungen über die vorzuführenden arma als ausgeschlossen. Vor um 1400 ist die Entstehung kaum möglich.)

Ungeklärt ist auch noch, ob diejenige Reihe der Gregorianischen Messen, die hauptsächlich Messen zur Verehrung von Waffen enthält, wie z.B. solche »in memoriam vinculorum« oder »falsae adiurationis« oder »sepulturae« (A. Franz, Die Messe, S. 255ff.), auch schon älter als das 15. Jahrhundert ist und schon früher mit Gregor in Verbindung gebracht wurde. Ebensowenig kann ich die durch den Lucidarius, a.a.O., S. 57 (dazu S. 161) übermittelte Tradition nützen, daß der hl. Gregor die drei römischen Kreuztage »vor Himmelfahrtstag mit ihren Kreuzprozessionen gegen den jähen Tod« eingesetzt habe. Hier ist aber eine Verbindung zwischen Gregor und einem für die Waffenverehrung, neben anderen, spezifischen Zweck hergestellt.

327 Zuerst 1452 bei Nikolaus Muffel (s. Anm. 64), dem in S. Gregorio auf dem Celio die Kapelle der »S. Gregorerscheinung« gezeigt wird. Die nächste Erwähnung stammt aus dem Jahre 1475; vgl. J.A. Endres, Die Darstellung der Gregorsmesse im Mittelalter, in: Zeitschrift f. christliche Kunst, 30, Düsseldorf 1917, S. 154 nach R. Besozzi, La storia della basilica di S. Croce in Gerusalemme, Roma 1750, S. 155. J.A. Endres hat richtig das trotz R. Bauerreis, Pie Jesu. Das Schmerzensmannbild und sein Einfluß auf die mittelalterliche Frömmigkeit, München 1931, S. 10f. hier sinnlose »pastoris« als Schreibfehler für»ignis« erwiesen. Das von J.A. Endres, a.a.O., S. 148 erwähnte Relief im Domkreuzgang zu Regensburg stammt aus dem Ende des Jahrhunderts: vgl. Die Kunstdenkmäler von Bayern, II, 22, 1, München 1935, S. 170 (F. Mader). Die Datierung 1446 (nicht 1448 wie J.A. Endres, a.a.O., S. 150 druckte) des stark restaurierten Wandbildes in Karlstadt, vgl. Die Kunstdenkmäler des Königreiches Bayern, III, 6, München 1912, S. 97f. (A. Feulner), beruht auf einem Mißverständnis, indem die Zahl der Ablaßjahre und der Päpste zu einer Jahreszahl wurden. Über die korrumpierten auf S. Croce bezüglichen Ortsangaben der Inschriften vgl. J.A. Endres, a.a.O., S. 151. – Das oberitalienische Bild der früheren Sammlung Schnütgen, jetzt im Wallraf-Richartz-Museum, aus der zweiten Jahrhunderthälfte begnügt sich mit der Angabe: dicenda la messa. X. Barbier de Montault in: Le règne de Jésus-Christ, Avril 1884 zitiert S. 114 aus den »sehr verbreiteten und nachgedruckten« Heures à l'usage de Poitiers von 1491: »Nous trouvons en escriptures que notre benoit Sauveur [...] apparut une fois à [...] sainct Gregoire, luy estant en contemplation au secret de la messe. Lequel considérant que toute l'efficace de la rémission des péchez procédait du mérite de la Passion, donna quatorze mille ans de vray pardon [...]«und S. 105 aus einem handschriftlichen livre d'heures des 15. Jahrhunderts im Diözesanmuseum in Angers: »[...] una die, cum cantabat missam in ecclesia que vocatur Pantheon [...]«

328 Entgegen der noch von Thomas (vgl. Anm. 330) wiederholten Behauptung.

329 Für ihre Auswahl gilt natürlich das gleiche wie für das ganze Waffenthema, sie kann von annähernder Vollständigkeit bis zu wenigen speziell bevorzugten reichen. Die merkwürdigste enthält wohl die Darstellung Springinklees im Hortulus animae, Nürnberg 1519, fol. XXXII v, die das Kreuz mit zwei Geißeln, die Lanze, die Silberlinge, Pilatus und wahrscheinlich Annas vorführt.

330 R. Besozzi, a.a.O., S. 64. Sie ist in das von R. Bauerreiß (Pie Jesu, S. 4 Anm.) erwähnte Reliquienaltärchen eingelassen. Thomas, Riv. di archeologia cristiana 10, Roma 1933, S. 52ff. S. Croce in Gerusalemme war weit davon entfernt, Reliquien auch nur aller Hauptwerkzeuge zu besitzen; vgl. R. Besozzi, a.a.O., S. 145f. und J.E. Weis-Liebersdorf, Das Jubeljahr 1500 in der Augsburger Kunst, München 1901, S. 189.

331 Dazu vergleiche Molanus, a.a.O., S. 264f.»[...] ratio ad quam solam respexisse crediderim pictores [...] Hortulus animae in multis editionibus habet ante orationes coram imagine pietatis, ipsam beato Gregorio celebranti apparuisse et Romae, ut audio, apparitio ista etiam vulgo notissima est.« In Rom spielte noch im Jubeljahr 1500 das Gregorianische Bild keine wichtige Rolle. Der deutsche Romführer, gedruckt in Rom 1494 (L. Schudt, Le guide di Roma, Wien 1930, Nr. 128) erwähnt es z.B. nicht; J.E. Weis-Liebersdorf a.a.O.

332 Vgl. Molanus a.a.O., S. 481. Ich habe auch nichts anderes finden können. Vgl. Frater Heinricus Institor, Tractatus novus de miraculoso eucaristiae sacramento (Augsburg 1495) fol. A. II v. – Val. Leucht, Speculum miraculorum SS. Eucharistiae, Mainz 1590. – T. Bredenbach, Collationum sacrarum libri VIII, Coloniae Agripp. 1592. – Theoph. Raynaud, Opp. Lugduni 1665, VI, S. 392ff. Nirgends findet sich auch eine Erscheinung des Schmerzensmannes.

333 Vgl. Markus Vigerius (Kardinal de la Rovere), Controversia de excellentia instrumentorum dominicae passionis, Romae 1512 (aber Ausarbeitung einer unter den 1492 zum Empfang der hl. Lanze nach Ancona gekommenen Kirchenfürsten geführten Diskussion; fol. a. III. v.): Kapitelüberschrift fol. f. IV. r.: »Omnem sacramentis ecclesia (docet) virtutem a Christi vita et morte pro venire et post eius mortem nil illis accessisse.«

oder Lehre auf. Den Künstlern kam zu Hilfe, daß auch der spätmittelalterlichen Theologie das Bewußtsein einer autonomen Bedeutung der Anschaulichkeit verblieben war. So löst etwa Kardinal Vigerius (besonders fol. CII) den Widerspruch zwischen seiner These der sakramentalen Bedeutungslosigkeit der Seitenwunde und den entgegenstehenden Lehren dialektisch durch die Betonung ihrer anschaulichen Bedeutung; sie und das ihr entströmte Blut sei »signum efficacissimum nostrae redemptionis ostensivum [...] aperiri non est facere, sed manifestare«. Und während etwa die Kollekte der zu den Waffenmessen gehörenden, als Objekt der Andacht die Seele des am Kreuz Verschiedenen habenden missa de ss. anima Christi[334] der klar definierten Wortlehre entspricht, scheut ein an den anschaulich vorgestellten, von Werkzeugen umgebenen Erlöser gerichtetes ungefähr gleichzeitiges Gebet[335] nicht die Formulierung des dargestellten »unwahren« Zustandes in Worten; es wendet sich ausdrücklich an den für die Anschauung nicht tot und nicht lebend, gebrochen vor dem Kreuze Stehenden.

Das 14. Jahrhundert kannte neben den allgemein verbreiteten Fassungen der Legende über Erscheinungen Christi während einer Messe Gregors auch abweichende. Mit einem Altar in S. Prisca in Rom[336] hatte sich die Erzählung verbunden, daß an ihm während der Messe der Gekreuzigte dem Papst erschien, und im Kloster Andechs bei München war[337] die Verbindung des (in einer nicht näher präzisierten Gestalt) dem zelebrierenden Papst erscheinenden Christus mit den Waffen hergestellt: »[...] et arma christi et simul et semel[338] apparuerunt cum apparicione christi«. Zwischen 1389 und 1395 vereinigte[339] der als päpstlicher Legat in Deutschland wirkende Dominikaner Johannes aus Gubbio die Andechser Tradition mit den römischen und mit einer uns sonst nicht überlieferten Legende, indem er den Papst für eine spanische ihn besuchende Königin Elvira in S. Croce eine Messe lesen läßt, während der »panduntur archana pontifici et veneranda passionis insignia devotissimae animae clarissime ostenduntur«. In die gleiche Zeit, in der der Papst also die Meßgeheimnisse erblickt – »inter haec« – wird der Zweifel der Matrone verlegt, und es erfolgen dann das Kruzifix- und das Fingerwunder.[340] Vielleicht hatte der »Erfinder« der bildlichen Gregorsmesse Kenntnis von diesem Legendenkreis. Es ist aber auch möglich, daß die Andechser Sonderform erst auf Grund vorausgehender bildlicher Darstellungen entstanden ist. Jedenfalls findet sie sich meines Wissens auch später nur einmal bei einem Theologen[341] mit der erstaunlichen Berufung auf Molanus.

Gleichzeitig mit der schon völlig ausgebildeten Gregorsmesse taucht ein Bildtyp auf, der von ihr thematisch streng geschieden – es handelt sich um keine Meßdarstellung – , auf sie aber hie und da, vielleicht sogar entscheidend, eingewirkt hat: die Zeitgenossen scheinen beide Darstellungen zusammengeworfen zu haben, so daß es nicht verwunderlich ist, daß auch die Wissenschaft beide bisher nicht geschieden hat. Ich meine das Andachtsbild – ich nenne es hypothetisch das römische –, dessen Haupttyp aus Christi Oberkörper (vor dem Kreuz mit Titel?) über dem Sarkophag, dem Grabtuch und dem Schweißtuch der Veronika bestand. Ein Papst und ein Bischof[342] in pontificalibus knien in Verehrung. Die frühesten mir bisher bekannten Exemplare sind ein zwischen 1386 und 1413 entstandenes Tympanonrelief der Klosterkirche von Heilsbronn[343] und ein Epitaph in Münnerstadt[344] (beide in Franken). Die Zusammenstellung von Schmerzensmann und Vera Ikon muß aber spätestens schon etwas vor 1400 erfolgt sein, denn es gibt ein Waffenbild[345], das sie bereits in

334 Vgl. A. Franz, Die Messe, S. 161.
335 Joh. Mauburnus († 1501), Rosetum exercitionum spiritualium (1. Druck 1494), Basel 1504, fol. CLX v; Duaci 1620 (hg. von Leander de S. Martino), S. 563: »O Pontifex sancte [...] videnti mihi te in cathedram crucis, inter vivos et mortuos in confractione stantem; [...] occurrit quod pro ornamentis pontificalibus circumdatus sis innumeris passionum instrumentis, quibus es afflictus. Nam pro mihi.«
336 Mirabilia Romae ed. Parthey S. 61; nach cod. vat. lat. 4265: »In S. Prisca [...] In altare quod consecravit Gregorius papa cui in eodem missam celebranti apparuit ymago crucifixi, ob cuius memoriam papa Urbanus officium: Nos autem.« Geschrieben 1375.
337 Clm 3005 fol. 58. R. Bauerreiß, in: Studien und Mitteilungen zur Geschichte des Benediktiner-Ordens und seiner Zweige, 44, 1926, S. 75; 47, 1929, S. 66. – A. Brackmann in: Abhandlungen der preuß. Akad. d. Wiss. Berlin 1929, Nr. 5, S. 5, dessen Datierung der Eintragungen »um 1400« ich folge.
338 Für unseren Zusammenhang ist es gleich, welchen Sinn diese Worte enthalten mögen.
339 R. Bauerreiß, a.a.O., 1926, S. 75ff. – Brackmann S. 24f.
340 Eine Darstellung von ihm in einem aus Kärnten stammenden Breviar der K. Bibliothek in Stockholm von um 1470 bei G. Samuelsson, a.a.O., S. 67. Die Golgothaszene ist unmißverständlich als Altarbild charakterisiert.
341 Petrus Thyraeus S J, De variis tam spirituum, quam vivorum hominum prodigiosis apparitionibus, Coloniae Agrippinae 1594, S. 13.
342 Der einzige, der bisher wenigstens bemerkt hat, daß dem in der Gregorsmesse so oft erscheinenden Bischof eine noch unerkannte besondere Bedeutung zukommen muß, ist R. Bauerreiß, S. 65. Ich erwähne nur als besonders auffallende Beispiele das Relief von Henning von der Heyde d.Ä. in Ryttern (Västmanland, Schweden), in dem er in einem Buche liest, während ein Kardinal ihm zugewandt ist (vgl. J. Roosval, in: Konsthistorisk Tidskrift, 5, 1936/37, S. 11), und ein Bild, das vor Jahrzehnten im Kunsthandel war, in dem der Bischof betont erst in einem Nebenraum sich befindet.
343 V.d. Osten, a.a.O., Abb. 112, S. 97.
344 Die Kunstdenkmäler des Königreichs Bayern, III, 10, München 1914, S. 152, 166. (K. Gröber, Stadt Bad Kissingen). – J.A. Endres, a.a.O., S. 148ff. Ich glaube nicht an die Gleichzeitigkeit der Inschrift und der Bildhauerarbeit aus inhaltlichen, palaeographischen und dekorativen Gründen. Es handelt sich um ein Familienepitaph in einer Privatkapelle und nicht um eine allgemeine Ablaßtafel. Der Schriftduktus ist von dem der Bauinschrift von 1428 stark verschieden (vgl. a.a.O., Fig. 120); er dürfte frühestens der Jahrhundertmitte angehören. Daß der Stil des Reliefs der des Anfangs des Jahrhunderts ist, hat auch v.d. Osten, a.a.O., S. 117 erkannt. – Die von J.A. Endres übernommene Lesung der Inschrift durch K. Gröber ist nicht einwandfrei; so muß es vor allem statt des sinnlosen »in pater noster vnd in ave maria« III p. n. v. III [...] heißen.
345 Innsbruck, Landesmuseum Ferdinandeum. Vgl. Neuerwerbungen 1938/39, S. 22, Nr. 7, Katalog der Ausstellung »Gotik in Tirol«, Innsbruck 1950, S. 21, Nr. 24. (Ich verdankte den Hinweis auf das wichtige Bild und die Photographie Prinz Jos. Clemens von Bayern.)

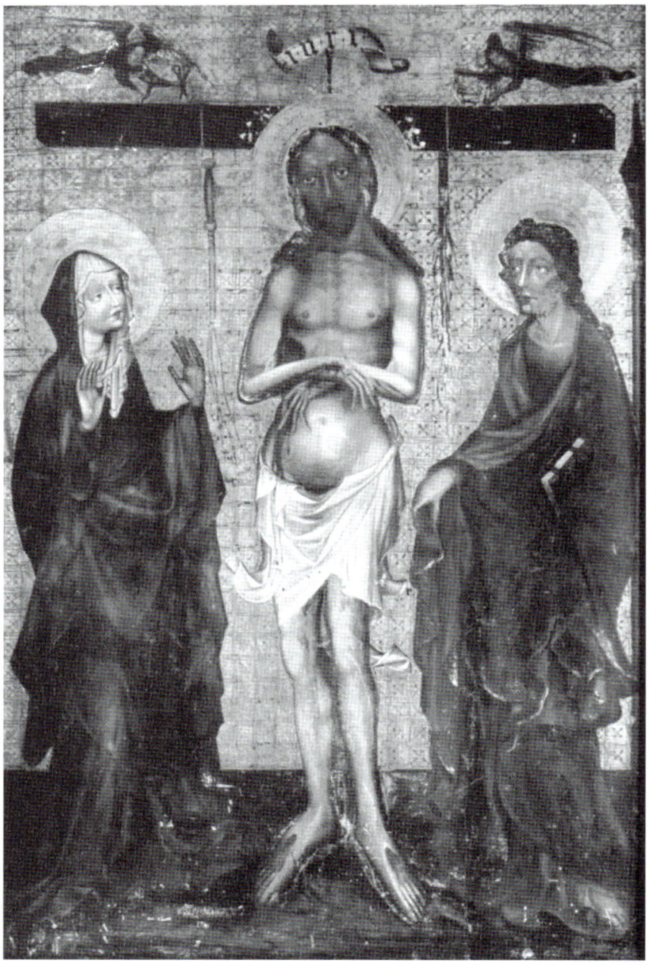

17 Arma-Christus zwischen Maria und Johannes, Inntal, um 1410 (Innsbruck, Museum Ferdinandeum)

einem fortgeschrittenen Entwicklungsstadium zeigt (Abb. 17). Da steht zwischen Maria und Johannes der ganzfigurige Gregorianische Schmerzensmann vor dem Kreuz mit Geißeln und Titel – und sein Kopf ist der der Vera Ikon. Daß es sich um ein in den Kreis der Waffendarstellungen gehörendes Bild handelt, wird durch die als in Originalgröße erfolgt gedachte Wiedergabe der Lanze – sie bedeutete also dem Besteller in diesem Zusammenhange mehr als die Nägel und die Dornenkrone – noch unterstrichen. So erweisen auch die Figuren von Maria und Johannes, deren formaler Einbezug in die Komposition gar nicht versucht ist, das Relief in Münnerstadt als beabsichtigte arma-Darstellung – trotz des Altares. Dieses »römische«, später durch Darstellung der Apostel Petrus und Paulus bereicherte Andachtsbild hatte eine so geprägte Form, daß eine Aufnahme vieler Waffen nur im Schema der Gregorsmesse vorgekommen zu sein scheint. Ein genetischer Zusammenhang zwischen den beiden ist wahrscheinlich, aber noch nicht erwiesen. Es gibt mindestens zwei Darstellungen, die beide Typen miteinander zu verbinden scheinen. Zunächst das Wandgemälde in St. Georg bei Räzüns[346] (Graubünden, Abb. 18), gegen 1400. Ein Geschehen innerhalb einer Messe wird angedeutet, aber Stellung und Kopfbedeckung des Papstes entsprechen dem nicht. Es läßt sich auch nicht mit Bestimmtheit ausschließen, daß die vier Heiligen[347], von denen sich nur der hl. Jacobus und der hl. Oswald identifizieren lassen, etwas mit der Darstellung zu tun haben. Dann der wenig spätere Holzschnitt[348] Schr. 1461. Man findet den betont kleinen Altar wieder, den Papst in pontificalibus, auch noch die Leiter mit den eingezeichneten Fußspuren. Das Wichtigste für unseren Zusammenhang ist aber das von den Händen

18 Christus unter den Sünden der Menschheit leidend – Gregor der Große verehrt die Waffen Christi – Heilige, Schweiz, gegen 1400 (Räzüns [Graubünden], St. Georg)

des Papstes ausgehende Schriftband, das leider leer ist, aber kaum etwas anderes enthalten konnte als die Lobpreisung wie auf Schr. 1459: »a domino factum est« usw. Ps 117(118),23. Wenn auch die Vision die Grundlage bildet, veranschaulicht ist nicht ein momentanes Geschehen, sondern die Verehrung eines bestimmten gnadenverheißenden Typus Christi durch den Papst. Daß die arma gemeint sind, wird durch die Darstellung von Maria und Johannes unterstrichen.

Man war sich durchaus nicht einig, was eigentlich in der Gregorsmesse darzustellen war. Eine Anzahl der Darstellungen will zweifellos einen als historisch gedachten Moment aus einer Meßfeier des Papstes wiedergeben, der öfters[349] als der der Elevation der Hostie[350], gelegentlich[351] auch der der Wandlung fixiert ist. Aber es wird oft auch durch den umgelegten Kelch[352] oder indem man einen Ministranten bereits die Altarkerzen auslöschen oder ausgelöscht haben läßt, gelegentlich[353] wohl durch die vom Papst aufgesetzte Tiara, betont, daß die Erscheinung nach beendeter Meßfeier erfolgt (z.B. 1476 Epitaph in der Kirche zu Legden[354]; Holzschnitt[355] Schr. 1478, um 1500). Da ist der Einfluß des legendarischen Fingerwunders spürbar, wie auch seine Veranlasserin in die Darstellungen eingedrungen ist: auf dem Epitaph (um 1510) in der Pfarrkirche zu Köstendorf[356] ist die »Nonne« der Beschreibung offenbar in Wirklichkeit als die Zweiflerin aufzufassen. Ein großer Teil der Darstellungen verlegt die Erscheinung zwar in die Meßfeier, aber der Papst sieht sie ebensowenig[357] wie seine Begleiter, die ihrer überhaupt nur selten gewahr werden[358], was dann aber gerade manchmal nur von ihnen[359] gilt. Der Papst ist in diesen Fällen meist betont ins Profil gestellt, mit erhobenen Händen im Missale lesend.[360] Es fehlen auch nicht Fälle, in denen es wohl absichtlich unentschieden gelassen wird, ob der Papst die Erscheinung sieht. Auch wo Christus und die arma wiedergegeben sind, handelt es sich nicht immer um die Darstellung der Erscheinung des Gesamtkomplexes, die als solche am deutlichsten charakterisiert wird, wo die arma durch eine Wolkenrahmung zusammengehalten sind oder wo sie, wie auf einem frühen englischen Beispiele (um 1440)[362], teils eng den Altar umstehen, teils neben dem dort üblicherweise untergebrachten Kreuz auf dem Altartisch selbst liegen. Öfter sind die arma auf einem als Altarstaffel dienenden Gemälde, aus dem Christus gewissermaßen lebendig geworden herausgetreten ist, zusammengefaßt[363], oder sie bilden gleichsam einen dekorativen Schmuck der Wand hinter dem Altar[364], oder sie werden aus dem Blickfeld des Papstes

346 E. Pöschel, Die Kunstdenkmäler des Kantons Graubünden, I, Basel 1937, S. 80.

347 Sie scheinen an der Verehrung der arma beteiligt – oder ist eine Antithese zu der unten zu besprechenden Darstellung des unter den Sünden der Berufstätigen leidenden Christus beabsichtigt? Hält der Mönch einen Schaber als Schreib oder Malgerät? Vertreten die Heiligen zugleich Stände?

348 M. Lehrs, Holzschnitte der ersten Hälfte des 15 .Jahrhunderts im Kupferstichkabinett zu Berlin (Graph. Ges.), Berlin 1908, Taf. 3.

349 Weitere Beispiele: Ger. David (M.J. Friedländer, Die altniederländische Malerei, VI, Berlin 1934.); Schreiber 1481; im Confessional, Salamanca 1498 (J.P.R. Lyell, Early Book Illustration in Spain. London 1926, S. 73); das Bild der Gallegosschule bei Ch.R. Post, A history of spanish painting V, Cambridge, Mass. 1934, fig. 105; das Bild der The Erich Galleries des Meisters der Gregormessen, Nr. 358 C in M.J. Friedländer u. J. Rosenberg, Die Gemälde von Lucas Cranach, Berlin 1932. Abb. in: Archiv für Kunstgeschichte, I, Leipzig 1913, Tafel 40. R. Guerlin teilt in Revue de l'art chrétien, 39, Lille, Paris 1896, S. 26 nach einer alten Abschrift die Inschrift einer Gregormesse aus der Kathedrale von Amiens mit: »[...] célébroit La eut vision en faisant Élévation du précieux corps [...]«, am Schluß die Indulgenz.

350 Nach einem Bilde des F. Gallegos d.Ä. (um 1480) im Besitz des Prinzen Jos. Clemens von Bayern. – Zu beachten die Kugel unter Christi Füßen. Sie findet sich – wenn ich nicht irre – seit dem 15. Jahrhundert gerade in Verbindung mit dem »Leidenden« als Teil der Dreieinigkeit.

351 Z.B. holländisches livre d'heures, Brit. Libr. Ms. Add. 19 917, fol. 123v, um 1500 bei A.W. Byvanck u. G.J. Hoogewerff, La miniature hollandaise, La Haye 1922, Pl. 99. Der Ministrant läutet.

352 Vgl. J.A. Endres, a.a.O., S. 148.

353 Vgl. Räzüns (Abb. 18); C.R. Post, a.a.O., IV, 1 (1933), fig. 128.

354 Die Bau- und Kunstdenkmäler von Westfalen, 9, Münster 1900, Tafel 16. (C.A. Ludorff, Kreis Ahaus.)

355 Z.B. Heitz, Einblattdrucke, 60, Nr. 19. Daß die Kerzen schon längere Zeit gebrannt haben, nicht erst angezündet werden, ist durch die sehr betonten Tropfen veranschaulicht.

356 Österreich. Kunsttopographie X, 1, Wien 1913, Tafel IV und S. 92. (P. Buberl u. F. Martin, Salzburg-Land: St. Gilgen, Neumarkt, Talgau.) Vorn rechts kniet nicht ein Ministrant, sondern der Stifter.

357 Es gibt auch zur Zeit ihrer größten Beliebtheit als solche ausdrücklich bezeichnete Darstellungen der Messe des Papstes, in denen keinerlei Erscheinungen erfolgen, z.B. Brit. Libr. Ms. Add. 11 866, Pariser Horen um 1500, die wahrscheinlich von einem Niederländer (Der Cat. Add. 1850 glaubt an einen Italiener) illuminiert sind. Fol. 156v. – Der einzige, der m.W. die Unbeteiligtheit der Umgebung – wenn auch m.E. falsch – zu erklären versuchte, ist J. Dupont, in: Bull. des musées de France, 6, 1934, S. 86: »muets de surprise [...] il semble que la vie s'arrête«.

358 Z.B. beide assistierenden Kardinäle auf einer der frühesten Darstellungen der Gregormesse im cod. 1840 der Wiener Nationalbibliothek (französisch, Anfang des 15. Jahrhunderts). Abbildungen: Kunst und Kunsthandwerk, V, 1902, S. 303; der Kardinal auf dem Bild von 1516 im Dom von Merseburg, E. Flechsig, Sächsische Bildnerei und Malerei vom 14. Jahrhundert bis zur Reformation, I, Leipzig 1909, Tafel 29.

359 Z.B. nur der anwesende Bischof: Bild des Meisters der Gregormessen in Aschaffenburg, M.J. Friedländer u. J. Rosenberg, a.a.O., Nr. 362; nur ein nicht näher charakterisierter Begleiter auf dem Stiche des J. Döterhum d.Ä. nach J. Gossaert, der eine der spätesten Darstellungen des Themas ist, bei R. Guerlin, a.a.O., S. 27.

360 Die Abwendung ist besonders schroff in dem Stich Israhel van Meckenems G. 560, L. 347. (Abb. bei Lehrs, Tafel 254, Nr. 607), auf dem der Zelebrierende und die Assistierenden einander zugewendet sind. Vgl. ferner z.B. C.R. Post, a.a.O., IV, 1, fig. 109; niederländisches Bild aus dem Umkreise H. Memlings, früher Slg. Huybrechts, The Connoisseur, Sept. 1902, S. 20; Leipziger Meister, um 1515, im Dom von Merseburg, E. Flechsig, a.a.O., Tafel 30; Stich des Doeterhum.

362 Chr. Wordsworth, Ordinale sacrum II (Henry Bradshaw Society XXII), London 1902, pl. II nach den Horae, Brit. Libr., Harley 2982.

363 Z.B. Augsburger Bild von um 1480 in der Galerie von Schleißheim, E. Buchner in den von ihm und K. Feuchtmayr herausgegebenen Beiträgen zur Geschichte der deutschen Kunst, II, Augsburg 1928, S. 55; ein von P. Wescher dem J. Bellegambe zugeschriebenes Triptychon des Museums in Warschau, Gaz. des Beaux-Arts 74, 2, Paris 1932, S. 220.

364 Z.B. das Bild der früheren Sigmaringer Galerie des Meisters der Georgslegende (zu beachten die charakteristische beschränkte Auswahl der arma).

herausgerückt und damit als nicht zur Vision gehörend betont (vgl. z.B. ihre Zusammenfassung in einer seitlichen Nische in einem Stich des Meisters W mit dem Schlüssel (L. 16), den der Meister von Zwolle (L. 18) und Israhel van Meckenem (G. 255a, L. 308 A) kopiert haben, in dem Stich Meckenems G. 286, L. 348[365] oder ihre Zerstreuung im Raum in dem Merseburger Bilde von 1516 und die Lage von Rock und Würfeln in dem anderen, und die gleichfalls dem 16. Jahrhundert angehörenden Bilder des Jacob Cornelisz[366], in denen die arma im Kirchenraum verteilt sind und zum Teil als ganze Figuren ihre Handlung dort wiederholen). Auch Gerard David läßt den Papst nur Christus vor dem mit einigen wenigen Werkzeugen verbundenen Kreuz erblicken und bringt die anderen arma seitwärts des Altares unter. Es gibt also allerhand Zwischenstufen zwischen der Darstellung der arma als unmittelbarer Bestandteile der Vision und ihrer formal nur mittelbaren Einbeziehung, bei der ihnen manchmal neben ihrem gegenständlichen Wert noch eine gleichsam dekorative Funktion angewiesen ist. So bilden sie z.B. auf der in den ersten Jahren des 16. Jahrhunderts entstandenen Gregorsmesse der Marienkirche in Lübeck[367] den doch wohl als gestickt zu denkenden Schmuck eines über die Altarstaffel gelegten Tuches oder auf einem niederländischen Bilde[368] aus der Mitte des 15. Jahrhunderts den Schmuck eines Vorhanges, den zwei Engel halten. Auf einem nordfranzösischen oder südniederländischen Bilde, das 1935 aus dem Besitz der Galerie van Diemen in Berlin[369] versteigert wurde, erscheinen die arma wie Nachtgespenster, den grausigen Hintergrund der Vision bildend, aber die Veronikaszene ist herausgenommen und isoliert als Glasgemälde dargestellt; zu ihr hatte der Besteller also eine besondere Andachtsbeziehung. Fast alle erhaltenen Unterschriften nehmen Bezug auf die arma oder die misericordia domini[370] oder auf die Indulgenzen.[371] Die Gregorsmesse war ein Andachtsbild, vor dem Gebete gesagt wurden zur Erringung bestimmten Ablasses, d.h. zur Verringerung der im Fegefeuer[372] zuzubringenden Zeit. Am deutlichsten wird der Charakter des auf eine Vision begründeten Gnadenbildes veranschaulicht in den Darstellungen, die dem Papst einen ein Weihrauchfaß schwingenden Engel beigeben (vgl. z.B. Schr. 1457ff.), der die Aufmerksamkeit auf die übernatürliche Erscheinung hinlenkt. Der Papst konnte – was als Folge der Anschaulichkeit nicht verwunderlich ist – so wichtig werden, daß man die Darstellung mit einem Gebet zu ihm verband (z.B. Schr. 1478). Andererseits scheint das Bewußtsein, daß der Papst nur sekundär in den Kreis der dargestellten arma aufgenommen war, oder anders angesehen, daß hier zwei verschiedene Bildtypen vereinigt worden waren, nie völlig geschwunden zu sein. Auf dem Holzschnitt des Johann von Brünn[373] Schr. 1455 (Ende des 15. Jahrhunderts) erscheinen stark überschnitten hinter der Altarstaffel die Leiter und der Wappenschild Christi, in dem wie öfter ein Kreuz als Bild erscheint. Ein Engel hält den Wappenhelm, ein anderer den als Teil der Zier, die sonst noch aus Schwammstab, Kreuz und Lanze besteht, übergeworfenen Rock. Auf dem Stich des Israhel van Meckenem (G. 290, L. 351) steht Christus sogar auf dem Helm des über dem Altar schwebenden Wappens, und die Waffen sind auf dieses und den Grund rechts verteilt. Auf einem kleinen vlämischen Buchsdiptychon des frühen 16. Jahrhunderts in der Morgansammlung des Metropolitan-Museums[374], dessen Inschriften[375] zugleich die Verlegenheit offenbaren, den Papst mit der Darstellung in eine unmittelbare natürliche Verbindung zu bringen, bildet den oberen Abschluß der Vision ein Wappenhelm. Das sind formale Bekundungen, daß in diesen Fällen das Wappen Christi nur als in ein Geschehnis umgeformt galt. Auch die Unterschrift unter einer der älteren niederländischen graphischen Darstellungen[376] der Gregorsmesse (um 1440) verheißt dem, der »ons heren wapenen aen siet« und dabei die vorgeschriebenen Gebete spricht, die von Gregor und seinen Nachfolgern gewährte Indulgenz: Petrus oder Innozenz sind durch Gregor ersetzt. Der Zelebrierende wurde somit zu einem Bestandteile der arma und konnte dann wieder mit diesen aus dem räumlichen Zusammenhang gelöst werden, wie etwa auf dem das Kernstück eines gleichzeitigen Holzschnittes[377] wiederholenden vlämischen Relief des Deut-

365 Abb. Lehrs, Tafel 270 Nr. 651. – Vgl. auch die Darstellung in den wahrscheinlich Brügger Horae von um 1500, Brit. Libr., Ms. Add. 38 126, fol. 125v. (Catalogue [...] Huth. Tafel 13c).

366 Eines war im Kunsthandel, dann der Hieronymusaltar der Wiener Gemäldegalerie von 1511 bei K. Steinbart, Nachlese im Werke des Jacob Cornelisz, in: Marburger Jahrbuch für Kunstwissenschaft, 5, 1929, S. 216f.

367 A. Goldschmidt, in: Zeitschr. f. christliche Kunst, 9, 1896, Taf. VII.

368 Nach Fr. Winkler (Die altniederländische Malerei, Berlin 1924, S. 154, und ders., Unbeachtete holländische Maler des 15. Jahrhunderts, in: Jahrbuch der Preußischen Kunstsammlungen, 44, 1923, S. 141) von einem Utrechter Meister.

369 Versteigerung 137 von Paul Graupe-Berlin 1935. Kat. Nr. 57.

370 Selbst auf der kleinen gravierten niederländischen Kupferscheibe der Sammlung Frau Marg. Oppenheim von um 1530 (Katalog Nr. 489 der bei Julius Böhler, München, 1936 erfolgten Versteigerung) fehlt der Anruf IHESV MISERERE auf der Altarvorderwand nicht. Christus sitzt mit gefesselten Händen auf dem Sarkophag, auf dessen Bord Mörser und Laterne stehen. Die Deutung auf die Messe von Bolsena wird von vornherein durch die Gegenwart der höchsten Geistlichkeit als falsch erwiesen.

371 Sie finden sich auch auf Bildern angegeben; vgl. z.B. dasjenige in der Sammlung Schlager in Madrid von F. Gallegos, Ch.R. Post IV, 1, Fig. 30.

372 Vgl. Israhel van Meckenem G. 292. L. 354.

373 Zdeněk v. Tobolka, Einblattdrucke des 15. Jahrhunderts im Gebiete der Tschechoslowakischen Republik, Prag 1928, Tafel 57.

374 17. 190. Catalogue of the Collection of Jewels and precious Works of Art. The property of J. Pierpont Morgan, by G.C. Williamson, London 1910, n. 46. pl. 27.

375 Richtige Lesung bei Williamson. Lam 1,12: »attendite« bis »meus. Bernardus: si vulnera christi ad memoriam revocentur tunc nil est quid non posset equo animo tolerari. Gregorius: memoria crucifixi vicia crucifigit. beatus Gregorius«. – Den auf Hbr 12,1–3 zurückgehenden Satz, der hier dem hl. Bernhard gegeben wird, zitiert Joh. David, Veridicus Christianus, ed. alt. Antverpiae 1606, S. 202 (die Vorrede ist von 1600) als von S. Gregor stammend.

376 Schr. 1462. W. Cohn, in: Mitteilungen der Gesellschaft für vervielfältigende Kunst, 1955, S. 26. – Thomas, Rivista, S. 66.

377 Schr. 1823 x. A. Lemoisne, Les xylographies du XIVe et du XVe siècle au cabinet des estampes de la Bibliothèque Nationale, Paris u. Brüssel 1927–30, II, pl. CXXIX (Jehan Bezart, Paris).

19 Monogramm Jesu und Mariä, Vlämisch?, Anfang des 16. Jahrhunderts (Berlin, ehem. Deutsches Museum)

schen Museums in Berlin[378] (Abb. 19); der Papst ist isoliert, eleviert und sieht nicht den Schmerzensmann, der im Sarkophag steht, auf dem zwei Salbtöpfchen untergebracht sind. Eine Vision, die nicht gesehen wird, ist ein Widerspruch in sich selbst. Man wird aber nicht immer entscheiden können, ob nicht doch auch dann manchmal die Vision gemeint ist und (inhaltlich) nur ein uns noch nicht bekannter Umstand das Nichtsehen bedingt, das manchmal ein Nochnichtsehen bedeuten könnte. Ausgeschlossen kann aber die Erklärung als die einer Vision werden, wo wie auf dem niederländischen Bilde von 1486 im Erzbischöflichen Museum in Utrecht die Verbindung von Meßfeier, körperlichem Leiden Christi und Verströmen seines Blutes in den Meßkelch[379] dargestellt ist. Das ist nicht der Inhalt einer einmaligen Vision, sondern des transzendenten Meßgeschehens: »Quis enim fidelium habere dubium possit in ipsa immolationis hora ad sacerdotis vocem coelos aperiri [...] angelorum choros adesse [...] terrena coelestibus iungi unumque ex visibilibus atque invisibilibus fieri?« So schreibt gerade Gregor der Große selbst (Dialogi IV,58). Entsprechend sind Vision und stetes Meßgeschehen untrennbar vereint in dem Rosenkranzholzschnitt von Wolf Traut[380] (um 1510). Von den Wunden des Erscheinenden gehen zu den Darstellungen der sechs anderen Sakramente verbindende Linien:

»Mensch pey der mess zu aller frist
betracht dass leiden jhesu crist;
schau dij figur gregorij,
funff vatter unsser sprich allhy«

lautet der erste Vers der Beischrift. Es gab einen Typus[381] der Waffendarstellungen, der den sich selbst als Opfer darbringen-

378 Die Bildwerke des Deutschen Museums IV: E.F. Bange, Die Bildwerke in Holz, Stein und Ton. Kleinplastik, Berlin 1930, M 102. Die Verweisung nach Oberbayern erscheint mir irrig.

379 Wesentlich vereinfacht ist das gleiche veranschaulicht auf dem Bilde des Carillo (?) im Fitzwilliam Museum in Cambridge (England), Ch.R. Post IV, 1. Fig. 128.

380 Auguste von Örtzen, Maria, die Königin des Rosenkranzes, Augsburg 1925, Abb. 24 und S. 64f.

381 Vgl. z.B. Schr. 891, Bouchot Nr. 159. pl. 86. Lemoisne Nr. XI. und Schr. 877, T.O. Weigel u. A. Zestermann, Die Anfänge der Druckerkunst, Leipzig 1866, Nr. 80. Auf dem letzteren Blatt ist die Verheißung von soviel Tagen Ablaß, als Christus Wunden empfing,

den »Hohenpriester«[382] einbezieht; er hatte sich aus dem Typus des S. 125 besprochenen Bildes in Brieg entwickelt. Als Waffen wurden meist die Blut vergießenden[383] gewählt. Dieses Thema des Sichselbstopfernden ist auf der Gregorsmesse von 1486 in Utrecht in kühner, großartiger Weise zu einer völlig »unwahren« synchronisierten Komposition ausgestaltet; vereint ist das zeitgebundene irdische Leiden des Gottmenschen mit dem immerwährenden des erlösenden Gottes, Die Darstellung ist kein Einzelfall. In der 1935 in der Brüsseler Weltausstellung ausgestellten, ungefähr gleichzeitigen nordfranzösischen Gregorsmesse der Collection Franchomme steht Christus auf dem Kelch und die arma-Figuren gebärden sich als aktiv Beteiligte.[384] Auch wo die synchronistische Handlung fehlt und die arma als Bildzeichen erscheinen, aber das Blut Christi in den Kelch und zu den Armen Seelen in das Fegefeuer strömt wie in Schr. 1487 oder auf dem dem Gert van Lon zugeschriebenen Altar der Nikolaikirche zu Lippstadt[385] (erstes Viertel des 16. Jahrhunderts) vermittelt die Anschauung eine Darstellung des transzendenten Meßgeschehens im Rahmen der Papstmesse. Wie weit das im Einzelfall der eigentlichen Darstellungsabsicht entspricht, wird sich nicht stets entscheiden lassen; in den Unterschriften wird bei jeder möglichen Darstellung auf die Vision des Papstes Bezug genommen. Spanien kennt die Vereinigung von Gregorsmesse und Jüngstem Gericht[386], die, auch wenn die erstere formal das Hauptmotiv[387] abgibt, unbedingt den transzendenten Meßsinn der Erlösung und nicht ein biographisches Moment aus dem Leben des Papstes veranschaulicht. Es wird immer wieder deutlich, daß die Vorstellungen selbst im Fluß waren; die künstlich aufgepfropfte Legende gelangte zu keiner allgemein verbindlichen Gestalt.

Im theologischen Schrifttum war die Brücke zwischen der Meßfeier und den arma längst geschlagen – ausgehend natürlich vom Wort des Apostels I Cor 11,26 –, was hier durch ein Zitat aus einem provenzalischen Traktat des 14. Jahrhunderts[388] belegt sei. »Jener Herr, der in diesem Sakrament zugegen ist, wahrer Gott und wahrer Mensch ist, der alle diese Geheimnisse wahrhaft vollzogen hat hinieden [...] wenigstens auf die Dauer von 35 Jahren, lebte in großer Entbehrung, in Plage und Kümmernissen, Nachstellungen und Drangsalen [...] Denn für dich hat er sie getragen, sie sammelnd, machte er aus allen diesen Dingen ein Myrrhenbüschel [...]« In diesen Zusammenhang gehört die von J. Dupont[389] nach Amiens lokalisierte und gegen 1440 datierte Gregorsmesse der Slg. Paul Jamot, in der bei der Elevation der Hostie ein Engel den toten Christus aus dem Sarkophag heraushebt[390], eine in jedem Betracht »unwahre«, aber großartige Veranschaulichung des »Opfers«. Entsprechend werden im engeren Sinne die Wirkung der Gregorianischen Messen veranschaulicht, wo der von Christi Wunden ausgehende Blutstrom entweder direkt, wie z.B. auf dem Lippstadter Bilde oder auf Schr. 2650, oder – als Veranschaulichung welcher Auffassung? – über die Hostien die Seelen im Fegefeuer erreicht. Aber die Grenzen fließen sofort wieder, wenn, wie auf dem gleichfalls westfälischen Relief in Tungerloh[391], zwar der Höllenrachen da ist, aber die Beendigung der Messe im Zeitpunkt der Visionserscheinung betont ist. Wo das Fegefeuer formal außerhalb des Kreislaufes des dargestellten Geschehens bleibt, wie z.B. sehr betont auf dem Metallschnitt Schr. 2649, ist keine Entscheidung möglich, ob es in Beziehung zur Messe oder zur Ablaßverheißung gebracht werden soll. Gerade diese letztere ist es ja, die durch die Einbeziehung weiterer Päpste in die Assistenz veranschaulicht werden soll. Es wird schließlich fraglich, ob denn wirklich stets mit Sicherheit ein vor dem Altar kniender Papst[392] als Gregor angesprochen werden kann, und ob das gar auch für jeden durch nichts als Papst charakterisierten Zelebrierenden statthaft ist. Daß das Schema der Gregorsmesse zur Darstellung einer in klösterlichem Rahmen spielenden Wundermesse[393] diente, mahnt zur Vorsicht. Wenn daher das Milieu einer alltäglichen

besonders bemerkenswert. Führte sie zu der immer stärker ansteigenden Höhe ihrer Zahl?

382 H. Oidtmann, Die rheinische Glasmalerei II, Düsseldorf 1929, S. 505. In diesen Zusammenhang und nicht in den der Gregormesse gehört m.E. die Zeichnung auf fol. 94v in Clm 8201 von 1414, Abb, G. Samuelsson, a.a.O., S. 69. – H. Cornell, Biblia Pauperum, Stockholm 1925, S. 86ff., auf den die Zuweisung zurückgeht, hat sie nicht erklärt. Der Zelebrierende ist bestimmt kein Papst.

383 Z.B. Glasgemälde um 1400 in St. Leonhard im Lavanttal: F. Kieslinger, Gotische Glasmalerei in Österreich bis 1450, Zürich 1928, S. 75 und Tafel 59. Deutlicher auf der gegensinnigen Abbildung: Mitteilungen der K. K. Centralcommission NF, 14, 1888, Tafel nach S. 52. Statue der Lorenzkirche zu Erfurt von 1440; Die Kunstdenkmale der Provinz Sachsen, II, 2, Burg 1932, S. 427, 419.

384 Daß der Speichel des Speienden manchmal auch innerhalb der Vision Christus trifft, gehört nicht hierher; das ist nur eine sich oft findende Verdeutlichung des Sinnes der Waffe. Vgl. z.B. als sehr charakteristisch, da außer dem Kreuz und Titel nur Köpfe beigebend, die Miniatur aus einem holländischen Stundenbuch der Sammlung Boekenrogen in Amsterdam um 1470 bei Byvanck-Hoegewerff, a.a.O., Pl. 14.

385 Kunstdenkmäler von Westfalen. Kreis Lippstadt, Münster 1912, S. 112, Tafel 74, 2. – Molanus, a.a.O., S. 265 findet diese Darstellung passend wegen des Bezuges auf den von Gregor durch Meßfeier aus dem Fegefeuer erlösten Mönch. Henriquez, der eine gleiche Geschichte vom hl. Bernhard erzählt, läßt den Befreiten sagen »haec sunt arma gratiae Dei, quibus ereptus sum«; a.a.O., S. 122.

386 Vgl. das Jüngste Gericht des Cabanyes-Meisters in der Pfarrkirche von Cortes de Arenoso und das entsprechende in Campanar. Ch.R. Post VI, 2, Fig. 179, 180b.

387 In El Toro ist die Gregorsmesse unten vom Fegefeuer, oben von der Auferstehung begleitet: Ch.R. Post VI, 2, Fig. 188.

388 F. Lohrer, Ein altprovenzalischer Traktat aus dem 14. Jahrhundert über die hl. Messe, Dissertation Freiburg i.Ü., Einsiedeln 1924 (Beigabe zum Jahresbericht der Lehr- usw. Anstalt Einsiedeln im Studienjahr 1925/24), S. 14ff.

389 Gazette des Beaux-Arts 75, 2, 1931, S. 287.

390 Dieses Gehobenwerden ist etwas ganz anderes als das uns bekannte Gehaltenwerden des Toten. Dieses zu den Waffenbildern gehörende Motiv (oben S. 150) findet sich, wenn auch selten, auch in Darstellungen der Gregorsmesse; vgl. z.B. Schr. 1458.

391 Bau- u. Kunstdenkmäler Westfalen. Kreis Coesfeld, Tafel 65. Vgl. Kreis Steinfurt, Tafel 60, 5.

892 Selbst wenn der Papst auf dem Stich des Meisters S (E. Mâle, a.a.O., S. 103) als Gregor gedacht sein sollte, ist die Darstellung die der Verehrung der Hostie als der Verkörperung des Ablaßsinnes. Nicht die Gebete, sondern Christi Opfer erlöst die Armen Seelen.

393 Niederländisches Bild, das doch wohl schon in das 16. Jahrhundert gehört, im Museum zu Warschau. A. Brukczynski in Revue de l'art chrétien, 50, 1907, S. 49.

Meßfeier[394] geradezu betont ist, so muß die Erscheinung des von den arma umgebenen Christus als Veranschaulichung des Meßsinnes gedeutet werden. Die Erklärung als Darstellung der Messe von Bolsena läßt sich nicht begründen.

Da die frühesten und gleich völlig ausgebildeten Darstellungen des Themas sich in französischen Handschriften finden – der im cod. vindob. 1840 geht noch die im cod. par. lat. 18 026[395] voraus –, kann hypothetisch sein »Erfinder« in Frankreich gesucht werden. In Frankreich hatte es auch bis 1555 sein längstes natürliches Nachleben: in den Illustrationen für die in Paris gedruckten, dem Ritus von Salisbury folgenden liturgischen Bücher.[396]

Ich glaube, daß auch das Beliebtwerden der Darstellung Christi in Kindsgestalt im Kreise der arma auf das Streben nach einer anschaulichen Rationalisierung der Darstellung zurückgeht. Die »Bündelung« war dann leicht motivierbar, da ein Kind die Gegenstände, mit denen es sich beschäftigt, gern um sich aufzuhäufen liebt, oder da man die arma als Gegenstand seines Nachdenkens erscheinen lassen konnte. Gerade da bewußtes Leiden – das ist gemeint[397] – dem Wesen des Kindes ungemäß ist, hielt man offenbar die die ganze irdische Existenz Christi erfüllende Leidensbeständigkeit am schlagendsten veranschaulicht durch die Kindsgestalt. Das Anfangsstadium, und nicht das Endstadium, vertritt den ganzen Zeitumfang, die Kontinuität: der Moderne empfindet die Darstellung als das »Schmerzenskind«[398], das Mittelalter sah in ihr den Mann, der vom Mutterleib[399], ja manchmal sogar von seinem Gottsein an bis zur Auferstehung gelitten hat.[400] So konnte man das Kind selbst mit den Nägeln und der Lanze[401] in den Wunden und mit dem Essigschwamm vor dem Munde darstellen[402]: das Kind repräsentiert da den gekreuzigten Mann, noch dazu im Symbol des Gekelterten – man sieht, wie sich auch hier verschiedene Bildtypen vermischen. Das Wissen des Kindes um sein Leiden war zu einer ersten Station seiner Leidensbahn, noch vor der Beschneidung, geworden: »Dyss sind die funffzehen geistlichen tode und yimmerlichen leyden vnnsers herren Jesu Christi [...] Der erst was das er bekant in muter leibe alles seine leiden [...]« heißt es auf dem Holzschnitt Schr. 878 und seiner Vorlage Schr. 2457, »quem in hoc miraculo adoro, qui omnes suas futuras passiones in animo existens praescivit in tuo virgineo utero« bei Nitzschewitz.In diesem Wissen sah auch Molanus[403] die Rechtfertigung der Darstellung. Es legitimiert das Kind, für die Anschauung auch der Träger des Gesamtleidens zu werden oder, unter anderem Gesichtspunkt, der der Erlösung wie auf dem Stich L. 51 des Meisters E S oder auf dem Holzschnitt Lucas Cranachs B. 73 von gegen 1525, wo das Kind als der über Leiden und Tod siegreiche Welterlöser unmißver-

394 E. Bacha, Les très belles miniatures de la bibliothèque royale de Belgique, Bruxelles, Paris 1913, pl. XXVI nach einer Miniatur im Ms. no. II. 3634. Wahrscheinlich schon frühes 16. Jahrhundert.

395 Nach B. Martens, Meister Francke, Hamburg 1929, Anm. 260. – Nach L. Bréhier, L'art chrétien, Paris 1928, S. 338 sei die älteste Darstellung in einer aus S. Sabina in Rom stammenden Handschrift der Bibliothek in Clermont-Ferrand enthalten. Die Bibliothek ließ meine Bitte um eine Photographie unbeantwortet.

396 Vgl. Chr. Wordsworth, a.a.O., pl. III nach dem Sarum Missale des F. Reynault 1527; pl. V nach dem von I. Amazeur 1555 für G. Merlin hergestellten (vgl. dazu T.F. Dibdin, The bibliographical Decameron, London 1817, I, S. 67 und D. Rock, The church of our fathers, Hg. von G.W. Hart u. W.H. Frere, London 1905, I, S. 94). Identisch in den Ausgaben von 1527 und 1534. Ebd. erwähnt eine Gregorsmesse in den Pariser Ausgaben des Sarum Graduale von 1527, 1528, 1532.

397 Goethe verzeichnet in seiner Beschreibung des St. Petrus-Festes zu Bingen von 1814 u.a. eine Prozessionsstatue eines in Goldstoff gekleideten Jesuskindes, das ein großes Kreuz hält »und das Marterinstrument freundlich« anblickt. Wenn er den Ausruf eines Zuschauers »ist nicht jedes Kind, das fröhlich in die Welt hineinsieht, in demselben Fall« zartfühlend findet, so stellt er sich mit diesem Urteil außerhalb der gläubigen Sphäre – mag dessen objektiver Wahrheitsgehalt sein welcher auch immer. Die Welten sollen inkommensurabel sein.

398 So F. Zoepfl, Das schlafende Jesuskind mit Totenkopf und Leidenswerkzeugen, in: Volk und Volkstum, München 1936, S. 147. So viel Dankenswertes der Aufsatz auch beibringt, ich kann nicht finden, daß die wahre Problematik des Themas erkannt und seine Geschichte einigermaßen erschöpfend behandelt ist. Ich fürchte, daß der ganze Ausgangspunkt der Behandlung (»Volksfrömmigkeit«) falsch gewählt ist. Erst während der Korrektur sah ich den Aufsatz von Gizella Firestone, The sleeping Christ-Child in Italian Renaissance representations of the Madonna, in dem Hausorgan der Studenten des Institute of Fine Arts der New York University »Marsyas«, vol. II, New York 1942, S. 43ff., der ohne Kenntnis von Zoepfls Aufsatz und der Madonnen de perpetuo succursu geschrieben Richtiges und Willkürliches bunt mischt.

399 Die biblische Wurzel liegt offen: Idc 13,7: »erit enim puer nazaraeus Dei ab infantia sua, ex utero matris suae usque ad diem mortis suae«. Dazu Is 9,6. Eine mir unbekannt gebliebene Vision der hl. Katharina von Bologna (um 1450) galt als Quelle der Ansicht, daß, wie der Stifter der Passionisten S. Paolo della Croce 1754 schreibt (Lettere II, Roma 1924, S. 468), »Gesù [...] anche Bambino nel ventre purissimo [...] si poneva in forma di Crocifisso, massime al venerdi patendo i dolori della croce.« Alberti, Commentari, berichtet nach Giov. Gregorio di Gesù Maria, Calvario lect. 46 (ich habe diesen wahrscheinlich wichtigen Band in keiner Bibliothek gefunden) von der Kreuzstellung im Mutterleibe.

400 Vgl. die Inschriften der Holzschnitte Schr. 810, 813 und der Variante in der Stadtbibliothek Windsheim (H. Höhn, in: Monatshefte für Kunstwissenschaft, 14, 1921, S. 183 u. Tafel 26). Im gleichen Sinn enthält die Umschrift des Fünf-Wunden-Stiches des Meisters der Marter der Zehntausend L. III. 406, 86 die Aufforderung des Schmerzensmannes in Kindsgestalt: trage meine Wunden in deinem Herzen, ich empfing sie aus Liebe zu dir vom ersten Augenblick der Menschwerdung ab. F. Zoepfl, a.a.O., S. 160 zitiert aus A. Walasser, Vom zarten Kindlein Jesu, Dillingen 1565: »Darumb alles sein leben ein steter tod ist gewesen, dann er ist sovil töd gestorben, als vil augenplick er gelebt hat, seitemal er sein leyden alle augenplick gegenwertig gehabt [...]«

401 Daß das Kind schon die Wundmale hatte, fand ich zuerst um 1600 erwähnt in den Visionen der Maria von Escobar. L. de la Puente, Vida maravillosa etc., Madrid 1665, II. Buch, 11.Kap.

402 Holzschnitt in H. Nitzschewitz's Psalterium B. Mariae V. Zinna, um 1490. Vgl. A. Thomas, Die Darstellung Christi in der Kelter, Düsseldorf 1936, S. 150ff.

403 Molanus, a.a.O., S. 99. Die Darstellung habe das nicht geringe Fundament, daß Christus »[...] a prima etiam suae conceptionis instantia mortem passionemque [...] lubens acceptaverit, atque in eam paratus, imo eandem saepius recogitans, vixerit [...]« Molanus bekämpft dann die Darstellung des das Kreuz anbetenden Kindes: »longe melius decribitur orans Patrem, Crucem amplectens, aut super eam etiam genuflexus [...]« Der unselbständige Ayala übernahm das.

ständlich[404] charakterisiert ist. Es konnte nicht die Absicht sein, gerade ein Abbild des leidenden Kindes als solches als Neujahrswunsch zu verschenken, sondern man sah in ihm den nicht an menschliche Wachstums- oder Alterszustände gebundenen Erlöser, das Kind mit den Abzeichen seines künftigen Herrschertums nach Is 9,6.

Auch mir ist keine frühere einschlägige künstlerische Darstellung bekannt geworden als die auf dem Buxtehuder Altar[405] des Meisters Bertram, um 1390. Das Kind hat Peitsche und Kreisel beiseite gelegt und sich der Bibel zugewendet; was seine Gedanken erfüllt, die Prophetenworte vom Erlösungsleiden und ihre Verwirklichung durch ihn, das sieht es in den Händen der beiden Engel. Auch Marias compassio ist gleichzeitig zur Anschauung gebracht. Sie »sieht« gleichfalls die arma und sie strickt selbst an einem weiteren »Werkzeuge«, an dem ungenähten Rock – den sie nach der Legende schon auf der Flucht nach Ägypten gewebt hatte –, der mit dem Kinde wächst.[406] Pragmatisch angesehen ist die Szene ganz »unwahr«, sie ist nicht die Illustration eines bestimmten Vorkommnisses, aber sie dient der Veranschaulichung eines wahren Inhaltes, und daß er das den Zeitgenossen war, dafür mögen die von Zoepfl herangezogenen Stellen aus den Revelationes S. Birgittae (VII,8; VI,58) allerdings als Beleg dienen. Soweit es sich um Darstellung eines Gedankeninhaltes handelt, stellte das Thema den Künstlern die Aufgabe, nicht den Eindruck aufkommen zu lassen, als handle es sich um die Darstellung eines pragmatischen Geschehnisses: die Engel dürfen die arma dem Kinde nicht aufdrängen, sie dürfen nur ihre Träger sein, ihm dadurch als behilflich erscheinen. Oft wird durch die die Größe des Leidens versinnbildlichende unproportionale Größe des Kreuzes von vornherein jede Möglichkeit der Auffassung ausgeschlossen, es handle sich um ein real gedachtes Vorkommnis; vgl. z.B. die Miniatur[407] aus dem zwischen 1461 und 1469 entstandenen, wahrscheinlich aus Amiens stammenden cod. Trivulzio 447, die etwas frühere Rogiersche Komposition[408], in denen dem im Schoß seiner thronenden Mutter sitzenden Kinde von einem Engel ein ungeheures Kreuz gebracht wird, oder das Elfenbeinrelief des Bayerischen Nationalmuseums aus der ersten Hälfte des 18. Jahrhunderts[409], und die Zeichnung Christ. Steudners[410] aus dem späten 17. Jahrhundert, die den Christknaben, dessen göttliche Teilhaberschaft an der Dreieinigkeit betont ist, zwischen seinen Eltern mit Unterstützung eines als Teil einer himmlischen Glorie erscheinenden Engels ein riesiges Kreuz halten läßt. Wenn, wie z.B. auf einem Bilde[411] des Antonio Balestra (1666–1740), die arma dem Kinde gezeigt werden, das während der Ruhe auf der Flucht sitzend ein Kreuz im Arme hält, so ist der Sinn klar. Wenn das Kind jetzt auch gerettet ist – seiner Leidensbestimmung will es sich nicht entziehen. Auch die träumenden Gedanken des schlafenden Kindes kreisen um die Erlösung: so z.B. dargestellt im Typus des mit offenen Augen schlafenden Kindes, dem ein Engel arma bringt[412], von A. Zographos 1545 im Xenophonkloster (Athos).

Es beruht wohl ursprünglich auf einem Mißverständnis, wenn die Szene gleichsam novellistisch interpretiert wird und die Engel dem auf dem Arm seiner Mutter heftig erschreckenden Kinde die arma vor Augen halten, was den Inhalt des italobyzantinischen Typus der Madonnen de perpetuo succursu[413] bildet, dessen Entstehung kaum vor um 1400 anzusetzen ist. Inschriftlich wird die Furcht des Kindes betont, und Henze weist (S. 11) glücklich auf das Bangen Christi am Ölberg hin (Mt 26,37). *Βλέπων τὰ σύμβολα τοῦ πάθους δειλιᾶ ὡς ἄνθρωπος* heißt es auf einer wohl aus dem 16. Jahrhundert stammenden Variante[414], die die Engel fortläßt und die arma bündelt. Damit war der Weg gebahnt für eine Auffassung, die für die Anschauung einen genrehaften Charakter hat (vgl. z.B. Schr. 821), weil der Vorgang an einen bestimmten Augenblick gebunden erscheint, so wenn etwa – dem eigentlichen Sinn sehr entgegen – die Mutter wie mahnend dem Kind ein kleines Kreuz vorhält, nach dem dieses nach Kinderart begierig greift.[415] Der entgegengesetzte Pol ist erreicht, wenn das Kind nur an die Leiden denkt, die es seiner Mutter bereiten wird: »Ich will rosen brechen und fil liden vf mien frund bringen«[416], steht neben der eigenartigen Darstellung auf dem einen Außenflügel des Buxheimer Altares[417] im Museum zu Ulm (Anfang des 16. Jahrhunderts, Abb. 20 und 21). Das Kind sitzt auf einem Rosenbaum, in und an dessen Zweigen ein Teil der arma untergebracht ist. Maria[418] steht unter dem Baum, dem am Öl-

404 Weniger deutlich und klar ist die Darstellung des unter Beigabe von Waffen auf der Weltkugel stehenden Kindes.
405 Abb. z.B. Jahrbuch des kunsthistorischen Instituts der K. K. Centralkommission für Denkmalpflege, 10, 1916, Fig. 71.
406 R. Hofmann, Das Leben Jesu nach den Apokryphen, Leipzig 1851, S. 374.
407 Giov. Seregni, Don Carlo Trivulzio, Milano 1927, Tav. VII. Weitere Beispiele bei F. Zoepfl, a.a.O., S. 164.
408 M.J. Friedländer, Die altniederländische Malerei, II, Berlin 1924, Tafel XXXV.
409 R. Berliner, Kataloge des Bayerischen Nationalmuseums (= Nr. 32), Nr. 569; richtig gedeutet erst von F. Zoepfl, a.a.O., S. 153.
410 Das schwäbische Museum, Augsburg 1926, S. 107. (A. Haemmerle).
411 In der Basilica di Maria Assunta in S. Gandino (Bergamo): Inventario I (1931), S. 272/274.
412 D. Lathoud, in: L'Union des Églises 5, Paris 1926, S. 15ff.
413 O. Wulff u. M. Alpatoff, Denkmale der Ikonenmalerei, Hellerau 1925, S. 222ff. – Clem. M. Henze, Mater de perpetuo succursu, Bonnae 1926.
414 C.M. Henze, a.a.O., pag. 22, Fig. 30.
415 Vgl. das venezianische Relief aus der 2. Hälfte des 15. Jahrhunderts in der Slg. Liechtenstein in Wien, Dedalo, 10, 1929/30, S. 479. In diesen Motivkreis gehört das Gedicht des protestantischen Geistlichen Michael Johannes von 1662, auf das F. Zoepfl, a.a.O., S. 162 hinweist.
416 Mit anderer Sinnwendung und mit etwas anderem Wortlaut steht der Vers auch auf der Miniatur auf Bl. 109 v der Seuse-Handschrift in Berlin Ms. germ. qu. 840 aus der zweiten Hälfte des 14. Jahrhunderts (K. Bihlmeyer, Heinrich Seuse, Stuttgart 1907, S. 255. Dazu S. 102). Die Rosen, die dort das Christkind bricht, bedeuten die Leiden, die Gott Seuse schicken will. In der Literatur vertritt eine entsprechende Auffassung z.B. Chr. Marianus, Puerperium Marianum, Konstanz 1650; vgl. F. Zoepfl, a.a.O., S. 155.
417 Vgl. M. Schefold, in: Belvedere 8, 1925, Forum S. 41.
418 Die im »Führer durch das Museum der Stadt Ulm« 1930, S. 53 niedergelegte Deutung auf die hl. Monika ist unhaltbar.

20 und 21 Arma Christi, Schmerzensmutter und Hl. Augustinus, Schwaben, Anfang des 16. Jahrhunderts (Museum der Stadt Ulm)

berg betenden Heiland zugewendet, dem der Engel den Kelch bringt. Es ist also inhaltlich eine sehr komplexe Darstellung, zu der der hl. Augustinus unmittelbar nicht gehört. Wie Christus am Ölberg seine Passion vor sich sah, so sah er als Kind sein Leiden voraus, und Maria begleitete es stets mit ihrer compassio. Ein Text des Hugo von St. Victor[419] (1096–1141) ermöglicht das Verständnis, wie es zu dieser komplizierten Symbolik kommen konnte. »Rosa quae rubet apte designat passionem. Et si rosa in eo, quod rubet, exprimit passionem, ergo in eo, quod plantatur, designat compassionem. Compassio in corde, passio in corpore. Compassio latet, passio patet. Rosa itaque plantatur, quando compassio cordi infigitur; florem rubentem producit, quando in effectum passionis procedit [...] Patet itaque, quod dei genitrix quasi plantatio rosae in Jericho extitit.« Rose ist eine nicht seltene Bezeichnung für die Wunden Christi, es kann, wie wir eben hörten, damit aber auch die ganze Passion bezeichnet werden. Symbol Marias, kann der Rosenstrauch auch das Reis aus dem Stamme Jesse darstellen[420], und es ist kaum zweifelhaft, daß hier auch noch das Lebensbaummotiv anklingt. Wir kennen seit dem späten 13 .Jahrhundert[421] eine Sage, nach der

419 Sermo 47. PL 177. Sp. 1027f.
420 So auf dem Altar, wo der Stamm sich zum Kreuz weitet.
421 Tiedemann, Det boec van den houte door Jacob van Maerlant, Leiden 1844. (M. starb 1300.) – Vgl. F. Piper, in: Evang. Jahrbuch für 1863, Berlin, S. 48f. – Fr. Kampers, Mittelalterliche Sagen vom Paradiese usw., Köln 1897, S. 110.

Seth im Paradies das Öl der Barmherzigkeit für den kranken Adam holen soll. Der Cherub läßt ihn wenigstens in den verbotenen Bezirk hineinsehen, und er erblickt auf dem Gipfel des hohen, blätterlosen Lebensbaumes ein weinendes Kind, das nach der Erläuterung des Cherub einst von einer reinen Magd menschlichen Körper empfangen und der Erlöser der Menschen werden soll. Es ist nicht unwahrscheinlich, daß irgendein Zusammenhang dieser Sage mit unserer Darstellung besteht. Denn die Rosen, die arma, das Leiden, sie bedeuten doch das Öl der Barmherzigkeit, das der Lebensbaum hervorbringen soll. Auf eine Verbindung eines Rosenzweiges mit dem Kruzifix, dem Pelikan und dem Lebensbaum bei einem deutschen Madonnentypus des frühen 15. Jahrhunderts hat schon Ph. M. Halm[422] hingewiesen. Ohne Rosen und Maria und mit Ersetzung des Kindes durch den Schmerzensmann findet sich eine einschlägige Darstellung[423] in der schon herangezogenen Zainerschen »Usslegung des Leidens«, fol. y 8 v. Der Text gibt die Erklärung. Der Mensch wird aufgefordert, zum Berg Myrrhen zu gehen und die Höhe der Armut, die Weite der Liebe, die Länge der Peinigung, die Tiefe der Bitterkeit des Todes und des unermeßlichen Leidens Christi zu betrachten, damit er einen Zweig des grünen Ölbaumes in die Arche seiner Gewißheit bringen sehe. Und man läßt Christus zur Seele sagen: nimm hin, du meine Taube, das weiße Körnlein, gesät in der Menschwerdung in den Acker der unvermählten Jungfrau[424], abgeschnitten in der Beschneidung, ausgedroschen im Leiden, das soll deine Speise und Wegzehrung sein bis zur ewigen Seligkeit. Es ist also veranschaulicht die Menschwerdung durch das Korn, das Leiden durch die Waffen, die Erlösung durch den Ölbaum.

Als Gedankeninhalt des Kindes sind die Leidenswerkzeuge deutlich charakterisiert, wo sie ihm, wie in dem Bilde des Amsterdamer Rijksmuseums[425] aus dem frühen 16. Jahrhundert, im Rahmen einer Vision erscheinen (Abb. 22). Maria sitzt mit dem Kind im Schoß auf einem Gartenplatz in Begleitung musizierender Engel, Josephs und weiblicher Heiliger. Das Kind sieht gen Himmel, und dort erscheint ihm in einer Lichtglorie ein Zelt, dessen Vorhänge Engel beiseite ziehen. Es ist nach Ps 131,7 – »introimus in tabernaculum eius« – in Verbindung mit Hbr 9,7.11f. – »Christus autem assistens [...] per amplius et perfectius tabernaculum non manufactum, id est, non huius creationis« – das übernatürliche Zelt, in dem Christus sich selbst zum Opfer bringt. Johannes Damascenus[426] bezog den Tabernakel des Psalmverses auf die Leidenswerkzeuge, die Kleider Christi, die heiligen Stätten – alles durch die Berührung des Körpers oder das Blut Geheiligte –, und diese Exegese war lebendig geblieben. Die wichtigst erscheinenden Werkzeuge sind altarförmig aufgebaut. Daneben sitzt Gottvater und weist auf den leeren Korb hin, der vor dem Tisch steht. Der Sinn ist klar, wenn auch nicht restlos. Das ist es, was ich dir schicken werde, oder: was du »mitnehmen« mußt (was auf die alte Idee der Pilgertasche Christi zurückwiese), oder: das brauchst du zur Darbringung deines Opfers. Einfacher, darum nicht weniger deutlich, wurde das Thema des Gedankeninhaltes des Christkindes von dem Bildhauer dargestellt, der dem verbreiteten Renaissancetypus eines sitzenden Knaben mit dem Totenschädel Waffen beigab (vgl. The Art Bull., 19, 1937, fig. 19 und S. 448; H.W. Janson).

In einer in den Bezirk der Frauenklösterfrömmigkeit gehörenden Miniatur des Schweizerischen Landesmuseums[427] von um 1530 steht und liegt ein Teil der Waffen in einem ummauerten Bezirk, während andere – dabei sechs Sterne als Zeichen der Nacht der Gefangennahme – oberhalb der Mauer schweben. Das Christkind bringt weitere zu dem Haufen hinzu[428], und man läßt es sagen: diesen teuern Schatz geben mir die bösen Juden für meine große Arbeit zu Lohn; den will ich in meinen Korb tun. Also wiederum der Korb als Behältnis der Waffen[429], der mit anderem Inhalt bereits im 15. Jahrhundert (Schr. 821ff.) zu den Gerätschaften des Kindes gehört. Er erscheint – meines Wissens vereinzelt – schon unter den als Insignien gezeigten Waffen im Weltgericht[430] des Domes zu Grosseto. Im 13. Jahrhundert begann er auch schon

422 Münchner Jahrbuch der bildenden Kunst, 11, 1921, S. 11f.

423 A. Schramm, Bilderschmuck der Frühdrucke V, Leipzig 1925, Tafel 75, Nr. 412. – E. Weil, Der Ulmer Holzschnitt im 15. Jahrhundert, Berlin 1923, S. 62ff.

424 Das ist eine erfreuliche Bestätigung meiner Deutung des Sinnes der Ährenmadonna, Die christliche Kunst, 26, 1929/30 (= III), S. 97ff.

425 M.J. Friedländer, Die altniederländische Malerei, X, Berlin 1932, Meister von Delft. Nr. 62, Tafel XXXIV.

426 De fide orthodoxa IV, 11. PG 94, Sp. 1130f. Zitiert z.B. von Alph. Paleotus, Jesu Christi crucifixi stigmata [...] auctore Dan. Mallonio, Venetiis 1606, S. 57. – Vgl. in dem wichtigen Artikel von J.D. Stefanescu in: Université libre de Bruxelles, Annuaire de l'institut de philologie et d'histoire orientales, III, 1935, S.462.

427 A. Spamer, Das kleine Andachtsbild vom 14. bis zum 16. Jahrhundert, München 1930, S. 14, 308, Tafel IV. Der Zusammenhang mit einer großen Zahl von Nonnenarbeiten ist dort nicht erkannt.

428 A. Spamer, a.a.O., deutet das in der rechten Hand Getragene als Herz. Ich bin nicht überzeugt, daß das richtig ist. Denselben mir unerklärlichen Gegenstand findet man auf dem Metallschnitt Schr. 2645 (Heitz, Einblattdrucke 41,1) vor dem Schwertgriff. (Hier übrigens auch der seltene Spaten.) Das auf der Lanze aufgespießte Herz kenne ich einmal, in der stark von dekorativen Erwägungen bestimmten Zusammenstellung von Waffen im Lübecker Plenarium von 1492. A. Schramm, a.a.O., XII, Tafel 27, Nr. 177.

429 Als späte volkstümliche Beispiele vgl. den süddeutschen Stich des auf dem Kreuze schlafenden Christuskindes von um 1750 bei F. Zoepfl, a.a.O., Tafel VII, 14 und den als Fastenbrezel ausgeschnittenen Kupferstich des 18. Jahrhunderts bei Spamer, a.a.O., S. 325. Tafel 195. – Anführer der nächtlichen Karfreitagsprozession in Neuburg a.D. war 1619 ein Kind als Christus in einem Korbe einige der »passionis arma« tragend (Hauptstaatsarchiv München Jes. 82/1).

430 Mostra Giottesca, a.a.O., Nr. 27. – van Marle, a.a.O., I, 373. Filippino Lippi stellte auf den Sarkophag einen Korb mit Hammer, Zange und etwas jetzt Unkenntlichem, während Dornenkrone, die Nägel und (wahrscheinlich) der Schwamm frei liegen. (London, Nat. Gal. Nr. 213). Jacopo Bassano vereinigte um 1574 auf seiner Grablegung in S. Maria in Vanzo in Padua in einem Korbe ein Tuch (es kann nur das der Wundenwaschung gemeint sein), den Strick (der Kreuzigung) und die Zange, die interessanterweise auf der Kopie des Bildes in S. Alessandro in Bergamo durch zwei Nägel ersetzt scheint, vgl. W. Arslan, I Bassani, Bologna 1931, S. 147ff., Tafel 51 und Inventario I, S. 8.

22 Meister von Delft, Tabernakel mit Waffen Christi (Ausschnitt), Anfang des 16. Jahrhunderts (Amsterdam, Rijksmuseum)

eine sehr rationale Rolle als Aufbewahrungsstätte der nach der Kreuzabnahme gesammelten Waffen[431] zu spielen, der die als Vereiniger aller oder einiger für die Kreuzigung benötigter Werkzeuge, sei es im Zuge nach Golgotha, sei es während der Vorbereitungen dort, nachfolgte.

Inhalt der Gedanken, also Vorleiden Christi und zugleich Inhalt der compassio der Maria, sollen die Waffen, neben ihrer eigentlichen Andachtsbedeutung, auch auf dem Altar der Nikolaikirche zu Rostock[432] aus der Mitte des 15. Jahrhunderts darstellen, wo sie den oberen Teil eines Flügels füllen, auf dessen unterem Maria und Christus sitzen. Er spricht mit ihr am Mittwoch der Karwoche[433] von der Notwendigkeit seines Leidens und Sterbens, und die Mutter antwortet: deine Pein und deine Schmerzen will ich mit dir tragen in meinem Herzen. Wollte man in diesem Vorstellungszusammenhange die Einung von Mutter und Sohn körperlich anschaulicher darstellen als bei Nebeneinanderstellen durch Verschränkung der Hände oder Arme geschehen kann, dann gab es nur zwei Möglichkeiten: entweder das Kind im Schoß, das der Mutter noch so gehört, daß zwischen Tun und Verdienst der beiden nicht ganz streng zu scheiden nötig ist – so daß z.B. wie auf dem wohl schon aus dem 16. Jahrhundert stammenden Holzschnitt Schr. 1052b das Kind ein riesiges Kreuz hält, während andere Waffen als Rahmenfüllung erscheinen, das Gebet sich aber nur an die Mutter richtet, oder daß auf dem Stich des A. Wierix[434] von 1598 zwar das Kind mit dem Kreuz, an dem der Titel befestigt ist, die Ketzer in den Abgrund stößt, aber die Unterschrift Victrix auf die Mutter bezogen ist – oder[435] der

431 Vgl. die schon herangezogene Kreuzabnahme des Enrico di Tedice, Mostra Giottesca, a.a.O., Nr. 15.

432 Kunst- und Geschichtsdenkmäler des Großherzogtums Mecklenburg-Schwerin, I, Schwerin ²1898, S. 157ff.

433 Vgl. Martin von Cochem, Das große Leben Christi II, 2.

434 Alvin Nr. 456. Abb. The Connoisseur, 5, 1905, S. 61.

435 Beide Motive konnten vereint werden, wenn man den Toten kindhaft klein bildete, also ganz »unwahr«, aber wundersam anschaulich machend, was das Mittelalter unter dem »Kind« verstehen konnte. Hier eine rein formale Einwirkung eines anderen Typus sehen zu wollen, also artistische Unfähigkeit zu eigener Gestaltung im Ergebnis tief schöpferisch werden zu lassen, ist eine arge Verirrung. So frei der mittelalterliche Künstler in der Anschaulichmachung auch war – ich glaube gezeigt zu haben, daß keine Zeit ihm eine größere Freiheit einräumen konnte, ausschließlich den Gesetzen seiner Kunst zu folgen –, aus einem »Sinn« mußte seine Form geboren werden. Daß sich der Typus des kindhaften Toten nicht wirklich durchsetzen konnte, zeigt, daß er trotz seiner »anschaulichen Wahrheit« Bedenken erregte. Einen gleichwertigen Ersatz hat er bisher nicht gefunden. Der englische Holzschnitt Schr. 1053, Dodgson 17, der durchaus in den Kreis der Marienverehrung gehörend die Erhöhte um Fürbitte anfleht, und eine erfundene Indulgenz Sixtus IV. verheißt, konnte das Erlösungswerk des auf dem Arm der Mutter sitzenden Kindes nicht mehr anschaulich gestaltet

Tote im Schoß, der ihr wieder gehört. Der Ausweg des Speculum[436], in dessen 30. Kapitel Maria sich zum Streit wider den Teufel mit ihres Sohnes Marterwaffen waffnet, Christus selbst also fortgelassen wird, scheint auf dieses beschränkt geblieben zu sein. Die Memlingsche Lösung[437], Christus völlig in der Gestalt Marias »geborgen« sein zu lassen, die dadurch anschaulich zum Hauptmotiv wird, aus dem er erst wie ein Bestandteil herauszulösen ist, verschiebt formal nun in der Tat das Hauptgewicht auf Maria. Für die Anschauung ist das, gewollt[438] oder nicht gewollt, durch Übernahme eines ungeeigneten Darstellungstypus, nicht mehr die Darstellung ihrer compassio, sondern ihrer passio, deren Inhalt durch die Waffen erzählt wird. Und es ist sinnentsprechend, daß Christus, in dem sie gelitten hat, ihr maßstäblich angeglichen ist, während die übrigen, wie z.B. das Kreuz (!), nur durch Teilformen oder im kleinen Maßstabe als Bildzeichen erscheinen. Sie sind erst als gewissermaßen indirekter Leidensinhalt[439] für die Anschauung bedeutsam. Stimmungsmäßig überschattet der Tod Christi alles. Die im Zuge der zunehmenden Betonung der compassio der Maria liegende Hervorhebung des marianischen Leidens drang auch in den Speculumtyp der sich Erinnernden ein. So stellt sie die Illustration zum 35. Kapitel in der Anthonius Sorgschen Ausgabe von 1476 dar zwischen Säule, Lanze, Schwammstab links, Rute, Geißeln und den gekreuzten Stäben der Dornenkrönung rechts. In der Krönung der Jungfrau von Giov. d'Alemagna und A. Vivarini[440] von 1444 stehen im Unterbau des Thrones Engel mit den Passionswerkzeugen als Zeugen ihres Leidens und ihres Verdienstes, die völlig »veranschaulicht« sind etwa im Bilde des Abraham Schöpfer[441] aus dem zweiten Viertel des 16. Jahrhunderts, auf dem Christus und Maria bei Gottvater interzedieren, beide unter Berufung auf ihre »Waffen«: Maria weist auf ihre Brust hin, während die Wiege (natürlich Jesus) und die Schwerter, die ihr Herz durchbohrten, von Engeln getragen werden.

Als »Station« der Leidensbahn Christi ist meines Erachtens auch die Pietà entstanden. Es ist die Station, in der zwar für die Anschauung die compassio der Maria zur Hauptsache wird, da für jene der tote Christus ausgelitten hat. Aber das gilt nur für die optische Anschauung, nicht für die geistige; für diese ist die Leidensbahn des Gottmenschen noch nicht am Ende angelangt. Auch diese Szene ist eine echte der aktiven »Erbärmde« des Herrn, wie eine seiner Mutter[442], der Beiständin des Menschen. Nur für die Anschauung erscheint die Darstellung wahrer als die für sie völlig »unwahre« der Maria, die mit dem im Sarkophag stehenden oder sonst als lebendiger Toter veranschaulichten Christus verbunden ist. Sie verlegt zwar die Betonung etwas auf diese, aber sie bringt nichts prinzipiell Neues in die Darstellung der arma hinein, in deren Kreis auch sie vor 1400 aufgenommen wurde.[443] Freilich eine gewisse Inkongruenz hatte formal die Komposition, denn diese »Waffe« stellte das als historisch angenommene Geschehnis wirklich dar, während die anderen Stationen durch die Bildzeichen nur vertreten waren. Dieser Spannung mußte man sich bewußt sein, und sie führte üblicherweise[444] zu einer Ausgestaltung der Pietà zu einer stark betonten Beweinungsszene, die formal das Hauptgewicht bekommt, und neben deren gesteigertem Realismus die »Waffen« es doppelt schwer haben, sich zu behaupten, gerade wenn sie in größerer Anzahl wiedergegeben werden, weil sie dann leicht dem die Hauptszene Fixierenden wie ein dekorativer Flächenschmuck erscheinen können, dem eine inhaltliche Bedeutung höchstens sekundär zuzukommen scheint, wie z.B. auf dem ihrem Wesen nach dabei einleuchtend zu den privaten Devotionalien gehörenden kleinen Bronzerelief des Berliner Deutschen Museums[445] aus der zweiten Hälfte des 15. Jahrhunderts, oder dem etwas früheren Holzschnitt Schr. 986w.[446] Helfen konnte man sich durch die Zerlegung der Bildfläche in zwei Teile und die Massierung der restlichen Waffen im oberen,

in die Darstellung einbeziehen, sondern mußte einige Waffen in den Rahmenecken unterbringen. – Über die spurious and imaginary Indulgenzen vgl. Rock, Hart, Frere, a.a.O., III, S. 61f. – Vgl. R. Berliner, Bemerkungen (= X).

436 Vgl. J. Lutz u. P. Perdrizet, a.a.O., Tafel 59, S. 62. M.R. James, a.a.O.

437 E. Panofsky, a.a.O., Abb. 20, S. 276. – M.J. Friedländer, Die altniederländische Malerei, 6, Berlin 1928, Tafel 27 u. S. 24, S. 123, Nr. 57. M.J. Friedländer glaubt an Wiederholung einer Rogierschen Komposition, die aber wahrscheinlich in Wirklichkeit die Werkzeuge nicht einbezog (S. 17). Die genaue Tätigkeit der Hand unter derjenigen mit der Ficagebärde kann ich ebensowenig deuten wie W.H.J. Weale in: The Burlington Magazine, 7, 1905, S. 75.

438 Spätestens das frühe 18. Jahrhundert kannte eine Darstellung der nur durch göttlichen Beistand die durch Waffen angedeuteten Passionsgeschehnisse überlebenden Maria, und es ist wichtig, daß man sich noch um 1800 ihrer Quelle in einem Worte der hl. Birgitte bewußt war. Das scheint mir nicht auf sehr großes Alter der Komposition zu weisen. Vgl. R. Berliner, Kataloge des Bayerischen Nationalmuseums (= Nr. 33), Nr. 487.

439 Es ist ungefähr die gleiche Stimmung Mariens veranschaulicht wie in dem 1489 in Straßburg erschienenen Praecordiale devotorum (Hain 13 318): »Pulcra lamentatio beate virginis contra arma Christi. Consumato passionis christi agone [...] O quantis dolorum stimulis contuebatur mater corpus dilecti filii, et quasi horrore mortis filii instrumenta ipsa inferentia: crucem, clauos, spinas et lanceam [...] in ipsa insensibilia instrumenta lamentabat [...]«

440 Venedig, S. Pantaleone. L. Testi, La storia della pittura veneziana II, Bergamo 1915, S. 353. – Das Inventar der Schatz- usw. Kammer der Burg zu Graz von 1668 verzeichnet »ain Braitlecht flaches Creuz von Helffenpain«, auf dessen einer Seite die Waffen, auf dessen anderer die Krönung der Maria geschnitzt waren. Es dürfte im früheren 17. Jahrhundert entstanden gewesen sein. (Mitteilungen der K. K. Centralcommission, NF, 5, 1879, S. CXLVI.)

441 Leningrad. Vgl. Fr. Winkler im Jahrbuch der preußischen Kunstsammlungen, 56, 1935, S. 123.

442 So schon Paquot, a.a.O., S. 264, Anm. 4.

443 Vgl. z.B. das gestickte Antependium des Domes zu Linköping um 1400, bei A. Branting. – A. Lindblom, Medieval embroideries and textiles in Sweden, Upsala und Stockholm 1932, S. 55, Pl. 46.

444 Zu den späten Ausnahmen gehört das um 1575 anzusetzende Bild des Pietro Marescalco (Spada) in der Chiesa del Bassanello in Padua, das unten die Hl. Clara und Scholastica darstellt und oben über einem Wolkenboden die Pietà, die von waffenhaltenden Engeln umgeben ist. Das ist also noch eine echte Waffendarstellung. Vgl. G. Fiocco in Revista Española de arte 3, 1934, S. 112f. und Inventario VII (1936) S. 38.

445 R. Berliner, Bildwerke IV (Nr. 33), Nr. 1931.

446 F.M. Haberditzl, Die Einblattdrucke des 15. Jh. in der Kupferstichslg. der Hofbibliothek zu Wien, I, Wien 1920, Nr. 80, Tafel 48.

23 Arma Christi, Bologna, 2. Hälfte des 14. Jahrhunderts (Bologna, Pinacoteca)

wobei es ihrer gleichsam brutalen Formensprache überlassen blieb, sich als dem ausführlich dargestellten einheitlichen Vorgange gleichwichtig zu behaupten und nicht etwa einen gewissen spielzeughaften Charakter zu bekommen. Man konnte einen Teil der Werkzeuge auch dadurch anschaulich rational bündeln, daß man ihn im Sinne des alten Motives ans Kreuz teils lehnte, teils anknüpfte. So und am Boden herumliegend oder -stehend führen sie z.B. ein Triptychon des Nardon Pénicaud[447] (um 1510) in der Salting-Collection des Victoria- und Albert-Museums und in sehr großer Zahl und glücklicher Anordnung ein Relief von H. Morinck[448] von 1580 im Schloßmuseum in Karlsruhe vor. Das Löschepitaph des Hans Krumper[449] von 1618, das in unserem Zusammenhange das Endstadium einer um die Pietà angeordneten Arma-Darstellung vertreten kann, bringt die Werkzeuge teils auf dem Erdboden unter, teils in den Händen von Engeln, die an die Stelle menschlicher Beweiner und Zurüster des Leichnams[450] getreten sind. Ist die Zahl der Werkzeuge gering, wie etwa schon 1416/17 im Turiner Gebetbuch[451], das nur die Nägel im Kreuz zeigte, dann kann man von einer Arma-Darstellung nicht mehr reden; ihre Einbeziehung soll dann nur noch einen Ton mitschwingen lassen. In dieser Richtung arbeitete

447 Abb. z.B. Burlington Magazine, 20, 1911/12, S. 79.

448 Z.B. Die Kunstdenkmäler des Großherzogtums Baden I, Freiburg i. Br. 1884, S. 673. (F.X. Kraus mit J. Durm u. E. Wagner, Kreis Konstanz.)

449 Z.B. Belvedere 12, Wien 1925, 1, nach S. 84 (E.W. Luz).

450 In dieser Spätzeit wird m.W. erst das Motiv des Abwaschens der Wunden allgemein aufgenommen, und veranlaßt oft die Vorführung eines Waschgefäßes. Nic. Alberti berichtet a.a.O., S. 409 von der Waschung: »l'umore sagrosanto di questa lavanda fu raccolto divotamente in un vaso, e poi [...] si conglutinò in una massa [...] che oggi conserva la Fiandra, come regalo [...] da Balduino [...] nel 1150«. Ich weiß nicht, woher er das hat. Ich kenne nur noch die so viel ältere Nachricht in den AASS. Mart. II, S. 508, nach der 1247 Reliquien von dem blutigen Wasser der Wundenwaschung, das von Joseph von Arimathia in zwei Gefäßen – das von den Nägelmalen und von der Seitenwunde für sich – aufbewahrt und zunächst mit Nikodemus geteilt wurde, als Geschenk des Patriarchen von Jerusalem nach England kamen. Auf Dürers Zeichnung von 1521 im Fogger Mus. (L. 379) hält Joseph das große Gefäß, in dem er das Blutwasser sammeln wird, und er fordert mit der Rechten einen nicht Dargestellten zum Bringen des Waschwassers auf. Der Wassereimer erscheint unter anderen Waffen z.B. auch in der Rubenschen Beweinung von 1614 in Antwerpen. Auf der die Geräte der Reinigung sehr betonenden Grablegung des Peter Sanchez I. (Budapest, Gemäldegalerie. C.R. Post, a.a.O., V, Fig. 1) ist anscheinend ein Schaber zur Blutabkratzung mit dargestellt.

451 Abb. z.B. Pantheon, 12, 1933, S. 254.

24 Arma Christi – Johannes der Evangelist – Jacobus d. Ä., Florenz, etwa 1460 (San Gimignano, Palazzo Comunale)

die Zersetzung der alten Andacht zu den arma im Zusammenhange mit der Beweinungsszene immer weiter fort, so daß ihre Einbeziehung in steigendem Maße im 17.–18. Jahrhundert in der Regel die Bedeutung hat, an das überstandene Leiden, das jetzt schon dem Zustand eines relativen Friedens gewichen ist, zu erinnern. Sie bekommen den Stimmungswert des fernen Donnerrollens, das das abziehende Gewitter begleitet. Um sich des Unterschiedes bewußt zu werden, genügt ein Blick auf ein Bologneser Bild[452] der zweiten Hälfte des 14. Jahrhunderts, das Weltgericht und Passion oder Erlösung vereint darstellt (untere Hälfte: Abb. 23). Es enthält eine der vollständigsten wie – im Sinne des Andachtsbildes – vollkommensten Darstellungen der arma als einheitliche Bildkomposition. Der menschlich Tote ist das beherrschende Zentralthema, um dessen zwei Darstellungen die Waffen rhythmisch wohl abgewogen so verteilt sind, daß jede für sich klar zur Erscheinung kommt und doch formal subordiniert bleibt. Das gilt auch für die ausführliche Beweinung trotz ihrer räumlich unterschiedlichen Behandlung, da auf der für sie als einen irdischen Vorgang für nötig befundenen Grundfläche auch die Leiter steht, die ihrer als »Waffe« nicht bedarf. Als weitere Verbindung zwischen den andeutenden Bildzeichen und der naturalisierenden Darstellung dienen Joseph und Nikodemus, der eine die Nägel, der andere das Gefäß des Blutwassers tragend. Wie ein Florentiner Nachfolger des Fra Angelico etwa 75 Jahre später die Aufgabe anpackte, zeigt Abb. 24. Ein räumlich aufgefaßter Vorder- und Mittelgrund mit einigen wenigen, in einem leicht erkennbaren, einfachen dekorativen Schema angeordneten Figuren, mit den Salbtöpfchen, dem steinigen Weg, dem Sarkophage, ist vereint mit einem Hintergrunde, der jeder naturalistischen räumlichen Umgebung entbehrende, streifenförmig angeordnete, abgekürzte, gleichmäßig betonte Hinweise auf

452 E. Mauceri, La R. Pinacoteca di Bologna, Roma 1935, S. 27, c 230. Nicht erklären kann ich den Vogel mit bärtigem Kopf über dem Kreuz, er sei denn als Eule mit dem Kopf eines Juden gemeint. Ich verdanke Heinrich Schwarz (Wesleyan Univ. in Middletown, Conn.) den Hinweis auf die Verwendung von Eulen zur Darstellung der jüdischen Schuld an der Passion. Vgl. du Méril, Poésies populaires lat. antérieures au douzième siècle, Paris 1843, S. 191. – E.P. Evans, Animal symbolism in ecclesiastical architecture, London 1896, S. 77f.

weitere Passionsszenen enthält. Da ihr unterster Streifen als hinter dem Sarkophage stehend erscheint, und alle Figuren und Objekte mit Ausnahme des Kreuzes selber, das dadurch beiden Zonen angehört, in kleinem Maßstab wiedergegeben sind, erscheinen diese arma als in einer unbestimmten, aber doch irgendwie räumlich zu interpretierenden Entfernung untergebracht. Theoretisch ist das eine sehr bemerkenswerte Lösung des kompositionellen Problems. Sie vermied formale Unordnung und Unklarheit durch Verteilung der inhaltlich geforderten Vielzahl der Motive in ein einheitliches, wenn auch unnaturalistisches Blickfeld. Die beiden pfeilerartigen Figuren der stehenden Apostel geben nicht nur formal der Komposition ihren seitlichen Halt und zusammen mit dem Kreuz eine rahmende Zusammenfassung, sie betonen zugleich durch ihr inhaltliches Nichteinbezogensein in die arma den Charakter des Bildes als eines in allen Einzelheiten zu betrachtenden und bedeutungsvollen Andachtsbildes.

Erfolgreich war auch die Spannung zu lösen gewesen, wenn die Zahl der anderen Waffen zwar gleichfalls sehr beschränkt, sie aber formal so betont wurden, daß ihre Sinn-Gleichwertigkeit mit der Pietà anschaulich wird. Ein gutes Beispiel dafür enthält das Mittelbild eines Altares der Kapelle der Burg Trausnitz in Landshut[453] (um 1430/40). Inschriftlich wird die originalgroße Wiedergabe der Lanzenspitze versichert, und die großen, harten, man möchte sagen unbarmherzigen Formen von ihr wie von Kreuz und Geißeln verleihen jeder Waffe ihr eigenes Gewicht. Die Anregung zur Vorstellung der durch sie hervorgerufenen Leiden ist so stark, daß der Ausruf des Stifters, des Herzogs Heinrich von Bayern (1397–1450): »o barmherziger Gott«, der sich auf das Gesamtleiden des Gottmenschen bezieht, und nicht nur auf den im Schoß seiner Mutter tot liegenden, den Eindruck gut zusammenfaßt. Als weitere Belege dieser Waffenbildkompositionen mit formal starker Betonung weniger Waffen neben der Pietà nenne ich den Holzschnitt[454] auf der Titelrückseite der »hymelisch Funtgrub« des Johann von Valtz, Straßburg 1507, und ein deutsches Elfenbeinrelief[455] von um 1700. Der erstere ist besonders charakteristisch durch die Art des in den Raum Stechens von Lanze und Schwammstab, das zweite durch die eigenartige Form Golgothas als des mons myrrhae[456] (Ct 4,6).

Schon im 14. Jahrhundert beginnt die Entwicklung (oben S. 126), nur solche Waffen zu zeigen, die sich in einem die ganze Bildfläche beherrschenden, formal rationalisierenden Realismus zwanglos in die geschlossene Szene einfügen lassen. Eine abbruzzesische Beweinung in Sulmona[457] (um 1412) stellt z.B. die Säule neben das Kreuz und läßt andere Waffen von Engeln halten. Haltende Engel und Verstreuung von Waffen auf den Boden wählten ein Angehöriger der Cabreroschule in seiner Beweinung[458] (zweites Viertel des 15. Jahrhunderts) in der Kathedrale von Gerona und Piero di Cosimo[459], wobei das Salbtöpfchen wie in ähnlichen Fällen nicht als Attribut der Magdalena aufzufassen ist; Petrus Christus[460] »bündelte« Salbbüchse, drei Nägel, Zange und Hammer zu einem ausdrucksvollen Häufchen im Vordergrunde der seinen (Brüssel, Gemälde-Galerie). Botticelli[461] läßt seine Komposition (Mailand, Poldi-Pezzoli) gipfeln in dem die Dornenkrone und Nägel emporhaltenden Joseph von Arimathia. Das entspricht inhaltlich der betont gehaltenen Dornenkrone, den zwei Nägeln und dem einen Tuch auf der Beweinung[462] eines italienischen Bildhauers um 1420 der früheren Sammlung James Simon. Jacopo del Sellaio[463] (Berlin, Kaiser-Friedrich-Museum) vereinigt auf dem Erdboden Schweißtuch mit Lanzenspitze, Dornenkrone, drei Nägeln und dem Schwamm, David Ghirlandajo[464] (früher Sammlung Nemes) auf dem Sarkophagbord die krummen Nägel und den Schwamm.

Die für die Beweinungsszene geschilderte Entwicklung gilt im Grundsätzlichen auch für die Darstellungen der unmittelbar voraufgehenden und folgenden Stationen. Die Kreuzabnahme erringt im 15. Jahrhundert eine in ihren Gründen noch ungeklärte, irgendwie sicherlich auch mit einer besonderen Verehrung für die Leitern zusammenhängende Beliebtheit, oft mit betonter Einbeziehung weiterer Waffen. So werden z.B. auf der Kreuzabnahme des Fra Angelico[465] in der Florentiner Akademie (um 1455) außer dem Kreuz mit Titel und den Leitern betont das hier von Maria verehrte Grabtuch, die Dornenkrone, drei Nägel und eine zweite Binde, also dem Besteller besonders am Herzen liegende und realistisch leicht unterzubringende Waffen. Aber schon hier hat die Stimmung die Tendenz zur Beruhigung. Sollten möglichst viele Waffen dargestellt werden, so findet man sie im dritten Viertel des 15. Jahrhunderts auch um den Kreuzbalken angehäuft (z.B. Fresko im Oratorio della Missione in Villafranca[466]). In die Darstellungen der Grablegung werden seltener arma der frühen Leidensstationen einbezogen. Als Beleg sei hier auf die etwa zwischen 1520 und 1545 entstandene Gruppe in St.-Jean

453 Die Kunstdenkmale von Bayern, IV, 16, München 1927, S. 150, Tafel XXXV. (F. Mader, Stadt Landshut mit Einschluß der Trausnitz.) Prinz Josef Clemens v. Bayern schrieb sie mündlich dem Meister von Pfarrwerfen zu.

454 Abgebildet von Jacques Rosenthal, Bibliotheca medii aevi manuscripta, Katalog Nr. 81, München, S. 69.

455 München, Bayerisches Nationalmuseum. R. Berliner, Kataloge des Bayerischen Nationalmuseums (= Nr. 33), Nr. 395.

456 Diese Verbindung ist mir zuerst bekannt in der Vita S. Pauli primi heremitae, Venedig 1511, fol. 46r; Prince d'Essling, a.a.O., II, 1 S. 237.

457 R. van Marle, a.a.O., VIII, S. 260.

458 C.R. Post, a.a.O., II, fig. 210.

459 Abb. z.B. Cicerone 16, 1924, S. 1170.

460 M.J. Friedländer, Die altniederländische Malerei, I, Tafel LXIX.

461 Z.B. W. Rothes, Christus, Köln 1911, Abb. 139.

462 Abb. Das Kunstblatt, 11, 1927, Tafel nach S. 16.

463 Nr. 1055. H. Posse, Die Gemäldegalerie des Kaiser-Friedrich-Museums, 1. Abteilung. Die romanischen Länder, Berlin 1909, S. 52. 1483 von einer Kongregation bestellt.

464 Abb. z.B. Dedalo, 10, 1929/30, S. 146.

465 Z.B. Fr. Schottmüller, Fra Angelico da Fiesole, Stuttgart 1911, Tafel 54ff.

466 P. Toesca, in: Atti della soc. piemontese di archeologia etc., 8, S. 64, Tav. IV. – C. de Mandach in Revue de l'art chrétien, 53, 1910, S. 185.

in Joigny[467] hingewiesen, wo die beiden Alten Dornenkrone, Nägel und den Schwamm halten und Engel im architektonischen Rahmen (also außerhalb der eigentlichen Darstellung) weitere arma. Das nach dem Stich des Pasquale Ottini (1580–1630) B. XVII. 207. 1 gearbeitete deutsche Elfenbeinrelief[468] des früheren 18. Jahrhunderts vertrete die späte Entwicklung, in der die Waffen an das überstandene Furchtbare erinnern, die Stimmung veranschaulichen sollen. Dazu dienen hier vor allem die krummen Nägel, die mit dem fortschreitenden 16. Jahrhundert immer beliebter geworden waren, die aber schon im späteren 15. Jahrhundert (z.B. bei David Ghirlandajo und Filippino Lippi auf dem wiederholt herangezogenen Londoner Bilde) verwendet wurden. Das Motiv gehört durchaus in das Kapitel des inhaltlichen, nicht etwa des abstrakt-formalen Realismus. Sie erzählen Geschichte, da sie den Körper schlimmer verletzten als es gerade getan hätten. Sehr natürlich ließ sich ein erheblicher Teil der Waffen in Darstellungen der der Kreuzigung vorangehenden Szenen realistisch vereinigen. Als Beispiel sei nur das Bild des Francesco di Giorgio (Siena, Akademie) genannt, das den Typus des Waffenbildes mit dem des Stationsbildes vereint. Vor der den Mittelgrund einnehmenden Entkleidung liegt auf dem steinübersäten Boden das Kreuz mit Titel und Dornenkrone, daneben Stricke, Hammer, Holzschaber, zwei Nägel, ein Korb mit weiteren Nägeln, Zange und Bohrer. Bei der rückwärtigen Annagelung schwingt ein Mann einen Holzklöppel.

Alle realistisch erzählenden – was in unserem Zusammenhange gleichbedeutend ist mit: auch dem naiven Verständnis zugänglichen – Darstellungen mußten von vornherein darauf verzichten, den Zustand des lebend Totseins des Gottmenschen irgendwie direkt zu veranschaulichen. Das aus eigener Kraft im Sarkophag Aufgerichtetsein mußte einem Gehaltenwerden weichen. Man verstand den tiefen Sinn nicht, der dargestellt werden sollte, oder man scheute weder seine anschauliche Verflachung durch die Hilfeleistung noch die Erregung der Assoziation der noch bevorstehenden Zur-Ruhe-Legung. Daß dabei zunächst noch völlige räumliche Rationalisierung der Darstellung kein Bedürfnis war, beweisen die in der Fläche ohne Unterstützung schwebende Laterne – ihr entspricht auf der anderen Seite des Sarkophags ein in der Abbildung nicht zu erkennender Gegenstand – in dem einen[469], die ebensowenig rational untergebrachten Würfel und Silberlinge auf dem anderen[470] ihrer sich wiederum in Frankreich findenden, sicherlich zu den ältesten[471] gehörenden Beispiele (um 1400). Aber sie setzte sich bald durch, wie jene Komposition zeigt, die die meisten der gezeigten Waffen um das Kreuz häuft und den Sarkophag durch das von Bildrand zu Bildrand gespannte Grabtuch ersetzt. Sie findet sich um 1410 schon in den Heures de Notre Dame des Herzogs Jean de Berry aus der Werkstatt des Jacquemart de Hesdin[472], wo zwei Engel den Toten halten, während in den Heures du bon roi René[473] der Engel gleichzeitig das Handtuch und den Toten trägt, eine Koordinierung, die uns als genrehaft befremdet, die aber als Hinweis auf Pilatus wahrscheinlich dem Besteller gerade besonders wichtig war. Waren Engel die Haltenden, so war wohl das Gottsein gegenüber dem Zur-Ruhe-Kommen betonter, war es aber ein Mensch, wie z.B. Johannes um 1420 im Livre d'Heures Karls VI.[474] oder Josef von Arimathia auf der Londoner Predella des Filippino Lippi[475], dann ließen sich die beiden Eindrücke verbinden; der Körper sinkt hinab zur Ruhe, die ihm aber der kleine Sarkophag nicht gewähren kann. Die großartigste pseudo-realistische Lösung fand Geertgen tot Sint Jans im Bilde des erzbischöflichen Museums[476] zu Utrecht (letztes Viertel des 15. Jahrhunderts), dem wohl künstlerisch wertvollsten, weil einheitlichsten Waffenbilde. Viele Waffen sind vorgeführt, und doch stehen alle selbst oder durch ihre Träger mit Christus .in unmittelbarer Beziehung. Aber eine innerlich respektvolle Distanz ist gewahrt, die einzelnen Waffen werden nicht zu gleichbewerteten Gegenspielern, sie bleiben »Werkzeuge«, Hilfen als Verursacher und Begleiter des Leidens der Hauptperson. Bezeichnend dafür die Auflösung der Beweinungsszene in über die ganze Bildfläche verteilte Bestandteile, die das Bild wie von klagendem Gestöhn erfüllen. Der Tote, der lebend als Träger unter dem lastenden Kreuze und an all seinen blutenden Wunden leidet, hält sich aufrecht und sinkt doch schon im Sarkophag zusammen. Das bedeutete eine neue Sinngebung an das auf den halbfigurigen Gregorianischen Schmerzensmann zurückgehende Motiv des vor dem Sarkophag Knienden[477], für das man das schwäbische

467 E. Chartraire in Bulletin archéologique 1916, S. 159. Taf. XXII. – J. Evans, Pattern, Oxford 1931, S. 114. – M. Aubert, in: Les richesses d'art de la France. La sculpture. La Bourgogne, Paris 1927, pl. 110, S. 41f.

468 R. Berliner, Kataloge des Bayerischen Nationalmuseums (= Nr. 33), Nr. 489.

469 Wien, Nationalbibliothek, Ms. 1969, Fol. 103 v. – Vgl. B. Martens, Meister Francke, Hamburg 1929, Abb. 61.

470 H. Schrade, Beiträge zur neueren Literaturgeschichte, N.F. 16, 1930, Abb. 3. Aus der Berry-Bibel der British Library, Ms. Harley 4382, fol. 182 v. – Ich glaube nicht, daß Schrades Hinweis auf Darstellungen des angelus missae die Darstellung richtig interpretieren kann. Seine Formulierungen sind hier besonders fern von Deckung mit dem vom Künstler zu Veranschaulichenden. »[...] den zu Tode müden und doch um des Erbarmens willen die Augen öffnenden Heiland [...]« dargestellt zu sehen, ist reichlich falsch. Auch er übersah, daß Veranschaulichung der ungeteilten Dreieinigkeit verlangt war.

471 Im Inventario degli oggetti d'arte d'Italia V (1935) S. 20 ist aus Buie (Pola) ein Bild des Typs im veneto-byzantinischen Stil veröffentlicht und ins 14. Jahrhundert datiert. M.E. gehört es ins 15. Jahrhundert.

472 E. Panofsky, Abb. 23. – Conte Durrieu, Les très belles heures [...] du duc Jean de Berry (Soc. française de reproduction de mss.) Paris 1922, S. 8, 39, 65, pl. XI.

473 B. Martens, a.a.O., Abb. 62. – Paris, Bibl. Nat., ms. lat. 1156 A. f. 82 r.

474 E. Panofsky, Abb. 35. – B. Martens, a.a.O., Abb. 63. – Cod. vindob. 1855, fol. 21 v.

475 Fr. Schottmüller, a.a.O., Tafel 94.

476 Vielfach abgebildet und besprochen. Selbst M.J. Friedländer, Die altniederländische Malerei V, (1927) Tafel XL und S. 35f. belegt das Unvermögen auch des hellsichtigsten Formenverständnisses, solch eine Darstellung zu verstehen, wenn der anschaulich zu machende Sinn unbekannt ist. R. Berliner, Bemerkungen (= X).

477 Ich glaube, daß manche angebliche Interzessionsdarstellung zu Unrecht so aufgefaßt wird, wobei ich als die dem Kunsthistoriker

Bild[478] der Stuttgarter Galerie vergleiche oder die beiden späten, dem Typus der Holzschnitte Schr. 903a ff. folgenden Holzstöcke aus dem Vorrat der Modeneser Drucker Bartolomeo Soliani und Erben[479], mit dem Schmerzensmann, in dessen Armen Geißel und Rute stecken und der von einigen Waffen umgeben ist, die – was natürlich ganz spät ist – zum Teil von Wolken getragen werden. Es gab einen Typus der Waffendarstellung, der den unter dem Kreuz zusammengebrochenen Christus einschloß, der auch auf die Geertgensche Komposition eingewirkt haben kann; vgl. Schr. 902–903. »O mensch om dyn misdaden / Bhin ic mettem cruce gheladen« steht unter[480] Schr. 902, niederländisch um oder nach 1500. Das ist eine Mahnung, keine Interzession.

Es war nicht wahrscheinlich, daß mit zunehmender Subtilität der Darstellungen ihre allgemeine Verständlichkeit wuchs. In jedem Falle konnte die Anschaulichmachung immer nur für den Beschauer gelingen, der richtig zu assoziieren verstand. Die gleiche Voraussetzung, daß der Beschauer schon wissen werde, wie er das Gezeigte zu interpretieren habe, galt aber auch, wenn die Ansprüche an die Veranschaulichung zurückgeschraubt waren. So ist z.B. in dem Relief in Fritzlar[481] (um 1450), das dem die arma Betrachtenden und bestimmte Gebete Sagenden die von Leo d.Gr. und Gregor d.Gr. gewährten Indulgenzen verheißt, als Mittelpunkt der Werkzeuge der wirklich Tote dargestellt, wobei den Engelchen rational keine andere Funktion als die von Trägern einer Konsolplatte angewiesen zu sein scheint. Auch in dem österreichischen Bilde[482] (um 1425), das den Waffencharakter durch die Isolierung Christi besonders unterstreicht – der Tote ist auch von den Trauernden durch eine Welt getrennt –, lehnt Christi Leichnam gegen das Kreuz.Es bedeutet den Gegenpol, wenn der im Sarkophag Stehende ganz unbefangen als Lebender wiedergegeben ist, sei es, daß er wie in einem deutschen Holzschnitt[483] (um 1450) eine Geißel hält und mit beiden Händen auf die Seitenwunde weist, sei es, daß er, wie in dem Fresko einer Gewölbekappe der Kirche in Kalkhorst[484], die Arme nach oben winkelt, sei es, daß er sie, wie auf Florentiner Bildgeweben[485] von um 1500, einladend ausbreitet – die Unterschrift erklärt den Sinn der Geste: »venite ad me«; es ist der Erlöser, der spricht. Man vereinigte auch die Motive rein äußerlich. Z.B. sind in einem Bilde des Meisters der Lindauer Beweinung[486] dem vor der Säule stehenden lebend Toten in die toten gekreuzten Arme die Lanze, Geißel und Staupbesen gesteckt, und in dem Fresko von 1452 in St. Justus in Flums[487] dem lebend Stehenden in die leblos gewinkelten Arme Lanze bzw. Kreuz, in dem Holzschnitt[488] Schr. 887 (um 1440) und in einem schwedischen gestickten Altarbehang[489] der Mitte des Jahrhunderts die beiden Geißeln, außer denen Christus in dem Titelblatt der Leidener Ausgabe des Boec van de vier oefinigten Bonaventure von 1499 noch das Kreuz hält. Oder man läßt den Leidenden lebend wirklich die ganze irdische Leidensbahn durchlaufen haben und stellt ihn in einer Form dar, die den Gedanken an den Auferstandenen nicht ausschließt, öfter bewußt anregt. Am deutlichsten ist diese Synchronisierung, wenn, wie z.B. in zwei mecklenburger Beispielen[490] aus der zweiten Hälfte des 15. Jahrhunderts, der im Sarkophag Stehende sogar mit dem apokalyptischen Träger des Buchs der Sieben Siegel vereint ist. Der Meister E. S. läßt um den frei Stehenden in dem Stich L. 55 vier Engel die wichtigsten arma wie Insignien tragen. Um 1490

gesetzten Grenzen weit überschreitend nicht untersuchen will, wie viel von dem ganzen Interzessionsthema, das an sich von I Io 2,1 ausgeht, auf in Begriffe gefaßte anschauliche Darstellungen zurückgehen mag (merkwürdig »materialistisch« ist z.B. die Ausdrucksweise selbst eines Thomas, Summa Qu. 54 A. IV. 3, eines Dionysius Cart. opp. XIII. S. 490). Wenn etwa auf dem Epitaph der Elisabethkirche in Breslau von 1492 (H. Braune u. E. Wiese, a.a.O., Nr. 189 Tafel 213) Gottvater seine Erlösungseinwilligung gibt »proprio filio non peperci«, dann kann der auf dem Kreuz mit Rute und Geißel in den Armen kniende, von der Säule mit Strick begleitete Christus kein Flehender sein, sondern er ist der Schmerzensmann des oben besprochenen Typus. Wenn auf dem Altar zu Aarhus von 1479 (Abb. z.B. K. Richstätter, Die Herz-Jesu-Verehrung des deutschen Mittelalters, Regensburg ²1924, gegenüber S. 232) der Schmerzensmann vor Gottvater auf der am Boden liegenden Säule kniet, im rechten Arm die Lanze, während je ein Engel Kreuz und Nägel hält, so scheint mir durch das Weinen des einen von ihnen veranschaulicht zu werden, daß es sich um das »gegenwärtige« Leiden Christi handelt, der Ton scheint mir durchaus auf dem leidenden Zustand der zweiten göttlichen Person zu liegen. Daß das Leiden die Vorbedingung für die Erlösung ist, ist eine andere Sache. Wir fragen hier immer, was wird veranschaulicht?

478 R. Berliner, Bemerkungen (= X). Die auf dem Wege liegenden Steine, die Vertreter des »steinigen Weges«, von dem der provenzalische Meßtraktat ausdrücklich spricht, bilden die an die Stelle der blutigen Fußtritte getretene Waffe.

479 Ricci veranlaßte eine bisher leider ohne Text gebliebene Ausgabe von Abdrücken des Bestandes: Xilografie del Tipografo Modenese etc. dal 1646 al 1752, pl. 25.

480 F.M. Haberditzl, a.a.O., Nr. 71, Tafel 43.

481 Kreuzgang von S. Petri; vgl. Die Bau- und Kunstdenkmäler im Reg.-Bez. Cassel, II, Marburg 1909, S. 60, Tafel 92 (A.v. Druch. Kr. Fritzlar.), wo auch die Abb. einer fragmentarisch erhaltenen Wiederholung vom Friedhof der Minoriten (v.d. Osten, Abb. 35).

482 E. Kümmel, Berlin, Deutsches Museum, Verzeichnis der Neuerwerbungen seit 1933, Nr. 171.

483 Gilhofer u. Ranschburg, Luzern, Auktion XVII 1934, Kat. Nr. 3.

484 Die Kunst- und Geschichtsdenkmäler des Großherzogtums Mecklenburg-Schwerin, II, Schwerin 1899, S. 388. (Fr. Schlie. Wismar u.a.) Christus steht in einem sehr langen Sarkophag und ist von sehr charakteristisch ausgewählten Waffen umgeben: wie drei Röcken, noch einem Schlagwerkzeuge außer dem Hammer (wahrscheinlich dem Klöppel zum Einschlagen der Keile), von menschlichen Körperteilen nur dem Kopf des Kaiphas usw.

485 Dedalo II, 1, Mailand 1921/22, S. 168 und Musées Royaux du Cinquantenaire, Is. Erréra, Catalogue d'Etoffes, 3ᵉ éd. Bruxelles 1927, Nr. 316.

486 Wallraf-Richartz Jahrbuch N.F. 1, 1930, S. 103. (E. Buchner).

487 J. Birchler, in: Anzeiger für schweizerische Altertumskunde, NF, 37, 1935, S. 127.

488 M. Lehrs, a.a.O., Tafel 17.

489 A. Branting u. A. Lindblom, a.a.O., Bl. 48, S. 56. Die Werkzeuge sind hier auf zwei Darstellungen verteilt; als Zentrum der zweiten dient der Kruzifixus.

490 Nikolaikirche zu Rostock. Die Kunst- und Geschichtsdenkmäler des Großherzogtums Mecklenburg-Schwerin, Band I, S. 137 und Kirche zu Doberan, ebd. II, S. 611, wo sogar das Grabtuch nicht fehlt. Beidesmal handelt es sich um Predellen.

stellt der Maler der Wandgemälde im Chor der Johanniterkirche in Küßnacht[491] bei Zürich Christus aus allen Wunden blutend und doch triumphierend vor das von den Geißeln, Lanze und Schwammstab begleitete Kreuz. Dieses Thema des siegreich Auferstandenen vor dem Kreuze wird eine häufige Darstellung auf deutschen Grabsteinen des 16. Jahrhunderts, wobei die Leidensmerkmale mehr und mehr zurückgedrängt und die anderen Waffen in der Regel in der oberen Zone von Engeln getragen werden. Wenn Christus dabei, wie etwa auf einem Grabstein[492] von 1576, das vor ihm kniende Ehepaar segnet, so ist der Sinn klar: der Überwundenhabende ist der Erlöser. Bis an die Schwelle der Gegenwart heran betont man dabei in diesem Zusammenhange beim Auferstandenen, daß als Mensch wie jeder Mensch auch er oder gerade er durch das Leiden hindurch mußte; darum begleiten[493] ihn Engel mit Waffen. Für die Anschauung dem Typus des Siegers am meisten angenähert ist der Schmerzensmann des Holzschnittes Schr. 849, der über der Schlange auf der Weltkugel steht; aber wie er selbst das Kreuz mit Dornenkrone und Geißel hält, so umgeben ihn weitere Waffen, und die Unterschrift weist ganz auf den Leidenden hin: »Ich Jesus clar verkhind euch mein leiden offenbar« (wahrscheinlich Anfang 16. Jahrhundert). Wenn auch der Auferstandene nicht so betont ist, so gehört hierher wohl auch der Titelholzschnitt der Venetianer Ausgabe der Meditationen des hl. Bonaventura von 1493[494], auf dem um den stehenden Christus herum viele Waffen teils wiederum von vier Engeln getragen werden, teils im Raum frei schweben. Ein ungewöhnliches Motiv vertritt dabei die Leidensstation der Gefangennahme bei Nacht und im Getümmel: eine riesige Fackel[495] ist auf einem Stadtturm untergebracht. Hierher gehört das flämische Bild[496] der Sammlung Renders in Brügge aus der Jahrhundertmitte, auf dem Christus zwischen dem Stifter und einem die strickumwundene Säule und die Lanze haltenden Engel steht, die Linke um das Kreuz gelegt, über dem das Grabtuch hängt und an dem zwei Geißeln befestigt sind. Hierher gehört der Altar in Biot[497] bei Nizza (um 1500), auf dem Christus mit der rechten Hand den Rohrzweig hält und im linken Arm das Kreuz.Es sind die beiden während der historischen Passion von ihm in Händen getragenen Waffen. Hinter ihm halten zwei Engel das Grabtuch. Die Szene spielt in einem betont kahlen Innenraum, an dessen einer Wand der Sarkophag steht, der einigen Werkzeugen – Schwammstab, drei Nägeln, Zange, Hammer – zum Halt dient, während andere – Laterne, Waschgefäß mit Handtuch, Lanze, Säule mit Strick, Judasbeutel, Geißeln und Hahn – im Raum verteilt sind. Es kann nicht zweifelhaft sein, daß dieser selbst als Stätte einer der Passionsszenen[498], und zwar wahrscheinlich der Gefangenschaft während der Nacht, gedacht ist. Hierher gehört wohl der zu den gregorianischen Gebeten gehörende Holzschnitt einiger Ausgaben der »Hore diue uirginis Marie« des Thilman Kerver in Paris[499], der Pariser Holzschnitt im schon herangezogenen Speculum spiritualium von 1510 und Holzschnitte wie Schr. 893[500] oder 917.[501] Sie zeigen die Fortbildung des Flumser Typus (s. oben S. 151). Christus steht zwischen sehr vielen Waffen, im linken Arm das Kreuz, im rechten die Lanze haltend. Hierher gehört der betont ins Visionäre gerückte und doch ganz »irdische«, dem hl. Franz erscheinende Christus auf dem Bilde Crivellis[502] (um 1475) im Museo Poldi-Pezzoli. Er wendet sich mit unendlicher Güte dem Heiligen zu und läßt sein Blut in den vorgehaltenen Kelch spritzen. Im rechten Arm trägt er das Kreuz, an dem Titel, Dornenkrone, drei Nägel, zwei Geißeln befestigt sind, während Lanze und Schwammstab an der Säule lehnen, die durch den umgeschlungenen Strick als hier noch im architektonischen Verbande stehende Geißelungssäule bezeichnet wird. Hierher gehört der das aus dem Boden herauswachsende Kreuz mit dem rechten Arm umfassende, von Engeln mit Waffen umgebene, aus der Seitenwunde blutende Schmerzensmann der Sammlung Pottier (französisch, frühes 16. Jahrhundert).[503]

Dem Ausdruck entsprechend: er sieht aus wie das Leiden Christi, läßt man manchmal auch das Leiden in Christus gewissermaßen selbst Leben gewinnen – Leiden als wesentliche Lebensfunktion. Dieses lebende Leiden schaut dann z.B. unsagbar schmerzvoll auf den Gnadeflehenden, wie etwa in der Darbringungsminiatur des 1469 von Matthias Corvinus von Ungarn in Wien bestellten Missale.[504] Vor allem im 16. Jahrhundert wurde diese Darstellung des Leidens als Lebensform die Regel, wobei meistens das Kreuz entweder ganz fehlt oder nur für den Wissenden angedeutet wird und der Eindruck der Lebensfülle eines in seiner Existenz durch seine Formen unmittelbar evidenten, den natürlichen Organismus betonen-

491 W. Hugelshofer, Die Zürcher Malerei bis zum Ausgang der Spätgotik, I (Mitteilungen der Antiquarischen Gesellschaft in Zürich, XXX, 4), Zürich 1928, S. 25, Tafel V, 10.

492 Salach, Die Kunst- und Altertumsdenkmale in Württemberg. Donaukreis, O.A. Göppingen, Eßlingen 1924, S. 140.

493 Ebd., O.A. Laupheim, S. 50. Epitaph von 1797.

494 Prince d'Essling, Etudes sur l'art de la gravure sur bois à Venise, Paris, Florenz 1908–14, I, S. 367.

495 Bemerkenswert viele Fackeln auf der nicht sehr viele arma enthaltenden Darstellung des von Waffen umgebenen, im Sarkophage sitzenden Christus auf fol. 162v eines französischen Gebetbuches von um 1480, Brit. Libr., Sloane 2471 (= 2718).

496 Burlington Magazine, 52, 1928, S. 58,

497 Revue de l'art chrétien, Paris, Lille 1912, S. 409, 412. (L. H. Labande).

498 Seit dem 15. Jahrhundert findet sich das Motiv öfter. Im gleichen war wohl auch die entsprechende Reliquie des Gefängnisses aufgetaucht: Hallesches Heiltum II, 4. Auf fol. 103 v. der Heures de René d'Anjou, Ms. Egerton 1070 des Brit. Mus., sind die arma in einem zweifenstrigen Zimmer untergebracht.

499 Ich kenne ihn aus der auf dem Titelblatt 1516, auf der letzten Seite 1506 datierten Ausgabe.

500 C. Dodgson, Woodcuts of the XV. century in the department of prints. Brit. Libr., London 1934, Nr. 114. pl. XXXIIa.

501 M.F. Haberditzl, a.a.O., Nr. 74. Tafel 22.

502 Abb. z.B. Rothes a.a.O., S. 315.

503 Baron de Rivières in: Bulletin archéologique et historique de la Soc. archéolique de Tarn-et-Garonne, 30, 1902, S. 237ff.

504 Biblioteca Vaticana, cod. Ross. 1164, fol. 126. – H. Tietze, in: Beschreibendes Verzeichnis der illuminierten Handschriften in Österreich, V, Leipzig 1911, S. 18, 20. – Belvedere 8, 1925, Tafel nach S. 132.

den, alles Starre vermeidenden Renaissancekörpers auch von etwaigen Todeszeichen nicht geschmälert werden kann. Als Beispiele seien genannt der Holzschnitt von Weiditz[505] 1522, auf dem Christus zwischen vielen Werkzeugen, unter denen der krähende Hahn das seine zur Lebensillusion hinzubringt, vor dem Kreuze steht, dessen Stamm nur hinter seinen Beinen angegeben ist[506], und zwei Holzschnitte in den Sarum Horae des F. Regnault von 1535 und 1536.[507] Auf dem einen steht Christus als Mittelpunkt der ohne jedes Streben nach anschaulicher Rationalisierung das Blatt füllenden arma, mit der Linken Kreuz und Rohrstab haltend, auf dem anderen[508] sitzt er auf dem Sarkophage und hält das Rohr im linken Arm und ist von vielen Werkzeugen umgeben, unter denen sich auch die Hand mit dem Kelch findet, über dem die Hostie schwebt.[509] Man könnte eigentlich Christus seinen dargestellten Zustand nicht treffender bezeichnen lassen als mit dem Vers Io 6,51, den ein böhmisches Antependium[510] (um 1380) für den Gregorianischen, im Grabe stehenden Schmerzensmann heranzieht und den die Rogiersche Vera Ikon des Louvre[511] oder der meines Erachtens schon ins 16. Jahrhundert gehörende Holzschnitt Schr. 848 ihn sprechen lassen: »ego sum panis vivus, qui de coelo descendi« mit dem Ton auf dem vivus. Und das gleiche ist der Inhalt des Bildes von Ambrosius Holbein im Museum zu Basel[512] (um 1515), auf dem Christus – eine Kopie von Dürers B. 4 – trotz aller himmlischer Akzessorien, trotz des Sitzens auf Weltkörpern im Weltenraum, trotz des sich in den Himmel erstreckenden Tragens der arma durch kleine Engel, trotz der Gegenwart Gottvaters durchaus im irdischleidenden Leben befangen erscheint.

Oder man läßt den Leidenden gleichsam an einem bestimmten Höhepunkt der Leidensbahn noch während des irdischen Lebens gleichzeitig alles »erleben«, Späteres zeitlich vorziehend, denn – das bildet psychologisch den Unterschied zum Nacherlebenden – für diesen Leidenden ist die Summe der Leiden das Entscheidende, nicht ihr Nacheinander in der realen Zeit. So trägt z.B. Christus in den oben schon herangezogenen Blättern Schr. 2457 und 878 als, unterschriftlich so bezeichneter, Ecce homo in der Zurüstung der Ausstellung die Wundmale, und Judas spitzt noch den Mund zum Kusse vor ihm. So »lebt« in einem wohl deutschen Email des 15. Jahrhunderts[513] der in der Grabkufe stehende Gregorianische Schmerzensmann und »hört« den Schmäher. So »lebt« in der durch Israhels van Meckenem Stich B. 137 erhaltenen großartigen Komposition der im Sarkophag Stehende, während die anderen Waffen teils auf oder neben dem Sarkophag stehen, teils gegen die Wand des dargestellten Innenraumes lehnen, teils an der in situ gedachten Geißelsäule angebracht sind: der Schauplatz des Ganzen ist also inhaltlich rationalisierend wie eine Folterkammer aufgefaßt als passender Schauplatz für eine Aufhäufung der Leidenswerkzeuge. So »lebt« Michelangelos Waffen-Christus in der Minerva in der Station der Nacktheit. So »leben« die Dürerschen Schmerzensmänner – naturalistisch betrachtet –, derjenige von B. 3 und 22 in irgendeinem mit der Geißelung zusammenhängenden Zeitpunkt, ein Eindruck, den nicht einmal der Blutstrahl aus der Seitenwunde aufheben kann, der von B. 4 trotz des Sitzens auf dem Sarkophag und der Wolkeneinfassung während der historischen Station der Verspottung; der von B. 20 scheint die Kreuzanheftung – es sind keine dieser Station widersprechenden arma vertreten – zu erwarten, und es gelingt der wunderbaren Bildung der schon erstorbenen Totenaugen nicht, den Gesamtcharakter zu bestimmen; wahrscheinlich werden die wenigsten der nachdürerschen Betrachter ihrer überhaupt gewahr. Den gleichen Augenblick scheint zu »leben« der gefesselte, die Wundmale tragende, auf dem Kreuz sitzende Christus von Schr. 908c[514] (niederländisch, Anfang des 16. Jahrhunderts). So »lebt« der Christus des Dünspier Epitaphs (um 1515) im Augenblick einer Ruhepause zwischen den Martern[515], auf deren baldige irdische Fortsetzung der Strick um den Hals weist, und nur die Darstellung des Heiligen Geistes bringt, aber als Zusatz, die göttliche Teilhaberschaft zur Anschauung. Noch in der zweiten Hälfte des 17. Jahrhunderts war diese Kumulierung aller Leiden auf den »Lebenden« der Volksfrömmigkeit durchaus gemäß. So häufte z.B. die Waffen auf und um des Lebenden »traurige Gestalt« ein Holzschnitt von einem der beiden Abraham Bach[516] in Augsburg.

505 Abb. in Mitteilungen der Gesellschaft der graphischen Künste, Wien 1911, S. 47 (H. Roettinger).

506 M.E. entspricht es der Absicht der Künstler, daß sich seit dem 14. Jahrhundert manchmal Darstellungen von Waffen finden, in denen nur Teilstücke von ihnen wiedergegeben sind. Das früheste mir bekannte Beispiel ist das Kreuz hinter dem Gregorianischen Schmerzensmann, das nur den Querbalken rechts hat, in einem vor einiger Zeit neu aufgedeckten Fresko in S. Nicolà in Bari. In der (bayerischen?) Gregorsmesse des zweiten Viertels des 15. Jahrhunderts A. Lemoisne, a.a.O., Nr. XLII hat das Kreuz nur den Querbalken links. Der Querbalken des Kreuzes mit dem Titel liegt auf der Säule auf z.B. in Abb. 8 in: Das Münster 9, 3/4, München 1956, S. 97ff. und P. Heitz, Einblattdrucke 65, Nr. 18. Im 16. Jahrhundert häufen sich die Beispiele. Besonders bezeichnend für die Tendenz sind die merkwürdigen Ausschnitte in Lukas von Leydens B. 76 von 1517, die m.E. den Zeichencharakter der Waffen aus ästhetischen Gründen schwächen sollen. (Abb. in M.J. Friedländer, Lucas von Leyden, Leipzig 1924, Tafel XXXXII.)

507 Chr. Wordsworth, a.a.O., Pl. VII. S. 653f.

508 Ebd. Pl. VI. – Dibdin, a.a.O., S. 51.

509 Der Sinn auch dieser Form der Waffe ist manchmal nicht eindeutig; er scheint zu schwanken zwischen dem der historischen Abendmahleinsetzung – die eigentlich nicht zu den Waffen gehört – und dem Hinweis auf den Passionssinn an sich, entsprechend der Vulgataübersetzung von Eph 2,5: »tradidit semetipsum oblationem et hostiam in odorem suavitatis«. – Vgl. oben S. 120.

510 V. Birnbaum, J. Cibulka etc., Dějepis výtvarného uměni v čechách, Prag, Abb. 329f.

511 Friedländer, Die altniederländische Malerei II, Tafel XXI.

512 W. Rothes, a.a.O., S. 128f.

513 Auf einem Reliquiar des Halleschen Heiltums. – Ph. M. Halm u. R. Berliner, Das Hallesche Heiltum, Berlin 1931, Nr. 116.

514 C. Dodgson, Woodcuts Brit. Mus. Nr. 118, Pl. 34 a.

515 Die drei Stäbe links sind zum Niederdrücken der Dornenkrone bestimmt gewesen. Sie hatten sich im 15. Jahrhundert gelegentlich bis zu Baumstammgröße ausgewachsen.

516 Der ältere ist bisher nachweisbar zwischen 1647 und 1678, der jüngere lebte 1654–1702 (Angaben des Maximilianmuseum in Augsburg). Die Wahrscheinlichkeit spricht nach dem Stil für den älteren. – Photo des Museums.

»Hie sihst du Anfang vnd auch End
Dess ganzen Leydens Instrument«

beginnt eines der beigegebenen Gedichte. Wie wenig das Wissen um die Bedeutung der Wundmale es vermag, gegen sonst anschaulich werdendes irdisches Leben anzukommen, erweist sich auch negativ darin, daß ihr Fehlen seine Anschaulichkeit nicht verstärkt. Auch ohne Wundmale ist doch immer der gleiche synchronisierte Zustand des durch sein Leiden Erlösenden auch in so einem Falle[517] gemeint, wo etwa Christus entkleidet und mit gefalteten Händen auf dem Kreuze sitzt und Maria Magdalena seinen rechten Fuß mit ihren Haaren trocknet, während Maria und Johannes ihre Stellung unter dem Kreuz einnehmen und fünf Engel in einer Glorie Waffen halten. Die Salbszene gehört nicht zu den Werkzeugen der Passion, aber ihre Einbeziehung hat auf einem Epitaph ihren guten Sinn: die Sündenvergebung an die Reuige ist eine Bürgschaft für den die »Erbärmde« Anrufenden. Es ist wiederum der auf dem Sarkophag sitzende Schmerzensreiche, den die Waffen begleiten – thematisch gleich etwa dem Schrotschnitt Schr. 2456[518] (um 1470/80) –, und nicht Christus in der historischen Kerkerhaft, den noch ein Epitaph von 1726 im Eichstätter Dom[539] zeigt.

Die Darstellung des Schmerzensmannes als Teil einer im Himmel gedachten Dreieinigkeitsgruppe bildet anschaulich das Gegenstück zu den entsprechenden, auf der Erde spielenden Szenen. Der Lehre[520] entsprach es, daß zwar Körper und Seele des gestorbenen Gottmenschen mit der zweiten göttlichen Person vereint waren, aber diese hatte keine irdische Erscheinung mehr, denn der Mensch war ja infolge Scheidung von Körper und Seele tot. Der schon herangezogene provenzalische Meßtraktat bringt[521] die Worte »Pater in manus tuas« in Beziehung mit dem Engeldienst »[...] durch den Dienst der Engel übergebe ich meinen Tod, mein Leiden, Blut, Kreuz, Nägel usw., um zu zeigen, daß der Wille erfüllt, die Erlösung erfolgt ist.« Es gab also für die Anschauung einen Moment[522], in dem Gottvater den »Toten« gleichsam in den Arm nimmt und die Engel die Waffen als Belege halten. Das ist auch das Thema von Bildern, wie etwa dem kölnischen (um 1425) im Landesmuseum in Münster i.W.[523] oder dem Dürerschen Holzschnitt von 1511 B. 122, aber der Sinn des dargestellten Momentes ist noch unterstrichen, wenn die die Hände des (menschlich) Toten, (transzendent) Lebenden küssenden Maria und Johannes mitdargestellt sind, wie auf dem Gobelin bei Sir Ch.H. Read[524] (um 1400) oder in dem Bilde aus St. Peter in Salzburg[525] (gegen 1500). Wie hier gewissermaßen himmlische und irdische Vorgänge durch Versetzung in den »Himmel« für die Anschauung miteinander vermischt sind, so ist das gleiche der Fall, wo Gottvater den Gekreuzigten hält und Engel mit Werkzeugen die Gruppe umgeben, oder wo diese zwar fehlen, aber Maria und Johannes den Toten verehren wie in dem Stich des Hausbuchmeisters L. VIII. 124. 50. Wenn in einer Gnadenstuhldarstellung die Waffen durch Auswahl oder Zahl betont sind, müssen wir an ein beabsichtigtes Waffenbild glauben. Man vergleiche als Beispiele das burgundische Bild der früheren Sammlung Weber in Hamburg[526] vom Ende des 14. Jahrhunderts, den französischen Holzschnitt Schr. 736b[527] (gegen 1425) und den oberrheinischen Gobelin des 15. Jahrhunderts der Seminarkirche in Speyer.[528] Das späteste mir aus dem Bereiche der offiziellen religiösen Kunst bekannte Beispiel eines Waffenbildes, das den lebenden Toten im Sarkophage enthält, findet sich im Venezianer Missale[529] von 1558.

Wenn in einer Darstellung die Zahl der arma groß ist, ist stets ein Zusammenhang der Darstellung mit der Pflege der Andacht zu ihnen anzunehmen. Er ist z.B. für den 1502 von der Confraternità della Pietà di Pieve vecchia in Avio (bei Sabbionara) gestifteten und von Guglieimo Manuell gearbeiteten Altar und für das etwas frühere Bild der Schnütgensammlung[530] (Abb. 25) inschriftlich, für Fra Angelicos Bild der Akademie in Florenz[531] durch die Person des Malers und

617 Grabstein des 1519 gestorbenen Joh. Falk in der Schottenkirche in Wien. K. Lind, Sammlung von Abbildungen mittelalterlicher Grabdenkmale usw., Wien 1894, Tafel LXXV, 2.

518 M. F. Haberditzl, a.a.O., II. Nr. 80. Tafel n.

519 Die Kunstdenkmale von Bayern, V, München 1924, S. 224. (F. Mader, Mittelfranken. Stadt Eichstätt u.a.)

520 Vgl. z.B. Dionysius Cart. Opp. XII, S. 246: »In triduo mortis corpus et anima erant unita Verbo« (auch S. 286, 320). S. 468: »Non tamen verbum fuit homo, quia fuerunt a se invicem separata corpora eius et anima.« Oder Marcus Vigerius, Controversia. fol. g l r: »[...] Christus in triduo mortis [...] non erat homo (erat enim mortuus) [...]«; fol. h l r: »Divina autem natura in illo triduo a nulla parte Christi corporis erat separatum [...]«.

521 A.a.O., S. 17f.

522 Gewissermaßen den Augenblick vorher, die Erfüllung des Auftrags durch die Engel stellt der Holzschnitt Baldung Griens B. 43 dar. Vgl. R. Berliner, Bemerkungen (= Nr. X).

523 E. Panofsky, a.a.O., S. 21.

524 Der Besitzer in: Archaeologia 68, 1917. S. 35ff. Luitpold, Herzog in Bayern, Die fränkische Bildwirkerei, München 1926, Nr. 4a nennt den Stil südostdeutsch, dem böhmischen Kunstkreis angehörend. B. Kurth, Die deutschen Bildteppiche des Mittelalters, Wien 1926, 1, S. 263, Tafel 263, ordnet ein: fränkisch, erstes Drittel des 15. Jahrhunderts. Ebenso H. Göbel, Wandteppiche III, 1, Leipzig 1923ff., Abb. 119. Daß es sich um eine deutsche Arbeit handelt, halte ich keineswegs für gesichert. An die Zusammengehörigkeit mit dem Fragment eines knieenden Stifters glaube ich nicht.

525 Österreichische Kunsttopographie XII, Wien 1913, Tafel XXIV. (H. Tietze. St. Peter in Salzburg.). Jetzt Berlin, Gemäldegalerie SMPK.

526 Abb. in Zeitschrift für christliche Kunst, 14, 1901, Tafel I.

527 Bouchot Nr. 95. A. Lemoisne, a.a.O., Nr. 17. Die Datierung ist schwierig, ich glaube mit Schreiber an eine spätere Entstehung als sie die Primitivität des Stiles zu verlangen scheint.

528 Die Kunstdenkmale von Bayern, VI, 3, München 1934, S. 476ff. – H. Göbel, a.a.O., Abb. 35.

529 Prince d'Essling, a.a.O., I, S. 160, 162f. Holzschnitt von Florio Vavassore. Außer dem Kreuz mit den Geißeln und dem Sarkophag finden sich der Judaskuß, Handwaschung, die geldzahlende, die ficamachende, die haarausreißende Hand, der Hahn, die Würfel, das Schwert mit dem Ohr des Malchus. Die späteste Darstellung, die ich überhaupt von dem Typus kenne, ist die des volkstümlichen Holzstockes im Material der Solianischen Druckerei, a.a.O., 26. Wenige Waffen. Unterschrift: Humani generis redemptori.

530 Späteres 15. Jahrhundert. Man beachte den Kopf des erhängten Judas. Der Selbstmord aus hoffnungsloser Verzweiflung war seine schwerste Sünde, also die Hauptleidzufügung.

531 F. Schottmüller, a.a.O., Tafel 163.

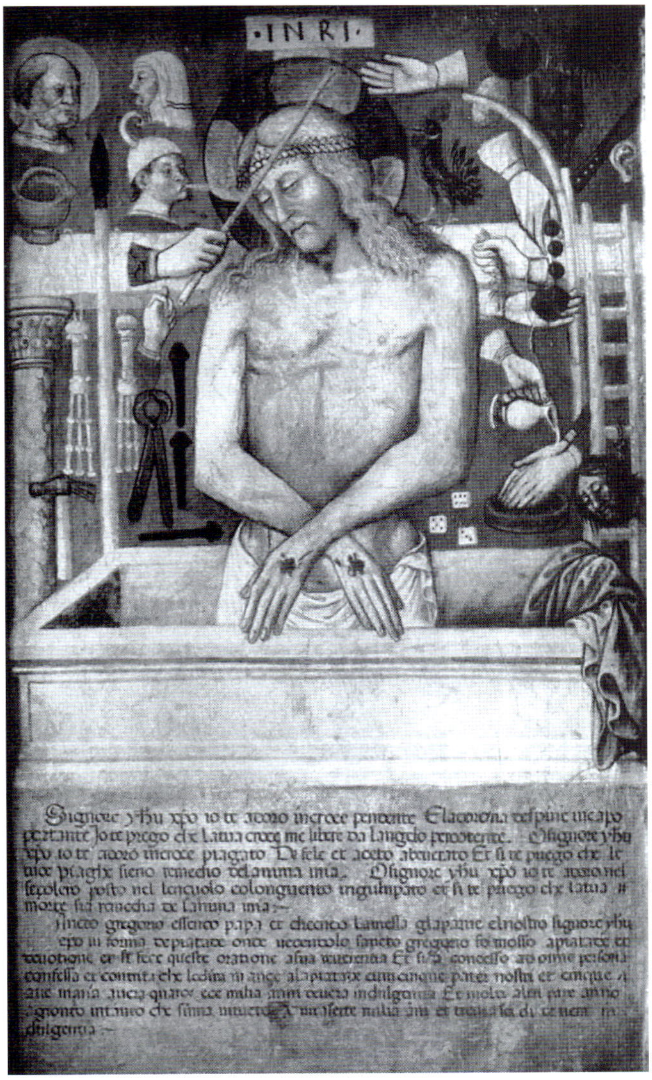

25 Arma Christi mit Indulgenztafel, Mittelitalien, 3. Viertel des 15. Jahrhunderts (Köln, Schnütgen-Museum)

die klösterliche Bestimmung, für den in Angelicos Schulkreis gehörenden Hausaltar[532] im Domschatz zu Hildesheim durch diese seine Natur gesichert. Das dem Schnütgenschen weitgehend entsprechende Bild der Galerie zu Perugia von Ben. Bonfigli[533] († 1496) mag die Indulgenztafel nur verloren haben. Dem Altar in S. Lorenzo in Verona (um 1500) (Abb. 26) würde man nicht diesen kleinformigen, künstlerisch minderwertigeren Hintergrund gegeben haben, wenn er nicht sachlich von Wichtigkeit gewesen wäre. Sachlich bedingt, als Zeichen besonderer Verehrung und wahrscheinlich auch als Schutzanrufung des Leidens, sind die vielen Waffen auf einem Epitaph, wie dem für den 1498 gestorbenen Laurentius Maß gemalten.[534] Da wurden die Fürbitter versammelt: die heiligen Bartholomäus und Barbara, Maria als Mitleidende, die den rechten Arm des Toten hält, und der erlösende »Leidende«. Im allgemeinen betont das 15. Jahrhundert innerhalb dieses Typus die Grabeszeit besonders. Mit dem Tode hatte das Leiden erst seinen eigentlichen Sinn bekommen: mors mea, vita tua, so spricht dieser Tote als lebendiger Gott. Man beschränkte daher sehr oft die Zahl der sonst vorgeführten Waffen auf jeweils besonders verehrte Stationen, zu denen meistens Kreuz und Geißeln gehören. Außer diesen finden sich etwa Titel, Leiter, ein Nagel und wahrscheinlich der Hahn auf einem Relief der Glocke des Belfrieds von Perpignan[535] von 1418; Schwammstab, Lanze, Kelch, Titel, Hahn, Handwaschung, Maria und Johannes auf einem Epitaph von um 1430 an St. Lorenz in Nürnberg[536]; Maria, Johannes, Essigtopf, zwei Leitern, Lanze, Schwamm, drei Nägel, Hammer auf dem sogenannten Altar der Chartreuse de Valréas[537]; zwei Nägel, Würfel, Titel, Hahn, Zungenblecker, ungenähter Rock auf einer italienischen Majolikaschüssel[538] von 1485; Tuch, zwei Nägel, Augenbinde, Würfel, Lanze, Zange, Hammer, Säule mit Strick und Hahn und ein Salbtöpfchen auf einem katalanischen Bilde[539] vom Ausgang des 15. Jahrhunderts; Maria, Johannes und, von Engeln getragen, Nägel, Lanze, Dornenkrone, Säule mit Strick auf dem Bilde Lucas Cranachs von 1534 im Dom zu Meißen.[540] Dargestellt sind nur Kreuz, Lanze und Kanne auf einem u.a. auch bei den Gregorianischen Gebeten gezeigten Holzschnitt in den Horae ad usum Romanum, die in Paris Anfang des 16. Jahrhunderts für Jean Petit gedruckt wurden; Geißeln, ein Nagel, Lanzenspitze, Grabtuch, Dornenkrone auf einem Fresko des frühen 15. Jahrhunderts in der Pfarrkirche von Hall[541]; Kreuz mit zwei Nägeln und Titel, Maria, Rohr und Augenbinde der Verspottung, Hammer, Zange, mehrere Hände, unter denen wir erstmals der die Seitenwunde berührenden des Thomas begegnen, Judas, Laterne, Mond, Sonne, Säule, Lanze, Scherge von Domenico di Cecco[542]; die die Arme unterstützenden Maria und Johannes und drei sehr betont auf einem von einem Engel gehaltenen Wappenschild untergebrachte Nägel auf einem Tiroler Grabstein von 1511.[543]

532 Ebd. S. 235. Abb. Die Kunstdenkmale der Provinz Hannover, II, 4, Hannover 1911/12, Tafel XIII. (A. Zeller. Stadt Hildesheim.)

533 W. Rothes, a.a.O., S. 157. Ders., Anfänge der altumbrischen Malerschulen, Straßburg 1908, S. 35, 60.

534 Breslau, Elisabethkirche. H. Braune u. E. Wiese, a.a.O., Nr. 201, Tafel 225. Vgl. die Anrufung der Passion und der Waffen als Trost der Seele in der Sterbestunde auf dem flämischen Holzschnitt Schr. 874 des frühen 16. Jahrhunderts auf dem um den Gregorianischen Schmerzensmann im Grabe die arma gehäuft sind; z.B. sehr betont die Salbtöpfe und die Würfel auf den Kreuzarmen.

535 A. Mayeux, in: Revue de l'art chrétien, 54, 1911, S. 222ff. Ich kann nicht einsehen, warum das Relief früher angesetzt werden soll.

536 V.d. Osten, a.a.O., Abb. 168.

537 R. Schneider, in: La peinture Catalane à la fin du moyen âge. Université de Paris, Institut d'art et d'archeologie. Bibliothèque d'art catalan, Paris 1933, S. 105, Pl. XXV.

538 Sèvres, Musée Céramique; G. Ballardini, Corpus della maiolica italiana, I, Rom 1933, Nr. 6, Abb. 8. Wahrscheinlich Deruta.

539 Burlington Magazine, 41, 1922, S. 193. Etwas in der Abbildung Undeutbares noch über Christi Kopf.

540 M.J. Friedländer u. J. Rosenberg, a.a.O., Nr. 180.

541 Wiener Jahrbuch für Kunstgeschichte, 5, 1928, S. 119.

542 In S. Maria della Piaggiola in Gubbio. W. Rothes, a.a.O., S. 241ff. Ist der Alte hinter Maria wirklich ein Prophet oder nicht eher Joseph oder Nikodemus?

543 Neustift (bei Brixen). K. Lind, a.a.O., Tafel IC, 3.

26 Altaraufsatz, Arma Christi, Verona, um 1500 (Verona, S. Lorenzo)

Für den Typus des vor dem Kreuz, umgeben von Waffen, in der Höhe eines Gekreuzigten schwebenden Schmerzensmannes in Halbfigur besitzen wir ein gleichzeitiges Zeugnis der Auffassung durch den Stifter als Darstellung des »Leidens Christi und der Barmherzigkeit«. Das wird auf dem Votivstein von 1458 in der Bernauerkapelle von Straubing[544] veranschaulicht durch das Kreuz mit dem Titel, den drei Nägeln, Rute und Geißel und, von Engeln getragen, dem Stifter weiterhin besonders wichtigen Waffen: dem Unterschenkel des Fußtrittes, der Säule, dem Schwamm, Maria und Johannes. Vergangenheit, Gegenwart und Zukunft werden anschaulich im in den Wolken erscheinenden, aber noch irgendwie mit dem Kreuz verhafteten Verwundeten, und die zukünftige Gnade verheißt der Hinweis auf die bergende Seitenwunde. Das ist der Sinn, auch wo Varianten knapper sind und in Einzelheiten abweichen, wie auf dem mir bekannten frühesten der entsprechend dekorierten Grabsteine, dem zu Lebzeiten des 1419–49 regierenden Abtes Wilhelm von Weißenburg[545] gefertigten, wo Christus als Toter schwebt, sein »Leben« eben dadurch zur Erscheinung kommen soll. Daß diese für die Anschauung überzeugende Verbindung des schwebenden Christus mit dem Kreuz erst nach mancherlei Tasten gefunden wurde, darauf lassen frühere Darstellungen schließen. Meister Franckes Bild im Leipziger Museum[546] scheint solch einen Übergangstypus zu vertreten. Der Gregorianische Typ ohne Sarkophag wird vor dem Kreuz mit dem Titel von einem Engel aufrecht gehalten, während zwei andere gleichzeitig Waffen tragen und Christi leblose Arme stützen – trotz der sehenden Augen ist er also »tot«. Auf die Seitenwunde wird wie auf dem Stein von 1458 besonders hingewiesen. Ein reichliches Jahrzehnt später stellte der Meister des Epitaphs der Barbara Hutten[547] († 1422) hinter den Christus des »römischen« Andachtsbildes, das hier wie öfter das riesige Grab- mit dem Schweißtuch vereinigt zeigt, Kreuz mit Titel; aber es ist noch keine organische Verbindung zustande gekommen. Christus »steht« noch zu fest auf einer Unterlage. Dieser Christustypus entfernt sich nie sehr weit von der Grundbildung, von der er ausging, dem Gregorianischen Schmerzensmanne, dessen Haltungs- und Sinnvarianten[548] auch die seinen sind. Es gibt eine späte Kümmerform, in der er auch formal ganz zur echten Waffe geworden ist; als Kopf mit einer Wolkenmanschette um den Hals wie auf einem Grabstein (um 1530)[549], wo er von einigen sehr betonten anderen (Säule mit Rute, Geißel, drei Nägeln) umgeben ist. Es dürfte auf diese Bildung ein anderer Typus der arma-Darstellung eingewirkt haben, derjenige, der die Hauptbetonung auf das Schweißtuch der Veronika legt, und so könnte – die Richtigkeit meiner hypothetischen Aufstellung des römischen Andachtsbildes vorausgesetzt – morphologisch die Kümmerform durch eine Verschmelzung seiner beiden Hauptmotive entstanden sein. Das Schweißtuch bildet die Hauptdarstellung eines schlesischen Bildes[550] um 1450, das in einem oberen Streifen teils von fünf Engeln gehalten, teils auf dem unteren Rande aufstehend noch vorführt Geißel, Rute, Zange, Lanze, Kreuz, Hammer, drei Nägel, Dornenkrone. Durch die Petrus- und Paulusbüsten und die haltende Veronika wird der Zusammenhang mit dem »römischen« Andachtsbild der Vera Ikon noch stärker betont auf einem westdeutschen Papiermachérelief der Sammlung Schnütgen[551] aus dem Anfang des 16. Jahrhunderts. Die Seitenflächen enthalten sehr betont neben- und übereinandergestellt eine nicht geringe Zahl anderer Waffen, aber die Unterschrift wendet sich nur an die Hauptdarstellung: »salve sancta facies nostri salvatoris ave«.

Der Wunsch nach besonderer Hervorhebung einzelner Waffen unter Wahrung der geschlossenen und mit Einzelheiten nicht allzu belasteten Komposition einer um Christi Figur als Hauptmotiv angeordneten Hauptdarstellung hatte im Anfang des 15. Jahrhunderts, entsprechend der damaligen Vorliebe für einen sehr ausgebildeten Rahmenschmuck, zu ihrer Unterbringung im ornamentalen Schmuckteil des formalen Komplexes geführt. In dem schon herangezogenen Blatt[552] des »Livre d'Heures de Charles VI«, werden sie, unter Wiederholung der Leiter, von acht Engeln getragen. Auch in der Großkunst begegnet dieses koordinierende Schema, das eine völlig einheitliche Durchformung der zentralen Darstellung und gleichmäßige Hervorhebung der nicht in sie aufgenommenen Waffen ermöglichte. Das paduanische Bild[553] der Gemäldegalerie in Berlin (um 1475), dessen Thema im Sinne der Madonna del perpetuo succursu das Schauen der arma seitens des schmerzlich bewegten Kindes ist, und das veroneser des Museo di Castelvecchio in Verona (Abb. 27[554]) mögen

544 Die Kunstdenkmäler von Bayern, IV, 6, München 1921, S. 142, Tafel XXI. (F. Mader, Straubing.) »Dies Figur des leyden Cristi und der Parmherzigkeit hat lassen machen [...] Scimus quod redemptor noster viuit et in novissimo die resurgemus«.

545 Ebd., V, 5, München 1932, S. 500f. (F. Mader, Weißenburg.) Die richtige Ansetzung ermöglicht der 36. Jahresbericht des historischen Vereins von Mittelfranken 1868, S. 33. – V.d. Osten, S. 68 datiert in die 30er Jahre.

546 E. Panofsky, a.a.O., Abb. 25.

547 Nürnberg, S. Moritz. V.d. Osten, a.a.O., Abb. 141. S. 99.

548 Die Kunstdenkmäler von Bayern, V, 4, München 1931, S. 64, 71 (F. Mader, Dinkelsbühl) von 1471 (v.d. Osten, a.a.O., Abb. 151, S. 121f.). Ebd. 3, S. 136f. und Tafel XVIII von 1475 (das Kreuz trägt hier ein Engel).

549 Mainburg in Niederbayern. Die Kunstdenkmäler von Bayern IV, 18, München 1928, S. 97. (J. M. Ritz, Mainburg.)

550 Breslau, Kunstgewerbemuseum. H. Braune u. E. Wiese, a.a.O., Nr. 183, Tafel 202. – Das Schema der Komposition ist auch das des viel kopierten Stiches L. 80 des Meisters der Berliner Passion. Ein oberer Streifen enthält den Crucifixus zwischen den vier hauptsächlichen langen Waffen, die untere Hauptfläche in einer Strahlenglorie des Kind mit Geißeln, in den Ecken weitere Waffen.

551 Zeitschrift für christliche Kunst, 25, 1910, Tafel III. – F. Witte, Die Skulpturen der Sammlung Schnuetgen, Berlin 1912, Tafel 89, 3, S. 97.

552 B. Martens, a.a.O., Abb. 63. In der Rahmung der Kreuzigung der Heures de Notre Dame des Herzogs von Berry tragen drei der vier dargestellten Engel Waffen zur Hervorhebung, Cte. Durrieu, a.a.O., S. 43, pl. 23.

553 L. Testi, La Storia della Pittura Veneziana II, Bergamo 1915, S. 500f. – E. Tietze-Conrat, Mantegna, London 1955, S. 191.

554 Schwierig zu deuten ist im Streifen links die »Waffe«, die Christi Kopf vor dem eines Apostels zeigt, der bestimmt nicht Petrus ist.

27 Arma Christi, Verona, um 1500 (Verona, Castelvecchio, Museo d'Arte)

hier in zwei formalen Spielarten den Typ vertreten, der seine Hauptverbreitung innerhalb der zeichnenden Künste behielt, in denen eine einfassende Zone sich formal organischer dem Ganzen eingliedert, da sie weniger als durch Abtrennung aus der einheitlichen Bildfläche gewonnen wirkt.

Es war seit der Spätgotik weit verbreitet, graphischen Arbeiten eine inhaltlich auf das Thema abgestimmte Rahmung zu geben. Verwies man die Waffen in den Rahmen, so konnte man ihnen damit einen »erklärenden« Sinn geben, so wie es etwa auf Stichen der »Schmerzensmutter« C. Galle (Le Blanc 17; um 1650) und der Augsburger Klauber[555] (1758) taten. Rahmte man ein Gebet an Maria mit einer Einfassung[556], auf der zwischen Ranken und Blumen Waffen, teils von Engeln getragen, untergebracht sind, so ist der Sinn im allgemeinen eindeutig: Fürbitte der Schmerzensmutter. Man konnte aber auch einer »Überwertung« der Hauptdarstellung durch eine Erinnerung an den Gesamtkomplex entgegentreten, wie offenbar Raphael Sadeler auf dem Veronikablatt seiner in München herausgegebenen Folge »Piissima Passionis Jesu Meditatio«. Man konnte die Erzählung zeitlich erweitern wie etwa auf dem Stich nach Lambert Lombards Kreuzigung von 1563[557] oder auf dem von Anne Leigh wohl gegen 1650 gestickten Bucheinband mit der Erscheinung Christi vor Maria (Morgan Library, New York). Man konnte sie auch inhaltlich berei-

Der Nimbus schließt wohl Judas aus. Ist das Verlassen Christi durch die Apostel gemeint? Der fragende, wie sich ansaugende Blick der Maria kann nicht übersehen werden; er bringt ihre trotz allem nicht zweifelnde compassio wie weniges zum Ausdruck. Er gemahnt an die Formulierung des oben S. 120 zitierten Dialoges: Deus es [...]?

555 In einem bei Fr. X. Dorner in Augsburg erschienenen Gebetbuch Litaniae Lauretanae, Bl. 22.

556 British Library. Add. Ms. 31 838, fol. 67v. Cat. Add. 1882; dort als spätes 15. Jahrhundert.

557 Abb. im Jahrbuch der preußischen Kunstsammlungen 40, 1919, S. 236.

chern, indem man etwa wie auf dem niederländischen Holzschnitt Schr. 37[558] den Bogen von der Verkündigung oder wie auf einem in London 1631 erschienenen Holzschnitt[559] von der Geburt zur Passion schlägt. Man konnte unter Entlastung der Bildfläche den in den Rahmen Verwiesenen eine besondere Betonung geben, wie auf der Miniatur der Gregorsmesse in dem schon herangezogenen französischen Gebetbuch (um 1500) in der British Library, Add. Ms. 31 883, fol. 50v. Man konnte endlich auf eine wesentlich stimmungsmäßige Vertiefung des Eindrucks abzielen, was offenbar den französischen Miniaturmalern seit dem vorgeschritteneren 15. Jahrhundert nahelag. In den Horae der British Library, Harley 2863 (um 1470) haben die Textseiten Randstreifen, die im vorderen Teile des Manuskripts, sich vielfach wiederholend, geschmückt sind mit in Braun auf Gold gemalten, aus Waffen zusammengestellten Motiven. Je zwei von diesen sind innerhalb eines Streifens stets übereinandergestellt, anfänglich durch je ein Kalenderbildchen getrennt. Die Motive enthalten: 1. Das Taukreuz mit den Nägelmalen und übergeworfenen zwei Geißeln; über ihm der Titel. 2. Geißelsäule mit umgewundenem Strick zwischen Schwammstab und Lanze. 3. Zwei seitliche Stäbe, die in Form eines N durch die Augenbinde (?) verbunden sind; darauf wie ein Rosenkranz angeordnet die Silberlinge, drei Nägel, die Würfel. 4. Die Stäbe sind durch die Leiter verbunden, von der der Geldbeutel herabhängt; in den Zwickeln Hammer und Zange. 5. Am linken Stab ist das Waschbecken befestigt, darauf das Tuch. 6. Zwischen den Stöcken die Tunika. 7. Zwischen den Stöcken auf der Verbindung zur N-Form eine Hand, der Kopf eines Juden, das Ohr des Malchus; in den Zwickeln Schwert und Laterne. 8. Zur Verbindung der Stöcke dient der Sarkophag; auf ihm der Hahn und das Grabtuch. 9. Veronika, stehend zwischen den Stöcken. 10. Zwei Salbtöpfchen übereinander zwischen den Kreuzen der Schacher, 11. Das Rohr mit umgewundener Augenbinde zwischen den Stökken. 12. Gethsemane. Ansteigender Berg mit einem Baum vorn durch eine Hürde eingefaßt, von der zwei Baumstämme ausgehen; oben schwebt der mit einem Tuch bedeckte Kelch. Die Stöcke sind vielleicht die der Dornenkrönung und anderer Mißhandlungen. Nicht erklären kann ich auch die Bedeutung der Blüten, der Flasche und des Tisches, die im hinteren Teil der Handschrift, je von der Dornenkrone eingefaßt, die Mitten der Randstreifen schmücken.

Die Verwertung der arma zur Stimmungsgestaltung zeigt sich wohl am charakteristischsten um 1500 in den Heures d'Isabelle de Boussu.[560] In dem uns interessierenden Abschnitte sind jeweils Vollbildern gegenüberstehende Textseiten bis zum Blattrand eingefaßt durch eine dekorierte Fläche, die als Unterlage gedacht ist, der die Schriftfläche aufgelegt ist. Das Thema der Dekoration entspricht in der Regel dem des Vollbildes, nur bei der Kreuztragung, die an sich schon die drei Nägel neben der Veronikaszene stark betont, entsprechen die drei Nägel und der Hammer der Schriftseite der Miniatur der Kreuzannagelung. Wie hier werden einige der Waffen auch auf anderen Blättern isoliert verwendet, z.B. der Pelikan, der Tempelvorhang, wahrscheinlich auch die Grabbinde. Das Übliche ist aber ihre Wiedergabe in Gestalt eines dekorativen Ensembles: Blut- und Schweißtropfen, Geißeln und Rutenbündel mit z.T. abgeschlagenen Spitzen, Palmenzweige, Rohrzepter und Dornenkrone mit verstreuten Dornen, tränenvergießende Augen[561], die Dunkelheit der Todesstunde, der Grabesgarten sind jeweils zu einem Flächenschmuck eigenen Stimmungswertes verwendet. In genau entsprechender Weise verwertete der Miniator der Holzschnitte Schr. 916a, D. 12 und Schr. 1795h. D. 21, das Motiv der Schweiß-und Blutstropfen zur Rahmendekoration, und darüber hinaus, um die Darstellungen wie mit Schweiß und Blut zu übergießen. Es ist einmal der überwunden habende Erlöser mit Kreuz mit Titel, Schwammstab, Lanze, das andere Mal das Kreuz mit Herz und Lanzenstich und die Hände und Füße mit je einem Nagel und Blutstropfen, die in dieser Weise zur Veranschaulichung der gesamten Passion ergänzt werden sollen. Zwei der ursprünglichen Bildzeichen sind zu einem koloristischen Ausdrucksfaktor geworden, der zweckentsprechender ist als die blutrote Färbung, in die eine rheinische Miniatur des

558 P. Heitz, Einblattdrucke 49, 1. Unter den Waffen bemerkenswert der Wappenschild mit den fünf durch Bluttropfen angedeuteten Wunden und ein Holzklöppel zur Kreuzbefestigung, der auch auf dem eben genannten Bucheinband erscheint. Es ist anzunehmen, daß dieser Rahmen noch zur Einfassung von mehr Darstellungen diente als bisher bekannt ist. Bei dem schon erwähnten des auf dem Kreuze Sitzenden (Schr. 9080) veranschaulicht er ergänzend erst den vollen Sinn des Blattes.

559 Broadside No. 305 in the Collection of the Society of Antiquaries London. Abb. in Clem. A. Miles, Christmas, 1912, Tafel nach S. 134. So merkwürdig es auch ist, Darstellungen der Geburt, auf denen Engel arma halten, sind mir vor dem 17. Jahrhundert nicht bekannt geworden. (Vgl. unten S. 183). Es muß aber schon frühere gegeben haben, denn ich glaube nicht an eine Originalerfindung des Jacopo Sannazaro, sondern glaube an die Wiedergabe von etwas Gesehenem, wenn er einige in der Geburtshöhle so erscheinen läßt.

»Gestantesque manu nostrae argumenta salutis
Spinasque clavosque horrenti et vimine fascis
Haesuramque hastam lateri medicataque felle
Pocula sublimemque crucem immanemque columnam.«

Parthenias (veröffentlicht 1526), III, 252ff. Die italienische Ikonographie des 15. Jahrhunderts kennt gerade auf dem Gebiete der Waffendarstellung anscheinend ihre eigenen Motive, wie dasjenige der Vorweisung weiterer Waffen an den am Ölberg Betenden außer dem Kelch. Mantegna z.B. läßt sie von fünf Engeln gehalten werden. Bei Ambr. Borgognone entwachsen die hauptsächlichsten etimasiaartig dem Kelch. (Beide Bilder London, National Gallery.) Der Kelch allein war nicht genügend eindringlich gegenüber der Vorstellung, die die Gesamtpassion in einer Mehrzahl der Waffen veranschaulicht sah. Wie immer in solchen Fällen taucht das Motiv im 18. Jahrhundert wieder auf. Z.B. ist in der Pfarrkirche zu Bernkastei ein Alabasterrelief von 1751, auf dem eine Mehrzahl von Engeln wie bei Mantegna erscheint; Kunstdenkmäler der Rheinprovinz XV, 1 (1935) S. 437.

560 H. Martin, in: Gaz. des Beaux-Arts 52, 1, 1910, S. 115ff. – Ders. u. Ph. Lauer, Les principaux manuscrits à peinture de la Bibl. de l'Arsénal à Paris, Paris 1929, Pl. 78.

561 Ich glaube nicht, daß H. Martin mit ihrer Deutung auf die weinenden »Töchter Jerusalems« recht hat (S. 126). Beziehungspunkt von Waffen und Dekoration ist Christus. Seine Tränen sind gemeint.

Schnütgenmuseums[562] in Köln den am Kreuze Hängenden getaucht sein läßt, was gewiß wie ein Blutschrei wirkt, aber zu aufdringlich-unrealistisch. Was man mit dem Motiv der Blutstropfen erzielen konnte, zeigen einige Seiten des Manuskriptes[563], dem die Holzschnitte D. 12 und 21 ursprünglich eingeklebt waren. Vier Seiten sind ausschließlich mit dieser Blutdarstellung geschmückt, rot auf schwarz oder rot auf rot rinnt es hinab.

Eine Gefahr war mit der Verweisung der arma in Rahmenstreifen verbunden: daß sie zu »Dekorationsmotiven« wurden, deren inhaltliche Bedeutung nicht vergessen zu werden brauchte, aber jedenfalls hinter der »schmückenden« zurücktrat. Zusammenfassung wenigstens einzelner der vielen Einzelmotive zu Trophäen lag nahe, auch wenn sie nicht inhaltlich dadurch zusammenhingen, daß sie zu zusammengehörenden Stationen gehören. Vor dem Rahmen des großen Madonnenreliefs des Marco della Robbia bei den Capuccini in Camerino[564], auf dem sich die Motive symmetrisch, wenn auch nicht ganz in der gleichen Reihenfolge und nicht sämtlich wiederholen, wird der Betrachter wahrscheinlich mehr das Vorhandensein der Waffen konstatieren, als sich zu ihrer Betrachtung im einzelnen anregen lassen. Aber wahrscheinlich genügte dem Mitlebenden noch diese Konstatierung zur Stimmungserzeugung: was bedeutet alle Ruhe einer santa conversazione gegenüber dem Furchtbaren der Passion. Die Fähigkeit der Waffen, zugleich als stimmungsbildende und als Elemente der Dekoration verwendbar zu sein, ließ sie noch im 18. Jahrhundert einen beliebten Rahmenschmuck[565] bilden, wofür hier nur auf in Augsburg gestochene Thesenblätter hingewiesen sei, wie auf das des Gymnasiums in Bellenz von 1741 von Johannes und Joseph Klauber.

Der Typus bildete das ideale Kompositionsschema für graphische Arbeiten, deren Thema die Andacht zu den Waffen war, denn es isolierte optisch in der inhaltlich erwünschten Weise die Einzelmotive. Es kann kein Zufall sein, daß trotzdem entsprechende Blätter bisher nur aus England[566] bekannt geworden sind, daß sie dort aber ein Viertel der C. Dodgson[567] 1936 bekannten isolierten Holzschnittinkunabeln ausmachen, 8 unter 23, während Bradshaw vier aus Büchern bespricht, die alle mit Caxtons Druckerei in Westminster zusammenhängen. Wie wir in England die ausführlichste literarische Form der Andacht ausgebildet fanden, so hatte sie sich dort offenbar in ihrer reinen Form am lebendigsten erhalten, bis an die Schwelle der Reformation heran. Sie scheint sogar noch die Fähigkeit zur völligen Sublimierung gehabt zu haben, denn die Inschriften verkünden wohl den Indulgenz-, aber nicht den Amulettwert, von dem auch die anscheinend gleichfalls spezifisch englischen, vor dem späteren 15 .Jahrhundert bisher nicht belegten Fingerringe[568] mit Waffendarstellungen schweigen. Wir stehen offenbar ganz im seelischen Bezirk. »Vulnera quinque dei sunt medicina mei; pia crux et passio Christi sunt medicina michi«, heißt es auf einem[569] von diesen. Die für das katholische Großbritannien des 16. Jahrhunderts so charakteristische Verehrung[570] der fünf Wunden beginnt in den Vordergrund zu treten. In die dem späten 15. Jahrhundert angehörenden Andachtsblätter war sie aber noch nicht eingedrungen. Diese führen in den manchmal an der Bildunterseite nicht durchgeführten, zwischen 11 und 28 schwankenden Rahmenvierecken die üblichen Waffen in mehr oder weniger großer Zahl vor um eine mittlere Darstellung herum, die einige weitere von ihnen enthält. Als Hauptbild findet sich da das eigentliche gregorianische Andachtsbild oder der Gregorianische Schmerzensmann, mit und ohne Dornenkrone im Grabe oder mit offenen Augen vor dem Kreuze, oder die »zweite« Pietà (Schr. 976, 877f., D. 13. 14) mit den betont offenen Augen Christi. Es handelt sich um Andachtsblätter, die sich an einen spiritualistischen Frömmigkeitstyp wenden, und es kann wiederum kein Zufall sein, daß mehrere von ihnen unmittelbar Verbindung mit Klöstern, wie den Karthäusern von London und Richmond, und den Birgittinen bezeugen.

Wie man damals in englischen weniger spiritualistischen Kreisen über den Amulettwert[571] dachte, muß dahingestellt

562 Inv. M. 340. Sicherlich von keinem Berufskünstler stammend und wahrscheinlich erste Hälfte 15. Jahrhundert.

563 Brit. Libr. Egerton 1821, fol. 4 und 5. Erster Hinweis in J.A. Gasquet, An english Rosary Book of the 15th. Century, 1894. (Separatdruck aus: The Downside Review); datiert auf S. 4 »possibly beginning 16. century«. – Die Formulierung ist kaum zu stark, daß eine Art geistigen »Blutrausches« erzeugt werden soll. »Applique ton cuer droit dessoubz ses playes pour receuoir tout son precieux sang, tant que tu en soies tellement enyvree que tu puisses dire veritablement avec lapostre Michi autem absit gloria [...]« Aus dem nach dem Tode Gersons (1429), m.E. in der zweiten Hälfte des 15. Jahrhunderts geschriebenen Add. Ms. 12 215 der Brit. Libr., fol. 296 r. Meditationen über die Passion enthaltend.

564 A. Venturi, Storia dell' arte italiana X, 5, Milano 1937, S. 553. Der Baum vertritt wohl Gethsemane.

565 Die Zweckbestimmung des Rahmens des 18. Jahrhunderts, auf dem Engel Werkzeuge halten, der aus Poldi-Pezzoli-Besitz der Mailänder Kunstgewerbe-Ausstellung 1874 geliehen war (Kat. II, 152), ist nicht bekannt. Er wurde Brostolone zugeschrieben.

566 Zuerst machte 1867 auf sie aufmerksam H. Bradshaw, in: Collected papers, Cambridge 1889, S. 84ff. Daß das Schema nicht als eine englischem Geschmack entsprechende Umdeutung der Gregorsmesse entstand (S. 88), braucht nach meinen Darlegungen nicht mehr ausgeführt zu werden. Eine Einwirkung ist jedoch festzustellen, wenn die Indulgenz auf Schr. 869, Dodgson 5 auf Seynt gregor' with othir' popes zurückgeführt ist (S. 97), und wenn die »ymage of pyte« besonders herausgehoben wird. Die Andacht wendet sich einheitlich zu these armys off cristis passyon.

567 C. Dodgson, English Woodcuts of the fifteenth Century, Straßburg 1936.

568 Vgl. O.M. Dalton, Catalogue of the Finger rings [...] bequeathed by Sir [...] Franks, British Museum 1912, No. 716, 718f.

569 Bei D. Rock, a.a.O., III, S. 45 findet sich der Satz nach einem Grabstein mit sint für sunt und mors für passio.

570 Vgl. z.B. W. Sp. Simpson, in: The Journal of the British Archaeological Association, 30, 1874, S. 364ff.

571 Das von R. Flower, in: Béaloideas I, 1928, S. 38ff. veröffentlichte irische Amulett von 1665 und das entsprechende englische von 1688 verwenden nur den Schutzwert von Christi Wunden, der erlittenen Schläge u. dgl. – Giov. Thiepolo, Considerationi sopra la passione, Venetia 1610, erwähnt S. 1070f. nur zwei Schutzwirkungen, die von »consummatum est«, das in vielen Gefahren hülfe, z.B. gegen Verbluten wenn es auf die Stirn des Verletzten mit seinem Blut geschrieben würde, und die der Kreuztitelworte: contro qual si voglia insidie ò tentatione de demonii infernali.

28 Anhänger, Bergkristall, Italien, um 1600 (Neapel, Museo Filangieri)

bleiben. Für den Kontinent ist seine Anerkennung gesichert, in Italien mindestens[572] bis ins 18. Jahrhundert hinein, in Deutschland kaum viel kürzer, und Zufallsfunde können die Grenzen jederzeit hinausschieben. Ich nenne einige Anhänger, die offenbar dem Träger den Amulettschutz der arma vermitteln sollten: ein deutsches Bronzemedaillon[573] der zweiten Hälfte des 15. Jahrhunderts, einen deutschen Emailanhänger[574] des ganz frühen 17. Jahrhunderts, ein italienisches Bleimedaillon[575] des 15.–16. Jahrhunderts, einen italienischen Anhänger in geschnittenem Bergkristall[576] um 1600 (Abb. 28). Der Holzstock aus dem Besitz der Soliani (a.a.O., Pl. 97) trägt die präzise Schutzangabe: »SS. Croce sopra la morte inprovvisa« – also die alte Kraft – »ed il terremotto«. Die Solianische Druckerei druckte auch Bilder von kleinen Kreuzen (ebd. Pl. 28), auf denen einige Waffen dargestellt sind, zweifellos ebenfalls als Amulette. Kaum als solches, aber im Zusammenhang mit der Verehrung der Waffen, wird der im 18. Jahrhundert entstandene Holzstock (ebd. Pl. 23) gearbeitet sein, der im Hauptfeld das Kreuz Christi mit »Viva Gesù, Viva Maria« zeigt und im Rahmen in zwölf nicht durch Linien getrennten Abteilungen Waffen.

Es kann nicht fraglich sein, daß besondere Deutlichkeit nicht allzu zahlreicher Waffen die Andacht zu ihnen oder mindestens zum Leiden Christi als Einheit genau so anregen konnte wie ihre schwer lesbare Vollständigkeit. Es gibt Darstellungen, die man ihrer Formgebung wegen als solche abgekürzte Andachtsdarstellungen ansprechen möchte. So etwa das gegen die Mitte des 15. Jahrhunderts von der Werkstatt des Giacomo Jaquerio gemalte Fresko in der Kirche von S. Antonio di Ranverso[577], das jede Waffe so ganz besonders deutlich wiedergibt und das in so charakteristischer Weise das Kreuz als Waffe nur durch den Querbalken vertreten sein läßt; so etwa ein deutscher Holzschnitt[578] um 1450, der ja schon seiner Bestimmung nach ein Andachtsbild ist. Man kann sich schwer denken, daß demgegenüber eine in kleinem Raum möglichst viel bringende Komposition, wie sie etwa von Buchbindern der ersten Hälfte des 16. Jahrhunderts verwendete Stempel[579] zeigen, einen stärkeren Eindruck machen konnte.

672 Erkundungen in volkskundlich interessierten Kreisen über einen etwaigen gegenwärtigen Volksglauben blieben resultatlos. Es gibt moderne kleine Gelbgußkreuze, die auf der Vorderseite den Gekreuzigten zeigen und auf der Rückseite Waffen, das weist auf einen gewissen Amulettwert hin. Ein solches Kreuz etwa des zweiten Viertels des 19. Jahrhunderts ist abgebildet bei G.W. Benson, The cross, Buffalo N. Y. 1934, S. 180f.

573 Berlin, Deutsches Museum. Beschreibung der Bildwerke, II, Inv. 1460.

574 Bayerisches Nationalmuseum. Auf der Gegenseite das Monogramm IHS zwischen Schweifmauresken. Das British Museum besitzt aus der Castellani Sammlung ein ähnliches Kreuz in Email vitré, das als französisch 17. Jahrhundert bezeichnet ist. Einen als emailliert zu denkenden Anhänger mit den Waffen – erkennbar sind das Kreuz mit zwei Nägeln, Lanze, Schwammstab, Hammer, Rock und die Würfel – trägt an einer Brustkette der Portraitierte auf dem Jan van Scorel zugeschriebenen Bilde der früheren Sammlung Chillingworth (Vente Galeries Ch. Fischer, Lucerne – Fred. Muller & Cie., Amsterdam, 5. Sept. 1922, No. 36). Das Abzeichen des Katharinenordens hält er in der rechten Hand, also waren ihm die Waffen wichtiger für seinen persönlichen Schutz. Das Brustkreuz des sel. Thomas Beche († 1539) trägt auf der einen Seite die fünf Wunden und die Dornenkrone, auf der anderen weitere Waffen; U. Berlière, a.a.O., S. 86. Die Grenze zwischen Amulett und Schmuck ist flüssig. Seit dem späten 16. Jahrhundert erscheinen die Waffen nicht nur auf Kreuz-Anhängern. Z.B. auf einem des Frank Bequest des British Museums dient als Rückseite einer Gemme mit der Pietà eine Folie, die aufklappbar die Waffen enthält; gilt im Museum als spanisch, m.E. eher deutsch, zweite Hälfte des 16. Jahrhunderts. Vgl. dazu Staatliche Museen Berlin. Verzeichnis der Neuerwerbungen seit 1933, Nr. 171. Auf spanischem Schmuck scheint das Motiv besonders im späten 17. Jahrhundert beliebt gewesen zu sein; vgl. z.B. das emaillierte Kreuz M 60–1923 und den Malereien enthaltenden Anhänger M 59–1923 des Victoria and Albert Museums in London. Von diesen hochwertigen Arbeiten scheint das Motiv der arma als Belag von Kreuzen in flachem Metallrelief in volkstümliche Arbeiten eingedrungen zu sein, wie sie sich mit oder ohne Kruzifix zuerst in spanischen (vgl. z.B. M 432–1927 und M 454–1926 des Victoria and Albert Museums) und in deutschen des 18. Jahrhunderts finden.

575 Bildwerke des Kaiser-Friedrich-Museums in Berlin, Bd. 3. W.F. Volbach, Mittelalterliche Bildwerke aus Italien und Byzanz, Berlin 1930, Inv. Nr. 1914. Ein italienisches oder deutsches Bleimedaillon des 17.–18. Jahrhunderts wurde in den 1930er Jahren in Bayern im Boden gefunden und kam wahrscheinlich ins Museum zu Wunsiedel. Auf der Rückseite sind besonders die ins Profil gestellten Füße mit den Nägeln beachtlich.

576 Neapel, Museo Filangieri. Im vol. I. des Catalogo (Napoli 1888) Nr. 1032 falsch als venezianisch 18. Jahrhundert bezeichnet.

577 C. Bertea, in: Atti della soc. piemontese di archeologia etc. 8, S. 201ff., Tav. XXVI.

578 Gilhofer & Ranschburg, Luzern, Auktion XVII, 1934, Nr. 3.

579 Trésors de l'art flamand, Brüssel 1932, II, Pl. C, No. 180, S. 145. (Nach einem einen Druck von 1519 enthaltenden Einband der Universitätsbibliothek Utrecht.) Wm. Y. Fletcher, Bookbinding in England and France, London 1897, S. 13 (London 1523).

29 Arma Christi, Verona, um 1500 (Verona, S. Anastasia)

Bei Verteilung der Waffen auf einer einheitlichen neutral-dekorativ aufgefaßten Bildfläche sicherte man ihre gleichmäßige Betonung am leichtesten durch Fortlassung der Grabesstation Christi, die sonst so leicht alles überschattete, nachdem sie isoliert einen vorwiegend eucharistischen Sinn angenommen hatte. Man wird von solch einer Darstellung, wie sie um 1500 etwa das aus einer Bruderschaftskapelle stammende Bild in S. Anastasia in Verona (Abb. 29) und ein wahrscheinlich spanischer Gobelin[580] vertreten, zur Beschäftigung mit den einzelnen Leidensstationen geradezu gezwungen, und doch verhindern die auf das Kreuz als Mittelmotiv bezogenen Senkrechten und Schrägen der großfigurigen Waffen – auf dem Gobelin mit seinen drei Kreuzen sind es nur Senkrechte – ein Zerflattern der Komposition. Solch eine auf das Kreuz hin orientierte rhythmische Verteilung von Waffen in der Fläche zeigt schon 1436 ein Kanonbild eines Augustinermissales.[581] Wir finden da den Titel, die Würfel, Nägel, Geißeln, die Säule, den Rock, Hammer, Lanze, Schwammstab, Leiter, das Herz mit Wunde und untergestelltem Kelch, und die fünf Wunden als »Rosen« (also die Seitenwunde getrennt von der Herzwunde. Diese ornamentale Behandlung der Wunden widersprach aber zu sehr dem Urwesen des Waffenbildes, als daß ihr nicht im allgemeinen die Darstellung der durchbohrten Körperteile[582] selbst vorgezogen wurde.) Auch die Wunden sind ganz echte Waffen. Außer den Stationen am Kreuze ist noch die des Unglaubens der Jünger nach der Auferstehung einbezogen; dem Thomas sind wir schon begegnet, aber Christus mußte ja zu allen sagen: »sehet meine Hände und Füße, daß ich es selbst bin« (Lc 24,39). Wenn auch inhaltlich durch die Heraushebung der Station, so macht es kompositionell keinen Unterschied, ob das oder die Kreuze leer sind oder nicht. Im Giebelfeld des Mittelteiles eines valencianischen Triptychons des frühen 15. Jahrhunderts der Sammlung Foulc sind die übrigen Waffen zwischen Christus und den Schachern an ihren Kreuzen und um sie herum angeordnet, und als seitliche Einfassung ist je eine der Tuniken aufgerichtet. Am geeignetsten für die seitlichen Einfassungen waren natürlich die langen Waffen, wie die Leiter, Säule usw. Da kommt jede Waffe zu ihrem Recht bei Vermeidung jeder Unklarheit im einzelnen und jeder Unausgewogenheit der Flächenbesetzung im ganzen. Aber zu stark betonte formale Ausgeglichenheit entsprach nur ausnahmsweise dem Geist des Themas. Anschaulich sollte grundsätzlich nicht das Gefühl der Beruhigung erzeugt werden, Unruhe, Erschütterung ist das eigentliche Ziel. So erklärt es sich wohl auch, daß die aus der Zeit des klassischen italienischen Renaissancestiles stammende Stickerei des Juliusbanners in Sarnen[583] zwar die um das Kreuz Christi angeordneten Waffen, aber nicht die Gesamtdarstellung nach Symmetrie und Gleichgewicht angeordnet hat. Freilich kam es auf die Bestimmung an, die die arma-Darstel-

580 Vgl. M. Crick-Kuntzinger, in: La revue d'art 1928: L'exposition de tapisseries gothiques au musée des gobelins, S. 7ff. des Sonderdruckes.
581 K. Richstaetter, a.a.O., gegenüber S. 136.
582 L. Gillet urteilte hier einmal zu hart und falsch: »Si ce n'étaient là des signes, de simples amulettes, on se sentirait écoeuré de cette boucherie« (a.a.O., S. 228). Wir befinden uns in einer Sphäre jenseits jedes ästhetischen Geschmacks.
583 R. Durrer, Die Kunstdenkmäler des Kantons Unterwaiden, Zürich o. J., Fig. 356. Es wurde 1512 von Kardinal Schinner verliehen; S. 592.

lung erfüllen sollte. Verhüllte man zur Fastenzeit die Altäre mit einer »imago mysteriorum passionis Domini« – und Molanus bestätigt[584] den Gebrauch für »viele« Kirchen seiner Zeit –, so konnte man schon der Fernsicht halber auf einen gewissen monumentalen Eindruck nicht verzichten. Auch wo wie auf dem schon erwähnten Solianischen Blatt (oben S. 161) der Amulettwert betont werden sollte, ist eine Anordnung nach streng dekorativen Gesichtspunkten möglich. Soll aber das Auge auf jeder Waffe zur Anregung des Mitleidens oder der Andacht verweilen, dann ist eine gewisse optische Unruhe der Komposition zweckentsprechend. Das Auge soll suchen. Diese richtige psychologische Erkenntnis war es wohl von Anfang an[585], die in den Waffendarstellungen die an sich naheliegende Aufreihung nach der historischen Abfolge der Ereignisse vermeiden ließ.

Die Verbindung des verwundeten Herzens mit dem Kreuz wurde zur zentralen Darstellung eines seit dem späteren 15 .Jahrhundert hauptsächlich in der Graphik verbreiteten Kompositionstypus des Waffenbildes. Man hatte erkannt, daß es möglich war, im verwundeten Herzen zugleich das Leiden und das Erbarmen Gottes zu veranschaulichen. (Vgl. Abb. 20.) Etwa seit der Mitte des Jahrhunderts gab es eine Komposition, in der diese zentrale Stellung des verwundeten, als erbarmend gekannten Herzens trotz Vielheit der Waffen ganz stark betont war. Es steht im Mittelpunkt eines von der Dornenkrone gebildeten Kreises, und ein Teil der Waffen weist durch radiale Stellung auf es hin. Daß ich nicht falsch interpretiere, lehrt trotz ihrer Verstümmelung bei unverständiger Erneuerung die Unterschrift der Wiederholung der Komposition auf dem Buxheimer Altar: »wer diese Krone will gewinnen« [...] Es sollen also die Waffen als Verheißung auch das Erbarmen Gottes veranschaulichen. Auf dem Holzschnitt Schr. 1786[586] wird die Schwere des Leidens und die sieghafte Ruhe des Herzens noch anschaulicher als auf dem Bilde. Dieses Herz wurde mit dem Kreuz verbunden; es wird das göttliche Herz im Ursinn, das zugleich Göttliches – »In meines vatters hertzen / fand ich disen schmerczen« sagt die Unterschrift von Schr. 797 vom Jahre 1472[587] im Sinne des Ratschlusses der Erlösung[588] – und Menschliches veranschaulicht. Der Akzent ist nicht immer so stark, und diese Veranschaulichung nicht immer gewollt oder gleichmäßig gelungen. Auf dem Schrotblatt Schr. 2445[589] sind die die fünf Wunden enthaltenden Rosen als Teile eines aus der Dornenkrone und rahmenden Blumen bestehenden Kranzes gestaltet; damit kann das Herz nicht als Hauptmotiv wirken, und es wirkt sekundär neben der gleichfalls am Kreuz befestigten Vera Ikon unter ihm. Ebenso wirkt es nur als körperliches Herz neben den anderen Wunden auf dem niederländischen Holzschnitt (um 1500), Schr. 1784m, auf dem das Lamm Gottes die göttliche Opferbereitschaft veranschaulicht. Die Herzwunde gehörte eben zu den »Waffen«, und als solche konnte sie auch fortgelassen werden, wenn das Herz als das ewige Gottes gelten sollte, wie auf dem schon besprochenen Stiche des Meisters E. S., L. 51 oder auf dem niederländischen Holzschnitt[590] Schr. 804, der meines Erachtens schon dem vorgeschritteneren 16. Jahrhundert angehört, oder, um ein spätes Beispiel zu nennen, auf einem Waffenbilde eines deutschen Gebetbuches[591] von 1658, auf dem das Herz das Christkind mit der Weltkugel enthält. Andererseits betont die Wunde gerade den Waffencharakter, z.B. auf dem Weltgericht des Jakob Sunter von 1464 in Mellaun bei Brixen[592], wo das Herz zu den auf dem »signum« des Kreuzes vereinten Waffen gehört. Eine dem auf einem Waffenbündel liegenden Herzen entwachsende Blume[593] gibt der Waffe eine leichtverständliche Symbolik. Wurde die Darstellung des Herzens mit der Wiedergabe der originalen Länge der Wunde[594] verbun-

584 A.a.O., S. 516. Ich sah 1934 als Leihgabe im Historischen Museum zu St. Gallen das Fastentuch aus Flums (Abb. 31). Unter einer Übermalung mit Wasserfarben auf der sehr offen gewebten Leinwand steckt ein Original wahrscheinlich der ersten Hälfte des 16. Jahrhunderts. Ich halte es nicht für ausgeschlossen, daß die Figur des Gekreuzigten erst bei der Übermalung hinzugefügt wurde; für die Köpfe des David und Jesaias ist es wahrscheinlich. Ein anderes in Stoffmosaik aus dem 17. Jahrhundert im Diözesanmuseum in Köln. – Zur Fastenzeit werden neben dem Hochaltar der Hofkirche in Innsbruck zwei 1836 gemalte, ca. 1,90 m hohe, sog. Passionssäulen, d.h. Darstellungen der arma, aufgestellt. Der Krippenfreund (Innsbruck) Nr. 85, 1933, S. 13 und freundliche Auskunft von Direktor Dr. J. Ringler, Innsbruck.

585 So erklärt sich wohl in der aus der Sammlung des Cte. His de la Salle stammenden, nicht ganz vollständigen Zeichnung des Louvre Nr. 28 744, die manche Pisanello zuzuschreiben geneigt sind, die völlig ungeordnete Zufälligkeit der Anordnung der vielen, nicht sämtlich erklärbaren Waffen. Sie fällt besonders wegen der großen Zahl haltender Hände auf.

586 C. Dodgson, Woodcuts Br. Mus. Nr. 232. pl. 95.

587 Paul Kristeller, Holzschnitte im Berliner Kupferstichkabinett, 2. Reihe, Berlin 1915, Tafel 37. Wie sehr es sich um ein Waffenbild handelt, belegt die Ersetzung der Darstellung von Maria und Johannes durch ihre beigeschriebenen Namen (dazu vgl. etwa Schr. 936ff.). Man kann sich des Gefühles nicht erwehren, daß hier Rücksichten auf Arbeitsersparnis und damit auf Verringerung des Preises genommen sind.

588 Darstellungen des Christkindes im göttlichen Herzen, dem wenige Waffen beigegeben sind, sollte man nicht als »Waffen Christi« bezeichnen; vgl. etwa L. IV. 268. 79; VII. 348. 1. vor allem E. S., L. 51, Geisberg, Tafel 38. Hier dienen die Waffen nur zur Veranschaulichung des göttlichen Willens zur Erlösung. M. Barth, a.a.O., S. 92 zitiert aus Cgm. 856 (um 1500) aus einem Gebet der Nonnen zu St. Margareta in Straßburg: »[...] Kinlein Jesu, im väterlichen Herzen, daraus die Liebe dich gezogen hat [...]« Das Herz als Symbol der Liebe veranschaulicht nur menschlich-klarer, was etwa um 1400 die Miniatur des französischen Missales der Morgan Library (ms. 331; C.R. Morey, a.a.O., S. 208, fol. 13) durch den Typus der in Kindsgestalt kreuztragenden zweiten göttlichen Person unklarer veranschaulicht.

589 P. Heitz, Einblattdrucke, 13, 9.

590 C. Dodgson, Woodcuts, Br. Mus. pl. 36 b.

591 Geistlicher Blumenkranz. Münster i. W. K. – Richstätter, a.a.O., II, S. 104d.

592 K. Richstätter, a.a.O., S. 232b. – J. Weingartner, Die Kunstdenkmäler Südtirols, II, Wien 1923ff., S. 143.

593 K. Richstätter, a.a.O., S. 101, 159f. nach einer vielleicht schon der Ausgabe von 1672 entsprechenden früheren Ausgabe des sehr verbreiteten Himmlisch Palmgärtlein des W. Nakatenus.

594 P. Kristeller, a.a.O., Nr. 99, Tafel 50. Dem Blatte wurde verstärkter Amulettwert durch die Einbeziehung der Länge Christi verliehen; vgl. oben S. 120. – Es gab Waffendarstellungen, die anstatt des Herzens nur die Wunde wiedergaben. Vgl. z.B. die Heures de Pierre de Bretagne (zwischen 1455 und 1457), wo sie die »langen« Waf-

den, dann mußte die Veranschaulichung der transzendenten Bedeutung vor der Waffenbedeutung zurücktreten, wenn man jene nicht irgendwie anderweitig veranschaulichte, wie das etwa auf Schr. 1791 m[595] geschah, wo das um das Kreuz angeordnete Hauptbündel der Waffen aus dem Herzen herauswächst. Diese Verbindung des Herzens mit dem Kreuz verwuchs zu einem festen Typus, der wie schon auf dem eben genannten Holzschnitte durch die Wieder-Einbeziehung von Christus und Maria zur Darstellung von passio und compassio erweitert werden konnte. In seiner einfachen Gestalt ist er vor allem durch Pergament- oder Papierschnitte des 18. und 19. Jahrhunderts[596] bekannt, die die einzelnen Waffen in das Herz hineinsteckten. Daß in diesem Zusammenhange die sonst fast nie fehlende Waffe des Kreuzes entbehrlich werden konnte, zeigt der niederländische Kupferstich L. IV. 268. 78, auf dem das durchbohrte und blutende Herz über dem Sarkophag als Zentralmotiv schwebt. Es ist, von der späteren Entwicklung aus beurteilt, auffallend, wie selten[597] noch im 15. und 16. Jahrhundert das Kreuz an sich als Zentralmotiv der Waffendarstellung diente. Bisher ist auch keine Entsprechung[598] für die spätgotischen, z.T. doch wohl schon dem 16. Jahrhundert entstammenden monumentalen westfälischen und rheinischen[599] Martersäulen[600] bekannt geworden, freistehende Darstellungen der Waffen, die um das Kreuz herum angeordnet waren. Die Marterkreuze scheinen tatsächlich erst seit dem 18. Jahrhundert allgemeiner gebräuchlich geworden zu sein. Es war der Kapuziner Engelbert Pauck[601], der sie als Vertretung der zwölften Kreuzwegstation, der Kreuzigung, empfahl, wenn alle Stationen nur durch Kreuze bezeichnet würden. Pauck dachte an die hauptsächlichsten »insignia, trophaea ac instrumenta passionis«, also er hatte nicht nur die Kreuzigungswerkzeuge im Sinne. Diese Einreihung in die Stationsdarstellungen des Kreuzweges scheint den mit mehr oder weniger Waffen belegten Wegekreuzen die Bahn gebrochen zu haben. Seit dem späteren 18. Jahrhundert findet man sie, und die Sitte lebt in katholischen Gegenden oder Ländern heute[602] noch. Auch als häusliche Devotionalien wurden solche Kreuze beliebt, wie z.B. viele erhaltene Oberammergauer Arbeiten belegen.[603]

Es scheint, daß mit dem 15 .Jahrhundert eine Unterströmung, die nie ganz gefehlt haben mag, an Bedeutung gewann, und daß offenbar öfter Bedenken gegenüber dem allzu freien Schaltenlassen der Phantasie bei Ausmalung der Vorgänge geäußert wurden. Man pflegte[604] sie damit zurückzuweisen – ich weiß nicht, wer diesen sicherlich alten Gedanken, zuerst aussprach –, daß die Evangelisten »scripserunt non ad excitandum compassionis affectum principaliter, sed ad faciendum de historia certam fidem«, und sie konnten das ja auch, denn viele Einzelheiten waren ja schon von den Propheten im voraus verkündigt worden.

Die exegetische Regel, im Alten Testament Tatsachen des Lebens Christi erzählt zu sehen, hatte die autoritativste Begründung im Herrenwort Io 5,39. Ohne Ausführlichkeit waren nun einmal weder tiefstes Mitleiden noch eingehende Meditation möglich. Und beides sollte doch erzielt werden, so daß auch für einen Franz Suarez[605] nur die völlig freie

fen überschneidend neben dem Kreuz als Hauptmotiv wirkt. Beischrift: »Hec est mensura plage lateris secundum quod revelatum fuit sancto Dyonisio de Bargona«, und Verweis auf eine siebenjährige von Innozenz VIII. gewährte Indulgenz. (Paris Bibl. Nat., ms. lat. 1159, fol. 141. – V. Leroquais, a.a.O., Pl. LI, Text I, S. 78f.) – E. Dumoutet, Le Christ selon la Chair et la Vie Liturgique au Moyen-Age, Paris 1932, pl. 2).

595 C. Dodgson, Woodcuts of the 15th century in the Ashmolean Museum Oxford, Oxford 1929, Nr. 21, Pl. XIV. Siehe auch Schr. 1792 in P. Heitz, Einblattdrucke 85, Nr. 20.

596 W. Schmidt, Denkmale des Holz- und Metallschnittes [...] in München, Nürnberg 1883. – A. Spamer, a.a.O., passim.

597 Als Beispiele seien noch genannt die Initiale aus dem schon herangezogenen niederländischen Livre d'heures von um 1470 in der Sammlung Boekenvoyen (Byvanck-Hoogenwerff, a.a.O., Pl. 14) und der m.E. um 1500, wenn nicht noch später, anzusetzende Holzschnitt Schr. 1806 (W. Schmidt, a.a.O., Nr. 43).

598 Aus Spanien sind seit dem 16. Jahrhundert kleinere Standkreuze ohne Krucifixus bekannt, deren Metallauflagen arma graviert zeigen. Vgl. etwa M 235–1926 des Victoria and Albert Museums in London. Ebendort war 1936 ein reicheres entsprechendes Exemplar, das früher in der Sammlung von Stumm war, ausgestellt.

599 Es ist sehr bezeichnend, daß die dargestellten Waffen – Salbbüchse, Hammer, Nägel – wie die Knochen zu Füßen des Sandsteinkreuzes von 1483 in Sonsbeck (Die Kunstdenkmäler der Rheinprovinz I, 3, Düsseldorf 1892 [P. Clemen. Kreis Moers], S. 66) liegen. Sie sind »rational« als liegengebliebene Gerätschaften aufgefaßt.

600 Die Kunst- und Geschichtsdenkmäler der Provinz Westfalen, Kr. Billerbeck, S. 22, Tafel 8.

601 Tertia seraphica vinea, Coloniae 1720, S. 200.

602 Vgl. z.B. Die Kunstdenkmale des Königreiches Bayern, II, 4, München 1906, S. 173, Fig. 141; II, 3, S. 22, Fig. 15; IV, 11, S. 52 u. Abb. 29. – Deutsche Gaue VI, 1904/05, S. 142. (H. Hofmann, Parsberg.) – Bayerischer Heimatschutz, 27, 1931, S. 96f. – L. Endres, in: Ingolstädter Heimatblätter 14, 1951, S. 9. – Über eiserne Kreuze vgl. H. Detzel, Christliche Ikonographie, Freiburg i. Br., I, S. 455. – Über die »besonders Baden eigenen Wegekreuze« R. Forrer u. G.A. Müller, Kreuz und Kreuzigung Christi, Straßburg 1894, S. 32. – Zwei Beispiele aus dem nördlichen Amerika, beide vor dem frühen 19. Jahrhundert errichtet, bei J.H. Priestley, The coming of the white man, New York 1929, S. 242.

603 L. Endres erwähnt a.a.O. solche Kreuze als Eingerichte. Zwei (italienische?) Beispiele des 19. Jahrhunderts im Museo Etnografico Siciliano in Palermo.

604 Ich zitiere Guilermus Textor de Aquisgrano, De Passione Christi sermo, Inkunabel s. l. et a, fol. c 6 v, fol. c 7 r: »Multa tacuerunt de quibus tamen prophetae clarissime predixerunt.« Ähnlich z.B. Mauburnus im Rosetum fol. CXLV r bzw. S. 528. Textor war in der zweiten Hälfte des 15. Jahrhunderts Kanonikus in Basel und Aachen und nach Jöcher auch Professor in Erfurt. Es gibt eine Ausgabe des Sermo: Lugduni 1489 – Palaeotus –Mallonius verbreiten sich a.a.O. (ed. Venetiis 1606, S. 10) über verschiedene Gründe der Kürze der evangelischen Berichte.

605 Commentarium in tertiam partem, Qu. 46, Art. 8, Disp. 33, Sect. I, Opp. ed. Paris XIX. S. 532: »Est [...] considerandum in his Christi passionibus nihil esse leviter fingendum, quod vel ab Evangelistis narratum non sit, vel ex iis quae ipsi narrant, adjuncta patrum expositione, probabiliter colligi non possit. Possunt quidem fideles pie meditari acerbitatem earum passionum quae narrantur, earumque circumstantias ex iis quae humano modo contingunt, et ex affectu et dispositione talium personarum conjectare; non tamen licet nova passionum figmenta confingere.« Für die Ausmalung der Vorgänge im Hause des Kaiphas beruft er sich auf Is 50; ebd. Disp. 35,2, S. 549.

Erfindung von Einzelheiten zu beanstanden, Ausmalung innerhalb der biblischen Grundlagen aber gestattet ist. Es blieb – schon vor Ignatius von Loyola! – Regel[606], so zu meditieren, als ob die Passion mit eigenen Augen gesehen würde – und so mußte immer wieder mehr Autorität als der eigenen Phantasie den Angaben durch Visionen Begnadeter zugemessen werden. Es waren ja immer mehr Vorgänge auf diese Weise auch für die nichtpopuläre Erbauungsliteratur präzisierbar geworden. So hatten etwa die hl. Birgitte und andere die Kenntnis der vom Heiland auf dem Wege nach Golgotha erhaltenen Stöße verbreitet und sie wurde unter Berufung auf sie bis ins 18., ja wahrscheinlich ins 19. Jahrhundert hinein lebendig erhalten. Man kannte etwa genau die Zahl der den Judas begleitenden Soldaten: 550 Fußsoldaten und 56 Reiter[607], und der den Zug zu Herodes bildenden Soldaten, Beamten und Priester: 1225[608]; die Zahl der geißelnden Soldaten schätzte »ein großer Gelehrter« auf 1000. Es war berechnet[609] worden, wieviele Stacheln[610] die Dornenkrone hatte und daß Christus mindestens 12 053 Tage oder 289 270 Stunden litt. Daß der zunehmenden Präzision der Schilderung der äußeren Vorgänge[611] und der damit einigermaßen parallel gehenden Bereicherung der Reliquienschätze eine Vertiefung der Motive des inneren Erlebens zur Seite ging, vermag ich nicht zu belegen. Der letzte, der meines Wissens da wirklich Neues zu sagen hatte, war Textor.[612] Die Schächer wurden dem Gesetz entsprechend behandelt, streng, aber ohne Preisgabe an die Bestie. Das geschah nur bei Christus, dem gegenüber die gesetzlich festgelegte Prozedur[613] nicht eingehalten wurde, die in sich erst die moralische Legitimation der Rechtshandlung beschließt. Vielleicht ist auch in dieser neuen Nuancierung eine Zurückweisung verborgen von Einwänden gegen die übliche Ausmalung der Vorgänge, die sich darauf stützen mochten, daß der Prozeß Jesu ein regulärer war, und daß daher das Phantasieprodukt seiner Verzerrung nur über den sittlichen und geistigen Zustand der Phantasierenden und den ihrer Umwelt etwas aussagte. Allzu Krasses pflegt von selbst eine Korrektur herauszufordern, und es gab immer Leute, die die Wahrheit von solchen Behauptungen beurteilen konnten, wie von der, daß nach jüdischer Sitte Christus solange bespien wurde, bis er aussah wie ein Aussätziger[614] oder beinahe erstickte.[615] Für die von Textor vertretene Auffassung mußten die Waffen – er hat eine »endlose« Aufzählung der Übeltäter, jeweils mit alius beginnend – gerade in ihrer Gesamtheit die Bedeutung eines stimmungsbildenden Faktors haben: sie umwittert gemeinsam die Atmosphäre des Unrechts. Da wurde es bedeutungslos, ob man einzelne ausschied oder nicht: das Unrecht blieb immer total. Die gefühlsbetonte Stimmung war, wie wir schon sahen (S. 159), im Verlauf des 15. Jahrhunderts zu einem eigenen Wert geworden. Dem entspricht auch, daß zu den damals identifizierten Passionsreliquien in größerer Zahl gerade solche gehören, die, mit Momenten der Unterbrechung der Qualen verbunden, etwas besonders Rührendes haben: der Baum, an den Christus vor dem Hause des Pilatus gebunden wurde; die Säule, an die er lehnte, als er müde war; der Stein, auf dem er vor der Kreuzigung saß.[616]

Diese Betonung von Gefühlswerten ist vor den Waffen psychologisch klug begründet, wenn ihnen die Funktion einer Veranschaulichung der Passion zur Stärkung des Willens zum Guten angewiesen wird. So kann es nur mit Rücksicht auf die von einem als original geltenden, an sich ganz unheiligen Werkzeuge der Passion erregte Erschütterung erfolgt sein, daß nach einem flämischen Pilgerbericht[617] des 15. Jahrhunderts jede fromme Betrachtung des wahrscheinlich an der Fassade von St. Peter in Rom verwahrten Silberlings, eine Indulgenz einbrachte. Ein Hymnus[618] auf die Waffen in einer Handschrift des 14./15. Jahrhunderts scheint mir in seinen Schlußstrophen den Übergang von der – vereinfacht formuliert – objektiven zur subjektiven Wirkung der arma charakteristisch zu formulieren:

5. »O praeclara armatura
Per quam Jesus Christus dura
Pertulit in corpore,
Fuga nostros inimicos,
Fac nos justos et amicos
Nunc in omni tempore.

6. Fac nos sic te speculari
Et devote venerari
Corde, ore, opere,
Ut a Christo sublimari
Et electis sociari
Mereamur propere.«

606 Vgl. z.B. Dionysius Cart. opp. 35, S. 361; 41, S. 476.

607 Fra Giov. Gregorio di Giesù Maria, Divinità [...] di Giesù Christo manifestata nella sua passione, Roma 1659 (2. Druck), vol. I, 1, S. 224.

608 Z.B. Alberti, Commentarii, S. 549.

609 Jul. Andries, Perpetua crux, Coloniae 1650, S. 2. Nach K. Richstätter, a.a.O., II, S. 169 gibt Ph. Scouville, Katechismus R.P. Petri Canisii, Köln 1682, S. 263 die Zahl der Stunden mit 200 089 an. Es ist selbstverständlich, daß alle Angaben sehr schwanken. Vgl. auch Alberti, a.a.O., S. 339, 352.

610 Z.B. Gaistliche Usslegung, fol. o 7 v. – P. de Barry, Hagiophili Blanditiae, Monachii 1657, S. 297. (Die originale Ausgabe: La sainte faveur auprès de Jésus-Christ, Lyon 1637, war mir nicht zugänglich).

611 Als Beispiel sei nur auf die oben Anm. 75 behandelten Folterklötze hingewiesen. Sie erscheinen auch in einer Aufzählung der arma in dem schon erwähnten Cod. Vindob. 4106 saec. XV, die neben den 28 gebräuchlichsten auch vulnera, mons und eben auch taxilli nennt. »Haec sunt arma, quibus flectitur omne genu.« Drewes, Analecta hymnica, S. 98.

612 A.a.O., fol. a 4 r. G. Textor hat auch, soweit mir bekannt, die ergreifendste Schilderung von Christi Leiden am Kreuze: er erlebt da noch das Gefühl der Zwecklosigkeit seines Lebens da er »vix unum latronem acquireret, unum apostolum non perderet« (b 3 v). Er will das Motiv Rabanus verdanken, der es m.W. aber nicht kennt. Sollte es so alt sein, dann könnte es nur griechischen Ursprungs sein.

613 Dieses Messen der tatsächlichen an einer als selbstverständlich gültig vorausgesetzten Prozedur geht im Keim schon aufs frühere Mittelalter zurück. Das Schimpfliche der Augenbinde Christi besteht darin, daß sie sonst nur bei bereits Verurteilten angewendet wird: Ps. Anselm, Dialogi de passione, PL 159, Sp. 275.

614 Alberti, a.a.O., S. 321f. unter Berufung auf Ps. Anselm (Dialogi de passione, 7, PL 159, Sp. 280: »quasi lepra percussus«). Die Motive »tamquam leprosus« und »sputis illitus est« etwa auch beim hl. Bernhard, In feria IV hebdomadae sanctae, PL 183, Sp. 264.

615 Vgl. die besonders ekelhaften Details in R. Priebsch, Christi Leiden in einer Vision geschaut (Germanistische Bibliothek II. Abt. 39), Heidelberg 1936, S. 39.

616 Hallesches Heiltum II, 4 und 9.

617 H. Leclercq in DAL VIII, 1. Sp. 279.

618 Cod. vindob. 883. Dreves, Analecta hymnica, 15, S. 47f.

Venerari corde, ore, opere! Eine leider nur für fünf Wochentage erhaltene Anweisung zu einer solchen täglichen Verehrung[619] aus der Mitte des 15. Jahrhunderts zeigt, wie man sich diese spirituelle Wendung dachte. Jeder Tag soll der Beachtung bestimmter geistlicher Tugenden, unter denen der Glaube nie, das Gottvertrauen[620] nur einige Male fehlt, der Betrachtung einer oder mehrerer der Waffen und der Gebetsbeziehung auf die betreffende Leidensstation gewidmet sein, auf daß Gott jeweils bestimmte Sünden vergäbe, die zu unterlassen natürlich Betrachtung und Gebet auch verhelfen sollen.

Die Wendung vom passiven Mitleiden zu aktiven Seelenkräften war dann in sich vollkommen widerspruchsfrei vollzogen, wenn die »Werkzeuge« der Passion – unter Aufnahme eines uns schon begegneten Themas (S. 104) – die Waffen des Streiters Christi bedeuten und von ihnen die Kraft zum Widerstand gegen die Versuchungen ausstrahlen kann. So faßte sie etwa Thomas Hemerken a Kempis[621] (1379/80–1471) auf. »Sit mihi nobilissima armatura tua [...] protectio firma [...] contra omnia inimici iacula et quaelibet mundi blanda et adversa.« »The greatest Comfort in al temptacyon / Is the remembraunce of crysts passyon« steht unter dem englischen Holzschnitt D. 12. Daß die Erinnerung an die Passion die stärkste Kraftquelle der Überwindung von Leid und des Widerstandes gegen Versuchung ist, das bewies man, wie wir schon Anm. 375 sahen, damals auch mit Sätzen der hll. Gregor und Bernhard. Es hatte eine Besinnung auf die spirituellen Grundlagen der ganzen von uns verfolgten Entwicklung eingesetzt, die einer Polemik gegen abergläubische Vorstellungen nicht entbehren konnte. Es klingt nach Distanzierung, wenn 1502 der Bischof Johann VI. von Meißen sagt[622]: »[...] das gewöhnliche Volk kann zu solcher Betrachtung (des Leidens Christi) nicht passender und leichter angeleitet werden als durch sinnenfällige Figuren und Zeichen, in denen sie gleichsam wie in Büchern das Leiden des Herrn lesen.« Aber damals war die Polemik schon zum öffentlichen Ausbruch gekommen, und zwar spätestens bei der Diskussion über die mit dem Jahre 1500 anhebenden Erscheinungen blutiger Kreuze und anderer Waffen. Nach dem Bericht des Abtes von Sponheim, Johannes Trithemius[623], erschienen damals auf leinenen Kleidern und Paramenten, auch auf verwahrten, zuerst am Rhein, dann sich weit nach Osten und auch durch ganz Frankreich[624] verbreitend, »cruces parvulae confusi et subrubri coloris, acsi pannus aliqua pinguedine mixti coloris fuisset intinctus«. Sie widerstanden der Wäsche und verschwanden meistens am neunten Tage von selbst. Es war ein»terribile miraculum«. Es erschienen auch »characteres in modum graecarum litterarum, clavi quoque, lancea [...] et reliqua Dominicae passionis insignia«. 1501 wiederholten sich die Erscheinungen. Einem Mädchen im Dorf Mortier (C. Dalhem) fielen zuerst blutige Kreuze auf ihren Schleier, den der Bischof von Lüttich in Verwahrung nahm.[625] Es folgten weitere Erscheinungen hier und andernorts, die lebhaft erörtert wurden. Am 14. Juni 1501 hielt in der Kölner theologischen Fakultät vor der gesamten Universität ein Professor einen Vortrag, der weite Verbreitung[626] fand.

619 Die sogenannte Septimania poenalis, herausgegeben von P. Kristeller in der 4. Veröffentlichung der Graphischen Gesellschaft, 1907, Tafel 12–16. – W. Molsdorf, Beiträge zur Geschichte und Technik des ältesten Bilddrucks, Straßburg 1921, S. 43ff. vermutet Anlehnung an eine niederländische Vorlage. Z.B.: »Suntage. globe tru demut zu halden den tag. trag daz woffen der dornen krone in deinem hertzen vnd knie zu obende vnd sprich funnf pater noster der kronunge Jhesus, das dir got vorgebe alle dine hochfart. dye hende lege creutzweis uff das heubt. – Mittwochen. Globe mildekeit und barmherczekeit. trag die XXX phenninge den rock Jhesu. sprich [...] vf blossen knyen der vorkewfunge ihesu vnd ausczyunge ihesu, das her die vergebe dy geierheit (Habsucht) in kewfen vnd vorkeuffen [...]«

620 Tru – Treue. Luthers häufiges »Treu und Glauben«. Vgl. die schönen Ausführungen im Grimmschen Wörterbuch XI, I. 2. Sp. 289.

621 Orationes et Meditationes de vita Christi, ed. M.J. Pohl, Friburgi Bris. 1902, Tract. II, 1. Kap. 17, S. 312. Vorher S. 305f.: »Benedico et gratias ago [...] pro triumphalibus et regalibus armis tuis [...] indue me nunc fortitudine virtutis tuae et sacris armis acerbissimae passionis tuae circumcinge me [...]« Sinnentsprechend etwa Nic. Salycotus (Wydenbosch von Bern), Anthidotarius animae (zuerst: Straßburg 1489), Venetiis 1538, fol. 103 r: »Obsecro [...], ut passio tua sit virtus mea, qua muniar [...] et protegar et defendar«.

622 Urkunde, mit der er das Mitführen von »Bildern« – wahrscheinlich Skulpturen – der Leidensgeschichte bei Prozessionen gestattet. Zitiert von K.A. Kneller, Geschichte der Kreuzwegandacht, Freiburg/Br. 1908, S. 194.

623 Tom. II annalium Hirsaugiensium, St. Gallen 1690, S. 580.

624 Der Fasciculus temporum des Werner Rolevink, Paris (1518) erwähnt nur für das Jahr 1503 und für Deutschland die Erscheinungen; fol. XCII r.

625 Ich zitiere nach einem wahrscheinlich Nürnberger Druck s. l. e. a. Uslegung vnd betuetnus der crutz so yetzo fallen, durch [...] hern Libertum Bischoff zu Gerice zesamen gelesen vnd beschriben fol. a I v. Wer der Träger des auffallenden Namens und Titels war, scheint bisher nicht ermittelt zu sein, ich vermute einen Ordensmann. Ich kenne von der Collectio reuerendissimi patris [...] Liberti Episcopi Gericesi De Crucibus nur die offenbar von Hieronimus Emser herausgegebene Ausgabe, die Joh. Bartholomäus Riederer, Nachrichten zur Kirchen- usw. Geschichte, I, Altdorf 1764, S. 420ff. exzerpiert hat. Der Verfasser schickt voraus, daß solche Erscheinungen bereits um 790 und 1200 in Verbindung mit Kreuzzugsereignissen erfolgt wären. Er gibt den jetzigen vier Bedeutungen. Sie seien Zeichen des Zornes Christi über die geringe Verehrung, die seinem Kreuze zu Teil würde (während Libertus die unmittelbare charismatische Wirkung schon des Kreuzzeichens betont), über die rückfälligen Sünder und über die Verkürzung der priesterlichen Rechte und Immunitäten. Sie sollten den Übermut der Frauen warnen und die Fürsten zum Kreuzzug aufrufen, wobei der Verfasser den Papst, den römischen, französischen und spanischen König direkt anspricht. Er schließt mit einem Gebet um Bewahrung vor Seuchen, Hungersnot und Krieg. – Rotgedruckte Abbildungen der Erscheinungen sind den Ausgaben beigegeben. – Joannis Naucleri [...] chronicarum [...] secundum volumen, Tübingen 1516, beruft sich fol. CCCIIII r als Quelle auf Leodiensem episcopum. – Dürer erwähnt die Kreuze in der Erzählung seines Traums; vgl. dazu A. Rosenthal, in: Burlington Mag., 69, 1936, S. 82–83.

626 Ich zitiere nach einem Druck s. l. et. a. Questio de Crucibus cruentis que anno abhinc tertio vel ad summum quarto [...] apparuerunt et isto adhuc tempore apparere in nonnullis locis clare nunciantur. a quodam profundissimo sacre Theologiae professore [...] disputata. Die Nürnberger Ausgabe von 1503 Questio de Crucibus omnibusque Christi armis usw. geht wohl auf den Originaldruck zurück. Schluß mit der Anrede an den Kölner Erzbischof: »Hec Reuerendissime [...] nuper in vesperiis meis dixi [...] Bernhardus de herderwbick [...] professor.« Über einen Leipziger Druck von 1501 siehe Riederer S. 422.

Er beantwortet die Frage, warum wohl Gott dieses Wunder zulasse, damit, daß es als Warnung vor der überflüssigen, er wolle nicht sagen: abergläubischen, Verehrung der dargestellten Waffen aufzufassen sei. Viele verehrten sie, als wenn ihnen etwas Göttliches innewohnte, während sie doch nur wie alle Bilder auf das Dargestellte an sich, sei dieses eine Heilstatsache oder ein als Vorbild zu betrachtender Heiliger, hinweisen sollen.[627] Die Aufregung über die Wunderzeichen muß ungeheuer gewesen sein, denn man fragte natürlich nach ihrer Bedeutung. Man verbreitete die Nachricht von ihrem neuen Auftreten durch Briefe und Flugblätter[628], und Pico della Mirandola[629] widmete dem Wunder ein Kaiser Maximilian dargebrachtes Gedicht: ».[...] Non ignota cano; Caesar monstravit, et ipsi / Vidimus; innumeros prompsit Germania testes [...]« Die Verehrung der arma erhielt einen neuen Auftrieb.[630] Molanus führt auf dieses Wunder die Sitte der Fastentücher mit den Waffen zurück; er billigt sie, weil die Erscheinung eine Bußmahnung Gottes gewesen sei (S. 516ff.). Später[631] galten die Kreuze als Vorzeichen für die Pest von 1502 und für den 1524 beginnenden Bauernkrieg, für die Menschen aber, deren Körper die Zeichen bekamen, als das des im gleichen Jahre erfolgenden Todes. Als sich ähnliche Erscheinungen 1660 in Italien und vornehmlich in Neapel wiederholten, untersuchte Athanasius Kircher[632] die ganze Frage und erklärte alle diese Erscheinungen auf natürlichem Wege.

Natürlich war ein hl. Bernhard ganz von spirituellen Erwägungen ausgegangen: »quid non suave tibi, cum tibi collegeris omnes amaritudines Domini tui«[633] – aber gerade die Aufforderung, »alle Leiden zu sammeln«, war ja einer der wesentlichen Ausgangspunkte für das Eindringen von Trivialitäten gewesen. Man glaubte auch den hl. Augustin heranziehen zu können[634]: »frequens cogitatio tormentorum Christi praesentissimum adversus mala omnia remedium est: nihil tam est salubre quam saepe interdiu eorum, quae [...] pro nobis passus est meminisse, ut ait S. Augustinus«. War so Christus im Leiden das unübertreffliche Vorbild der Geduld[635]: die Veranschaulichung der Leidensfülle führte immer wieder zu den arma zurück. Unter den besonderen Bedingungen der Renaissance mit ihren starken humanistischen und antikisierenden Einschlägen konnte man sie von Engeln wie die Ausrüstung eines Gefallenen forttragen lassen und sie mit ihrem größten denkbaren Gegenspiel, den Blumen, in Beziehung setzen.[636] Aber im allgemeinen war ihre Bildkraft zu groß für eine solche zu idyllische Stimmung; sie konnte z.B. noch im Beginn des 17. Jahrhunderts David[637] das Bild eingeben: wie Christus das Wasser unter seinen und Petri Füßen verfestigt habe, so habe er gleichsam mit den Passionswerkzeugen den Erdball gestützt, damit er nicht unter dem Gewicht der Sünden des Einzelnen einstürze, sondern Zeit zur Reue bliebe. Die zugehörige Illustration zeigt den von den langen Waffen getragenen Erdball in Form eines Reichsapfels. Die Waffen waren eben zu einem selbständigen Motivkreis geworden, und wenn man[638] sich auch sehr wohl bewußt war, daß Christi wirkliche Waffen geistige waren und alles an ihm geistig zu verstehen ist

627 Respondeo, quod forte superfluus cultus non dico supersticiosus (diese drei Worte fehlen im Nürnberger Druck) talium armorum, que a multis coluntur ut res quedam aliquid numinis in se habentes et non venerantur sicut imagines, quarum adoratio spiritualiter debet referri ad prototipum, quia imago est solum irrationale (Nürnberg: notionale) signum ducens in noticiam imaginati secundum conditionem alicuius saluatoris (Nürnberg besser: salutaris) boni uel ad imitandum mores et vitam sanctorum, quorum sunt imagines. Es schließt eine Polemik gegen das Aufsuchen sog. wundertätiger Bilder und dergleichen an. Fol. A III v. (Nürnberg, S. 3).

628 Katalog 92 von Jacques Rosenthal in München verzeichnete unter Nr. 85 Abb. S. 55 eines bezüglich der auf Ulrich Schäfer in Heyterbach in Württemberg gefallenen. Es enthält ein Gedicht des Galienus Endringer und einen Holzschnitt in Rotdruck. Der eine Teil der Zeichnung besteht aus lauter arma, der andere aus Tieren, Sternen u.a. Die Originalabbildung verwahre die Stadtverwaltung. 1556 wurden in der Töß bei Winterthur drei Steine gefunden mit leuchtenden Zeichen, und zwar auf zweien von ihnen arma, die interessanter Weise nicht mehr erkannt wurden. Flugblatt von Augustin Friess in Straßburg bei H. Fehr, Massenkunst im 16. Jahrhundert, Berlin 1924, S. 45.

629 Staurostichon de mysteriis dominicae crucis. Nach A. Schill, Giovanni Pico della Mirandola und die Entdeckung Amerikas, Berlin 1929, 1505 gedichtet (S. 37) und in den Opera, Straßburg 1506/07 und in den Hymni 1511 enthalten. (Abgedruckt z.B. bei J. Gretser, De sancta cruce, Ingolstadii 1616, S. 619f. bei der Behandlung der Wundererscheinungen S. 618ff.) Pico traf den Kaiser auch 1503 in Augsburg (A. Schill, a.a.O., S. 13). Dürer hatte ihm auch gezeigt »quae hac de re tibi etiam litteris significata fuerunt«. In der Ausgabe von 1507 steht das Gedicht fol. O II ff. Erwähnt sei, daß sich am Kopf einer Seite des Stundenbuches des Galeotto Pico (vor 1506) Dornenkrone, drei Nägel, Lanze, Schwammstab zu einer Trophäe vereinigt sind. Sir Warner, Descriptive Cat. of illuminated Mss. in the library of C.W. Dyson Perrins, Oxford 1920, Nr. 95, Pl. 82b.

630 Verstärkte Hinwendung zum Leiden Christi mußte sich auch in einem Aufblühen der ihre Verehrung zum Zweck habenden Bruderschaften äußern. Es dürfte kein Zufall sein, daß wir gerade 1505 von einer Bruderschaft des Leidens in Hagenau (s. oben Anm. 313) hören, und daß 1517 in Straßburg die Bruderschaft des Leidens unseres Herrn und des Mitleidens der Jungfrau 1517 erneut bestätigt wurde. (M. Barth, a.a.O., S. 85.)

631 Alf. Ciacconius, De signis ss. crucis, Romae 1591, S. 59ff.

632 Diatribe de prodigiosis Crucibus, quae [...] Neapoli comparuerunt, Romae 1661. Besonders S. 15ff., 19ff., 50ff., 60ff., 70. Schon 363 seien Kreuze auf Kleidern – auch auf denen von Juden – erschienen. Es handelt sich um Erscheinungen während des Wiederaufbaues heidnischer Tempel unter Julian; vgl. E.A. Abbott, Philomythus, London 1891, S. 189ff. – Paquot nennt a.a.O., S. 518, Anm. H. spätere Literatur zur natürlichen Erklärung der Vorfälle.

633 Sermo 22, PL 183, Sp. 597.

634 P. de Barry, a.a.O., S. 321. Bei allen Zitaten aus alten Schriften konnte es mir nicht darauf ankommen, ob die Verfasser sie mit Recht den von ihnen genannten Autoritäten zuschreiben. Für uns ist nur wichtig, daß sie durch die Autorität als gedeckt galten.

635 Vgl. Joh. David, a.a.O., S. 201, Tafel 60.

636 Stich des Monogrammisten H. L. von 1511, B. VIII, 35, 2 (2. Zustand von 1533), Inschrift:

»Qui petis aegra membra levare
Hic tibi dulces collige flores.«

M. Lossnitzer, Hans Leinberger (Graph. Gesellschaft 13), Berlin 1913, Nr. 7 und Tafel 4. (Die Identifizierung ist nicht zu halten.) Das L. des Monogramms auf der am Boden stehenden Laterne.

637 Joh. David, a.a.O., S. 328ff., Bild 96.

638 Vgl. z.B. Joh. Driedo, De captivitate et redemptione humani generis (zuerst Lovanii 1548. Dedikation von 1533), Lovanii 1571, fol. 21 r. »Arma [...] nostrae militiae sunt [...] virtutes«. Fol. 21 v. Dieses Bewußtsein hat natürlich nie gefehlt, was hier nur aus einer der Predigten des Dominikaners Joh. Tauler († 1361) belegt sei. Er

(auch solch notwendige »Waffe«, wie alles mit der Menschwerdung Zusammenhängende) und daß auch die menschlichen Waffen geistige, die Tugenden, sein müssen, die Passionswerkzeuge waren in ihrer Waffenbedeutung nicht leicht auszuschalten. Es schweigen von ihnen aber völlig z.B. des wichtigen Johann Lansperg »De agone sive passione Christi«[639] und interessanterweise auch das einflußreiche Abecedario spiritual des Franziskaners Francisco da Ossuna[640], der in eigener tiefer Weise nur über die der Passion entströmende Leidenskraft handelt, während Joh. Driedo ausdrücklich sagt, daß man unter Christi Waffen auch die Werkzeuge verstehen könne. Von ihm übernahm das noch ein so bedeutender Theologe wie Théophile Raynaud.[641]

Mindestens im späteren 17. Jahrhundert benutzte man die Waffen noch als Anregungsmittel der Meditation, genau wie im Mittelalter. Wie die damalige Augsburger Andachtsbildfabrikation diese Aufgabe löste, belege hier (siehe auch oben S. 153) ein Holzschnitt aus dem Verlage des Matthäus Schmid[642], der um 1660 entstanden sein mag. Die Waffen sind sehr stark betont. Die Überschrift sagt: »Christus am Creutz hangend neben den Waffen seines Passions«.

»Hie wird in Kuertz vermeldet dir
Gestellet augenscheinlich fuer
Das Leyden, Marter und die Pein,
So Christus fuer die Suenden dein
Vnd aller Menschen ausgestanden
Bis dass Er kam in Todesbanden.«

»Durch diese arma litt der Herr«, heißt es im unteren Gedicht. Es findet sich zwar ein betontes, vereinheitlichtes Zentralmotiv in der einem Reliquienkreuz gleichenden Kreuzigungsgruppe, aber auch sie ist aus Waffen zusammengestellt.

Unter den Bildtypen der arma, die das 15. Jahrhundert vorfand, war, wie ich oben sagte, der ihrer Vereinigung zu einem Wappen wahrscheinlich zunächst auf Widerstand gestoßen, bis die Gewohnheit auch ihn allgemein vertraut machte. Er scheint seine weitere Verbreitung zunächst in Verbindung mit dem Motiv des signum gefunden zu haben. Unterhalb des auf dem Regenbogen sitzenden Weltrichters erscheint es in einer deutschen Handschrift[643] des Jahres 1419 als ein durch das Kreuz gevierteilter Schild mit drei Nägeln, der Lanzenspitze, der Geißel und dem Geißelblock in den Feldern; oben der Helm mit der Segenshand. Gleichzeitig dem Motiv der von Engeln Gottvater überbrachten Passionswerkzeuge und dem der Insignien wird die Darstellung auf dem Gobelin bei Sir Read gerecht. Manche der Waffen sollen real wiedergegeben sein, wenn auch z.T. zum Helmschmuck vereinigt, andere erscheinen als abgebildet, wie die Salbtöpfchen, oder als Bilder eines Wappens, auf dessen einem Felde sich aber auch das eigentlich nicht zu den Waffen gehörende Lamm Gottes findet. Dieser Mischtyp erlaubte die Betonung der wichtigst erscheinenden Waffen und die formal leichtere Unterbringung anderer. Auf dem Bilde der Marienkirche in Danzig[644] (um 1435) steht der Schmerzensmann vor dem Kreuz auf dem geschlossenen Sarkophage neben dem Kelch, dem purpurnen und dem weißen Rock. Zu Häupten des Sarkophages ist wie eine Säule die Lanzenspitze, in der Form der heiligen Lanze der Reichskleinodien, aufgerichtet. Auf der anderen Seite von Christus ein Wappenschild mit einigen der Waffen und dem Grabtuch als Helmdecke; die aus der Dornenkrone herauswachsende Hand hat das Wundmal. Im späten 15. Jahrhundert läßt der Monogrammist M B (L. VII, 381. 3) den Schmerzensmann im rechten Arm das Kreuz mit den Nägeln und dem Titel und mit der Linken das Wappen mit vielen Werkzeugen halten, ganz wie einen Kämpfer dieser Welt. Die Inschrift schlägt auch diesen Ton an: »In cruce pugnavi. Moriens mortem superavi [...]« In der Mitte des 16. Jahrhunderts wurde der Stich kopiert (ebd. 3a), was bemerkenswert ist, da es sich nicht durchsetzte, das Wappen in »irdischer« Weise Christus beizugeben. Bezeichnend dafür ist, daß in der Kirche von Somerby[645] ein Schmerzensmann des späten 15. Jahrhunderts auf einer Konsole steht, die mit einem vom Kreuz an drei Nägeln hängenden Wappenschild mit Werkzeugen geschmückt ist und mit Engeln, die weitere Waffen tragen. In einer englischen Handschrift[646] aus der Zeit Heinrichs VI. (1421–71) sind die Träger der »armys of our lord Jesus cryst after the forme[647] of the passyon« zu Wappenherolden geworden, deren Sinn sich in ihrer Funktion erschöpft. Es sind zwei Engel in einander zugekehrter symmetrischer Stellung. Sie sind mit Tuniken bekleidet und ihre Köpfe durch die Helme verdeckt, denen ein Teil der Waffen als Zier dient. In den äußeren Armen halten sie Lanzen mit einem Fähnchen, von denen das links das Lamm Gottes mit Kelch zeigt, während das rechts gevierteilt ist und den Speienden, die Würfel, die haarausreißende Hand, Herodes enthält. Die inneren Hände halten Schilde, auf denen dargestellt ist links das Schweißtuch der Veronika, rechts auf gevierteiltem

beantwortet die Frage, welches die herrlichen Waffen sind, die der Bräutigam der Seele gefertigt hat: »daz ist daz er sprach: lernet von mir das ich bin sanftmütig und demütiges hertzen«. (F. Vetter, Die Predigten Taulers, Berlin 1910, S. 404.)

639 Coloniae 1536, S. 685 –, »quae eius sunt arma? Nempe patientia charitas.«

640 P. I. tr. II. cap. 6. Zuerst 1528.

641 Opp. II. (Lugduni 1665) S. 613. Christi armatura.

642 Er heiratete 1653 und man kennt ein datiertes Blatt von 1680 (Auskunft des Maximilianmuseums Augsburg). Photo des Museums.

643 Leipzig, Stadtbibliothek. Ms. CXI. Rep. II. fol. 21. Bl. 181 v. R. Bruck, Die Malereien in den Handschriften des Königreichs Sachsen, Dresden 1906, S. 279.

644 H. Ehrenberg, Deutsche Malerei und Plastik von 1350–1450, Bonn 1920, S. 80, Abb. 68. – V.d. Osten, a.a.O., Abb. 45. – W. Drost, Danziger Malerei, Berlin u. Leipzig 1938, S. 18, Tafel 18.

645 J. Evans, a.a.O., I, S. 107.

646 Brit. Libr., Harley Ms. 2169, fol. 66 r; vgl. Sir Read in Archaeologia 68 zu pl. VIII. – C.J.P. Cave, ebd. 76, 1927, pl. XXVII, bringt dieselbe Darstellung aus dem College of Arms Ms. M 5 und nennt S. 166 zwei weitere aus Harley Mss.

647 So hat es nach dem zeitgenössischen Sprachgebrauch seine Berechtigung, das Wappen mit den arma als Bildern als Passionswappen zu bezeichnen. Natürlich, es soll ein Wappen Christi sein, aber er führte mehrere. »The Armys of our lorde, drave oute of the passyon«, Harley Ms. 2169, fol. 76 r. Siehe auch S. 96 »scutum passionis«.

Feld die fünf Wunden, die drei Salbtöpfchen, zwei gekreuzte Keulen, Judas mit dem Beutel um den Hals. Hier entspricht also die Zurüstung ganz der für die Insignien großer Herren gebräuchlichen. Herrschaftszeichen ist es auch, wenn die Waffen als Wappenbilder auf den von den Trompeten herabhängenden Fähnchen erscheinen, wie auf dem englischen Holzschnitte des Jüngsten Gerichtes aus dem späten 15. Jahrhundert Schr. 608, D. 15. Den Sinn des Herrschaftszeichens mit der Bedeutung des allgemeinen Hinweises auf den Herrn und damit zugleich auf den Sinn des Baues dürften auch die Schilde haben, die sich um 1500 an manchen ostenglischen Kirchen finden.[648]

»Herrschaft« Gottes ist ohne Beziehung auf den Heilsweg nicht denkbar. Deshalb muß oft die Erweckung des einen Sinnes notwendig auch unausgesprochen die des zweiten mit sich gebracht haben. Am deutlichsten wird das meines Erachtens in der Behandlung des Waffenthemas in dem schon herangezogenen Add. Ms. 12 215 der British Library, fol. 2v. Es enthält unter der Überschrift:

Cy ensuit tres deuot blason
des armes de nostre redempcion

ein Gedicht und eine Zeichnung. Ersteres läßt Gottvater sein Wappen bestimmen, damit die Gläubigen und am Jüngsten Gericht der Teufel ihn kennen: auf silbernem Grund – der »pure innocence« Jesu – ein goldener Herzschild mit den fünf Wunden. Dagegen enthält das gemalte Wappen am oberen Rand in voller Breite einen schmalen goldenen Streifen und darunter um und unter das Kreuz angeordnet eine ganze Anzahl der beliebtesten Waffen. Gottvater und der Gregorianische Schmerzensmann im Himmel – der Heilige Geist zwischen ihnen – und zwei kniende Engel auf der Erde halten den Schild. Gegeben war auch immer wieder die Assoziation Schild – Glauben – Kämpfer, wie sich das Gedicht auch an die souldats Gottes wendet.

»Arme me ihesu wit yi schelde« beginnt das Gebet der Nonne[649] im Ms. Faustina B VI pt. 2 der British Library aus der ersten Hälfte des 15. Jahrhunderts. Dargestellt ist der Scutum passionis mit einigen Waffen, den ein Engel hält.

Die Verwendung von Passionswaffen zur Charakterisierung des Glaubensschildes (im besprochenen Sinne) scheint im 16. Jahrhundert ungebräuchlich geworden zu sein. Ich kenne wenigstens kein späteres Beispiel als den Stich des Miles Christianus des zwischen 1576 und 1614 tätigen Thomas de Leu (Kreuz mit Lanze und Speer und Herz). Es hatte nicht an Widerspruch auch gegen diese Darstellung gefehlt. »Wer in den Krieg zieht, darf nicht unbewaffnet sein, weil er sonst zu leicht verwundet wird [...] Aber unsere Waffen sind geistliche, Liebesgaben, demütige Handlungen, Beten, Weinen und Fasten [...] Goldene Waffen sind die Namen Jesus, Maria und der Heiligen, silberne die Heilige Schrift und gelehrte und fromme Literatur. Porro arma pauperis et humilis servi dei sunt crux, clavi, lancea, preciosa quinque vulnera, et omnia passionis Christi stigmata in memoria scripta [...] Die Waffen der Jungfrauen usw. sind Reinigkeit, Scham« usw. Und das Gebet: »mit diesen Waffen umschließe uns Jesus und beschütze uns.«[650] Also alles ist auf innerliche Wirkung abgestellt, auch dort, wo man mißverständlich nach dem Ausdruck eine talismanartige Wirkung vermuten könnte.

Es scheint nicht bekannt zu sein, wozu der »shield of the passion«[651] gedient hatte, der in dem 1423 aufgestellten Inventar der Effekten König Heinrichs V. von England sich findet. Man konnte durchaus innerhalb des Rahmens des Wappenwesens bleiben und durch das Wappen mit den Passionswerkzeugen gerade die Bedingtheit aller irdischen Macht darstellen. So ist etwa in dem 1490 bei Johann Koelhoff in Köln erschienenen »der doernen Krantz van Collen«[652] über dem von den Kurfürstenwappen begleiteten Wappen des Kaisers das des Papstes zwischen einem Kardinalshut und einer Mitra und zuoberst das Wappen Christi angeordnet; die Beischrift erläutert: alle Obrigkeit ist von Gott. Man konnte das Paradoxe betonen, wenn hinweisende Beischriften unterstreichen, daß gerade die tiefste Erniedrigung die Erlösung bedingt, wie es in dem Stiche von Israhel van Meckenem (G. 498. L. 162) mit dem Kreuz und Wappenschild haltenden, auf der Weltkugel stehenden Schmerzensmann oder in dem mit einer Indulgenzverheißung versehenen englischen Holzschnitt Schr. 2017 m, D. 20 die Worte Ecce homo tun oder in dem Schlußholzschnitt der Thielman Kerverschen Hore diue uirginis Marie[653] die Unterschrift Redemptoris mundi arma mit dem Hinweis auf Lc 9,23ff., in denen die Aufforderung zur täglichen Leidensbereitschaft und die Warnung vor der Scheu vor dem Bekenntnis zu Christus enthalten sind. In einem deutschen Gebetbuch der ersten Hälfte des 17. Jahrhunderts[654] beginnt die Unterschrift: »Dis Wopen sol man ueber alle Wopen erheben / Dan es zeigt an, wordurch wir haben das ewige Leben.« Wenn also auf der ersten Seite einer

648 Cuming, in: The Journal of the British Archaeological Association 31, 1875, S. 93, Pl. 8, 4–6.

649 Fol. 17. v. L. Twining, a.a.O., pl. XIX, 4. Als scutum fidei erscheint auf fol. 18 v ein Schild mit der trinitarischen Formel »Pater non est Filius« usw. Über das Ms. siehe W. Hübner, in: Archiv für das Studium der neueren Sprachen und Literaturen, 126, 1911, S. 58ff.

650 Die Ausführung findet sich fast identisch in Job. Lampsheym, Speculum conscientie, Spire 1496 (Druckfehler: 1446), fol. XVI v und in U. Pinder, Speculum passionis, Nürnberg 1507, fol. CXXXVIII v.

651 Cuming, a.a.O., S. 92, Anm. 2.

652 A. Schramm, a.a.O., XII, Abb. 521. Ebd. spätere Benutzungen.

653 Paris 1516. T.F. Dibdin, a.a.O., S. 52, bildet mit geringen Änderungen und im Gegensinne das Wappen aus einem Regnaultschen Buche ab, Chr. Wordsworth, a.a.O., pl. VIII aus Horae, die 1546 bei der Witwe Kerver erschienen. Cuming, a.a.O., S. 94 bespricht eine von zwei Einhornen gehaltene Variante aus einem gleichfalls bei der Witwe Kerver erschienenen Buch.

654 Vgl. F. Wimmer, in: Organ für christliche Kunst 18, 1868, S. 161. Der Aufsatz ist der früheste dem Waffenthema speziell gewidmete. Der von G. Hutten in: Liturgie und Kunst, 1919/20, S. 95ff. brachte nichts Eigenes. Erst während der Korrektur lernte ich M. Mackeprangs Artikel in: Aarbøger for Nordisk Oldkyndighed og Historie, 1951, S. 178ff. über die Waffen Christi in heraldischer Form in Dänemark kennen. Einige interessante Beispiele sind abgebildet.

30 Ms. 4615, fol. 1, Frankreich, um 1510 (Paris, Bibliothèque de l'Arsénal)

Biblia pauperum[655] der Mitte des 15. Jahrhunderts zwischen drei Familienwappen in größerem Maßstabe das Wappen Christi, neben dem schwebende Engel Schwammstab und Silberlinge bzw. Zange und Hammer tragen, erscheint, so können wir den Sinn nunmehr erkennen: non nobis, Domine, non nobis [...]

In der Miniatur einer französischen Handschrift[656] um 1510 (Abb. 30) ersetzt typologisch das von Gottvater gehaltene Wappen, neben dem Maria und Johannes stehen, den Schmerzensmann, wie wir ihn z.B. auf dem Read-Gobelin fanden. Verkörpert er die Leidenskontinuität in seiner Person, so verdeutlichen die arma durch die Häufung der betonten Hinweise auf die isolierten Szenen das Furchtbare. Die Leiter, deren Beziehung zur Kreuzabnahme besonders betont werden sollte, ist unter den Arm des Gekreuzigten gestellt. Schon dem späteren 15. Jahrhundert war die Tauglichkeit der Wappenform zum Ersatz der menschlichen Figur aufgegangen. Es bedurfte nur kleiner Abweichungen von den üblichen Darstellungsweisen, um durch das Wappen die nicht dargestellte Beziehungsperson aller Waffen, zu denen ja auch Maria und Johannes gehören, für die geistigen Augen als Hauptperson gegenwärtig zu machen. Aus diesem Grunde ist in dem Stich des Meisters des Hausbuches L. VIII, 125, 51 der Wappenhelm durch den Kopf der Vera Ikon ersetzt, aus dem die Zier herauswächst. In dem deutschen Holzschnitt[657] (um 1470) Schr. 2017 ist die Sprache der von der nimbierten Segenshand[658] gehaltenen Geißel so unmißverständlich, daß ihr Opfer vor Augen gezwungen wird. Der Meister der Berliner Passion hatte (L. III, 119, 81) zwischen zwei der bezeichnendsten Wappentiere Christi, das Einhorn und das Lamm, als Schildhalter das Wappen auf den Sarkophag gestellt (das dritte, der Löwe, findet sich in dem Zimier). Da ist wie einem Toten das Wappen auf das Grab gelegt – für die Anschauung eine Vertretung der menschlichen Gestalt durch den Hinweis auf ihr übergroßes Leiden. Die seltene Aufnahme des Gekreuzigten in das Wappen der französischen Miniatur erklärt sich als gewissermaßen indirekte Einbeziehung des Wappeninhabers in die Darstellung. Halten Christus und Maria das Wappen mit den Waffen wie in den Stichen des Meisters E. S., L. 188 und 189, so ist die beabsichtigte Veranschaulichung von passio und compassio klar. Die z.T. als Wappenhalter verwendeten Evangelistensymbole bekunden die biblische Grundlage der Darstellung, die in L. 189 durch die von Propheten noch verbreitert ist.

Die Bedeutung des Wappens als eines vollwertigen Abzeichens tritt zurück, wenn es nur formal eine bequeme Vereinigung von Waffen ermöglicht, die an sich auch nur einen Teil des Bildinhaltes darstellen. Wie stark der erzählende Charakter der Darstellung dadurch betont werden konnte, belege hier die Zeichnung aus einem deutschen Wappenbuch von um 1500 (Abb. 31), bei der für die Gesamtbetrachtung der Hauptton auf den Evangelisten und der Hand mit der Lanze mit dem als Fähnchen angehefteten Schweißtuch liegt, die etwas Sieghaftes hat und als Veranschaulichung der Auferstehung wirken muß – das Leiden wird auf einen zweiten Plan als schon Überwundenes und nun Erzähltes zurückgedrängt. Dieser Typus entwickelte sich zu einem gewissermaßen mnemotechnischen, der auf einem mitteldeutschen, wahrscheinlich aus protestantischen Kreisen stammenden Holzschnitt[659] der Mitte des 16. Jahrhunderts (Abb. 32) noch über den Speculumtyp der Maria hinaus an außerhalb der Passion gelegene Ereignisse erinnert. Die Auswahl ist charakteristisch: die Wunder, das Versagen der Jünger, die Teilnahme der Umwelt beim Tode werden besonders betont, Darstellung Christi ist vermieden. Das ist

655 Brit. Libr., Add. Ms. 15 249, fol. 1 r. – Heitz-Schreiber, pag. 31, Nr. 21. – Cornell, a.a.O., S. 119. Nach den charakteristisch weichlichen Gesichtern Nonnenarbeit.

656 Paris, Bibl. de l'Arsénal, ms. 4613, fol. 1. – Martin, Cat. IV, S. 403 datiert die Handschrift ins 15. Jahrhundert, was für die Miniatur zu früh ist.

657 P. Kristeller, a.a.O., Tafel 47.

658 In L. 189 des Meisters E. S. hat sie das Wundmal, in L. 188 nicht.

659 München, Bayerisches Nationalmuseum, unveröffentlicht. 263 : 315 mm. Am Rande rechts unvollständig. Eine etwas variierte Kopie auf einer Miniatur des 17. Jahrhunderts in: Der Deutsche Herold 41, 1910, S. 200.

31 Wappen Christi, Zeichnung, Deutschland, um 1500 (Berlin, Kupferstichkabinett SMPK)

32 Wappen Christi, Deutschland, um 1550 (München, Bayerisches Nationalmuseum)

Bilderzählung in heraldischer Einkleidung, deren Charakter durch die Verweise auf den verlorenen Text unterstrichen wird. Die Stimmung ist neutral, wie ein Vergleich mit der Bruderschaftsfahne[660] des Schweizer Landesmuseums aus dem frühen 16. Jahrhundert (Abb. 33) besonders deutlich zu machen geeignet ist. Auf ihr ist etwas von dem ungeheuren Ernst eingefangen und veranschaulicht, der nach dem protestantischen Hortulus animae (Nürnberg 1548. fol. c III r f.) St. Bernhard nach der Betrachtung des Leidens Christi voll Schrecken sagen ließ: »Es ist mir nicht mehr zu spilen vnd sicher zu sein, wenn ein solcher ernst dahinden ist.« Hier ist die Furchtbarkeit des Leidens veranschaulicht, und zwar hauptsächlich durch die physiognomische Kunst, die in den sechs Gesichtern von der engen Scheinheiligkeit des Kaiphas und der jovialen Skepsis des Pilatus bis zur stumpfen Tierischheit des Speienden erschreckende Typen menschlicher Bosheit gestaltete. Hier ist die Furchtbarkeit der göttlichen Macht veranschaulicht in der wie starr-unerbittlich nach oben weisenden Hand, in den Majestätssymbolen der Engel. Das Ganze ist wie eine Veranschaulichung jenes mit zu den biblischen Grundlagen des ganzen Waffenwesens gehörenden ersten Verses des 92. (93.) Psalmes: »Der Herr ist König und herrlich geschmückt [...]« Hierher gehört z.B. auch die Reliquientafel des Prager Domschatzes[661] von 1602, deren Thema Veranschaulichung des triumphalen Sieges Christi über Tod und Teufel unter Hervorhebung seiner Etappen ist. »Haec est victoria quae vincit mundum, fides nostra« (I Io 5,4), diese Inschrift des Altars von Boulbon[662] träfe genau den Sinn. Vor dem Abzeichen Christi müssen alle Abzeichen irdischer Nobilität verbleichen[663], und so ist die einfachste Veranschaulichung dieses Gedankens jenes mit dem Zeichen der höchsten irdischen Macht, der Königskrone[664], zu verbinden. Daß man demgegenüber die Stimmung auch ganz aufs Lugubre stellen konnte, belege hier der Holzschnitt des deutschen Monogrammisten G B, der gegen 1550 entstanden sein dürfte (Abb. 34). Hier herrscht die Klage über einen Dahingegangenen vor.

660 Seide, Malerei hauptsächlich in Gold und Schwarzbraun.

661 Topographie der historischen und Kunst-Denkmale im Königreich Böhmen, 24/2, 1, Prag 1903, S. 83f. (A. Podlaha u. E. Sittler, Prag, Hradschin, Domschatz.) Getriebenes, vergoldetes Kupfer. Bemerkenswert die den Stil der Waffendarstellungen fast sprengenden ausführlichen Wiedergaben der Priester-, Pilatus- und Volksszenen (crucifige!).

662 F. de Mély, Fond. Piot., 1906, S. 88.

663 C. Schulting, a.a.O., S. 50.

664 X. Barbier de Montault, Traité d'iconographie chrétienne, Paris 1890, II, S. 144 erwähnt eine Serie von Wappenschildern mit den arma Christi und der Königskrone, die Murillo zugeschrieben wurde.

33 Bruderschaftsfahne, Schweiz, Anfang des 16. Jahrhunderts (Zürich, Schweizerisches Landesmuseum)

Die der Wappenform immanente Idee mußte immer wieder von neuem das Problem stellen, was soll das redende Wappen in heraldischer Sprache über den »Wappenträger« aussagen.

»Vil alte cristen haben gdispudiert
und Cristo iesu ein wapen gvisirt
Welchs der Heilegen Schrift gmese ist [...]«,

heißt es in den Versen des Lukas Bleybinger[665] auf dem Stich Balthasar Jenichens von 1563 (P. IV. 201, 41, Abb. 35). Es bedeuten im ersten Feld der Regenbogen den gnädigen barmherzigen Gott und der Stern die Gottheit (die göttliche Klarheit?), Inful und Krone Christi Abstammung aus priesterlichem und königlichem Geschlecht.

»Wie die Kugel rundt und symblich ist,
So hat sein Reich kein end noch frist.
Er ist auch das gedultig Lamb,
Der der gantzen Welt Suend hin nam.
Der Kelch das heylig Sacrament [...]«

Dann werden die Passionswaffen genannt, die z.T. als Helmzier dienen, wie das Grabtuch als Helmdecke, als Herzstück die fünf Wunden. Schlußvers: »So hats glesen Lucas Bleybinger.« Hier hat die Lehrhaftigkeit jede Inbrunst der Form vertrocknen lassen, und die Anschauung vermittelt nicht mehr als das Wort, das illustriert werden soll. Aber gerade diese Kargheit muß protestantische Kreise angesprochen haben, denn der Stich wurde in einer Holzschnittkopie noch einmal von Bartholomäus Käppeler[666] in Augsburg verbreitet als »Das Wappen des unüberwindlichen Ritters Jesu Christ«. Die einfachste Lösung für die Wahl der Wappenbilder bestand in der Darstellung des Kreuzes oder, wenn man die irdische

665 Ich konnte nichts über ihn ermitteln, auch nichts über die Bedeutung von »symblich«.

666 Nachweisbar 1580–1627 (Mitteilungen des Maximilian-Museums Augsburg).

Sachwelt verlassen und zugleich Irdisches und Himmlisches veranschaulichen wollte, in der der fünf Wunden. Diese beiden Wappen bleiben außerhalb der Grenzen unseres Themas, die das zweite nur wenig überschreitet, wenn weitere Waffen den Helmschmuck[667] bilden. Es konnte aber andererseits als geschlossene Form in andere Waffendarstellungen eindringen, wie auf dem schon erwähnten Holzschnittrahmen Schr. 908 c oder auf dem englischen Holzschnitt[668] Schr. 1795 g, D. 19, wo es das Herzstück einer trophäenartigen Zusammenstellung bildet. Die fünf Wunden verbanden den Vorteil einer sehr geeigneten Wappenbildform, sei es in ihrer naturalistischen, sei es in abgekürzter Gestalt, mit dem ihrer unmittelbaren Verbindung mit Christus. So finden sie sich denn mit dem fortschreitenden 16. Jahrhundert immer häufiger aufgenommen. Ein in Gent 1567 erschienenes Wappenbuch[669] teilt Christus ein gevierteltes Wappen zu mit ihnen, dem Erdapfel, der Arche Noah, dem Sündenfall als Bildern, dem Heiligen Geist über dem ganzen und zwei gekreuzten Schlüsseln hinter dem Wappen: also Veranschaulichung des Heilsplanes in Wappenform.

In der Praxis ist sicherlich öfter mit Absicht undefiniert geblieben, was eigentlich im Einzelfall jeweils genau die Vereinigung der Waffen auf einer Schildform oder ihre Verteilung auf eine Mehrzahl von Schilden bedeuten sollte. Man hatte der Erfahrung entnehmen müssen, daß sie formal sehr erleichterte Möglichkeiten darstellten, der Zusammenordnung einen dekorativen Sinn zu geben und daß man sie nutzte, ohne damit stets absichtlich auch den rational-soziologischen oder -gegenständlichen heranziehen zu wollen. Wenn die wohl schon dem späteren 15. Jahrhundert entstammenden Fliesen der Kirche von Great Malvern (Worcestershire) mit einem u.a. auch minder wichtige Waffen wie die Axt und den Hammer enthaltenden Schilde dekoriert wurden, so konnte nicht die Absicht sein, das Wappen oder den Schild des Herrn mit den Füßen treten zu lassen, aber jede Rücksicht trat zurück gegenüber dem Wunsch, die verehrten und heilkräftigen Zeichen in möglichst großer Zahl dem Kirchenbesucher nahezubringen.[670] Da sich seit dem späteren 15. Jahrhundert mehr und mehr die Sitte verbreitete, die Waffen jeweils zu nicht zu vielen auf verschiedene Felder zu verteilen und andererseits diese sonst ganz neutral oder ornamental zu behandeln – vgl. als Beispiele etwa den umbrischen Sakramentsschrein aus Perugia im Berliner Kunstgewerbemuseum[671], die

34 Deutscher Monogrammist G B (Holzschneider W D), Wappen Christi, gegen 1550 (Berlin, Kupferstichkabinett SMPK)

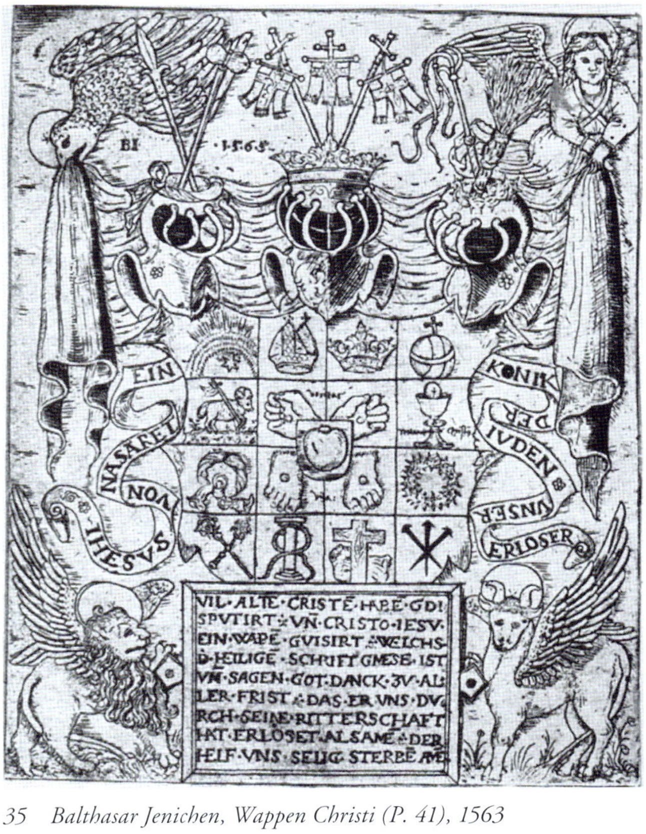

35 Balthasar Jenichen, Wappen Christi (P. 41), 1563

667 Vgl. z.B. V. Leroquais, Les sacramentaires etc. des bibliothèques publiques de France, III, Paris 1924, S. 189. Missale Paris, Bibl. Nat., ms. lat. 17 313, fol. 63 v. Helmschmuck: Säule mit Hahn zwischen zwei Rutenbündeln.

668 Zweite Hälfte 15. Jahrhundert. Schr. 1795b, D. 18 ist eine unklarere Übergangsform, in der bei sonst gleichem Aufbau zwei Engel die Dornenkrone und das Wappen halten.

669 Ich zitiere nach X. Barbier de Montault, in: Revue de l'art chrétien, 32, 1881, S. 390. Seine Quelle habe ich im Giornale araldico 1879 nicht identifizieren können.

670 Über Verbote, den Fußboden mit geheiligten Zeichen zu schmücken, vgl. Fr.X. Kraus, Geschichte der christlichen Kunst, II, 1, Freiburg/Br. 1897, S. 366.

Kanzel in Huckarde[672], auf deren Seitenwänden die Waffen von Krabbenrankenwerk umgeben sind, das mährische Steinkreuz[673], das wohl schon dem fortgeschritteneren 16. Jahrhundert angehört –, so mußte den heraldische Formen besonders liebenden Kulturen selbst schematische Benutzung naheliegen. So dürfte es nichts Besonderes ausdrücken wollen, wenn um 1500 auf den Feldern von Chorgestühlen z.B. in der Trinité von Vendôme, der Klosterkirche in Berlin[675] und in Braunton (Devonshire) oder in englischen Glasgemälden[676] die Waffen auf Schilde aufgelegt sind. Und doch kann man nicht übersehen, daß der immer wiederholte Hinweis auf eine Beziehungsperson – in Berlin geschieht es 58mal – sie derart in Erinnerung ruft, daß die Gesamtheit der Zeichen dann doch wie ein Abzeichen von ihr wirkt. Wenn auf dem Rahmen des Bronzereliefs[677] der Madonna von Hans Vischer (1530) Schilde mit Werkzeugen verteilt sind, so dient hier ein von fürstlichen Grabdenkmälern her geläufiges dekoratives Schema der notwendigen Zerlegung umfangreicher Wappen zur Veranschaulichung des Themas des kindlichen und des mütterlichen Vorleidens. Wenn man entsprechend einer zu Anfang des 16. Jahrhunderts gebräuchlichen Ausschmükkungsart an Taufbecken auf die Passion hinweisen wollte – zugrunde liegt I Io 6,5: »hic est qui venit per aquam et sanguinem« usw. –, so haben die Waffen diesen Zweck zu erfüllen, ob sie nun wie z.B. 1522 auf dem Taufsteindeckel von S. Zeno in Reichenhall[678] von elf Engeln getragen werden oder ob sie wie auf vielleicht etwas früheren englischen Beispielen[679] auf Schilden aufliegen. Nicht im Sinne des Abzeichens, sondern weil ihnen dadurch die gleiche Beachtung wie den größeren Waffen gesichert ist, sind wahrscheinlich auf dem Altar von Arques[680] (Seine Inf., um 1560) Herz und Nägel auf einem Wappenschild untergebracht. Diese Möglichkeit, innerhalb eines größeren Ganzen einige Waffen besonders hervorzuheben, führte wohl auch Guillaume le Rouge zu der Komposition seines Waffenholzschnittes im Kalendar of Schyppers[681] von 1503. Es ist nicht wahrscheinlich, daß den von ihm auf einem Schilde vereinten Waffen eine hervorstechende objektive Bedeutung zugewiesen werden sollte – das wäre beim Judasbeutel, den Würfeln, den Kreuzkeilen bestimmt nicht der Fall, wenn auch möglich beim Kreuz mit den Nägelmalen, dem Titel und dem auf ihm befestigten, von der Dornenkrone umgebenen Herzen, in dem die drei Nägel und die Lanzenspitze[682] als Wundenreißer stecken. Wohl lag aber eine besondere Andachtsbeziehung vor. Der Schild wird von zwei knienden Engeln gehalten, von denen der links noch den Schwammstab, der rechts die strickumwundene Säule mit dem Hahn tragen; zwischen ihnen aufgerichtet schwebend Rutenbündel und Geißel. Für eine Angelegenheit des guten Geschmackes möchte ich es halten, wenn Israhel van Meckenem[683] auf seinem Stich L. IX, 197, 199 (um 1480) die fünf Wunden entsprechend auf einem Schilde vereinte. Dagegen dürfte den Sinn des Abzeichens – denkt daran, wen ihr hier seht! – der Schild mit Kreuz, Säule und Leiter haben, der außer dem Monogramm Christi auf dem Piedestal des Thrones der Maria einer Miniatur in einem französischen Livre d'Heures[684] der Mitte des 15. Jahrhunderts angebracht ist. Aber er ist nicht einmal dann gesichert, wenn die Schilde von Engeln gehalten werden. So haben z.B. die wenigen, sehr betonten Waffen, die auf Schilden in der Arkatur des Nischengrabes des 1483 gestorbenen Sir Richard Choke in Long Ashton (Somerset)[685] von vier Halbfiguren von Engeln getragen werden, inschriftlich gesichert, den alten, uns von vielen Epitaphien her bekannten Sinn der Anrufung der Passion des Erbarmers: »[...] for the love of thi passion bryng ye soules to salvation [...]« Es ist das gleiche, was ohne Worte die von Engeln getragenen Waffen an den Grabmälern z.B. des Sir John Speke[686] von 1517 und des Kardinals Albrecht von Brandenburg[687] von 1536 sagen. Am letzteren sind auch die fünf Wunden einbezogen, und ein Vergleich mit dem genau ein Jahrhundert älteren Kanonbild (s. oben S. 162) und dem gleichzeitigen »für die Kölner Kartäuser« nur das Leiden betonenden Blatt[688] verdeutlicht, wie gut man gelernt hatte, das Leiden und zugleich das Erbarmen zu veranschaulichen, ohne viele der Waffen zu benötigen.

671 O.v. Falke, in: Amtliche Berichte aus den Preußischen Kunstsammlungen Berlin, 30, 1908/09, Sp. 141f. – Cicerone I, 1909, S. 192f.
672 Die Bau- und Kunstdenkmäler von Westfalen, 3, Münster 1895, Tafel 16. (A, Ludorff, Dortmund-Land.)
673 Mitteilungen der K. K. Centralcommission, NF 25, Wien 1899, Tafel X, 101.
674 *Diese Fußnotennummer wurde im Originaltext nicht vergeben. (Anm. d. Bearb.)*
675 R. Borrmann, Die Bau- und Kunstdenkmäler von Berlin, Berlin 1893, S. 194. Bemerkenswert der Würfelbecher.
676 Cuming, a.a.O., S. 95. – G.M.N. Rushforth, Medieval christian imagery[...] of Great Malvern priory church, Oxford 1936, S. 255f. – Vgl. auch Victoria & Albert Museum, Catalogue of English Furniture, I, S. 190f. – Fr. Bond, Dedications and Patron Saints of English Churches, London 1914, S. 278f.
677 Aschaffenburg, Stiftskirche. Die Kunstdenkmäler des Königreiches Bayern, III, 19, München 1918, S. 76, Tafel XI. (F. Mader, Stadt Aschaffenburg.)
678 Ebd., I, 3, S. 2902.
679 Cuming, a.a.O., S. 96. In Felixstowe (Suffolk) begegnen wir zum erstenmal unter den arma dem Schiff, dessen Aufnahme hier wohl durch den Hinweis auf ein Wasserwunder bedingt ist.
680 Bibliothèque du Musée de Sculpture comparée du Trocadéro, VI, Pl. 7. – J. Evans, a.a.O., S. 114.
681 Paris. Pour A. Vérard. fol. 85 v. Der Schnitt wurde später auch als Druckermarke verwendet.
682 Die Lanzenspitze ersetzt manchmal – auch wenn sie nicht in originaler Größe erscheint – die Lanze; vgl. z.B. das Waffenbild des Bart. Bonasia (Modena, Pinakothek) von 1475, auf der sie außer der Laterne, den Nägeln, Hammer, Zange und Waschgefäß vor dem Sarkophage liegen, in dem Christus zwischen Maria und Johannes steht und auf der dem noch einige wenige Waffen liegen oder lehnen, wie etwa der Schwammstab.
683 Z.B. von Örtzen, a.a.O., Abb. 12 (S. 39f.).
684 Aix-en-Provence. ms. R. A. 74; F. de Mély, Fond. Piot S. 95ff.
685 A.C. Tryer in: Archaeologia 74, 1925, S. 51f., Pl. XII, 1.
686 T. Evans, a.a.O., S. 107, Anm. 3.
687 Stiftskirche Aschaffenburg. Unterseite des Baldachins. Abb. in Br. Bucher – A. Gnauth, Das Kunsthandwerk III, Stuttgart 1876, Tafel 41. – K. Richstätter, a.a.O., nach S. 232.
688 K. Richstätter, ebd.

36 Schlußstein, England, um 1500 (Bristol, St. Mary Redcliffe)

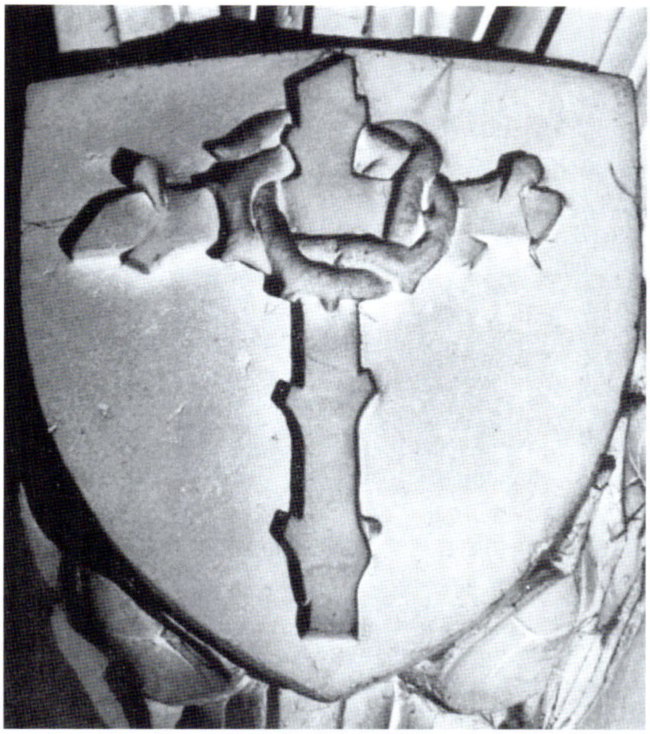

37 Schlußstein, England, 1. Viertel des 16. Jahrhunderts (Bristol, Kathedrale)

Schon im späteren 14. Jahrhundert hatte man begonnen, waffentragende Engel gern als Thema des Gewölbeschmuckes, sei es als Gewölbemalereien auf den Feldern, sei es als Schlußsteinschmuck, und zwar vorzüglich im Chor, zu wählen. Es war das ein besonders einprägsamer Ort für diese Hinweise auf die Passion und den Erlöser. Die frühesten Beispiele, von denen ich weiß, finden sich in der Karmeliterkirche von Mainz[689] (um 1370) und in der Cölestinerkirche von Avignon[690], wo als Zentraldarstellung der Schmerzensmann selbst wiedergegeben ist. In den Jahrzehnten um 1500 (wie später in denen um 1700)[691] war dieser Deckenschmuck besonders beliebt, vgl. z.B. die Schatzkapelle des Domes zu Loreto (Melozzo da Forlì, 1478), den Chor der Kathedrale von Winchester[692], die Decken in Southwold[693] (Suffolk) und im Château de Pinepeau in Grezille (Maine et Loire)[694], die Kirchen in Enanger und in Alnö.[695] Ob demgegenüber der Sinn des Abzeichens des Herrn des Hauses mit einbezogen werden soll, wenn die arma anstatt in den Händen von Engeln auf Schilden erscheinen, läßt sich nicht mit Sicherheit sagen; möglich ist es, denn so brachte man gern die Wappen des Bauherrn an. Auf zwei Schilden finden sich z.B. an Rippen über Heiligenstatuen Passionswerkzeuge in der Pfarrkirche von St. Goar[696] (zwischen 1469 und 1479). In großen Serien erscheinen sie auf Schlußsteinen englischer Kirchen[697] der gleichen Jahrzehnte; als Beispiele dienen hier, aus St. Mary Redcliffe in Bristol (Abb. 36)[698], aus der Kathedrale von Bristol (Abb. 37), wohl schon aus dem 16. Jahrhundert, wie die als die beste der Serien von Cave[699] veröffentlichte der Kathedrale von Winchester. Damit hatte die alte Andacht zu den Waffen im Lande ihrer größten Beliebtheit die monumentalste Veranschaulichung gefunden.

Ich wiederhole, es läßt sich nicht immer im Einzelfall sagen, ob die Wappenform einen spezifischen Sinn mitbekommen sollte oder ob sie rein dekorativ verwendet ist. Man kann es nicht wissen bei Beispielen wie dem Fenster von Malvern Abbey.[700] Andererseits ist durch die Betonung des für sich getragenen Wappenhelmes – Zier ist stets die Dornenkrone

689 P. Clemen, a.a.O., S. 281f. Weitere Beispiele S. 275 vom Anfang des 15. Jahrhunderts u. a.

690 Fr. Bond, Wood Carvings in English Churches, I, London 1910, S. 145.

691 Ich nenne einige deutsche Beispiele: Mainberg: Putten mit Waffen; Stuckdecke eines Amtsgebäudes, gegen 1705. Kunstdenkmäler des Königreiches Bayern III, 17, S. 213f. – Ähnliche Decke in Heidenfeld um 1732; ebd., S. 176. – Acht Engel mit Waffen an der stukkierten Decke der Schatzkammer des Domes Trier von S. Beschauf; Auftragserteilung 1709. (Aufbewahrungsort von Passionsreliquien; K. Lohmeyer, in: Zeitschrift für christliche Kunst 30, S. 125.) E. Beitz, Das heilige Trier, Augsburg 1927, Abb. 88. – Trophäen aus Waffen z.B. an Stuckdecken der Kirche zu Essenbach (Abb. 2) und in der Kuppel von Notre Dame in Eichstätt von 1721, Kunstdenkmäler in Bayern, Niederbayern, 2, Tafel VI und Mittelfranken, 1, S. 364, Tafel XLI.

692 Fr. Bond, a.a.O., S. 145. – Cave a.a.O., S. 161.

693 Abb. Burlington Magazine, 55, 1929, S. 80, pl. II D.

694 Musée de sculpture du Trocadéro. La Passion du Christ dans l'art français 1934, Nr. 210 T.

695 H. Cornell, Norrlands kyrkliga konst, Uppsala 1918, fig. 92 und pl. V, S. 118; die Beschreibung scheint mir nicht ganz richtig zu sein.

696 P. Clemen, a.a.O., S. 369, Tafel 85.

697 Siehe die Aufsätze von C.J.P. Cave in: Archaeologia, vol. 76ff. und Roof bosses in medieval churches, Cambridge 1948, passim.

698 Wohl vor 1500.

699 Archaeologia, 76, S. 161ff., pl. XXVIIIff.

700 Cave, a.a.O., S. 165.

und ein Tuch – auf einer Gruppe rheinischer Denkmäler[701] des frühen 16. Jahrhunderts die Aufteilung als solche verstandener Wappenbilder auf eine Mehrzahl von Trägern gesichert. Zu einer solchen Reihe könnte auch der ein Herz haltende Engel in Beverley Minster[702] gehört haben. Hier hatte sich der heraldische Motivkreis gelegentlich offenbar dem alten Motiv der die Insignien haltenden Engel überpflanzt, das aber schon allein durch die Vorstellungen vom Erscheinen des Weltrichters in voller Lebenskraft erhalten worden war. Wie Hubert van Eyck den vor dem Kreuze Sitzenden[703] mit Engeln mit den Hauptwerkzeugen umgibt, so läßt sie Michelangelo mit großem Kraftaufwand herbeibringen, und als Bartholomäus Spranger 1567 für Papst Pius V. das Jüngste Gericht des Fra Angelico kopierte[704], da ersetzte er dessen einen Kreuzträger durch eine Dreiergruppe von Waffenhaltern. Das größte Aufgebot von Waffen, unter denen auch Sonne und Mond nicht fehlen, vereinigte wohl im 15. Jahrhundert auf einer Weltgerichtsdarstellung Bonfigli[705] (Gonfalone von S. Maria Nuova in Perugia). Da soll wiederum veranschaulicht werden: das litt ich für dich. Also das begründende »Herrschaftszeichen«, wie es auf dem Mittelbild des Genter Altares das Lamm umgibt, hier zugleich aber mit dem Sinn der Veranschaulichung der ständigen Gültigkeit der Erlösung, was auch seine Aufgabe bei manchen Dreieinigkeitsdarstellungen mit thronender zweiter Person bleibt, wofür als Beispiel das Rosenkranzbild[706] von 1499 in Weilheim (Württemberg) genannt sei. Allgemeiner und ungeschiedener als Hinweis auf die Passion und ihre Geschehnisse, auf den Erlöser und die Erlösung sind dagegen offenbar solche Reihen von waffentragenden Engeln gemeint, wie die fünf des Gobelins der Kirche Notre-Dame-de-Nantilly in Saumur[707], wie die sieben der drei Gobelins der Kathedrale von Angers[708] (zwischen 1513 und 1520) – hier der Sinn inschriftlich gesichert –, wie die vier in der Kirche von Marienberghausen[709], wahrscheinlich des ersten Jahrzehnts des 16. Jahrhunderts, wie die sechs am Rosenschen Erbbegräbnis in der protestantischen Nikolaikirche in Reval von 1655[710], die zehn des Ponte S. Angelo in Rom[711] von 1688.

Bis ins 18. Jahrhundert hinein behielten die Werkzeuge, selbst in geringerer Anzahl, die Kraft eines vollgültigen Symbols für den wesentlichen Inhalt des christlichen Glaubens, denn sicherlich ist es die Fides, die an der Rückwand der Kanzel des Passauer Domes[712] (Anfang des 18. Jahrhunderts) einige Waffen hält, wie Breughel d.Ä. den Inhalt der Predigt in seiner Fides-Zeichnung von 1559 mit den im Vordergrund auf den Boden verstreuten veranschaulichte. Wenn auf einem Chorbuchständer aus dem Salzburger Dom[713] von um 1755 die Werkzeuge (mit und ohne Engelknaben als Träger) den gegenständlichen Inhalt der Dekoration bilden, so haben sie den wesentlichen Kern des Glaubensinhalts zu veranschaulichen, eine Aufgabe, die ihnen auch z.B. wegen der zentralen Stellung, die er der Taube des Heiligen Geistes gab, aller Wahrscheinlichkeit nach Joh. Phil. Steudner in Augsburg um 1680/90 in einem stark dekorativ gestalteten Holzschnitt[714] anwies, auf dem sie in sechs Medaillons die Intervalle eines Blattsternes füllen. Ein Engel mit einzelnen Waffen findet sich in der kirchlichen Dekoration des 17. Jahrhunderts häufig verwendet, in der Regel wohl als Bekundung einer besonderen Verehrung für sie, wie sie auch zu der Verwendung der Waffen als Schmuck auch von profanen Geräten führte, wofür als Beispiele genannt seien ein Teller des Stefano di Filippo Fattorini in Cafaggiolo[715] um 1520/25 (trophäenartiger Aufbau), eine geätzte Schloßplatte[716] von einem Möbel des späten 16. Jahrhunderts (Sternform aus Leiter, Kreuz, Säule, Rute), eine Elfenbeinbüchse[717] wohl der Mitte des 17. Jahrhunderts und eine Kreussener Schraubflasche[718] des gleichen Jahrhunderts. Eine Andachtsbeziehung und zugleich den Wunsch nach dem Schutz des mächtigen Zeichens mag es bekunden, wenn um 1512 der Verleger der komplutensischen Polyglotte, Guillen de Brocar[719], die Waffen in sein Signet aufnahm. Das gleiche mag zur Anbringung der arma auf Kirchentüren[720] geführt haben.

Daß die Waffen bis zur Gegenwart als vollgültige Darstellung der Passion dienen konnten, belegen Ordensinsignien. Sie bilden ebensogut die Dekoration des Kreuzes des 1696 gestifteten Ordens vom Leiden und Sterben Christi des prote-

701 Ein Engel im Deutschen Museum in Berlin aus Xanten (R. Demmler, Die Bildwerke des Kaiser-Friedrich-Museums in Berlin, III, Berlin 1930, S. 316, Nr. 7720.). Je zwei Engel: Die Kunstdenkmäler der Rheinprovinz, I, 3, Düsseldorf 1892, S. 67 (P. Clemen, Kr. Moers.); und II, 2, Düsseldorf 1893, S. 49 (P. Clemen, Duisburg, Mühlheim und Ruhrort.). Die Bau- und Kunstdenkmäler von Westfalen, 40, Münster 1931 (J. Körner u. N. Rodenkirchen, Stadt Bocholt.).

702 Fr. Bond, a.a.O., S. 155f. Die Deutung auf Augustin ist sehr unwahrscheinlich.

703 Weltgericht. New York, Metropolitan Museum, A. Guide to the Collections, II, 1934, S. 106.

704 Fr. Schottmüller, a.a.O., Tafel 140f. S. 234.

705 W. Rothes, a.a.O., S. 191.

706 Von Oertzen, a.a.O., Abb. 19. S. 55f.

707 Barbier de Montault, Traité S. 146.

708 L. de Farcy, Histoire [...] des tapisseries de la Cathédr. d'Angers, Lille, Angers, S. 53ff.

709 P. Clemen, a.a.O., S. 405, Tafel 96. Bemerkenswert an der Kreuztrophäe der als Gegenstück zum Rutenbündel vom Querbalken herabhängende Nagel.

710 E. von Nottbeck u. W. Neumann, Geschichte und die Kunstdenkmäler der Stadt Reval, II, Reval 1904, S. 89.

711 X. Barbier de Montault, a.a.O., S. 197 mit den Inschriften.

712 Die Kunstdenkmale von Bayern, IV, 3, München 1919, Tafel VIII, S. 63. (F. Mader, Stadt Passau.)

713 Salzburg Museum. Österreichische Kunsttopographie, XVI, Wien 1919, S. 287, Fig. 374. (H. Tietze, Die Kunstsammlungen der Stadt Salzburg.)

714 Das Schwäbische Museum, Augsburg 1926, S. 99. Hämmerle Nr. 1.

715 Florenz, Sammlung Frassineto; Dedalo II, 2, 1921, S. 522.

716 Topographie der historischen und Kunstdenkmale im Königreich Böhmen XIII, Prag 1902, S. 49, Fig. 60. (A. Podlaha, Přibram.)

717 Früher München, S. Lämmle. Auch die Dekoration ist gedrechselt. Auf der Gegenseite ein Lobspruch auf die Drechselkunst, die über Schreib- und Druckkunst es »davongetragen« habe und die Namen Jesus, Maria, Joseph.

718 Cicerone XV, S. 1080.

719 Lyell, a.a.O., S. 223, 263, 267.

720 E. Mâle, a.a.O., Fig. 52 ein Beispiel aus dem 16. Jahrhundert. Von 1626 stammt das Seitentor von St. Salvator in Brügge. Eine Anzahl der Waffen sind auf der Tür der vor einigen Jahren errichteten

stantischen Stiftes Gandersheim[721], wie sie – anscheinend erst seit dem 17. Jahrhundert – als Ordensband des männlichen und des weiblichen Zweiges des Ordens St. Johannes von Jerusalem ihren auszeichnenden Schmuck[722] (Abb. 38), bilden. Bei der Einkleidung der Malteser[723] wurde auf diese Andeutung des Leidens Christi ausdrücklich Bezug genommen. Die monache del precioso Sangue – Gründungsjahr 1876 – tragen einen Kruzifix an einem schwarzen Bande mit acht eingewebten roten Waffen.

Die gleichwertige Einbeziehung des Kruzifixes in den Kreis der arma – als Beispiel des späteren 15. Jahrhunderts sei etwa noch das Schrotblatt[724] Schr. 2467 genannt – war im Laufe dieses Jahrhunderts immer ungebräuchlicher geworden, bis sie einen anderen Sinn bekam: den der Überordnung. Der Gekreuzigte wird zur Hauptdarstellung, deren Ergänzung die arma übernehmen durch den Hinweis auf die Geschehnisse im einzelnen. Diesen Sinn hatte es, wenn man z.B. 1486 an der für Sebastian Geiler im Straßburger Münster errichteten Kanzel[725] außer dem Gekreuzigten zwischen Maria und Johannes und den Aposteln recht unbetont mehrere Engel mit Werkzeugen anbrachte. Diesen ebenso ergänzenden wie aufspaltenden Sinn hat die Darstellung der arma etwa noch auf dem ungefähr gleichzeitigen getriebenen Deckel in Stockholm[726], in dem Blatt[727] mit der Handwaschung, der Kreuzigung und der Grablegung im Blockbuch des Symbolum apostolicum (Schr. IV, 241, 4), auf dem der Hammer charakteristischerweise so stark betont ist, während er als überflüssig erscheinen könnte, da der Angenagelte die Annagelung voraussetzt, wenn es sich eben nicht um einen Eigenwert des Werkzeuges handelte. Es bedeutet das gleiche, wenn Waffen mit und ohne tragende Engel auf dem Rahmen des damaszierten Eisenaltärchens[728] des Mailänders Delgado von 1574 die Eglomisédarstellungen der Anbetungen der Könige, der Hirten und der Kreuzigung umgeben, oder wenn Waffen auf den Enden der Kreuzarme auf dem Kruzifix von 1588 in Maria Taferl[729] oder als Umgebung der Reliquienkapseln auf dem spanischen Reliquienkreuz des späten 16. Jahrhunderts in der Morgansammlung des Metropolitan Museums[730] untergebracht, oder wenn zur gleichen Zeit bei der Neuaufstellung einer älteren Gruppe der Kreuzabnahme an den Wänden einer Kapelle in S. Lorenzo in Caltabellotta[731] (Sizilien) eine

38 Johanniterin von Toulouse, um 1700

Anzahl waffentragender Engel in Stuck geformt werden, oder wenn auf dem Hochaltar der Kirche in Gutenthal[732] von 1612 Schmalseiten mit Waffen die mittlere Kreuzigung einfassen. Die Waffen bekommen damit auch die Bedeutung eines Mittels der Unterstreichung oder Bekräftigung, die da besonders anschaulich wird, wo sie, wie in einem (katholischen) symbolischen Gemälde[733] von 1682 »Rechtfertigung des armen Sünders zu Gott« zwar dargestellt, aber doch als Einzelobjekte nicht mehr wichtig sind. Fliegende Engelknaben tragen sie in der Nähe des Erlösers, aber von dem einen sieht man nur die Beine und die unteren Schaftenden zweier von ihm gehaltener Waffen. Da der Schwammstab von einem anderen gehalten wird, kann der Beschauer sich das eine zur Lanze ergänzen,

Kirche in Unterstein bei Berchtesgaden angebracht worden; in welchem Sinne weiß ich nicht.

721 Die Bau- und Kunstdenkmäler des Herzogtums Braunschweig, V, S. 149f.

722 Nach Hippolyte Helyot, Histoire des ordres monastiques, III, Paris 1715. (Die Abbildung nach der deutschen Ausgabe Leipzig 1754.)

723 In der Revue d'histoire de l'église de France VI, 1920, S. 361f. werden nach einer Veröffentlichung in den Mém. de la Societé des antiquaires du Centre XXXVII, 1917 rote Bleifiguren, eines Bischofs und eines Malteserritters, deren Kleider mit arma besetzt sind, erwähnt.

724 P. Heitz, Einblattdrucke 15, Tafel 20.

725 S. Hausmann, Elsässische und lothringische Kunstdenkmäler, Straßburg 1900, S. 17, Abb. 120.

726 Ur Statens historiska Museums Samlingar, 11, C. R. af Ugglas, Kyrkligt guld- och silversmide, Stockholm 1933, Nr. 46.

727 R. Forrer und G.A. Müller, a.a.O., Tafel XI.

728 London, Victoria and Albert Museum, Inv. M 54–1930.

729 Österr. Kunsttopographie, Bez. Pöggstall, IV, Wien 1910, S. 106.

730 17. 190. 888. Bergkristall; die Auflagen emailliert. Vgl. dazu das Reliquienkreuz des Franks Bequest im British Museum London, auf dem auf weißen und schwarzen Emailgrund die arma in Gold und Email aufgelegt sind (spanisch, spätes 16. Jahrhundert) und das gleichfalls spanische, etwas frühere Pektoralkreuz mit Kreuzreliquie M 538–1910 des Victoria & Albert Museums.

731 G. di Marzo, I Gagini, Palermo 1880ff., I, S. 726, 734.

732 Die Kunstdenkmäler der Rheinprovinz, XV, 1, Düsseldorf 1935, S. 261. (H. Vogts, Kr. Bernkastel.)

733 Lindau, Museum. Wahrscheinlich dort entstanden. Die beigeschriebene gleichzeitige Erläuterung des Bildes verweist ausdrücklich auf die Engel mit den Waffen.

das zweite aber nicht mit einem bestimmten Werkzeug[734] in Verbindung bringen.

Noch einmal sei in diesem Zusammenhange an einem Beispiel klargemacht, zu welcher psychologischen Vertiefung der Erzählung die Waffendarstellung aber dienen konnte. Der Holzschnitt der fünf Schmerzen Mariä Schr. 1013[735] (gegen 1475) veranschaulicht die Passion durch den Gekreuzigten, von dessen Kreuz das Rutenbündel herabhängt, während die Geißel sicherlich zur stärkeren Betonung unter ihr im Raum schwebt und auf der anderen Seite des Kreuzes Lanze und Schwert frei stehen. Unterhalb der Geißel der große Eimer eines Trunkes vor der Kreuzigung: er ist so betont, daß er einen besonderen Sinn haben muß. Ich habe leider bei meinen Exzerpten diese Station nicht berücksichtigt, so daß ich nicht beweisen, nur behaupten kann, daß die Schilderung Martin von Cochems[736] auch hier ein älteres Motiv höchstens noch ein wenig bereichern mag, es aber nicht erfindet. Er erzählt, »die andächtigen Weiber« hätten Christus den üblichen Myrrhenwein (Mc 15,23) zur Betäubung bereitet und den Soldaten gegeben. Diese mischten aber Galle (Mt 27, 34) unter den Trank in dem Becher, den sie Christus brachten, der nach einem Schluck ihn ablehnte. Die Soldaten teilten dann den Myrrhenwein unter sich, so daß sie dadurch noch wilder und roher wurden – wie wären sie sonst solcher Grausamkeiten fähig gewesen? Also der beabsichtigte Liebesdienst ist nicht nur vereitelt, sondern gerade er wird noch der Grund verschärften Leidenmüssens mit seiner Rückwirkung auf das Leiden Mariens.

Auf das Monogramm Christi hatte man schon früh die Mahnung des Hohenliedes (8,6): »pone me ut signaculum super cor tuum« bezogen. Heinrich Seuse[737] (ca. 1295–1366) z.B., bei dem sich keine Spur einer Verehrung der Waffen findet, der alle Passionsbetrachtung ganz innerlich wendet, dem Namenszug gegenüber scheint er weniger spirituell zu empfinden. Allerdings gab es für die Waffen keine biblische Analogie für das Apostelwort Phil 2,10: »in nomine Jesu omne genu flectatur caelestium et terrestrium et infernorum [...]«, durch das der Name als gewaltige Waffe und Schild proklamiert wurde.

»Jesus, din nam ein starker Turn
den nit zerstöret en keiner sturn [...]
Ach Jesus, durch den namen din
vergiss der grossen sunden min [...]
Jesus vil liber herre min
ain schirm muss mir din name sin [...]«[738]

Eine anschauliche Verbindung von Monogramm und Waffen hätte also, zumal in Verbindung mit Mt 1,21, nahegelegen, aber soweit meine Kenntnis reicht, findet sie sich erst seit dem 15. Jahrhundert. In einem Würzburger Missale von 1509 ist mit der bezeichnenden Beischrift: »illuminet dominus vultum suum super nos et misereatur nostrum amen« (Ps 66,2) der ungefähr gleichzeitige Holzschnitt Schr. 1819 n[739] eingeklebt, der das göttliche Herz des oben S. 163 behandelten Typs der Waffenkomposition durch eine Scheibe mit dem Monogramm Christi ersetzt. Der Sinn der Veranschaulichung ist ganz klar: der Name bedeutet die Majestät und die Waffen den Erbarmungs-Erlösungs-Komplex, und er darf auch in den Darstellungen gesehen werden, auf denen – wie in dem Kreuzgang der Kathedrale zu Wells[740] – in den das Hauptmotiv bildenden Namenszug einige Waffen eingefügt sind. Er hat auch der Verbindung von Namen und Waffen in die Weihnachtskrippe Eingang verschafft, in deren Bereich Tirol[741] eine spezifische Darstellung des Namens Jesu seit der Barockzeit kannte. Dieses Thema wurde aus dem Bereich dekorativer Koordinierung in den der Aktion versetzt, als ein sizilianischer Meister[742], sicherlich schon im 16. Jahrhundert, unter den von der Gloriole umgebenen Namenszug den erhöhten, wundenweisenden Christus stellt und ihn mit Scharen waffentragender Engel umgibt. Für die Anschauung ist damit eine mancher Waffendarstellung in heraldischer Einkleidung parallele (vgl. oben S. 171) Vereinheitlichung der beiden Komponenten Erlöser – Herrscher erfolgt, während der Hinweis auf die Erlösungsvorgänge den Vorrang gewinnt, wenn der Gekreuzigte als Quell der Eucharistie so stark betont ist wie auf dem französischen Holzschnitt von etwa 1500 (Schr. 1821). Das Kreuz bot sich wie von selbst zur Bildung des aufrechten Balkens des h dar. Später bildete man nicht ungern die Buchstaben überhaupt aus Waffen, wofür der F. H. 1587 bezeichnete spanische Holzschnitt[743] in der 2. Auflage des Franc. Hern. Blasco, Universal Redempcion, Toledo 1589, genannt sei. Es bilden die Säule das I, der oberste Teil der Leiter das H, die Silberlinge das S. Die Seitenwunde, aus der das Blut hinabströmt, ist unmittelbar unter die oberste Sprosse gezeichnet, aus ihr erwächst das Kreuz.Einige weitere Waffen sind da, darunter krumme Nägel, aber am ausführlichsten erscheinen die Himmelsvorgänge, Sonne, Mond, auch vier Schweifsterne als einzigartiges Motiv, während der Sternengrund (die Finsternis brach an) selten[744], aber nicht so ungewöhnlich ist (vgl. z.B. den Metallschnitt Schr. 2467). Als spätes Beispiel der Zusam-

734 Schon früher kann in Italien das Streben nach einer möglichst ungezwungenen Unterbringung der Waffen zu Unklarheiten führen. So wenn z.B. auf einem lombardisch-venezianischen Bilde des späten 15. Jahrhunderts (Bergamo, Accademia) einer von drei waffentragenden Engeln eine Binde schärpenartig umgelegt hat. Gemeint wird wohl die Augenbinde sein; aber sicher ist es nicht. Vgl. P. Toësca, La pittura e la miniatura nella Lombardia, Milano 1912, S. 576, Fig. 478.

735 P. Heitz, Einblattdrucke 30, Tafel 25.

736 Das Große Leben Christi, II, Kap. 36.

737 K. Bihlmayer, Heinrich Seuse. Deutsche Schriften, Stuttgart 1907, S. 391ff., 11. Brief über Andacht zum Namen Jesu.

738 Ebd., S. 400. Es handelt sich um die von Elsbeth Stagel gefertigte Übersetzung einer lateinischen Dichtung Seuses.

739 P. Heitz, Einblattdrucke, 22, Tafel 23.

740 L. Twining, a.a.O., Pl. 18, 3.

741 P. Magnus Berg, in: Der Krippenfreund, Innsbruck 1930, Nr. 76, S. 4.

742 Vgl. A. Sorrentino, Da Erice a Lilibeo, Bergamo 1928, S. 73, 78. Im Museo Pepoli zu Trapani finden sich zwei Bilder mit der Darstellung, von denen auch das ältere m.E. schon gegen 1550 anzusetzen ist.

743 Lyell, a.a.O., S. 234.

744 Wenigstens in anschaulichen Darstellungen, die ihnen schwer

menstilisierung des Namenszuges aus den Waffen sei ein sehr großer Kupferstich von Gottfried Winkler (tätig in Augsburg in der zweiten Hälfte des 18. Jahrhunderts) angeführt. Wie man durch Verschränkung der Namenszüge Jesu und Maria – der Hauptbalken des h ist zugleich der mittlere des m – und durch die als sekundäre Schmuckmotive behandelten Waffen beide Namen als gleichberechtigte Hauptmotive zur Anschauung brachte, zeigt Abb. 19.[745] Hier ist die geschichtliche Begründung miteinbezogen – passio, compassio; Erzähler –, aber die Namen sind nicht minder die Hauptsache als etwa in dem Holzschnitt[746] in Lo Arido Dominico, Venetia 1517, mit dem gevierteilten Wappenschild mit den Monogrammen beider (wobei dasjenige Marias sogar heraldisch rechts steht) und mit der Unterschrift: »Individuus gladius matris et filii [...]«

Seit dem späteren 16. Jahrhundert wurde der Namenszug Jesu vereint mit einigen wenigen Waffen weit verbreitet als das Wappenbild der Gesellschaft Jesu. Hier forderte das Ziel der deutlichen Sichtbarkeit auch in kleinem Maßstab die Beschränkung der Zahl der Motive, genau wie etwa das Siegel[747] der Guild of Corpus Christi in Oxford um 1500 nur Kreuz, Dornenkrone, Lanze, Schwammstab und zwei Geißeln enthält. Hatte jemand in sein Siegel sehr viele Waffen aufnehmen lassen, wie es durchaus im Sinne des 14. Jahrhunderts liegen mußte, so suchte man später dafür einen speziellen Grund. Der 1546 zu Smyrna als Kreuzzugsprediger gestorbene sel. Venturino da Bergamo hätte[748] sich, weil er zu beschäftigt war, um meditieren zu können, ein Siegel mit »sämtlichen« (was wohl heißen soll: den wichtigsten) Passionsinstrumenten machen lassen mit der Umschrift: »Crux Christi signum meum«, um sich damit den Gedanken an die Passion lebendig zu halten. Aus vielen Waffen mit dem Kreuz als Mittelpunkt waren viele Siegel von Franziskaner-Oberen zusammengestellt.[749] Wie im einzelnen das Wappen mit den arma[750] aussah, das zwischen 1548 und 1676 über dem Tor des von der Confrérie de la Passion eingenommenen Teiles des Hôtel de Bourgogne in Paris angebracht wurde, ist nicht bekannt.

Im 15. Jahrhundert scheinen die Waffen unter die gebräuchlichen Dekorationsmotive von Paramenten und Altargeräten aufgenommen worden zu sein. Kölner[751] und andere Borten belegen das erstere, obwohl Kaseln im allgemeinen wohl erst seit dem 16., vorzüglich aber erst seit dem 17. Jahrhundert mit den Werkzeugen dekoriert wurden. Es gab sogar eigens gewebte Stoffe mit Waffenmustern, wofür auf den italienischen Stoff des Berliner Kunstgewerbemuseums[752], auf Nr. 02.1.845 des Museums der Cooper Union in New York (spanisch, wohl späteres 16. Jahrhundert) und auf Nr. 373A des Erréraschen Catalogue d'Étoffes des Musée du Cinquantenaire verwiesen sei. Auf Mitren kenne ich Waffen nur auf den beiden in mexikanischer Federarbeit[753] im Mailänder Domschatz und im Museo della Argenteria in Florenz. Für kirchliche Zwecke waren sicherlich auch Spitzen[754] mit arma bestimmt. Die Zeichnung einer Palla, die aus dem Zisterzienserinnenkloster in Tegernsee[755] stammen soll und wahrscheinlich schon im 16. Jahrhundert entstand, bildet Richstätter a.a.O., bei S. 56 ab, die Beschreibung einer anderen des 16. Jahrhunderts mit Waffen gibt Barbier de Montault.[756] Sie hat als Hauptdarstellung das Lamm Gottes bzw. das Herz in der Kelter, was Barbier de Montault (S. 410ff.) veranlaßte, die

einen besonderen Ausdruck beilegen konnten. Vgl. demgegenüber etwa Martin von Cochem, a.a.O., 2. Teil, Kap. 44: »Den lieben Mond sahen sie an, als wann er wäre von jemand verwundet worden und an seinem ganzen Leib voller blutigen Wunden wäre. Ja er sähe so traurig aus, als wann er vor großem Herzenleid blutige Zähren weinen und alle Kreaturen zum Mitleiden bewegen wollte.« (Das ist darstellbar.) »Die liebe Sternen schienen, als wann sie vor Ohnmacht nicht mehr glänzen könnten sondern vor Traurigkeit gar verschmachten wollten.«

745 Vgl. damit in A.W. Pugin, Glossary of ecclesiastical ornament, 3. Aufl. von B. Smith, London 1868, die wohl auf Pugin zurückgehende Umstilisierung, bei der Christi Passion den Hauptton hat. Vgl. oben S. 139.

746 Prince d'Essling, a.a.O., II, 1, S. 338.

747 Cuming, a.a.O., S. 93f.

748 G. Thiepolo, a.a.O., (1610), S. 1022f.

749 Franc. Gonzaga, De origine Seraphicae Religionis Franciscanae [...] de Observantia, Romae 1587, I, S. 52ff.

750 L. Petit de Julleville, Histoire du théatre en France. Les Mystères, I, Paris 1880, S. 426f., 438.

751 Vgl. E. Scheyer, Die Kölner Bortenweberei des Mittelalters, Augsburg 1932, Abb. 26. Die gestickten Borten der Kasel 33. 95. 60 des Metropolitan Museum New York, kann ich nicht für kölnisch halten. Das Bayerische Nationalmuseum München besitzt eine entsprechende italienische Kasel, die für ein italienisches Franziskanerkloster hergestellt worden sein muß. Das Doctrinale des Thomas Waldensis III. (ed. Venetiis 1571, fol. 61 v) setzt Paramente und Waffen in Beziehung: »amictus [...] representat [...] illud cooperimentum, quo velabant Judaei faciem Christi [...] Alba [...] representat vestem albam [...] cingulum significat flagellum, quo caecidit Pilatus Jesum. Manipulus [...] representat fumen, quo ligatus fuit [...] compraehensus [...] stola [...] ligaturam representat, qua ligatus fuit Jesus ad columnam. Dalmatica [...] in modo crucis est facta et passionis domini indicium est.« Für die Kasel wird hier keine Bedeutung angegeben, wohl aber in den von Franz, Die Messe, S. 603 zitierten Versen, die von dem französischen Minoriten Et. Brulefer († um 1497) angeführt wurden: »[...] In casula noscas quod purpura significatur [...]« Georg Scherer, Postill (Closter Bruck a. d. Teya 1603, fol. 280r) geht etwas weiter. Was bedeuten Stolen, Manipel, Gürtel ? Die Stricke mit denen Christus hin und hergezogen wurde. Alba? Das weiße Kleid. Kasel? Kreuz des Herrn. Humeral? Das Augentuch. Platten auf dem Kopf? Die Dornenkrone. »Creutzheublein das er aufftregt«? Die Kreuzigung. Gilb. Genebrand, Traicté de la liturgie, Lyon ^{2}1594 (Die Vorrede ist datiert 1592) sagt fol. 570 allgemein von den Meßgewändern: »ce sont le marques de la saincte Passion«. Eine Dominikanerin zieht hauptsächlich zur Deutung ihrer Tracht Waffen heran bei Joh. Meyer, Buch der Reformacio Predigerordens, geschrieben wahrscheinlich im dritten Viertel des 15. Jahrhunderts; B.M. Reichert, in: Quellen und Forschungen zur Geschichte des Dominikanerordens in Deutschland, II, Leipzig 1909, S. 73.

752 O. von Falke, Kunstgeschichte der Seidenweberei, Berlin 1913, II, Abb.464.

753 Dedalo V, 2, 1924/25, S. 370 (M. Salmi); S. 506 (G.V. Callegari).

754 Vgl. A. Lotz, Bibliographie der Modelbücher, Leipzig 1933, S. 128f., Tafel 89, Abb. 174 nach Federigo de Vinciolo (bei Jean le Clerc Torrig 1613), Les secondes œuvres.

755 Ein solches ist nicht bekannt. Es mag eine Verwechslung vorliegen.

756 Revue de l'art chrétien, 32, 1881, S. 408f. – A. Thomas, Die Darstellung Christi in der Kelter, Düsseldorf 1936, S. 186f.

Beschreibung eines Antependiums heranzuziehen, auf dem die Kelter aus Waffen gebildet war. Engelknaben, die die Werkzeuge halten, bilden den Schmuck des Mittelmedaillons eines gestickten, vielleicht französischen, jedenfalls westlichen Antependiums von um 1630/40 im Bayerischen Nationalmuseum[757], und sie fassen in großer Zahl seitlich den Gekreuzigten zwischen Maria und Johannes Ev. auf einem Antependium von 1678 in Filetstickerei im Museum in Marburg[758] ein. Zahlreich sind die Kelchdecken, die die arma in größerer oder kleinerer Zahl tragen: z.B. eine 1599 unter der Äbtissin Francisca de Bejar in der Zisterzienserinnenabtei Neu Jerusalem in Ziezele bei Brügge[759] gearbeitete, eine italienische der Sammlung Leopold Iklé[760] und eine im Stift St. Peter in Salzburg[761] aus dem 17. Jahrhundert, eine in der Ursulinenkirche in Landshut[762] (um 1730).

Ein Paar gegossene Rotgußaltarleuchter mit je einem Engel, der zwei Waffen hält, aus der zweiten Hälfte des 15. Jahrhunderts, stehen im Rijksmuseum in Amsterdam, und Altarleuchter wird das »pair of candlesticks pounced with the arms that longeth to the Passion« gewesen sein, die die Countess of Hungerford[763] zwischen 1461 und 1483 vererbte. Kelche zeigen erst seit dem 17. Jahrhundert häufiger arma-Motive: so z.B. der von 1732 im Domschatz zu Speyer[764] und einer des späten 18. Jahrhunderts in der Kirche[765] von Pozzuolo (bei Mantua), und das gleiche gilt für Monstranzen, von denen hier nur auf die 1706 von Joh. Peter Staffelbach für die Pfarrkirche in Sursee (Schweiz) verfertigte[766] und auf die Kolomansmonstranz von 1725 im Stift Melk[767] verwiesen sei. Die Patene eines 1679 dem Salzburger Dom gewidmeten Kelches[768] umgibt die Darstellung des Abendmahles mit einem die arma enthaltenden Randstreifen. Die sich offenbar im 15. Jahrhundert aus Italien verbreitende Vorliebe für eine Reihe waffentragender Engelknaben[769] wirkte auf die Ausschmückung deutscher Reliquienostensorien des Anfangs des 16. Jahrhunderts ein, wofür ein Beispiel aus dem Halleschen Heiltum[770] genannt sei, ohne daß ihnen dort ein spezifischer Sinn außer dem allgemeinen Hinweis auf die Passion zugekommen zu sein scheint. Wenn aber, wie am Beispiel aus der ersten Hälfte des 18. Jahrhunderts in S. Francesco in Padua[771] zu sehen, Waffen den Schaft eines Kreuzreliquiars bilden, so geht das immer noch auf den Wunsch zurück, der Reliquie wenigstens im Abbild andere arma beizugeben (vgl. oben S. 107 und S. 130).

Das Mittelstück der Carta gloria der Pinakothek in Neapel[772], die wahrscheinlich um 1540 in Fontrevault entstand, zeigt unter den Waffen das durchbohrte Herz Christi in die Kelter gespannt, in der die drei Nägel stecken. Die Verbindung der beiden Darstellungen, Christus in der Kelter und Waffen, findet sich auch auf den Seiten eines wahrscheinlich Augsburger Sakramentshaustürchens von 1517 (Augsburg, Maximilians-Museum) gemalt.

Stickmustertücher enthalten das Motiv vom 17. bis ins 19. Jahrhundert hinein. Als gedruckte Vorlagen nenne ich »ein Wappen, nemlich das gantze Leiden Christi« Nr. 52 in der Margaretha Helmin »Kunst-und Fleiss übende Nadel-Ergötzung«[773], wahrscheinlich gegen 1700 (Abb. 39), und eine Vorlage[774] des Verlages Müller in Wien von um 1840. Das Biedermeier dekorierte mit ihnen nicht nur Gebetbucheinbände, sondern man konnte ihnen einen Platz etwa auf einem Lampenschirm[775] anweisen.

Das Metropolitan Museum in New York besitzt ein aus dem Hôpital de Joinville (Haute-Marne) stammendes Bekleidungsstück einer Statue (Nr. 22. 203), das, mit den arma bestickt und mit dem Anruf Memento mei versehen, wahrscheinlich nicht für eine Madonnenstatue bestimmt war, sondern für einen Schmerzensmann. Als Stiftung Renés II. von Lothringen († 1508) und seiner Gemahlin Philippine von Geldern (verheiratet 1506) oder der letzteren allein entstand es wahrscheinlich

757 Aus der Hofkirche von Neuburg a. D. Die Rebe spielt eine wesentliche Rolle in der Dekoration.
758 H. Deckert u. R. Freyhan, K. Steinbart, a.a.O., Nr. 238, S. 184, Tafel 301b. Die für das 17. Jahrhundert charakteristische besondere Verehrung der Magdalena ließ sie auch hier in Person darstellen.
759 Gallia christiana, V (1731), Sp. 297. Das zweite Wappen ist noch nicht identifiziert. Vgl. V. de Meyere, De vlaamsche Volkskunst, Antwerpen 1924, pag. 318.
760 Katalog der Versteigerung, 1. Teil, Zürich 1923, Nr. 220.
761 Österreichische Kunsttopogrographie, XII, Wien 1913, S. 95. (H. Tietze, St. Peter in Salzburg.)
762 Die Kunstdenkmäler von Bayern, IV, 16, München 1927, Fig. 235, S. 295. (F. Mader, Landshut mit Einschluß d. Trausnitz.)
763 Cuming, a.a.O., S. 92.
764 Die Kunstdenkmäler von Bayern, VI, 3, München 1934, S. 298. (H. Röttger, Pfalz, Speyer.)
765 Inventario degli ogg. VI, S. 115.
766 Das Werk, 23, Zürich 1936, S. 75.
767 Österreichische Kunsttopographie, III, Wien 1909, Tafel XXVI, S. 324. (H. Tietze, Bez. Melk.)
768 Österreichische Kunsttopographie, IX, Wien 1912, S. 45, Fig. 61. (H. Tietze, F. Martin, Stadt Salzburg.)
769 Der von der Kirche den Namen tragende Meister hatte mit solchen Engelknaben den Palliotto eines Altares in S. Trovaso in Venedig geschmückt (z.B. Dedalo, X, 1929/30, S. 467, 472. L. Planiscig). Vgl. die Wiederholung vom sog. Meister von Altichiero, Berlin Kaiser-Friedrich-Museum. – Fr. Schottmüller, Die italienischen und spanischen Bildwerke der Renaissance und des Barock, I, Berlin 1933, Nr. 218.
770 Ph. M. Halm u. R. Berliner (= Nr. 48), Nr. 329. Zwei solcher silberner Engelknaben mit Waffen im Bayerischen Nationalmuseum in München, Inv. Nr. 31, 243 und 263.
771 Inventario degli ogg. VII, S. 107. In der Form westfälischer Martersäulen (vgl. S. 164) bildet die Geißelsäule mit vorgelegten gekreuzten Lanze und Schwammstab und dem Schweißtuch den Schaft. Ein bekrönender kleiner Engel hält Dornenkrone und drei Nägel.
772 Castan, in: Bibliothèque de l'école des Chartes 43, Paris 1882, S. 400ff. – A. de Rinaldis, Pinacoteca del Museo nazionale di Napoli, Catalogo, Nuova ed., Napoli 1928, Nr. 423. Die Beschreibung der Waffen ist nicht ganz richtig (neben dem Hahn ist der Bohrer) und nicht ganz vollständig (zwischen den Sprossen der Leiter hier wieder einmal noch die Fußspuren, an der untersten Sprosse das Beschneidungsmesser). Thomas, Kelter, S. 186.
773 Nicht bei A. Lotz. Das Buch erschien bei Christoph Weigel in Nürnberg, der von 1668–1725 tätig war. Die Ornamentstichsammlung des Wiener Museums für Kunst und Industrie datiert 1695.
774 Nr. 16. L. (Bayerisches Nationalmuseum München).
775 Ein aus Süddeutschland stammendes gesticktes Beispiel bei Prof. Thannhauser in Brokline, Mass.

im zweiten Jahrzehnt des Jahrhunderts. Wenn auch keine weiteren Beispiele bisher bekannt sind, so hat es nichts Überraschendes, eine Statue des »ewigen Hohenpriesters« so bekleidet zu denken. Die Sitte kann dem 16. Jahrhundert nicht fremd gewesen sein, denn sie bildet die Voraussetzung für eine seiner Neugestaltungen im Bereiche der Waffenverehrung. Nach der Tracht wurde gegen das Ende des Jahrhunderts wahrscheinlich in Flandern der Typus eines stehenden Christkindes geschaffen, das mit einem tunikaartigen Gewand bekleidet ist, das in der Mitte einen Streifen mit einer Reihe der arma zeigt. Die Rechte segnet, die Linke hält den Erdapfel. Das Original war aller Wahrscheinlichkeit nach eine bekleidete Plastik. Die älteste mir bisher bekannte Wiedergabe ist die in einem vlämischen Bilde, das, mit vielen anderen in die Sakristeischränke des 1587 gebauten Gesù in Tivoli eingelassen, dem Ausgang des 16. Jahrhunderts angehört. Zwei Holzstöcke der Solianischen Druckerei (a.a.O., Pl. 7) beweisen die Beliebtheit der Darstellung in Italien, nicht selten sich findende Elfenbeinstatuetten[776] diejenige im Bereich des iberischen Kulturkreises (Abb. 40). Veranschaulicht ist wiederum der zeitlose Erlöser; auf ihm, nicht auf dem »Kinde«, liegt der Ton, was die Unterschrift mancher Drucke unterstreicht: »In Nomine Jesu omne genu flectatur celestium, terrestrium et infernorum« (Phil 2,10). Diese Akzentuierung entspricht im allgemeinen noch der mittelalterlichen Einstellung[777], denn seit dem 16. wendet sich unter wesentlicher Leitung von Jesuiten ein bis zum 18. Jahrhundert immer mehr ansteigender, seine Quelle oder Vorform in einem spezifischen, in Frauenklöstern[778] heimischen Frömmigkeitstyp habender Verehrungsstrom gerade dem Kinde Jesu zu, Kind als Entwicklungsstadium genommen. Dieses findet in der väterlichen Werkstatt[779] seine Waffen. Ich weiß nicht, wer das Motiv ersann und entwickelte. Ossuna zitiert[780] »un contemplativo« dafür, daß Christus als kleines Kind, als er allein war, aus zwei Holzstöcken ein Kreuz machte[781] und

39 Wappen Christi, Kupferstich, Nürnberg, gegen 1700

40 Christusknabe, Elfenbein, Portugiesisch?, um 1600 (London, Victoria and Albert Museum)

776 Ich sah 1936 im Londoner Kunsthandel eine ganze Reihe entsprechender spanischer Statuetten des 17. und 18. Jahrhunderts.

777 Man darf bei Beurteilung solcher Frömmigkeitseinstellungen nie übersehen, daß es sich um Lebenslinien einer Lebenserscheinung handelt, die, solange das »Leben« überhaupt währt, immer wieder erscheinen können. So bekommt etwa das kindliche Vorleiden in des Kapuziners Alessio Seyala Opere spirituali, Venetia 1623, Parte sec., fol. 54 v einen neuen Sinn. »[...] questo penoso essercitio egli faceua ognivolte ch'entraua all'oratione, come mezo efficacissimo à placare il Padre et per tormentare se stesso [...]«

778 Vgl. A. Spamer, a.a.O., S. 13f. und oben S. 144.

779 Man konnte das Thema unbestimmter so gestalten: »Ein khlein Fuetteral von Ebenholz warinnen Jesus gar klein von Wax possiert, in einem helffenbainen Sessele sizendt, mit Vndterschidlichen Passions Instrumenten gestelt.« Inventar der Schatz-, Kunst- u. Rüstkammer der K. Burg zu Graz von 1668; Mitteilungen d. K. K. Central-Commission, NF. 6, Wien 1880, S. CIV.

780 A.a.O., P. I. Tr. 5. Cap. 1, Ausg. Medina del Campo 1544, fol. 46r.

781 Man tut gut, sich immer wieder daran zu erinnern, daß alle »echten« Ausmalungen von Einzelheiten eine Schriftgrundlage haben. Dies nachzuweisen wäre eines der reizvollsten Ergebnisse einer wirklichen Geschichte der Exegese. Für das obige Motiv vermag ich sie zufällig anzugeben; man fand den Ausgangspunkt in Ez 37,16,17.

es meditierend nicht ohne Tränen betrachtete. Das 1603 approbierte lange Epos des Giuseppe Valdivielso, Vida etc. del gloriosissimo Patriarca [...] san Joseph[782] hat weiteres:

»El hombre Dios que entre maderos anda
Entre martillos, clauos y barrena
El coracon como de cera blanda
Por los ojos derrite en larga vena:
Que el amor por quien signe la demanda
De romper del infierno la cadena,
Le lleua entre los fieros instrumentos
Que han de labrar el mar de sus tormentos«,

und mit Staunen hört ihn Joseph mit dem Kreuz, das er sich macht, sprechen. Nach Nic. Alberti[783] ließ Gottvater den Knaben vom 12. Jahr ab Gehilfe gerade eines väterlichen Zimmermanns sein, um durch die Beschäftigung mit den Werkzeugen, die dann seinen Tod verursachten, seine Sehnsucht nach dem Tod für die Menschen einzuschläfern. Das ist eine merkwürdige Psychologisierung, der aber andererseits eine Spiritualisierung zur Seite ging, indem man die Zusammengehörigkeit von Geburt und Tod betonte. »La Betlemme ed il Calvario, la mangiatoja e la Croce, le fasce ed i chiodi, il latte ed il sangue di Gesù [...] hanno fra se una connessione de mistero [...] Fin dal primo istante della sua vita mortale abbracciò [...] col desiderio la Croce, e godeva di star sopra la mangiatoja fasciato fra due animali.«[784] Darstellung dieser Zusammengehörigkeit dringt selbst in die Weihnachtskrippe[785] ein und ist das Thema von Andachtsblättern des 18. Jahrhunderts, wie z.B. eines Speculum amoris genannten von F. Huber in München, auf dem zwischen weiteren Waffen und den Köpfen von Ochs und Esel das in der strohgefüllten Krippe stehende Kind eine Kreuztrophäe umarmt. Geburt und Tod bildeten für das Leben des Gottmenschen mehr als die natürliche Polarität. »Tanto obbligata sei al mio Figlio nudo nella mangiatoja, quanto a lui nella Croce trafitto«, so sprach nach einem franziskanischen Legendarium[786] Maria zur sel. Catarina de los Angelos, als diese schwankt, welches der beiden Geheimnisse sie zu meditieren habe, als Weihnachten auf einen Freitag fiel. Frauen dürften diese Polarität und ihre Verehrung, vor allem wenn sie in einer auch die Symbolik des Hohen Liedes einbeziehenden Einkleidung erschien, besonders ansprechend gefunden haben, und so dürfte ihre Veranschaulichung auch das Thema z.B. der Statuetten des waffentragenden Christkindes sein, die bei der Profeß im Benediktinerinnenstift Nonnberg[787] gestiftet wurden.

É. Male[788] hat nachgewiesen, welchen tiefen Eindruck die Ausführungen des Filippo Barbieri über die Prophezeiungen der Sibyllen machten, als sein Buch Discordantiae nonnullae inter s. Hieronymum et Augustinum 1481 gedruckt wurde. Man war nicht länger auf die spärlichen Angaben bei Lactantius angewiesen. Seitdem finden sich in Frankreich als Attribute einzelner Sibyllen Waffen verwendet, zuerst nach Mâle in den Heures des 1489 gestorbenen Louis de Laval. Entsprechend den ihnen zugeschriebenen Prophezeiungen findet sich die Hand des Gesichtsschlages bei der tiburtinischen, die Geißel bei der agrippinischen, die Dornenkrone bei der delphischen, das Kreuz bei der hellespontischen, gelegentlich die Säule bei der phrygischen Sibylle.

Mindestens seit dem späteren 16. Jahrhundert muß die Auffassung der in einem Bündel getragenen Waffen als Myrrhenbüschel des Hohen Liedes weiten Kreisen vertraut gewesen sein. Damals tauchen die ersten bisher bekannten Darstellungen des hl. Bernhard[789] mit diesem Attribut auf, und er hat es nicht allein, sondern noch ein anderer noch nicht identifizierbarer Heiliger.[790] Während üblicherweise[791] diese Beigabe bei Bernhard auf seine Meditation des Leidens und den fasciculus myrrhae bezogen wird, deutet Paquot es (a.a.O., S. 336) außerdem »quia jugi sui corporis affectatione adimplevit ea, quae deerant passionum Christi«. Als Beispiel[792] der gleichen Darstellung im 17. Jahrhundert diene das Flugblatt des Matthäus Schmid, für das 18. sei auf die Elfenbeinstatuette in Waldsassen[793] verwiesen, die den Heiligen das mit den Werkzeugen belegte Kreuz betrachten läßt. Auch bei Christus selbst war die Verbindung Waffen – Myrrhenbüschel, wie wir schon oben in einem Reflex sahen, im 16. Jahrhundert hergestellt. Ein 1581 erneut aufgelegtes, also älteres Büchlein[794], das Jesum »den edlen Mayen« nennt, »das zart pueschlein« läßt ihn »den bittern Mirrhen alles leydens [...] alle tag seines lebens« versuchen. Zwischen seinem Eintritt in die Gesellschaft

782 Toledo 1607, fol. 314 r.

783 Commentarii S. 131.

784 Vgl. G.A. Patrignani, La santa infanzia del figliuolo di Dio proposta con esempi, IV, Venezia (zuerst 1708) 1757, S. 209. – Literarisch erscheint die Verbindung zwischen den Windeln und der Kreuzigung schon in den Offenbarungen der hl. Mechtild, a.a.O., S. 17.

785 Vgl. z.B. die gemalte Papierkrippe des Antonio Viladomat (1678–1755) im Archivo historico de la ciudad in Barcelona, die Engel mit Werkzeugen enthält.

786 G.A. Patrignani, a.a.O., II, Venezia 1732, S. 78.

787 Österreichische Kunsttopographie, VII, Wien 1911, Tafel XXVIII. (Anf. 18. Jahrhundert). (H. Tietze, R. Reichlin – Meldegg. Stift Nonnberg, Salzburg.)

788 A.a.O., S. 258ff., S. 266ff. über die Heures Bibl. Nat., ms. lat. 920, S. 274, Anm. 2 über die phrygische Sibylle.

789 Auch einige weibliche Heilige haben Passionswerkzeuge als Attribut vgl. H. Detzel, a.a.O., II, S. 701. Engel mit Waffen umgeben das Bett der hl. Lydwina im Christlichen Heldenbuch, München 1629, zum 14. April. Eine Märtyrerin S. Cicercule zwischen zwei Waffenbündeln bei L. Crick in Bull. des Musées Royaux, Bruxelles 1930, S. 135. Die Tertiarin Anna Maria Crucifixa Casano mit Waffen bei Mabillon, Museum Italicum II, Paris 1724, S. 167 und 465.

791 Z.B. Abraham a S. Clara, Geistlicher Kramer-Laden, Nürnberg 1710, S. 541f. Vgl. Anm. 123. Der hl. Bernhard erklärt den fasciculus myrrhae als »Christus in passione« oder als die »multitudo afflictionum«. Sermo de coena domini u.a., PL 184, Sp. 953.

792 Andere nennt J.E. Wessely, Ikonographie, Leipzig 1871, S. 102.

793 Die Kunstdenkmäler des Königreichs Bayern II, 14, München 1908, S. 117, Fig. 81. (F. Mader, Tirschenreuth.)

794 Der Geistliche May und Geistlich Hörpst [...] Zway alte, schöne, ausserlössne Buechlein [...] Dillingen, S. 9. Nach K. Richstätter, a.a.O., S. 173 erschien es zuerst vermutlich 1541–50; als Verfasser wird der Franziskaner Stephan Fridolin († 1489) vermutet. – Thomas, Kelter, S. 74 berichtet, daß noch jetzt in Tölz in Bayern der Maibaum mit den Leidenswerkzeugen geschmückt wird.

Jesu 1571 und seinem Tode 1617 sah F. Alfonso Rodriguez[795] in einer Vision Christus mit allen Marterinstrumenten im Arm. Er bekommt jedes einzelne zum Kuß gereicht, woher sein affetto indicibile agli strumenti di nostra redentione stammte. Die Titelbordüre des vierten Teiles der 1639 in Graz erschienenen Passologia des Simeon Maenhard läßt in dem Garten des Hohenliedes die Werkzeuge wachsen.

Seit der Mitte des 16. Jahrhunderts ist der Anstieg einer aus erneuten Quellen gespeisten Welle der Verehrung für die Werkzeuge immer stärker spürbar. Schematisch beurteilt, könnte man die Formulierung wagen, daß in dieser Zeit[796] die Frömmigkeitsimpulse der alten Andacht zu den Waffen und dem waffenumgebenen Schmerzensmann für die geistigen Schichten im allgemeinen tot waren und andere an ihre Stelle zu treten begonnen hatten. Auf die Rückbesinnung auf die spiritualistischen Ausgangsschichten hatte ich schon Gelegenheit hinzuweisen. Es bedeutet wieder eine Spur des Bestehens einer polemischen Einstellung gegen die ganze Waffenverehrung, nicht nur gegen ihr Übermaß, daß Marcus Vigerius[797] sie ausdrücklich in Schutz nimmt, soweit sie sich auf die Waffen bezieht, die dem Erlöser für die die Erlösung bedingenden Vorgänge genau so nötig waren wie jedem Handarbeiter seine Werkzeuge (vgl. oben S. 132). Alles Legendarische, alles nicht durch die Evangelien Gesicherte fällt fort, wobei nur die Geißelungssäule eine Ausnahme macht und das Grab seine herkömmliche Einbeziehung behält. Die Waffen haben durch die Verwendung im Erlösungswerk, durch die Berührung von Christi Körper die Kraft »unde fidelium mentes ad devotionem accendunt« und ihre Würde und Hoheit gewonnen (fol. c I r). Aber die letzteren sind abgestuft je nach der Heilsbedeutsamkeit des einzelnen Passionsvorganges, genau wie es bei jedem Werkzeug nach seiner Stellung im Arbeitsvorgange der Fall ist. So erklärt Vigerius den Rock, der den Blutschweiß aufsog, für das bei weitem hervorragendste Werkzeug. Das bezieht sich alles zunächst auf die Reliquien der Werkzeuge, und über die diesen gebührende Verehrung handeln auch Theologen wie Johannes Viguerius[798] und Henricus Harphius.[799] Aber es ist selbstverständlich, daß die Verehrung auch in Abbildungen irgendeinen Ausdruck finden mußte. 1599 erklärt Schulting[800] es für unbedingt wünschenswert, daß man in den Kölner eucharistischen Prozessionen »etiam insignia et arma Salvatoris nostri publice, honorifice in perpetuam memoriam tanti beneficii circumgerantur [...]« Die Juden hätten einst die Siegeswaffen Davids geehrt, sollten da unsere Heilswerkzeuge vernachlässigt werden? Die Waffen innerhalb der Fronleichnamsprozessionen zu zeigen war damals schon hie und da der Brauch. Nachweisen kann ich ihn zuerst in der Prozessionsordnung von Freiburg (Baden) aus dem Jahre 1516.[801] Damals stellte die Gerberzunft einen Engel mit den Marterwaffen Christi. In München[802] sind es sofort mehrere Edelknaben, die die Waffen tragen, als wir 1574 von der Aufnahme der Sitte erfahren. Sie verbreitete sich dann offenbar rasch[803] und gerade auch unter Vermehrung der Zahl der vorgeführten Waffen. So sind 1604 in Freiburg[804] schon zwölf Engel zu Trägern geworden und etwa 1710 in Cività Vecchia[805] fünfzehn. Jorea[806] kannte seit 1725 eine Karfreitagsnachtprozession, bei der Geistliche die Werkzeuge trugen. Aber die reformatorische Ablehnung von Reliquien- und Bilderverehrung machte eine naive Praxis, wie das Mittelalter sie übte, nicht mehr möglich, sie verlangte jetzt nach Apologie und Polemik. So benutzte man gelegentlich[807] gerade die Verehrung der Passionsreliquien zur Zurückweisung von Angrif-

795 Silvio Tornamira, La Compagnia di Giesu da Dio illustrata Con singulari gratie [...] per la diuotione alla passione [...], Palermo 1680, S. 73.

796 Das späteste mir bekannte Zeugnis der »englischen« Andachtsform – charakterisiert durch die Erwähnung der Ablaßgewährung durch St. Peter – steht im Speculum spiritualium. Venale habetur la Londoniae [...] in alma Parisiorum academia per Wolffgangem Hopylium sunt impressa sumptibus et expensis [...] Guilhelmi Brettonis Londoniensis, 1510, fol. CCVIII r f. Ein Holzschnitt stellt den mit Kreuz und Lanze in den gewinkelten Armen stehenden Schmerzensmann mit Werkzeugen dar. »Quicumque de peccatis confessus et contritus intuetur hec arma domini nostri [...] in memoriam passionis eius orationem dominicam [...] et Ave maria dixerit tres annos indulgentia habet auctoritate sancti petri [...] Item innocentius quartus [...] confirmavit et addidit [...] Dominus petrus papa primus concessit. quod quicumque hanc antiphonam cum versiculo et oratione dixerit habebit VI milia sexcentos sexagintasex annos indulgentiae si confessus fuerit et contritus. amen.

Cruci, coronae spineae
Clavisque, dirae lanceae
Honorem impendamus [...] qui [...] redemptionis nostrae insignia temporaliter veneramur in terris per haec indesinter muniti eternitatis gloriam consequamur in celis [...]«

797 A.a.O., fol. b III v: Die Christen »irreprehensibiliter honorant instrumenta passionis [...]« weil sie benutzt wurden »eo in certamine, quod cum humani generis hoste decertabit« (b IV r). Über die Werkzeuge: a III r: »[...] suam quaeque dignitatem et venerationem acceperunt [...] quando ad eius contactum pervenire meruerunt [...]« dann k II r, l II r.

798 Institutiones fol. 67 v.

799 Theologiae mysticae libri tres, Coloniae 1611, S. 381.

800 A.a.O., S. 50. Vgl. Nic. Serarius, Sacri Peripatetici, Coloniae Agrippinae 1607, S. 212.

801 O. Sengspiel, Die Bedeutung der Prozessionen für das geistliche Spiel des Mittelalters in Deutschland, Breslau 1932, S. 22. Seit wann trug sie die Confrérie de la Passion in Rouen? – E. Mâle, a.a.O., S. 105, Anm.

802 A. Mitterwieser, Geschichte der Fronleichnamsprozession in Bayern, München 1930, S. 34f.

803 Die frühesten mir bekannten Nachrichten aus jesuitischen Kreisen stammen aus Paris und Lyon, Ann. litt. soc. Jesu anni 1589, Romae 1591, S. 281. Es folgt eine von 1590, Litt. S. J. 1590/91, Romae 1594, S. 286. Erst nach 1600 häufen sich die Nachrichten in den Berichten.

804 O. Sengspiel, a.a.O., S. 64, 75.

805 J.-B. Labat, Voyages en Espagne et en Italie, Paris 1730, IV, S. 392.

806 Franc. Carandini, Vecchia Ivrea, Ivrea [2]1927, S. 514. – E. Mâle, a.a.O., S. 105 erwähnt Prozessionsstäbe einer Bruderschaft mit Waffen aus Billom (Auvergne) »assez récents«. – Nach H. Schauerte (Volk und Volkstum, I, 1936, S. 290f.) trug 1783 in der Karfreitagsprozession in Delbrück (Westfalen) ein zwölfjähriger Jesus Werkzeuge des Leidens und das Kreuz. Noch jetzt trügen Knaben die Werkzeuge, darunter den Hahn und die Silberlinge. Ähnlich sei es in Meppen.

807 Georg Scherer, a.a.O.

fen, daß die Kirche dem Leiden Christi »feind und abhold« sei, und mußte sie andererseits immer wieder verteidigen.[808] Mit den Vorbehalten, mit denen sich auf dem Gebiete des persönlichen Frömmigkeitslebens nur allgemeine Aussagen machen lassen, kann man sagen, daß man aber nicht mehr das Mitleiden an sich als Selbstzweck erstrebte oder nicht mehr sich über die Passion und über die Waffen am engsten dem Erlöser[809] zu nähern glaubte, sondern daß die Beschäftigung mit der Passion wegen der spirituellen Ergebnisse für den Betrachtenden erfolgte und die Verehrung der Waffen wegen ihrer Stellung im Erlösungswerk. Freilich bekamen sie durch Sinngebung immer wieder von neuem die Möglichkeit, Objekte spezifischer Andachtsbeziehungen zu werden. Hing die Schwere der Leiden auch von unseren Sünden ab[810], fand man in der Passion das Lehrbuch für das Verhalten in allen Widrigkeiten[811], hatte jede Station ihren ganz spezifischen Sinn für den einzelnen Menschen[812], dann hatte jedes der Werkzeuge auch etwas Spezielles zu sagen[813] und konnte jede Individualität durch eines von ihnen sich besonders betroffen fühlen. Vergleicht man die unten zitierten Worte des Carthagena, die in jenem an Äußerungen zu unserem Thema so reichen ersten Jahrzehnt des 17. Jahrhunderts geschrieben wurden, mit den entsprechenden Versen eines deutschen Gedichtes von um 1300[814]:

»[...]in dinen wunden heile mich
in dinen stichen bekere mich
die negele, das sper, der kronen craft
o lieber herre di laz gen durch alle meines herzen macht
in diner uncreftekeit so sterke mich [...]«,

so leuchtet ein, wie nahe ein Anschaulichwerden der einzelnen Stationen in den Waffen noch oder wieder liegen mußte und wie nahe eine besondere Andacht zu den veranschaulichten. Das 17. Jahrhundert kennt wieder ausdrückliche Darstellungen der Verehrung der Waffen, wofür als transzendierendes Beispiel auf die auf dem Deckengemälde des Westchores im Dom zu Münster[815] durch Engelsscharen und andere Himmelsbewohner erfolgende verwiesen sei. Cornelius Galle d.Ä. verlegte einen Stich, der die Aufforderung des Menschen durch seinen Schutzengel zur Verehrung der Waffen veranschaulicht. So etwas weist im Grunde aber wieder darauf hin, daß die Spontaneität des Verhältnisses zu den Waffen – außerhalb der stets bewahrten signum-Bedeutung der hauptsächlichen Waffen – mindestens schon als gefährdet empfunden wurde, daß es nicht mehr allgemein so selbstverständlich war wie im 14. und 15. Jahrhundert. Dabei waren sie damals auch in protestantischen Kreisen noch geachtete Hinweise auf die Passion, wofür zwei Belege schon erwähnt sind (S. 172 und S. 176). Sigmund von Birken in Nürnberg[816] empfiehlt 1679 Figurengedichte in der Form von Kreuz, Dornenkrone, Säule »und anderem [...] Passions-Zeug«.

Erst im 19. Jahrhundert konnte die Veranschaulichung der Waffen – und zwar auch die der hauptsächlichen, mit Ausnahme von Kreuz und vielleicht der Dornenkrone – außerhalb der religiösen Volks- und Heimkunst[817] als nur noch antiqua-

808 Vgl. z.B. Cornelius Curtius, De clavis dominicis, Monaci 1622.

809 Ob man nach der Mitte des 16. Jahrhunderts noch betete: »Quaesumus optimus deus ut quis sanctissima nostrae redempcionis insignia temporaliter veneramur per haec indesinenter muniti aeternitatis gloriam consequemur, per dominum nostrum [...]« ? Aus den Heures de René d'Anjou (1435–53), Brit. Libr. Ms. Egerton 1070, fol. 103 v.

810 Z.B. Ludovicus Granatensis, Vita Christi, Coloniae 1591, S. 515: »Quantus fuerit plagarum numerus in hac flagellatione [...] multitudo peccatorum nostrorum et crudelitas [...] Furiarum [...] numerum hunc tamquam expressis litteris indicant«. Dazu Anm. 836.

811 Vgl. z.B. Joh. David, Verus Christianus S. 202: »Possidemus quasi librum ingentem [...] passionem [...] Hic liber, hic magister, haec lectio, haec methodus addiscendi compendiosissima. Perlustremus omnia quecunque homini [...] possint obtingere aduersa, in fama, bonis, corpore [...] quid est, cuius non possit in passione Christi reperiri exemplum [...]« Oben S. 166.

812 Z.B. Carthagena, Homiliae, lib. X, Hom. 1: »[...] oportet varios passionis [...] fructus in memoriam redigere [...]« z.B. »vigilavit, ut te a somno peccati excitaret [...] comprehensus est, ut te ad se traheret, ligatus, ut te solveret; precio venditus, ut te redimeret [...]« Dieses wurde in jenem an Äußerungen zu unserem Thema so reichen ersten Jahrzehnt des 17. Jahrhunderts geschrieben.

813 Joh. David, Paradisus sponsi et sponsae, Antverpiae 1618 (Vorrede von 1607): Instrumenta passionis [...] tractanda suscepi, ut nobis per condignam, mortificationem fiant instrumenta salutis et vitae [...] fol. 4 v.

814 K.A. Barack, in: Germania, 25, 1880, S. 191. Hochdeutsch bei Fr. Schulze-Maizier, a.a.O., S. 95. Original bei v.d. Osten, a.a.O., S. 22.

815 Abb.: Westfalen, 18, 1933, S. 205.

816 Teutsche Rede-bind und Dicht Kunst, Nürnberg. S. 144f. Er gibt ein Probegedicht in Kreuzform, das das mir sonst nicht untergekommene Motiv enthält:

»Es schreibt uns ein /
den Händen sein /
der Nägel Stich«,

also die Nägel im Sinne von Schreibgriffeln.

817 Ich habe manches schon erwähnt. Bis zur Gegenwart ununterbrochen erhielten sich die Arma außer auf den Passionskreuzen wohl nur noch in der Welt der Andachtsbilder; vgl. etwa A. Spamer, a.a.O., Tafel 104 und 106 und im Archiv für Buchgewerbe, 50, 1913, S. 196 oder Die Heimat (Zeitschrift für niederrheinische Heimatpflege, 16, 1937, S. 64). Ein Papierschnitt aus der Mitte des 19. Jahrhunderts in Bayerischer Heimatschutz, 21, 1925, S. 118, Abb. 161. Eine oberbayerische Butterform des 19. Jahrhunderts mit dem Kruzifix und Waffen in Volkskunst und Volkskunde, 3, 1905, S. 81ff., ein entsprechendes Mangelbrett von 1842 in Slowakische Volkskunst, II, 1954, Nr. 405. Vgl. auch den Ausstellungskatalog: Musée de sculpture comparée du Trocadéro. La Passion du Christ dans l'art français, 1934, u.a.: 4721 eine »Bouteille de Pèlerinage« von um 1800 mit den Werkzeugen, aber auch allen Objekten, Tieren usw., die überhaupt auf das Leben Christi Bezug haben. Eine Flasche und Glas mit den Werkzeugen in A. Weitnauer, Heimatkultur gestern und heute, Kempten 1955, S. 80f. – Über dem Portal der Kirche von St. Siegmund im Pustertal wurden, wohl schon im 19. Jahrhundert, an der Außenwand Fresken gemalt, mit einer Schutzmantelmadonna und dem interzedierenden Christus. Er kniet auf dem mit angelehnter Lanze und Schwammstab schräg auf der Erde liegenden Kreuz und erhebt die Linke zu Gottvater. Vor dem Kreuz Kanne mit Becken, drei Nägel, eine Hand, hinter Christus Säule mit Hahn. In der Nähe des Corso Cavour in Neapel findet sich eine große Darstellung aus bemalten Majolikaplatten, die den Gekreuzigten und die Waffen mit den Armenseelen in Verbindung bringt. (Zweite Hälfte des 19. Jahrhunderts.) – Erst im 19. Jahrhundert scheint die Waffendarstellung in die östliche religiöse Kunst eingedrungen zu sein; vgl. den syrischen Bucheinband im Markuskloster in Jerusalem vom Jahre 1871 bei A. Baumstark,

risch fundiert[818] erscheinen. Der im 20. Jahrhundert an so vielen Orten einsetzenden Erneuerung der christlichen Kunst ist jedoch auch dieses Thema nicht entgangen. Es ist für die moderne Kunst charakteristisch, daß Thorn-Pricker in seinem von den Waffen umgebenen Kopf des Schmerzensmannes im Museum Boymans in Rotterdam weniger die Gegenständlichkeit zeichnerisch betont – was er interessanterweise bei den zwei (!) Zangen tat –, als die Veranschaulichung der nur inhaltlich bedingten Zusammengehörigkeit der formal disparaten Motive als ein farbiges Problem auffaßt. Die »Gleichzeitigkeit« ist für die Anschauung übersetzt in gegenseitige formale Bedingtheit, wenn auch auf Kosten der leichten Verständlichkeit. Denn es mag Thorn-Pricker so gehen wie Dürer (vgl. oben S. 153), daß die wenigsten nur noch verstehen, was er eigentlich inhaltlich darstellt. Wir stehen eben, wie schon wiederholt betont, vor einer Grenze der Verständlichkeit aller bildenden Kunst: sie kann wohl veranschaulichen, aber für das rationale Verständnis der Bedeutung ihrer Formen muß sie bereits vorhandenes Wissen voraussetzen.

Das Waffenthema stellte der abendländischen Kunst durch den Zwang zur Gestaltung eines Organismus aus der Anhäufung von gleichmäßig wichtigen Einzelmotiven eine spezielle Aufgabe, denn sie verlangte nach der Psychologie abendländischer Kunst eigentlich auch Veranschaulichung des rationalen Grundes ihrer Zusammenstellung. Die ideale Lösung hätte sicherlich in der Linie der Synchronisierung gelegen – aber es waren zu viele auf den einen menschlichen Körper bezogene Handlungen zu veranschaulichen. In beschränktem Maße gelang sie auch, selbst wenn nicht der Gekreuzigte, sondern der Schmerzensmann Beziehungsperson ist, öfter bei einzelnen der Motive, etwa beim Speichel der Speienden, beim Kuß des Judas, beim Aufdrücken der Dornenkrone u. dgl. Aber die unmittelbare Veranschaulichung des Zusammenhanges des in ganzer Figur Leidenden mit den nur durch die entsprechenden »Waffen« vertretenen Leidenszufügern ist bisher nur in Ansätzen versucht worden, aber es findet sich darunter solch ein herrliches Werk wie Fra Angelicos Verspottung in S. Marco[819], auf dem die »fremden« Hände doch wie irgendwelche Emanationen von Christi Körper erscheinen.

Wir sahen, daß oft eine Veranschaulichung eines rationalen Zusammenhanges des Dargestellten überhaupt nicht versucht ist: der »Inhalt« des Themas hat gegenüber sonst eingehaltenen Kunstgesetzen seine eigene Form erzwungen. Sie war lebenskräftig genug, auch zur Veranschaulichung anderer Themata zu taugen, bei der eine Vielheit des Bezuges einer Hauptperson auf verschiedene Inhalte dargestellt werden sollte. So ist die »ars« in einer Miniatur der 1376 in Paris gefertigten Ethica des Aristoteles[820] (Abb. 41), da sie bei Darstellung von noch mehr Arbeitern bei ihrer Beschäftigung ihren Symbolwert verloren hätte und sie selbst ja nur zwei Hände zum Halten hat, von einem Teil der schwebenden Arbeitsgeräte umgeben. Hundert Jahre später diente das Schema zur Gestaltung des Titelholzschnittes der Ulmer Ausgabe[821] der Fabeln des Aesop von 1477. Da steht der bucklige Autor und erzählt, und den Inhalt seiner Fabeln repräsentiert je ein charakteristischer Gegenstand oder ein Vorgang, ein Körper oder ein Körperteil, und diese »Waffen« schweben um ihn. Ist in diesen beiden Fällen die Veranschaulichung eines Könnens, eines Tuns der Bezugsperson die Absicht, so ist die hl. Katharina auf dem Bilde Guidoccio Cozzarellis von 1495[822] als Protektorin der Handwerke von vielen Geräten und Waren umgeben und so erfolgte im späten 15. und frühen 16. Jahrhundert eine armaartige Vereinigung von Motiven auf und um eine Zentralfigur in der Bilderschrift der Mnemonik[823] der Einprägsamkeit des Inhalts halber.

Unter diesen abgeleiteten Kompositionstypen erfuhr die weiteste Verbreitung der inhaltlich dem Waffenthema am nächsten stehende des in diesem Äon ewig leidenden Christus, veranschaulicht in dem unter den menschlichen Sünden in ihrer Gesamtheit[824] leidenden Schmerzensmanne. Da ist also Ernst gemacht mit der von uns schon besprochenen (S. 111) Anschauung, daß aller Menschen Sünden an Christi

in: Römische Quartalschrift für christliche Altertumskunde, 24, 1910, S. 30ff. (Monatshefte für Kunstwissenschaft, 8, Tafel 96, 6). Die Rückseite zeigt den Kruzifixus zwischen einigen der Arma. A. Baumstark, a.a.O., denkt an Vermittlung durch die russische Kunst. Eine neuzeitliche orientalische Elfenbeinplatte mit den Arma im Diözesanmuseum in Köln. – Inventario degli oggetti, VIII, S. 312 ist aus dem Besitz der Minori Osservanti in Montepradone (Ascoli Piceno) ein Bronzekruzifix des 15. Jahrhunderts abgebildet, das in einem Volkskunstsockel steckt, auf dem einige Waffen geschnitzt sind.

818 Vgl. W. Pugin, a.a.O.

819 Zwischen 1437 und 1445. Fr. Schottmüller, Fra Angelico, S. 116. In weitem Abstand ist zu nennen der süddeutsche Holzschnitt der Geißelung von um 1440, Schr. 309. – C. Dodgson, Woodcuts Brit. Mus. Nr. 87, pl. 18.

820 Museum Meermanno-Westreenianum. Ms. 10 D 1. fol. 110 r. – A.W. Byvanck, Les manuscrits à peintures de la Bibliothèque royale des Pays-Bas. etc. (Soc. française de reproduction de mss. à peinture), Paris 1924, S. 114. Das verwandte Thema hatte in der Antike zu einer vergleichbaren Lösung geführt wie Ladenschilder in Ostia zeigen; gute Abbildungen in Capitolium, Roma 1959, S. 222, S. 229.

821 Abb. z.B. Oberrheinische Kunst 5, Freiburg 1932, S. 107. Nachschnitt in der Baseler Aesopausgabe von 1501; Abb. Katalog 81 von Jacques Rosenthal, München 1925, S. 56. Siehe auch den BK 1531 bezeichneten Schnitt in der Freiburger Ausgabe von (Joh. Faber) 1535, Nr. 33 im Katalog German woodcut books of the XVIth Century von William H. Schab in New York.

822 Pinakothek Siena 297. – C. Brandi, La regia Pinacoteca di Siena, Roma 1933, S. 52, wo auf den Zusammenhang mit der iconografia trecentesca della Pietà verwiesen ist. Ganz richtig wäre der Verweis auf den »Sündenchristus« gewesen, auf dessen Typus die beiden ausführlichen Darstellungen unten deutlich hinweisen: eine Bauernfrau mit einem Korb mit Hühnern auf dem Kopf und ein Packpferd.

823 L. Volkmann, Ars memorativa, in: Jahrbuch der kunsthistorischen Sammlungen in Wien, NF 3, 1929, S. 113ff., vor allem S. 119f. Verwandtes findet sich auch in der Illustrierung von Prophezeiungen.

824 Vgl. E. Breitenbach und Th. Hillmann in: Anzeiger für schweizerische Altertumskunde, 39, 1937, S. 23ff. Warum ich Interpretation und Argumentation der Verfasser für verfehlt halte, wird sich ergeben. Eine richtige Bezeichnung als »Sünden-Christus« neben der ungenügenderen als »Werkstatt-Christus« in Kunstdenkmäler der Schweiz, Thurgau, I, Frauenfeld 1950, S. 102. (A. Knöpfli.)

41 Menschliche Fähigkeiten, Ms. 10 D 1, fol. 110 r, Paris, 1376 (Den Haag, Museum Meermanno-Westreenianum)

körperlichem Leiden mit Schuld haben. Zur Veranschaulichung bedurfte es nur einer prinzipiell geringfügigen Änderung, des Ersatzes oder der Ergänzung der Passionswaffen durch die Geräte und durch Motive menschlichen Tuns und Sündigens. Auf welchen Lebensgebieten mittelalterliche Weltanschauung da vor allem die Sündenfrüchte reifen ließ, ist klar – aller auf Erwerb gestellter Handel und Wandel führt zu Unrecht und Unehrlichkeit, Spiel und Tanz, Tisch und Bett verlocken zu irdischer Lust, und die Gewalttat fordert ihre Opfer an Mensch und Tier. Im dritten Viertel des 14. Jahrhunderts scheint die Darstellung beliebt geworden zu sein, aber noch vor 1350 entstand die nur fragmentarisch erhaltene im Dominikanerkloster in Pettau.[825] Von 1365 oder 1375 stammt das Wandbild in der Kirche zu Slavetin[826]; der von zwei Engeln verehrte Schmerzensmann steht auf der Erde, auf der Landleute ihrem Gewerbe nachgehen und ein Mönch mit einem Mädchen ein fröhliches Gelage feiert. Zwei die Hochseiten der Bildfläche einfassende Rahmenstreifen enthalten in dreizehn Nischen je einen Vertreter eines Gewerbes bei seiner Arbeit, aber auch einen Bogenschützen und eine durch Größe betonte Schenkmaid. Strahlenförmige Verbindungslinien führen von den Menschen zu Christi Körper: er fühlt ihre Sünden. Am hervorgehobensten ist eine große Schere, die in Christi rechten Oberarm schneidet; sie läßt vermuten, daß ein

825 Fr. Stele, in: Časopis za zgodovino in narodopisje, 28, 1933, S. 169f., 188, Fig. 66f. (Den slowenischen Text kann ich nicht lesen.) Von St. auch erwähnt in: Monumenta artis Slovenicae, I, Ljubljana 1935, S. 28, wo er im ganzen fünf einschlägige Darstellungen nennt. Wenn ich richtig verstehe, nimmt F. Stele eine Vereinigung des Passions- und des Sündenwaffenthemas an. Vor dem Kreuz schwebte der Schmerzensmann. Rechts von ihm sind einwandfrei arma zu erkennen. Ganz rechts die Leiter (nicht wie St. annimmt die Tugendleiter), wenn ich nicht irre mit den Fußspuren, daneben der Schwammstab, die Lanze und das Rohr – diese alle gegen den Kreuzarm gelehnt. Dann anscheinend das Messer, zwei Würfel. Neben Christi linkem Fuß steht auf einem Schemel offenbar das Wasserbecken und die Hand über ihm ist dann eine des Pilatus. Unterhalb Christus einige in der Abbildung nicht erkennbare Gegenstände. Sie scheinen mir aber tatsächlich auf Vereinigung der beiden Themen hinzuweisen.

826 Topographie der historischen und Kunstdenkmale im Königreich Böhmen, II, Prag 1897 (B. Mahějka. Laun.), S. 81 und Tafel 3. – E. Panofsky, a.a.O., Anm. 95 und K. Burdach, Der Dichter des Ackermann aus Böhmen, Berlin 1926ff., S. 534.

reich gewordener Tuchhändler hier dem Bekenntnis seiner Sünde und seiner Hoffnung monumentalen Ausdruck gab. Damals stand die Waffenbedeutung der einzelnen Motive schon fest, denn nur so läßt sich erklären, daß auf der Waffenminiatur des um 1370 anzusetzenden Psalters Bodl. Ms. auct. D. 4. 4. (s. oben S. 128) unter den Waffen auch eine »gegenwärtige« Leidzufügung erscheint: das Gelage[827] eines Bischofs mit einer Fürstin in weiterer Gesellschaft. Rund ein Jahrhundert später ist in der Nikolaikirche von Wismar[828] innerhalb des gleichen Schemas die Schmerzzufügung dadurch veranschaulicht, daß aus vierzehn seitlichen Öffnungen heraus je eine weibliche oder männliche Halbfigur – in zwei Fällen hat sie einen Begleiter – mit einer Lanze nach Christi Leib sticht. Sie. waren durch heute nur noch zum Teil erkennbare Geräte als Vertreter sündlichen Tuns gekennzeichnet; man sieht noch eine Zither, ein Spielbrett, einen Becher, eine Partisane, eine Kugel, Stäbe. Auch auf dem jetzt bis auf geringe Reste zerstörten Fresko an der Eingangswand der Kirche zu Mühlbach[829], das der Mitte des 15. Jahrhunderts entstammen kann, waren die Sündenwaffen in vierzehn seitlichen Kompartimenten untergebracht. Jedoch ist der Schmerzensmann in der Hauptfläche ganz an den einen Rand herangerückt, so daß noch etwas anderes neben ihm dargestellt war; da keine Spur einer menschlichen Figur – also Marias – zu finden ist, waren da vielleicht einige der Passionswaffen wiedergegeben. Der am reichsten ausgebildete Vertreter dieses Typs entstand wohl im dritten Viertel des 15. Jahrhunderts an der Außenwand der Kirche in Congrob[830], wenn er auch auf die Verwendung des architektonischen Schemas verzichtet. Zentrale Darstellung ist der mit der Rechten auf die Seitenwunde weisende Schmerzensmann, der von Passionswaffen[831] umgeben ist, während zwischen seinen Beinen ein Zimmermann seinem Gewerbe nachgeht. Die Hochseiten und die Unterseite dieses Bildes sind von neun streifenförmigen Darstellungen eingefaßt, die im ganzen sechzig Szenen des täglichen Lebens enthalten sollen. In der Ecke rechts unten zeigt der Höllenrachen, was die Sünder erwartet, während über dem Schmerzensmann Gottvater auf den »Erlöser« hinweist. Grundsätzlich entsprechend ist wahrscheinlich das Fresko von 1514 in Mauthen (Kärnten)[832] komponiert, wenn es auch die Akzente anders verteilt und auch die Passions- durch Sündenwaffen ersetzt. Der von ihnen umgebene Schmerzensmann ist die Hauptdarstellung, während in je vier Kompartimenten auf den Pilastern der gemalten Rahmenarchitektur wahrscheinlich Vertreter weiterer Sünden dargestellt sind.

42 Christus unter den menschlichen Sünden leidend, Fresko (Ausschnitt), Schweiz, um 1400 (Ormalingen, Kirche)

Am verbreitetsten war der Kompositionstyp, der in einheitlicher Fläche Christus und die Sündenwaffen unterbringt. Er findet sich in drei Hauptspielarten. Der eine umgibt Christus mit ihnen derart, daß er von ihnen in den besten Beispielen wie erdrückt oder wie unmittelbar angegriffen erscheint, wie es besonders in Ormalingen[833] (Abb. 42) veranschaulicht ist oder in den anderen Denkmälern, wo sie in unmittelbare

827 Schon der Hortus deliciarum läßt den clericus straucheln – er fällt von der Tugendleiter herab – gelockt durch die reich besetzte Tafel und die zuwinkende amica clerici; A. Straub u. G. Keller, Herrade de Landsperg. Hortus deliciarum, Straßburg, pl. LVI.

828 F. Crull, in: Jahrbücher [...] des Vereins für mecklenburgische Geschichte, 47, 1882, S. 99ff. Die Kirche wurde 1459 konsekriert; 1463 war die Orgel fertig. Die Malerei entstand wahrscheinlich zwischen diesen beiden Daten.

829 J. Weingartner, a.a.O., I, S. 194.

830 Fr. Stele, Monumenta, a.a.O., S. 43f., Fig. 134ff. Wohl drittes Viertel des 15. Jahrhunderts.

831 Um den Oberkörper sind die Köpfe – unter ihnen auch Herodes – wiedergegeben und der Hahn; den Unterkörper umgeben die gegenständlichen Waffen und der Kopf des Judas. Kreuz und Säule sind merkwürdig klein dargestellt gegenüber der Länge von Lanze und (wahrscheinlich) Schwammstab. Nicht alles ist erkennbar. – Ungenauigkeiten und Unstimmigkeiten in der Beschreibung Fr. Steles entstammen vielleicht der Übersetzung.

832 O. Demus, in: Die Denkmalpflege, 7 1933, S. 47ff. mit ungenügender Beschreibung (was ist z.B. oben beidseits des Kopfes dargestellt?). – E. Breitenbach u. Th. Hillmann, a.a.O., S. 32.

833 Bei Basel. Aufnahme Spreng-Basel. Vgl. E. Breitenbach u. Th. Hillmann, a.a.O., S. 31f., wo ein schwer zugänglicher Aufsatz R. Riggenbachs verwertet ist. R. Riggenbach datierte 1360–70, Breitenbach u. Hillmann etwas später. Ich glaube an Entstehung erst im 15. Jahrhundert. Als ich die Korrektur der Anmerkungen las, lernte

Verbindung mit dem Kontur der Gestalt gebracht sind. Dringen sie, wie z.B. in einigen englischen Beispielen[834], konzentrisch auf das Haupt ein, so ist genau der Gedanke »illustriert«, der sich etwa in der schon oben (S. 144) herangezogenen »Usslegung des Leidens« so formuliert findet: Christi Haupt blutet noch heute von der Dornenkrone[835], d. h. »von den schlahen und staupen unserer sünde« (fol. o 7 vo), unter den Schlägen unserer Sünden. Die »Jetztzeit« ist also nicht nur transzendent[836] an dem Geschehen der Vergangenheit beteiligt, sondern Christi Passion ist als eine durchaus »jetzige« dargestellt. Oft verbinden Linien – manchmal Blutlinien – die Geräte oder Szenen mit dem Körper. Denn es gibt eben Sünden, die in einem Gerät nicht zu objektivieren sind; etwa Liebesbezeigungen wie Küsse (z.B. St. Johann in Kurzdorf[837] bei Frauenfeld) und Bettszenen (z.B. St. Ursula im Jaufental[838]) müssen schon ausführlicher dargestellt werden. Zum gleichen Kompositionstypus gehören noch etwa die Darstellungen in Räzüns (Abb. 16), in der deutschen Handschrift[839] cod. Casan. 1404 fol. 40r. aus dem Anfang des 15. Jahrhunderts, die die Gewerbe besonders zahlreich vorführt, aber auch etwa das Ballspiel nicht vergißt, und nach der Beschreibung auch die 1576 gestiftete in Pfannsdorf[840], die Christus als Ecce homo mit den Geräten umgibt und neben einen Lanzenträger stellt, der nur Longinus bedeuten kann. Da ist die »Gleichzeitigkeit« der Passion durch die Menschen in Jerusalem und die von heute eindringlich veranschaulicht, was auch im Anfang des 15. Jahrhunderts in der Absicht des Malers in Bodešče[841] lag, als er auf den Querbalken des Kreuzes, vor dem Christus im Mantel der Verspottung steht, so wie sonst Waffen der Passion Werkzeuge der Sünden legt. Die übrigen – unter ihnen findet sich ein Dudelsack – verteilte er im Grund, und er ließ einige wenige den Kopf angreifen.

Die zweite Spielart unterscheidet sich nur dadurch, daß sie Christus ein bartloses Gesicht gibt. So sind z.B. in St. Johann in Taufers[842] (um 1400) die Werkzeuge um einen bartlosen Schmerzensmann mit langen blonden Haaren gehäuft, und es sind ungewohnte Christustypen, die in Eriskirch[843] und (wahrscheinlich 1531) in Tartsch[844] dargestellt wurden. Und doch kann kein Zweifel obwalten, daß Christus gemeint ist; vielleicht sollte der von der Vera Ikon betont abweichende

ich den Aufsatz von Johannes Graf Waldburg in Heilige Kunst 1954/55, S. 5ff. über den »Ravensburger Jodok« kennen, wie der Restaurator Kalbhenn die vor kurzem in St. Jodok in Ravensburg freigelegte Darstellung des von den Werkzeugen des täglichen Lebens in allen Gliedern bedrängten Schmerzensmannes (um 1410) getauft hat. Bei aller Überzahl der dem Leben der Erwerbstätigen angehörenden Hinweise, es fehlt nicht der auf den seine Pflicht aus Faulheit und wegen Jagdpassion vernachlässigenden Fürsten und nicht die Mahnung an die Geistlichkeit, um derenthalben nicht nur betont Kelch und Hostie erscheinen, sondern wahrscheinlich das Fresko im Chor selbst gemalt wurde.

834 Ampney (Gloustershire); Breage (Cornwall); Stedham (Sussex). Vgl. E.W. Tristram, in: Burlington Magazine, 31, 1917, S. 135ff. und T. Borenius u. E.W. Tristram, a.a.O., S. 29ff. Breage auch bei O.E. Saunders, A history of english art in the middle ages, Oxford 1932, Fig. 59. – E.W. Tristram bleibt das Verdienst, auf die englischen Beispiele aufmerksam gemacht zu haben, wenn er die Darstellung auch falsch interpretierte. Der Geist der Entstehungszeit schließt es absolut aus, hier irgendwelche soziale Bewegungen in monumentaler Gestalt gespiegelt zu finden. Nicht die Mühen der Arbeit verwunden Christus, sondern die menschlichen Sünden. Man mag darüber streiten, ob der Gedanke der »Glorie der Arbeit« erst dem 19. Jahrhundert entstammt – mittelalterlich ist er nicht, und ihn in Christus anders veranschaulicht zu sehen denn während seiner Zimmermannszeit, und gar noch in ihm als göttlicher Person ist völlig unmittelalterlich. Ich kann in Langlands Piers the Plowman nicht finden, daß die von vornherein ausgeschlossene Identifizierung von Peter, sozial angesehen als Landmann, und dem Schmerzensmann vollzogen wäre. Vgl. auch Charl. d'Evelyn, in: Modern language notes, 34, 1919, S. 247ff. und ihr folgend R. Ryan, in: The Art Bulletin, 11, 1929, S. 302f. – K. Burdach, a.a.O., S. 311f., 319. – E. Breitenbach u. Th. Hillmann, a.a.O., verzeichnen S. 30 vierzehn englische Denkmäler. Ein weiteres machte durch eine Zuschrift an die Times vom 5.1.1937 aus seiner Kirche T.J.V. Williams in Swindon (Wilts) bekannt.

835 Man berief sich damals auch auf ein angebliches Wort des Augustinus: »die dorne Kron auf dem Haupt Christi bedeut unsere sunden« (Fundstelle versehentlich, nicht notiert). Die Dornenkrone war ein anerkanntes Symbol der menschlichen Sünden.

836 Das war wahrscheinlich der sich häufiger findende theologische Gedanke. Ich will aber als Gegenbeispiel nur wieder Dionysius Carth. zitieren, der erst zur täglichen Meditation auffordert »quae, quanta et qualia pro nobis sustinuit« um dann seine Aufzählung zu schließen »quae omnia Christo quotidie faciunt impii Christiani« (Opp. XXIX, S. 356). – G. Biel († 1495) zieht in diesem Zusammenhange einen dem hl. Bernhard zugeschriebenen Satz an, der Christus selbst sprechen läßt »cur addis afflictionem afflicto: magis aggravant me vulnera tui peccati quam vulnera corporis mei«; Passionis dominice sermo. Hagenau 1515, fol. 7 r f. Fol. G 2 v wendet B. sich besonders gegen die »perfidissime per omnia eius membra iurantes«, die damit »universa Christi membra et totum corpus impie flagellant«. Der Fluch ist ernst genommen. – Eine von E. von Dobschütz (Zeitschrift für wissenschaftliche Theologie, 45, 1902, S. 381ff.) herausgegebene und behandelte, von ihm etwa um 1000 datierte byzantinische Fastenpredigt stellt (Kap. 9f., S. 392ff., 396f.) zunächst Christi Leiden in der entbehrungsreichen Zeit schon vor aller Passion der menschlichen Opulenz gegenüber, um ihn dann durch deren Fühllosigkeit gegen Arme und Kranke in diesen leiden zu lassen, was ja gut biblisch ist.

837 Anzeiger für schweizerische Altertumskunde, 19, 1917, S. 185f. (E. Leisi). 14.–15. Jahrhundert. Hier ist ein Beil durch seine Stellung vor den Beinen besonders betont und auch die Würfel dürften nicht zufällig unmittelbar unter Christi Füßen liegen.

838 J. Weingartner, a.a.O., I, S. 136. Christus ist von den Werkzeugen umgeben; zu seinen Füßen in kleinem Maßstab ein von Teufeln umgebenes Bett mit einem Liebespaar, vornehme Tänzer, ein sich umarmendes Paar u.a. Um 1400. Weingartner sagt etwas nicht Belegbares, wenn er auch den »sühnenden« Erlöser dargestellt findet. Die Veranschaulichung zeigt nichts Entsprechendes.

839 Vgl. F. Saxl, in: Festschrift für Julius Schlosser zum 60. Geburtstage, Zürich 1927, S. 104ff., S. 121. – E. Breitenbach u. Th. Hillmann, a.a.O., S. 24ff.

840 K. Ginhart, Die Kunstdenkmäler Kärntens, Klagenfurt o.J., VII, S. 917, Abb. 124.

841 Fr. Stele, Casopis, a.a.O., Fig. 66f. – Ders., Monumenta, Fig. 81, S. 28.

842 J. Weingartner, in: Jahrbuch des kunsthistorischen Instituts der k. k. Zentralkommission für Denkmalpflege, X, 1916, S. 46ff., Abb. 24 und in Kunstdenkmäler, IV, S. 367.

843 Um 1430/40. – H. Eggert, in: Schriften des Vereins für Geschichte des Bodensees, 61, 1934, S. 72f. (Der Teufel links schleicht nicht davon. Die Hand hinter dem Nimbus ist sicherlich eine leidzufügende; vgl. die Schwurhand in Kurzdorf.)

844 J. Weingartner, Die Kunstdenkmäler Südtirols, IV, S. 389. – E. Breitenbach u. Th. Hillmann, a.a.O., nennen weitere Beispiele aus Graubünden: Schlans und Brigels, S. 31.

Typ den Beschauer sofort darauf aufmerksam machen, daß hier keine mit der irdischen Person Christi zu tun habende Darstellung gemeint sei. Was veranschaulicht werden soll, ist ja eine ungemein komplexe Vorstellung: Christus fühlt die Sünden »gegenwärtig«, aber die Erlösung ist in der geschichtlichen Vergangenheit durch den so und so ausgesehen habenden Gottmenschen »geschehen«, der Nachgeborene kann sie nur annehmen oder verwerfen – zum Erlösungstode erscheint der Gottmensch ein zweitesmal nicht auf der Erde. Wollte man für die Anschauung den Schmerzensmann auf Erden von dem im Himmel weilenden unterscheiden, so mußte man verschiedene Typen nehmen.

Die dritte Spielart ersetzt einen mehr oder weniger großen Teil der Geräte durch Darstellungen ihres Gebrauches, stellt also Christus ins menschliche Getriebe mitten hinein. Wohl dem Fresko in Räzüns ungefähr gleichzeitig und wie dieses im Zusammenhang mit einer Gregorsmesse stehend, zeigt ein Wandbild in Schlans[845] (Graubünden) auf seiner einen Seite die Arbeiten der Landleute im wesentlichen im Ablauf der Jahreszeiten, während auf der anderen Seite der spezifische Charakter der Waffendarstellung nicht völlig aufgegeben ist. Alles soll durch Linien mit Christi Körper verbunden sein. Der Typus fand seine bisher bekannte reifste Ausbildung in einem durch Übermalung noch teilweise verdeckten, wahrscheinlich gegen 1500 entstandenen Fresko in der Pfarrkirche von Campitello[846] an der Dolomitenstraße, das mit stärkster Betonung ihres Gegensatzes die beiden disparaten Elemente, die Genreszenen und die »Waffen« nebeneinanderstellt. Je genrehafter die einzelnen Szenen ausgestaltet wurden, desto näher lag die Gefahr der Verbreitung einer idyllisch-fröhlichen Stimmung durch sie: all diese Leute fühlen sich ja in ihrem Tun sehr wohl. Es bedurfte also eines anschaulichen Gegengewichtes, und das war die Beigabe von Teufelchen – wie wir eines schon in Eriskirch fanden oder wie eines in Waltensburg[847] den tanzenden Paaren den Weg zu weisen beflissen ist oder wie in Congrob den Liebes- und vielleicht auch Zauberszenen ein Teufel beiwohnt –, die der von ihnen Begleitete nicht sieht, die aber dem Beschauer sagen, was er von der Darstellung zu halten hat. Ob es sich um eine Marktszene handelt oder um ein Gelage oder um die Toilette[848] einer Schönen (Campitello) oder um eine Schusterwerkstatt (St. Jakob) oder um was auch immer – der Teufel hat seine Hand im Spiele. Offensichtlich in gewollt volkstümlich-bilderbogenhaft deutlichem Stil veranschaulichte das 1557 der Maler der Fassadenfresken von S. Rocco in Tesero[849] bei Cavalese an der Dolomitenstraße. Beim Reigentanz ebenso wie in der Kirche[850], beim Almosengeben wie bei der Arbeit, überall läßt der Mensch sich zur Sünde verleiten. Und so hängt leicht an allem menschlichen Tun Christi Blut. Es hat etwas Unheimliches, weil so ganz Unerwartetes, wie die Blutstropfen[851] nicht nur an den Geräten und Szenen menschlicher Lust – und seien es auch nur die neun Kegel mit der Kugel –, sondern wie sie gerade auch an den Arbeitsgeräten haften. Der Mensch benutzt eine Schere oder eine Sichel oder einen Spaten oder ein Buch – und schon hängt Christi Blut daran. Nichts irgendwie Partikuläres ist gemeint mit der Darstellung: alles menschliche, nicht-asketische, nicht ganz auf den Himmel bezogene Tun ist sündhaft; sie gehört in einem Sinnzusammenhang mit dem Kelterbild in Pommersfelden[852], auf dem sich alle Stände an Christi Marterung beteiligen und selbst Gebetbuch und Rosenkranz gegen ihn geschwungen werden, oder auch mit dem Wandbild von 1464 in der Pfarrkirche zu Wemding[853] (Bayern), auf dem Papst, Kaiser und Bauer – dieser am Pflug durch seine Schutzengel vertreten – je von einem Engel zu ihrer Pflicht ermahnt und von einem Teufelchen verführt werden.

Die Handschrift der Casanatense[854] ist als lehrhaftes Erbauungsbuch für den »Gebildeten, d.h. doch wohl den Geistlichen«, bestimmt. Die vielleicht älteste der Darstellungen ist die an der Fassade der Klausur – jetzt im Kreuzgange – des Dominikanerklosters Pettau. Die Darstellung aber ging jedermann an; daher findet sie sich so oft an den Außenwänden der Kirchen. In St. Jakob kniet ein Fürst als Stifter. Der Fassadenschmuck von Tesero wurde 1557 von der Witwe des Salvador Fabro auf Wunsch ihres Mannes gestiftet »a laude di Dio e de la madona e per eser stato al sancto sepulcro«. Es ist ein ungeheurer Zusammenhang, der Gott und Mensch umschließt – aber veranschaulicht ist hier nur ein Teil der in ihm enthaltenen Polaritäten: Gottes Liebe und Leiden finden ihre Antwort

845 Anzeiger für schweizerische Altertumskunde, 34, 1932, Tafel XV, S. 300f. (C. Buholzer). – E. Breitenbach u. Th. Hillmann, a.a.O., S. 31.

846 Wahrscheinlich stammt von der gleichen Hand das etwas frühere Bild in St. Jakob im Grödener Tale; – J. Weingartner, a.a.O., II, S. 307. Die Sündenszenen sind durch Blutlinien mit Christi Wunden verbunden: sie machen sie neu bluten.

847 Abb. bei E. Breitenbach u. Th. Hillmann, a.a.O., S. 33, Text S. 31.

848 Der Kamm (vgl. die hl. Angela von Foligno oben S. 111) fehlt fast nie.

849 Gandolfino di Belvedere, in: L'Alto Adige, 21/22, 8. 1903, 188. Der Artikel H. Schmölzers, gegen den G. polemisiert, war mir nicht zugänglich.

850 Was der Geistliche während der Messe sündigt, formuliert eine von F.J. Mone, Schauspiele des Mittelalters, II, Karlsruhe 1846, S. 23 zitierte Handschrift wohl des 15. Jahrhunderts im Munde des Teufels folgendermaßen:

»Dictio neglecta vel syllaba murmure tecta
Per me collecta patet ipsa litera secta;
Et vox et votum, tonus et sonus et nota, totum
Per me colligitur et ab alto judice scitur.«

851 Sie sind an sich nichts Ungewöhnliches. So hat sie R. Riggenbach auch in Ormalingen beobachtet; E. Breitenbach u. Th. Hillmann, a.a.O., S. 32.

852 A. Thomas, a.a.O., S. 136f. – R. Berliner, Bemerkungen, a.a.O.

853 Deutsche Gaue, 28, 1927, S. 94f. Die den Figuren beigegebenen Sprüche lauten: »tu supplex ora-sis onerosus; tu protege-sis raptor; tuque labora-sis infidelis«. Über allem thront auf dem Altar eine Golgothagruppe – Christus am Kreuz zwischen Maria und Johannes, davor Kelch und Hostie: hier ist also der Hinweis auf die erfolgte Erlösungstat und die Eucharistie gegeben. Der in den Deutschen Gauen mit Recht herangezogene italienische Holzschnitt ist eine Kopie nach fol. a 6 r der deutschen Originalausgabe der Pronosticatio, Heidelberg 1488 (H. 10 080. Schr. 4499).

854 F. Saxl, a.a.O., S. 113.

nur in schlechthinniger Bosheit alles menschlichen Tuns, in dem Sich-Wohlseinlassen der sündhaften vergänglichen Kreatur. Es mag an dieser Einseitigkeit des Nur-Sündenbekenntnisses gelegen haben, dem in der Veranschaulichung nicht oft[855] ein Hinweis auf die Erlösung beigegeben ist: eine umfassende Beliebtheit gewann die Darstellung nicht. Vielfach ist sie später absichtlich zerstört worden, in die eigentliche Volkskunst[856] ist sie nicht eingedrungen – und ihrem Inhalt wurde gelegentlich ein lehrhafteres Motiv beigemengt: gemeint sei nicht nur das von Grund auf böse menschliche Tun an sich, sondern vor allem soweit es eine Entheiligung des Sonntages darstelle. Aber die Inschrift[857] in Tesero: »INFRA TVTI LI ALTRI MALI SELERATI / LA DOMINICHA SANCTA VOI NON SANCTIFICHATI / ANCI OGNI ZORNO VOI LAVORATI / E OGNI MAL LA MIA DOMINICHA VOI FATI« erklärt ausdrücklich die Sonntagsentheiligung für eine Sünde unter vielen anderen und will damit nicht den Sinn der Darstellung partikulär auf diese eine Sünde einschränken. Wie hätte sie das auch für Beschauer tun können, denen weder das schlechthinnige Sündenbewußtsein noch die Mittel zu seiner Veranschaulichung fremd waren? Sie wußten genau, was etwa der pflügende Bauer bedeutet: er pflügt auf fremdem Acker[858], und sie wußten ebenso genau, daß nicht jede Feldarbeit von vornherein am Sonntag verboten war und verboten sein konnte, wie etwa die nicht, die zur Unterstützung eines Hilfsbedürftigen erfolgte. Nicht nur ließ jegliche dringende Not jede Arbeit erlaubt erscheinen, sondern sie war es nach Thomas von Aquino[859] auch schon, wenn sie »ordinatur ad salutem corporalem alterius«. Auf keinem Gebiete des kirchlichen Lebens waren die Grenzen zwischen erlaubt und nicht erlaubt so flüssig wie auf dem der Feiertagsheiligung[860], und sie mußten es sein, sollte die Strenge theoretischer Forderungen nicht ständig vor den Erfordernissen des täglichen Lebens ad absurdum geführt werden. Auch oder gerade dem einfachen Mann konnte nicht verborgen bleiben, daß auf diesem Gebiet fast alles auf die Auslegung und die Anschauung ankam, daß hier vielleicht weniger als irgend sonstwo mit dem strengen »Du sollst nicht« die Fragen wirklich gelöst waren. Und es konnte nie verborgen bleiben, daß die kirchlichen Behörden sehr verschieden über das Erlaubte und das Nichterlaubte dachten.[861] Ein der Kasuistik ein so reiches Feld der Betätigung gewährendes Gebiet eignet sich nicht als Thema einer Darstellung, die unmißverständlich sein soll. Und die Darstellungen sind auch, sobald sie ausführlich sind, keineswegs mißverständlich. Sünden des Fleisches sind stets Sünden und ihre Begehung an keinen Tag gebunden. Almosengeben (Tesero) ist weder eine Sonntagsentheiligung noch eine Sünde, aber durch sündhafte Motive wird es zu ihr, und zwar immer. Und das gleiche gilt auch für Profaneres. Warum soll nicht selbst am Feiertag ein Jüngling einem Mädchen Obst vom Baum schütteln oder gar ein Mann vor einem Kochtopf am Herde sitzen (Congrob) – wenn nicht ihre Motive sündhaft sind? Gewiß sind Sünden auch am Sonntag Sünden und die Feiertagsentheiligung ist eine spezielle Sonntagssünde – aber damit wird aus dem allgemeinen nur ein besonderer, spezieller Fall herausgehoben, und diese Sinngebung erweist sich auch dadurch schon als sekundär, daß sie den allgemeineren Sinn logisch voraussetzt.

Es gab Veranschaulichungen dieser besonderen Sonntagssünde, aber sie sind ganz unmißverständlich. Wenn der Zehn-Gebote-Holzschnitt[862] von B. Richel in Basel von um 1476 als Illustration des dritten Gebotes die Zuhörer eines Predigers und den von einigem Handwerkszeug, einem Schuh und Würfeln flankierten Schmerzensmann einander gegenüberstellt, so ist der Sinn eindeutig. Aber das ist Ausnahme. Die gleiche partikuläre und allgemeine Erklärung der Darstellung wie die Inschrift von Tesero gibt die erneuerte, daher nicht sicher etwa anderthalb Jahrhunderte ältere des Freskos von S. Miniato al Monte[863]: »Chi no guarda la domenica sancta et a Xristo no a devotione dio gli dara l'aeterna

855 Am deutlichsten in Congrob und in Waltensburg, wo unter Assistenz eines Heiligen der Stifter den Schmerzensmann anfleht. In San Miniato al Monte hält Christus im rechten Arm das Kreuz. – Der genaue Sinn der Darstellung in Ormalingen ist noch zu enträtseln. Ungewöhnlich ist schon, daß Christus mit Rock und Mantel völlig bekleidet ist. Er umfaßt das ihn an der Brust verwundende Werkzeug. Die Geste der Maria ist keine hinweisende; sie scheint etwas in Empfang nehmen zu wollen, oder sie krampft im Schmerz die Hand zusammen. In beiden Fällen weist sie auf eine compassio auch bei diesem Leiden hin. Ist aber diese Vorstellung belegbar ? R. Riggenbach glaubt an Fürbitte und an einen von Christus gehaltenen Donnerkeil. E. Breitenbach u. Th. Hillmann deuten die Geste der Maria als anklagend. Beides ist m.E. nicht überzeugend. – Das wenige was ich von der Inschrift unter dem Stifter in S. Jakob entziffern kann genügt, um sie als Gebet zu erkennen:»[...] des reichen [...] blib vns [...] uf das mit [...] anruven [...]«

856 Englische Bierkrüge, auf denen der »farmer« von Ackergeräten umgeben ist, haben einen anderen Sinn: »God speed the plough«, sagt die Inschrift; The Connoisseur, London 1906, S. 15.

857 Gandolfino di Belvedere, a.a.O.

858 Hier berührt sich der von uns betrachtete Bilderkreis mit dem der kretisch-byzantinischen Höllendarstellungen des späteren Mittelalters. So muß auf der von 1373 in S. Veneranda in Kjithiros *ὁ παραυλακηστής καὶ παραθερηστής* über ein Dornenfeld den von einem Teufel geführten Pflug ziehen; vgl. G. Gerola, Monumenti veneti nell'isola di Creta II, Venezia 1908, S. 341f. Ebd. *ὁ ῥάπτης ὅτου κλέπτι* der Schneider mit der Schere vor der Brust, S. 346 der Mäher auf fremdem Acker in einer Darstellung von 1304.

859 Summa II a IIae. qu. CXXII. a. 4. 4.

860 Vgl. etwa É. Dublanchy in Vacant-Mangenot, Dictionnaire de Théologie Catholique IV, Paris (1911), Sp. 1319ff.

861 Wie verschieden, sei an zwei zufälligen Beispielen belegt. Die Passauer Diözesansynode von 1470 (K. Eder, Das Land ob der Enns vor der Glaubensspaltung, Linz 1933, S. 355, Anm. 408) beschloß die Verweigerung des kirchlichen Begräbnisses an alle, die während einer unerlaubten Beschäftigung starben, wie z.B. an Feiertagen fischten oder Handel trieben. Die Religionsordnung der Erzdiözese Köln von 1614 (P. Weiler, Die kirchliche Reform im Erzbistum Köln, Münster i. W. 1931, S. 149) verbot während des Gottesdienstes auf dem Markt oder Kirchhof Handel zu treiben, also Einschränkung nur in Hinsicht auf Zeit und Ort.

862 Schr. 1845. C. Dodgson, Woodcuts Brit. Mus. Nr. 237, Pl. 99.

863 E. Breitenbach u. Th. Hillmann, a.a.O., S. 23f., 32. – Die Verfasser stützen ihre Interpretation der Darstellung des von den Werkzeugen des menschlichen Tuns umgebenen Christus als einer Mahnung zur Feiertagsheiligung – sie dürften eigentlich nur sagen: zur

danatione.« Wenn sie auch des Reimes wegen an zweiter Stelle steht, die devotione a Christo, die unter anderem auch zur Heiligung des Sonntages führt, ist das Umfassende: jede Sünde ist zu meiden, »auch« des Sonntags.

Alle Gedankengänge, die mit den Waffen Christi als Vertreter der einmaligen historischen und der unter der Sündenlast immerwährenden Passion verbunden waren, sind untereinander verknüpft in einer Passionspredigt[864] des berühmten Jesuitenpredigers Philipp Kiselius. An ihrem Schluß verteilt er sie unter die Menschheit. Den ungenähten Rock, der vorzüglich blutgetränkt das Symbol der Einigkeit ist, gibt er Papst, Kaiser und den Ständen des Reiches. Die Dornenkrone ziemt dem Kurfürsten: »ubi est corona Christi, est felix regimen.« Das Blut eignet sich für den Adel, damit er erkenne, worin edles Blut besteht. Die Fesseln bekommen die Eheleute: »sunt symbolum amoris et unionis, quae illis sunt necessaria«. Mit Humor werden den jungen Leuten beiderlei Geschlechts der Schleier, mit dem Maria des Sohnes Blöße deckte, und das Salbtöpfchen der Magdalena zugeteilt. Aber was soll er dem Sünder geben? »Non spineam coronam, timeo ne iterum imponat capiti Christi.« Und so fürchtet er von allen Leidenswerkzeugen. Aber er kennt eine »Waffe«, die bestimmt nicht noch einmal gegen Christus gebraucht werden kann: die mater dolorosa. Die gibt er dem Sünder als Stätte der Zuflucht und löst damit den Sinn dieser »Waffe« in echter Synthese in einem höheren Begriff auf.

Schlußbemerkung

Das vorstehend Gedruckte entspricht mit wenigen Hinzufügungen, aber starker Kürzung der Arbeit, auf die Campbell Dodgson sich schon 1935 bezog (Woodcuts XV. cent., Brit. Mus., II, Nr. 251). Sie war die vierte meiner Untersuchungen, in denen ich über die üblichen Allgemeinheiten hinaus die genaue Verbindung zwischen der Entwicklung der künstlerischen Darstellung eines Themas und seiner Stellung im Frömmigkeitsleben und Fixierung in Worten klarstellen wollte. Hatten die ersten drei (Sturz in den Cedron, Ährenmadonna, Urteil des Pilatus) zum Verständnis seltener Darstellungen geführt, so erlebte ich nunmehr die viel größere Überraschung, daß nicht nur eine in unendlich vielen Beispielen erhaltene Darstellung des Erlösers – nämlich der als Toter stehende Christus – nicht verstanden war und ein ganz anderes Verhältnis zur bildenden Kunst voraussetzt als man gemeinhin dem christlichen Mittelalter zuschreibt, sondern daß eine große Zahl der auf die Erlösung bezüglichen Darstellungen falsch oder ungenau benannt zu werden pflegen. Den Ruf zur Besinnung halte ich noch nicht für überholt und unzeitgemäß, da während der letzten zwei Jahrzehnte das allgemeine Verständnis der westlichen religiösen Kunst bestimmt nicht reifer, wohl aber abhängiger von nicht auf eindringenden Analysen der Kunstwerke basierenden Theorien geworden ist. Wie dankbar ich den Herausgebern des Jahrbuchs für den sicherlich nicht leichten Entschluß zur Aufnahme eines so langen Aufsatzes und für ihre Mühewaltung während der Drucklegung bin, kann ich nur andeuten. Das Alter des Manuskriptes und mein Fernsein von München brachten besondere Schwierigkeiten mit sich, die nicht restlos zu beheben waren und gelegentliche Nachsicht des Lesers voraussetzen.

Sonntagsheiligung – auf die Inschrift von S. Miniato und auf die Zeichnung des Casanatense 1404. Denn sie beziehen sie nicht nur auf den Textabschnitt, der unter ihrer rechten Hälfte beginnend von der durch die menschlichen Sünden fortdauernden Passion Christi handelt, wobei zwei besonders eindringliche Schlußzitate der Zeichnung unmittelbar eingeschrieben sind mit den Schlußworten: »me iterum crucifigis« (Hugo von St. Victor) und »tu divideris a me« (Ps. Augustinus). Sie beziehen sie auch auf einen Sermon über die Heiligkeit des Sonntages, dessen Schluß unter der linken Hälfte der Zeichnung steht. Die Verfasser drucken S. 33f. den auf die Passion bezüglichen Abschnitt ab – sein Inhalt war ihnen offensichtlich etwas sehr Überraschendes –; für den Sermon begnügen sie sich (S. 24) mit einer Inhaltsangabe. Er enthält einen einzigen Satz, den man mit der Zeichnung in Verbindung bringen könnte: »Ecce in quantum est decorata dies dominica et heu a nobis in nullis honorata sed inhonorata et suffocata verbis et factis que non liceat homini loqui.« Stünde dieser Satz bei der Zeichnung, so müßte man der Interpretation der Verf. recht geben – aber sollte es wirklich nur Zufall sein, daß gerade Sätze dort stehen, die mit der meinen überein gehen? Was hätte auch für den Besitzer des Buches die Mahnung für einen Sinn gehabt, nicht durch sonntägliche Ausübung von Handel und Wandel, durch Spiel und Schmuck der Laien eine Sünde zu begehen? Wohl aber hatte die Darstellung des immer neu verletzten Heilandes einen Sinn und zwar den, den vielleicht schon im 19. Jahrhundert ein Besitzer den angeblichen Augustinusworten beischrieb: »Animam suam quisque servare debet in Christi passione«.

864 Nili mystici [...] alveus quartus. Bambergae 1670, S. 208ff. Deutsch: Siebenfältig Blutiges Schau Spiel Dess Siebenströmigen Geistlichen Nili-Flusses, Bamberg 1679, S. 260ff.

X

Bemerkungen zu einigen Darstellungen des Erlösers als Schmerzensmann

Theodor Müller zum 50. Geburtstage

»Eo autem animo imaginem fabricare, tamquam illo modo quicquam Christianae religionis proprium fiat, hoc utique est de imagine illa religiose ac reverenter sentire.« (Ein Bild in der Absicht zu machen, damit etwas für die christliche Religion Charakteristisches zu schaffen, ist sicherlich gleichbedeutend mit frommen und andächtigen Gefühlen in Bezug auf dieses Bild).

Nicholas Sanders, De typica et honoraria sacrarum imaginum adoratione. Löwen 1569, fol. 153 r.

Einer der kenntnisreichsten unter den lebenden Kennern mittelalterlicher Kunst klagte kürzlich, man wisse öfter nicht mehr, was als Sinngehalt einer religiösen Darstellung zu gelten habe. Wachsende Verwirrung sei das Ergebnis mancher ikonographischer Untersuchung. Daß dem so ist, halte ich für gut. Es ist notwendig, daß sich weiteren Kreisen die Frage aufdrängt, ob denn die konventionelle Methode der Ermittlung des Sinngehalts alter christlich-religiöser Kunstwerke stets sein Verstehen möglich machen kann. Zu viele Erklärer scheinen zu vergessen, daß religiöse bildende Kunst sowohl ein unmittelbarer Ausdruck als eine eigenständige Form des Frömmigkeitslebens ist, die sich theologischer Kontrolle entziehen kann, da es sich um eine nichtverstandesmäßige Äußerung religiösen Geistes handelt. Ein seiner Bezeichnung wertes Kunstwerk hat nicht die Möglichkeit, wie Schriftzeichen einen Gedankeninhalt objektiv zu fixieren, damit er andere Gedankeninhalte anzuregen vermag. Ein Kunstwerk wendet sich unmittelbar nicht an den Intellekt, sondern an das emotionale Leben des Beschauers. Viele religiöse Kunstwerke erstrebten natürlich als »Illustrationen« in Worten Formuliertes oder Formulierbares möglichst getreu in Schaubares zu übersetzen. Aber selbst dann liegt es im Wesen des schaubar Geformten, daß es einerseits jener Präzision entbehren kann, deren ein in Worte gekleideter Sinngehalt fähig ist, daß es andererseits von einer engen Bestimmtheit sein kann, die, in Worte gebracht, einen befremdenden, unwahren oder unrichtigen Sinn ergibt, wenn er verglichen wird mit der Lehre der Kirche, oder – bei noch ausstehender Lehrentscheidung – von Theologen.

Ich weiß nicht, ob es schon irgendwo ausgesprochen ist, daß das schwierigste Problem, mit dem die Ikonographie sich auseinanderzusetzen hat, das des Verhältnisses der Kunstwerke, besonders der als Veranschaulichung eines Themas frei geschaffenen, zu den verstandesmäßig formulierten religiösen Vorstellungen ist. Es mag kein anderes wesentliches Gebiet menschlicher Aktivität geben, in dem der Satz, daß der Augenschein trügen kann, so selbstverständlich als eine nun einmal hinzunehmende Tatsache angesehen wurde wie vor westlichen religiösen Kunstwerken bis an die Schwelle der Gegenwart heran. Denn die Kunstwerken zugewiesene Stellung im geistigen und Empfindungsleben unterliegt der Wandlung. Der in der spätantiken und der frühmittelalterlichen Periode mögliche Glaube an eine durch die reine Betrachtung erfolgende Übertragbarkeit von Eigenschaften eines Dargestellten auf den Betrachter ist im Westen wahrscheinlich seit dem späteren Mittelalter zu großem Teil und bei vielen völlig erstorben. Der gegenwärtig im westlichen Kulturbereich nur noch in subtilen, theoretischen Definitionen nicht gewachsenen Unterschichten gegen den Wunsch der Führerschicht lebendige Glaube an eine objektive, gewissen religiösen Kunstwerken innewohnende magische Kraft war bis an die Schwelle der Neuzeit allgemeiner verbreitet. Aber es gehört zum Wesen einer von den Gläubigen, je nach ihren Ansprüchen, als realistisch empfundenen Darstellung, stets leicht das Präsenzerlebnis zu vermitteln, d.h. das Gefühl unmittelbarer Gegenwart des Dargestellten zu erregen, mit dem daher eine unmittelbare Kontaktaufnahme möglich ist, wie – um ein Beispiel aus dem Motivkreise des Erlösers zu wählen – durch Einwerfen von Bittzetteln in die betonte Seitenwunde einer Skulptur. Über die bloße Erinnerung an Kräfte und Eigenschaften des Dargestellten hinaus konnte von einer Darstellung erwartet werden, daß sie wegen des Präsenzerlebnisses eine Stärkung des Willens bewirken könne, vergleichbar dem Vermögen einer lebendigen Persönlichkeit, Kräfte auszustrahlen. In der uns hier beschäftigenden, etwa vom 12. bis zum 18. Jahrhundert währenden Epoche waren zwischen den Extremen der vorwiegend intellektuell lehrenden und der vorwiegend nur schmückenden Kunstwerke die charakteristischen Beispiele der religiösen Kunst diejenigen, in denen dem Künstler Freiheit gelassen war, seinem Thema die Gestalt zu geben, die sich als ein mit dem Ziele der Beeindruckung des Beschauers erfolgter Ausgleich zwischen den Ansprüchen der Wirklichkeit oder Richtigkeit und rein künstlerischen Gesichtspunkten begründen ließ. Als selbstverständlich vorausgesetzt war die Bereitschaft des Beschauers, sich von dem, was er sah, religiös beeindrucken zu lassen. Für Beschauer, die dem Inhalte skeptisch gegenüberstanden oder am Kunstwerke rein ästhetisch interessiert waren, schuf man damals nicht. Was dargestellt wurde, war geglaubte Wirklichkeit.

Es gehört zum Wesen des Menschen, daß sein spontanes Empfindungsleben gerade auch auf religiösem Gebiete nicht ohne weiteres und in allen Einzelheiten von seinem Wissen kontrolliert wird. Daher sind nicht nur die Reaktionen der Beschauer, sondern auch die der in einer Kirche auf dem Gebiete der Kunst zum Wächteramt Berufenen durchaus nicht stets durch strikte Observanz der kirchlichen Lehre bedingt. Dafür gibt es vielleicht keinen eindrucksameren Beleg als die Duldung von Bilderschmuck in Synagogen, wie er durch die Ausgrabungen von Dura-Europos sichergestellt ist. Ich bemühe mich seit längerem zu zeigen, welche erstaunliche Freiheit christliche künstlerische Darstellungen haben konnten, sobald sie nicht als katechismusartig lehrende angesehen wurden und sobald es als selbstverständlich galt, daß nicht die äußere Erscheinung einer Darstellung oder Darstellungsart über ihren religiösen Wert entscheidet, sondern ihre Fähigkeit, das seelische Leben zu bereichern.[1] Bei dem gegenwärtigen Stande der Forschung kann nicht genug betont werden, daß als Kriterium für die Duldung einer Darstellung offensichtlich nicht stets genommen wurde, ob sie bei beschreibender (nicht umschreibender) Übertragung in Worte der Lehre entsprach, sondern ob sie Empfindungen zu erregen vermochte, die als wünschenswert galten, kurz, ob sie die Frömmigkeit zu vertiefen geeignet war. Die Kirchenlehre, die Glaubenssätze standen zu fest, als daß Augenschein sie in Frage stellen konnte, und in Wirklichkeit konnten in Kunstwerken nie ihre erschöpfenden Formulierungen gesucht werden. Seit der Urzeit gab es z.B. Darstellungen der Anbetung der Magier, die mit keiner Erzählung des Ereignisses in Worten übereingingen und übereingehen konnten, da Maria jene nicht auf einem Throne sitzend empfangen haben kann.[2] Darstellungen solcher Art hatten nicht die Absicht einer Schilderung von Ereignissen »wie sie wirklich gewesen sind«. Die künstlerische Veranschaulichung war da autonom, weil man offenbar vor der historischen Treue dem Gefühle den Vorrang einräumte: so sollte es sich zugetragen haben, wenn es richtig zugegangen wäre, dem gleichen Gefühle, das sich später in so vielen Darstellungen einer behaglichen Wochenstube in Bethlehem aussprach.

Hierbei handelte es sich um an sich für die Erlösung unerhebliche Einzelheiten, ein Argument, das schon Bischof Lucas von Tuy um 1230 seinem die neue Darstellung der Kreuzigung mit nur drei anstatt vier Nägeln verteidigenden Künstler in den Mund legte.[3] Aber auch Darstellungen der wichtigsten Themata der christlichen Kunst konnte dogmatische Freiheit gelassen sein. Ausschließlich formalkünstlerische Gründe, der leichteren Verdeutlichung halber, lassen verstehen, warum es beinahe die Regel wurde, die Auferstehung aus einem frei in einer Landschaft stehenden Sarkophag erfolgen zu lassen, während es doch in der Erzählung aller Evangelien wesentlich ist, daß die Bestattung in einer durch einen Stein verschlossenen Felshöhlung erfolgte. Die Zeit ist überreif für die Anerkennung der Tatsache, daß viele Kunstwerke ihr Thema so veranschaulichten, daß eine rationale, mit kirchlicher Lehre übereinstimmende Übersetzung in Worte nicht gefunden werden kann. Was für die Geschichte der Naturwissenschaften erwiesen ist, trifft auch für die Kunstgeschichte zu: Beobachtungen, die herrschenden Theorien widerstreiten, werden so lange ignoriert, bis die Summe dieser Beobachtungen so angeschwollen ist, daß man nicht mehr anders kann als sich zu einer Änderung der Theorie zu entschließen. In unserem Falle handelt es sich um die als Selbstverständlichkeit angenommene sichtbare »Rechtgläubigkeit« der Kunstwerke, die ein so berühmter Ikonograph wie E. Mâle festgestellt zu haben glaubte, oder ein moderner Philosoph vom Rufe G. Santayanas gar als unerläßliche Vorbedingung für ein religiöses Kunstwerk statuiert hat.[4] Kommen zu dem falschen Ausgangspunkte der erwarteten Rationalität, die zum einfachen Ignorieren oder zu falscher Beschreibung, im besten Falle zu kommentarloser Registrierung von dem rationaler Übersetzbarkeit in Worte Widerstrebenden führt, im Einzelfalle gelegentlich das Bemühen um eine »systematische« Ordnung der vieldeutigen, manchmal schon zu ihrer Entstehungszeit falsch betitelten, vor der Spätzeit keinerlei versuchten grundsätzlichen Regelung unterworfenen, Denkmäler des Frömmigkeitslebens und der methodische Fehler mangelnder Unterscheidung zwischen formalen Kompositionstypen, in die ganz verschiedene Inhalte gekleidet sein mögen, und Sinngehalten, die, obwohl gleich, in ganz verschiedenen Kompositionsschemata dargestellt sein können, dann kann das Ergebnis nur das eingangs beklagte sein.

Wie es um das Verständnis des religiösen Sinngehaltes alter Kunstwerke bestellt ist, kommt m.E. am eindruckvollsten zur Erscheinung durch die vielen falschen Interpretationen von Darstellungen Christi in der Gestalt des durch sein Leiden die Erlösung bewirkt habenden Schmerzensmannes. Ein so scharfer Beobachter wie H. Wölfflin es war, kann z.B. den von Michelangelos Minervachristus gehaltenen Strick oder die toten Augen in Dürers Kupferstich B. 20 nicht übersehen haben. Er mußte solche Motive »vergessen«, da es ihm, dem an der Lösung der formalen Probleme Interessierten und um die Anerkennung ihrer Bedeutung Bemühten, zu sehr auf das stilistische und ästhetische »Wie« des Kunstwerks ankam, als daß ihn ein irrationales »Was« zu einer Modifikation seiner rationalen und psychologisch-ästhetischen Art der Kunstbetrachtung hätte veranlassen können. Die positiven Bemühungen selbst vieler unter den Besten, das, was sie sahen, mit ihrem »Wissen« in Übereinstimmung zu bringen, können sich in ihrer Vergeblichkeit bis zum pathetisch Absurden steigern. Vielleicht verhinderte gerade die moderne theologische Ausbildung K. Künstle, die Darstellung des qua homo toten,

1 The Freedom of medieval art, Gazette des Beaux-Arts, Nov. 1945, S. 263ff. [= V, S. 60–75.] – God is Love, ebd., Juli 1953, S. 9ff. [= VII, S. 82–92.]

2 Vgl. Ugo Monneret de Villard: Le leggende orientali sui Magi evangelici (Studi e Testi 163), Città del Vaticano 1952, S. 62 Anm.

3 Vgl. den Freedom-Aufsatz, S. 278 Anm. [Hier S. 69.]

4 E. M.: L'art rel. du XIIIe s. en France, 3e éd. Paris 1910, S. 139. – G. S.: Persons and Places, New York 1944, S. 171 (Die Spanne meines Lebens, Hamburg 1950, S. 199).

qua deus lebenden Heilands im Grabe zu verstehen, wie es mir bei H. Lossow der Fall gewesen zu sein scheint, der die Klinke, die ihm Zutritt zum Verständnis eröffnet hätte, in der Hand hielt, sie aber wieder losließ.[5] Weil Panofskys bisher als Hauptquelle für alle späteren Behandlungen des Themas dienender Beitrag zur Friedländer-Festschrift so viel Richtiges im Einzelnen enthält, ist er besonders geeignet, die Schwächen der Methode und den falschen Ausgangspunkt zu enthüllen.[6] Was zu beweisen nicht gelungen wäre, wird als Selbstverständlichkeit vorausgesetzt: daß es möglich ist, eine derjenigen der klassischen Archäologie entsprechende Typenlehre zu entwikkeln, die so umfassende Themata wie die »imago pietatis« oder den »Schmerzensmann« sinnvoll zu klassifizieren erlaubt. Daß die religiöse Phantasietätigkeit der Christenheit einen viel reicheren Niederschlag in innerlich Geschautem und in Worten als in Werken der bildenden Kunst gefunden hat, und daß die christliche Religion einen Sinnesreichtum und eine Vielfältigkeit der Motive zu entwickelt erlaubt, der die entsprechenden Möglichkeiten der antiken Religionen weit übertrifft, macht aber die Deutung christlich-religiöser Kunstwerke zu einer ungleich schwierigeren Aufgabe als die der klassisch-religiösen, in denen der Sinn jeden Motives als gesichert gilt. Als selbstverständlich vorausgesetzt wurde von Panofsky vor allem die rationale Übersetzbarkeit jeder Darstellung in Worte, was, so nahe er z.B. dem richtigen Verständnis des »lebenden Toten« kam, ihn zu sehr vagen Formulierungen wie »sozusagen über dem Gegensatz von Tod und Leben« (S. 267), oder zu direkt falschen Aussagen ausweichen ließ wie »noch nicht verlebendigt« (S. 275), »quasi-lebendig« (S. 276), »Wiederverlebendigung« (S. 283), oder zu sich selbst widersprechenden wie ein trotz (richtig beobachteter) »zarter Berührung« erfolgendes »wirkliches Stützen« (S. 269) es ist.

Ich werde später noch mehrere Beispiele irriger oder ausweichender Deutungen anführen zur Rechtfertigung meiner These, daß Darstellungen eines so komplexen Themas, wie der Schmerzensmann es war, eine Deutung nicht auf Grund rein formaler Analyse des Sichtbaren, sondern im Einklange mit den mit dem Thema verbundenen Vorstellungen und Gefühlen verlangen. Die künstlerische Aufgabe bestand in darstellender Glaubhaftmachung der durch die Passion erfolgten Aktualisierung des göttlichen Heilsratschlusses, eine Aktualisierung, an der Menschen, der Gottmensch und der dreieinige Gott beteiligt waren. Sollte der Kern des Geschehens enthüllt werden, so war den Sinnen Zugängliches und Übersinnliches, menschlichen Verstand Übersteigendes zugleich darzustellen. Denn die Vorstellungen und Gefühle, die mit der Veranschaulichung des »Schmerzensmannes« verbunden waren, hatten im wesentlichen neben den Passionserzählungen der Evangelisten, die mehr an Einzelheiten enthalten als ihre Berichte aus anderen Lebensabschnitten Jesu, folgende biblische Grundlagen: Hiob 16, v. 7–18; Psalm 22; Jesaias 53; Klagelieder Jeremiae 1,12 und Verse in Kap. 3; die Herrenworte über den panis vivus in Johannes 6; Römer 8,17; 2. Korinther 5,15 und 21; Philipper 3,10 und 11; 2. Thimoteus 2,12; 1. Petrus 2,24; Hebräer 9,28 und 13,12. Je nach der Verbindung, in die man diese Schriftstellen untereinander gebracht hatte, hatten sich schon in der Frühzeit der Kirche die entscheidenden Motive ergeben des durch die furchtbarsten menschlichen Leiden Gegangenen, der sie unserer Sünden halber stellvertretend auf sich nahm, damit wir erlöst werden können, wozu wir durch mitfühlende Versenkung in die Einzelheiten der durch uns mitverschuldeten Passion auch selbst beitragen können. Johannes 19,5 enthielt demgegenüber das Ecce-homo-Motiv, also den Anruf an die Phantasie, sich den Leidenden in einem Zustande vorzustellen, der anschaulich gleichzeitig die Male verschiedener Leidensstationen kumulativ als Summierung vieler einzelner Gegenwarten vereinte, was notwendigerweise zu einer Darstellung weniger des Leidenden, als des Leidens Christi führte (ich erinnere an den Ausdruck: aussehen wie das Leiden Christi, über dessen Geschichte und Entsprechungen in anderen Sprachen ich allerdings nichts weiß). Es ist wichtig, sich dessen bewußt zu sein, wie reich und vielartig die in einer Meditation über den leidenden Erlöser oder in seiner Darstellung aktualisierbaren Motive waren, und aus wie autoritativen Quellen sie gewonnen waren. Diesen unmittelbar gegebenen Spannungsreichtum der Motive: einmaliges Leiden unter historisch bestimmbaren Umständen und übernatürliche Gegenwart und Begründung dieses Leidens – Leiden und zugleich Besiegung dieses Leidens und Todes – Einzelheiten des Leidens und Sterbens und ihre begriffliche und anschauliche Summierung – ihn hatte die Exegese von Matthäus 24,30 um ein weiteres Paar bereichert, das zugleich eine thematische Erweiterung und einen erneuten Appell an gestaltgebende Phantasie bedeutete: Schmerzensmann und

5 K. Künstle: Ikonographie der christlichen Kunst, I, Freiburg i.Br. 1928, S. 486. – H. Lossow, in: Das Münster, II, 1949, S. 72.

6 Leipzig 1927, S. 261ff. Daß Panofsky die Notwendigkeit zu einer grundsätzlichen Änderung der ikonographischen Forschungsmethode noch nicht eingesehen hat, zeigt er mehrfach in: Early Netherlandish Painting, Cambridge 1953 (z.B. S. 73, 326) und durch die in Anm. 44, 2 erfolgte Wiederaufnahme seiner hypothetischen Ableitung der Pietà, die er in Medieval Studies in memory of A. Kingsley Porter, Cambridge 1939, II, S. 490f. versucht hatte. Wie fortschrittlich berühren demgegenüber etwa die Aufnahme eines Begriffes wie »nicht logisch-rationale Denkform« durch Wiltrud Mersmann: Der Schmerzensmann, Düsseldorf 1952, S. V., oder das, leider nur Beratung durch einen Spezialisten entbehrt habende, Vorwärtstasten von Erwin Richter in: Deutsche Gaue 45, 1953, S. 88ff.!

Der vorliegende Aufsatz wurde aus dem von mir seit Jahrzehnten gesammelten und bearbeiteten Materiale mit der Absicht redigiert, Ergebnisse meiner Forschungen einem weiteren Kreise und in einem größeren Zusammenhange vorzulegen als ich es bisher konnte. Ich bin der Schriftleitung sehr dankbar, daß sie mir, trotz der unvermeidlichen Länge des Beitrages, die Möglichkeit dazu geboten hat. Ich habe den wissenschaftlichen Apparat so eingeschränkt als mir irgend vertretbar erschien. Um darüber Rechenschaft abzulegen, wo ich Arbeiten wie denen von Panofsky und Mersmann oder dem »Schmerzensmann« von G. v. d. Osten (Berlin 1935) zustimme und wo nicht, müßte ich jeweils fast Satz für Satz besprechen. Wer mir nacharbeiten will, wird unschwer die gebahnten Wege selbst erkennen. Daß mir die einschlägige Literatur im allgemeinen bekannt ist, ist selbstverständlich. Die treffliche Bildauswahl durch Panofsky und Mersmann schließt viele der mir wichtigen Beispiele ein.

Jüngstes Gericht. Ich weiß nicht, ob es wirklich bisher unerkannt blieb – wie es mir erscheint –, aber jedenfalls ist es nicht in den ohne weiteres voraussetzbaren Bestand kunsthistorischen Wissens eingegangen, daß der stärkste Impuls für die bildnerische Formung des Schmerzensmannthemas (im weitesten Sinne) von dem Herrenwort vom »Zeichen des Menschensohnes«, das Christi Kommen zum Weltgericht ankündigen wird, ausging. Exegeten mußten sich über sein mutmaßliches Aussehen Gedanken machen, Künstler ihm Gestalt geben. Der Stimmen waren wenige, die das Zeichen nicht irgendwie mit dem erlittenen Leiden in Verbindung brachten, und die Bildung der Vorstellung der »Waffen Christi«, zu denen die Wundmale auch gehören, war die Folge. Skurril wie das Motiv, wenn heraldischem Schema unterworfen, uns erscheinen mag, es kommt ihm in Wirklichkeit eine bisher verkannte zentrale Stellung in der Geschichte der christlichen Kunst zu als dem Bemühen um diejenige Veranschaulichung des Wesens und der Geschichte des Gottmenschen, die deutlich genug ist, um als weiterer Erklärung nicht bedürfendes Zeichen für Christus als den Weltrichter dienen zu können. Da in diesem Zusammenhange die »Waffen« zugleich Zeugnisse seiner tiefsten menschlichen Erniedrigung und Majestätssymbole sind, als »Narben« an das Leiden nur erinnern sollen, konnte der »Schmerzensmann«, allen etwa noch nachlebenden antiken Vorstellungen über Göttertypen zum Trotz, am frühesten als Veranschaulichung des Weltrichters dargestellt werden, als des »Königs der Herrlichkeit«, wie die antithetische Parallele zum »Könige der Juden« des Kreuztitels lautete. Seine »Krone« war der menschlichen Sündhaftigkeit halber errungen durch das Leiden auf Erden, wobei beide Motive in diesem Zusammenhange durch die Dornenkrone vollgültig bezeichnet sein konnten. (Eine Darstellung des Prozesses der Verwandlung ist versucht im Bilde des Martin van Heemskerk in Gent von 1532.[7] Ein Engel nimmt dem qua homo noch Begrabenen – dieser Zustand ist durch einen anderen Engel mit einer Kerze angedeutet – aber qua deus Lebenden – daher auf Wolken lebend Ausgestreckten –, die Dornenkrone ab. Die Beischrift »Ecce rex vertor« enthüllt trotz des verschriebenen letzten »e« den Sinn als den der erfolgenden Verwandlung des durch sein Leiden die menschlichen Sünden getilgt Habenden zum »König« einwandfrei.) Man muß sich dessen bewußt bleiben, daß die Darstellungen des Schmerzensmannes als Leidenden oder Erlösers und als des Richters verschiedene Bedeutungen hatten. Sollen die ersteren für das Gefühl eine Ansprache Christi an den Beschauer enthalten: »Das litt ich für dich – das leide ich für dich – was tust du für mich« und zugleich in ihm die Hoffnung erregen, daß es ihm noch möglich sei, sich das Wirksamwerden von Christi einmaligem Sühnetod für ihn zu verdienen, liegt da also der Ton auf dem gegenseitigen Verhältnisse von Erlöser und Mensch, so ist in der Stunde des Gerichtes die Rechnung abgeschlossen. Der Mensch kann nichts mehr ändern; jetzt wird der Richter das Urteil sprechen.

Da dogmatisch die erfolgte Erlösung von Jesu zwei Naturen und der Leidensfähigkeit seiner menschlichen Natur abhing, ohne die die Passion keine Realität gehabt hätte, und da die Wiederholung der einmaligen erlösenden Tat im Meßopfer eine keine Leidensfähigkeit Christi mehr voraussetzende, unblutige ist, nimmt derjenige, der die von mir als Darstellungen des Erlösers erklärten Darstellungen als Veranschaulichung des Meßopfergeschehens ansieht, stillschweigend an, daß Kunstwerken Freiheit von sichtbarer strengster Dogmentreue eingeräumt war, was zum allgemeinen Bewußtsein zu bringen an sich eines der Ziele dieses Aufsatzes ist. Das gleiche gilt für den, der in einem den toten Christus stützenden Engel einen angelus missae sieht, der übrigens nach Thomas von Aquino mit Christus selbst identisch ist und logischer Weise nur sein kann. Etwas durchaus anderes ist es, daß man vielleicht zur theoretischen Rechtfertigung der Darstellung der Stützung oder Hebung des Leichnams durch Engel auf den angelus missae hingewiesen haben mag, wie ja auch die außerordentliche äußerliche Geeignetheit von Darstellungen des Schmerzensmannes oder des Erlösers für die Ausschmückung mit der Messe in Verbindung stehender Geräte und Einrichtungsstücke unmöglich unbeachtet bleiben konnte. Es kann als sicher angenommen werden, daß oft durch eine Darstellung verschiedenen, manchmal auch gegensätzlichen Gedankengängen entsprechende Empfindungen ausgelöst werden sollten, ohne daß jene damit zu rationaler Bewußtheit erweckt werden sollten. Da sie das nicht beachten, erinnern so viele ikonographische Deutungsversuche an eine Dirigierweise, die nur eine Oberstimme heraushebt, weil eine Polyphonie für sie nicht existiert. Dabei ist schon das Heraushören der »Oberstimme« für uns oft nicht möglich, da wir oft nicht wissen können, wie im Einzelfalle Besteller oder Künstler die Darstellung verstanden wissen wollten, falls sie auf rationales Verständnis Wert legten. Wir können beschreiben, was unsere Augen sehen, können es auf Grund der solchen Darstellungen zu Grunde liegenden konstanten Gedanken- und Gefühlsverbindungen und unter Hinweis auf wahrscheinlich erweckte Assoziationen zu interpretieren suchen; wir können aber nicht damit rechnen stets zu erraten, auf welchen Sinn besonderes Gewicht gelegt worden war. Es sollte eben nie vergessen werden, daß – im Unterschiede zu »humanistischen« Darstellungen, die stets in nachantiker Zeit direkt oder indirekt auf angelesene, daher leicht reproduzierbare, Gelehrsamkeit zurückgehen – christliche Darstellungen Ausdruck einer lebendigen Glaubensform sind, daher individuellen Einflüssen unterliegen. Längst haben Gelehrte vom Range H. Tietzes, A. Wilmarts und E. Gilsons darauf hingewiesen, daß es eine falsche Methode ist, literarische Anregungen religiöser Darstellungen grundsätzlich in der ihnen gleichzeitigen Literatur zu suchen.[8] Man übersieht

7 L. Preibisz: M. v. H., Leipzig 1911, S. 9, 72, Taf. 1.

8 H. Tietze: Die Methode der Kunstgeschichte, Leipzig 1913, S. 362. – E. Gilson, in: Revue d'histoire franciscaine I, 1924, S. 406. – A. Wilmart: Auteurs spirituels usw., Paris 1932, S. 62. – Zu beachten auch R. Bauerreis: Pie Jesu, München 1931, S. 118.

zu leicht, daß, aller Detailentwicklungen ungeachtet, manche Themata und Auffassungen stets in der Luft liegen, und daß Worte und Auffassungen der Großen, und seien es manchmal ihnen auch nur zugeschriebene, im religiösen Bereiche die Qualität der Gleichzeitigkeit, die man der Bibel ohne weiteres zuerkennt, nicht verlieren. Man unterschätzt zu leicht den Grad der Konstanz, die gewisse Gefühlseinstellungen zu den Heilstatsachen über die Zeiten hinweg haben können[9], sobald ein besonderes Interesse sich ihnen zuwendet. Warum aber im Einzelfalle diese Zuwendung erfolgte, dafür kann es nur bei besonders günstigem Reichtum der Quellen gelingen, die Gründe wenigstens wahrscheinlich zu machen. Man übersieht zu leicht, daß es oft unmöglich ist zu erweisen, was vorausging: das fixierte »Wort« oder das gestaltete »Bild«, wobei das »Bild« auch das rein geistige Vorstellungsbild der Meditation als nächste Parallele zur künstlerischen Gestaltung einschließen müßte. Selbst einzelne kunsthistorisch tätige Theologen sind heute willig, einen vorstellungsbildenden Einfluß der Kunst, also gewissermaßen eine eigenständige künstlerische Theologie in Einzelfällen anzunehmen.[10] Um aber von Hypothesen zum Wissen fortzuschreiten, müßten wir viel öfter kontrollieren können, was Ursache und was Wirkung war. Man übersieht z.B. zu leicht, daß mittelalterliche Theologen sich natürlich lieber auf in Worten berichtete Visionen beriefen als auf Kunstwerke; wieweit diese Visionen selbst aber auf künstlerische Darstellungen und nicht auf originale meditative Vorstellungsbilder zurückgingen, entzieht sich für uns meist der Nachprüfbarkeit.

Die Gesamtheit und der Zweck des Leidens Christi ließ sich kurz zusammengefaßt und dogmatisch korrekt durch seinen Leib mit den Wundmalen wohl am eindruckvollsten veranschaulichen. Ist man erst einmal darauf aufmerksam geworden, so wird man leicht erkennen, für wie viele Darstellungen ihre leichte und betonte Sichtbarmachung das künstlerische Problem bildete. Wäre man sich dessen bewußt gewesen, würde man etwa die Lage von Mantegnas totem Christus auf dem Bilde der Brera kaum in erster Linie auf seinen Wunsch zurückgeführt haben, ein perspektivisches Bravourstück zu machen. Vor solcher Interpretation sollte schon die Entstehung des Bildes zum eigenen Gebrauch und die Betrachtung der Brustwunde durch die schmerzzerrissene Maria gewarnt haben. Das ist der Hinweis auf die göttliche Bestimmung des Leidens, die Erlösung, ein Motiv, das noch deutlicher veranschaulicht ist, wenn Christus selbst durch Arm- oder Handhaltung zum Eintritt in die Brustwunde auffordert. Solche Veranschaulichungen hängen von der Verteilung der Akzente innerhalb des individuellen oder kollektiven Frömmigkeitslebens ab. Die Hoffnung auf Erlösung und die Furcht vor Verdammung sind zwei Seiten eines Gefühles. Daher weisen manche Darstellungen auf beide Möglichkeiten hin, die der Mensch hat: Ergreifen der göttlichen Gnade durch Zuflucht bei Christus oder Verfallen dem Gerichte. Das ist z.B. das Thema von Meister Franckes Bild in Leipzig.[11]

So einfach es ist, diesen großen Sinnzusammenhang, in den die Vorstellung des Schmerzensmannes gehört, durch die Begriffe Leiden und Erlösung oder Gericht klar zu umreißen, so schwierig kann die Interpretation des Sinnes isolierter Schmerzensmanndarstellungen sein. Die erste vor ihnen gestellte Frage sollte stets sein: sieht man Christus veranschaulicht ausschließlich als den in seiner menschlichen Natur noch im Leiden Befangenen, oder als den es zugleich sichtbar auch überwunden Habenden, kurz als den Erlöser. Für den Gedanken handelt es sich natürlich nur um verschiedene Betrachtungsweisen der einheitlichen Person des Gottmenschen, für die sinnliche Veranschaulichung aber um scharfe Gegensätze: einmal sieht man einen Menschen wie andere auch, der leidet oder gelitten hat, das andere Mal soll die göttliche Natur in ihm irgendwie mitveranschaulicht sein. Einmal wird Jesu Körper so gezeigt, wie man ihn sich während der historischen Leidensbahn vorstellte oder, ohne die Grenzen der Rationalität zu überschreiten, selbst bei Kumulierung mehrerer Stationen, vorstellen konnte, das andere Mal so wie ihn kein Mensch sah: zugleich die Zeichen gegenwärtigen Leidens und des Sieges über den Tod an sich tragend.

Es würde zur Klärung beitragen, wenn man sich gewöhnte, wenigstens den reinen Ausprägungen der so verschiedenartig möglichen Darstellungen des Schmerzensmannes verschiedene und richtige Bezeichnungen zu geben, ohne Rücksicht auf die schon in alten Beschriftungen beginnende Verwirrung über den Sinn der Darstellung. Vor allem sollte sich ein »Ecce homo« stets als die historische Ausstellungsszene zu erkennen geben. Andere menschliche Figuren können bei ihr fehlen, entsprechend etwa jenen Kreuztragungen, in denen nur Christi Oberkörper mit Teilen des Strickes und des Kreuzes zu sehen ist, oder der Büste des Matteo Civitale im Bargello, in der nur eine Geißel andeutet, daß Jesus in einer bestimmten Leidensstation dargestellt ist. Aber nie sollte man einen Christus mit Stigmata oder den »lebenden Toten«, selbst wenn jene fehlen, als den Ecce homo bezeichnen, für den nun einmal die Beziehung auf die historische Szene eng ist. Als Darstellungen des Schmerzensmanns – im engeren Sinne – würde man wohl passend nur jene ansprechen, die ohne betonten Hinweis auf spezifische Leidensstationen Jesus als lebend Leidenden oder als gelitten habenden Toten in rein menschlicher Weise veranschaulichen. Dagegen sollte man Ecce Salvator oder Erlöser jede isolierte Darstellung

9 Mir ist kein schlagenderes Beispiel für diese Konstanz begegnet als die Gemeinsamkeit des Wunsches nach körperlicher spurloser Vernichtung im Leibe eines wilden Tieres beim hl. Ignatius von Antiochien (um 100; Römerbrief IV, 2) und beim sel. Jacopone da Todi (um 1230 bis 1306; Franc. Tresati: Le poesie spirituali del B. Jacopone da Todi, Venetia 1617, S. 474).

10 Z.B. R. Bauerreiß: Sepulcrum Domini, München 1936, S. 60. – W. Neuss, in: E. Gall u. L. H. Heydenreich: Reallexikon zur deutschen Kunstgeschichte, III, Sp. 618, Gnadenstuhl (implicite).

11 Suso läßt Christus im Büchlein von der Ewigen Weisheit, Kap. 8 den Gedanken so ausdrücken: »Ich bin minniglich von meiner Natur und bin aber doch ein fürchterlicher Richter der Missetat.«

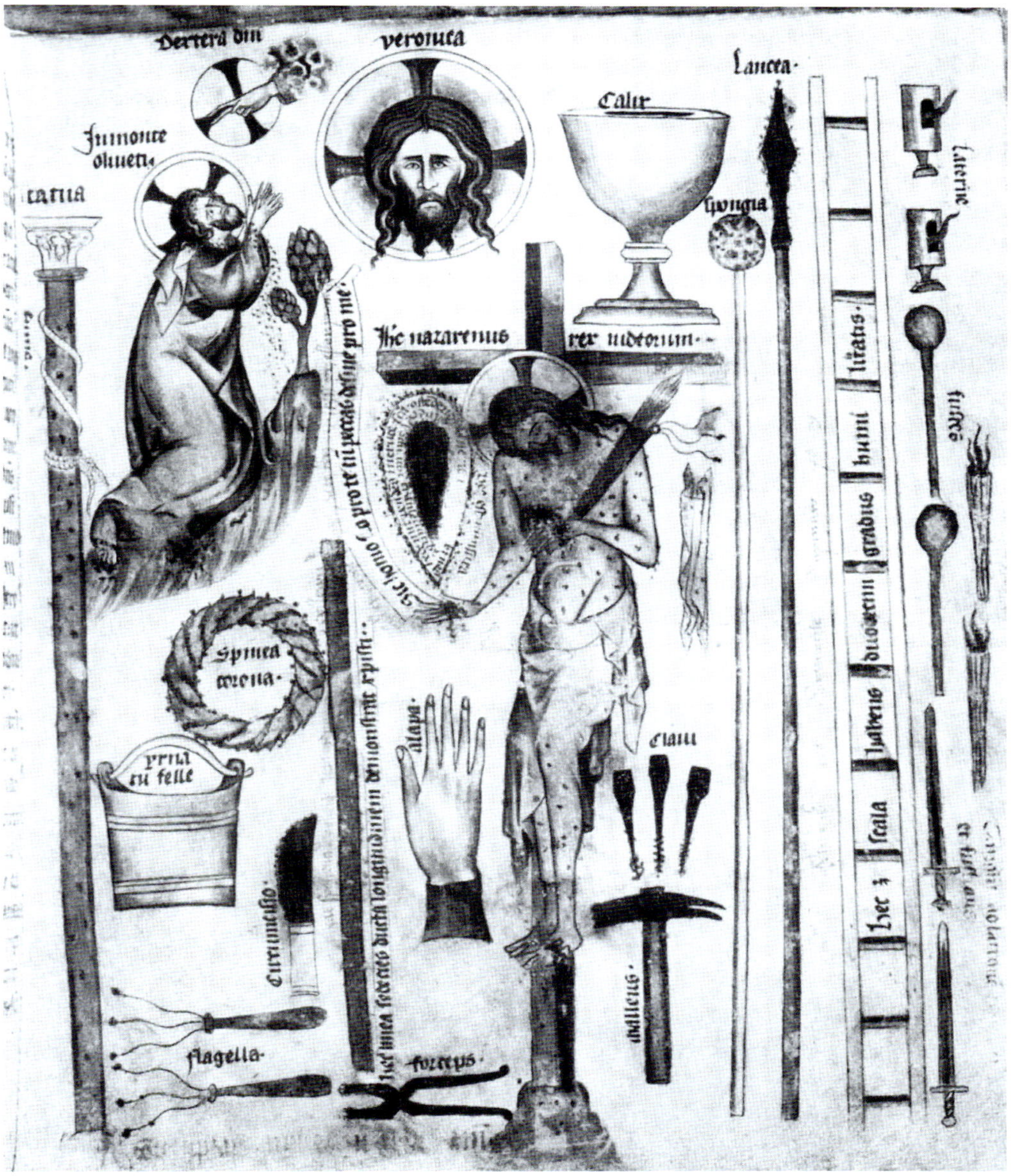

1 Der lebend-tote Schmerzensmann am Kreuz im Rahmen eines Armabildes, Passionale der Äbtissin Kunigunde, fol. 10 r, um 1320 (Prag, Universitätsbibliothek)

des Leidenden oder des gelitten Habenden nennen, in der die göttliche Bestimmung des Leidens betont auch veranschaulicht ist (Abb. 2). Ist seine Figur aber betont von verschiedene Leidensstationen vertretenden »Waffen« begleitet, dann wäre die Bezeichnung als »Arma-Christus« angezeigt.

Wir wissen durch Gabriel Millet[12], daß der isolierte halbfigurige Schmerzensmann formal nicht Darstellungen des Weltgerichtes, sondern der Kreuzabnahme entstammt, aber viel weiter ist man seither nicht gekommen. Infolge der Freiheit der Künstler von einengenden systematischen, oder durch den Gebrauch sanktionierten Festlegungen der Bedeutungen bestimmter Motive konnten inhaltlich wie formale Motivkreise sich nach Gutdünken in Darstellungen überschneiden oder zu neuem Sinne verbinden, so daß die einzelnen Etappen einer Entwicklung nur rekonstruiert werden können, wenn entsprechende Zeugnisse vorhanden sind. Erraten läßt sich vor allem nicht, ob die jeweilig entscheidenden Schritte in der Entwicklung auf geniale Einfälle einzelner zurückgehen, oder ob sie das Ergebnis allmählicher, langsamer Fortbildung waren. Rückschauend erscheint es als nicht verwunderlich, daß gerade die Kreuzabnahme von großem Einfluß auf die Entwicklung der Veranschaulichung des »Schmerzensmannes« und des »Erlösers« wurde, war sie doch die Station der Leidensbahn, in die sich am natürlichsten anschauliche Hinweise auf vorhergegangene und nachfolgende Stationen aufnehmen oder kumulierend einschmelzen ließen. Hatte sich eine besondere Andachtsbeziehung zu einem der Einzelmotive hergestellt, konnte es zum Thema isolierter Andachtsbilder werden.[13] Ein äußerer Umstand mußte von Einfluß auf die Entwicklung von inhaltlich mehrdeutigen, formal

12 Recherches sur l'iconographie de l'Evangile …, Paris 1916, S. 483ff.

13 Den angeblichen grundsätzlichen Gegensatz zwischen Andachtsbildern und erzählenden Darstellungen, der unter irgend welchen Bezeichnungen zuerst von hauptsächlich für spätmittelalterliche Plastik interessierten deutschen Gelehrten statuiert wurde, und der nun beinahe zu einem Glaubenssatze geworden ist, gab es nicht.

2 Hans Schäufelein: Der sich der Barmherzigen erbarmende Erlöser, 1522 (Nördlingen, Reichsstadtmuseum, Aufnahme des Bayerischen Landesamts für Denkmalpflege)

abkürzenden Darstellungen, wie sie Andachtsbildern gemäß sind, werden: ihre zunehmende Beliebtheit im Rahmen der Ausschmückung von Handschriften, in denen der knappe zur Verfügung stehende Raum Abkürzungen auch für das Schaubare nahelegte, aber ihre enge Verbindung mit dem Text, andererseits der Benutzerkreis ihr richtiges Verständnis sichern. Man muß annehmen, daß geistliche Kreise sich über den Sinn einer Darstellung im klaren waren, ehe sie sie den Augen der Laien darbieten ließen, ehe sie z.B. Teile des großen »Bilderbuches« werden konnten, zu dem der Skulpturenschmuck von Kirchen sich auszudehnen begann.

Von welcher Seite aus man auch das Problem anfaßt, es erscheint als die wahrscheinlichste Hypothese, daß die erst seit dem 13. Jahrhundert in Denkmälern belegbare Entwicklung, die zu dem selbständigen Schmerzensmannbild als das des »Erlösers« führte, spätestens im 12. Jahrhundert eingesetzt hatte. Es wird charakteristischerweise nur seiner Wiedergabe durch einen Kupferstich Israels van Meckenem verdankt, daß wir das byzantinische Andachtsbild, dessen weite Verbreitung vielleicht schon im 12., spätestens im frühen 13. Jahrhundert begann[14], genau kennen. Es ist das jetzt als die »gregorianische imago pietatis« bezeichnete, das das spätmittelalterliche Frömmigkeitsleben wie wenige andere erregt und beeinflusst hat. Es zeigte in kumulierender, irrationaler Weise den Oberkörper des noch gegen das Kreuz gelehnten Toten, mit schon zur Bestattung bereiteten Armen. Für Byzantiner war an sich Bemühung um besondere Veranschaulichung der göttlichen Natur im Toten nicht nötig, da sie für sie untrennbar mit Christi Gesichtszügen bei »ähnlicher« Wiedergabe verbunden war. Das Halbfigurenbild enthält keinen sichtbaren Hinweis darauf wie es möglich ist, daß der Oberkörper trotz der vom Kreuze gelösten Arme sich noch vor dem Oberteile des Kreuzes halten kann. Das setzt rational ein Gehaltenwerden durch die angenagelten Füße voraus, also einen während der Kreuzabnahme vorstellbaren Augenblick. Ob es aber ein entsprechendes byzantinisches isoliertes, der Gregorianischen »imago pietatis« vorausgehendes, Andachtsbild gegeben hat, wissen wir nicht. Wir lernen es zuerst seit dem frühen 14. Jahrhundert in einigen westlichen Beispielen kennen. Schon das früheste unter ihnen ist eine Darstellung des lebend-toten Schmerzensmannes am Kreuz als des zeitlosen Erlösers (Abb. 1). Die Füße sind ans Kreuz genagelt. Der Oberkörper im gregorianischen Schema mit kraftlos herabhängendem Kopfe, jedoch lebend geöffneten Augen, hält in der Linken Peitsche und Ruten und in der in einem Redegestus ausgestrekten Rechten ein Schriftband mit den Worten: »sic homo sto pro te cum peccas desine pro me«, o Mensch, so stehe ich für dich, wenn du sündigst, höre auf meinetwegen. Also nichts von Richtertum, ganz Leiden und liebende Hingabe, und ganz Gegenwart. Gleichzeitig tot und lebendig, historisch und gegenwärtig, aufrecht und zusammenbrechend, ans Kreuz genagelt und von ihm gelöst, stehend, gelehnt und getragen, mechanisch starr und lebendig bewegt, vereint die Gestalt die auf natürlicher Ebene unvereinbarsten Widersprüche. Obwohl ganz »unwahr«, wenn »wörtlich« beschrieben, ist die Darstellung anschaulich voll tiefer Wahrheit. Anschaulich ist der Gekreuzigte ein hilfloser Mensch, der leicht unwillentlich etwas Abweisendes hat. Lösung der Arme vom Kreuze konnte ihm anschaulich Freiheit des Handelns qua deus zurück geben. Wiederum waren die im formalen Motive liegenden verschiedenen Möglichkeiten schon vor dem 14. Jahrhundert erkannt worden. Ich erinnere an die Korsunski-Tür in Nowgorod (um 1152) und an den ein Zepter haltenden oder um Eintritt ins Paradies auffordernden Gekreuzigten (also das Königs- und das Erlösermotiv) in der Bible moralisée des 13. Jahrhunderts.[15]

Es heißt einem genialen Künstler oder phantasiebegabten Theologen nicht zu viel zuzutrauen, wenn man vermutet, daß der Anstoß zur Entwicklung von jemandem ausging, der die Möglichkeit erkannte, die die Ersetzung der in einer Kreuzabnahme gerade vom Kreuze gelösten Arme durch solche in der Haltung des zur Bestattung Hergerichteten der kumulierenden Veranschaulichung von Leidensstationen eröffnete. War der Schritt einmal getan, dann mußten die Arme geradezu dazu locken, sie passiv oder aktiv »Waffen« halten, auf die Wunden aufmerksam machen oder sonst eine Verbindung mit dem Beschauer herstellen zu lassen. Man darf nicht übersehen, daß es sich um eine der Entwicklungen handelt, die sich im großen Rahmen derjenigen der arma Christi, die seit dem 13. Jahrhundert zu Objekten einer weit verbreiteten Andacht geworden waren, abgespielt haben. Gesucht wurde

Es ist einfach nicht richtig, daß die wesentliche Eigenschaft jedes Andachtsbildes in der Vereinzelung oder der einer »schlechthinnigen Erzählung« beigegebenen visuellen Interpretation des Themas besteht, oder in seiner »kontemplativen« Erfühlbarkeit (auch falls Panofsky mit dieser dunklen Phrase, a.a.O., S. 264 andeuten wollte, daß der Inhalt jenseits der Rationalität liegt). Jede Darstellung aus der Heilsgeschichte kann gar nichts anderes sein als die Darstellung einer Heilstatsache. Formal, d.h. objektiv ist die Grenze zwischen einem Andachtsbild und einem rein erzählenden oder rein darstellenden Bilde durchaus flüssig. Eine Darstellung erhält den Charakter eines Andachtsbildes durch seine Verbindung mit einer Andacht, d.h. als Anreger oder Niederschlag einer devotionalen Gefühlsbeziehung und Gebetsübung, mit oder ohne besonderer erwarteter Gnadenwirkung. Daher konnte sowohl eine umfangreiche Darstellung als auch nur eine Einzelfigur in ihr zum Andachtsbilde werden, was z.B. besonders häufig mit den Marienfiguren in Geburtsdarstellungen der Fall gewesen zu sein scheint, wie das Frauen in den Zeiten unentwickelter medizinischer Gynäkologie naheliegen mußte. Unser Wissen um die Geschichte des mittelalterlichen Andachtsbildes ist noch sehr beschränkt. Sicher ist nur schon, daß sie mindestens bis in die zweite Hälfte des ersten Jahrtausends hinabgeht, daß in ihr östliche Kunstwerke eine sehr große Rolle gespielt haben, und daß eine besonnene Forschung sich bewußt bleiben muß, daß wir, ihrer häufigen Bestimmung nach gerade auch der Andacht außerhalb der Kirchengebäude zu dienen, mit dem Verlust zahlloser, auch wichtigster Andachtsbilder zu rechnen haben, wie er für neuzeitliche gedruckte trotz phantastisch hoher Auflagen belegt ist. Gerade für unser Thema könnte z.B. ein für den Massenkonsum der Pilger berechnetes mittelalterliches römisches Andachtsbild von großer Wichtigkeit gewesen sein, das abgekürzt in H. Burgkmairs Holzschnitt G. 451 wiederholt sein mag und in seiner vollsten Ausbildung die vera ikon, die Gregorianische imago pietatis, St. Peter und Paul umfaßt haben dürfte. (P. Bauerreiß hat P. J. S. 110ff. das etwa 1430[!] zu datierende Relief von Sossau in einen grundsätzlich ähnlichen Zusammenhang gestellt. Gezeigt ist m.E. ein von Papst und einem anderen höchsten Geistlichen verehrter Armachristus. Das entspricht einer Station des Weges der m.E. zur Ausbildung der Gregorsmesse geführt hatte. P. Bauerreiß ist der einzige, der m.W. vor mir vermerkt hat, daß dem in so vielen Gregorsmessen auffällig erscheinenden [manchmal heiligen] Bischof eine noch unerkannte Bedeutung zukommen muß: Benedektinische Monatsschrift 44, S. 65. Vielleicht entstammt er einfach dem Andachtsbild, und ist nachträglich mit einem Sinn begabt worden.) Aber: die Existenz des Andachtsbildes ist nur wohlbegründet vermutbar. – Nachträglich frage ich mich, ob es nicht falsch ist, die Bezeichnung »Andachtsbilder« auch auf jene Darstellungen anzuwenden, die in Wirklichkeit dem entsprechen, was man als Bücher Erbauungsliteratur nennt. Warum nicht »Erbauungsbilder«?

14 Das durch H. Schrade (Beiträge zur neueren Literaturgeschichte, N.F., 16, 1930, S. 165) herangezogene Email der früheren Sammlung Botkin ist modern.

15 Freedom-Aufsatz, S. 263f. [Hier: S. 60f.] – Cte. A. de Laborde : La bible moralisée ill., Paris 1911ff., pl. 345, 63.

nicht, um es modern auszudrücken, die Lösung einer Preisaufgabe »Darstellung des zeitlosen Erlösers«. Das Ringen galt dem Problem der synchronisierenden Veranschaulichung von Stationen der Passion des Gottmenschen; es war zugleich ein Ringen um eine gute künstlerische Lösung des Bildthemas der »Waffen«, die, wenn hieroglyphenartig zusammengestellt, ein beherrschendes Zentralmotiv verlangte. Die für unsere Zeitepoche selbstverständliche Vorrangstellung des Kruzifixes mag das Verständnis dafür erschweren, aber es ist Tatsache, daß es Epochen gab, für die sich die historische Passion weder als Gesamtbegriff noch im wesentlichen im Kreuzestode erschöpfte, sondern die als Kulmination eine irrationalere Zusammenfassung des Geschehens vorzog.

Was auch immer der Grund gewesen sein mag, nach Aussage der Denkmäler kam dem Halbfigurenbilde die größte Autorität zu. Sein Siegeszug brachte die Notwendigkeit mit sich, es entweder tale quale als Halbfigurenbild zu kopieren, oder ein Motiv zu erfinden, das inhaltlich und formal das Fehlen der Beine zu erklären vermochte, wenn man nicht die Beine hinzukomponierte. Darum sind so oft Schmerzensmanndarstellungen halbfigurig und ist so oft die Lösung des Problems der Beinstellung auffallend. Anschaulich geeignete Motive zur Erklärung der Beinlosigkeit waren ebensogut – wie bei vielen anderen Halbfiguren – eine Wolkengirlande wie eine durch Engel gehaltene Draperie, die erwünschtermaßen stets die Assoziation des Grabtuches erweckt haben muß. Diese Motive weisen nicht notwendigerweise auf ursprüngliche rationale Auffassung des Bildinhaltes als den einer »visionären Erscheinung« hin. Sie würde übrigens ihrerseits mit der korrekten kirchlichen Lehre in Konflikt gewesen sein, nach der Christus nie jemandem als Toter erschien. Wer nicht ein an sich nicht ausgeschlossenes Hin- und Herspringen der formalen Entwicklung annehmen will, dem wird es am wahrscheinlichsten erscheinen, daß den beiden Lösungen jene eigenartige vorausging, die durch Einführung des Sarkophagkastens dem Motive des toten stehenden Oberkörpers eine für die Anschauung rationale Begründung gab und inhaltlich die Verbindung mit der Grabesstation herstellte. Das war ein genialer Einfall von großer Fruchtbarkeit, den man einem Laienkünstler nur zutrauen kann, wenn ihm die theologischen Gedanken über die Grabesstation genau vertraut gemacht waren. Grundlegend war die theologische Konzeption der Erlösungstat, die im Begrabensein die letzte Station der Leidenszeit der menschlichen Natur Christi sah. Der im Grabe Befindliche ist qua homo noch Schmerzensmann. Ihn gleichzeitig als den qua deus lebenden Erlöser zu veranschaulichen, blieb gestaltgebender Phantasie überlassen.

Da Engel sich auch um Leichname einfach heiliger Menschen bemühen mögen, veranschaulichen sie die Gottheit im toten Christus nicht betont genug. Die seit dem späteren Mittelalter nicht ganz seltene, und üblicherweise falsch betitelte, Darstellung der gleichsam nach dem historischen Ereignis des Todes des Gottmenschen erfolgenden Verbringung des Leichnams oder des lebenden Toten in den Himmel, konnte dogmatische Bedenken erregen, da sie durchaus »unwahr« ist und für ein rationales Verständnis ein Totsein der zweiten Person der Dreifaltigkeit zeigt. Man konnte Gottvater um den Leichnam etwa durch seine Stützung im Sarkophage bemüht sein lassen, aber eine entsprechende aktive Teilnahme des Heiligen Geistes war nicht darstellbar, und das Vacuum des Fehlens der zweiten göttlichen Person war nicht gefüllt. Da die Unzureichendheit des menschlichen Geistes zum Verständnis des Geheimnisses der Dreieinigkeit ein Bestandteil christlicher Lehre ist, waren viele Theologen offenbar stets bereit, der darstellenden Phantasie einen weiten Spielraum zu lassen, und, wie noch Papst Benedikt XIV., die Regel, daß Gott nur in einer Gestalt dargestellt werden dürfe, in der ihn Menschenaugen je als Wirklichkeit gesehen haben[16], im weitesten Sinne auszulegen. Daß damit weitestgehender Anthropomorphisierung das Tor geöffnet war, nahm man hin; man war an sie gewöhnt. Im Retabel von Boulbon (1460) »haucht« der im Grabe stehende lebende Tote zusammen mit dem gleichfalls stehenden Gottvater den Heiligen Geist. Das ist eine sicherlich nur mit theologischer Beratung gefundene ebenso kühne, wie vollkommene konzentrierte Veranschaulichung der komplizierten dogmatischen Vorstellungen, die vereinzelt und in der Gegenwart unverstanden blieb. Eine menschlichen Begriffen angepaßtere, gefühlsreichere Auffassung konnte offensichtlich auf weiteres (Gefühls-)Verständnis rechnen. Es gehört in den Zusammenhang der Vorstellung des Heilsratschlusses, daß, menschlich ausgedrückt, Gottvater vom erfolgten Erlösungstode Kenntnis nimmt. Es ist wahrscheinlich, daß dieses Thema (zusammen mit denen der Befehlung seines Geistes in Gottes Hände und der Bekundung der Gottheit im Gottmenschen) hauptsächlich in Darstellungen veranschaulicht ist, die Gottvater, meist stehend, in enger Verbindung mit dem toten oder lebenden Schmerzensmanne zeigen. Es ist sicher der Fall, wenn durch Herankommen Christi (Abb. 3), oder sonst irgendwie – z.B. durch Klage der Engel; vgl. Dürers Holzschnitt B. 122 –, betont ist, daß es sich gewissermaßen um einen historischen Augenblick handelt. Die großartigste mir erinnerliche Konzeption ist in diesem Zusammenhange realisiert in Bernt Notkes Bild[17] von um 1480, in dem Gottvater stehend den tot zusammenbrechenden Christus hält, gegen den aus dem Weltenraume die Lanze sticht, geführt wahrscheinlich nicht durch des Longinus Hände, sondern durch die jeden Sünders. (Die aus Raum und Zeit völlig gelöste Verbindung des Toten oder lebenden Toten mit den beiden anderen göttlichen Personen zu einem sogenannten Gnadenstuhl ist nicht als historische Darstellung gemeint, sondern als anschauliches sich nur an die Empfindung wendendes Symbol der Erlösung durch Gottes Barmherzigkeit.) Als »historische«, wenn auch übersinnliche Darstellung, ist auch das burgundische Bild des Louvre, das Jean Malouel zugeschrieben wird,

16 Benedicti Papae XIV ... Bullarium, I, Romae 1746, S. 567ff.

17 Lübeck Mus. – H. Busch: Meister des Nordens, Hamburg 1940, Abb. 114.

3 Gottvater weist dem Schmerzensmann nach erfolgter Genugtuung für die Sünden der Menschheit seinen Sitz neben ihm an (Ps 102, 19), Rötelzeichnung, wahrscheinlich Rom, 2. Viertel des 18. Jahrhunderts (Rom, Kupferstichkabinett)

gedacht. Es zeigt keinen »Gnadenstuhl«, auch keine »Beweinung«, obwohl Johannes, oder wen sonst die klagende Figur darstellen soll, sie vertritt. Der vereint von (dem stehenden) Gottvater und Maria gehaltene, sich soeben geopfert habende Gottmensch wird von der irdischen Mutter nicht beweint, sondern im vollen Verständnisse des außerordentlichen Geschehens bewußt als Opfer dargebracht. Schmerz: ja, aber gebettet in Glaubensgewißheit. Unterrichtete Zeitgenossen des Malers mußten noch ein drittes Motiv in der Darstellung erkennen: die Erinnerung an das »vorbildende« alttestamentliche parallele Geschehen, die Überbringung von Josephs blutigem Rock an Jakob und dessen Aufstöhnen: »pessima bestia devoravit eum« (Gn 37,33).

Die einfachste und zugleich überzeugende – daher eine geniale Erfindungskraft voraussetzende – Lösung des Problems der Darstellung der Gottheit im menschlich Leidenden bestand also wirklich darin, Christi Körper zwar als tot darzustellen, ihn aber trotzdem zu etwas befähigt sein zu lassen, was den für Menschen geltenden biologischen oder physikalischen Naturgesetzen zuwiderläuft, wie z.B. selbständiges Stehen, Gehen, Handeln tut (Abb. 4). Insofern kann man den Ausdruck »lebender Toter« gebrauchen; nur muß man sich bewußt bleiben, daß begrifflich Jesus im Grab als Mensch tot ist, seine Seele hat den Körper verlassen, aber die mit ihm vereinte Gottheit lebt. Tod und Leben spielen sich auf zwei verschiedenen Ebenen ab und sind in Kunstwerken nur der Veranschaulichung halber verbunden, ohne daß rationale Beschreibung dieser dargestellten Verbindung in Worten den wirklichen Zustand, in dem Christi Körper sich befindet, beschreiben soll. Wird diese Unrationalität übersehen, bleiben Erörterungen des Motivs unzureichend.

Die zahlreichen Variationsmöglichkeiten, vereint mit der Vieldeutigkeit sowohl der formalen wie der inhaltlichen Motive, – die schon in meinen bisherigen Ausführungen eindrücklich zur Erscheinung gekommen sein müssen, – machen bisheriger Erfahrung nach bei der riesigen Zahl der zu berück-

4 Italienischer Wanderkünstler: Der vor dem Kreuze schwebende, die Wunden weisende Schmerzensmann zwischen Waffen, 3. Viertel des 14. Jahrhunderts, Stein an der Donau (Niederösterreich)

sichtigenden Kunstwerke jeden Versuch einer systematischen Ordnung nach formalen Merkmalen zu unübersichtlich und daher zwecklos. Möglich ist heute überhaupt nur ein Abstekken der Umrisse der Entwicklung im gröbsten. Es fehlen die unbedingt erforderlichen Einzeluntersuchungen zu vieler Denkmäler, für die eine grundsätzliche Verfeinerung der sich im allgemeinen auf recht primitiver Ebene bewegenden kunstgeschichtlichen Motivforschung Voraussetzung ist.

War das Motiv der Verbindung des halbfigurigen Schmerzensmannes mit der Grabesstation einmal gefunden, dann bedeutete es nur ein Weitergehen auf dem gleichen Wege, wenn man dem, durch die künstlerischen Darstellungen auch inhaltlich zu einer fixierten Vorstellung gewordenen, »im Grabe Stehenden« als weiteren Vertreter der gleichen Leidensstation das Grabtuch beigab und es von Engeln, als der himmlischen Gefolgschaft gehalten sein ließ, oder wenn man ihn zu einem innen oder außen auf dem offenen Sarkophage Sitzenden umwandelte. Ließ man (später) den geschlossenen Sarkophag, der also für die Vorstellung den Leichnam noch birgt, als Sitz des Schmerzensmannes dienen, so konnte man die anschauliche Rationalität steigern und begann damit eine Entwicklung, die die Verbindung des Motivs mit der spezifischen Leidensstation lockerte und es mehr zu einer generellen, kumulierenden Veranschaulichung des Schmerzensmannes oder des Erlösers werden ließ. In der bei weitem überwiegenden Mehrzahl der Darstellungen sitzt er dann lebend (Abb. 5) oder tot zwischen anderen »Waffen«. Mir ist nicht bekannt, daß es eine eigene entsprechende in Worten formulierte Vorstellung gegeben hat, denn man sollte diese Darstellungen nicht mit denen der genau umrissenen »historischen« Station des Christus in der Rast zusammenwerfen. In deren reinen Ausprägungen ist Jesus völlig nackt und hat natürlich nicht die Stigmata, wenn er auch kumulierend von anderen Waffen begleitet sein kann. Jene unhistorische Darstellung ist durchaus »unwahr«; interpretiert war sie annehmbar, beschrieben nicht. Unterstrichen ist auch anschaulich der Sinn der Veranschaulichung, wenn sie sich wesentlich als eine Präsentation des qua homo Toten gibt, als seine betonte Zurschaustellung als Person im Sinn des Johanneischen panis (an Stelle der betonten Veranschaulichung eines Zustandes, in dem er sich befindet. Der Gregorianische Schmerzensmann war ursprünglich zurückhaltende objektive Darstellung, auch wenn Abspreizung der Unterarme in der Vorweisegeste die Verbindung zum Beschauer herstellte). Der Sinn von Carpaccios Bild in New York ist schon wenigstens soweit enträtselt[18], daß gesichert ist, daß in ihm der »präsentierte«, aus dem historischen Zusammenhange der Passion gelöste tote Christus als Erlöser dargestellt ist, obwohl keinem Hinweis auf das göttliche Leben in diesem toten Schmerzensmann anschauliche Gestalt gegeben ist, und dieser Sinn nur dem der hebräischen Schrift Kundigen durch das Zitat aus Hiob unmittelbar zugänglich gemacht ist. Den Sinn des überstandenen Leidens betont die in ganzer Größe auffällig gezeigte Dornenkrone (vgl. S. 203). Der an seinen Erlöser glaubende Hiob (Kap. 19, 25) ist zu seiner Linken dargestellt, aber es ist – so glaube ich die Veranschaulichung interpretieren zu müssen – der Hiob, der nicht weiß, wie er ihn auf seinem Stuhle, dem Stuhle Davids (II Sm 7,13; Is 9,6(7); Lc 1,32), finden kann (Kap. 23,3) und der darum im Unterschiede zu Hieronymus[19] seinen suchenden Weg fortsetzen muß. Der Alte Bund konnte ihm nicht weiter helfen. So kam wohl der bis auf einen Lendenschurz unbekleidete Hiob zu seinen für einen Wanderer auf steinigen Pfaden absolut unzureichenden Schuhen. Das Wichtige des Bildes für unseren Zusammenhang liegt in der Darstellung des lebenden Erlösers als eines qua homo Toten:

18 Fr. Hart, in: Art Bulletin XXII, 1940, S. 25ff.

19 Man vergleiche sie mit des Hieronymus derber, nicht mehr benötigter Fußbekleidung. Hiob weist deutlich vorwärts, auf seine Schuhe, und nicht rückwärts auf Christus. Der biblische Hiob spricht immer wieder von seinen Wegen. M.E. ist das Bild in erster Linie Veranschaulichung des Gegensatzes zwischen dem Alten Bund, als providentiell notwendiger, aber nicht zureichender Vorstufe, und dem Neuen, mit der Mittlerrolle des in jenem gestorbenen, zugleich diesen begründenden Gottmenschen.

5 Luis de Morales (1510–86): Arma Christus. Der Schmerzensmann der Verspottung sitzt zwischen den Waffen der Geißelung und der Kreuzigung auf dem geschlossenen Sarkophage (New York, Privatbesitz)

I·N·R·I

das zeigt als wie selbstverständlich das richtige Verständnis vorausgesetzt werden konnte.

Wie leicht man das Motiv des Gregorianischen Schmerzensmannes zu einem die Station des Zusammenbrechens unter dem Kreuze einschließenden entwickeln konnte, zeigt Abb. 6. Da wir uns im Umkreise der Armabilder bewegen, kann der Sinn des Kniens keinem Zweifel unterliegen: wie die Steine auf dem Wege, die man beide wohl beachte, weist es auf das Leiden während der Kreuztragung. Es wird immer noch verkannt, daß Geertgen tot Sint Jans dieses Motiv des Zusammenbrechens in einem Bilde verwandte, das die durch die Themata der »Waffen« und des Schmerzensmannes gestellten künstlerischen Probleme zugleich löste. In jeder Beziehung ist der kreuztragende, Todesangst leidende (Gethsemane; Hbr 5,7), im Sarkophage zusammenbrechende Lebend-Tote die handelnde Hauptfigur, den als im Sarkophage liegend (oder soll man sagen: liegen werdend? eine rational klingende Beschreibung ist eben nicht möglich) Magdalena und die beiden herabblickenden Engel verehren. Wem die Trauer des Johannes (im Augenblick) gilt, wird nicht ganz klar, wahrscheinlich der Maria, die schmerzvoll aber doch vertrauend auf Christus schaut; sie weiß um den Sinn seines Leidens, und der Goldgrund als Folie der realistisch behandelten Einzelheiten veranschaulicht die unirdische Sphäre, in die sie gehoben sind.

Das vom Weltgericht unabhängig gewordene Thema der »Waffen Christi« gewann seinerseits schon früh Einfluß auf die Darstellung des Richters. Es gibt dafür einen Beleg, der indirekt zugleich von größter Wichtigkeit für das Verständnis der Frühentwicklung des Schmerzensmannes ist. Als Weltrichter hat er oft die Hände erhoben zur Vorweisung der Wundmale, oder auch nur zur Erinnerung an sie. Der Sinn dieser Geste des Richters ist ganz klar, sie ist legitimierend oder sogar bedrohend, in keinem Falle fürbittend. (Abb. 7. Es ist nicht überflüssig, daran zu erinnern, daß auch bei der Interzession Christi bei Gottvater die Geste nicht den Sinn eines abstrakten Bittens hat, sondern gleichfalls den des Hinweises auf die erfolgte Sühneleistung.) In einer deutschen Miniatur aus dem frühen 13. Jahrhunderte[20] werden die erhobenen Hände durch Maria und Johannes Evangelista gestützt. In diesem Zusammenhange ist die Unterstützung der Arme nicht nur an sich ungewöhnlich und überflüssig, die Einbeziehung des Evangelisten Johannes ist besonders auffallend. Das Motiv der von Maria und Johannes gehaltenen Arme Christi, das in so vielen Darstellungen des Schmerzensmannes in den verschiedensten Variationen wiederkehrt, entstammt formal Kreuzabnahmen, in die aber das Motiv der erhobenen Hände Jesu nie eingedrungen ist. Daß die Miniatur gleichzeitig den Täufer aus der Rolle des »Thronassistenten« durch den Evangelisten verdrängt sein läßt, weist darauf hin, daß es eine Darstellung des Schmerzensmannes als kumulierte Veranschaulichung des

7 Wunden weisender, lebend-toter Schmerzensmann zwischen Waffen, Oberwälden, spätes 13. Jahrhundert

Leidens gab. die bereits eine so autoritative Geltung hatte, daß sich Motive aus ihr in andere Zusammenhänge eindrängen konnten. Damit läßt es sich erschließen, daß es schon spätestens im späten 12. Jahrhundert eine isolierte Darstellung des Schmerzensmannes gab, die das Motiv der von Maria und Johannes gehaltenen Arme enthielt, das rationalen Sinnes beim »Richter« entbehrt, während es beim Schmerzensmann mehrfachen Sinn haben kann. Es kann der Vorweisung der Handwunden oder der wirklichen Stützung des aufrechten Toten dienen, oder gerade umgekehrt dessen Nichtbedürfen einer solchen Stütze betonen und nur thematisch die enge Verbundenheit der beiden mit den Ereignissen veranschaulichen, formal aber die Haltung von Christi Armen zu begründen helfen. Was sich ergab, war wiederum eine anschaulich rationale, inhaltlich ganz ungeschichtliche Präsentation des Erlösers.

Voraus ging wahrscheinlich auch hier eine Stufe, in der der Zusammenhang mit den Kreuzabnahmen sich noch stär-

6 (links) Zwei Engel halten innerhalb eines Waffen-Christi-Bildes das Grabtuch vor den zusammengebrochenen, die Wunden weisenden, lebend-toten Schmerzensmann, Schwäbisch, um 1490 (Stuttgart, Gemäldegalerie, Aufnahme der Galerie)

20 H. Swarzenski: Die lat. illuminierten Handschriften des XIII. Jahrhunderts in den Ländern an Rhein ..., Berlin 1936, Abb. 702, S. 58, 136f.

8 Waffen Christi mit dem nach der Geißelung seinen Rock aufhebenden Schmerzensmann – man beachte die Vereinigung von Geißelsäule und Kreuz, Metallschnitt, Deutsch, um 1500

9 H. Baldung: Waffen- und Wunden-Christus, Holzschnitt, G. 81, 1517

ker ausdrückte. Wie lange vor 1365 der meist als »Beweinung« angesprochene Bildtypus des von Maria und anderen noch aufrecht gehaltenen, vom Kreuz abgenommenen (aber nicht vor oder im Sarkophage stehenden) Christus entstand, den, durch das Fehlen der Beine und des Kreuzes schon etwas abgekürzt, des Giovanni da Milano Bild vertritt, ist nicht bekannt. Diese Szene scheint nie als bestimmte Station Vorwurf literarischer Behandlung geworden zu sein, was ihr eine Unbestimmtheit und Variationsmöglichkeit beließ, die durch wichtige Bildtypen realisiert wurden. Die aufrechte Stellung Christi und sein rückwärtiges Gehaltenwerden von jemanden nur in Ausnahmefällen mit Sicherheit als bestimmtes irdisches Individuum Identifizierbaren, führten im 15. Jahrhunderte zu einer anschaulich rationalen, inhaltlich wiederum ganz ungeschichtlichen Präsentation des Erlösers nach der Kreuzabnahme. Was entstand, waren keine Beweinungen, sondern in der Mehrzahl infolge der irrationalen aufrechten Haltung der zumeist im oder hinter dem Sarkophage stehenden Toten kumulierende Armabilder mit eingeschmolzener Beweinung, was diejenigen besonders unterstrichen, in denen auch die Stützenden selber im Sarkophage stehen. Es sei noch einmal betont, wie falsch es ist, rational einheitliche Lehrhaftigkeit in solchen Darstellungen als selbstverständlich vorauszusetzen. Auf ihrer Ebene würde es z.B. unmöglich sein zu erklären, daß (auf einer lombardischen Pax des späten 15. Jahrhunderts im Museo Cristiano des Vatikans) ein bischöflicher Heiliger zusammen mit Maria den Toten stützt, oder in der Daucherschen Gruppe von 1512 in St. Anna in Augsburg eine unidentifizierbare weibliche, mit einem Lorbeerkranz geschmückte Figur. Die Erklärung der Möglichkeit solcher Motive liegt in der dem Typus inhärenten Freiheit der Auswahl der Stützer. Das Thema von nicht-kumulierenden Darstellungen wie in dem Münchener Bilde aus Fra Angelicos Umkreise war in Wirklichkeit auch nicht die Beweinung oder ein »letzter Abschied« oder die Grablegung. Niemand wird ohne ganz speziellen Grund einen Toten aufrecht zur Bestattung tragen lassen, und vor allem nicht mit schleifenden Füßen.[21] Daß das erstere etwa in dem michelangelesken Londoner Bilde geschieht, beweist nur den Wunsch des entwerfenden Künstlers, dem Motiv einen formal rationalen Sinn zu geben, bei fehlender Verpflichtung zu zeigen »so ist es wirklich gewesen«. Einen deutlichen Sinn gab Carlo Crivelli dem Motive der Präsentation des vom Kreuze Abgenommenen in seinem Bostoner Bilde. Aus der historischen Situation unnaturalistisch

21 Verweisung auf die germanische Sitte des sitzend (!) Begrabens ist wenig überzeugend.

ganz gelöst – den Sarkophag ersetzt eine Schranke, das Kreuz eine Stoffbahn und der Tote wird nicht realistisch getragen – präsentieren Maria, Johannes und Magdalena Christus als den geopferten Erlöser, als Veranschaulichung des »Aspice mortalis, pro te datur hostia talis«.

Irgendwann im Laufe des Verschmelzungsprozesses der verschiedenen Typen wurden die sich ergebenden Möglichkeiten zur Veranschaulichung weiterer, vorher, soweit wir wissen, nicht dargestellter Themata ergriffen. Auf diese Weise kam man m.E. erstens zur Zufügung von gewissermaßen auf den Zehen stehenden – das Motiv entstammte der Kreuzigung –, d.h. schwebenden, oder, mit oder ohne in den Malen steckenden Nägeln, schreitenden Beinen zum Gregorianischen Oberkörper. Was sich ergab, waren Typen des rational oder irrational stehenden toten oder lebend-toten Schmerzensmannes, wie sie sich besonders als Zentralfiguren von Waffenbildern eigneten, und jene noch eigenartigeren, in denen der Schmerzensmann den Schauplatz seiner Leiden, während sie ihn noch umfangen halten, zu verlassen scheint (Abb. 8), wodurch das zeitlich, räumlich und überrational Fließende der Geschehnisse betont werden konnte. Es ist nicht etwa der Auferstandene oder der Gegeißelte, der den Marterplatz verläßt

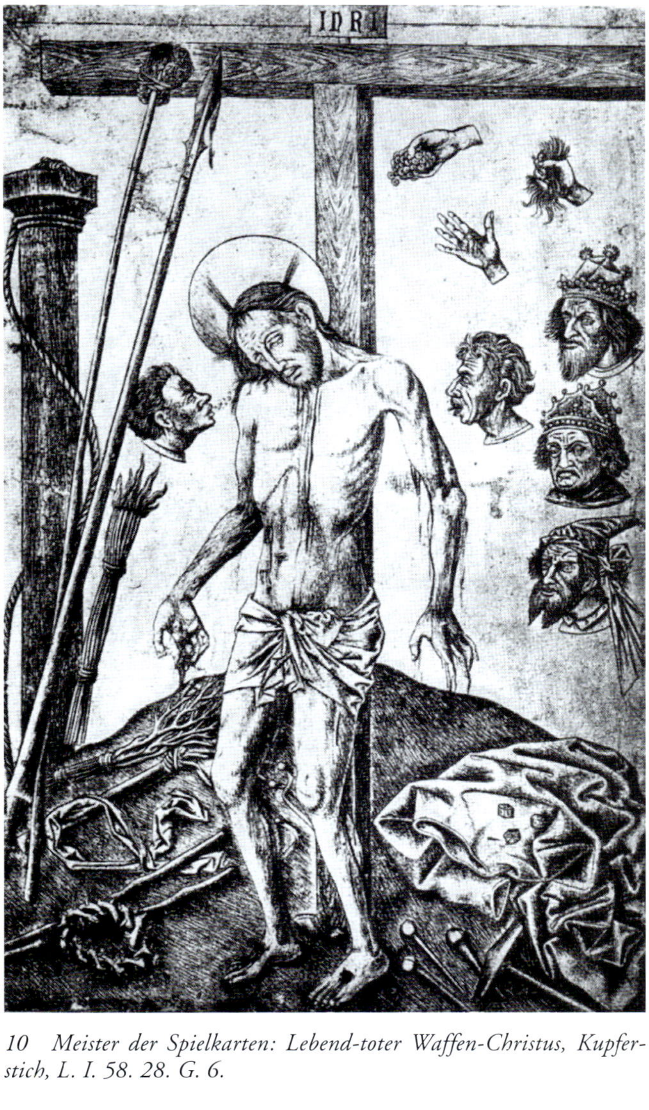

10 Meister der Spielkarten: Lebend-toter Waffen-Christus, Kupferstich, L. I. 58. 28. G. 6.

11 Sogenannter Meister von Augsburg von 1477: Lebend-toter schreitender Schmerzensmann zwischen Maria und Johannes, Zeichnung (Würzburg, M.-von-Wagner-Museum der Universität)

– obwohl das zweitgenannte Motiv, das Thema einer eigenen Darstellung war (Abb. 9), gelegentlich sekundär kumulierend mit einbezogen gewesen sein mag –, veranschaulicht ist in Wirklichkeit etwas ganz Irrationales im Sinne einer der frühesten Schriftgrundlagen der Arma: »Ich bin ausgeschüttet wie Wasser, alle meine Gebeine haben sich zertrennt [...] du legst mich in des Todes Staub« (Ps 22,15f.; Abb. 10). Ob durch diesen ins 14. Jahrhundert zurückgehenden Typus die Kompositionen des nach der Kreuzabnahme frei zwischen Maria und Johannes vor dem Kreuze stehenden (so im Anton Sorgschen »Spiegel menschlicher Behältnis«, Augsburg 1476; Schramm, Bilderschmuck IV, 102) oder gehenden (vgl. Abb. 11) Toten angeregt wurden, ist nicht zu erkennen.

Es scheint nicht, daß der Typus des isoliert stehenden »Erlösers« als eine kumulierende Fortbildung des Ecce-homo-Christus entstand. Wahrscheinlich war die Ersetzung des vom Kreuz Abgenommenen durch den Gregorianischen Schmerzensmann eine der wichtigsten Veränderungen des Urtyps gewesen, da sie die volle Realisierung des mit der Vorstellung des lebenden Toten verbundenen Reichtums an Motiven nahelegte.

Da wir nicht wissen, ob das Motiv des tot oder lebendtot von Maria allein in einer »unhistorischen« Szene nach der Kreuzabnahme gestützten Schmerzensmannes sich unmittelbar, oder erst über die Zwischenstufe der sogenannten »Beweinungen« aus der Kreuzabnahme oder aus dem Typus der einen Gregorianischen Christus vor sich haltenden Maria entwickelt hat, sind uns schon die Anfänge der Entwicklung verborgen, die zu Typen von so überragender historischer Bedeutung geführt haben, wie die Pietà und die Maria und den Schmerzensmann anschaulich als gleichwertig koordinierenden es sind. Seinen Grundanschauungen entsprechend sah Panofsky im Bilde der Casa Horne, dessen Bekanntgabe ihm verdankt wird, einen Anfang, während allein schon die Kumulierung der Hinweise auf Abnahme und Bestattung und die anschauliche Irrationalität des Motiv es beweisen, daß wir ein späteres Stadium einer voraus gegangenen Entwicklung eines Waffenbildes vor uns haben. Es ist anzunehmen, daß von Einfluß auf sie auch die ursprünglich byzantinischen Andachtsbilder waren, in denen vor Marias Leib unrealistisch wie in einer übergroßen Agraffe Christus als Kind wiedergegeben ist, ohne daß wir mit einiger Sicherheit ermessen können wie bedeutungsvoll dieser Einfluß war. Für den Typus ist charakteristisch, daß Maria Christum nicht seitwärts, sondern rückwärts hält, ein Motiv, dem wir zuerst in Denkmälern des 14. Jahrhunderts begegnen. Das kann aber Folge einer Lücke unseres Wissens sein; wie das Bild der Casa Horne ein zufällig vorhandener Beleg einer Entwicklung ist, so kann ebenso zufällig keiner aus einer anderen Entwicklung bekannt sein. Es mag nicht nur eine Folge der ausschließlichen Zurückführung der Pietà auf die »Beweinung« und des Pinder'schen trotz evidenten Mißlingens blendenden Versuchs der Bloßlegung ihrer angeblich dichterischen Wurzel in Marienklagen sein, die anscheinende Irrationalität des Motivs an sich mag auch mitwirken, daß immer noch nicht ins allgemeine Bewußtsein aufgenommen ist, daß in Wirklichkeit das thematische Problem der Pietà ein viel komplexeres ist als einerseits aus ihrem ursprünglichen Zusammenhang entfremdet, isoliert auf uns gekommenen Skulpturen entnommen werden kann, andererseits durch die Bezeichnung »Marienklage« umrissen ist. Motive von größter inhaltlicher Bedeutung blieben unbeachtet: daß Marias Schmerz und Mitleiden, als zu Christi schwersten Leiden gehörend, eine bedeutungsschwere »Waffe« Christi darstellten, daß aber andererseits Maria das Opfer des Sohnes im Bewußtsein seiner Erlösungsbedeutung oder wenigstens gefaßt, sich unter den Willen Gottes demütig beugend, darbringen, oder sogar als erster Mensch dankbar den auch für sie erfolgenden Erlösungstod würdigen mochte. (Man darf auch nie vergessen, daß Maria manchen als Typus der Kirche galt, anderen aber die Kirche selbst bedeuten konnte.)

Polar entgegengesetzt sind die Motive, die Maria nach Jesu Tod rein menschlich mit Gott hadern oder sie wenigstens an der Verträglichkeit des Geschehens mit der Engelverkündigung (Lukas 1,32) und den messianischen Prophezeiungen Irrewerden zu lassen scheinen, was vielleicht durch das geschlossene Buch neben Maria in der noch ungedeuteten Zeichnung des Jacques Dalives veranschaulicht ist. Es gehört zu dem eingangs erörterten, eigentlich unverständlichen »Übersehen«, daß immer noch meist unbeachtet bleibt, daß Maria keineswegs stets nur eine Trauernde ist, daß es auch freudvolle Vesperbilder gibt, wie Elisabeth Reiners-Ernst nach dem extrem Möglichen schon 1939 betonte.[22] Das Motiv des zugleich Traurig- und Fröhlichseins, das schon Carl Justi[23] auf Grund einer Äußerung Savanarolas zur Erklärung des Gesichtsausdruckes von Michelangelos Maria in St. Peter heranzog, stellt dem Bildhauer eine schwer anders als durch einen indifferenten, also nichts sagenden weil zuviel sagen wollenden Ausdruck zu lösende Aufgabe. Der Maler hatte es leichter, wie das schon besprochene Bild des Malouel zeigt.

Es muß noch einmal daran erinnert werden, daß wir uns im Umkreise der Veranschaulichungen der Zweinaturenlehre bewegen. Daß Gott als ein wahrhaftiger Mensch ein Menschenleben von Geburt bis zum qualvollen Tode lebte, dabei aber stets lebendiger Gott blieb, ist der Kern der theologischen Erlösungslehre und das der Veranschaulichung gestellte Thema. Daher wurde auch schon früh die enge Verbindung zwischen der Inkarnation und der Passion betont und veranschaulicht. Von einer schmaleren, aber doch zu findenden, biblischen Grundlage getragen als die sonstigen Teile des Komplexes »Erlösung«, wuchs daher im Laufe einer langsamen Entwicklung in der Vorstellung vieler der Anteil Marias an dem Erlösungsleiden Christi. Ihnen zufolge hat Maria nicht nur in der Weise einer menschlichen Mutter mit dem Sohne mitgelitten, sondern ihr Mitleiden hat zur Erlösung beigetragen. Man beachte wohl: es handelt sich nicht um das Problem Maria als mediatrix, als Vermittlerin, sondern um Maria als corredemptrix, als Miterlöserin. Es liegt außerhalb meiner Kompetenz mehr zu sagen, als daß der Abschluß einer deutlich erkennbaren Entwicklungsrichtung der katholischen Lehre noch nicht erreicht ist, daß aber im Frömmigkeitsleben die Tendenz der möglichst nahen Einbeziehung Marias in den Erlösungsvorgang seit der nachpatristischen Zeit manchmal und besonders seit dem 11. Jahrhundert sehr stark ist.[24] Auch in diesem Zusammenhange tut man gut, auf die Konstanz der Vorstellungen zu achten und auf den starken Zeitunterschied, der manchmal zwischen bezeugter literarischer Fixierung und bezeugter künstlerischer Veranschaulichung liegen kann. Auf einem Gemälde des Museo Correr von um 1565, das Augustinus schwankend zwischen der Erlösungshoffnung durch Christus und durch Maria darstellt, ist der Vers einer im 14. Jahrhundert niedergeschriebenen (wann aber gedichteten?) Hymne zitiert: »Positus in medio / Quo me vertam nescio«. Also selbst der Zweifel, welches der den größeren Erfolg verheißende Weg sei (korrekt theologisch formuliert: der über Christi erlösende oder der über Marias fürbittende Mittlerschaft) konnte als berechtigt gelten.

Es ist einer der Fehler, die sich in Frau Reiners-Ernsts Buch eingeschlichen haben, daß auch sie (im Banne der herr-

22 Das freudvolle Vesperbild, München 1939.
23 Michelangelo. Neue Beiträge, Berlin 1909, S. 86.
24 Vgl. Juniperus B. Carol: De corredemptione ... Mariae, Civitas Vaticana, 1950.

schenden Theorie über das Andachtsbild!) daran festhielt, daß das Vesperbild weder an Bethlehem noch an Golgotha angeknüpft habe, daß es zeitlos sei. Das ist sowohl ontologisch wie historisch unrichtig. Dargestellt ist die konstitutiv unauflösbare Verbindung der menschlichen Mutter mit dem erlösenden Schmerzensmann im Gesamtverlauf oder in der betonten Endphase gerade der historischen Passion. Überall in unserem Zusammenhange waren aber, wie schon angedeutet, die lebendigen Vorstellungen ebenso komplex wie vielfach, und daher auch der Sinn von Veranschaulichungen. In der Passion konnte man Maria auch die zweite »Geburt« des »Erlösers« erleben, oder auch erleiden lassen, dessen übliche Veranschaulichung eben der Schmerzensmann geworden war. Dieser Gedanken- und Gefühlskomplex fand seine Gestalt am »wörtlichsten« in der einen kindhaft gebildeten Schmerzensmann haltenden Maria. Frau Reiners-Ernst faßt das als Darstellung der die Passion vorauserlebenden Maria auf. Es gab in der Tat, ausgehend von der prophetischen Warnung Simeons (Lukas 2,35), dieses Motiv, aber es in der Gestalt des kindhaften Schmerzensmannes – im Unterschiede zum Schmerzenskind – verkörpert zu sehen, läßt erst recht unerklärt, warum dann Christus nicht auch in der Größe wiedergegeben ist, die er dann haben wird. Bei dem erfindenden Künstler werden damit Gedankengänge von einer Kompliziertheit vorausgesetzt, die ein moderner nach inhaltlicher Rationalität der Gestaltung suchender Künstler vielleicht haben könnte, die einem mittelalterlichen aber nur der herrschenden Theorie zu Liebe zugetraut werden können. In Wirklichkeit hat die Darstellung eine wesentlich realere, »objektive« Grundlage, in der (nicht nur mittelalterlichen) Auffassung des gesamten irdischen Lebens Jesu von der Inkarnation an als einer Passion, die sogar in ein so unkatholisches Buch, wie den Heidelberger calvinischen Katechismus, eindrang. Wie der »Schmerzensmann« mittelbar, wie Waffenbilder unmittelbar (etwa durch Einbeziehung des Beschneidungsmessers) an die Kindheitsleiden erinnern konnten, so konnte umgekehrt das »Schmerzenskind« schon die zukünftigen Ereignisse veranschaulichen. Auch diese Darstellung gehört eben in den Kreis der unrationalen Veranschaulichungen des »Erlösers«; sie entbehrte in Richter 13,7 und Jesaias 9,5(6) nicht der biblischen Wurzel, der manche absurd erscheinen könnende Wucherung entwuchs, wie etwa die (wann erfolgte?) Interpolation in Epiphanius, Häreses 39,9 über Marias kreuzförmigen Uterus. Es gehört zur Psychologie des Mittelalters, scheint aber auch einem konstanteren Frömmigkeitsbedürfnis zu entsprechen, die Passion durch Kinder verkörpern zu lassen.[25] Für unseren Zusammenhang ist die Nachricht wichtig, daß ein Knabe in Siena zu Ostern 1257 den Gekreuzigten im Passionsspiele darstellte[26], daß also auch dieser Motivkreis schon durchaus vor Anbruch des 14. Jahrhunderts aktuell war. Es ist das gar nicht unrationale Schmerzenskind, sondern der ganz unrationale kindhafte Schmerzensmann, den Maria, wie wir jetzt wissen, nicht nur in Erbärmdedarstellungen hält. Daß sie den Erlöser als Gottmenschen geboren und sein Leben verständnisvoll geteilt hat, das erwarb ihr in der Auffassung der Kirche die durch das Wort vom Kreuze, Io 19,26f., bestätigte Mutterschaft der Menschheit. So ist es wahrscheinlich, daß eine einseitige Betonung der historischen Marienklage über den vom Kreuz Abgenommenen in einem isolierten Vesperbilde schon eine, als Folge der Verschmelzung des ursprünglichen Typus mit einem der Kreuzabnahme entstammenden Schema, eingetretene Sinnesverengung bedeutete. Der ursprüngliche Typus mag ein ganz unhistorisches, hieratisches Andachtsbild gewesen sein, die Darstellung einer stehenden und – ähnlich dem schon herangezogenen Typus der Madonna Nikopoia – den Erlöser tragenden Maria, der vielleicht zunächst die Gestalt des Gregorianischen Schmerzensmannes hatte, dann aber als Ergebnis eines rein künstlerischen, naturalisierenden Rationalisierungsbestrebens durch den kindhaften abgelöst – eine ebenso kühne als großartige Erfindung –, oder in Verschmelzung mit den irrationalen »Beweinungen« durch den von Maria gestützten stehenden lebenden Toten ersetzt wurde. Daß eine solche hypothetische Skizzierung der Entwicklung gewagt werden kann, verdanken wir der Veröffentlichung der den kindhaften und auf die Seitenwunde weisenden »Erlöser« tragenden Schutzmantelmadonna in Maria Pfarr (3. Viertel des 14. Jahrhunderts) durch Margarete Demus-Witternigg, die gleichzeitig die auf einer Zeichnung des Germanischen Museums dargestellte gekrönte, den Gregorianischen Toten haltende Maria (Abb. 12) und eine entsprechende Darstellung auf einem Fenster des Regensburger Domes richtig in diesen Zusammehang einbezogen hat.[27] War einmal der Typus »Maria mit dem kindhaften Schmerzensmanne« geprägt, dann konnte er in allerlei Variationen verwendet werden, wie der erschütternden, ihren Schmerz Gottvater hinaufschreienden Maria mit dem kleinen, nackten, bärtigen Schmerzensmann im Schoß. Ich habe schon einmal darauf hingewiesen, daß die Pietà der biblischen Grundlage nicht entbehrt: »reposita est haec spes in sinu meo« (Hiob 19,27). Aber wie in vielen Fällen läßt es sich theoretisch nicht entscheiden, ob der Bibelvers der Anlaß oder eine nachträglich herangezogene Rechtfertigung der Darstellung war. Es fehlt bisher der Nachweis, daß die Verlegung des Beweinten in Marias Schoß aus rein visuellen Gründen erfolgte. Ein Einfluß des Hiobverses würde die Verlegung gut erklären. Aber wir sollten nie vergessen, daß es möglich ist, logisch überzeugend scheinende Entwicklungen zu konstruieren, daß damit aber nicht bewiesen ist, daß sie in Wirklichkeit so verliefen, da das Leben nun einmal so sehr reich an Zufällen zu sein pflegt, die sich dem Erraten entziehen. Es muß aber als durchaus möglich angesehen werden, daß der kindhafte Schmerzensmann zuerst in ein Schema der repräsentativen Madonnendarstellungen eindrang, und daß

25 Zu den in diesem Zusammenhang ignorierten Darstellungen pflegt die des jugendlichen Jesu in Botticellis Münchner Beweinung zu gehören.

26 B. d'Ancona: Origini del teatro italiano, Torino 1891, I, S. 90.

27 Österreichische Zeitschrift für Kunst und Denkmalpflege, V, 1951, S. 36.

12 Maria mit dem kleinen Gregorianischen Schmerzensmann, Zeichnung, Südostdeutsch, 3. Viertel des 14. Jahrhunderts (Nürnberg, Germanisches Museum, Aufnahme des Museums)

sich daraus unter Verschmelzung mit den Beweinungen das Erbärmdebild entwickelte, dessen Typus mit dem kindhaften Schmerzensmanne wahrscheinlich der früheste ist.

In der Entwicklung des Erbärmdebildes war einbegriffen, daß die Schmerzensmutter anschaulich an Bedeutung dem Schmerzensmanne gleichwertig wurde, manchmal sogar betonte Hauptfigur war. Für die Zukunft war die Gleichwertigkeit wichtiger, da damit eine Parallele zur Gegenüberstellung Marias als der Gottesgebärerin und des Gekreuzigten, die für die Kunst des zweiten Jahrtausends schon altes Erbgut bedeutete, gefunden war. Wie in der theologischen Mariologie die Lehre an Anhängern gewann, daß Maria nicht nur indirekt, sondern durch ihr Leiden aus eigenem an der Erlösung als corredemptrix beteiligt war, so konnte sie (nachweislich aber erst seit dem 15. Jahrhundert) als isolierte Schmerzensfrau dem Schmerzensmann koordiniert sein, was ebensogut in zwei Darstellungen erfolgen konnte als in einer. Dargestellt sind dann die beiden nicht in einer historischen Szene – es ist irreführend, es als »Begegnung« der beiden zu bezeichnen, wenn, wie auf den Schreintüren des Aachener Münsters vom Ende des 15. Jahrhunderts[28], ein Arma-Schmerzensmann und eine Schwertermaria in einer Landschaft zusammengestellt sind –, sondern die Mittler der Erlösung werden zusammen gezeigt. Auf der irdischen Ebene liegt die Verbindung zwischen den beiden nicht in einem äußerlichen Geschehen, sondern in der Gemeinsamkeit des Leidens, also nur im Gefühlsbereich, auf der übersinnlichen Ebene in ihren Stellungen im Heilsratschlusse. Daß sie in eine Landschaft gestellt sind, ist für den religiösen Sinn ohne Bedeutung. Geprägte Kompositionstypen sind für die Figuren verwendet, was für Maria ohne weiteres klar ist, und sich für Christus aus einem Blick auf Abb. 1, 4, 7 und auf Dürers schon herangezogenen Stich B. 20 ergibt. Daß die vertretenen arma nicht völlig die gleichen sind, daß Dürer vor allem die Todesstation mit einbezogen hat, solche Verschiedenheiten liegen im Wesen der Waffenbilder. Andererseits hatte es im Zuge der Kunstentwicklung gelegen, daß, wie sich schon aus manchen der herangezogenen Darstellungen ergab, mit dem fortschreitenden 15. Jahrhunderte die Darstellungen die Tendenz hatten, anschaulich naturalistischer und rationaler zu werden und den rein leidenden Zustand in ein Geschehen einzubeziehen, ohne damit den Sinngehalt ändern zu wollen. Am bezeichnendsten für die

28 Vgl. Zeitschrift für Kunstwissenschaft, VI, 1952, S. 52 (Eduard Syndicus). Zu beachten für den Zusammenhang Schmerzensmann – Schmerzensmutter M. Weinberger, in: Gazette des Beaux-Arts, 6. ser. vol. 29, 1945, S. 347ff.

13 *Christus in der Kelter unter den Sünden der Menschheit leidend, Deutsch (Pommersfelden, Galerie)*

Tendenz ist die Neigung, anstelle des »lebenden Toten«, d.h. des den Naturgesetzen nicht unterworfenen Leichnams, einen lebenden Schmerzensmann zu zeigen, zu dessen kumulierten »Waffen« auch den Tod vertretende gehören. Er ist nicht dargestellt in einem »Zwischenzustande«, den es auch für den Gottmenschen nicht gab, er ist auch nicht der Auferstandene, der durch Leiden Verklärte (im Sinne von Joh. 12,23ff.). Er ist der überrationale Schmerzensmann, dessen irdische Lebensform als Erlöser die des den Tod qua homo einschließenden Leidens war. Anschaulich lebt er trotz Anzeichen des Todes, wie der »lebende Tote« tot ist trotz der Anzeichen des Lebens. Wenn die Lehre auch konstant geblieben ist, daß Christus um der Sünden aller Menschen halber gelitten hat, und darum die nicht gefehlt haben, die eine Verbindung zwischen den einzelnen historischen Leiden und bestimmten Versündigungen herstellten, was beides zu dem besonderen ikonographischen Thema des unter den Sünden der Menschheit leidenden Schmerzensmannes[29] geführt hat, die Erlösungstat ist einmal geschehen und abgeschlossen, aber Gottes Barmherzigkeit, dessen Bekundung sie ist, ist zeitlos.

Es fällt dem modernen Betrachter schwerer als offenbar den Zeitgenossen, vor einem als physisches Gewächs in antikischem Sinne idealisierten Körper eines Waffen-Christus – einer älteren Generation lag dafür das inhaltlich irreführende Wort der Heroisierung nahe – sich dessen bewußt zu bleiben, daß die Darstellung viel mehr als Veranschaulichung der Barmherzigkeit Gottes und der vielfachen Leiden Christi an sich aufgefaßt wurde denn als eine rationale Aussage über das Aussehen Christi in einem gegebenen historischen Zeitpunkte; vor allem war keine inhaltliche Verbindung zwischen der Idealisierung des Körpers und dem Sinngehalte beabsichtigt. Allein Michelangelo blieb es vorbehalten, eine Brücke zwischen dem Thema des Erlösers und dem neuen Körpergefühl und den neuen anatomischen Kenntnissen zu schlagen. Man hat ihm vorgeworfen, daß ohne Notwendigkeit alle Muskeln seines Christus in der Minerva angespannt seien; aber man hat nicht bedacht, daß er keinen »antiken Heros« in Ruhe darstellte, sondern daß er den im und durch seinen menschlichen Körper leidenden Erlöser in einem vor ihm erfundenen kompositionellen Schema veranschaulichte. Das ist nicht der Christus der Kreuztragung (z.B. Henke) oder der Höllenfahrt (z.B. Manchot) oder der Auferstehung (z.B. Justi, Thode, Wölfflin, von Schlosser); es ist auch nicht der gelitten habende Sieger (Burckhardt). Das ist ein Waffen-Christus, der jenseits aller Rationalität die vom Besteller oder Künstler als wesentlichste angesehenen »Waffen«, das Kreuz, den Rohrstab, den Strick, den Schwamm und die Wundmale trägt und anschaulich noch in einer spezifischen Leidensstation befangen ist: Besteller und Künstler wollten ihn in völliger Nacktheit gezeigt, woran erst eine Zeit Anstoß nahm, der der mittelalterliche Realitätssinn, der in ihr eine der qualvollsten geistigen Leidenszufügungen sah, denen Jesus ausgesetzt war,

29 Diese Art der Schmerzensmanndarstellung ist einem irrigen Hinweis von J. R. Bahn folgend, im Anzeiger für schweizerische Altertumskunde, N.F., 39, 1937, S. 23ff. ausschließlich als Darstellung der Sünde der Sonn- und Feiertagsentheiligung von E. Breitenbach und Th. Hillmann behandelt worden. Den Verfassern waren einige der für sie wichtigsten Denkmäler (wie z.B. das Bild in Pommersfelden, A. Thomas: Die Darstellung Christi in der Kelter, Düsseldorf 1936, S. 136, hier Abb. 13) unbekannt geblieben, und Fehler in Interpretation und Argumentation waren schwer vermeidbar, sobald dieser Spezialfall aus dem Gesamtkomplex herausgerissen wurde. Der Zusammenhang ist zu groß, um auf ihn hier einzugehen.

abhanden gekommen war. Christus wendet den Kopf vom Beschauer nicht in Folge einer falschen Aufstellung der Statue fort. Er muß sich zwar dem Anblicke darbieten, aber wenigstens soll keine Augenverbindung mit ihm bestehen, und die Spannung in seinem Körper drückt aus, was in ihm vorgeht.

Dürer hat außer B. 20 noch mehrere für unser Problem besonders aufschlußreiche Schmerzensmanndarstellungen gemacht. Das etwa ein Jahrzehnt jüngere Titelblatt der Kupferstichpassion (1509) bezieht ihn in den Rahmen eines noch viel mehr Stationen kumulierenden fiktiven, anschaulich rationalen, inhaltlich überrationalen Geschehens ein. Von den Titelholzschnitten der großen und kleinen Passion (B. 4 und 16. 1510 und 1511) gehört der erstere grundsätzlich zum gleichen Typus. Die überrationale Veranschaulichung eines die Erlösung vollendet habenden Armachristus ist vereint mit einer detaillierten, die menschliche Schuld unterstreichenden Darstellung der Spottkrönung. Demgegenüber konzentriert die Darstellung der kleinen Passion die Aufmerksamkeit auf die Übermacht des kumulierten Leidens des wie im Augenblicke der »Rast« sitzenden Armachristus. (Es ist das eine Form des »trauernden« Schmerzensmannes, von dem v. d. Osten einen deutschen Typus ausführlich behandelt hat. Inhaltlich in den gleichen Zusammenhang gehört z.B. das österreichische Waffenbild aus dem Umkreis des Meisters der Votivtafel von St. Lambrecht in Berlin[30], das Christus tot und isoliert zu Füßen des Kreuzes sitzend zeigt.) Der Schmerzensmann des Kupferstichs B. 21 (1512) ist der des Ecce homo. Grundsätzlich im Typus von B. 16, aber weniger gefühlsgetränkt ist der Armachristus des Stiches B. 22 (1515), den als Halbfigur das durch eine Reproduktion bekannte Gemälde von 1523 darstellte, das bezeichnenderweise zeitgenössisch als Darstellung der »Barmherzigkeit« galt. Die Vorliebe Dürers für trotz naturalistischer Kunstmittel überrationale Darstellung des Schmerzensmannes ist einleuchtend. In dem auch sonst im 16. Jahrhundert häufigen Rückgang zur halbfigurigen Veranschaulichung dürfte sich ein durch die Meckenemsche Wiedergabe erneuter Einfluß der imago pietatis aussprechen. Dem, was Dürer veranschaulichen wollte, hat er – den matten Stich B. 22 ausgenommen – deutliche Form gegeben: es ist die Darstellung des um der Sünden der Menschheit halber durch Leiden und Tod zum Erlöser werdenden Gottmenschen, der rational aufgefaßt keine Wirklichkeit entsprach oder entspricht, da sie der Anleitung zur Erinnerung an einmalige historische Vorgänge und übernatürlicher Wirklichkeit in einem menschlichen Körper zugleich Gestalt gibt. Die Präsenz des Gottmenschen soll erlebt werden, da es sich ja bei all diesen Darstellungen nicht um abstrakte Symbolisierungen handelte, sondern um unmittelbare Veranschaulichungen von etwas zwar rational so bestimmt in Worten nicht Ausdrückbarem, aber doch gefühlsmäßig als Realität Geglaubtem und den Möglichkeiten künstlerischen Ausdrucks Angepaßtem (manche Theologen werden gesagt haben: Preisgegebenem). Die unserem ganzen Zusammenhang innewohnende Problematik wird wieder besonders deutlich, wenn man die Verse des Benedikt Chelidonius beachtet, die die Darstellungen der Holzschnittpassionen begleiten. Sie betonen das Wesentlichste des Sinngehaltes in den Worten, die er Christus in den Mund legt: Du bist an meinem Leiden schuld gewesen, erneuere es nicht immer wieder. Aber doch sind die Nuancierungen verschieden. Die achtversige Strophe der großen Passion schließt den ausdrücklichen Hinweis auf den Heilsratschluß ein, der in der vierversigen Strophe der kleinen Passion fehlt. Die erstere läßt den Sünder oft die Wundmale schmerzhaft berühren und Christum oft wiederum geißeln, die zweite läßt ihn Christum von neuem kreuzigen. Man sieht, welche verschiedene Wendungen der gleiche Mann zur gleichen Zeit in Worten dem Thema geben konnte, und wie wenig Zwang das Ausdrucksmittel ausübte, den Sinn genau zu präzisieren, denn es bleibt unklar, ob die Worte wörtlich oder übertragen zu verstehen sind, und wenn wörtlich, was sie genau ausdrücken sollen. Dahingegen mußte Dürer mit seinen Kunstmitteln präzise Formen gestalten, die, so verstanden wie man sie sieht, einen Sinn ergeben, der sich nur teilweise mit dem deckt, dem er in Wirklichkeit Gestalt geben wollte. »Die Kunst ist nur eine Sprache, sie setzt das Bewußtsein voraus, daß sie verstanden werde«, hat einer der Väter der neueren Kunstgeschichte gesagt.[31] Das für unseren Problemkreis vorausgesetzte Verständnis war ein den Augenschein, wo nötig, umsetzendes. Wird das übersehen und werden Erklärungen auf Grund seiner einfachen Übersetzung in Worte gegeben, so wird versucht, die Darstellungen mittels einer unzureichenden Methode zu verstehen.

30 Otto Pächt: Österreichische Tafelmalerei der Gotik, Augsburg 1929, Nr. 8.

31 Carl Schnaase: Über das Verhältnis der Kunst zum Christentume, Berlin 1852, S. 22.

XI »Der Logos am Kreuz«

Was mir nicht gelang: die trägen Wasser der christlichen Ikonographie aufzurühren, wird hoffentlich dem Buche von Prof. Aloys Grillmeier: Der Logos am Kreuz (Max Hueber Verlag, München 1956, DM 12.80) gelingen. Vielleicht mußte erst ein Dogmenhistoriker von Ruf, durch Dom Hesberts und Prof. L.H. Grondijs' Arbeiten aufmerksam geworden, das Problem aufgreifen, damit es endlich als Teil eines Komplexes anerkannt werde, der die Kunstgeschichte (und auch die Theologiegeschichte) vor eine Frage von grundsätzlicher Bedeutung stellt. In dem von ihm gewählten Rahmen hat A. Grillmeier das Problem klar erkannt u. richtig gelöst: es gibt als Veranschaulichungen der Zweinaturenlehre Darstellungen Christi, in denen er anschaulich lebt, aber doch als tot aufgefaßt wurde. Leider kannte A. Grillmeier nicht meinen Aufsatz »The Freedom of mediaeval art« [= V] im Novemberheft 1945 der Gazette des beaux-arts, in dem ich das Problem dieses »lebenden Toten« kurz, aber gleich im weiteren Rahmen des Verhältnisses solcher und ähnlicher Veranschaulichungen zu der in Worten formulierten Lehre behandelt habe (zitiert als Fr. – Meine Aufsätze im Münchner Jahrbuch der bildenden Kunst, 1955, S. 35ff. [= IX] und im »Münster«, 1956, S. 97ff. [= X] konnte er noch nicht kennen). Man kann dem Theologen das Übersehen nicht vorwerfen. Nirgends konnte er einem Hinweis eines Kunsthistorikers auf meinen Aufsatz begegnen, nicht einmal in den Arbeiten von Mitgliedern eines so spezialisierten Kreises wie dem sich um das Institut von Dumbarton Oaks gruppierenden. Es ist natürlich bedauerlich, daß A. Grillmeier ganz von Neuem sich einen Zugang zum Verständnis des von ihm als Problem Erkannten erarbeiten mußte, anstatt von dem Brauchbaren unter dem von mir Beigebrachten weiterschreiten zu können. Vor allem wäre der Verf. auch darauf aufmerksam geworden, daß der kunstgeschichtliche Teil seiner Untersuchung sich zeitlich und methodisch in zu engen Grenzen hält. Wir sind mit verschiedenen Fragestellungen von verschiedenen Perioden ausgegangen, er als Dogmenhistoriker vom Frühchristentum und der Frage: was bedeutet es, wenn der Gekreuzigte zwar noch als lebend dargestellt ist, aber bereits die erst nach dem Tode empfangene Seitenwunde trägt; ich als Kunsthistoriker vom Mittelalter und der Frage: was bedeuten die Äußerungen physischen Lebens im Leichnam Jesu, und wie erklärt sich die Zulässigkeit solcher anschaulich »unwahrer« Darstellungen? Ich glaube nachgewiesen zu haben, daß die Erklärung in der ihnen zu Grunde liegenden Kunsttheorie liegt, die »wörtliche« Übersetzbarkeit des zu Sehenden in Worte nicht verlangte. Unsere Wege schneiden sich bei einer von uns beiden besprochenen Darstellung des Gekreuzigten von gegen 1125, wohl der frühesten mir bekannten sicheren bewußten Vereinigung eines tot gezeigten Leibes mit einem als lebend gezeigten Kopfe zur Veranschaulichung des Erlösers als gestorben in seiner menschlichen Natur und lebend in seiner göttlichen.

A. Grillmeier stellt an den Anfang seiner Untersuchung die Golgothadarstellung des Rabulas-Codex von 586, gebraucht aber leider die Bezeichnung Rabulastyp zumeist für die Figur des gekreuzigten Erlösers allein. Terminologisch bedauere ich als Kunsthistoriker auch dessen betonte Bezeichnung als Logos. Sie fördert m.E. unwillentlich die seit der Antike bestehende mißverständliche Auffassung entsprechender Darstellungen als die des »toten Gottes«. Vielleicht erscheint es dem Dogmatiker als allzu selbstverständlich, um Betonung zu verlangen, Laien aber pflegen sich nicht stets bewußt zu sein, daß der Gottmensch »Fleisch geworden vom heiligen Geist« (nicänisches Glaubensbekenntnis) in dieser menschlichen und zwar mit, aber nicht in seiner göttlichen Natur am Kreuze hing. Das darstellerische Problem liegt ja genau da: kann die dem Gottmenschen immanente göttliche Natur zur Anschauung gebracht werden? Eine Frage, die zu Zeiten theoretisch bejaht oder von einem genialen Künstler als praktisch lösbar erwiesen wurde. Da der Kunst nur die Sprache natürlicher Formen zur Verfügung stand, hatten für sie die Vorstellungen über die mit der Menschheit Jesu verbundenen Detailfragen eine ungleich vordringlichere Bedeutung als die Dogmatik (als Lehre und Geschichtsschreibung) ihnen einzuräumen pflegt. A. Grillmeiers wichtiger Aufsatz »Der Gottessohn im Totenreich« (Zeitschrift für katholische Theologie, 71, 1949, S. 1ff.) zeigte wieder eindrücklich, wie viel entwickelter, um mich theologisch auszudrücken, die Soteriologie war, und noch ist, als die Christologie. In diese Lücke vorzustoßen, fiel vor allem den Künstlern oder ihren Beratern zu. Wo die »gelehrte Theologie« versagte, mußte eine andere Theologie Wege zu bahnen suchen. Zweierlei kam dabei den Künstlern zu Hilfe: die Spiritualisierung der spätantiken Kunsttheorie seit dem dritten nachchristlichen Jahrhundert (Fr. S. 266ff. [hier: S. 61ff.]) und die schon urchristliche Lehre über das imago-Verhältnis, in dem der Mensch grundsätzlich, der Gottmensch in besonderem Maße zu Gott steht (ebd., S. 271 [hier: S. 64]; Grillmeier, Logos, S. 25f.) Für manche frühe christliche Kreise, deren Umfang noch schwer abzuschätzen ist, muß eine Darstellung Christi, die als ähnlich galt, als ganz selbstverständlich, auch ohne besondere Hinweise, die Gottnatur mitausgesprochen haben. Man wußte nicht nur wie die übrigen Gläubigen um sie, man erlebte sie unmittelbar, genau wie durch Heiligenbilder die Heiligkeit der mit ihr Ausgezeichneten. Auf diesen Grundlagen erwuchs wahrscheinlich der bei solchen Ansichten der Berechtigung nicht entbehrende Anspruch der Künstler, durch ihre Darstellungen einen selbstständigen Beitrag zum religiösen Erlebnis zu leisten, wie ihn in seiner Eigenart nichts anderes Materielles ersetzen könne (Fr., S. 271ff. [hier: S. 64ff.]). Die Folge der üblichen Nichtbeachtung der sich findenden Bezeugungen theologischer Polemiken gegen die Ansprüche der Künstler hat sich gerade wieder in Paul J. Alexanders Beitrag zu den Late Classical and medieval studies in honor of A.M. Friend jr. (Princeton 1955) gezeigt. Er mußte S. 153 zwei im 10. Jahrhundert zitierte, um 683 geschriebene Sätze eines Armeniers trotz ihrer offensichtlichen Bedeutung kommentarlos lassen. Der erste Satz sagt klar – wie schwer es auch ist, einzelne Ausdrücke genau wiederzugeben –, daß die Künstler sich brüsteten, daß ihre Kunst ihnen eine besondere Rangstellung unter den mit kirchlichen Dingen Befaßten anweise.[1] (Die englische Übersetzung lautet: »The artists bragged that they were higher than all the ecclesiastical artists.«) »Sie sagten: unsere Kunst erleuchtet (scil. alle), jung und alt können (scil. zwar) lesen, aber wenige lesen die heilige Schrift mit Verständnis.« Der Anspruch gehört in den Fr., S. 275f. [hier: S. 67f.] behandelten Zusammenhang, in dem Act 8,30 nicht zu übersehen ist. Wie so oft im Bilderstreit sind die Fronten nicht nur, wie zumeist angenommen wird, einfach die der Verteidiger der Verehrung oder des Gebrauches von Bildern und ihrer Gegner. Unabhängig von diesen Fragen gab es auch die Front derer, für die ein Bild nicht als »shell meaningless in itself« war, wie leider Ernst Kitzinger wieder formuliert hat (Dumbarton Oaks Papers, 8, 1954, S. 150), sondern durch sich selbst autonomer Vermittler religiöser Erlebnisse. Ihnen standen die gegenüber, die, wie z.B. die Libri Carolini, nicht gewillt waren, eine »pia ars pictoris« anzuerkennen (vgl. etwa H. Schade in Zs. für katholische Theologie, 79, 1957, S. 74). Es gab eben Anhänger der Theorie, daß – um eine aristotelische Terminologie (vgl. H. Rahner: Griechische Mythen in christlicher Deutung, Zürich 1945, S. 43) über das den Mysten zuteil werdende Erlebnis mit anderen Vorzeichen zu verwenden – Bildbetrachtung nicht nur passiv *παθεῖν*, sondern auch über bloße Erinnerung hinaus *μαθεῖν* lassen könne, da die Künstler den inneren Sinn der Darstellung zur Anschauung zu bringen vermöchten (Fr., S. 267 [hier: S. 61f.] nach Philostrat d. Ä.) und dadurch eben »erleuchten«. Man hat allzulange die Augen davor verschlossen, daß die christliche religiöse Bildkunst gerade auch in ihrer Frühzeit nicht stets Symbolik oder wörtliche Illustration sein mußte, sondern daß sie ganz legitim – man denke an den von mir herangezogenen Ausspruch Augustins (De consensu Evangeliarum, I,9; Fr. S. 274 [hier: S. 66]. Wieweit läßt sich die von mir ebd., Anm. 24, für um 1300 belegte Zuschreibung aller Bilderfindungen der Frühzeit an Heilige zurückführen?) – auf ihre eigene Weise, die nicht rational in Worte übersetzbar zu sein brauchte, Geschichte und Lehre interpretierend veranschaulichen durften. Wenn ich ihn richtig verstehe, ahnte A. Grillmeier dieses (z.B. S. 20 »[...] ›Sinn-Bild‹ und Symbol zugleich«), wie so manches andere, das einem Kunsthistoriker, der die Probleme primär als solche der Veranschaulichung und der Kunsttheorie ansah und mit ihnen die theologischen zusammenrückte, klarer zu erkennen möglich sein mußte als dem gelehrten Theologen, dem sie leicht alle als ausschließlich im theologischen Bereich liegend erscheinen. Wie nahe A. Grillmeier dem von mir für richtig Gehaltenen grundsätzlich dabei kam, zeigen besonders die S. 117ff. Es gehört nicht viel Zurechtrücken dazu, um uns übereinstimmen zu lassen. Aber uns trennt auch noch Terminologisches, so wenn er z.B. die Golgothadarstellung »älteren Typs« (S. 120) »von Theologie und Symbolik« getragen sein läßt, eine Formulierung, die mir in diesem Fall als tautologisch anmutet, da die Symbolik theologisch fundiert und gemeint ist. Daß uns noch die richtige Terminologie für das, was üblicher und unklarer Weise in der christlichen Kunst unter Symbolik mit verstanden wird, fehlt, darauf weise ich in anderem Zusammenhange hin. Die Ideen, daß ein Bild mehr sein könne als reine Wiedergabe seines Themas und daß die Kunst »auch vom Geiste Gottes [...] auch eine Weisheit von Gott« sei, wie nach 1541 der 1570 hochbetagt gestorbene Freund Grünewalds, der protestantische Seidensticker Hans Plock niederschrieb (vgl. K. Zülch im Aschaffenburger Jahrbuch, 2, 1955, S. 196ff.; auch der von mir im Münchner Jahrbuch 1931, S. 137, Anm. 31 berührte Zusammenhang gehört hierher), hatten ein zähes Leben gehabt, und sie sind noch nicht ganz tot, wo kirchliche Gläubigkeit als unumgängliche Voraussetzung des Gelingens religiös voll befriedigender künstlerischer Schöpfungen statuiert wird.

Der sicherste Ausgangspunkt zur hypothetischen Erkenntnis der ursprünglichen Interpretation eines Bildes ist genaueste Beschreibung des Sichtbaren. Die Darstellung der Rabulas-Kreuzigung folgt dem Prinzip der umgekehrten Perspektive, d.h. umgekehrt als in der wissenschaftlich fundierten ist der Maßstab der dem Beschauer näheren Figuren kleiner als der des entfernteren Christus und der Schächer. Christus ist die beherrschende Zentralfigur, auf die alle dargestellten Einzelereignisse sich beziehen. Die anderen Figuren sind dargestellt in ihren Beziehungen zu ihm, in ihrer individuellen Bedeutung im Ablauf der Ereignisse: das Auslosen der Gewänder, das Verhalten des trotzigen und des gläubigen Schächers, das durch Christi Ansprache veranlaßte neue Verhältnis zwischen Maria und Johannes, die Tränkung mit Essig und Galle, die Durchstechung der Seite. Was die drei Frauen, von denen zwei so betont auf Christus blicken, was Maria und Johannes nicht tun, für Rabulas bedeuteten, ist nicht so klar veranschaulicht. Sie scheinen auf etwas zu warten. Werden sie den Leichnam zur Bestattung herrichten, oder sind sie eher als die künftigen Zeuginnen der Auferstehung zu verstehen? Das läßt sich mit Sicherheit nicht entscheiden. Betont ist ihr Glauben an dem am Kreuz Hängenden. Sie sehen auch jetzt noch in ihm das Besondere, das allem Realismus zum Trotz in dem ihm gegebenen sakramentalen Gewände des sich selbst opfernden ewigen Hohenpriesters veranschaulicht ist (vgl. meinen Aufsatz in Museum Notes, Museum of Art, Rhode Island School of Design, Providence R. I., vol. 9, No. 3, March 1952 [= 64], Sp. 6. Entsprechend seine Deutung durch Nik. Mesarites um 1200

1 Die Rangstellung, die die Malerei in jenen Zeiten einnehmen konnte, wird deutlich, wenn man sich klarmacht, daß heute unmöglich jemand, wie Moses bar Kepha (813–903) es tat, in einem Liturgiekommentar den Vergleich gebrauchen würde, daß »der Priester [...] auch ein Maler ist, der geistliche Dinge durch die heiligen Handlungen darstellt«. Vgl. Jos. Andreas Jungmann, Die Stellung Christi im liturgischen Gebet, Münster i.W. 1925, S. 205 nach R.H. Connolly & H.W. Codrington, Two commentaries on the Jacobite Liturgy, London 1913.

als »Zeichen des Leidens und des Begräbnisses« Grillmeier, S. 111f. und 114ff. Zu Grunde liegt die übliche Deutung von Ps 109 [110], 4.). Während alle anderen unmittelbar am Geschehen beteiligt sind, ist das beim Gekreuzigten nicht mehr der Fall; sein Anteil an ihm ist sein Leiden. Aber er gehört zu jeder Szene. Er hat also z.B. sowohl zu Maria und Johannes geredet, wie er den Schwamm empfängt oder als Toter den Lanzenstich, und wie er der Held der Szene der drei Frauen sein wird. Die Veranschaulichung synchronisiert das alles in seiner Erscheinung, die die eines Lebenden ist, der keinerlei Zeichen physischen Todes an sich trägt. Aber, wir können annehmen, daß trotzdem manche oder viele – das können wir noch nicht entscheiden – auch den Toten in solcher Veranschaulichung sahen, wenn sie das physische Leben und das Colobium als Ausdruck der mit dem Körper verbundenen Gottnatur auffaßten. Daß wir mit solchem Sehen von nun an rechnen müssen, ist das wichtigste Ergebnis A. Grillmeiers, der entsprechende Schriftquellen der patristischen Zeit anführt. Er sieht die entscheidende in dem nach 385 entstandenen Physiologus, der, wie ein schlafender Löwe angeblich trotzdem wachend seine Augen offen halte, so zwar den Leib des toten Christus am Kreuz »schlafen« läßt, »seine Gottheit aber wacht zur Rechten des Vaters« (S. 84). M.E. besagt der Satz, daß die Gottnatur den Toten verlassen hat, wenn sie auch im Jenseits »wacht«. Auf keinen Fall hat Rabulas diese Physiologusstelle veranschaulicht. Denn, ich wiederhole, anschaulich lebt Christus in seiner und der seinigen entsprechenden Darstellungen. Sie veranschaulichen nicht einen Toten, dessen Körper zum Ausdruck seines trotzdem fortdauernden göttlichen Lebens als einer physischen Lebensfunktion fähig gezeigt ist, wie etwa in den von Grondijs behandelten späteren Darstellungen das Herausspritzen des Blutes aus dem Leichnam es ist. Aber der von A. Grillmeier S. 85 zitierte Text des hl. Eulogios, der 580–607 Patriarch von Alexandrien war, bezeugt die Auffassung der offenen Augen eines als menschlich tot gedachten Christus als Ausdruck seiner Gottnatur. »Wie [...] der Löwe auch im Schlafe [...] in Wahrheit zu sehen den Anschein erweckt, so auch [...] Christus, da er am Kreuz als Mensch ein wenig schlief, als Gott aber die Augen der Gottheit offenhielt. So erschreckt er die Reihen der Dämonen, da er die Augen im Schlafe offen hat«. (Sperrung von mir. M.E. Beweis einer auch von Eulogios erwarteten apotropäischen Wirkung. Grondijs betont m.E. sehr glücklich, L'Iconographie byzantine, 2. Aufl., z.B. S. 124f., daß eine Darstellung zu verschiedenen Zeiten oder von Anhängern verschiedener Glaubenslehren verschieden aufgefaßt werden konnte. Die Grenzen der »Orthodoxie« waren damals in vielem noch flüssig).

Die Darstellung des Toten mit lebenden Augen als Veranschaulichung der Gottnatur kann nunmehr in letzter Instanz auf den Physiologus zurückgeführt werden. Sie kann aber unmittelbar erst mit Schriftquellen, die den Ausführungen des h. Eulogios entsprachen, in Beziehung gesetzt werden (vgl. S. 91 das auf Grondijs zurückgehende Zitat aus einem Evangeliar des 11. Jahrhunderts von Luxeuil). Damit ist der von mir zur Zeit noch nicht erkannte Quellenbereich aufgedeckt für die entsprechende spätere westliche Veranschaulichung des »lebenden Toten«. Ich hatte diese Bezeichnung mit Zagen gebraucht. Ihre patristische Entsprechung »ewig-lebender Toter« hat A. Grillmeier, S. 106f. gleichfalls nachgewiesen bei Nonnos von Panopolis (nach 431) und dem wahrscheinlich 446 gestorbenen Patriarchen von Konstantinopel Proklos. Aber nichts fordert, daß der »Eulogios«-Typus des Gekreuzigten anschaulich schon ein lebender Leichnam war (wie auch nicht, daß er oder der Kruzifix des Dādisho [Grillmeier, S. 71] skulpiert war; sie können auch nielliert gewesen sein). Wir kennen noch nichts, was darauf hinwiese, daß es vor um 880, dem Datum von cod. par. gr. 510 (Grondijs, pl. V.; Grillmeier, S. 8), Darstellungen gab, die im gleichen Körper Christi Äußerungen des Lebens und Folgen des Todes veranschaulichten. Erst im par. gr. 510 finden sich die geschlossenen Augen des Toten, während in S. Maria Antiqua (8. Jh.) Christus anschaulich noch lebt (Longinus und Stephaton sind beide Male durchaus in Aktion dargestellt). Wann genau der lebende Leichnam an die Stelle des anschaulich Lebenden der synchronisierenden Darstellungen trat, läßt sich noch nicht vermuten. Es bleibt m.E. auch noch zu untersuchen, ob in Byzanz je eine Veranschaulichung üblich wurde, die dem realistisch dargestellten Leichnam mit lebenden Augen, wie der Westen sie später kannte, entsprach. Aber, ich wiederhole, wir müssen jetzt annehmen, daß für manchen sich in eine Darstellung wie die des Rabulas oder in S. Maria Antiqua versenkenden Christus anschaulich sowohl lebte wie auch tot war, und daß dadurch für die Auffassung sowohl die menschliche wie die göttliche Natur veranschaulicht waren. Eine Formulierung A. Grillmeiers, S. 103 abwandelnd kann man sagen, zwei physische Lebensprinzipien wurden an Christi menschlichem Fleische unmittelbar transparent. Darum ist m.E. auch die Bezeichnung »symbolisch« für entsprechende Darstellungen ungenau, da sie ja das bedeuten, was sie als Veranschaulichung der Lehre von Christi zwei Naturen zeigen. Als Veranschaulichungen dieser theologischen Lehre, die ja auch der Formulierung des Physiologus zu Grunde liegt und in ihr Ausdruck findet, konnte ein genialer Künstler patristischer Zeit zu der optischen Vorstellung eines den Leichnam vertretenden Lebenden gelangen, besonders da, wie A. Grillmeier, S. 86f. hervorhebt, das stete Wachsein der Gottheit, das sich nur durch wache Augen veranschaulichen läßt, sowohl alttestamentarischen als antik-heidnischen Vorstellungen entsprach. Ich glaube aber nicht, daß es eine antike, dem lebenden Toten entsprechende Darstellung gab, an die die christlichen anknüpfen konnten (zu S. 35, Anm. 5.) M.W. kannte die Antike nichts der Zweinaturenlehre Entsprechendes.

Bei der Fülle der von A. Grillmeier behandelten Probleme kann ich hier aus Raumgründen nur auf die kunstgeschichtlich wichtigsten eingehen. Zu ihnen gehört das Problem des Werdens des Kruzifixes. Festzuhalten ist m.E., daß es jeweils nur kleine, wirklich »häretische« Kreise waren, die nicht daran glaubten, daß Christus überhaupt starb oder umgekehrt nicht glaubten, daß er als göttliche Person seinen menschlichen Tod überlebte. Ob veranschaulicht oder nicht, für den kirchlich Gläubigen konnte dieser Tod von der Kreuzigung niemals getrennt werden. Auch für den, der einen lebendigen menschlichen Leib am Kreuz sah, war das Wesentliche, daß er sterben und wieder auferstehen würde. Insofern mußte der Zustand des anschaulichen Totseins des Gekreuzigten für die gläubige Auffassung immer nur einen vorübergehenden Zustand darstellen, einen gewissermaßen negativen Punkt, auf dessen Überwindung der Glaube an die Erlösung beruhte (I Cor 15,14). Aber sterben mußte der Leib erst, sonst konnte er nicht auferstehen. Es waren also die mit dem Kruzifix von früh an verbundenen Vorstellungen viel zu komplex und schwer verständlich, um es isoliert gerade in der Frühzeit als ein für Massenkonsum geeignetes »Zeichen« des christlichen Glaubens erscheinen lassen zu können. Bis ins 6. Jahrhundert hinein konnte man dazu noch erleben, was die Strafe der Kreuzigung sozial und für den Betroffenen bedeutete. Anders verhielt es sich mit dem Zeichen des Kreuzes allein, über das A. Grillmeier, S. 68ff. vielerlei Interessantes beibringt, oder wenn der Gekreuzigte im Zusammenhang der geschichtlichen Ereignisse gezeigt wurde, besonders wenn ihr Sinn mitveranschaulicht war. Ich glaube auch weiterhin daran, daß ein sehr wesentlicher Sinn der Kreuzigungsdarstellungen des Rabulas oder des Kästchens aus Sancta Sanctorum und ihresgleichen in der Antwort des Menschen auf die Selbstaufopferung des Erlösers gesehen wurde (vgl. Museum Notes [= 64], Sp. 6. – In S. Maria Antiqua ist vielleicht die Anrede Marias durch Christus einbezogen. Die Darstellung ist jedenfalls komplexer). Mit der möglichen Ausnahme von Reliquienkreuzen des wahren Kreuzes kannte wahrscheinlich noch das 6. Jahrhundert Darstellungen des Gekreuzigten nur im Zusammenhang mindestens einer Passionsszene. Um es ganz klar zu formulieren: das isolierte Kruzifix entstand aller Wahrscheinlichkeit nach nicht, indem der Körper dem vertrauten Zeichen des Kreuzes hinzugefügt wurde, sondern umgekehrt als Ausschnitt aus größeren erzählenden Darstellungen. Die schon früher als man allgemein anzunehmen geneigt ist einsetzende Passionsmeditation (vgl. Münchner Jahrbuch, 1955 [= IX], S. 39 [hier: S. 102]; Grillmeier, S. 71) mag dabei fördernd auf die Isolierung der Gestalt Christi eingewirkt haben. Ein »Zeichen« wurde m.E. das Kruzifix erst spät und sehr allmählich, wofür wahrscheinlich fortschreitende Entleerung von einem anderen Sinne als dem des allgemeinen körperlichen und seelischen Leidens die Voraussetzung war.

Die Ausführlichkeit, mit der A. Grillmeier unter Heranziehung einer überraschend reichen theologischen Literatur und unter Einbeziehung von niemals Bestandteil der kirchlichen Lehre Gewordenem die christologischen Ideen und Vorstellungen behandelt, in denen er die Grundlage des Kreuzigungsbildes sieht, ist besonders dankenswert. Es kommt manches Überraschende zur Sprache, das außerhalb engster Spezialistenkreise sicherlich nicht bekannt ist. Ich will das nur mit zwei wiederum kunstgeschichtlich wichtigen Beispielen belegen. S. 40ff. bespricht der Verf. die Vorstellungen über »die irdische Erscheinung Christi und ihre Wandelbarkeit«. Jeder weiß, daß man sich ursprünglich den Menschen Jesus als unauffällig oder als ausgesprochen schön oder häßlich vorstellen konnte. Daß man aber grundsätzlich auch an die Möglichkeit des Gestaltwandels in seiner irdischen Erscheinung glauben konnte (S. 49ff.), muß für viele überraschend sein. Es klingen da schon Themata an, die bisher, wenn überhaupt, das Interesse der Kunstgeschichte erst sehr viel später erweckt haben. Es ist da vor allem die Vorstellung Christi in Kindesgestalt wichtig, ein Thema, das für eine umfassende Behandlung reif ist. Es taucht aber auch schon viel früher als mir bekannt wurde (vgl. Gazette des beaux-arts, Juli/Aug. 1953 [= VII], S. 9ff.) auch die Vorstellung Christi in Frauengestalt auf. Es ist m.E. nur der bisher üblichen Verlegenheit dem Thema gegenüber zuzuschreiben, daß man dem klaren Wortlaut »in Gestalt einer Frau« zum Trotz zur Erklärung »im Frauengewand« gegriffen hat. Es soll die Montanistin Quintilla im 2. Jahrhundert gewesen sein, der Christus als Frau erschien (S. 104, Anm. 5 nach Epiphanius, Haer. 49,1,3.).

Es ist ein Ausdruck der paradoxen Lage, daß ich die Anzeige des Grillmeierschen Buches mit einer Art Selbstanzeige verbinden mußte. Erst in der Zusammenschau mit meinen Aufsätzen kann aber seine volle Bedeutung erkennbar werden. Denn ganz gleich wie man zu der Schlüssigkeit der Beweisführung im einzelnen steht, das Buch ist von großer Wichtigkeit für die Geschichte des Themas des lebenden Toten und darüber hinaus für die Ikonographie Christi im allgemeinen. Man kann nur wünschen und hoffen, daß A. Grillmeier viele Leser und Nachstrebende finden möge, vor allem aber selber die Zeit und Gelegenheit zur Fortsetzung dieser Studien. Einen besonderen Dank an den Verfasser und den Verleger (Max Hueber, München) verdient die Beigabe des Index.

XII Raphaels Sixtinische Madonna als religiöses Kunstwerk

Martin Weinberger zum 65. Geburtstage

Wir kennen kein schriftliches Dokument, das über die Entstehung und die Frühgeschichte des Gemäldes von Raphael, das die Bezeichnung »Sixtinische Madonna« erhielt, etwas aussagt. Die früheste Nachricht, die bekannt ist, steht in der 1550 datierten ersten Auflage von Vasaris Lebensbeschreibungen. Hält man sich an ihren Wortlaut, so berichtet sie nur, daß das Bild damals als Hochaltarbild in S. Sisto in Piacenza diente. Von dem Hochaltar wissen wir, daß 1544 unter ihm die für einige Jahrzehnte in der Sakristei verwahrten Reliquien des heiligen Papstes Sixtus II. durcheinen Kardinallegaten beigesetzt wurden. Die Wahrscheinlichkeit ist groß, daß damals ein völlig erneuerter Altar geweiht wurde. Noch weniger aber wissen wir, oder können es aus Nachrichten erschließen, ob Raphael das Bild für diesen Altar oder eventuell für seinen Vorgänger in Auftrag bekommen hatte. Es ist möglich, daß zum Hochaltar vor 1544 kein Bild gehörte. Wir können über die Entstehung und ursprüngliche Bestimmung des Bildes nur nach dem urteilen, was es selbst darüber auszusagen imstande ist. Eine wichtige Aussage vermochte erst 1922 Hubert Grimme[1] zu verstehen: das Vorkommen von Teilen des Wappenbildes Julius II. in den Paramenten des Papstes macht die Bestellung des Bildes durch Julius so gut wie sicher. Julius II. starb am 21. Februar 1513. Ein genauer terminus post quem steht nicht zur Verfügung, da alle sich auf die politische Geschichte von Piacenza gründenden Schlüsse hypothetisch und nicht zwingend sind, weil Julius schon als Kardinal mit den Benediktinern von S. Sisto in Verbindung stand. Der 1514 geweihte Neubau ihrer Klosterkirche war 1511 als Architektur fertig gestellt. Ob dieses Datum 1511 mit der Bestellung des Bildes in Verbindung zu bringen ist, wissen wir nicht. Wir haben keinen Beweis für die Annahme, daß das Gemälde von Anfang an für S. Sisto bestimmt war. Man kann nur umgekehrt sagen: nichts, was wir wissen, widerspricht dieser Annahme, da bei der Annahme, der dargestellte Papst sei Sixtus II., dessen Beziehungen zu Julius, dessen Familie ihn als besonderen Heiligen verehrte, und zum Kloster, zu dessen besonderen Patronen er gehörte, gegeben sind. Daß zu den Patronen auch die hl. Barbara zählte, kann als Verstärkung der Wahrscheinlichkeit der Annahme angeführt werden.

Es wird nicht viele Kunstwerke geben, über die seit 200 Jahren so viel geschrieben worden ist wie über die Sixtinische Madonna, ohne daß ihre richtige Beschreibung und damit auch ihr richtiges Verständnis Selbstverständlichkeiten geworden sind. Wahrscheinlich gibt es sehr wenige, über ein paar Worte hinausgehende, in allen Einzelheiten richtige Beschreibungen von ihr, vielleicht sogar keine, wenn man unter Beschreibung versteht, daß in Worten wiedergegeben wird, was man sieht. Die Komposition des Bildes erscheint als so einfach, der Inhalt als so selbstverständlich, daß offenbar die wenigsten sich veranlaßt fühlen, sich darüber genaue Rechenschaft zu geben, was Raphael ihnen vor Augen gestellt hat und was nicht. Selbst die Verfasserin eines Buches von 347 Seiten über das Bild hat seine Beschreibung nicht für erforderlich gehalten, wobei es allerdings nicht klar ist, ob sie den Versuch unterließ, weil es nach ihren Worten weder »evident« noch »leicht zu sagen« ist, was dargestellt ist (S. 10), da es sich der Beschreibung entzieht (S. 217) oder aus dem gegenteiligen Grunde (S. 188).[2]

1 Zeitschrift für bildende Kunst, N.F., 33, 1922, S. 46.

2 Marilene Putscher, Raphaels Sixtinische Madonna, Tübingen 1955. Unsere Methoden und Ziele – die ihrigen sind viel weitere als die meinen – sind so verschieden, daß mir nur der allgemeine Hinweis auf das Buch und gelegentliche Erwähnungen als nötig erscheinen. Eine eingehende Stellungnahme wäre schon aus Raumgründen unangebracht, da eine Beurteilung des Buches, die gegen die Verfasserin gerecht sein will, m.E. eine Auseinandersetzung mit den für das Verständnis religiöser Kunstwerke sich als unzulänglich erwiesen habenden Theorien der vorherrschenden Richtungen der Kunstgeschichte verlangt. Die Verfasserin hat durch ihre ständige Bezugnahme auf ihren Lehrer Wolfgang Schöne und durch die Stellung ihres Hauptteiles zwischen Ausführungen O. Spenglers und M. Heideggers angegeben, welchen Leitsternen sie ihre Arbeit angepaßt hat. Man muß Heideggers von ihm selbst als »unzureichendes Stammeln« bezeichnete Sätze lesen, um sich davon zu überzeugen, was, unter dem Einflusse der schon 1907 von E. Heidrich (Beiträge zur Geschichte und Methode der Kunstgeschichte, Basel 1917, S. 97ff.) vorausgesagten kunstgeschichtlichen »neuen Scholastik«, heute als Beitrag zur kunstgeschichtlichen Erkenntnis gelten kann. Wer in Zukunft über die Sixtina arbeitet, muß Putschers Buch heranziehen. Zum mindesten wird er zu seiner Befriedigung eine Übersicht über die Geschichte von S. Sisto, des Bildes und seiner Erforschung, eine sehr gute Bibliographie, wie überhaupt das meiste Material zusammengetragen finden, das er sonst mühsam zusammensuchen müßte. Ich begann meine Arbeit als eine logische Etappe meiner Studien zur religiösen Kunst, lange bevor mir das Buch zugänglich wurde. Ich ziehe hier wenig von der umfangreichen Literatur heran, manches nur, um zu zeigen, was selbst am grünen Holze möglich war. Grundsätzlich verweise ich zur Ergänzung auf Putscher. Ich zitiere öfter: Heinrich Brunn, Kleine Schriften, Berlin und Leipzig 1906, Bd. 3. – Jacob Burkhardt, Beiträge zur Kunstgeschichte von Italien, Basel 1898. – Max Dvořák, Geschichte der italienischen Kunst im Zeitalter der Renaissance, München 1927, II, S. 59ff. – Oskar Fischel, Raphael, London 1948, S. 136ff. – Felice Passero, Sito ... del Riv. Monasterio di San Sisto di Piacenza, Piacenza 1593 (bei Putscher S. 254f.; S. 145 die Wörmannsche Übersetzung des Gedichtes). – Heinrich Wölfflin, Klassische Kunst, München 1899; Gedanken zur Kunstgeschichte, 2. Auflage 1941; Italien und das deutsche Formgefühl, München 1931. – Th. Hetzer, Die sixtinische Madonna, Frankfurt 1947. Die Fehler und Lücken (z.B. der einfach erwähnte »braune Streifen«) in der Beschreibung des Bildes, die das in vieler Hinsicht so gute Buch Hetzers enthält, sein Unvermögen, das Verständnis des Sinnes der Darstellung zu fördern, belegen nur wieder, daß mit ungenügendem Handwerkszeug auch ein Meister keine vollkommene Arbeit liefern kann. – R. Berliner, Die Weihnachtskrippe, München 1955 [= 70].

Der Literatur nach zu urteilen, muß für viele die Feststellung überraschend sein, daß in Wirklichkeit inhaltlich von den sechs außer den Cherubim dargestellten Figuren nur die Mariengruppe und der Papst miteinander in Verbindung gebracht sind. Die Beziehungen der anderen untereinander und zu jenen sind ungeklärt. Raphael hielt offenbar für den flüchtigen Beschauer keine Klärung für nötig, da er sehr wenig in dem Bilde geschehen läßt und ihm die scheinbare Selbstverständlichkeit der Darstellung genügte. Die einzigen klar dargestellten Aktionen sind das Herankommen der das Kind tragenden Maria und ihre versuchte Beeinflussung durch den Papst. Schon an wen dieser sich richtet, ob an beide als Einheit oder im wesentlichen nur an Maria, ist nicht klar verdeutlicht, da seine rechte weisende Hand als Angabe der Richtung wirken kann, in der das Weiterschreiten erfolgen möge, eine Aufforderung, die sich nur an Maria allein richten könnte. (Wie Raphael eine Hand in vergleichbarem Zusammenhang im Gebetsgestus darstellt, zeigt die des hl. Franz in der Madonna di Foligno, Abb. 2.) Aber der Aufblick und die verehrende Geste der linken Hand können anschaulich nur als beiden geltend aufgefaßt werden. Raphael wollte keine der Auffassungsmöglichkeiten ausschließen, sonst hätte er nicht so betont das Kind in die Blickbahn zwischen Maria und den Papst, und damit zugleich auf den rechten, anstatt wie üblich auf den linken Arm der Maria gesetzt. Auch für wen der Papst, der keineswegs abwärts, sondern eher noch aufwärts als geradeaus weist, bittet, ist nicht verdeutlicht. Dem entspricht, daß Mutter und Kind weder dem Papste noch sonst jemand im Bilde, noch einer nicht dargestellten Gemeinde zu ihren Füßen erkennbare Beachtung schenken. Sie schauen ins Weite ohne angedeutetes Ziel, wie Barbara abwärts schaut ins Nichts. Wie war es nur möglich, daß Wölfflin sie auf die Engel schauen läßt (Klassische Kunst [fortan: Kl. K.], S. 130), deren Rückseiten sie dazu kaum interessieren könnten, oder Dvořák (S. 61) »dorthin wo sich die Blicke der Andächtigen ... erheben«, oder Fischel (S. 136) gar auf die Tiara? Die beiden Engel schauen nach oben; man kann nicht sagen, auf wen. Barbara kann es nicht sein, da die Engel sich in einer dem Betrachter viel näheren Raumschicht befinden als die Heilige. Als Gestalt ist diese die ungeklärteste des Bildes. Man erfährt nicht, wo ihre rechte Schulter oder ihr rechter Arm mit der Hand ist; und ihrer linken Hand gab Raphael keine andere Aufgabe, als einen Bausch ihres Schleiers zu halten. (Schon Winckelmanns Beschreibung des Bildes, die die früheste ausführlichere, gedruckte ist [1755], enthält die irrige Behauptung über »ihre an die Brust gedrückten« Hände.) Womit ist sie beschäftigt? Nur ihre Augen blicken abwärts. Oberflächlich betrachtet wirkt sie als in Ruhe befindlich. In Wirklichkeit ist sie in einer schraubengleichen Bewegung begriffen, deren Begründung nicht dargestellt ist. Daß sie sich unmöglich aufrecht halten könnte, wenn sie, wie gewöhnlich angenommen wird, auf dem linken Knie ruhig knien würde, sollte eigentlich jedem sichtbar sein. Man blickt zum Papst hinüber, um zu vergleichen, wie er kniet, da das die Haltung ist, die man von ihm erwartet. Wer sich Rechenschaft gibt über das, was zu sehen ist, muß zu dem Ergebnis kommen, daß – wenn man nicht annehmen will, daß Raphael dem Papste verkrüppelte Beine geben wollte – seine Knie samt den Unterschenkeln durch die Wolken Verdeckt sind. Das Gleiche ist bei Barbaras linkem Knie, linkem Unterschenkel und bei beiden Füßen der Fall. Raphael zeigt weder, noch macht er es sonst deutlich, daß die beiden Gestalten knien. Darum widersprechen sich die Beschreibungen sehr. Passavant etwa läßt Barbara stehen, Sixtus knien. Grimme läßt beide stehen. Brunn läßt nur den Papst stehen (er spricht von dem fehlenden »Boden unter den Füßen«, S. 307), die hl. Barbara aber läßt er aus den Wolken emporsteigen, wobei ihr linkes Bein auf dem nachgebenden Wolkenstoff etwas zurückgleite. Müßte man diese an sich dem Sichtbaren nicht widersprechende Deutung und die Vorstellung solcher fast strampelnden Bewegung annehmen, dann wäre die Ruhe im Bilde gestört, da das unabsichtliche, aus dem Bilde herausführende Abwärtsgleiten sowohl mit dem angeblich beabsichtigten Aufwärtsstreben als auch mit der Haltung Marias in Konflikt käme. Das kann Raphaels Absicht nicht gewesen sein. So unentbehrlich die Heilige in der Komposition des Bildes ist, im dargestellten Geschehen ist sie Nebenfigur. In dem »als Ganzheit« (Wölfflin, Gedanken zur Kunstgeschichte [fortan: Ged.], S. 31) angesehenen Bilde dient sie als passive Kontrast- und rahmende Figur ohne viel Eigenwert. Vom Turm ist das Wenigstmögliche zu sehen, kaum genug, um ihn als charakteristisches Attribut erkennen zu lassen. Die Heilige beteiligt sich nicht an der Fürbitte des Papstes, noch verehrt sie oder beachtet wenigstens die Herangekommenen. Sie scheint nur anwesend, in sich selbst versunken, »in Demut still entzückt« (Goethe), ein Stimmungswert. Das wäre eine genügende Beschreibung, wenn die Heilige in Ruhe dargestellt wäre; so aber fordert ihre momentane Bewegung eine Begründung, die sich durch die Beschreibung der formalen Bedeutung der Heiligen für das Ganze nicht ergibt. Wölfflin hat bei der Beurteilung alter Kunstwerke selten seinen eigenen Grundsatz als Historiker vergessen, daß nicht alles zu allen Zeiten möglich ist (Kl. K., S. 254; Ged., S. 17). Vor der Sixtina hat aber wohl auch er sein eigenes modernes Empfinden unzulässig verabsolutiert (Kl. K., S. 245). Gewiß erstrebte Raphael in erster Linie die Wirkung des Bildes als Ganzes. Trotzdem muß es aus dem Zusammenhange verstanden werden, in dem es entstand. Genügte es zur Erfüllung des Auftrages, daß der Papst nicht als individuelle Person gekennzeichnet zu sein brauchte, innerhalb der großen Zahl von heiligen Jungfrauen mußte Barbara charakterisiert sein. Daß sie aber nicht in das dargestellte Geschehen einbezogen zu sein brauchte, beweist schon allein die Unrichtigkeit der Annahme, daß auch aus individuellen Gründen in ein Bild Aufgenommene stets nur als Teile des Ganzen betrachtet und angesprochen wurden. Mochte der Künstler sie auch im Rahmen der Komposition selbst so angesehen haben, individuelle und isolierende Andachts- oder Gebetsbeziehungen waren damit nicht unmöglich gemacht, noch sollten sie es werden. (Wie wären sonst zwar formal vereinheitlichte, inhaltlich aber isolierende Betrachtung verlangende Bilder wie, um nur eines zu nennen, die die Verkündi-

1 *Raphael: Sixtinische Madonna (Dresden, Gemäldegalerie)*

gung einbeziehende Sacra Conversazione des F. Francia in Bologna, Abb. 3, möglich gewesen?) Der Gebrauch, für den solche Bilder bestellt wurden, war gerade der Ausdruck von und die Möglichkeit zu individuellen Frömmigkeitsbeziehungen. Die Sixtina ist nie ein Gnadenbild gewesen, wie sie Wölfflin, leider Burckhardts (S. 42 u.a.O.) ungenauer Bezeichnung aller Altarbilder als Gnadenbilder folgend, nennt. Sie ist kein erzählendes Geschichtsbild. Sie kann nur ein für den Kultgebrauch bestimmtes Bild gewesen sein, vor dem zelebriert und gebetet wurde. Darum konnte Raphael es als selbstverständlich erwarten, daß Beter sich auch isoliert an Barbara wenden würden, und daß sie dann die dargestellte Bewegung zu einer ihnen zugewandten de-face-Stellung ergänzen und in dieser eine Anteilnahme ausgedrückt sehen würden. Wölfflin hat sich in keinem seiner Bücher über die ganze Problematik des Bildes geäußert. Für ihn knien die beiden Heiligen in den Wolken einsinkend (z.B. Kl. K., S. 129; Ged., S. 82). Daß Raphael in der Tat diese wie einige andere Motive nicht geklärt hat, das hat Wölfflin nie gesagt oder in der Gesamtcharakterisierung der »klassischen« Kunst, für die er die Sixtina so oft als Paradigma benutzte, berücksichtigt. Wie er den Eindruck statuarischer Ruhe der Gesamthaltung des Papstes unbedenklich auf die Barbara übertrug, so hat umgekehrt Fischel (S. 137) das Momentane ihrer Bewegung auf den Papst übertragen. Er läßt beide kniend in die Wolken eingesunken sein, als ob sie wateten. Für Dvořák knien beide in die Wolken zwar versinkend, aber doch festen Boden unter sich habend (S. 60). Von den beiden unteren Engeln hat wiederum nur Brunn festgestellt, daß wir uns allenfalls noch vorstellen können, daß sich der höher aufgerichtete mit dem Oberkörper so auf eine Brüstung lehnt, daß er damit »wie für einen Moment ausruhend« keines Stützpunktes für seine Beine benötigt, daß aber die Stellung des anderen die Annahme »materiellen Bodens« unter seinen Füßen voraussetzt. Wiederum wäre die Vorstellung des sich nur zeitweise und notwendigerweise durch ein schmerzhaftes Balancieren sich Haltenden unerfreulich und beunruhigend und zudem im Widerspruch zu dem glücklichen Gesichtsausdruck stehend. In Wirklichkeit legt der Augenschein den Schluß nahe, daß Raphael, der nach Fischel (S. 33) an sich dazu neigte, in religiösen Bildern möglichst wenig an Beinen zu zeigen, nichts daran lag zu klären, was die Engel wie die Heiligen trägt, daß ihm – wie wiederum Brunn erkannte und Wölfflin auch annahm – hauptsächlich daran gelegen war, durch Kontrastmotive den leichten Tritt der Madonna auf den Wolken eindrücklich zu machen. Denn sie geht oder steht auf ihnen und nicht auf dem Erdball, den manche wegen der Faltenkurve neben ihrem rechten Fuß in das Bild hineinphantasieren. Daß außer jener Kurve nicht der geringste Hinweis auf eine Kugelgestalt unter den Wolken gefunden werden kann, daß die Stellung der Füße noch allenfalls mit der Annahme einer dreidimensional aufgefaßten und verkehrt gestellten Mondsichel – dem für das frühe 16. Jahrhundert allein, in einer selbst dann willkürlichen Annahme, möglichen ikonographischen Motive – verträglich wäre, stört die selbst für wissenschaftliche Erörterungen des Bildes als erlaubt geltenden Phantasien nicht. Traut man Raphael zu, daß er sich hier eine Kugel als Unterlage einer dünnen Wolkenschicht vorgestellt habe, dann muß man ihm auch die genaue Vorstellung des Konfliktes ihres Volumens mit dem von den Unterbeinen der Heiligen und Engel eingenommenen Räume zutrauen (besonders bei seinem architektonischen Interesse, auf das Fischel [S. 139] zutreffend verweist, wenn auch nicht genau in diesem Zusammenhange). Dann wäre die Absurdität wenigstens konsequent statuiert. Maria käme, ohne jede Rücksicht auf die anderen, auf der Weltkugel angerollt, wozu ihre Schreitstellung natürlich in unlösbarem Widerspruch stünde, wenn man sie sich nicht wie ein Tier im Zirkus auf der Kugel das Gleichgewicht haltend, d.h. rückwärts die Füße bewegend, vorstellen wollte. Doch genug der Ungereimtheiten, deren Grundlage natürlich ist, daß man das Bild als ein Flächenbild anzusehen liebt, das in der Fläche konzipiert sei, und dessen Komposition daher auch in die verschiedensten in die Fläche projizierten Linienschemata eingefangen werden kann. Dabei wird es als unwesentlich angesehen, daß ein guter Teil der Linien in Wirklichkeit perspektivisch verkürzte bedeutet, da sie Punkte verschiedener Tiefenschichten verbinden. Die Schemata abstrahieren daher von der wirklichen Komposition, die mit der Vorstellung von im Räume verteilten Massen rechnet.

Das Motiv des Bildes, das für eine naturalistische Auffassung das schwerstverständliche bleibt, ist der als Gegenstand unbestimmte braune Streifen unten, auf dem die Tiara steht und auf den die Engel sich lehnen. Er bedeutet keine Steinbank, wie Burckhardt meinte (S. 71), denn keine Bank sah so aus. Er kann keine Schwelle bedeuten, denn sie führt nirgends hin, und sie wäre zu hoch über dem Boden für jeden Schritt; das Maß ihrer ungefähren Höhe ist durch die der Engel angegeben. Die Interpretation des Streifens als Teildarstellung des Sarges von Julius II. findet im Bilde keine Stütze.[3] Die Haltung der Barbara ist nicht die einer Fürbitterin. Die Engel sich auf den Sarg in dieser Haltung lehnen zu lassen, entspräche kaum der Würde eines päpstlichen Leichnams und der Feierlichkeit des Leichenbegängnisses. Uns sind aber viele andere Renaissancedarstellungen verschiedener Themata bekannt, die unten mehr oder weniger fragmentarisch eine Brüstung oder Schranke zeigen, ohne daß diese stets inhaltlich gefordert oder begründet ist. Sie wurde oft in die eigentliche Darstellung nur dadurch einbezogen, daß sie als Stütze oder Lageplatz für irgend etwas dient, genau wie in der Sixtina. Auch damit tat Raphael nichts Außergewöhnliches, daß jede

3 Das war Grimmes u.a. von Fischel (S. 136) angenommene Erklärung. Grimmes Aufsatz, a.a.O., S. 41ff., war der bisher wesentlichste Versuch, das Rätsel des Inhalts des Bildes zu lösen. Daß er nicht glückte, lag hauptsächlich daran, daß Grimme das Thema des Bildes zu eng mit der Leichenfeier für Julius II. in Verbindung setzte und die Darstellung für einheitlich darauf bezogen hielt. Ihm bleibt das Verdienst, als erster und immer noch fast einziger ihre Verbindung mit dem Salve regina und dem Beten um seliges Sterben erkannt zu haben.

2 Madonna di Foligno (Vatikan, Gemäldegalerie)

Andeutung ihres materiellen Zusammenhanges und ihrer vollen Maße fehlt. Auf vielen zeitgenössischen Bildern der heiligen Geschichte bedeutet das sonst unerklärliche Dasein einer betonten Schranke offensichtlich die Heraushebung der Darstellung aus der irdischen Welt, mochte sie sonst noch so naturalistisch wiedergegeben sein. Es handelt sich viel eher um eine Grenzziehung zwischen dem Hier und dem Jenseits als um eine »ästhetische Grenze« zwischen dem Betrachter und dem Bilde.[4] Sie ist zugleich ganz real als Schranke gemeint – hier befindet sie sich ebenso im Himmel wie der Papst, des-

3 *Francesco Francia: Sacra Conversazione (Bologna, Gemäldegalerie)*

sen Tiara auf ihr steht – wie sie ohne bestimmten Ort ist und der Präzisierbarkeit irdischer Objekte entbehrt. Man hätte sie sich sonst als auf dem gleichen Wolkenboden stehend vorzustellen, auf dem die Engel stehen. Damit wäre dem Weiterschreiten der Madonna ein zu überwindendes Hindernis in den Weg gestellt. Für solche rationalisierende Interpretation sind aber weder die Engel noch die Schranke gedacht. Sie als Brüstung mit den Vorhängen in einen gegenständlichen Zusammenhang zu bringen, vermag nur jemand, der übersieht, daß sie von jenen durch eine Raumschicht getrennt ist, in der vorne die Engel stehen, in deren Mitte der Papst kniet, und deren hintere Grenze irgendwo hinter Barbaras Körpermitte, vielleicht erst hinter ihrer rechten Schulter liegt. Dieses räumliche Verhältnis der Vorhänge zu den Heiligen wird meist falsch beschrieben. Die Vorhänge rahmen nicht die gesamte Darstellung seitlich. Daß ihnen im oberen Teile des Bildes eine rahmende und flächenfüllende Funktion zukommt, entspricht dem Augenschein. Er zeigt auch, daß Raphael Wert auf die Kurven der Stange und der Enden der Vorhänge legte. Sie bilden offenbar in der Ökonomie des Ganzen das Kontrastmotiv zu der unteren starren Geraden. Aber darin und in der dekorativen Bedeutung ihre Funktion von vornherein erschöpft zu sehen, heißt die Morphologie des Vorhangmotiv es zu verkennen. Es ist durchaus der Überlegung wert, ob Raphael den Vorhängen auch eine inhaltliche Bedeutung geben wollte. Für ihn konnte mechanische Durchbiegung der Stange nach unten nicht die einzig mögliche Begründung der Kurve sein. Für unbegründet halte ich Fischels Annahme, daß plötzliches Aufreißen der Vorhänge dargestellt sei (S. 137). Allein schon die Anordnung der Faltenzüge widerspricht dieser Annahme. Daß es sich für Raphael nicht um ein als Selbstzweck eingeführtes realistisches Motiv handelte, ergibt sich daraus, daß der oberste Teil der Vorhänge nicht in Untersicht, sondern vielleicht sogar in Aufsicht wiedergegeben ist, wie man ja auch den Scheitel der hl. Maria von oben sieht. Es war wohl C. G. Carus, der zuerst einen der wesentlichen Gründe der überragenden Wirkung der Sixtina in der unterlassenen Anwendung »der perspektivischen Gesetze« fand (Jahrbücher zur Schillerstiftung, I, Dresden 1857, S. 18ff.). Er nahm an, das Bild habe drei Horizonte, ohne daß die Augenpunkte jeweils auf ihnen festgelegt seien. Putscher (S. 217ff.) denkt an drei weitere Horizonte, zu denen sie als den eigentlichen einen siebenten gesellt, der im Unterschiede zu den anderen »nicht konstruiert ist, sondern sich aus der Malerei selbst ergibt«. Wenige Zeilen später sind es wieder nur sechs Horizonte, von denen fünf aber als »Linien« im Grunde gar nicht genau bestimmbar, sondern »Zonen« sind. Das Wichtige und Entscheidende scheint mir zu sein, daß die Komposition nicht auf einen und selbst nicht auf wenige Augenpunkte hin, d.h. also überhaupt nicht perspektivisch einheitlich konstruiert ist. Es ist also nicht auszuschließen, daß die Stange als in Aufsicht wiedergegeben gelten soll, d.h. daß die betonten Kurven als perspektivische Darstellung einer nach vorn sich wölbenden Rundung verstanden werden sollen. In jedem Falle bilden die Vorhänge einen Teil des himmlischen Schauplatzes. Wenn man demgegenüber auch noch vor kurzem apodiktisch erklärt hat, daß der Himmel keine Vorhänge kenne, so kann man nur antworten, das Gedächtnis jedes Kunsthistorikers sollte eigentlich Beispiele dafür bereit haben, daß im Himmel der Kunst Vorhänge gebräuchlich waren. Im Zusammenhange mit Raphael braucht man nicht an volkstümliche realistische Vorstellungen zu denken, die dem Himmel sogar Fenster gaben (z.B. in barocken Fresken), wohl aber besaß die Vorstellung von der Pforte des Himmels ihre volle Legitimierung durch Jakobs Traum (Gn 28,17).

4 Ein Geistlicher betet vor einer Darstellung des Erlösers in der Grabesstation, Französisch, gegen 1400 (Bourges, Maison Jacques Coeur)[18]

Ich habe schon erwähnt, daß man den unteren Streifen wegen der Raumtiefe nicht als Türschwelle mit den Vorhängen in Verbindung bringen sollte. Aus dem gleichen Grunde geht es nicht an, den Streifen und die Vorhänge morphologisch auf das der Renaissance geläufige Kompositionsschema der hinter einer im Architekturverbande gedachten Brüstung sitzenden oder stehenden Maria mit dem Kinde zurückzuführen. Welcher Sinngebung oder Wortspielerei man auch den Begriff Fenster unterwirft, daß solchermaßen, wie man es in der Sixtina dargestellt sehen wollte, nie ein Fenster ausgesehen hat, sagt auch Putscher (S. 13). Sie spricht daher von Fenster

4 E. Michalski, Die Bedeutung der ästhetischen Grenze, Berlin 1932, war mir nicht zugänglich. In der von mir (»Das Münster«, IX, 1956, S. 111 [= X]) herangezogenen Präsentation des vom Kreuz Abgenommenen von Crivelli in Boston gehört die Schranke zu den das Unhistorische der Darstellung betonenden Motiven. Daß auch der Norden sie als solches kannte, belegen z.B. die Ulmer Präsentation des lebenden Toten von 1457 in der Münchner Pinakothek oder Schongauers Verkündigung, B. 3, L. 1 (vgl. Anm. 18).

5 Verkündigung, Französischer Muschelschnitt, 1. Viertel des 16. Jahrhunderts (Providence, R. I. [U.S.A.], Museum of Art der R. I. School of Design, Courtesy of the Museum)[18]

in Anführungszeichen, es dem Leser überlassend, welchen genauen Sinn er nunmehr mit dem Worte verbinden will. Ob es sich aber um ein Fenster mit oder ohne Anführungsstriche handeln soll, es ist gleichermaßen unhistorisch anzunehmen, daß illusionistisch eine Durchbrechung der realen Mauer, vor der das Bild seine Aufstellung zu finden angeblich bestimmt war, dargestellt wäre, denn für Raphael und seine Zeitgenossen hätte es sich nur um eine Öffnung handeln können, die der im Bilde dargestellten Raumwelt angehörte. Hätte er die reale Mauer mit einer Scheinarchitektur bemalt, dann wäre die Lage eine andere gewesen. Dann hätte die bildliche Darstellung in diese einbezogen gewesen sein können. Wer anders denkt, hat die Verpflichtung, Beispiele nachzuweisen, die die historische Möglichkeit seiner Auffassung belegen. Kein Aufwand an Worten kann diese m.W. nicht vorhandenen Beispiele ersetzen.

Die Geschichte des Vorhangmotives in der bildenden Kunst ist noch nicht geschrieben. Sie ist alt und reich, und nur sehr weniges aus ihr kann hier angedeutet werden. Schon das hohe Mittelalter hatte es in veristischem Sinn in die reine Bildkunst aus der Welt theatralischer Vorführungen übernommen. Das mit wirklicher Ver- und Enthüllung verknüpfte Spannungsmoment hatte soviel Reiz, daß es in der Bildkunst wenigstens in der Form einer Als-ob-Wirkung wirksam werden sollte. Daß in Grabmälern Engel die Vorhänge auch in nicht religiösen Darstellungen öffneten, weist wiederum auf die Übernahme des Motivs aus der Welt der kirchlichen Schaustellungen hin.[5] Im Bereich der religiösen Kunst bedeutete der ver- und enthüllende, also wesentlich dekorativ verwendete Vorhang eine neue Spielart des Vorhangmotives, das seit alters als Mittel der Raumgestaltung bekannt war (Abb. 4). Wahrscheinlich äußerlich beeinflußt durch den gebräuchlich werdenden Baldachin über Thronen verschmolzen, wohl seit dem 14. Jahrhundert, die Bedeutungsmöglichkeiten in neuen Formen. Die stärksten Antriebe waren dabei 1. die Bedeutung des Vorhangs der Stiftshütte (dazu vgl. Hbr Kap. 8ff.) und des alttestamentarischen Tempels (Putscher beinahe richtig S. 71, und doch ganz falsch hier von Synagoge sprechend) als Abtrennung des Allerheiligsten, des eigentlichen Aufenthaltsraumes Gottes, dessen Auseinanderspalten bei der Kreuzigung den Zugang freigab, so daß er zu einer Tür, einem Eingang wurde, und 2. die im späteren Mittelalter häufige Bezeichnung Marias als Tür (des Himmels oder des Paradieses) oder Tabernakel (des Gottmenschen). Die ikonographisch wichtigsten der neuen Formen wurden 1. ein Zelt (Tabernakel) als Andeutung der allerheiligsten Sphäre des Himmels – man denke nur an Schongauers Stich B. 70, in dem das Zelt Gottes Thron enthält – oder einer heiligen Sphäre unbestimmter Lokalisierung; 2. der Tabernakelthron, bei dem der Vorhang so eng Maria umschließt, daß nur sein Raffen den Blick auf sie freigibt, wobei der Kern des Motivs die Enthüllung des überirdischen ist – man denke nur an Raphaels Madonna mit dem Baldachin, am klarsten in der Form der Zeichnung, Fischel, Raphaels Zeichnungen, Abt. 3, 1922, Nr. 143 –; 3. ein hinter Figuren aufgehängter oder gehaltener Vorhang, der oft nur zeremonielle, hinweisende, aber keine symbolisch-gegenständliche Bedeutung hat. Ob man die Vorhangstange der Sixtina flächig als nach unten oder räumlich als nach außen gebogen auffaßt, der Vorhang gehört eindeutig in den ikonographischen Zusammenhang des Zeltes, des Tabernakels, d.h. er hat inhaltliche Bedeutung und nicht nur formal-dekorative oder stillebenhaft-gegenständliche (Hetzer, S. 57).

Raphael hat entsprechend den Möglichkeiten seines Stiles lebendig wirkende Körper im Himmel darstellen wollen. Daß dieser aus verschiedenen, durch den Grad ihrer Lichthelligkeit unterschiedenen Sphären besteht, war für ihn und seine Zeitgenossen selbstverständliche Vorstellung. Maria kommt aus der allerheiligsten Sphäre, wie z.B. auch der gottmenschliche in den Himmel versetzte Körper Jesu in Tizians Bild in Medole (z.B. Putscher, Abb. 65) es tut, als er nicht seiner Mutter erscheint, sondern sie nach ihrem Tod und ihrer körperlichen

5 Vgl. John Pope-Hennessy, Italian Gothic sculpture, London 1955, passim. S. 185 der Hinweis, daß Arnolfo di Cambio (im späten 13. Jh.) zuerst in Italien das Motiv verwendet zu haben scheint. Das ist ein zweites Anzeichen für den Einfluß des Theaters auf ihn; vgl. meine Vermutung in Beiträge für Georg Swarzenski, Berlin 1951 [= 61] oder Essays in honor of G. S., Chicago 1952, S. 56.

Aufnahme in den Himmel begrüßt. Die lichteste Helligkeit in der Sixtina deutet die Sphäre an, in der der dreieinige Gott west, in die auch Maria aufgenommen ist, die als »göttlich« zu bezeichnen trotzdem ein arger Fehler ist. Die bildende Kunst stand wie so oft vor der Aufgabe, in präziser Gestalt etwas darzustellen, was die Kirche, seit alters wie neuerdings, in Worten nur andeutend beschreibt: die mit Leib und Seele zur himmlischen Herrlichkeit aufgenommene Maria (Pius XII. 1950) steht als Königin zu seiner (des thronenden Christus) Rechten (Pius X. 1904).[6] Für die Andeutung dieses allerheiligsten Raumes, zur Darstellung seiner Fülle »unzugänglichen Lichtes« (Paulus, I Tim, Kap. 6, V. 16) war in der Kunst zu Raphaels Zeit das, was man passend als in den Himmel geschlagenes Loch, als Wolken- oder Lichtloch bezeichnet hat, seit langem üblich (formuliert[7] vielleicht zuerst von Hans Vollmer 1922; vgl. Putscher, S. 307). Andererseits war das Zelt, der Tabernakel, sichtbarer Ausdruck der sich in Maria vollziehenden Vermählung der Gottheit und der Menschheit geworden (Abb. 5). Morphologisch war darauf die Form des von Vorhängen eingeschlossenen Bettes, die sich zu einer Art Bettnische erweitern konnte, wohl auch von Einfluß. Es war aller Wahrscheinlichkeit nach voll sinnhafter Bedeutung, daß Dürer in der Verkündigung der kleinen Passion, wie Schongauer, Gabriel den Vorhang des Zeltes lüpfen läßt. Das Zelt oder Tabernakel konnte innerhalb der religiösen Ikonographie, wie schon erwähnt, die Bedeutung als Darstellung besonderer Heiligkeit des Schauplatzes, als Darstellung des aufgehobenen qualitativen Gegensatzes zwischen jenseitigem und irdischem Raum haben (Abb. 6). Daß Raphael sich durchaus im Rahmen des damals allgemein Verständlichen hielt, beweist Botticellis Bild der Ambrosiana, das besonders aufklärend sein kann. Da ist der betont leere Tabernakel zu sehen, den Maria und das Kind verlassen haben, da ist die Schranke da, die den gegenwärtig geheiligten irdischen Raum von dem gewöhnlichen abtrennt (Abb. 7). Auch die Engel sind da, wenn auch in anderer Funktion.[8] Festzuhalten ist, daß Raphael den Schauplatz des Bildes deutlich als zum mindesten nahe dem Allerheiligsten des Himmels liegend (und durchaus nicht als »freien«, als »Idealraum« wie Dvořák, S. 60 meinte) gestaltet hat. Es ist gleichermaßen unbegründet, die Madonna nicht als herangeschritten, sondern als in einem Moment des Weiterschreitens dargestellt zu sehen. Wohin soll sie gehen? Über die Engel und die Schranke hinweg herab? Was heißt »aus dem Bilde heraus und in den substanzlosen Luftraum hinein« (Dvořák)? Offen stünde ihr, an Barbara vorbei zu gehen, wobei deren Körperhaltung, wie geschehen, auch als die Anregung der Bewegungsvorstellung für Maria enthaltend genannt werden kann. Aber die Vorstellung, daß diese gewis-

6 Maria mit Kind, dem hl. Jodokus und Johannes d. T. im Tabernakel, Niederländisch, um 1470 (München, Bayerisches Nationalmuseum, Aufnahme des Museums)

sermaßen in einen Bewegungsstrudel gezogen werden soll, erscheint mir als ganz unzeitgemäß und – noch wichtiger – als im absoluten Widerspruch zu der Richtung stehend, in die der Papst zeigt. Das Ergebnis bestünde in der Erzählung eines völlig phantastischen Dramas: einer verweigernden Abwendung Marias. Daß die Richtungen des Flatterns des Gewandsaumes und die des Bausches des Kopftuches der Maria, naturalistisch aufgefaßt, sich widersprechen, beweist dann weiter, daß ihre Bewegung als statisch und nicht illusionistisch gedacht ist. Diese Gewandführungen sind der künstlerischen Komposition dienstbar, ohne eine erzählende Funktion auszuüben. Hans Probst, dessen Büchlein »Die Madonna Sixtina« (Bamberg 1910) im Positiven und Negativen jeder mit Gewinn lesen wird, hat (S. 37ff.) erwiesen, daß nach der Stellung der Füße Maria »aus der Bewegung in die Ruhe« übergeht. (Solchen anatomischen Beobachtungen eignet eine viel überzeu-

6 Jos. Nenner und Heinrich Roos, Der Glaube der Kirche, 4. Auflage, Regensburg 1954, S. 200, 197, 199.

7 Die volkskundliche Literatur nahm den Begriff auf; vgl. z.B. Karl von Spieß, Marksteine der Volkskunst, II, Berlin 1942, S. 262ff. – Lenz Kriss-Rettenbeck in Kultur und Volk. Festschrift für Gustav Gugitz, Wien 1954, 5. 340ff.

8 Daß die rein symbolische Verwendung des Tabernakels als Baldachin Raphael im Zusammenhang einer Madonnendarstellung im Freien auch beschäftigt hat, zeigt die Zeichnung Fischel, a.a.O., Nr. 150. Nur ist das Motiv weder dort noch vom Albertinakataloge III (A. Stix / L. Frölich-Bum) Nr. 54 ganz richtig interpretiert worden. Die Engel tragen weder Bänder noch den Baldachin, sondern seine geöffneten Vorhänge. Die Spitze des Baldachins und damit die Art seiner Befestigung ist nicht gezeigt.

7 Sandro Botticelli: Madonna mit Kind (Mailand, Ambrosiana)

gendere Beweiskraft als physiognomischen, die notwendiger Weise immer persönlicher gefärbt werden je mehr sie ins Detail gehen. Der beste Beweis dafür sind die sich widersprechenden Deutungsversuche des Bildes.) Ich glaube den Punkt erreicht zu haben, an dem wir den Versuch der Deutung des ganzen Bildes beginnen können. Wir wollen dabei stets die Fragen im Sinne haben: Was sehen wir? Was kann Raphael mit dem von ihm Dargestellten gemeint haben, wenn die historische Stellung des Bildes innerhalb der künstlerischen Entwicklung und dem Wesen des Glaubens- und Frömmigkeitslebens seiner Zeit berücksichtigt wird? Welche Auffassung des Gezeigten konnte er bei seinen Zeitgenossen voraussetzen? Wir haben das wichtige Ergebnis gewonnen, daß Raphael, dem wir zutrauen dürfen, daß er konnte, was er wollte, eine erzählende Einheit der Darstellung nicht erstrebt hat. Daher legte er ihr, was natürlich schon lange erkannt ist, das eine lediglich addierende Zusammenstellung heiliger Personen erlaubende kompositionelle Schema einer Sacra Conversazione zu Grunde. Er ging dabei von ihrem besonders uneinheitlichen Typus aus, in dem inhaltlich miteinander unverbundene Figuren und solche, die zur Erzählung eines geschichtlichen Moments gehören, ganz äußerlich vereint wurden, wie etwa auf dem schon herangezogenen Bilde des F. Francia (Abb. 3). Aber er gab kompositionell dem Ganzen den Charakter »absoluter Geschlossenheit« (Wölfflin, Italien und das deutsche Formgefühl, S. 111). »Was wesentlich ist, tritt sofort hervor«

(ebd., S. 246); wir sahen oben, kompositionell ist es das Herankommen Marias mit dem Kind und die Intervention des Papstes. Wenn Wölfflin außerdem hervorhebt, daß trotz der völligen Freiheit der Einzelfigur (S. 111) der Beschauer »über der Gesamtwirkung an die Einzelmittel nicht denkt« (S. 245), so sprach er von den Spätgeborenen, aber nicht notwendigerweise für die Beschauer, für die Raphael gemalt hatte. Sie sahen das Bild in einem Zusammenhange, den wir nicht vor Augen haben. Wenn die weisende Geste des Papstes wie das Abwärtsschauen Barbaras für uns der anschaulichen Präzisierung entbehren, so ergab sie sich ursprünglich offenbar aus dem Gebrauchszweck des Bildes. Es bedarf der Betonung, daß dieser für Raphael auch nicht die Nötigung einschloß zu zeigen, daß die Fürbitte erhört wird. Anschaulich ist dargestellt nur die betonte Bemühung des Papstes. Der sehr ernste Gesichtsausdruck von Mutter und Kind ist nicht derart, daß man ihn als den erbarmender Hinwendung zu jemand Individuellem verstehen könnte. Das Thema dieser Dreiergruppe läßt sich etwa so paraphrasieren: Maria in ihrer feierlichen Würde als Gottesgebärerin und Vermittlerin aller Gnaden bringt den Christusknaben dar, der – wie so oft seit der Frühzeit – über seine Jahre entwickelt ist, und ein heiliges früheres Haupt der irdischen Kirche empfiehlt jemand ihrer Aufmerksamkeit. Diese Beschreibung der Hauptdarstellung des Bildes scheint mir die einzige zu sein, die dem anschaulich Dargestellten gerecht wird, ohne in Phantasien zu verfallen. Sie macht auch ohne weiteres verständlich, warum zwar jede individuelle Kennzeichnung des Papstes als historischer Person fehlt, aber das allgemeine Zeichen seiner irdischen Würde, die Tiara so stark betont ist. Kraft seiner persönlichen Heiligkeit setzt ein Papst im Himmel fort, was als Stellvertreter Christi als seines irdischen Amtes galt, Verbindungsglied zwischen den himmlischen Mächten und den Menschen zu sein. Maria ist als die Herrin des Himmels (nicht als seine »Königin«) veranschaulicht. Sie ist dargestellt als die ins Allerheiligste aufgenommene menschliche Mutter des Sohnes Gottes, des Messiasknaben, wie ihn Jesaja in seiner Herrlichkeit und Kraft verkündet hatte (Kap. 9 und 11), oder wie ihn Inschriften in Madonnenbildern nennen, z.B. (nach Io 14,6) als Weg, Wahrheit und Leben, oder (nach Apc 1,8) als A und O, oder (nach Io 1,9) als Licht der Welt. Wie er der aus dem Tabernakel kommende sich selbst opfernde Hohepriester des Neuen Bundes ist (Hbr 8,2), so ist Maria der wahre Tabernakel Gottes.[9] Ohne sie wäre dieses »Licht und die Herrlichkeit des Herrn« (Is 60,1ff.) nicht aufgegangen, sie bringt es »Jerusalem«, der Welt, dar. (Putscher faßt S. 98 in diesen Versen Maria als die Angesprochene und das Bild trotzdem als Illustration der in ihnen enthaltenen messianischen Weissagung auf.) Selbst ein Raphael konnte nur einige der Sinngehalte, in denen man die ganzen, sich von der Zeitlichkeit in die Ewigkeit erstreckenden Leben der Körper und Seelen Marias und des Gottmenschen zu erfassen suchte, in ihren Gestalten zum Ausdruck bringen. Hetzer hat mit Recht betont (S. 13), daß »eine der großen Wirkungen des Bildes« in dem »engen Beieinander« ihrer Gesichter liegt. »Wie Sonne und Mond verhalten sich die beiden Gesichter zueinander«. Falls Raphael bei den beiden an Sonne und Mond gedacht hat, so hat er nicht »das Kosmische vermenschlicht« und dann zum Göttlichen erhoben, sondern ihm wäre die alte Vorstellung in die Erinnerung gerufen worden, nach der die Sonne Christus vom Monde Maria geboren wurde. (Darüber vgl. Hugo Rahner, Griechische Mythen in christlicher Deutung, Zürich 1945, S. 213ff.). Lebendiger im Bewußtsein waren die anderen von mir erwähnten Vergleiche. Maria ist die Türe, durch die der Welt das Licht aufging, wie es in der in das Brevier aufgenommenen Hymne[10] Ave Regina coelorum heißt: »... salve porta, ex qua mundo lux est orta«. Sie war aber nicht nur passiv Gottesgebärerin und ist im Bilde nicht »nur die Trägerin« (Wölfflin, Kl. K., S. 130). Sie nahm bereitwillig ihre und ihres Sohnes zur Erfüllung des Heilplanes notwendigen Opfer auf sich und teilt droben seine Herrschaft (Pius XII.[6] 1943). Das ist in der darbietenden Art des Tragens und der Verschmelzung der beiden zu einer körperlichen Einheit ausgedrückt. Wer Hetzers immer wieder sich äußernde Neigung, in die Tiefe führende Formen sich in die Fläche projiziert vorzustellen, nicht teilt, dem zeigt der Augenschein Raphaels offensichtliches Bestreben, des Kindes Gliedmaßen so anzuordnen, daß ihre Richtungen den Blick nicht aus dem Umriß von Marias Körper herausführen. Eine von der Mutter unabhängige, dabei für ein Kind so charakteristische Bewegung wie die des rechten Fußes des Kindes in der Madonna della Sedia (Abb. 8) fehlt hier völlig. Soweit man zwei selbständig bleibende Körper zu einer Einheit verbinden kann, tat Raphael es. Für seine eigene und seiner Zeitgenossen Auffassung muß die Veranschaulichung noch viele Anregungen enthalten haben, an die wir nicht ohne weiteres denken. Wir denken natürlich an die Bitten, Lob- und Seligpreisungen, wie sie die Litaneien enthalten. »Audi nos nam te filius nichil negat ... Regina celi letare alleluja. Beatam te fecit sicut dixit alleluja. Ora pro nobis sancta dei genitrix«.[11] Wie fern gleichzeitige Auffassungen aber von allem gewesen sein können, was wir zu vermuten wagen würden, können z.B. die Inschriften zweier Bilder des Cosimo Tura lehren. (Putscher bespricht S. 222 die hier gleich folgende.) Die eine enthält die Aufforderung an Maria, das schlafende Kind aufzuwecken »per far infin felice l'alma mia«. Das ist keineswegs »auch für uns noch eindeutig« (Putscher). Ich halte z.B. die Deutung des »infin« durch O. Härtzsch, dem der Hinweis auf Turas Inschriften verdankt wird (Pantheon 26, 1940, S. 161), als

9 Viel über Maria als Tabernakel findet sich in dem in Deutschland wenig bekannt gewordenen Buche des finnischen Gelehrten Yrjö Hirn, The sacred shrine, London 1912. Etwas über Christus und den Tabernakel habe ich im Münchner Jahrbuch der bildenden Kunst, 3, F. VI, 1955 [= IX], S. 74f. [hier: S. 144f.] beigetragen.

10 Matthew Britt, The Hymns of the Breviary and Missal, 2. Auflage, New York 1924, S. 87.

11 V. Denkstein und F. Matouš, Südböhmische Gotik, Prag, 1955, Fig. 180.

»durch den Leidensweg« Christi bedeutend für irrig. Der nicht dargestellte Auftraggeber betet vielmehr, daß seine Seele nach Beendigung des irdischen Lebens und der dann noch notwendigen Läuterung der ewigen Seligkeit teilhaft werde, wofür natürlich Christi Leidensweg die Voraussetzung schuf. In der lateinischen Inschrift des Altarbildes, das Tura für den 1474 gestorbenen Bischof Roverella malte, fordert dieser den in Marias Schoß schlafenden Knaben direkt auf, aufzustehen und ihn einzulassen, wobei er den Zusatz der Versicherung für nötig hielt, daß er die Sicherheit des Knaben nicht gefährden würde.[12] Beide Inschriften belegen die auch einer scharfsichtigen Formanalyse unzugängliche Kompliziertheit möglicher zeitgenössischer Auffassungen. Selbst was als menschlich-idyllisch erscheint, wie der Schlaf des Kindes, konnte »mit drängender Ungeduld« (Härtzsch) nur unter dem Gesichtswinkel des Heilsweges angesehen werden, wobei das eine Mal auch Marias Bereitschaft, ihren Beitrag zum Opfer zu leisten, als selbstverständlich vorausgesetzt ist. Und dazu – was für unseren Zusammenhang am beachtenswertesten ist – wird diese Ungeduld, das Opfer vollbracht zu sehen, beinahe 1500 Jahre nachdem der Opfergang bis zum zuerst bittersten und dann seligsten Ende gegangen wurde, ausgesprochen. Das bedeutet, daß für die Auftraggeber Bilder das Präsenzerlebnis zu vermitteln imstande waren. Unterschiede von Zeit und Ort sind für sie aufgehoben. Die Weltzeit ist noch vor dem Beginn der öffentlichen Tätigkeit Christi, und die Beter sind noch in den Reihen der den Messias Erwartenden. Es wird für uns leichter, diese Frömmigkeitseinstellung, deren Äußerung in den gerade besprochenen Inschriften als roh erscheinen könnte, zu verstehen, wenn wir uns klar machen, wie stark das Verlangen nach, und damit die Fähigkeit zum rekonstruierenden Mitleben der Heilsgeschichte während des 15. Jahrhunderts anstieg. (Ich habe darüber ausführlichere Andeutungen in der »Weihnachtskrippe« [= 70] gemacht.) In diesen Zusammenhang gehörende Kunstwerke stellen keine Visionen dar, noch sollen sie den Anstoß zu als objektiv empfundenen Visionen geben. Sie strebten etwas anderes an. Das von Menschen Erzeugte sollte so realistisch wirken oder aufgefaßt werden, daß dem Beschauer erleichtert wurde, sich meditativ als ein unmittelbar am Dargestellten Beteiligter zu fühlen. Das war dann noch leichter, wenn die Lebenden als Mithandelnde dargestellt waren, wie etwa in Lucas Cranachs Geburt Christi (Friedländer-Rosenberg [1932] Nr. 91) der das Stroh heranbringende bartlose jüngere Mann unmöglich Joseph sein kann, sondern der Besteller oder sonst ein Cranachscher Zeitgenosse ist. Für den, der die während des Mittelalters stetig ansteigende Bedeutung des meditativen Nach- und Miterlebens der Heilsgeschichte kennt, ist die Erkenntnis nicht schwer, daß es sich bei solchen Darstellungen (und entsprechenden Handlungen) um den Ausdruck des Wunsches handelt: hätte ich doch in Wirklichkeit tun können, was hier nur im oder dem Abbilde geschieht. In der Glaubens- und Frömmigkeitssphäre, in der wir uns bewegen, ist die Zeit »so lange es noch heute heißt« (Hbr 3,3; auch 4,7) nicht vorbei; die äußere Zeitgebundenheit des Menschen ändert daran nichts. Das ist ein Grundglaube nicht-rationalisierten Christentums. Sieht man mit Alois Mager (Mystik als seelische Wirklichkeit, Graz 1945, S. 267) in echter christlicher Mystik »nichts anderes als tatsächlich gelebte Dogmatik«, und bleibt man sich dabei bewußt, daß Leben Erleben einschließt, dann erkennt man, daß Begriffe wie Magie oder Bildzauber das Wesen solcher Kunstwerke nicht klären. Es kann nicht mit Recht als erwartete magische Wirkung bezeichnet werden, daß sie es dem Lebenden, mittels dargestellter Erfüllung seines Wunsches nach Zulassung zum heiligen Geschehen oder mittels anderweitiger Anregung des subjektiven Gefühls der realen Präsenz des Dargestellten, erleichtern sollten durch Meditation oder Gebet zu einem dem Glauben entsprechenden wahren inneren Erlebnis, zur Kommunion mit den heiligen Personen zu gelangen, und daß sie für Gestorbene Zeugnis dieses gehabten Wunsches oder gehegter Hoffnung ablegen sollten.

Wir besitzen wenigstens ein Zeugnis dafür, was einem späten Zeitgenossen Raphaels die Sixtina bedeutete. Es stammt von Felice Passero, einem Mönche von S. Sisto, der das Bild also sehr gut kannte. Er beschreibt es kurz in Prosa, wobei er seine Schönheit und nie genug zu preisende Qualität und die nie sich abstumpfende reizvolle Wirkung der beiden Engelchen auf Auge und Herz hervorhebt. Seinen übrigen von dem Bild erregten Gefühlen gab er in einem kurzen Gedicht Ausdruck. Schon das ist wesentlich, daß er darin ausschließlich von Maria und dem Kinde spricht. Selbst Sixtus war also für ihn nur Nebenperson und seine Interzession keine Hauptsache. Keinerlei besondere Beziehung des Bildes zu dem Ort seiner Aufbewahrung ist erwähnt. Dafür wird sein Charakter als allgemeines Kunstwerk in den beiden letzten Versen ausdrücklich betont, wenn da auch nichts mehr über seine Schönheit (wie in Wörmanns z.T. recht willkürlicher Übersetzung) steht. Gesagt wird ganz klar: in den Formen lebendig wirkender Menschen ist göttliche Wahrheit veranschaulicht. Die Formen (pars pro toto: »le linee«) und das, was sie inhaltlich ausdrücken sollen (»i gesti«) sind als Mittel und Zweck klar geschieden. Veranschaulicht findet Passero im Bilde (»spira«) der »Himmelsherrin« Reinheit und Liebe (Vers 1.2), in dem des Kindes den Erlöserwillen und Bereitschaft zum Leiden (Vers 5.6). Nicht restlos eindeutig ist der Sinn von Vers 3 und 4. Sicher ist aber, daß auch in ihnen von »L'imagin tua« (Marias) die Rede ist. Fraglich kann nur sein, ob sich der Inhalt ausschließlich auf Maria oder auch auf Christus bezieht. Bei der engen anschaulichen Verbundenheit der beiden halte ich das letztere für wahrscheinlich, da in der menschlichen Natur

12 »Surge puer, Roverella fores jam pulsat, apertum redde aditum. Pulsat, respice, tutus eris.« Die Tafeln an Marias Thron enthalten (nach gütiger Auskunft von Herrn P. Aug. Brunner) die Zehn Gebote in Hebräisch. Diesem Hinweis auf den Alten Bund entspricht der auf den Neuen durch herabhängende Weintrauben. Ich versuche nicht, die zugrundeliegende Vorstellung über das im Text Gesagte hinaus zu analysieren, da dieses für unseren Zusammenhang genügt.

8 Raphael: Madonna della Sedia (Florenz, Pitti)

beider für den Glauben die irdische Schöpfung ihre Krone findet. (»Mare« durch Himmel wiederzugeben hat im Texte keine Stütze.)

Vom Glauben, den Lehren und Vorstellungen der Kirche aus, der Raphael und er angehörten, das Bild zu verstehen, war für den Benediktiner so selbstverständlich, wie es für den Historiker sein sollte. Denn es verkörpert Glaubensinhalte, veranschaulicht Glaubensgewißheiten, für die auch Transzendentes den Charakter objektiver Realität hat. Soweit meine Kenntnis reicht, gibt es keine Formulierungen, die diesem schwierigsten unter den der religiösen christlichen Kunst gestellten Problemen und seinen Lösungen gerecht werden. Wenn z.B. St. Beissel (Geschichte der Verehrung Marias im 16. …, Freiburg 1910, S. 119) einen Gegensatz statuiert

9 Hl. Hedwig in der Kirche. (Alhy hebet sich an dye grosse legenda der... Sandt hedwigis ...) (Breslau, Conradus Baumgarten, 1504, Blatt Flverso.)

zwischen Darstellungen »geschichtlicher Wirklichkeit« und Darstellungen der »Wahrheit des Glaubensinhaltes«, so trifft er nicht ins Schwarze. Denn es bedarf nur des Hinweises darauf, daß der Glaubensinhalt für den Gläubigen geschichtliche und transzendente Wirklichkeiten umfaßt. Es sind daher Kunstwerke beider Inhalte gleichermaßen Glaubensbekenntnisse, sobald der Inhalt religiös ernst genommen ist, d.h. nicht nur als Anlaß für eine nur ästhetisch befriedigen sollende Darstellung diente. Das gleiche gilt für Kunstwerke, die eine geschichtliche Wirklichkeit mit einer transzendenten vermischt darstellen, wie es in der Sixtina der Fall ist, worüber Passero ausdrücklich nichts sagt, da es für ihn etwas Selbstverständliches sein mußte. Es gehört zur Problematik der Selbstzeugnisse vergangener Zeiten, daß jede dazu neigt, das ihr Selbstverständliche nicht oder nur beiläufig zu erwähnen, dafür aber das ihr bemerkenswert Erscheinende oder theoretisch Wünschenswerte und gewollte Ungewohnte besonders zu betonen. So erklärt sich m.E. z.B. die Unterbewertung des Einflusses spezifisch religiöser Vorstellungen auf die Gestaltung von Kunstwerken des 15. und 16. Jahrhunderts durch die noch vorherrschenden Richtungen der Kunstgeschichte. Die Vorstellungen von der »Reinheit« und »Liebe« der Himmelsherrin umfaßten für Passero ebenso selbstverständlich ihre irdische Beteiligung an der Erlösung von ihrer Zustimmung zur Inkarnation an wie ihre himmlische Stellung. Diese beiden Phasen und Stätten ihres Lebens als gleichzeitige Reinheit darzustellen war seit der Frühzeit der Kirche gebräuchlich und für ihn nichts Befremdliches oder der Erklärung Bedürftiges. Auch für Raphael konnte die Möglichkeit solcher Auslöschung der Zeit- und Ortsgebundenheit der irdischen Ereignisse der Heilsgeschichte nur selbstverständlich sein. Denn ich wiederhole, diese Möglichkeit der Verschmelzung des historischen »einmal in der Vergangenheit« mit einem transzendenten »heute und überall« gehörte für seine Zeit zu den Grundwahrheiten, oder vielleicht noch besser: zu den Lebenswahrheiten des Glaubens. Eine Darstellung solcher Verschmelzung war Darstellung von etwas Wirklichem, wenn auch jedermann wußte, daß Maria niemals im Himmel den Knaben im irdischen Sinne getragen hat oder trägt. Die Kategorien »irdisches Bedeuten« und »transzendentes Sein« und der Begriff »Symbol« erweisen sich daher als unanwendbar auf solche Veranschaulichungen, weil ihr Problem woanders liegt. Es liegt in dem anschaulichen Einswerden von Sein und Bedeutung, in seinem Wesen als veranschaulichter Dogmatik. Der Kunsthistoriker, der nach den Gründen der Art der Veranschaulichung sucht, findet sich in jenem Zwischengebiet, in dem im erkenntnistheoretischen und historischen Sinne theologische Probleme auch zu kunsthistorischen werden. Es ist einmal das Problem des Verhältnisses der theologischen Begriffe Bild und Symbol zur den menschlichen Verstand übersteigenden transzendenten Realität. Mir erscheint für unseren Zusammenhang der Hinweis auf ein Wort Adolf Harnacks wichtig, das ich leider nur als Zitat kenne.[13] Wenn ich dieses richtig verstehe, besagt es, daß für den Glauben das Symbol doch irgendwie das werden kann, was es eigentlich nur bedeutet. Damit wäre dieses Problem, gerade auch soweit es den Kunsthistoriker angeht, glücklich formuliert. Daß aber das für die künstlerische Behandlung ungleich schwierigere physische Formproblem der durch den Glauben erforderten Vereinigung von Symbolischem und Gestaltlich-Realem in einer Darstellung selbst von einem Theologen wie Romano Guardini, und noch dazu in dem von ihm behandelten Zusammenhange, durch sofortige Behandlung der Fragen, warum Gott Mensch wurde und »ewig der Menschgewordene bleibt«, übersprungen wird[14], unterstreicht seine inhärente Schwierigkeit und damit die der künstlerischen Aufgabe. Guardini weiß natürlich, daß Dantes versuchte Beschreibung der Dreifaltigkeit sich streng innerhalb des Glaubens hält und demgemäß zum Ausdruck bringt, daß Christi menschlicher Körper real, wenn auch verklärt, Teil der sonst nur symbolisch darstellbaren Zweiten Person geworden ist. Darin liegt für Dante das von ihm klar formulierte Problem (Divina Commedia, III, 33,

13 Revue des sciences philosophiques et théologiques, 38, 1954, Nr. 1, S. 16. (Y. M. J. Congar.) Seit ich Obiges schrieb, hat mir Herr Prof. P. A. Grillmeier in Frankfurt die Stelle bei Harnack gütigst nachgewiesen: Lehrbuch der Dogmengeschichte, 4. u. 5. Aufl., I, S. 476; sie war eine rein historische Feststellung beschränkten Geltungsbereiches.

14 In: Große Geschichtsdenker. Hg. von Rudolf Stadelmann, Tübingen 1949, S. 85ff.

V. 137f.). Es betrifft die Aufnahme der Person des Gottmenschen als Gestalt in die Einheit des immateriellen Gottes. Da es menschliche Vorstellungskraft übersteigt, hatte Dante keine gedankliche Lösung vorzuschlagen, wie auch das von ihm verwendete poetische Bild kaum zu seinen glücklichsten gehört. Tizians Bild in Medole (oben S. 224) veranschaulicht dem gegenüber den grundsätzlichen Verzicht auf eine Lösung des Problems; in ihm ist Christi verklärte Menschheit behandelt, als führe sie gestaltlich eine von seinem Gottsein unabhängige Existenz. Wie Tizian bei dem Thema seines Bildes diesen Eindruck hätte vermeiden können, kann ich nicht sagen. Sagen läßt sich, daß Raphael diesen Eindruck vermieden hat, daß man ihm gern mit Passero glaubt, daß der Knabe der Sixtina zugleich menschlich und göttlich ist.

Das Kraftfeld von Vorstellungen, Ideen, Glauben, Konventionen und Bedürfnissen, das auf solch Bild einwirken konnte, war sehr ausgedehnt, und man kann nur anzudeuten versuchen, welche der Kräfte im Einzelfalle wirksam geworden sein können. (Es handelt sich also im Augenblick nicht um die Art, oder um die Bedeutung, sondern um die Gründe der Gestaltform.) Die Veranschaulichung zeigt, daß für Raphael die Darbietung des Kindes durch Maria das Hauptmotiv war. Die Bitte an Maria um das Zeigen ihres Sohnes ist der Höhepunkt einer berühmten, auch ins Brevier aufgenommenen Hymne des frühen Mittelalters »Salve regina misericordiae«.[15] Der Inhalt des Gebetes ist, daß Maria uns nach dem Tode ihren Sohn zeige. »Post hoc exsilium«! Der Dichter kann dabei nur an das Zeigen der verklärten Menschheit Jesu gedacht haben ohne genötigt gewesen zu sein, deren Gestalt oder den erhofften Vorgang irgend zu präzisieren. Ein Werk der bildenden Kunst konnte nicht anders darstellen als in präziser Form. Ich glaube, es hilft den Schöpfungsvorgang in Raphael zu verstehen, wenn wir uns bewußt werden, daß er mit Mutter und Kind auch einer Pietà Gestalt gab. Die Mutter der Pietà hält gewöhnlich Christus im rechten Arm. Innerhalb der Darstellung des Themas: Maria und toter Sohn war zu Raphaels Zeit die nicht als Darstellung eines sich wirklich ereignet habenden historischen Momentes gemeinte Präsentation des Leichnams durch Maria allein oder mit Hilfe anderer nicht selten.[16] Darum scheint mir wegen des ähnlichen Themas und wegen der, kaum als Zufall sondern m.E. durch Beeinflussung erklärbaren, Entsprechung der Kopfhaltungen bei gleicher Gestaltungskraft das für die Madonnengruppe der Sixtina als Gegenbeispiel wichtigste Kunstwerk Michelangelos Pietà Rondanini (um 1560) zu sein. Deren Beschränkung auf die Veranschaulichung rein menschlichen Leidens und Jammers zeigt durch den Kontrast vielleicht am eindrücklichsten, in welchem Maße Raphael fähig war, unkomplizierte menschliche Gestalten zu Gefäßen des vielfältigsten geistigen Gehaltes zu machen. Er erkannte m.E. die Möglichkeit der Zusammenschau des Motivs der Präsentation des Leichnams mit denen der verklärten Leiber und der transzendenten Zeitlosigkeit der Heilsgeschichte. Seiner genialen Formkraft gelang es, sie in den Gestalten von Mutter und Kind so zu verwirklichen, daß ihre Formen menschlich-mögliche blieben und doch überirdisches zum Ausdruck bringen. Vielleicht war das genialste Mittel dazu, daß sie in ihrer eigenen Welt wie in sich selbst beschlossen in Distance haltender Einsamkeit dargestellt sind. Die beiden stehen, wie eingangs betont, weder in Verbindung mit den Menschen noch mit den Heiligen. Es ist aber merkwürdig (und wenn ich es erwähnen darf, ich war selber überrascht durch dieses Ergebnis), daß sich ein innerer, dem von Grimme statuierten ähnlicher, Zusammenhang der Veranschaulichung ergibt, wenn man sich erinnert, daß das Gebet um das Gezeigtbekommen Jesu im Jenseits fleht, und daß die Nothelferin Barbara die Patronin der Sterbestunde ist. Die Darstellung wird als Ganzes inhaltlich zusammenhängend, wenn man das Bild als zweckhaft in den Zusammenhang des auf ein seliges Sterben zielenden Gebetslebens gehörend ansieht. Dann versteht man, warum die Augen von

10 Gerart Horenbout: Die Königin von Schottland in der Kirche (Wien, Nationalbibliothek, cod. 1897, fol. 243 vo., zwischen 1505 und 1515)[17]

15 Dreves-Blume, 50, S. 318. – Britt, a.a.O., S. 88.

16 Darüber steht einiges in meinem in Anm. 4 genannten Aufsatz [= X], S. 110f.

11 *Die Jungfrau mit dem göttlichen Sohn von Beato Angelico (Florenz, Museum S. Marco*[18]*, Foto Alinari)*

Maria und Christus so betont sind, warum sie so eindringlich (Hetzer, S. 50), so abwartend-prüfend, noch-nicht-gewährend blicken, so daß keine Texte besser zu ihnen zu passen scheinen als das Flehen des Salve regina: »eja, advocata nostra, illos tuos misericordes oculos ad nos converte«, und der Vers: »ecce positus est hie in ruinam et in resurrectionem multorum in israhel« (Lc 2,34. Vgl. etwa Schreiber, S. 1024 u.a.). Dann versteht man, warum in Maria die Empfindungstiefe stärker betont ist als, außer dem Ernst, jedes andere bestimmte Gefühl, und warum Christus vor allem Willensstärke und Selbstsicherheit ausdrückt (ich glaube nicht daran, daß das Motiv des rechten Beines Lässigkeit [Hetzer, S. 13] ausdrücken soll, ich glaube – wie Passero – an den Ausdruck von des Weges und Zieles sicherer, gefaßter Spannung). Dann veranschaulichen Barbara und die Engel die Seligkeit der Himmelsbewohner. Dann empfiehlt der Papst »arme Seelen«, die als auf dem gleichen Niveau im Himmel weilend gedacht sind (zur Vermeidung eines Einwandes: das Urteil über Seelen wurde der Vorstellung nach stets im Himmel gesprochen). Wie der gläubige Beter, wenn ihm das subjektive Präsenzerlebnis zuteil wurde, Marias Augen mitleidvoll und gnädig auf sich ruhen fühlen sollte, so sollte sich ihm auch Barbara zuwenden. Ich habe oben S. 227ff. auf die für die wissenschaftliche Einstellung kaum realisierbare Kompliziertheit des gläubigen Verhältnisses zu solchen Darstellungen hingewiesen. Entsprechend kann die Vorstellung einer nicht absoluten Statik der Darstellung, die Einbeziehung der zeitlichen Dimension zur Erreichung ihrer vollen inhaltlichen Wirkung zu den Wesenszügen des Gebetsbildes gehören. Leider hat Hetzer (S. 45) nicht gesagt, wie weit seiner Ansicht nach der Knabe der Madonna di Foligno vom Schoß der Mutter »herabklettert, um dem Stifter näher zu sein«. Nur die durch die Stellung des linken Fußes veranschaulichten wenigen Zentimeter? Wollte Raphael nicht vielmehr, daß der Beschauer sich den Knaben als wirklich herabkommend vorstellt und damit den noch lebenden Stifter, mittels der von mir charakterisierten Vermischung von Diesseits und Jenseits, von Vergangenheit, Gegenwart und Zukunft, in dem Erlebnis dargestellt sieht, das er im Leben gern gehabt hätte und im Jenseits zu haben hofft, der nahen Begegnung mit Christus? Deuten die Faltenlagen nicht auch an, daß sie noch nicht zur Ruhe gekommen sind, da de'Conti gerade erst niedergekniet ist? Er ist auf Erden. Daß die Madonna und das Kind im Himmel sind, konnte Raphael für seine Zeitgenossen nicht deutlicher veranschaulichen als er es tat. Jeder Unterrichtete unter ihnen wird die heute vielen rätselhafte gelbe Scheibe (Hetzer, S. 44) als die Sonne verstanden haben, in der Maria der Tabernakel ist, aus dem Christus geboren wurde (auf Grund entsprechender Auffassung von Ps 18,6). Das ist ein Vers, auf den gut in der Inschrifttafel hätte hingewiesen werden können, während man den Geist der Darstellung völlig mißverstehen muß, um für möglich zu halten (vgl. Putscher, S. 123f.), daß in ihr auf den Kreuztitel hingewiesen wurde. Sieht man in der Sixtina ein für bestimmte Gelegenheiten gemaltes Gebetsbild, dann läßt es sich auch ohne jede Gewaltsamkeit erklären, warum es auf Leinwand gemalt ist. Es war damals (wie heute) nicht ungewöhnlich, die ständigen Darstellungen an Altären für besondere Gelegenheiten durch zeitweise zu ergänzen oder zu ersetzen. Nichts uns Bekanntes widerspricht einer Annahme, daß die Sixtinische Madonna ursprünglich als leicht zu handhabendes Bild für Kultushandlungen einer Gebetsgemeinschaft zur Pflege des Gedankens an den Tod dienen und bei deren sich in bestimmten Abständen wiederholenden Feiern ausgestellt werden sollte.[17] Wohl aber ist solche Annahme die einzige, die völlig zu erklären vermag, warum Raphael dem Bilde ge-

17 Schon 1860 hatte Wilhelm Schäfer in: Die königliche Gemäldegalerie ... zu Dresden, I, Dresden, S. 182 klargestellt, daß man nicht an eine Kirchen- oder Prozessionsfahne im heutigen Sinne zu denken habe, sondern an ein drapellone. Das waren »meist sehr wertvolle Bilder, welche besonders an Marienfesten vor dem Hochaltare standartenartig aufgestellt wurden, und waren zumeist von einer besonderen Draperie umgeben«. Ich habe in der »Weihnachtskrippe« vielfach auf besondere Festdekorationen der Altäre hingewiesen. Die Ausschmückung der Altäre mit Kunstwerken wird im allgemeinen für zu stationär gehalten. Soweit ich weiß, hat noch niemand das überreiche Material zur Geschichte ihrer nichtständigen Ausschmückung zusammengetragen oder systematisch benutzt. Entgangen war mir z.B. der Hinweis Burckhardts auf den Sieneser Beschluß vom 16. April 1444 über die Ausschmükkung des Hochaltars des Domes an Festen mit auf diese bezüglichen Prachtstücken; »Skulptur der Renaissance« im 13. Bande der Gesamtausgabe, Berlin und Leipzig 1934, S. 277. Nach Gaet. Milanesi, Documenti per la storia dell' arte senese, Siena 1854, II, S. 220. – Ich habe am Ende der Anm. 441 der »Weihnachtskrippe« [= 70] auf eine bisher unbeachtet gebliebene Nachricht über Kästchen mit Statuetten von Heiligen hingewiesen, die Frauen auf ihren Kirchenstühlen befestigten, um davor Kerzen zu brennen und zu beten (Stralsund 1525). Für die Privatandachten vor nicht zum Kircheninventar gehörenden Statuetten gibt es eine Parallele in der nichtständigen Altarausstattung. In Abbildung 9 sieht man die hl. Hedwig mit anderen vor der Madonnenstatuette beten, die sie nach der Legende ständig mit sich herumzutragen pflegte, und die sie hier nach beendetem Gebet wieder an sich nimmt. (Vgl. J. Braun, Die Tracht und Attribute der Heiligen in der deutschen Kunst, Stuttgart 1943, Sp. 316.) In Abb. 10 betet die Königin von Schottland vor zwei Statuetten der Verkündigung Mariä, die offensichtlich nur zu diesem Zweck vor das geschlossene Altarbild gestellt waren. Für unseren Zusammenhang genügt der Hinweis auf diese beiden Belege einer mindestens im Norden um 1500 verbreiteten Sitte, für spezielle Andachtsbeziehungen Statuetten vorübergehend auf Altäre zu stellen. (Die völlige Deutung der Darstellung der Miniatur ist ohne Kenntnis der persönlichen Verhältnisse der Dargestellten schwierig. Interessant für unseren Zusammenhang ist aber auch das Erscheinen der Madonna in einem Himmelsloch, obwohl es sich offensichtlich nicht um eine Vision handelt. Man könnte an Darstellung der Erhörung eines Gebetes [um Kindersegen?] denken; das Jesuskind ist wie lauschend gezeigt. Ich bin den Herren Helmuth Domizlaff in München und Friedrich Winkler in Berlin – vgl. Pantheon 31, 1943, S. 59 – für ihre freundliche Hilfe sehr dankbar.)

18 Zur Abb. 4: Isoliertes Museumsstück, Kalkstein, Höhe 91 cm. Hinweis und Fotographie werden Theodor Müller in München verdankt. – Zur Abb. 5: Unveröffentlichte Erwerbung von 1952, originale Größe, originale Silberfassung als Gebetstafel. O. von Falkes Ausführungen im Pantheon 25, 1940, S. 269 können Beachtung nicht beanspruchen. Ich habe den meinigen im Münchner Jahrbuch der bildenden Kunst, N.F., 1, 1924 [= 27], S. 34ff. nichts hinzuzufügen. Der Schnitzer, oder seine unmittelbare Vorlage, legte seiner Komposition Schongauers B. 3, L. 1

rade diese Gestalt gab. Selbst die überraschende Sorglosigkeit, mit der er die Ungeklärtheiten in den Figuren der Heiligen und Engel, wie auch das m.W. nur von Wölfflin (Kl. K., S. 130) erwähnte Fehlen des linken Flügels des größeren von ihnen, als erträglich ansah, wäre verständlicher bei einem Bilde, das als zweckgebundenes Andachtsbild gedacht war und damit nicht die Ausarbeitung bis zum letzten wie ein ständig gezeigtes Altarbild verlangen mochte. Es spricht nur wieder für Raphaels Meisterschaft, daß er trotzdem den Eindruck erzielt hat, etwas in jeder Hinsicht Vollkommenes geschaffen zu haben.

Ich wiederhole, die Annahme erklärt das Aussehen des Bildes völlig. Trotzdem kann sie nicht beanspruchen, mehr zu sein als eine wohlbegründete Hypothese. Zufälligkeiten der Geschichte sind immer möglich und lassen sich nicht erraten. Es ergibt sich aber, daß das Bild keineswegs von Anfang an für S. Sisto oder gar für seinen Hochaltar gedacht gewesen sein muß. Ein heiliger, nicht näher bezeichneter Papst konnte neben Barbara überall angerufen werden. Auch die Frage muß offen bleiben, ob Julius II. selbst das Bild nach Piacenza gestiftet hat.

zu Grunde. Er hat aber verdeutlicht, daß der Tabernakel, in dem der innere Vorhang noch eine allerheiligste Zone abgrenzt, nicht als zur irdischen Wohnung Mariens gehörend angesehen werden darf. Der Schauplatz ist ganz irreal geworden, er veranschaulicht nur noch die Heiligkeit des Vorgangs. Schongauer hatte durch die Schranke, wenigstens für die übliche oberflächliche Betrachtung, noch die Möglichkeit einer naturalistisch-irdischen Interpretation gelassen. – Zur Abb. 11: Diese Darstellung der Madonna im Tabernakel des sternengeschmückten Himmels soll auf die Richtung verweisen, in der der Rahmen der ikonographischen Untersuchung über den hier zur Verfügung stehenden Raum hinaus erweitert werden könnte. Es handelt sich um die Sinnesdeutungen der im Himmel thronenden Maria mit Kind. Wie wenig die Kunstgeschichte noch sich der bestehenden Möglichkeiten bewußt ist, hat vor kurzem wieder die Verlegenheit eines Gelehrten vom Range André Grabars vor dem mit einer Inschrift verbundenen Tympanumrelief in Corneilla-de-Conflent (um 1150) gezeigt. (Late Classical and medieval studies in honor of A. M. Friend jr., Princeton 1955, S. 305ff.) Dargestellt ist in einer von zwei Engeln gehaltenen Mandorla die sitzende Maria mit dem Kinde, das ein betont unkindhaftes Gesicht hat. Die Inschrift lautet:

Heredes vitae
Dominam laudare venite
per quam vita datur
mundus per eam reparatur.

Hier muß die Feststellung genügen, daß diese Aufforderung zur Lobpreisung der Herrin des Himmels, durch deren Vermittlung das ewige Leben gespendet wird, ihren Ort irgendwo im gleichen Kreise der Vorstellungen hat, dem auch das Salve regina angehört. Damit ist gesichert, daß, wie in der Sixtina, auch hier die Gnadenmutter und Jesus mit verklärten Leibern dargestellt werden sollen und zwar im Himmel thronend. Entsprechend thront Christus z.B. in dem Kölner Elfenbeinrelief der ersten Hälfte des 11. Jahrhunderts im Schnütgenmuseum (Goldschmidt, Elfenbeinskulpturen, II, S . 47), wo die Mandorla sogar ausdrücklich mit Sternen versehen ist – eine unverkennbare Parallele zum Himmel in Fra Angelicos Bilde.

XIII Ein Beitrag zur Ikonographie der Christusdarstellungen

Peter Halm zum 60. Geburtstag

Die Anregung, den in meinem Aufsatz über die Sixtinische Madonna (Das Münster XI, 1958, S. 85ff. [hier: S. 217–234]) betretenen Weg weiter zu verfolgen, verdanke ich den Arbeiten zweier junger Männer. Beide begegneten im Verlauf ihrer speziellen Untersuchungen dem kunstgeschichtlichen Problem der Darstellung der in den Himmel aufgenommenen Menschheit Christi. Daß sie es als solches nicht erkannten, darf man ihnen nicht vorwerfen, da ich es erst später, m.W. als erster, klar formuliert habe.

Abb. 1 zeigt die leibliche Aufnahme Mariä in den Himmel von Cimabue in S. Francesco in Assisi. In einer Mandorla lehnt die Jungfrau sitzend gegen Christus, der am dritten Tage nach ihrem Tode – und damit der Empfangnahme ihrer Seele – wieder herabkam, um auch den Leib gen Himmel zu führen. Peter Beye, der keine entsprechende frühere Darstellung finden konnte, verweist dazu auf die Schilderungen des Vorganges durch St. Cosmas Vestitor, die Legenda aurea und – sehr dankenswerter Weise – auf Bonaventura (Opp. Quaracchi, IX, S. 5), der dem 5. Vers des 8. Kapitels des Hohen Liedes das Motiv des Anschmiegens entnahm.[1] Es hat einen Sinn nur, wenn es mit der Vorstellung der Körperlichkeit beider Leiber verbunden ist: Maria erkennt voll Freude und Ehrfurcht den vertrauten, von ihr geborenen Körper ihres Sohnes. Denn es war dieser menschlich beseelte Körper gewesen, der gen Himmel fuhr (Act 13 und Apc 12,5) und dessen Rückkehr am Jüngsten Tage manche Schriftstellen ausdrücklich ankündigen (Za 12,10; Dn 7,13; Act 1,11; Apc 1,7).

Das theologische Problem war damit gestellt. Es wurde etwa von einem so wichtigen Theologen des frühen Mittelalters wie Hugo von St. Victor so formuliert: »Gott und Mensch ist eine Person und beides ist der eine Jesus Christus als Gott überall, als Mensch aber [scil, jetzt] im Himmel«. (De sacramentis lib. II, P. I, cap. 13, Migne, PL 176, Sp. 413: »Una enim persona est Deus et homo [scil. Jesus] et utrumque unus est Jesus Christus, ubique per id quod Deus est, in coelo autem per id quod homo).« Der menschliche Verstand kann keine Vorstellung davon gewinnen, wie der beseelte Körper des Gottmenschen Jesus, der auch nach der Auferstehung laut Lc 24,39 Fleisch und Knochen hatte und auch bei angenommener Verklärung (z.B. Phil 3,21) gestaltlich unverändert blieb – nach Thomas von Aquino (Compendium theologiae 237) war er nach der Auferstehung unsterblich –, in die Einheit des göttlichen Logos aufgenommen wurde. Es liegt aber im Bereiche der menschlichen Denkfähigkeit, sich wenigstens die Einheit der göttlichen Natur des Gottmenschen mit dem Logos auch im Himmel vorzustellen und die Aufnahme seiner Seele und seines Körpers in sie anzuerkennen, ohne sie genauer zu spezifizieren zu brauchen (vgl. etwa den letzten Absatz der 1. Vision des 2. Buches des liber Scivias der Hildegard von Bingen oder Dantes Paradiso, 33, 137f.). Ein Künstler, der das Problem durch sichtbare Gestalten für die Augen zu lösen hatte, konnte sich in keinerlei Unbestimmtheit retten: ein mindestens einigen der mechanischen Naturgesetze von Schwere, Dichte, Begrenzung und dergleichen unterworfener menschlicher Körper war als solcher – und nicht in einem symbolischen Sinne – als eine zweite himmlische Erscheinungsform des Logos darzustellen. Es sei hier, weil es mehrfach in unserm Zusammenhang von Bedeutung ist, daran erinnert, daß nach der steten Lehre der christlichen Kirchen die drei göttlichen Personen in gleichem Maße Gott sind, wenn auch jede durch ihren Ursprung ihre Identität hat. Der Logos ist Gott wie Gottvater, aber nie identisch mit ihm. Wenn schon im Falle der Heimholung des Körpers der Jungfrau Maria die Vorstellung einer leiblichen Erscheinung Christi für Bonaventura bedenkenlos war, wie er ja auch offenbar in der vorausgesetzten Wiedervereinigung von Marias Seele mit ihrem Körper kein Problem sah, so war für Cimabue das künstlerische Problem dasselbe wie stets bei dem Versuch der Veranschaulichung der unvermischten Vereinigung der göttlichen und menschlichen Naturen in Jesu menschlichem Körper. Sie war deutlich darstellbar nur durch dargestellte Aufhebung der einen oder andern Naturgesetzlichkeit, der ein menschlicher Körper sonst unterworfen ist. Zu weit durfte man darin nicht gehen, wenn die Gefahr vermieden werden sollte, daß für die Augen der wesentliche Inhalt der rechtgläubigen christologischen Lehre seit dem Konzil von Chalcedon (451) verwischt wurde, daß in Jesus die beiden Naturen zwar in einer Person verbunden, aber nicht zu einer Einheit verschmolzen waren. Die Gefahr des Mißverständnisses von Darstellungen durch nicht mit der Kirchenlehre und der Sprache der Kunst Vertraute war schwer zu vermeiden. Aber die Kunst konnte ihren vollen schöpferisch-gestaltenden Beitrag im Kosmos der geschöpflichen Kreatur nur leisten, wenn man sie ihren eigenen Wesensgesetzen folgen ließ.[2] Zu ihnen gehört die Unfähigkeit, manches begrifflich Definierbare unmißverständlich in Anschauliches zu übersetzen, und der Zwang zu gestaltlichen Formen auch in Einzelheiten, in denen das gedachte oder gesprochene Wort Sich-Bescheiden und Schweigen vorziehen. Wo die klare De-

1 Cimabue und die Ducentomalerei. Dissertation Freiburg i. Br. 1957 (ungedruckt), S. 22f. des Manuskripts.

2 Ich möchte darauf hinweisen, daß schon vor mir, wenn auch zurückhaltender, P. Romuald Bauerreiß von der »relativen Unabhängigkeit« sprach, mit der die mittelalterliche Kunst ihre Wege ging, und – gegen Julius v. Schlosser – von dem Einflusse der Kunst auf die Literatur. Sepulcrum Domini, München 1936, S. 50, 60.

1 Cimabue: Himmelfahrt Mariä, Assisi, San Francesco, Oberkirche (Foto Anderson, Rom)

finition der Lehrmeinung fehlte, da war die künstlerische Phantasie ganz auf sich gestellt, und es muß damit gerechnet werden, daß durch sie abgerundete Vorstellungen ihrerseits in manchen Fällen selbst diejenigen der Theologen beeinflußten, um wie vieles mehr erst die der Ungelehrten.

Das ideale künstlerische Ziel mußte die Übersetzung (oder, wo nötig, die Vervollständigung) der Ergebnisse des theologischen oder metaphysischen Denkens in unmittelbar durch die Anschauung, und nicht erst über den Weg der Reflexion, Verständliches sein. Die beiden Gegenpole vertreten gut Raphaels Verklärung, in der Christi Körper kein anderes Symptom unirdischer Natur zeigt als das Schweben, und jene Kruzifixe, die Christi Körper entgegen jeder irdischen Möglichkeit sofort nach dem Tode als der materiellen Auflösung verfallen zeigen, um so durch historisch unwahre, krasse, zum Widerspruch herausfordernde Übertreibung der Vergänglichkeit der menschlichen Natur das Bewußtsein, daß es sich in Wahrheit um »den großen Gott, unsern Heiland Jesus Christus« (Konzil von Konstantinopel 553) handelt[3], zu erwecken. Wir wissen durch Bischof Lucas von Tuy, daß es im frühen 13. Jahrhundert Künstler gab, die gerade der stärkeren religiösen Wirkung halber neuartige Motive für notwendig hielten (siehe meinen Aufsatz in Gazette des Beaux Arts 6, Ser. vol. 28, 1945, S. 278 [hier S. 69]). Wer zu dem krassen Mittel griff, den Gottvater eines Gnadenstuhls kopflos zu lassen[4], betonte damit, daß nur durch die Menschheit Christi eine Veranschaulichung Gottes möglich geworden war. Dessen wird sich aber nur die Reflexion bewußt. Anschaulich weniger kraß, aber darum auch weniger leicht der nicht von genügend eingehender Analyse des Kunstwerks ausgehenden Reflexion verständlich ist es, wenn es der vor ihm gefeierten Messe vorbehalten bleibt, den Gegensatz Mensch – Gott in Einheit aufzulösen. Ich habe (Die Weihnachtskrippe, München 1955 [=70], Anm. 170) auf den unbeachtet gebliebenen Altartypus aufmerksam gemacht, der die Messe als an einer der heiligen Stätten Palästinas gefeiert erscheinen lassen will. Ohne diese Betonung ist der gleiche Grundgedanke der in der Eucharistie sich manifestierenden Einheit der irdischen Erscheinung Christi und Gottes sicherlich in sehr vielen Altarbildern verkörpert. Ich will hier als Beispiel nur auf Caravaggios vor der Bestattung gehaltenen Christus in der Chiesa Nuova verweisen, da das Thema des Bildes erst kürzlich[5] mißverstanden wurde. Ein Moment vor der Niederlegung des Leichnams kann nicht naturalistisch dargestellt sein, da weder für ihn auf dem Stein Platz wäre noch die Frauen irgendwelche Anstalten treffen, ihn zu räumen. Im Gegenteil, Marias Haltung und Bewegung stehen direkt im Widerspruch zu einer solchen Interpretation. Sie unterstreichen einen währenden Zustand, das Geopfertsein des Sohnes, der den Blicken präsentiert wird. Daß nicht gezeigt wird, wo der Körper niedergelegt werden kann, macht

3 Jos. Neuner und Heinrich Boos, Der Glaube der Kirche, 3. Auflage. Hg. von K. Rahner, Regensburg 1949, S. 165.

4 Trinity College Cambridge, Ms. B. 11. 4. – P. Brieger, English Art 1216–1307, Oxford 1957, pl. 25.

5 Mary Ann Graeve in The Art Bulletin, 40, 1958, S. 223ff. Die Verfasserin hat erwünschtes Material zum Kapitel der Meditationsbilder herangezogen. Aber man hätte sie hindern sollen, von »the Virgins divinity« zu sprechen (S. 236). Alfons Rosenberg, Die christliche Bildmeditation, München-Planegg 1955, lernte ich erst kennen, als ich das Manuskript dieses Aufsatzes druckfertig machte.

gerade die Eigenheit des Bildes aus. Die Träger sind gleichsam in einem toten Winkel angekommen, denn vom Erdreich vor der Vorderkante des Steines sieht man gerade genug, um zu wissen, daß es dort wie in eine Grube abfällt. Man denkt zunächst sofort an ein Grab, das ja aber im Rahmen der historischen Passion mit Jesus nichts zu tun haben könnte. An seine Statt tritt der Altar, und damit ist auch anschaulich die Verbindung zu ihm und seinem Sakrament hergestellt. In dieser Verbindung wird der Sinn des Bildes eindeutig: was als ein menschlich-toter Leib erscheint, ist in anderer Gestalt die himmlische Speise der Gläubigen. Caravaggio hat nur ein realistischer aussehendes, weil anscheinend eine historische Situation darstellendes, Motiv gewählt, um das Gleiche zu veranschaulichen wie etwa Carpaccio oder Daucher oder Crivelli (Münster 1956, S. 109ff. [hier: S. 202ff]).

Die nur formal interessierte Kunstgeschichte, für die die Darstellung Christi ein künstlerisches Thema wie viele andre ist, hat das Bewußtsein dafür[6] verloren, daß die Zweinaturenlehre, in welcher Spielart auch immer, eine Grundtatsache des lebendigen mittelalterlichen Glaubens war, deren sich jeder Christ bewußt war. Er konnte keinen leidenden Christus sehen, ohne nicht zu fühlen, daß es sich um Gottes Sohn handle, der über Leiden und Tod triumphieren würde. Daher ist z.B. die Einteilung der Darstellungen des Gekreuzigten in solche des leidenden und des triumphierenden Christus glaubensgeschichtlich so irrelevant. Es sind stets Darstellungen des gleichen Tatbestandes, unterschieden nur durch verschiedene Einstellung zu dem in der historischen Wirklichkeit sichtbar Gewesenen. Da zu den in den Berichten der Evangelisten aufgehobenen, nach menschlichem Maßstab unvereinbaren, Gegensätzen[7] der zwischen Christi irdischer Erniedrigung und seiner göttlichen Herrlichkeit zu den am festesten in der christlichen Weltanschauung verankerten gehörte, bedurfte ein Kruzifix keines anschaulichen Hinweises auf die Gottnatur Jesu.

Die Gefahr des Mißverständnisses war gegeben, wo das Resultat des stets einheitlichen Wirkens Gottes einer anderen der göttlichen Personen zugeteilt wird oder zugeteilt scheint als der üblicherweise mit jenem verbundenen. Der Geschichte der Theologie muß es überlassen bleiben, zu erklären, warum etwa der Verfasser der Bible moralisée – nach Comte Alex. de Laborde, La Bible moralisée, Paris 1911ff., V, S. 143f., der 1263 als Kardinal gestorbene Dominikaner Hugues de St. Cher – gelegentlich[8] Gottvater an Stelle von Christus Stifter und Haupt der Kirche nennt, wobei auf jeden Fall zu beachten bleibt, daß er sich an seinesgleichen, nicht an Laien wandte, ein Unterschied in der Bestimmung, dessen Bedeutung nicht so völlig zu negieren auch die Ikonographie guttäte. »De latere Christi edificavit pater ecclesiam Christi sponsam« (De Laborde, Taf. I, 6: Gottvater entnimmt der geöffneten Seite des Gekreuzigten die Kirche, Christi Braut[9]). »Boas qui extendit pallium (Ruth 3,9ff.) significat patrem de celis qui extendit supra sanctam ecclesiam humanitatem suae carnis et eam cooperuit ex amore« (I, 126: Die Figur der Kirche hält das von der liegenden Maria geborene Kind; oben die Büste des segnenden Gottvaters; rechts die Synagoge). Wenn der erste Satz sich als Folge des Denkens in Analogien rechtfertigen ließ: wie Gottvater die Eva erschuf, so erschuf er, entsprechend seinem ewigen Ratschluß, durch Christus die Kirche usw., so verstößt die Vorstellung der Inkarnation Gottvaters gegen eine der wichtigsten Glaubenswahrheiten so sehr (verbum caro factum est, Io 1,14), daß sie einem nicht-häretischen Theologen nur qualifiziert zugetraut werden kann. Das zugehörige Bild der das Christkind tragenden Kirche enthält vielleicht die Erklärung. Die Synagoge, der Alte Bund, ist auch nach christlicher Auffassung eine Stiftung Gottes wie die Kirche, der neue Bund. Aber die Synagoge nahm den Gottmenschen nicht auf, wie überhaupt nicht den Gedanken der Dreieinigkeit. Der in Wirklichkeit als Wesenheit gleichbleibende Gott konnte gewissermaßen auf Gottvater reduziert werden, soweit es sich um den alten Bund handelte, an dem wohl der Logos als Gott, aber noch nicht in seiner angenommenen Menschheit teilhatte.[10] In polemischer Überbetonung

6 Wie fremd die religiöse Grundlage religiöser mittelalterlicher Kunst auch ernstzunehmenden Kennern geworden sein kann, zeigen z.B. die Ausführungen von John Pope-Henessy, Giovanni di Paolo (London 1937), S. 147: »Naturalistic details« der Folgen der Mißhandlungen Christi verwandeln »the figure into an imaginative symbol«. Nichts kann ferner von der gleichzeitigen Auffassung sein, die sich in den krassesten Vorstellungen von Christi Leiden als historischer Wirklichkeit nicht genugtun konnte. Aber dieses Leiden des Leibes »symbolisierte« nicht etwas, sondern verstärkte nur das Bewußtsein, daß das Ungeheuerliche dem Leibe des Gottmenschen angetan wurde. Ich verstehe nicht – wenn nicht wieder alles völlig fremd vergangener Betrachtungsweise religiöser Kunst –, daß Herbert Reed, Icon and Idea, Cambridge Mass., 1955, S. 98 fast bei jedem Künstler des 15. Jahrhunderts einen Konflikt zwischen formalen Bestrebungen und dem Ausdruck des religiösen Gefühles erkennen will. Es handelte sich nicht, wie er allzu modern sagt, um Darstellung des realen, aber substanzlosen Numinosen, sondern um Veranschaulichung sehr konkreter Vorstellungen von dem Gottmenschen, die in jeder Stilform möglich war.

7 The background of the New Testament and its eschatology, herausg. von W. D. Davies und D. Daube, Cambridge 1956, S. 298f. (E. Stauler).

8 Er hatte keine Bedenken gegen eine auffallend schwankende Terminologie: »... deus, qui motus pietate in genus humanum descendens ab alto ... formam servi accipiendo et per suam passionem genus humanum a morte eterna resuscitavit« (I, 178, Christus in limbo); »... solus filius sustinuit omnia tormenta passionis« (II, 372, Christus, ein großes Kreuz haltend, spricht zu fünf Engeln); »misit deus filium suum in mundum, qui edificauit ecclesiam« (II, 229, Christus, segnend zugewendet zur Kirche, über der die Taube und Büste Gottvaters) u.a. dergl. Dazu vgl. A. Krücke im Marburger Jahrbuch für Kunstwissenschaft, X, 1937 (1939), S. 18.

9 Vgl. Abb. und Literatur bei H. Schade in dieser Zeitschrift 1958, S. 383, 381.

10 Wenn Christus in maiestate zwischen einem Altar mit Kelch und Hostie und einem mit den Gesetzestafeln thront, dann liegt die gleiche Unbestimmtheit der Veranschaulichung vor. (M. Vloberg, L'eucharistie dans l'art, Paris 1946, Taf. nach S. 74 nach einem Stundenbuch Troyes, Anfang des 15. Jahrhunderts, cod. par. lat. 924.) Die Darstellung scheint aus denen des Weltgerichtes übernommen zu sein, vgl. V. Leroquais, Les sacramentaires et les missels manuscripts etc., Paris 1924, pl. LIV (Arras, ms. 38, 106; 13. Jh.). Christus steht da in der Mandorla mit blutenden Wunden zwischen den Altären. Engel tragen einzelne arma; Maria, Johannes.

der gleichgebliebenen Wesenheit Gottes mag die Aussage über Gottvaters Menschwerdung ihren Grund haben. Aber das geht die Theologiegeschichte an, die Kunstgeschichte nur als Warnung, wie irrig oder mißverständlich im Einzelfalle die theologische Formulierung gewesen sein kann, die in eine künstlerische Form zu übersetzen war. Im Falle einer beabsichtigten Darstellung Gottvaters ist aber nicht zu vergessen, daß oft keinerlei Besonderheit ihn von Gottsohn unterscheidet[11], der nach Col 1,15 sein Ebenbild ist (εἰκών, das man aber nie um mißverstandener östlicher Ikonenlehre willen mit »Ikone« hätte übersetzen sollen). Die Deutung des Sichtbaren blieb dem Beschauer überlassen, der, wenn er sich im Bereich des Bilddenkens hielt und sich nicht durch theoretisches Wissen leiten ließ, wahrscheinlich oft Gott als Einheit dargestellt sah. Diese war ein genügend gefestigter Bestand des lebendigen Glaubensbewußtseins, daß diese Annahme erlaubt ist. Auch wo eine Darstellung trotz gezeigter Besonderheiten des Leibes Christi, wie der Stigmata, auf Gottvater bezogen werden soll, muß angenommen werden, daß Christus anstelle Gottvaters gezeigt ist: »Wer mich siehet, der siehet den Vater« (Io 14,9). Ich kenne keine Darstellung Gottvaters mit Stigmata. Aber im Holzschnitt Schreiber No. 1783 soll nach der Umschrift die segnende Hand Christi, die als solche durch die Wunde deutlich bezeichnet ist, als identisch mit der Gottvaters angesehen werden.[12] Das hat eine unmittelbare biblische Grundlage: »... meine Schafe ... niemand wird sie meiner Hand entreißen. Der Vater, der sie mir gegeben hat, ist größer denn alles; und niemand kann sie aus meines Vaters Hand reißen. Ich und der Vater sind eines«. (Io 10,27–30). Aber es ist wohl zu beachten, daß die leibliche Hand des Gottmenschen gezeigt ist, so betont auch die göttliche Natur in ihm durch Zugabe herkömmlicher Motive (Stechow, S. 7) ist.

Der Inhalt des Glaubenssatzes über die fortdauernde Existenz auch des menschlichen Körpers des Gottmenschen im Jenseits ist nach dem Glauben zwar erfahrbar, aber wissenschaftlich-theologische Spekulation vermag nicht, ihn der begrenzten menschlichen Vernunft in präzisierbaren Einzelheiten[13] verständlich zu machen. Ihn in eine anschauliche Vorstellung zu übersetzen blieb daher weitgehend der Phantasie der Künstler überlassen. Es ist bisher der Kunstgeschichtsschreibung nie recht zum Bewußtsein gekommen, daß seit der Frühzeit der Kirche innerhalb von Darstellungen einer Szene getrennte Veranschaulichungen Christi als zweite göttliche Person, also als Gott und als Gottmensch, vorkommen. Die Bibel enthält zwei Vorstellungskreise, die für die künstlerische Darstellung die Aufspaltung Christi in mehr als eine Figur nahelegten: den über das Jüngste Gericht und den in der Offenbarung Johannis beschriebenen. Ich weiß nicht, ob es möglich ist, alle biblischen Aussagen über das Jüngste Gericht zu harmonisieren, aber eines stand von Anfang an fest, daß Christus zum Gericht kommen würde »mit dem Fleisch, das er angenommen und mit einer Seele geistig belebt hatte«[14], aber in göttlicher Herrlichkeit.[15] Als Richter wird nicht Gottvater erscheinen, wie Io 5,22 ausdrücklich feststellt – aber das Richten ist ein einheitlicher Akt Gottes. Das sagt Paulus sehr deutlich Act 17,31 und Rm 2,16; 14,10 und 12. Insofern waren Darstellungen des zum Gericht erscheinenden Christus als göttliche Gestalt wohl begründet. Sie galten jedoch oft als unvollständig, wenn sie keine Hinweise auf die Erlösertat des Gottmenschen enthielten, die ihn zum Mittler zwischen den Menschen und Gott, dessen Erscheinungsform er auf Erden gewesen war, gemacht hatte. Denn die Bibel bot die Grundlage für die Vorstellung – und damit für die Darstellung – des zwischen der Himmelfahrt und dem Jüngsten Gericht (Act 3,21), also zeitlich begrenzt, im Himmel thronenden Gottmenschen (Ps 109[110],1). Er ist der »ewige Priester« (ebd., V. 4), der »große Hohepriester« (Hbr 4,14), auf dem »Thron der Gnade« (ebd., V. 16), der »Mittler« (ebd., 12,24), der aber als Gott gleichzeitig »Richter« ist (Vers 23).

Wiederum läßt es sich nur durch den Hinweis auf die Bedeutung, die die Zweinaturenlehre im Glaubensbestand der Frommen hatte, erklären, daß die Kunst es wagen durfte, Christus in seiner himmlischen Herrlichkeit in der Gestalt seines gelitten habenden oder – trotz entgegenstehender Glaubenslehre – seines leidenden Leibes darzustellen, da der menschliche Leib den ewigen Logos offenbart (Thomas von Aquino, Disputatio IV, de Veritate I, ad 6). Es ist eben wirklich an diesen in den Himmel Aufgenommenen gedacht, wenn er unter Hinweis auf seine Wunden bei Gottvater als Mittler[16] auftritt, oder etwa in einem niederländischen Holzschnitt von 1492 zwischen Engeln auf Wolken sitzt, und Caritas auf die Brustwunde schießt, und Oratio den Blutstrahl

11 Siehe z.B. Didron, Iconographie chrétienne, 1843, S. 176. Warum Ad. Krücke Io 14,9 und Col 1,15 als Erklärung für die Benutzung der gleichen Gestalt für Gottvater und Gottsohn verschmäht hat, weiß ich nicht. Eine Begründung für seine Behauptung, daß sie einer Verleugnung des Christentums gleichgekommen wäre (a.a.O., S. 8, Anm. 2), fehlt. Sehr enttäuschend für unseren Zusammenhang ist W. Schöne, J. Kollwitz, H. Frh. v. Campenhausen, Das Gottesbild im Abendland (Witten und Berlin, 1957). Auch Kollwitz allein im Reallexikon für Antike und Christentum, III (Christusbild).

12 Allen Memorial Art Museum des Oberlin (Ohio, U.S.A.) College. Veröffentlicht von Wolfgang Stechow im Bulletin des Museums, vol. XIV (1956), S. 7ff. Das formale Motiv der Hand wird da, m.E. überzeugend, von Darstellungen des Wappens Christi abgeleitet. Der Text des ikonographisch zugehörigen Holzschnittes Schreiber 1783a (Abb. ebd., S. 10) spricht vom Frieden Gottes, nicht Gottvaters. Wenn in der theologischen Bildsprache Gottes Hand mit Christus und nicht mit seiner Hand identifiziert wurde, war m.E. der Sinn ein anderer: man sehe I Cor 8,6.

13 Ich verweise nur auf den jüngst erschienenen »Katholischen Katechismus der Bistümer Deutschlands« (München s. a.), S. 67, der wohl sagt, daß der in den Himmel aufgefahrene Christus »auch als Mensch an der Macht und Herrlichkeit des himmlischen Vaters« teilnimmt, aber keine Andeutung enthält, wie das vorzustellen ist.

14 Formulierung des Lateran-Konzils von 649, Neuner-Boos, a.a.O., S. 168.

15 In der Herrlichkeit des Vaters z.B. Mt 16,27, in eigener Herrlichkeit z.B. Mt 25,31, in beider Herrlichkeit Lc 9,26.

16 S. z.B. P. Doncoeur, Le Christ dans l'art français; Paris 1939, S. 50, weil dort auch der Beweis zitiert ist, daß die Darstellung sich auf theologische Ansicht stützte.

auffängt. (Van den Tochteren van Sion, Antwerpen. W. M. Conway, The woodcutters of the Netherlands in the 15th cent. Cambridge 1884, 255, 17, A. Der sakramentale Bezug ist eindeutig.) Ich habe schon (Münster 1958, S. 92 [hier: S. 224]) darauf hingewiesen, daß es eben dieser in den Himmel aufgehobene Leib ist, der bei Tizian Maria begrüßt[17], wie er in unzähligen Darstellungen Selige empfängt, wofür ich nur das Deckenfresko in SS. Apostoli in Rom von Giov. Batt. Gaulli von 1707 als Beispiel nenne (Abb. z.B. Art Bulletin 1957, S. 305, fig. 8, R. Enggass).

Es ist eigentlich zu verwundern, daß wir erst Rainer Gerd Baier[18] den Nachweis einer sicheren Darstellung der Erscheinung Christi zum Weltgericht in doppelter Gestalt, als Gottmensch und als Gott, verdanken dürfen. Wie Baier richtig erkannte, erscheint Christus in dem 1951 in Görmin (Pommern) freigelegten Weltgericht des 3. Viertels des 14. Jahrhunderts (Abb. 2) in der Mandorla in zwei Gestalten, sowohl als Richter in göttlicher Herrlichkeit, d.h. hier in einer der üblichen Darstellung von Gottvater ähnlichen Gestalt – wenn auch mit den in den Füßen erkennbaren Wundmalen –, als auch in seiner zur Erlösung gelitten habenden Menschheit in der Gestalt seines nichtgöttlichen Leibes (Bernh. Bartmann, Lehrbuch der Dogmatik, 6. Aufl., Freiburg i. Br. 1923, II, S. 332).

Ich hoffe, im Zusammenhange meiner Ausführungen ist es einleuchtend, daß die Darstellung als Versuch der Veranschaulichung einer bestimmten Vorstellung verständlich ist, daß sie – wie auch Baier grundsätzlich erkannte – einen genau definierten Sinn hat. Als Veranschaulichung dieses genau bestimmbaren Sinnes gehört sie einerseits in einen Zusammenhang mit ändern Versuchen seiner Veranschaulichung – solchen Sinneszusammenhang zu klären ist m.E. eine der Aufgaben einer ikonographischen Untersuchung –, andererseits in einen Zusammenhang mit Darstellungen, in denen zwar einzelne formal vergleichbare Motive vorkommen, aber die Veranschaulichung eines ändern Sinnes beabsichtigt ist. Dieser Zusammenhang ist also ein formaler und kein ikonographischer. Was ein Künstler veranschaulichen wollte, läßt sich bei unbekanntem Programm nur durch die genaue Analyse seines Kunstwerks ermitteln, aber ebensowenig wie durch heutige theologische Formulierungen, durch die bloße Feststellung ähnlicher Motive in anderen Darstellungen, die vielleicht ein ganz anderes Thema veranschaulichen wollen. Daß sich eine Reihe von Kompositionen formal in eine Abfolge reihen lassen, bedeutet eben nicht ohne weiteres, daß die in ihnen veranschaulichten Vorstellungen sich entsprechend in ihnen, oder durch sie, entwickelt haben. Wenn ich daher im folgenden das von Baier dankenswerter Weise herangezogene Vergleichsmaterial z.T. anders einordne als er, so liegt das daran, daß ich mich, im Unterschiede zur herrschenden Methode der Ikonographie, auch nach dem Verhältnis einer

2 *Mandorla aus dem Weltgericht, Görmin (Pommern) (Foto: Institut für Denkmalpflege, Schwerin)*

Darstellung zu der für den Glauben bestehenden Wirklichkeit frage. Aber natürlich gilt auch Goethes Wort: »Was man weiß, das sieht man erst.« Und man darf nie vergessen, daß es keine systematisch entwickelte Darstellungslehre gab, mit der die Weise einer Darstellung in Einklang gebracht werden mußte, daß ferner zwischen einer biblischen Quelle und ihrer mittelalterlichen Benutzung die ganze Entwicklung der Kirche lag (dies einer von Karl Vossler hinsichtlich des Verhältnisses Dantes zu Paulus ausgesprochenen Warnung folgend), und daß endlich der jeweilig möglichen inhaltlichen Bezüge zu viele sein können, um sie stets alle zu erwähnen.

Für unsern Zusammenhang ist m.E. davon auszugehen, daß in Görmin Christus in zwei verschiedenen, engverbundenen Gestalten zum Gericht erscheint. Der Maler hat durch nichts angedeutet, daß er zwei verschiedene Zeitpunkte aus Christi Wirksamkeit darstellen wolle. Für den nicht willkürlich Interpretierenden kann es sich nur um die für menschliche Augen entsprechend menschlicher Begrenztheit – durch menschliche Kunst und Gedanken, wie Paulus vor dem Areopag sagte, Act 17,29 – in zwei menschliche Körper aufgespaltene einheitliche himmlische Person des Logos-Gottmenschen

17 Man vergleiche z.B. Dionysius Carthusianus (1402/03–1471), Opp. 36, 167: »De ineffabili jucunditate quam habet beatissima virgo ... de visione ... humanitatis Filii sui«. S. auch 35, 571.

18 Weltgericht und Schmerzensmann in der Festschrift Johannes Jahn, 1957 (Leipzig), S. 201ff.

handeln, die aber genau der Wortfassung von Titus 2, 13,14 entspricht: es erscheint die »Herrlichkeit des großen Gottes und unseres Heilandes, Jesu Christi, welcher sich selbst für uns dahingegeben hat«. Das ist vorläufig in dieser Form für uns eine vereinzelte Darstellung, aber es lassen sich andere Aufspaltungen der Person Christi, deren Ursprung mit dem Thema des Weltrichters zusammenhängt, nachweisen.

Nicht in den ganz gleichen Sinnzusammenhang mit Görmin würde ich Darstellungen des thronenden Weltenrichters mit einem Kruzifix vor seinem Schoß, wie am Nordwestportale des Triangels am Dom zu Erfurt von um 1330 oder auf einem Wandbild in St. Andreas in Köln des frühen 14. Jahrhunderts, einreihen.[19] Beide Male ist Christus von Maria und Johannes d. T. flankiert, er hat die Unterarme erhoben, ist also zweifellos auch in Erfurt als Richter dargestellt, wenn auch die in Köln gezeigten Attribute, Schwert und Lilienstengel, fehlen. Veranschaulicht ist in göttlicher Herrlichkeit der Gottmensch, dem nicht etwa ein Kruzifix beigegeben ist, sondern der auch im realen Durchleben einer früheren Phase seiner Existenz gezeigt ist. Im Sinne des Hebräerbriefes ist er sich selbst opfernder Hoherpriester, Mittler und Richter. Es handelt sich um die Einheit der Person, aber nicht um einen einheitlichen Zeitpunkt wie in Görmin. Eine entsprechende Christusdarstellung enthielt eine Schreinmadonna, Our Lady of Bolton, in der Kathedrale von Durham. Sie wurde um 1543 beschrieben: »within was painted the image of the Saviour, finely gilt, holding up His hands; and betwixt His hands a fair and large crucifix«. Es wurde an jedem Karfreitag herausgenommen und zur Verehrung ausgestellt (H. J. Feasey, Ancient English Holy Week Ceremonial, London 1897, S. 127). Kompositionell in den gleichen Zusammenhang gehört der thronende, ein großes Kruzifix vor sich haltende Christus, vor dem König Karl V. von Frankreich (1364–1380) kniet (Paris, Bibl. de l'Arsénal 5212; H. Martin & Ph. Lauer, Les principaux manuscrits à peintures de la Bibl. de l'Arsénal, Paris 1929, pl. XXXII u. S. 28). Aber Christus ist hier nicht in der spezifischen Situation des Weltrichters dargestellt, sondern allgemein als Erlöser. Das kompositionelle Schema ermöglichte jedoch, den wesentlichsten Inhalt der Lehre von ihm noch deutlicher zu veranschaulichen. Das zeigt z.B. die von R. Bruck (Die Malereien der Handschriften des Königreichs Sachsen, Dresden 1906, S. 225, Abb. 141) als Darstellung der Dreifaltigkeit veröffentlichte Miniatur der zweiten Hälfte des 14. Jahrhunderts aus dem ms. 881 der Leipziger Universitätsbibliothek. In Wirklichkeit thront da Christus mit deutlichen Wundmalen in Händen und Füßen. Sein Mund und der Kopf des Kruzifixes in seinem Schoß sind verbunden durch die »gehauchte« Taube. »Der Heilige Geist wird für ihn zeugen« (Io 15,26), »wird mich verklären« (ebd., 16,14). Es ergibt sich, welch dringende Aufgabe eine gründliche ikonographische Untersuchung der Darstellungen des sogenannten Gnadenstuhles ist. Sie wird ergeben, wie oft es sich in Wirklichkeit um die versuchte Veranschaulichung Christi als Gott und Gottmensch handelt.

Teile des Inhalts der christlichen Lehre sind der Kunstgeschichte schon so fremd geworden, daß sie als mögliche Darstellungsthemata oft einfach vergessen sind. Das zeigt besonders deutlich die neuere Literatur über die Kreuzabnahme der Externsteine, in der die m.E. nicht beweiskräftig zu beantwortende Frage, wann genau sie entstand, eine viel größere Rolle spielt als die, was eigentlich dargestellt ist. Wenn es ein Attribut Christi gibt, das m.W. nie Gottvater zugeteilt wurde, dann ist es die Kreuzfahne. Wenn Alois Fuchs (Zum Streit um die Externsteine, Paderborn 1934, S. 77) einen Ausweg aus dieser Schwierigkeit in der allzu rationalistischen Hypothese suchte, die Fahne sei für Christus in seinem kommenden Triumph der Auferstehung bestimmt, so war das ein Notausgang, der als kaum gangbar erscheint. Auch der Theologe Fuchs dachte eben nicht an die Möglichkeit, daß es sich um eine auf der Zweinaturenlehre beruhende unrationalistische Darstellung handeln könnte. Der die Fahne Haltende, der nicht auffährt, wie Fuchs richtig betont, kann nur Christus sein, Christus als zweite göttliche Person, der die Seele des gestorbenen Gottmenschen aufgenommen hat – das war z.B. J.W.J. Brauns Ansicht im Bonner Winckelmann-Programm 1858, S. 13 – und den entseelten Leib segnet. Gerade um die Deutung als Gottvater auszuschließen, hält er die Fahne seines in der Zeit zu erringenden Sieges über den Tod, wenn er auch als der ewige Gott handelt. Ich wüßte nicht, wie ein Künstler des 12. Jahrhunderts deutlicher den Inhalt der Christologie hätte veranschaulichen können: engste Verbundenheit von Gott, Seele und Körper.

Dieser in Einheit aufgehobenen Zweiheit des ewigen und des Mensch gewordenen Logos gab schon die frühchristliche Zeit Gestalt. Das beweist das Goldglas, auf dem der auf Erden gemarterte, sitzende, eine Schriftrolle haltende, durch die Weltkugel zu seinen Füßen und inschriftlich bezeichnete »Christus« und Stephanus von dem himmlischen Christus mit Märtyrerkronen gekrönt werden (Ch. R. Morey, The goldglass collection of the Vatican Library [Catalogo del Museo Sacro della Bibl. Apostolica Vaticana, IV], Città del Vaticano 1959, Nr. 187. Ernst H. Kantorowicz in The Art Bulletin, 29, 1947, S. 78).

Ich glaube, daß Baier (a.a.O., S. 204) grundsätzlich richtig die Verbindung der Kruzifixe mit einem thronenden Christus mit dem als signum mit dem Weltrichter eng verbundenen Kreuz in Zusammenhang brachte, wenn ich auch seiner Reihenbildung nicht zustimmen kann. Denn das Kruzifix kann m.E. nach nur mit den Darstellungen zusammenhängen, in denen das Kreuz, das ja vielfach als das in den Himmel versetzte originale von Golgotha galt (vgl. Münchner

19 Die Kunstdenkmale der Provinz Sachsen, I, Burg 1929, S. 94f. und Abb. 71. P. Clemen, Die Kunstdenkmäler der Rheinprovinz, VI, 4. Abtlg., Düsseldorf 1916, S. 76 und Gotische Monumentalmalerei in den Rheinlanden, Düsseldorf 1930, S. 156 und Fig. 185. (Baier wies mich brieflich auf Clemen und Bruck hin.) Unbegründeter, aber interessanterweise ist das Kruzifix als »wohl nachträglich, aber noch im 14. Jahrhundert über diese Komposition hinweg gemalt« bezeichnet (Sperrungen von mir).

Jahrbuch 1955, S. 35 [hier: S. 97]), von Christus als Richter selbst oder vor ihm von Engeln gehalten wird, oder in denen es unmittelbar vor ihm steht. Dem Kreuz war die Bedeutung als ankündigendes Signum schon genommen, wenn Christus selbst es hält – es wies zurück auf das überstandene Leiden.[20] Ihm den Körper hinzuzufügen kann ebensogut auf den Gedanken eines Theologen wie eines Künstlers zurückgehen.

Das Thema des sich geopfert habenden Richters fand eine ausführlichere Veranschaulichung im 13. Jahrhundert in der römischen Weltgerichtstafel der vatikanischen Pinakothek, die W. Päseler dankenswert eingehend, aber m.E. nicht immer richtig behandelt hat.[21] Merkwürdigerweise machte er sich für die Erkenntnis der Absicht des Malers nicht zunutze, daß er durch die Darstellung der irdischen Taten der »Gerechten« betont hat, daß er nicht einen einheitlichen Zeitpunkt vorführt, sondern in der ihm allein möglichen Weise veranschaulicht, was Jesus selbst über das Jüngste Gericht verkündet hat (Mt 25,31ff.): daß die seiner Lehre entsprechenden Taten der Liebe das Urteil bestimmen werden. Aber es handelte sich ja nicht um die Illustration einer Bibelseite, sondern um einen Altaraufsatz (Päseler S. 361), auf dem eine Überbetonung des menschlichen Verdienstes fehl am Platze gewesen wäre. Eine Veranschaulichung von Christi Erlösungsopfer mußte das Übergewicht haben. Entsprechend Rm 3,25 und Hbr 4,16 ist der (biblische) »Gnadenstuhl« gezeigt, Christus hinter einem Altare – wie Päseler S. 359 richtig sagt – in der Haltung des zelebrierenden Priesters, des sacerdos eternus, der zugleich Hoherpriester und das Opfer ist: einzelne der Passionsinstrumente liegen auf dem Altar. Und auf dem wirklichen Altar wiederholt sich unblutig das Opfer während der Messe, und die Gläubigen treten wirklich zu ihm hin, um Barmherzigkeit zu erlangen und Gnade zu finden »auf die Zeit, wenn Hilfe not sein wird«, wie die lutherische Bibel Hbr 4,16 deutlicher übersetzt als die katholische mit »zur rechtzeitigen Hilfe«. Die Erklärungen von Aug. Arndt S J (Die hl. Schrift, 2. Aufl. Regensburg 1903) weisen auf die Christus zugewiesene Doppelrolle als Fürsprecher vor dem Richter, der er später selbst ist, und die daher gleichsam zu unterscheidenden zwei Throne, den der Gnade und den späteren des Gerichts, hin. Durch die anschauliche Gleichsetzung des begnadenden mit dem sich opfernden Christus, an den zu glauben nach Rm 3,26 eine andere Vorbedingung der Erlösung ist, und durch gesonderte Darstellung des als Weltherrscher zum Gericht herabkommenden, veranschaulichte der Maler die auf das Weltgericht bezüglichen Grundlehren so deutlich, wie man von ihm erwarten konnte. Nur den äußeren Ablauf des Gerichtes naturalistisch darzustellen, war nicht seine Absicht. Er hat nicht den Ankommenden und den Richtenden in aufeinander folgenden Momenten des Verlaufes des Gerichtes dargestellt (Päseler, S. 334), sondern den Richter und den sich vorher geopfert habenden »Hohenpriester«. Päselers Hinweis auf das ankündigende »Zeichen« (Mt 24,30) halte ich für einfacher Logik widersprechend. Christus kann nicht das ihn selbst ankündigende Zeichen sein. Wieder ist nicht die Gleichzeitigkeit zweier Funktionen und Existenzformen gezeigt, sondern ihre Zusammengehörigkeit in der Einheit des Gottmenschen soll veranschaulicht sein, der leidensfähig auf Erden war und verherrlicht im Himmel ist.

Es ist der Gegensatz, von dem die Inschrift des 6.–8. Jahrhunderts auf dem Türsturze von S. Pudenziana in Rom einen Teil – entsprechend Apc 7,17 – aufhob: »idem sum pastor et agnus«.[22] Sollte diese Doppelrolle veranschaulicht werden, so ergab sich notwendigerweise eine Darstellung Christi in zwei Gestalten, wofür die Apokalypse durch die Aufnahme des Johanneischen »Lamm Gottes« das Beispiel gab. Es sind vor allem die Verse 15 und 17 des 7. Kapitels, die zeigen, wie komplex die Vorstellung war: Gott, Christus und das Lamm sind zwar getrennte und sich ergänzende, aber doch unter sich austauschbare Vorstellungen.[23] In der Regel aber veranschaulicht das Lamm die Menschheit des Logos, einschließlich der

20 Vgl. z.B. G. Swarzenski, Die Salzburger Malerei, Leipzig 1908, Abb. 149, 220; Rob. Berger, Die Darstellung des thronenden Christus in der romanischen Kunst, Reutlingen 1926, Abb. 107, 110. Er verweist S. 200, Anm. 1 auf die Zweinaturenlehre, spricht aber m.E. eher von Spaltung der Person als von beabsichtigter Vereinigung der Naturen. Die Arbeit von Georg Weise, auf die er als kommend hinweist, kenne ich nicht.

21 Kunstgeschichtliches Jahrbuch der Biblioteca Hertziana 2, 1938, S. 313ff. Sie wurde 1935 zuerst mit Datierung ins 11. Jahrhundert veröffentlicht von D. Redig de Campos, s. Päselers Anmerkung 1. — Es fehlt hier der Raum, mich mit Päselers kurzen, aber von ihm für grundsätzlich wichtig gehaltenen Ausführungen (S. 340f.) über den schöpferischen Anteil der Künstler am Sinngehalte der Kunstwerke auseinanderzusetzen. Leser meiner ikonographischen Untersuchungen wissen, daß ich das Problem ganz anders ansehe als er. Erwähnen muß ich in unserm Zusammenhange: da P's. Deutung der beiden Christusgestalten als irrig abgelehnt werden muß, fehlt (entgegen S. 377) weiterhin jede Analogie zu einer zuerst von Wilpert angenommenen, von P. S. 376 mit guten Gründen als unwahrscheinlich bezeichneten, zweimaligen Darstellung des verherrlichten Christus als solchen im Weltgerichte Cavallinis in S. Cecilia in Trastevere. Eine solche Darstellung, wie sie vielleicht u.a. im Florentiner Baptisterium vorliegt (P's. Abb. 279), hätte mit dem Thema dieses Aufsatzes, da zweimal den gleichen Zustand wiedergebend, nichts zu tun. Für diesen Zusammenhang wäre das Jüngste Gericht mit der darüberstehenden Darstellung des Himmlischen Jerusalems in der Abteikirche von Pomposa aus der Mitte des 14. Jahrhunderts zu beachten (van Marle, IV, 485).

22 E. Steinmann, Die Tituli usw., Leipzig 1892, S. 40. – Cabrol-Leclerq, DAC, I, 1. Sp. 882, 895. – F. van der Meer, Maiestas Domini, Città del Vaticano 1938, S. 249.

23 Ich kann hier nur wieder meine Überzeugung bekennen, daß eine Klärung des Verhältnisses von mittelalterlicher Kunst und Symbolik ein dringendes Bedürfnis ist, die natürlich ohne Bezugnahme auf die Bedeutung der Bildsprache in den biblischen Schriften und der Theologie nicht möglich ist. Wenn z.B. Günther Bandmann in einem Aufsatz in dieser Zeitschrift V.1952, S. 1ff., der für unseren Zusammenhang Bemerkenswertes enthält, S. 4 sagt: »Die in irdischen Verhältnissen zu verankernde geistige Gemeinschaft mußte Zeichen haben. Diese stellte die Apokalypse bereit, indem sie das im Grunde geistig Gemeinte in Bildern darbot« (Sperrungen von mir), so wende ich ein, daß in ihr z.B. das Lamm durchaus nicht stets für eine geistige Vorstellung von Christus im ganzen Umfange seiner Existenz steht – auch dann wäre es gerade »im Grunde« teils auf eine historische teils auf eine geglaubte Wirklichkeit bezogen –, sondern daß es auch innerhalb der Vorstellung über Christi

in den Himmel versetzten (wenn das dem Thema entsprach), während zur Veranschaulichung des Logos nach der altchristlichen Zeit meist die menschliche Gestalt diente. Dem Lamm eignete auch der Vorteil, daß in ihm für die Anschauung die ganze Menschheit einbegriffen sein kann, wie sie es nach theologischer Lehre in Christi Menschheit ist.[24] Die Deutung der frühchristlichen Darstellung des ein Lamm tragenden jugendlichen Christus als der seine Menschheit tragende Logos ist wohlbegründet.[25] Es ist nichts anderes nötig als der Mut zur Anerkenntnis, daß es Darstellungen Christi gibt, die gerade die Einheit der zwei Naturen in ihm nicht durch eine Folge verschiedener Szenen zu veranschaulichen suchen, sondern durch sein Erscheinen in verschiedenen Gestalten im gleichen inhaltlichen Zusammenhang, um sich davon zu überzeugen, daß ihre Zahl keineswegs gering ist, und um zu vermuten, daß sie einst sehr viel größer war. Auf einige der wichtigsten Beispiele hat van der Meer hingewiesen; er hat sie aber stets zu kurz behandelt, da er sich offenbar von der grundsätzlichen Bedeutung des Problems nicht überzeugt hatte. Dabei ist er m.W. der einzige, der, wenn auch zögernd, wenigstens von einer möglichen Bedeutung eines Lammes unter einer Christusfigur als Abspaltung der Darstellung der leidensfähigen Menschheit gesprochen hat (a.a.O., S. 135). Wenn ich auch die Einschränkung auf die Leidensfähigkeit, weil den Zustand der auferstandenen und in den Himmel versetzten Menschheit nicht einschließend, für nicht richtig, und die Worte »dédoublement par une figure plus modeste de l'Agneau« (Hervorhebungen von mir) für nicht glücklich gewählt halte, so bleibt ihm m.W. das Verdienst, erkannt zu haben, daß es sich eben um eine Aufspaltung handelt, und daß sie »presque de règle dans les plus anciens scènes de Majesté sur la Montagne« ist, wie jeder, der je die römischen Basiliken besucht hat, gesehen haben muß. Daß das Lamm an die leidensfähige Menschheit denken ließ, hält auch er für sicher, aber damit ist die Bedeutung des Lammes nicht erschöpft. Es muß hier wieder daran erinnert werden, daß das, was Kunstwerke anschaulich darbieten, sich nicht notwendiger Weise in Worten entsprechend formulieren lassen und dann noch etwa mit begrifflich Entwickeltem und lehrhaft für richtig Gehaltenem übereinstimmen muß. Für die frühchristliche Zeit ist m.E. davon auszugehen, daß manchmal nicht nur Christus in der Form eines Lammes unterhalb seiner menschlichen Gestalt dargestellt wurde, sondern zusammen mit ihm auch entsprechend die Apostel, so auf den Sarkophagen im Lateran (O. Wulff, Die altchristliche Kunst, Berlin 1913, I, Abb. 104; Bandmann, S. 11) und in S. Ambrogio in Mailand. Man hat m.E. richtig die menschlichen Gestalten als Darstellung der Richter des Weltgerichts (Mt 19,28) gedeutet (J. Wilpert, Sarcofagi, vol. II, Text S. 238 u.a.; O. van der Meer, S. 246f.; Bandmann, S. 9f.), als welche die Apostel in der »Wiedergeburt« und Christus in seiner irdischen Gestalt erscheinen werden. Die menschlichen Gestalten der Apostel sind also als die Auferstandenen aufzufassen und Christus als im Zustand seiner verherrlichten Menschheit, die Betonung seines Gottseins bedeutet. Entsprechend wird durch die Lämmer der vorausgehende Zustand veranschaulicht, sie personifizieren im Jenseits die leiblosen Seelen der Apostel und, unter Betonung seiner einstigen Leidensfähigkeit als Mensch und seiner Erlösertätigkeit, Christus. Wie die Vorstellungen des in seiner angenommenen Menschheit Erlösenden und Richtenden, des Logos und Gottes sich gegenseitig ergänzen, so ergänzen sich ihre Veranschaulichungen. Dieser Hinweis auf das Leben der Gerechten im Paradies und auf das kommende Endgericht war ein passendes Thema für Grabschmuck. Ob es in seinem Umkreis entstand oder aus Stätten der Feier des Herrenmahles übernommen wurde, wissen wir nicht. Man kann das letztere aber für wahrscheinlich halten, da das Thema sich für ein monumentales Format besser eignete als für ein kleineres und dem Teilnehmer an der Eucharistiefeier vor Augen stellt, was den Inhalt der Verheißung von Offenbarung 19,9 ausmacht: »Selig sind, die zum Hochzeitsmahle des Lammes berufen sind.«

Weil also weder der Inhalt noch entsprechend die Veranschaulichungen der Lammesvorstellung der Apokalypse sich allein auf die leidensfähige Menschheit Christi bezogen, wurde die Lammesgestalt zur Veranschaulichung Christi in

Menschheit seinen ganz und gar nicht geistig gemeinten, sondern real existierenden Körper bedeutet. Um dieses Bezuges zur Wirklichkeit halber kann m.E. das Lamm auch nicht hauptsächlich zu den Christus bedeutenden »Zeichen« gerechnet werden. Ganz anders wie etwa der Fisch oder der Skarabäus und dergleichen Bildzeichen ist es nicht rein äußerlich begründet. Seit Johannes d. T. Jesus als Lamm Gottes bezeichnete, nicht wie Jesaias 53,7 als Vergleich eines Verhaltens, sondern als eine erschöpfende Charakterisierung eines Hauptteiles seines Wesens, seiner Geschichte, seiner Wirksamkeit, bedeuten die Worte eine Gestaltgabe an Christus. Man darf dabei nicht übersehen, daß auch die Worte nur von dem in die christliche Lehre Eingeweihten verstanden werden. Entsprechend konnte und kann nur der mit den Erzählungen der Evangelisten und mit den Vorstellungen der Apokalypse Vertraute verstehen, welcher konkrete Inhalt der Vorstellungen über den Gottmenschen jeweils durch die Gestalt des Lammes erweckt werden sollte. Daß ein dargestelltes Lamm nicht notwendigerweise die gleichen Assoziationen hervorruft wie das Wort »Lamm Gottes«, vielleicht auch nicht erwünschte, hängt mit dem auf spezifische Vorstellungen verengenden Wesen der Anschaulichkeit zusammen. Als Attribut von Johannes d. T. hat das Lamm den Charakter eines Zeichens. Selbst in Geertgens Bild in Berlin soll das Lamm nicht die persönliche Anwesenheit Jesu bedeuten. Es drückt den Inhalt der Gedanken des über den nach ihm kommenden Stärkeren (Lc 3,16) Grübelnden aus. Der tief in Gedanken versunkene Johannes kann nicht über sein Schicksal als einem tragischen bedrückt sein (W. Krönig, Münster 3, 1950, S. 193f.), denn das war er nach dem Io 3,30 vorausgehenden Satze nicht. Dargestellt ist offenbar der durch den an ihn ergangenen Befehl Gottes (Lc 3,2) tief Beeindruckte und sich auf seine Missionstätigkeit Vorbereitende. In Alois Grillmeier, Der Logos am Kreuz, München 1956, wo auf so wenigen Seiten so viele wichtigste Probleme sich zum mindesten berührt finden, erscheint das Problem des Verhältnisses des christlichen Symbols zur übernatürlichen Wirklichkeit, S. 16, Anm. 25, S. 36, Zeile 8ff.

24 L. Hertling und Engelbert Kirschbaum, Die Katakomben und ihre Märtyrer, Wien 1950, S. 249.

25 Theodor Konrad Kempf, Christus der Hirt, Rom 1942, S. 9ff. Vgl. Hertling-Kirschbaum, S. 248f.; A. Grillmeier, a.a.O., S. 59, 65f.

so vielen Sinneszusammenhängen und Spielarten verwendet, daß ihre Beschreibung auch nur andeutungsweise hier ganz unmöglich ist. Sie ist auch für unsern Zusammenhang nicht benötigt. Für uns genügt hier der Hinweis auf drei Extreme, die keine verschiedenen Interpretationen zulassen und deshalb die Weite der Möglichkeiten erweisen. In den Mosaiken von S. Paolo (Bandmann, a.a.O., S. 8f. nach Wilpert; Krücke, S. 9, Anm. 3 halte ich für falsch) veranschaulichte das Lamm den Logos bei der Schöpfung, also vor der Menschheitsannahme. Dagegen veranschaulicht in der Hochzeit des Lammes dieses den Logos nach der Himmelfahrt Christi, wenn es in einer englischen Apokalypse des Trinity College in Cambridge von um 1230 von einer nimbierten Frau, sicherlich der Kirche, während der Hochzeitstafel umarmt wird (Eric O. Millar, La miniature anglaise du Xe au XIIIe s, Paris-Bruxelles 1926, pl. 85, S. 109). Wenn der Johannesknabe das im Schoße der Jungfrau Maria liegende Lamm umarmt, so veranschaulicht es den Christusknaben, der von Maria geboren, auch »Gottes Sohn« ist (Lc 1,35). Offenbar wußte der französische Maler von 1522, der das jetzt im Museum von Troyes befindliche Bild malte, keine geeignetere Gestalt für den Knaben als die des Lammes, um das Wunder und die Bedeutung der Inkarnation zu veranschaulichen. Um dieses Verständnis zu sichern, daß bei Gott kein Ding unmöglich ist (ebd., V. 37), zitierte er betont auf einem Schriftband den Hinweis des Engels auf die wunderbare Schwangerschaft der hl. Elisabeth trotz ihres Alters (V. 36. Gerade durch diese Hilfe zum Verständnis veranlaßte er aber moderne Kunsthistoriker[26], die dargestellte junge Frau mit dem Namen der so viel älteren zu belegen). Der wiederholte Hinweis ist vielleicht nicht ganz überflüssig, daß es ja Johannes d. T. nicht auf einen ausgedachten lehrhaften Vergleich ankam, sondern daß er auf den körperlich anwesenden Jesus hinwies, als er ihn, als Gottes Sohn (Io 1,34), mit dem Namen Gottes Lamm bezeichnete (ebd., V. 29,36). Entsprechend hält in der Bible moralisée in der Illustration der Verkündigung Gott im Himmel ein Lamm (a.a.O, III, 477), während in den Illustrationen zur Apokalypse das Lamm bald Gott (z.B. IV, 608; Apc 14,4), bald Christus (z.B. IV, 595; Apc 6,16) beigegeben ist.

Wir sahen, daß schon früh das Bedürfnis empfunden wurde, Christus in zwei, verschiedene Seiten seiner einheitlichen Wesenheit veranschaulichenden, Gestalten darzustellen. Es war wiederum die Apokalypse, deren Verse 5 und 6 des 5. Kapitels zur gleichzeitigen Veranschaulichung Christi als Lamm und Löwe gerade im frühen Mittelalter anregten (vgl. die Vivian Bibel, cod. par. lat. l, fol. 330 v; W. Köhler, Die karolingischen Miniaturen, Tafel I,73, Text 1,2, Berlin 1933, S. 13ff.). Köhler verweist glücklich auf die Exegese durch den etwa 303 gestorbenen Victorinus von Pettau (CEL 49, S. 60ff.), daß Jesus wie ein Lamm zur Passion geführt und als Besieger des Todes Löwe[27] genannt sei. Dem sechsten und siebenten Vers entstammt auch die Vorstellung, daß das Lamm gleichzeitig tot und lebend ist. Nach der z.B. in der Bible moralisée fortlebenden Exegese bedeutet das »tamquam occisus«, daß »Christus passus est in humanitate deitate integra remanente« (a.a.O., IV, 592). Das Lamm wurde geopfert (V. 9,12.), und es lag zur Veranschaulichung nahe, das auf dem Altar geschehen zu lassen, von dem im 6. Kapitel Vers 9 sagt, daß die Seelen der Märtyrer sich unter ihm bergen. Dargestellt sind sie in der Vivian Bibel nicht. Aber die Verbindung zur Vorstellung des sich selbst opfernden Hohenpriesters war geschlagen, wo wie in einem Fresko des 13. Jahrhunderts in der Krypta des Domes zu Anagni Christus hinter dem Altar steht, auf dem das Lamm und vor dem die Märtyrer stehen (Päseler, Abb. 293) oder wie in der vatikanischen Tafel, wenn auch da das Lamm durch Passionsinstrumente ersetzt ist. Sie waren ein passender Ersatz, da das Lamm in d i e s e m Zusammenhange die sterbliche Menschheit Christi veranschaulichen soll.[28] Ihr war aber die göttliche Natur ungetrennt verbunden, und so hat man, wenn ich nicht irre, nie das Lamm als unverkennbar tot dargestellt. Wenn es lebend (»tamquam occisus«; »mortuus et vivus« nach der oben herangezogenen Inschrift von S. Pudenziana) Blut vergießt, dann sind deutlicher, als es ihm schon früh (Münchner Jahrbuch der bildenden Kunst, 1955, S. 40 [hier: S. 104]) beigegebene Passionsinstrumente a l l e i n tun können, auch die mit Christi Menschheit nach dem Tode verbundenen Vorstellungen veranschaulicht. Mit der Auferstehung, im Bereich der römisch katholischen Kirche schon mit der Höllenfahrt, beginnt die Verherrlichung der Menschheit Christi. Da menschliches Begreifen dieses Zustandes nur in wenigen Einzelheiten möglich ist, zu ihnen aber gehört, daß eine Leidensfähigkeit ausgeschlossen ist, lassen sich gegen eine Veranschaulichung des im Himmel blutenden oder leidenden Christus ernste dogmatische Einwendungen erheben[29],

26 Z.B. Catalogue des tableaux exposés au Musée de Troyes (1882), Nr. 226. Entsprechend noch 1929 in der Pariser Ausstellung mittelalterlicher Kunst der Champagne.

27 Ich glaube, daß Grillmeier (a.a.O., S. 92) nicht Recht hat, wenn er den Löwen der Titelseite des Matthäusevangeliums im Codex Aureus der Münchner Staatsbibliothek von 870 (a.a.O., Abb. 3; G. Leidinger, der C. A. usw., München 1921ff., Taf. 32), als allein auf Grund des nach 385 (Grillmeier, S. 83, Anm. 46) entstandenen Physiologus gestaltet ansieht (trotz seiner eigenen Erwähnung von Origines in Anm. 50). Der Physiologus läßt den Toten durch Gottvater auferweckt werden (S. 84), aber die erste Zeile der Umschrift des Bildes läßt die Auferstehung aus eigener Kraft erfolgen, wodurch ja auch allein Christus zum Überwinder des Todes wird. Das Motiv entstammt also der Apokalypse. Die Titelseiten der Evangelien des Codex enthalten einen weiteren interessanten Beitrag zu unserm Zusammenhange. Vor Markus wird Christus stehend, segnend und eine Schriftrolle haltend in der Verherrlichung gezeigt (Leidinger Taf. 92), vor Lukas als Lamm (Taf. 130), also dreimal ist das Thema des Gottmenschen veranschaulicht; vor Johannes weist die allein gezeigte Hand Gottes auf sein Gottsein hin (Taf. 194; Grillmeier, S. 92, Anm. 67). Das ist also eine Verbildlichung des wesentlichsten Inhalts der Evangelien durch vier Christus bedeutende Gestalten.

28 Selbst einem siebenhörnigen Lamme, das auf dem geöffneten Buch auf einem Altare steht, findet sich beigeschrieben: »agnus dei idem est corpus Christi aperuit librum«; Dresden, Öff. Bibl., Ms. A 117, Bl. 19. Deutsch, Anf. 14. Jh. – Vgl. Bruck, a.a.O., S. 110, Abb. 90.

29 Ich habe auf die in Darstellungen des unter den Sünden der Menschen leidenden Christus vorkommenden, natürlich absichtlich gewählten, eigenartigen Christustypen hingewiesen im Münchner Jahrbuch der bildenden Kunst 1955, S. 114 [= IX, S. 189].

während die Gestaltgebung als Lamm durch die Apokalypse hinreichend gedeckt ist. Ich kenne bisher kein besseres Mittel zur Verdeutlichung dessen, was in der visionären Sphäre der Apokalypse und in der ästhetischen, sich an Gefühle wendenden Sphäre der Kunst durch diese verschiedene Gestaltgebung geschah, als die Benutzung eines von Hans Carossa bei einer Besprechung von Hermann Hesses Glasperlenspiel geprägten Ausdrucks: es handelt sich um eine »Auseinanderstrahlung« der (für Menschen als Ganzes nicht begreifbaren, noch weniger darstellbaren), einheitlichen Person des Logos nach seiner Menschheitsannahme in mehrere, nie andere ausschließen sollende körperliche Gestalten, wofür die in Anm. 27 erwähnten Titelseiten ein schlagendes Beispiel sind. Die Tiergestalten sind dabei mehr als Symbole, sie veranschaulichen, durch Verleiblichung sie isolierend, wesentliche Zustände Christi und mit ihm verbundene Vorstellungen.

Sakramental gibt es seit Jesu Einsetzungsworten eine Gestalt für seinen menschlichen Leib im Brote der Eucharistie. Wie seine Worte auch innerhalb der für uns hier allein in Betracht kommenden Periode der katholischen Kirche im Hin und Her der Meinungen – nach Bartmann, a.a.O., S. 313 folgte der in unserem Zusammenhange herangezogene Paschasius Radbertus der eucharistischen Lehre des Ambrosius, wenn auch seine »massiven Wundergeschichten« ihre eigene Wirkung hatten (ebd., S. 331) – wie also die Einsetzungsworte im einzelnen auch interpretiert wurden, selbst für die sich von der Lehre seiner realen Präsenz am weitesten entfernenden Meinungen stand, wenn auch nicht wie in der offiziellen Kirchenlehre die Identität des geweihten Brotes und Weines mit dem Leibe des Gottmenschen (Neuner-Roos, a.a.O., Nr. 474, von 1079), so doch die Gegenwart Christi in den Gestalten – das Wort im theologischen Sinne gebraucht – von Brot und Wein fest. Da der letztere sich nur durch Reben oder einen Kelch, die beide eben nicht die Flüssigkeit sind, darstellen läßt, ist in unserem Zusammenhange vorwiegend die Hostie als Gestalt Christi von Bedeutung geworden. Es ist unwahrscheinlich, daß es Darstellungen gibt, die nur zufällig wie eine Veranschaulichung von Ps 33(34),9 aussehen: »Kostet und sehet, daß der Herr gütig ist. Glückselig der Mann, der auf ihn hofft«, besonders wenn man Augustins Exegese beachtet, daß »Christus sich selbst in seinen Händen« trug, als er uns sagte: »Das ist mein Leib« (pl. 36, 306; Bartmann, a.a.O., II, 313) und Papst Leos d. Gr. Wort: »Was am Erlöser sichtbar war, ist in die Sakramente übergegangen« (sermo 74,2, pl. 54, 398; Urban Rapp, Das Mysterienbild, Münsterschwarzach 1952, S. 75). Es ist Christus in zweierlei Gestalten, als »deus, mundi rex, gloria caeli« (Inschrift von cod. par. lat. 261, fol. 18a; um 862, vgl. Walter W. S. Cook, Art Bull., 6, 923/24, S. 48; Köhler, a.a.O., I, 1, S. 303, S. 295, Taf. I, 118b), wenn er in maiestate thronend eine Hostie hält, was m.E. nicht zweifelhaft ist, sobald es sich um eine kleine Scheibe mit einem deutlichen Hinweis auf die Erlösungstat wie dem Lamme oder der Bezeichnung »sic mundum superavi« handelt. So wohlbegründet und verständlich das Halten des Denars aus Mt 20,1ff. beim Weltrichter Christus wäre, so unbegründet erschiene es bei dem zeitlos in der Ewigkeit thronenden, wie das bei der Zeichnung des frühen 12. Jahrhunderts in Auxerre (E. Mâle, L'art religieux en France au XIIe s., Paris 1928, fig. 3; v. d. Meer, S. 389) der Fall wäre. Es ist bezeichnend dafür, wie befremdend die Doppeldarstellung Christi geworden ist, daß trotz ihrer Überzeugung von einer häufiger dargestellten Hostie sowohl Cook S. 32 wie Köhler S. 135 die Deutung nur zögernd zugeben, während Herbert Schade sie jüngst in dieser Zeitschrift 11.1958, S. 389ff. mindestens für die karolingische Zeit ganz ablehnte (wobei die völlige Ablehnung auf seiner Erwartung einer realistischeren Wiedergabe beruht) und van der Meer dem Motiv nicht die gleiche Beachtung widmet wie der Weltkugel (a.a.O., S. 332ff., 362). Wäre die Kunstgeschichte gewohnt, den religiösen Sinngehalt von Kunstwerken nicht nur im Zuge ihrer historischen Abfolge und als durch diese notwendigerweise bedingt zu erwägen, sondern auch als Bezeugung gleichbleibender grundlegender Vorstellungen der Religion, dann wäre es selbstverständlich, daß jedem sofort Raffaels Disputà einfiele, die in nicht zu überbietender Klarheit das gleiche Wunder zu veranschaulichen sucht, daß Christus als Mensch und Gott im Himmel und in der konsekrierten Hostie ist[30], indem die Gottheit des im menschlichen Leibe mit Wundmalen gezeigten durch die Stellung zwischen Gottvater und die Taube bezeugt, und die Verbindung zwischen ihm und der Hostie durch die Zeige-Gesten der beiden Männer der unteren Mittelgruppe unmißverständlich hergestellt ist.

Die Analyse der Sixtinischen Madonna hat mich dazu geführt, den Knaben als versuchte Veranschaulichung der im

30 Daß J. White and J. Shearman (Art Bulletin, Dezember 1958, S. 299) von einer im Laufe der Arbeit erfolgten »thoroughgoing transformation of the original subject matter« sprechen, hängt damit zusammen, daß sie es für möglich halten, daß Raffael ursprünglich das Zentrum zwischen den sitzenden Kirchenvätern leer lassen wollte (auf Grund der mißverstandenen Skizze der beiden Gruppen in Windsor O. Fischel, Raphaels Zeichnungen, Abt. 6, 258). Der große Fortschritt während der Entwicklung der Komposition bestand in der Ersetzung des Kelches, über dem die Hostie schwebt, durch die Monstranz in der Zeichnung des British Museum Fischel 267. Es war eben kein Hinweis auf die Eucharistiefeier und den Akt der Transsubstanziation beabsichtigt. Der anschaulich nur als Behältnis bedeutsame Kelch (s. oben S. 96) konnte daher fortfallen. Daß »the mystery of the Trinity« als solches zum Thema des Freskos gehört, läßt sich aus der *Darstellung* nicht begründen. Ebensowenig die Bezugnahme auf die zwiefache Eucharistiefeier im Himmel und auf der Erde bei Frz. X. Kraus, J. Sauer, Geschichte der christliches Kunst, II, 2, Freiburg i. Br. 1908, S. 415ff. Die mit Max Dvořákscher Ironie dem »Rätsel der Kunst der Brüder van Eyck« vorangestellte Bemerkung ist so wahr: »Das Schwierigste in der Kunstgeschichte ist, voraussetzungslos die Monumente wenigstens beiläufig [= ungefähr] so zu s e h e n, wie sie sind« (Sperrung von mir). Kunstwerke können nicht schriftlich festgelegte, komplizierte Erörterungen der Lehre tale quale wiedergeben. Sobald der Nachweis der Kongruenz selbst in allen Einzelheiten versucht wird, ist die Gefahr des Hinein-Interpretierens unvermeidlich. Ich habe keine Veranlassung, mich hier weiter mit der Disputà und der Literatur über sie zu beschäftigen.

Himmel von Maria gezeigten Menschheit Christi zu erklären (in dieser Zeitschrift 11.1958, S. 98f. [hier: S. 230f.]). Der Entschluß dazu fiel mir nicht leicht, da sich ohne eine Untersuchung, die sich jahrelang hinziehen mochte, die sich sofort einstellende Frage nicht beantworten ließ: erfand Raffael diese Lösung der Aufgabe völlig frei, oder lagen für ihn erreichbare Vorbilder vor, oder folgte er einfach als selbstverständlich einer Tradition? Daß es z.B. viele Darstellungen gibt, die nur eine im Himmel weilende, oft z.B. von Engeln gefeierte, Maria mit dem Kind als einziges Thema veranschaulichen, bedarf keines Beleges. So weit mir bekannt, ist ihr Verhältnis zu der für den Glauben bestehenden Wirklichkeit[31] nie untersucht worden. Ich wies damals nur (Anm. 18 [hier: S. 233f.]) noch hin auf das Tympanonrelief in Corneilla-de-Conflent (Pyrenées-Orientales) aus der Mitte des 12. Jahrhunderts.

Es war eine arge Vergeßlichkeit von mir, auf die mich allerdings auch niemand seither aufmerksam gemacht hat, daß ich nicht an die Darstellung Gottes im Winchester Meßbuch des frühen 11. Jahrhunderts (British Library, Cotton Ms., Titus D. XXVII, fol. 75 vo.; Krücke, a.a.O., S. 29, Abb. 33; Fr. Wormald, English drawings of the 10th and 11th century, London und New York [1952], Taf. 16a, S. 69) und an ihre letzte ausführliche Behandlung durch Ernst H. Kantorowicz (a.a.O., S. 73ff.) dachte.[32] Da steht – man saß nicht mit geraden Beinen – neben Gottvater und Gottsohn Maria mit dem Knaben vor dem Schoß. Wie die erst Genannten hält er ein Buch, hat er einen Kreuznimbus, beides offensichtlich seine enge Zugehörigkeit zu veranschaulichen bestimmt. Maria, auf deren Krone die Taube sitzt, die sich zu dem Knaben herabbeugt, hat einen einfachen Nimbus. Es gibt also mindestens einen absolut sicheren Beleg für die Veranschaulichung der Menschheit Christi im Himmel durch seine Kindsgestalt[33], in diesem Falle neben der der zweiten Person Gottes, was für meinen diesmaligen Zusammenhang besonders wichtig ist.

Ich kenne keine biblische oder patristische Quelle, auf die sich die Darstellung der Menschheit Christi im Himmel in Kindsgestalt berufen konnte. Vielleicht gibt es sie. Wenn sie fehlt, verstärkt das nur für die Geschichte der Kunst (und der Frömmigkeit) die Bedeutung des Ergebnisses unserer Untersuchung, daß das Bedürfnis sehr verbreitet war, etwas von dem dem Verstande unzugänglichen Wunder der mit der Zweiten Person Gottes verbundenen »göttlichen Wahrheiten« (um eine Formulierung von Thomas von Aquino zu gebrauchen) gleichzeitig in mehr als einer Figur von ihm zu veranschaulichen, ohne dabei auf eine andere ratio Rücksicht zu nehmen als die der Anschaulichkeit.

Als ich oben von Extremen in der Bedeutung des dargestellten Lammes sprach oder in Anm. 23 von seiner Bedeutung als Zeichen, wenn nicht Attribut Johannes des Täufers, erwähnte ich nicht, daß es auch in unmittelbarer Verbindung mit Christus als, nicht lebend gedachtes, Zeichen des »agnus dei« vorkommt. So z.B. in der Apokalypse von St. Sever (Par. lat. 8878; zwischen 1028 und 1072; Ph. Lauer, Les enluminures romanes des ms. de la Bibl. Nat., Paris 1927, pl. XV; Krücke, a.a.O., S. 25 ; van der Meer, a.a.O., S. 389). Der zwischen Engeln und den Vierundzwanzig Ältesten thronende Christus hält mit der Rechten vor der Brust ein Medaillon mit dem Lamm und in der Linken einen von einer Taube bekrönten Stab als »Zeichen« der menschlichen und der göttlichen Natur. Im Wiesbadener illuminierten Sciviaskodex, der wahrscheinlich noch unter den Augen der hl. Hildegard von Bingen (1098–1179) entstand (s. Böckler, S. 388), wird das

31 Es ist mir unverständlich, daß ein Mann wie Étienne Gilson, Painting and reality (Bollingen ser. XXXV, 4), New York 1957, kein Wort über das Verhältnis der Kunst zu den Wirklichkeiten des religiösen Glaubens zu sagen für nötig fand.

32 Ich kann und muß mich hier nicht mit dem an Material reichen Aufsatz im einzelnen auseinandersetzen. Wie bei den Aufsätzen Krückes und Päselers der Fall, konnte ich ihm dankbar Hinweise entnehmen, ohne der Auswertung des Materials stets zustimmen zu können. Wir sehen das grundlegende Problem aus zu verschiedenen Blickrichtungen an, da Kantorowicz die m.E. entscheidende Bedeutung der rechtgläubigen Zweinaturenlehre und die Häufigkeit der Mehrgestaltigkeit noch nicht erkannte. Mir scheint aber die Behauptung, daß im Utrechtpsalter und in ändern Psalterien die zur Illustration von Ps 109 (110) verwendeten beiden Thronenden Christus als Filius Dei und Filius David darstellen) (S. 75ff.), auf einem weitgehenden Mißverständnis zu beruhen. Gott spricht im Psalm zu dem um seiner irdischen Abstammung willen »Sohn Davids« genannten Christus, der gleichzeitig Gottes Sohn ist (Act 2,30,33; Mt 22,45). Darum sagt Hieronymus zu dem Psalm ausdrücklich: »Non alius filius Dei et alius filius David« (P. 1.26, 1163), wie K. selbst zitiert. Ich habe kein einziges Beispiel in der Psalterillustration finden können, das als Stütze für K's., wohl auf E. T. DeWald, The illustrations of the Utrecht Psalter, Princeton 1932, S. 50 zurückgehende Deutung dienen könnte. Der Platz und die Haltung der Taube in der »Quaternität« erklären sich m.E. leicht durch die ihr zugeteilte Bedeutung: außer ihrem Eigenwert veranschaulicht sie die Gottnatur im Kinde. Auch das ist ein Thema, das neuer kunstgeschichtlicher Untersuchung bedarf: die Taube als Bezeugung der Gottnatur im Gottmenschen (vgl. oben S. 92). Unmittelbar vor der Drucklegung macht mich Th. Müller auf das kürzlich bekannt gewordene rheinische Bild von um 1420 aufmerksam (Max H. v. Freeden, Schloß Aschach, Würzburg 1960). Gottvater hält den stehenden Toten, auf den die Taube kopfüber herabfliegt. Das ist also das Gegenstück zu ihrer Funktion bei der Taufe Christi. Sie kann zwar den Toten nicht stützen (Münster 1956, S. 108), aber doch handelnd (aktiv) an der Szene teilhaben. – Die Darstellungen DeWald, Taf. 141f. halte ich wie Krücke, a.a.O., S. 22 für Illustrationen des Gloria und des Credo, also nur formal durch die Anordnung der Figuren, aber nicht intentionell sinngemäß in unsern Zusammenhang gehörend.

33 Sehr merkwürdig ist die Krönung Maria durch Gottvater in Anwesenheit des Kindes und der Taube in Lichtglorien von Gerolamo da Udine († 1512. Mueo Communale Udine; van Marle XVII, S. 475). Da scheint das Kind die Gottheit und die Menschheit der zweiten Person Gottes zugleich zu veranschaulichen. – Ich hoffe, daß dieser Aufsatz manche Leser davon überzeugen wird, daß eine genauere Präzisierung des Sinnes vieler Darstellungen dringend notwendig ist. Man hat sich bisher z.B. viel zu wenig um die Ermittlung bemüht, wo der mittelalterliche Künstler sich das Dargestellte geschehend dachte (der oben erwähnte Bezug zur »Wirklichkeit«). Ich verweise wieder auf Grabars Aufsatz in den Late classical and medieval studies in Honor of A. M. Friend jr., Princeton 1955, S. 306. Muß man nicht im Rahmen des von mir herangezogenen Materiales annehmen, daß das Apsisfresko in Montmorillon bei Poitiers (13. Jahrhundert) den Empfang der Märtyrer im Himmel darstellt, daß darum Maria in der himmlischen Lichtglorie sitzt, und daß auch hier das Kind Christi Menschheit bedeutet?

3 Andrea da Firenze: Gemeinschaft der Heiligen, Florenz, S. Maria Novella

Erscheinen Christi zum Weltgericht (III,12) so beschrieben: »Alsdann erscheint ... der Sohn Gottes. Er wird sichtbar in der Gestalt seiner Menschheit und des Leidens ...« (Maura Böckeler, Hildegard von Bingen Wisse die Wege, Salzburg 1954, S. 336 fügte vor »des« in Klammern »mit den Zeichen« ein, wodurch m.E. das Verständnis der zugehörigen Illustration erleichtert wird [Tafel 83]). Sie zeigt in einem Medaillon einen Sitzenden im Typus Gottvaters, der aber ohne Zweifel Gottsohn sein soll. Er hat blutende Wunden in der segnenden rechten Hand und den Füßen. In der Linken hält er ein Zepter. Die Mitte des Körpers verdeckt ein kleiner Kreis mit dem blutenden Lamm, vor dem ein Kreuz steht. Oberhalb des Medaillons sind Kopf und Flügel der Taube des Hl. Geistes sichtbar als Bezeugung der Gottheit. Neben dem Medaillon stehen Maria und Johannes.

Ich weiß nicht, ob alle Erklärer von Darstellungen sich immer bewußt bleiben, daß Io 1,1 im Griechischen klar besagt, daß wohl der Logos bei Gott war, daß er aber selbst Gott war. Deutlich veranschaulicht ist die erste Hälfte der Aussage, wenn in der Bibel von St.-Benigne (Dijon, Bibl., ms. 2, fol. 442 v; vgl. C. Oursel, Les trésors des Bibliothèques de France, I, Paris 1925, S. 138; Krücke, a.a.O., S. 27) vor der Brust des Thronenden ein Medaillon mit dem Oberkörper eines segnenden und wahrscheinlich ein Zepter haltenden Jünglings gezeigt ist. Für ebenso gesichert halte ich die Deutung der Hauptfigur in Menschengestalt als Logos, wenn sie in Illustrationen des Anfangs des Johannesevangeliums dem vierten Vers entsprechend als Lebensspender bezeichnet ist. Wenn, wie im Evangelienbuch des hl. Bernward (St. Beissel, Des hl. Bernward Evangelienbuch im Dome zu Hildesheim, Hildesheim 1891, S. 11, Tafel XXI; Krücke, a.a.O., S. 26ff.) aus dem frühen 11. Jahrhundert, diese Figur ein Medaillon mit dem Lamme hält, und zugleich auch das Kind in der Krippe dargestellt ist, so bedeutet das die klare Veranschaulichung, daß der Logos Mensch geworden und als solcher gelitten und erlöst hat. Es gibt Darstellungen, in denen der deutliche Hinweis darauf fehlt, ob der Künstler das Lamm als Zeichen oder als lebende Gestalt verstanden wissen wollte, wie es z.B. der Fall ist, wenn unter Christus in Glorie das Lamm in einem Medaillon wiedergegeben ist, das von anderen mit den Evangelistensymbolen umgeben ist (z.B. van Marle, V, 439). Das Lamm muß auch nicht stets einen rationalistisch genau bestimmbaren, l e h r h a f t e n Sinn; gehabt haben, vor allem nicht, wenn es dem Christusknaben beigegeben wurde. Es

4 Andrea di Giovanni: Die Uunschuldigen Kinder

mag da oft, besonders in der Spätzeit, im gleichen Sinne wie Passionsinstrumente verwandt sein zur Veranschaulichung des dem Kinde bestimmten Loses.

Die Hauptquelle für die Verbindung einer menschlichen Gestalt Christi mit der des Lammes war der Vorstellungskreis der Apokalypse. Darauf wies schon van der Meer hin (a.a.O., S. 389). An die Illustrationen zu Stellen der Apokalypse in der Bible moralisée läßt das Apsisfresko von Giusto Menabuoi im Baptisterium in Padua denken, wo der zwischen den Evangelistensymbolen und den himmlischen Hierarchien thronende Christus das Lamm auf dem Schoß hält (van Marle, IV, 168. Letztes Viertel des 14. Jahrhunderts). Auch der thronende, in der Linken »die Schlüssel der Hölle und des Todes« (Apc 1,18) haltende Christus in S. Maria Novella in Florenz[34], der Andrea da Firenze gegeben wird (Abb. 3), gehört einleuchtend in diesen Zusammenhang. Auf dem anderen (ebd. 5,13) Throne (V. 6) liegt auf dem von ihm entsiegelten (V. 9) Buch das Lamm. Umgeben ist der Thron von den Evangelistensymbolen (nach 5,6 und 4,7). Auf der Apokalypse beruht auch die Darstellung des Andrea di Giovanni von 1410 (S. Ludovico, Orvieto; Abb. 4. Es ist das einzige mir bekannte Bild, das den

34 Hulin de Loo im Annuaire des Musées Royaux des Beaux-Arts de Belgique, III, 1940/42, S. 8.

geistigen Schöpfer der Komposition nennt, einen Zisterzienser: »frater Lucius St. Bernardini hoc opus mente fingsit«. Die Stifterin kniet rechts im Vordergrunde). Diesmal stehen die hingemordeten Unschuldigen Kinder unterhalb des Altares mit dem blutenden Lamm (vgl. [hier] S. 247 und Päseler, a.a.O., S. 355ff.). Aber hinter ihm erscheint in himmlischer Glorie der Auferstandene als Knabe, umringt von den Evangelistensymbolen, den vorchristlichen Ältesten, deren Zahl diesmal fünfundzwanzig ist, und, ganz oben, einer weiteren Darstellung des Verherrlichten. Frater Lucius hatte also eine enge anschauliche Verbindung des leidenden »Lammes« mit dem Verherrlichten gewünscht, das Lamm allein genügte ihm nicht. Warum er dazu die Kindsgestalt wählte, kann ich nicht sagen.

Sieht man in weiterem Verfolg unseres Gedankenganges auf den Genter Altar der Brüder van Eyck, so ist die Einheitlichkeit des Themas für die Innenseite und die obere Hälfte der Außenseite ohne weiteres einleuchtend (das der unteren Hälfte findet seine natürliche Begründung in den Personen der Besteller). Zwischen und über den Hinweisen auf die Verursachung (die »felix culpa« der Stammeltern[35], nach der Karsamstagliturgie) und den Verlauf der Erlösungstat (Inkarnation – Passion), ihre Wirkung für Würdige der vorchristlichen Zeit[36] und das Kommen der »Durstigen« (Io 7,37) und ihr Geleitetwerden zu den lebendigen Wasserbrunnen durch das Lamm (Apc 7,17), Jesus Christus, für den »drei sind, die da Zeugnis geben ..., der Geist und das Wasser und das Blut und die drei sind eines« (I Io 5,8), thront im neuen Jerusalem, im »Gezelt Gottes bei den Menschen« (Apc 21,1–6) Jesus als Herr und Christ (nach Apg 2,36), in der »Herrlichkeit des Herrn«, »unserm Gott« (Is 40,5,3; die Bibel des Johannes ist bei diesem Kapitel geöffnet). Mittelpunkt des Ganzen ist die Majestät Christi, wie Bandmann (a.a.O., S. 19) richtig sagt, der ebenso treffend darauf verweist, daß die Anbetung des Lammes keineswegs sein betontester (er sagt »vornehmster«) Teil ist. Auch ich lasse mir gern Instinktlosigkeit (Th. Musper, Untersuchungen zu Rogier van der Weyden usw., Stuttgart 1948, S. 69) vorwerfen, weil ich glaube, daß nicht nur eine Minderzahl der Beteiligten als Anbetende oder das Lamm auch nur Beachtende gemalt wäre, wenn die Anbetung das eigentliche Thema der unteren Hälfte der Innenseite wäre. (Daß es in jedem Falle einen sehr unpräzisen Sprachgebrauch bedeutet, zu einer Anbetung Ziehende als Anbetende zu bezeichnen, sei bemerkt.) Wer von dem, was er sieht oder sehen könnte, ausgeht, wird bestätigt finden, daß meine obigen Worte von »Passion« bis »eines« das Thema in seinen Grundzügen angeben[37], wobei das Zentrum der Darstellung sich mit den Versen des Johannesbriefes deckt. Das erkannte auch Heinz Peters in seinem sehr beachtenswerten Aufsatz (im »Münster« 3, 1950, S. 65ff., S. 69), wie auch, daß keine Veranschaulichung einer bestimmten Szene der Apokalypse beabsichtigt war. Leider blieb aber trotzdem auch für ihn die »Anbetung des Lammes« das Thema, wie auch für Bandmann, der wie andere vor ihm als literarische Quelle neben der Apokalypse die Liturgie des Allerheiligenfestes heranzog (a.a.O., S. 19). Das tat besonders Hulin de Loo, der darauf hinweist, daß sie die Seligen zum Lebensbrunnen gehen läßt in conspectu agni, was der Blickrichtung des Lammes entspräche (a.a.O., S. 6). Ich habe nicht zu ermitteln versucht, wer die Darstellung zuerst als die der »Gemeinschaft der Heiligen« erklärte, ein Zustand *vor* dem Weltgerichte derer, deren Tränen Gott getrocknet hat, die nicht mehr hungern und dürsten werden, wie die leider immer mehr in Vergessenheit geratende, so beachtenswerte Mrs. (Anna) Jameson[38] im Anschluß an Apc 7,16,17 gesagt hat. Wenn dabei »merkwürdig zahlreich sind die Männer des Alten Bundes« (Günther, a.a.O., S. 57), so rufen sie uns – neben ihrem Wert als »Zeugen« – den Altar des Alten Bundes ins Gedächtnis, dessen mit dem des Neuen gleichbetontes Vorkommen in Darstellungen der Majestas Christi ich oben erwähnte. Ikonographisch, vorstellungsmäßig entspricht der Altar der »Bildtradition« (Bandmann, S. 20), aber dem Eyck, der der unteren Hälfte der Innenseite seine Gestalt gab, war es selbstverständlich, es formal mit den Mitteln seines Naturalismus zu tun. Sich ergebende Ungereimtheiten, wie z.B. der Widerspruch zwischen dem offenkundig irdischen Schauplatz der Seitentafeln und der als schon erneuert (renovata) gedachten Erde der Mitte, störten ihn nicht. Er war aber so klug, gerade weil er Naturalist war, eine *Anbetung* des Lammes anschaulich *nicht* zum ausschließlichen, oder auch nur zum Hauptthema zu machen, da sonst der Anschein eines Götzendienstes, den Mrs. Jameson schon jetzt nicht vermieden findet (S. 338), kaum vermeidbar war. Mrs. Jameson wußte nichts mit den Passionswaffen anzufangen, und sie war sich auch nicht bewußt, daß für jedermann damals, der sich über die Darstellung Rechenschaft geben konnte und wollte, dieses Lamm eine Gestaltgabe an die Menschheit Christi bedeuten mußte. Es wiederholen sich die uns schon vertrauten apokalyptischen Bildmotive des »gleichsam getöteten«, jenseitig lebenden Lammes auf einem Altar, dem von Engeln umringten Throne der Apc 5,11. Daß der darüber Thronende nur Christus[39] sein kann, ist so oft bewiesen worden, daß es sinnlos ist, es von

35 Aus Gründen der Tektonik des Altars stehen sie an ihren Stellen.

36 Es ist zu beachten, daß die Strahlen des Hl. Geistes, die originaler (vgl. P. Coremans, A. Philippot, R. Sneyers, Van Eyck, L'ador. de l'agneau, Brüssel 1951, S. 4) als die später hinzugemalte Taube sind, auch die Vorchristen erreichen. Die nicht mehr vorhandene Inschrift der Tafel sagte: Repleti sunt omnes Spiritu sancto (Hulin de Loo, a.a.O., S. 6, Apg. 2,4).

37 Sehr kurz formuliert Hulin de Loo das Thema richtig als »Glorification du Christ Sauveur« (S. 7).

38 Mrs. J.-Lady Eastlake, The history of Our Lord[3], London 1872, II, 357, 339. – Ich kann es mir nur durch Annahme eines merkwürdigen Gedankensprunges erklären, daß W. Schöne (Die großen Meister der niederländischen Malerei des 15. Jahrhunderts, Leipzig [1942], S. 10) die Beschreibung der Darstellung zusammenfaßt als »Gott spricht und seine Schöpfung antwortet ihm«, Worte, die mit dem Altar in gar keinem Zusammenhange zu stehen scheinen.

39 Wenn Dürer ihn »Gottvater« nannte, so kann man nur auf Homer verweisen, der peinlichere Irrtümer beging.

5 *Belasco (?): Lebensbrunnen (Foto: A. E. Princehorn / Allen Memorial Art Museum Oberlin, Ohio)*

6 *Johann Baptist Zimmermann: Allegorie des Gnadenquells (Sammlung Reuschel, Bayerisches Nationalmuseum München)*

neuem tun zu wollen. Daß dieser Christus zugleich Gott in sich begreift, daran zu erinnern hatte ich verschiedene Anlässe. Daß nach der Lehre Gott in diesem Falle durch die zweite göttliche Person repräsentiert wird, die mit Gottvater nicht identisch ist, sollte jedem Kunsthistoriker zum mindesten aus der sich häufig findenden radförmigen Anordnung der Formel bekannt sein, nach der jede der drei Personen »deus est«, aber jeder die andere »non est«. Daher halte ich die erstaunlich viele Nachfolge[40] gefunden habende, anscheinend von ihm erdachte Erklärung Ch. de Tolnay's (Le maître de Flémalle usw., Brüssel 1939, S. 20) von einer vorliegenden »fusion« Christi und Gottvaters für besonders unglücklich.

Ein Nachfolger Jan van Eycks malte zwischen 1441 und 1474 den sog. Lebensbrunnen in Madrid, von dem es mehrere Repliken gibt. Abb. 5 zeigt die dem Museum des Oberlin College gehörende, von einem Spanier (Belasco?) um 1500 gemalte. Josua Bruyn hat sie im Bulletin des Museums, vol. XVI, S. 5ff. so gut veröffentlicht, daß ich nicht viel aus eigenem hinzuzufügen oder zu ändern habe. Der Schauplatz der oberen Szene ist der verschlossene Garten des neuen Jerusalem (das von einem Engel gehaltene Schriftband zitiert den Anfang des Hohenliedes 4,15; auch 4,12 ist zugehörig). In ihm thront in göttlicher Herrlichkeit Christus, das Lamm zu Füßen. Von ihrem Sitz ergießt sich der »Strom des lebendigen Wassers« (Apc 22,1) in den »Brunnen lebendigen Wassers« (ebd., 21,6). Es führt zahlreiche Hostien mit sich. Ein Papst verweist Repräsentanten der irdischen Kirche auf den Inhalt des Brunnens, auf dessen entgegengesetzter Seite unterliegend oder widerspenstig Vertreter der Synagoge sich abwenden. Sie folgen nicht mehr den Mahnungen hebräisch zitierter Psalmverse (nach Bruyn, Anm. 7, S. 17: 4, 8, 9; 105 (106) 1; 106 (107), 1; 110 (111), 4. 5; 118 (119?), 1, 29; 135 (136), 1). Diese Gruppen und der Brunnen befinden sich also auf der Erde, und unter den Gläubigen ist kein als Heiliger Charakterisierter. Das ist zwar eine Veranschaulichung der »einen katholischen und apostolischen Kirche«, wie die Unterschrift des in Kraus-Sauer, a.a.O., S. 418 herangezogenen Bildes von Lukas Horenbout (Rev. de l'art chrétien, 1902, 260) sagt, aber nicht die der »Gemeinschaft der Heiligen«, die Einschluß bereits Verstorbener verlangt. Wenn auch Teile der Veranschaulichung der Vorstellung auf die Apokalypse zurückgehen, so ist sie doch weit von einer apokalyptischen Stimmung entfernt, was uns noch einmal vor Augen führt, daß selbst Kunstwerke mit lehrhaftem Inhalte keine rationale Konsequenz verlangten. Das wesentliche Thema der Darstellung läßt sich mit den Worten des Epheserbriefes angeben, daß »Christus das Haupt ist der Kirche ... und hat sich selbst für sie gegeben, sie zu heiligen, indem er sie reinigte durch das Wasserbad ...« (5,23; 5,25, 5,26). Daß das Wasser im Bilde ausschließlich als das des Sakramentes der Taufe zu verstehen ist, kann nicht bezweifelt werden, da es keine »Gestalt« der Eucharistie ist. Die eben zitierten Worte des Apostels erklären es, wie es zu einer anschaulich nicht sehr glücklichen unmittelbaren Verbindung mit den Hostien kommen konnte. Es ist beachtenswert, daß die vereinte Darstellung der Zeichen der beiden Sakramente für wesentlicher galt als eine unmittelbare Veranschaulichung des Hl. Geistes (was Io 3,5 entsprochen hätte). Offenbar sah man in der obersten der drei Gestalten Christi seine Gottheit so stark betont, daß eine Veranschaulichung des Hl. Geistes entbehrlich war.

Die Skizze des Johann Baptist Zimmermann (1680–1758) in der Sammlung Wilhelm Reuschel (Kat. der Ausstellung in München usw., 1959, Nr. 58) erscheint mir als ein besonders eindringliches Beispiel für die Vielfalt der Veranschaulichungsweise von Teilen des zuletzt behandelten Sinneszusammenhanges (Abb. 6). Wohl weil man die Möglichkeiten der Vielfalt der thematischen Verflechtungen unterschätzte, blieb das eigentliche Thema des Bildes unerkannt, obwohl der Zusammenhang mit Apc 22,1–2 offenbar ist. Der Strom des lebendigen Wassers ergießt sich von dem Sitze Gottes und des Lammes. An seinen Ufern steht der Baum des Lebens, der jeden Monat eine Frucht trägt und dessen Blätter den Heiden das Heil bringen. In offenbarem Gegensatz zum Sündenfall hilft hier ein Engelchen einer Frau, den einzigen Apfel des Baumes zu pflücken. Daß es zu ihrem Heile geschieht, ist in der Teilnahme der himmlischen Personen und in der gesamten Stimmung des Bildes zum Ausdruck gebracht. Da der Baum, für den es bestimmt war, nicht bekannt ist, läßt es sich nicht entscheiden, ob auf ein bestimmtes Ereignis der Heidenmission angespielt wird, oder ob allgemeiner die himmlischen Kraftquellen der Kirche veranschaulicht werden. Daß die Frau die sponsa des Hohenliedes, in diesem Falle die Kirche, darstellt, kann kaum bezweifelt werden. Für unseren Zusammenhang ist das Bild ein wichtiger Beleg, daß noch zu so später Stunde das Lamm, das in der ihm angewiesenen untergeordneten Stellung unmöglich die zweite göttliche Person bedeuten kann, als Christi Menschheit verstanden werden konnte, während den dreieinigen Gott die mit dem trinitari-

40 Ich vermag E. Panofskys Ausführungen zur Ikonographie des Altares, z.T. wegen ihrer unpräzisen Terminologie, nicht zu den glücklichsten Teilen von Early Netherlandish Painting (Cambridge 1953, S. 138, 212ff.) zu rechnen. Er hatte das Mißgeschick, sich öfter auf angeblich sichere Deutungen von Darstellungen zu stützen, die in Wirklichkeit – wie eben große Teile der religiösen Ikonographie – sehr genauer Nachprüfung bedürfen. Wenn er z.B. (S. 446, Anm. 2) die Möglichkeit der Vereinigung der ersten und zweiten Person in einer Figur dadurch für beweisen hält, daß in einem Kopenhagener Manuskript (Thott 540) Maria vor einer Figur kniet, während die Taube sie krönt (er hätte dazu auch Martin-Lauer, a.a.O., pl. XLVIII [Arsénal 620] nennen können), so stützte er sich auf ein splitterndes Rohr. Denn die Figur bedeutet aller Wahrscheinlichkeit nach Christi Menschheit. Eine andere Deutung ist unmöglich, wo, wie bei Carlo Crivelli, Gottvater die thronenden Christus und Maria krönt (van Marle, XVIII, 55), oder wo Christus der Krönende ist, während Gottvater seine Hände auf beide ausstreckt, z.B. van Marle, IV, 30; XVII, 50, 196). Die Taube und Gottvater sollen veranschaulichen, daß es sich bei der Krönung um einen Akt Gottes handelt. Ganz deutlich gezeigt ist das, wo die drei Personen der Dreifaltigkeit die Krönung vornehmen; vgl. z.B. die zwei französischen Beispiele aus dem 15. und 16. Jahrhundert, bei Doncoeur, a.a.O., S. 169f.

schen gleichseitigen Dreiecksnimbus verbundene, von uns zu leicht irrig als Gottvater aufgefaßte, Figur repräsentiert. Daß unter Einfluß der augustinischen Gleichsetzung der »Frucht« des Lebensbaumes mit Christus (s. B. Bauerreiß, Arbor vitae, München 1938, S. 4) der Apfel einen weiteren Hinweis auf diesen bedeuten soll, wage ich nicht zu behaupten. Die Möglichkeit besteht aber. Dann wäre auch der Baum mit dem Kreuze Christi gleichgesetzt (Bauerreiß, ebd.) und damit ein christliches Gegenstück zum Paradies des Alten Bundes dargestellt. War dieses ein irdischer Ort des Friedens zur Bewährung des Menschen, so wäre jenes, Garten des Hohenliedes und Paradies zugleich, unirdischer Schauplatz der Begegnung Gottes mit dem Menschen.

XIV Die Rechtfertigung des Menschen

Herrn Oberstudienrat Rudolf Hertinger in Amberg
in Dankbarkeit für viel Ermutigung

Es entspricht meinem ursprünglichen Plan, diesen Aufsatz damit zu beginnen, daß ich noch einmal meine grundlegenden Gedanken für die Behandlung einiger Probleme der christologischen Ikonographie darlege und manche Formulierung in Worten zugleich zu präzisieren trachte. Zufällig haben in den Wochen, in denen ich mit der Niederschrift begann, neue Anlässe mich in dieser Absicht bestärkt. Ein von mir sehr geschätzter nicht-deutscher Theologe begründete überzeugend in einem Briefe den Anstoß, den er an meiner Formulierung eines Gedankens nimmt, dessen Berechtigung er an sich nicht bezweifelt. Theologen scheinen an sich befähigter und bereiter zu sein, auf meine neuartigen Ergebnisse und Fragestellungen einzugehen, als es im allgemeinen Kunsthistoriker sind, in deren Kreisen es offenbar leider immer noch als verträglich mit dem wissenschaftlichen Status, selbst der Inhaber von repräsentativen Stellungen, gilt, neue Literatur nur bruchstückweise zu verfolgen. Meine Ausführungen, auch im »Münster«[1a], waren nicht als positive Beiträge zur systematischen Theologie gedacht, auch wenn sie sich mit historischen Erscheinungen der sich Worte bedienenden religiösen Bildsprache oder des Frömmigkeitslebens befassen, sondern als kunstgeschichtliche Aufsätze, die von ikonographischen Beobachtungen ausgehen und diese ernst nehmen, auch wenn sie üblicherweise nicht gemacht werden, da sie zu neuartigen Formulierungen zwingen. So befremdend es offenbar noch für viele klingt: die Kunst mag sich auf einer anderen Ebene als die Theologie bewegen, soweit letztere in geklärten Begriffen zu denken und zu sprechen sucht oder einfach auf ein unerklärliches Mysterium verweist. Es ist leicht verständlich, daß viele Theologen von einer Theologie der Kunst nicht sprechen wollten, da die Verwendung des Begriffes Theologie für sie hier unrichtig erschien. Sie ist es aber nicht für den, der weiß, daß nicht von einem Kapitel der Theologie die Rede ist, sondern von einem kunstgeschichtlichen. Bildende Kunst kann nur durch eindrucksame Formen eine Aussage ermöglichen. Derselbe Gedanke oder Tatbestand mag in den Sprachen der beiden einen ganz verschiedenen Ausdruck finden müssen, um dasselbe auszusagen. Das Problem ist schon bei Übersetzungen aus gesprochenen Sprachen vorhanden, wieviel mehr aber, wenn die eine Disziplin mit Worten, die andere mit wortlosen Formen sich ausdrückt. Daß bildnerische Darstellung nur in Gestaltgabe bestehen kann, wird zu oft nicht berücksichtigt und daß solche Gestalt etwas fundamental anderes ist als eine Beschreibung oder Erklärung oder auch nur Andeutung durch um Klärung bemühte Worte, Begriffe oder Sprachbilder. Der bildenden Kunst muß erlaubt sein, in einen leicht übersehbaren Eindruck zusammenzufassen, was vieler Worte bedürfen mag, um geklärt zu werden. Die Sprache der Kunst muß mit den sichtbaren Bildern einwohnenden Beschränkungen rechnen, während die sich der Worte, rhetorischer Mittel und Bilder bedienende Sprache so vieles anwenden kann als zur Erklärung einer Persönlichkeit oder Klärung eines Begriffes oder Geschehnisses notwendig oder verfügbar ist. Man darf natürlich nicht die Leistungen eines Computers als Maßstab der Leistungsfähigkeit des menschlichen Geistes heranziehen. Die Freiheiten, die der religiösen Bildsprache, die noch in jenseits menschlicher Begriffsbildung liegende Bezirke eindringt, und die der Wortpoesie eingeräumt sind, müssen der bildenden Kunst in erhöhtem Maße zugesprochen werden, der Poesie für die Augen, wie Lope de Vega die Malerei nannte.[1b] In der Kirche hat es offenbar nie an Verständnisvollen für dieses Wesen der Kunst gefehlt. Als selbstverständlich vorausgesetzt wurde allerdings die Kenntnis der religiösen Wahrheiten im Sinne des Glaubens, die heute leider auch unter Kunsthistorikern keine Selbstverständlichkeit ist.

Manche religiösen Wahrheiten lassen sich bildnerisch nicht anders darstellen denn in »als-ob«-Form oder durch Zeichen. Trotzdem kann solche bildnerische Darstellung aber nicht kurzweg als Symbolik bezeichnet werden. Eine normale männliche Gestalt kann z.B. nie nur ein Symbol für den menschlichen Körper des Gottmenschen sein wollen, der in seiner individuellen Gestalt zwar nicht bekannt ist, aber in seinen allgemeinen Charakteristiken zum genus menschlicher Körper im Palästina seiner Zeit gehörte. Dieser menschliche Körper diente aber nicht nur zum Gefäß einer menschlichen Natur, sondern auch der göttlichen und nach der Himmelfahrt wurde die volle Menschheit Christi in die – um mich einer Formulierung von P. R. Lachenschmidt (Scholastik, 1965, S. 629) zu bedienen – innertrinitarische Relation aufgenommen.

Die Darstellung beider Themata war von einzigartiger Schwierigkeit. Wie man etwa die Inwohnung des Logos im gekreuzigten menschlichen Körper Christi sichtbar zu machen suchte, haben L.H. Grondijs, Aloys Grillmeier SJ, ich und andere erörtert. Ich habe aufgezeigt, daß die Bemühungen in der Darstellung eines lebenden Toten gipfelten. Seither

1a R. Berliner: Bemerkungen zu einigen Darstellungen des Erlösers als Schmerzensmann, in: Das Münster, Jg. IX, 1956 [= X, S. 192–212]. – Ders.: Raphaels Sixtinische Madonna als religiöses Kunstwerk, Jg. XI, 1958 [= XII, S. 217–235]. – Ders.: Der Logos am Kreuz, Jg. XI, 1958 [= XI, S. 213–216]. – Ders.: Ein Beitrag zur Ikonographie der Christusdarstellungen, Jg. XIV 1961 [= XIII, S. 235–252].

1b Zitiert von P. Gabriel Llompart in: Die Weihnachtskrippe, 32. Jahrbuch, 1965, S. 62.

hat Herbert Schade SJ auf den sitzenden Christus in der Versuchung auf einem Kapitell der Mitte des 12. Jahrhunderts in Plaimpied (Dämonen und Monstren, Regensburg 1962, Bild 46 und S. 69) hingewiesen, der in der Linken ein kleines Buch trägt: ein an sich wenig zum dargestellten Augenblick passender Gegenstand. Schade hält es für gleichbedeutend mit dem Buche des Lebens in der Hand Gottvaters. Wenn ich auch zögere, diese Erklärung zu übernehmen, so halte ich Schades Hinweis trotzdem für wichtig, da ein Buch im frühmittelalterlichen Christusbild (in anderem Sinne als er meinte) wirklich an die Gegenwart Gottes erinnern mag: Christus als Wort Gottes, als Logos. Der Bildhauer kannte kein anderes künstlerisches Mittel zur Veranschaulichung der göttlichen Natur in Christus als die Beigabe eines Zeichens als Attribut. Daß das kein persönliches Ungenügen war, beweist z.B. eine so hervorragende Arbeit wie das Kapitell mit der Flucht nach Ägypten im Museum von Autun aus dem 1. Viertel des 12. Jahrhunderts. Der Knabe legt seine rechte Hand auf das von Maria getragene Symbol seiner göttlichen Weltherrschaft, das zu halten für ihn zu schwer wäre. (Die marianische Symbolik kann hier nicht erörtert werden.)

Als Leistungen künstlerischer Phantasie stehen höher die wahrscheinlich eigenartigsten und darum von der Kunstgeschichte negiertesten Darstellungen der christlichen Kunst: die des Gottmenschen in der für einzelne Phasen seines irdischen Lebens spezifischen Gestalt, jedoch außerhalb dieser Phasen als in die jeweilige Gegenwart oder in eine ewige Zukunft transponierte Gestalt, oder in einer nur als künstlerische Konzeption bestehenden und keine entsprechende reale oder geglaubte Wirklichkeit wiedergebenden Veranschaulichung. Man sollte den Mut haben, sie als das, was sie sind zu bezeichnen: als unhistorisch und der Glaubenslehre nicht unmittelbar entsprechend, wenn sie in Worten beschrieben würden.

Als Beispiele solcher Als-ob-Darstellungen nenne ich, auf frühere Arbeiten von mir Bezug nehmend, den Arma-Christus, der zwar den Auferstandenen miteinschließt, aber nur sehr unpräzise als der Auferstandene bezeichnet werden kann, und die Madonna mit dem Kind auf dem Arm im Himmel: Das sind Themata, »Gegenstände der bildenden Kunst [...] die erst durch die Kunst geschaffen wurden« und die kein »Leben unabhängig von ihrer Verwirklichung durch sie haben«. Herbert von Einem möge entschuldigen, daß ich einen Teil eines Satzes von ihm genau im gegenteiligen Sinne von dem seinigen zitiere (Wallraf-Richartz-Jahrbuch, Bd. 27, 1965, S. 25) und mich vergebens frage, was er wohl mit dem Ausdruck »Verwirklichung« gemeint hat. (Genau so inadäquat und das wahre Problem umgehend ist die Bezeichnung der Verehrung des Kreuzes auf Golgotha und im Himmel in S. Maria antiqua als »überhistorische Szene« durch W. Mersmann [ebd., S. 52]. Ich habe das wirkliche Problem vor mehr als zwanzig Jahren sehr klar in der Gazette des Beaux-Arts 1945 formuliert. [= V])

Da es dem Dogma entspricht, daß Christi Menschheit in den Himmel aufgenommen ist, war das Thema ihrer separaten Darstellung in einer Personifizierung der zweiten Person der Trinität theoretisch gestellt. So leicht es sich auch in Worten sagen läßt, daß das leibliche Herz Jesu mit der Person des Logos unzertrennlich vereinigt ist (siehe L. Ott: Grundriß der katholischen Dogmatik, Freiburg 1952, S. 184), eine Veranschaulichung der Verbindung eines menschlichen Herzens mit der körperlosen Gottheit blieb der künstlerischen Phantasie überlassen. Während m.E. die Darstellung der Kindsgestalt diese Gefahr vermied, kann eine Verdoppelung der erwachsenen Gestalt Christi leicht den falschen und nicht gewollten Eindruck erwecken, daß zwei verschiedene Personen dargestellt sind, wie ja auch in Wirklichkeit ein den Gekreuzigten haltender Christus – ein vertrautes ikonographisches Schema – meistens als Gottvater aufgefaßt wurde und noch wird.

Von Ernst H. Kantorowiczs Auffassung des Problems (Selected Studies, New York 1965, S. 108ff.) unterscheidet sich meine hauptsächlich dadurch, daß er thematisch die in den Himmel aufgenommene Menschheit des Gottmenschen unberücksichtigt ließ und eine Entgegensetzung der göttlichen Natur des Logos und der menschlichen Jesu da annahm, wo es sich m.E. um Veranschaulichung des Unterschiedes zwischen dem Logos und dem beide Naturen in sich vereinenden Gottmenschen handelt, der eben kein »deified human being« (S. 113) war, sondern Gott, der Mensch wurde, indem er zur göttlichen auch die menschliche Natur annahm. (So sehr ich auch Kantorowiczs Leistungen bewundere – es ist für die allgemeine Lage bezeichnend, daß ich einmal einen Brief von ihm bekam, in dem er seiner Freude Ausdruck gab, daß ich seine Arbeiten läse, während sie doch im allgemeinen ignoriert würden – ich glaube, er ist dem spezifisch christlichen Charakter des Christentums nicht gerecht geworden und verlor sich manchmal im Irrgarten der historischen Theologie, in dem es Laien unmöglich ist, sich zurechtzufinden. Wer sich davon überzeugen will, studiere zur Warnung H. Rahners »Symbole der Kirche« (Otto Müller Verlag, Salzburg 1964) oder Maurus Berves »Makelloser Spiegel Gottes«, in: »Erbe und Auftrag«, 1966, 42. Jg. der »Benediktinischen Monatsschrift«, Beuron, S. 32ff.). Für irrig halte ich auch Kantorowiczs Deutung der Zeichnung im Ms. Harley 603 der British Library fol. 1 (S. 118, Abb. Taf. 32, Fig. 35; frühes 11. Jh.), daß hier der Logos-Knabe im Schoße Gottvaters dargestellt sei. Als Parallele zu den oben besprochenen Darstellungen liegt, wenn nicht in Mariens, dann wahrscheinlich in des Logos Schoße, der Jesusknabe, dessen göttliche Natur die von ihm gehaltene Weltkugel, die Schriftrolle und die Taube bezeugen.

Es war eine Bestätigung der allgemeinen, die Grundlagen der Ikonographie zu wenig beachtenden Lage, daß ein akademischer Lehrer von dem Ansehen E.H. Gombrichs sich völlig unberührt von neuen kunsthistorischen Deutungen und Fragestellungen zeigte, als er 1964 vor der American Psychological Association über die Bedeutung der Kunst für das Studium von Symbolen sprach. Gombrich wollte zweifellos den Erwartungen seiner Hörer entsprechen, aber er wurde sich nicht bewußt, daß er wie ein in Kunstgeschichte und Psychoanalyse dilettierender Psychologe erscheinen konnte, der die Welt der Kunst nicht mit künstlerischen und historischen

Kategorien und mit den benötigten Kenntnissen beurteilt, sondern unter Anwendung dogmatischer oder hypothetischer Erklärungen der Mechanismen psychologischer Prozesse.[2] Ich wage zu sagen, daß der psychoanalytische Einfluß seines Freundes Ernst Kris auch Gombrichs kunsthistorisches Denken fortschreitend immer mehr verbiegt. Der Historiker in ihm schweigt so schnell, daß ihm weder gründliche Analysen von sorgfältig ausgewählten Kunstwerken noch des Symbolbegriffes in der Kunst nahelagen. Er unterließ es, seine Hörer darauf hinzuweisen, daß ihr psychologisches Interesse sich auf unbewußt gewählte Symbole bezieht, während es sich in der Kunst, besonders in der von ihm hauptsächlich herangezogenen christlichen und humanistischen Kunst, in der Regel um eine zur Übermittlung eines gewollten Sinnes oder zur Erregung eines bestimmten Gefühles sehr bewußt gewählte Form der Darstellung handelt. Gombrich, der die englische Sprache beherrscht, hielt eine Klärung nicht für nötig, ob der Begriff Symbol in der bildenden Kunst die gleiche Bedeutung haben kann wie in der Sprache oder in der Welt der Töne, worin der Unterschied zwischen Allegorie (vgl. J. Held, in: Reallexikon der deutschen Kunstgeschichte, I), Anzeichen, Zeichen und Symbolen liegt und was man vor allem in christlicher oder religiöser Kunst im allgemeinen sinnvoll als Symbol bezeichnen kann und was nicht.

Da für Gombrich die psychoanalytische Gleichsetzung jeder versuchten Darstellung mit Symbolik immer selbstverständlicher geworden ist, gehört zu den von ihm nicht beantworteten Grundfragen vor allem die: ist der Unterschied zwischen begrifflicher und sichtbarer Charakterisierung so wesentlich, um grundsätzlich die Bezeichnung der letzteren als symbolisch zu rechtfertigen? Kann von einer künstlerischen Darstellung mehr verlangt werden als daß sie ihrem Gegenstand zum Eindruck wirklicher Existenz nach menschlicher Auffassung und in der Phantasie verhelfe? Wird dann nicht das Symbol zur Veranschaulichung einer angenommenen Wirklichkeit, die nur mit Realität nicht verwechselt werden darf? So interessant für Psychologen Gombrichs Verbindung des Freudschen Symbolbegriffes mit dem romantischen sein mag, die Grundfrage bleibt von ihm unbehandelt, ob die Veranschaulichung eines Teiles der religiösen Auffassung eines Gottes wie im vatikanischen Apollo sinnvoll als Symbolik klassifiziert werden kann. Worin liegt bei der Figur der charakteristische Unterschied zwischen künstlerischem Symbol und der Veranschaulichung einer religiösen Auffassung durch eine in normalen anatomischen Grenzen bleibende menschliche Verkörperung? Wie wenig klar seine Gedanken darüber sind, zeigt sein Zitat, in dem die Statue »more than a symbol«, gleichzeitig aber auch »a fitting symbol«, genannt ist. Dieses Jonglieren mit dem Begriff Symbol, dem gewiß die englische Entwertung des Wortes zu einer Scheidemünze entspricht, ist für eine ernsthafte Kunstwissenschaft nicht annehmbar, besonders nicht, wenn von vergangenen Kunstauffassungen die Rede ist.

Für Gombrichs Vereinfachung zeugt besonders der zweite Absatz auf S. 40: »[...] art was once the servant of symbolism and not symbolism the servant of art. The images of the past in our churches and museums were commissioned and fashioned to proclaim the holiness of the supernatural or the greatness of the ruler [...]« Hier liegt eine einseitige, falsche und populär-psychologische Erklärung vor, die die für unseren Zusammenhang wichtigste Tatsache unerwähnt läßt, daß sehr viele Denkmäler christlicher Kunst des Abendlandes auf der Grundlage des persönlichen Verhältnisses zu Gott oder zu den Heiligen basieren, daß sie in erster Linie ein Ausdruck des Frömmigkeitslebens einer Gemeinschaft oder einer Person sind, wenn Frömmigkeit die Erscheinungsform des Glaubens im täglichen Leben des einzelnen bedeutet. Der fromme Stifter eines Bildes war von dem Wunsch erfüllt, dem Jesuskind etwas Liebes zu erweisen, oder er wollte dem dargestellten Ereignis beiwohnen; aus dieser religiösen Haltung wünschte er, daß diesem Verlangen wenigstens in effigie genüge getan würde. Die psychologisch komplexe Erfüllung dieses Wunsches führte zu Darstellungen, deren genaue Analyse Psychologen sicherlich interessiert und vielleicht manchen zur Fragestellung veranlassen könnte, ob denn der Sinn vieler Darstellungen und damit der Verlauf der nachantiken und christlichen Kunstgeschichte sich auf die einfache Formel reduzieren läßt, die ich oben zitierte. Sie ist in Wirklichkeit ebenso teils falsch teils richtig, wenn man sie umdreht. Gombrich hat das Problem allzu leicht angefaßt, um zu wirklich richtigen und wichtigen Ergebnissen zu kommen. »Auch hier liegt das Ergebnis schon in der Methode beschlossen«, warnt mit Recht Schade einmal (a.a.O., S. 12).

Auf dem Spiel steht, ob die Möglichkeit des Verständnisses religiöser Darstellungen immer mehr verringert werden soll. Ich weiß nicht, welcher Einfluß Panofsky veranlaßte, dem Schluß des 7. Kapitels seiner Dürer-Biographie eine demokratische Wendung zu geben. Für mittelalterliches Frömmigkeitsleben gab es im Stifterbild keine grundsätzliche Unterscheidung zwischen Porträt und religiösem Bild. In der Bremer Zeichnung L. 131 von 1522 kann Dürers »physical pain and decay« nicht »as a supreme symbol of the likeness of man unto God« gemeint sein, wenn er auch die Werkzeuge der Geißelung hält.[3] Modernen Ohren klingt diese Formulierung vielleicht sympathisch. Dürer gehörte aber keiner häretischen Bewegung an, die die Gottnatur im Gottmenschen leugnete. Dieser unüberbrückbare Unterschied blieb auch für den, der seine menschliche Natur als die eines Leidensbruders ansah. Kurt Steinbart, der richtig betont, daß die Zeichnung »mehr reines Selbstbildnis als ein in das Thema des Schmerzensmannes bereits verwandeltes Symbol des Selbst« ist, hat die christomorphen Selbstbildnisse Dürers treffend charak-

2 Ich fand kein Anzeichen, daß E. Gombrich den so wichtigen Aufsatz von H. Silberer, über die Symbolbildung, im Jahrbuch für Psychoanalyse und Psychopathologie, Bd. 3, 1912, S. 661 (vor allem mit dem Kommentar von David Rapaport in: Organization and Pathology of Thought, 3. Aufl. New York 1959, S. 208ff.) kennt.

3 The Life and Art of A. D., Princeton 1943, 4. Aufl. 1955, S. 241.

terisiert[4] als »die Metamorphose eines von der Mission und der Erlösungsgewalt Christi zutiefst ergriffenen, mystischen Herzens«. (Ich wünschte nur klarere Ausdrücke für Symbol und das mystische Herz.) In der Bremer Zeichnung hält Dürer als Jesus zwar die Geißeln, ist aber noch nicht gegeißelt; es ist also keine historische Szene dargestellt. Ob Dürer einem Wunsche Ausdruck gab, »hätte ich doch die Geißelung aushalten müssen«, oder dem unkomplizierten Wunsch nach zeichnerischer Wiedergabe des Eindrucks »ich sehe aus wie das Leiden Christi« oder ob er dem Blatt an Stelle einer allzupersönlichen Aussage die allgemeinere Wendung gab und die Geißeln das nächstliegende Motiv waren, bedürfte eingehender Untersuchung.

Wölfflin hat einmal gesagt: was für die Anschauung bestimmt ist, will auch vom Sichtbaren her beurteilt werden. Das Motiv des Titelblattes der Großen Passion ist stark vom Bildhaften her bestimmt und – was eigentlich längst erkannt ist – nicht von dem Vers des Chelidonius, der Dürer nicht zu illustrierende Verse lieferte, sondern nachträglich seine poetischen Ausdeutungen, die an sich schon sehr wenigen verständlich gewesen sein können.[5] Anschaulich könnte der auf dem Sarkophag sitzende Arma-Christus von dem Soldaten auch wirklich verehrt werden, wenn wir nicht um die Bedeutung der historischen Szene wüßten und das Rohr nicht abgebildet wäre. Dürer war sich bewußt, daß jene im Himmel sich nicht wiederholt und daß sie irdisch betrachtet zu einem unmöglichen Zeitpunkt erfolgt. Aber anschaulich wird der Beschauer mit dem auf Erden im kumulierten Leiden Befangenen konfrontiert, einer unhistorischen, rational nicht verständlich zu machenden Vorstellung, der Dürer hier eine Gestalt gegeben hat, die anschaulich die Frage nach dem realistisch betrachteten Zeitpunkt des Geschehens durch den Wolkensaum als zeitlos beantwortet. Für Dürer lag offensichtlich das Schwergewicht des Problems in der inneren Wirkung auf den mit dem auch für ihn gelitten habenden Erlöser Konfrontierten. M.E. hat Dürer seine vollkommenste Lösung für die Aufgabe, wie er sie sich stellte, in dem kleinen Bilde der Karlsruher Galerie gefunden. Ich gehe etwas ausführlicher darauf ein, weil seine neuerliche Behandlung durch Ludwig Grote[6] ein gutes Beispiel dafür ist, wie wenig die Analysen der üblichen Methode für solche Darstellungen genügen. Für Pauli (Pantheon, München 1935, S. 347f.) kniet in diesem »tiefst gefühlten Christusbild« Dürers Christus hinter einer Steinbrüstung vor einer blauen Dunkelheit. Den Gesichtsausdruck deute ich etwas anders als Pauli: nach allem, was er menschlich gelitten, faßt Christus nach dem Ende seiner Leiden den Beschauer in persönlicher Konfrontation fest und prüfend ins Auge mit der todernsten Frage: »Das litt ich für dich, was tust oder unterläßt du um meinetwillen?« Aber was soll eine Brüstung in der Darstellung bedeuten und wäre hinter ihr Raum für einen Knienden? Grote hat einiges gut beobachtet. Die linke Hand

1 Beklagung des toten Christus im Himmel, aus dem Gotha-Missale, dem Bedford-Meister zugeschrieben, Paris, um 1410 (Courtesy The Cleveland Museum of Art, Mr. and Mrs. William H. Marlatt Fund)

hat eben noch geblutet und einen Blutfleck auf dem Deckel des Sarkophages hinterlassen (welch Realismus!), hinter dem Christus sitzt (aber ist dafür Raum?). Die Wundmale haben den Charakter von Zeichen, da dieser Körper nicht mehr leidet. Da Grote weder das Thema des lebenden Toten noch des Arma-Christus zu kennen scheint, lag ihm der Gedanke an diese beiden Themen fern, so daß sich die Gefahr von verallgemeinernden Deutungen ergibt. Die Raumvorstellung ist nicht von mystischer Tiefe (was immer der Ausdruck bedeuten soll) und noch weniger weist der blaue Grund auf eine von Christus ausgehende Aura seiner Göttlichkeit hin (m.W. gab es diese Vorstellung nicht), sondern der qua homo Tote, in seiner göttlichen Natur aber Lebende weilt noch in der Grabeshöhle. In diesem Zusammenprall von Natur und Übernatur nimmt der menschliche Leib keinen realistisch definierbaren Raum ein; er ist noch als im sehr schmalen Sarkophage liegend angenommen. Realistische Darstellungsmittel und Unwirklichkeit des Ganzen widersprechen sich nicht.

Vergleicht man dieses, man möchte sagen intime, Andachtsbild mit dem großartigen Holzschnitt B. 122 von 1511, den Wölfflin als Titelbild seinem Dürerbuch voranstellte, so sieht man, welch große Gegensätze der Auffassung des Arma-Christus Dürer für möglich hielt. Das Blatt wird noch üb-

4 Zeitschrift für Kunstgeschichte, 14, 1951, S. 38f.

5 Vgl. meine Notiz in: Die christliche Kunst, 25, München 1928, Heft 9 [= II], S. 315ff.

6 Zeitschrift des Deutschen Vereins für Kunstwissenschaft, 19, Berlin 1965, S. 151ff.

licherweise als Gnadenstuhl bezeichnet, obwohl bei genauer Analyse kein Zweifel herrschen kann, daß das keine repräsentative Darstellung der Dreieinigkeit ist, sondern des Als-ob-Augenblickes, in dem Gottvater das Opfer des anschaulich nichts-als-toten Jesu annimmt. Was gewissermaßen im Bewußtsein Gottes vorgeht, ist nach außen projiziert, wobei Christus die rein passive Rolle dessen zufällt, der ausgelitten hat. Hätte Dürer zur Grundlage der Darstellung die beiden Schlußworte Jesu am Kreuze genommen: »Vater, ich befehle meinen Geist in deine Hände« (Lc 23,46) und »Es ist vollbracht« (Io 19,30), dann könnte die Darstellung nicht anders formuliert sein, denn der Geist ist nun einmal direkt nicht darstellbar. Ich habe den ikonographischen Zusammenhang der Szene als einer zur Passion gehörenden mehrfach kurz erörtert und bilde sie hier (Abb. 1) in einem Typus ab.

Gombrich hätte, wenn er von theologischen Arbeiten über die theologische Bildsprache ausgegangen wäre, einen vor allem für Psychologen wesentlichen Beitrag zur Klärung des Begriffes künstlerisches Symbol bringen können, wenn er den Zusammenhang zwischen religiöser Bildsprache, Gleichnissen, theologischen Typen und Symbolisierung herauszuarbeiten versucht hätte, wobei wohl die Hauptfrage hätte sein sollen, welchem bestimmten Zweck jeweils das Bild in religiöser Lehre und seine Veranschaulichung in der Kunst zu dienen bestimmt war. Nur genaueste Analyse kann entscheiden, ob direkte Veranschaulichung der Bildsprache vorliegt oder ihre Übersetzung in künstlerische Symbolik, aber nicht eine der bei Psychologen üblichen kausalen Grundlegungen in allgemeiner Psychologie. Denn psychologisch grundlegend war für den Künstler und den Besteller das Verhältnis der Darstellung zur geglaubten Wirklichkeit, zu der die von Robert Grosche (Das Münster, 1965, S. 1ff.) betonte »historische Dimension« der christlichen Religion gehört. Einst in der Zeit Gewesenes kann und soll als Gegenwärtiges empfunden werden.

Man kann christliche Symbolik nicht verstehen, wenn man nicht in die Lande des Christentums geht. Der in ihnen Heimische braucht z.B. keine andere psychologische Erklärung für die Darstellung Gottvaters oder Gottes als eines alten würdigen Mannes als Jesu oft wiederholten Ausspruch: unser Vater im Himmel. Wie ein moderner Dogmatiker die Darstellung zu rechtfertigen sucht, ist begrifflich, aber nicht anschaulich gedacht. Schwieriger ist für uns wegen der unvermeidlich gewordenen Assoziation mit profanen Vorstellungen die Möglichkeit des Verständnisses von Darstellungen Gottes[7] als Cupid, die ihre Anhänger selbst im Protestantismus fanden. Entscheidend war die Auffassung Gottes als die Liebe und waren bestimmte kulturgeschichtliche Voraussetzungen, um solche Veranschaulichung möglich zu machen, deren Verständnis als Darstellung des inkarnierten Gottes weniger schwierig ist. Solche religiös und kulturell bedingte Sondererscheinungen sind wichtig als Ausdruck des Frömmigkeitslebens, aber ihre Verbindung mit allgemeiner menschlicher Psychologie ist keineswegs notwendig. Das gleiche gilt m.E. für die Auffassung Christi als unserer Mutter, die zwar in weiblicher Gestalt erscheinen mag, aber trotzdem männlich als Person bleibt.

So schwer es uns auch fallen mag: wenn wir uns nicht bewußt bleiben, daß das, was der Betrachter dargestellt sieht, seinen wahren Sinn nur dem Kundigen enthüllt, daß seine Beschreibung in Worten theologisch unannehmbar sein mag (gerade auch wenn die Darstellung, wie etwa in der Bible moralisée, für Theologen bestimmt war), kann die Auffassung historischer christlicher Symbolik nur unvollständig sein. Man bezeichnet heute noch leicht Darstellungen als symbolisch, die nicht symbolisch gemeint waren, sondern faktuell, obwohl sie als unwahr erscheinen. Ich habe in meinen Aufsätzen in der Gazette des Beaux-Arts (besonders sér. 6, 28 [= VII], S. 263ff.) einige der grundsätzlichen Voraussetzungen zu klären versucht, unter denen unwahre Darstellungen religiös erträglich werden konnten und ziehe hier nochmals die der Inkarnation heran, in denen das Kind schon aus dem Himmel seine menschliche Gestalt mitbrachte. Der Absicht nach sollte nicht bestritten sein, daß der Logos die menschliche Natur erst in Mariens Leib annahm. Veranschaulicht und betont sollte werden, daß die Inkarnation seinem göttlichen Willen zur Erlösung der Menschheit entsprach. Rein bildkünstlerische Symbolik vertritt einen sonst anschaulich nicht darstellbaren Teil der Lehre, wenn auch in anschaulich unwahrer Weise. Die Beschränktheit der Aussagefähigkeit einer Bilddarstellung als gegeben annehmend, ertrug man, daß die Darstellung nur einen Teil der Wahrheit veranschaulichend im ganzen als »unwahr« erschien, um das Thema zu konkretisieren. Ich möchte aber darauf hinweisen, daß etwa die Rolle von Engeln bei der Inkarnation von Theologen ernsthaft diskutiert wurde: vgl. die in ihrer Zeit einflußreichen Commentarii sagrosanti della vita [...] di Giesù-Christo (Palermo 1703) I, S. 10: [...] per mano degli Angioli, secondo che con Caetano discorse Suarez (in terza parte tom. 2 qu. 35 disp. 13 sect. 3 und Cornelius a Lapide in Luc. 2) depositato nelle braccia della Vergine.

Es ist merkwürdig, daß es Gombrich nicht auffiel, daß seine Stellung zu Kunstwerken in diesem Vortrag sehr entfernt von einer irgendwie künstlerisch bestimmten Aussage war. Man vergleiche etwa, daß er es für angezeigt hielt, eine so ungeistige, von Erfahrungen mit Computern ausgehende psychologische Methode – wie es nach ihm die von U. Neisser vorgeschlagene ist – heranzuziehen, während jede Erwähnung der menschlichen Phantasie fehlte und Goethe und seine Welt, der so viel über Kunst nachgedacht hat, für diesen Vortrag nicht existierte. Welche Anregungen hätte Gombrich für sein Thema in dem Hinweis finden können, den Eckermann unterm 10. April 1829 als Goethes Urteil über Claude Lorrain berichtet: »Die Bilder haben die höchste Wahrheit, aber keine Spur von Wirklichkeit. Claude Lorrain kannte die reale Welt bis ins kleinste Detail auswendig und er gebrauchte sie als Mittel, um die Welt seiner schönen Seele auszudrücken [...]« Damit ist die kunsthistorisch wichtige Grundfrage

7 Vgl. meinen Aufsatz in der Gazette des Beaux-Arts, Sér. 6, 1942, 1953 [= VII], S. 9ff.

gestellt: muß eine Veranschaulichung, die als Aussage, in der Übermittlung eines bestimmten Sinnes zwar wahr, aber nicht realistisch ist, als symbolisch bezeichnet werden? (Und ist es nicht nur ein Unterschied im Formalen und keineswegs im Grundsätzlichen, wenn moderne Künstler, wie etwa Paul Klee, denken, sie stellten das Wesen der Natur wahrer dar als sie selbst wäre?)

Wie leicht Gombrich das spezifisch kunsthistorische Problem der Deutungen nahm, zeigt die Tatsache, daß er es für unnötig hielt, darauf hinzuweisen, daß die von ihm vorgetragene Deutung der beherrschenden Zentralfigur des Genter Altars als Gottvater sehr bestritten ist. Es ist nicht zutreffend, daß in Cartaris Imagini degli Dei Antichi (seine Fig. 10) Old Father Time dargestellt ist. Der alte Mann verkörpert vielmehr den Planeten Saturn, der in der Hand das Symbol der Zeit, die Schlange, hält, die sich nicht selbst verzehrt, sondern von einer Flamme verzehrt wird, als dem Symbol der vorübergehenden und der sich erneuernden Jahre. Das an sich anschaulich unbewegte Symbol der Zeit ist zum Mittelpunkt eines Geschehens geworden.

Es handelt sich um eine der Sprache der bildenden Kunst gemäße Ergänzung des Gedankenbildes, wie etwa Goethe die Zaumlosigkeit der Pferde von Faust und Mephisto bei Delacroix als ein die Wunderbarkeit des Rittes unterstreichendes sinnfälliges Motiv bewunderte, auf das hinzuweisen ihm in der Dichtung fernlag. Die Berechtigung, solche sinnfällige, der Sprache der jeweiligen Kunstmittel angemessene Darstellung (wie z.B. auch etwa die von Gombrich angeführte Tonmalerei) als Symbolik zu bezeichnen, bedürfte genauer Präzisierung des Begriffes. Die Betonung des symbolischen Wesens aller Kunst, wie jeder Sprache, klärt m.E. nichts weder für die Kunstgeschichte noch für die allgemein menschliche Psychologie. Es ist nicht üblich, die Widerspiegelung von Gefühlen im Körper als Symbolik zu bezeichnen. Wiederum bedürfte es der genauen Definition des Begriffes, wenn man die Darstellung der Jungfrau Maria, die die Stigmata empfängt, wie ich sie in der Gazette des Beaux-Arts (Juli 1953, S. 15) abbildete, als symbolisch bezeichnen wollte. Welch anderen Weg gab es zur Veranschaulichung, was innerlich in ihr vorging, als sie der Kreuzigung beiwohnte? Sie fühlte Wunden, als ob sie ihrem Körper selbst beigebracht würden.

Wie wenig geklärt sein Denken ist, zeigen Gombrichs Bemerkungen zur Darstellung der Jungfrau Maria im Genter Altar und zur Meditationsanleitung in einem Pariser Stundenbuch von 1505. Umgeben von den sogenannten marianischen Symbolen, d.h. den Verbildlichungen von auf Maria bezogenen biblischen Worten, ist Maria, nicht anders als im Altar der Eyck, als die Schönste dargestellt, denn auf sie wurden die Worte des Hohenliedes bezogen als faktuelle Beschreibung, der ein Künstler zu folgen hatte. Grundsätzlich ist das Problem das gleiche wie bei der Darstellung der Menschheit Christi, Wiedergabe einer Wirklichkeit bei beinahe gänzlich fehlenden realen Unterlagen. Als Symbolik kann man aber solche Wiedergabe präzise nicht klassifizieren, vielleicht ist es nicht einmal logisch zulässig. Ich glaube, daß das letztere auch für die nicht-menschlichen Gestaltgaben an Christus zutrifft, die auf biblische Worte zurückgehend eine seiner Funktionen verbildlichen, während die marianischen Symbole der Charakterisierung Marias dienen.

Christus ist nicht das Lamm Gottes, weil er – was man nach S. 38 als Meinung Gombrichs annehmen muß – ohne Widerstand als Opferlamm diente, sondern weil er freiwillig und zur Sühne fremder Schuld der Welt Sünden auf sich nahm. Es handelt sich nicht um den Vergleich eines Verhaltens, sondern um eine grundlegende Erweiterung des Begriffes Opferlamm. Dargestellt ist auch nicht ein Lamm als Angehöriger einer (oder einer nicht existierenden mystischen) tierischen species, sondern dieses einmalige Opferlamm Gottes, das nur der Gottmensch war. Dieser beherrscht in seiner himmlischen Verherrlichung den Altar als Hauptfigur. Zu seinen Füßen liegt mit wirklicher Symbolkraft die Krone des Lebens (Iac 1,12), die die Stifter des Altares zu erringen hofften. Wäre man gewohnt, Darstellungen thematisch nach der Absicht ihrer Urheber zu klassifizieren, so müßte es jedem klar sein, daß die allein richtige Formulierung des Themas des Genter Altars von Hulin de Loo stammt: Verherrlichung Christi als des Erlösers. Die Darstellung des menschlichen Körpers, in dem der Gottmensch litt, ist vermieden und ersetzt durch das Lamm Gottes, dessen Bedeutung damals bekannt genug war, um die Möglichkeit einer mißverständlichen Deutung als einer Anbetung eines Lammes als solchen auszuschließen. Fragen kann man dagegen, ob nicht eine Darstellung des Gottmenschen auf Erden und seiner Menschheit im Jenseits in Gestalt dieses Lammes manchmal bewußt abgelehnt wurde. Ich habe schon zur Diskussion gestellt, ob nicht manchmal die Kindsgestalt gewählt wurde, um die menschliche Natur im Gottmenschen zu veranschaulichen.

Wie lange ein viel kruderer mittelalterlicher Realismus sich erhalten konnte, belegt ein Blatt im Kupferstichkabinett des Metropolitan Museums in New York (Abb. 2). Es stammt aus einem bisher nicht identifizierten deutschen oder flämischen Buch, wahrscheinlich aus der Zeit um 1700, und veranschaulicht die Trinitätslehre: ein Gott in drei nicht identischen Personen. Aber auch die in den Himmel aufgenommene Menschheit des Gottmenschen sollte deutlich veranschaulicht sein, was nur addierend geschehen konnte. Es ist wichtig, daß sie in keiner der spezifischen Funktionen oder Aktionen Christi gezeigt wird, sondern entsprechend Maria als Assistenzfigur. Es kam nur auf die Darstellung des Logos als den in seiner menschlichen Gestalt in den Himmel Aufgenommenen an.

Ich muß noch einmal auf die von mir im »Münster« 1961 behandelte, früher dem Johann Baptist Zimmermann, jetzt Johann Michael Franz zugeschriebene Skizze im Bayerischen Nationalmuseum in München zurückkommen. (Dort Abb. 6 [hier: S. 250] mit nicht von mir formulierter Unterschrift. Wie es zu der falschen Berufung auf den Epheserbrief kam, kann ich nicht erklären; ebd. S. 99. [hier: S. 251]) Ich wage erst nach neuerlicher Besichtigung des Bildes und nach dem Studium von »Flumina de ventre Christi« in Hugo Rahners

2 Darstellungen der Dreieinigkeit, Deutsch oder Flämisch (Courtesy of the Metropolitan Museum of Art, New York [Kupferstichkabinett], gift of Mrs. Riddell, Washington, D.C.)

»Symbole der Kirche« (S. 176ff.) ein Motiv zu behandeln, das ich aus Unkenntnis der Geschichte der Exegese von Io 7,38 und des eigenartigen Aussehens seiner unmittelbaren Umgebung wegen ohne erneute Autopsie im Text [hier: S. 249ff.] nicht zu behandeln gewagt hatte. Ich meine das anscheinende Liegen des Lammes im Wasser, das in Wirklichkeit dessen Entströmen aus dem Bauche bedeutet. Der Strom des lebenspendenden Wassers ergießt sich also materiell nicht vom Thron Gottes, wie die Apokalypse sagt, sondern unmittelbar vom Leibe des Opferlammes, des Gottmenschen. Hier liegt ein bemerkenswerter Beleg von Persistenz von Bildtraditionen vor, der in diesem Fall eindeutig beweist, daß die Elemente, die der Seitenwunde Christi entfließen, durchaus nicht stets Wasser und Blut sein müssen, sondern auch nur Wasser allein bedeuten können. Wer solche Veranschaulichung für symbolisch bzw. nur für symbolisch hält, steht vor einem unerörtert gebliebenen Gebrauch eines Symbols, das der Veranschaulichung einer Schriftstelle dient, als Erweiterung oder Präzisierung des Bildthemas. Ich zweifle aber daran, daß man solche Verbildlichung der Lehre unter Symbolik klassifizieren muß. In jedem Fall ist anschaulich gezeichnetes Wasser hier ein ungeeignetes Symbol für Geist, wie die Theologie den Bibelvers spiritualisiert hat. Nach Rahner (a.a.O., S. 234) scheint im 18. Jahrhundert nur protestantische Exegese noch an der von der später herrschend gewordenen abweichenden patristischen festgehalten zu haben, also an der Deutung des Wassers auf den hl. Geist. Für unseren Zusammenhang ist es aber wichtiger, daß die erwähnte patristische Exegese (die wieder die moderne geworden ist) im Mittelalter nicht ganz vergessen war. Vgl. Rahner, a.a.O., Anm. 287, wo sich die Formulierung findet, »weil Jesu Menschheit Quell des lebendigen Wassers ist«. Ich sehe keine Veranlassung, meine vorgeschlagene Deutung der Frauengestalt zu ändern. Sie ist ein Gegenstück zur ersten, menschlichen Eva, das nur die Kirche bedeuten kann, da die Art der Darstellung die Jungfrau Maria ausschließt. Auch das Aufgebot der vollen himmlischen Majestät weist darauf hin, daß als Heilsempfängerin nur eine Kollektivpersönlichkeit gemeint sein kann.

Meine hier folgenden Ausführungen beziehen sich dagegen auf Darstellungen der Rechtfertigung des einzelnen Menschen durch den Erlöser. Strenge Dogmatik konnte nicht anders als stets daran festhalten, daß das Erlösungsleiden einmalig geschah und daß es durch Gottes Barmherzigkeit für alle Zeiten wirksam ist, sobald die Menschen bestimmte Voraussetzungen erfüllen, zu denen im allgemeinen Glaube und Teilnahme am sakramentalen Leben der Kirche gehören. Wer sich an das Herrenwort Mc 16,16 hielt: »Wer [dem Evangelium] glaubt und sich taufen läßt, wird gerettet werden«, konnte sein Frömmigkeitsleben auf ein Mindestmaß an Forderungen einstellen, wobei es selbstverständlich ist, daß ein wahrer Glaube an das Evangelium, ohne auch äußeren Ausdruck zu finden, ein Widerspruch in sich selbst ist. Für unseren Zusammenhang ist wichtig, vielleicht entscheidend, daß für die Anschauung mit dem Hinweis auf die Taufe die auch schon mit dem Begriff der Rechtfertigung verbundene Vorstellung der Reinigung erregt wird. Der katholische Künstler (und sein Berater), die im späteren 16. Jahrhundert sich an die Veranschaulichung der Heiligung des menschlichen Herzens wagten, standen vor der Aufgabe der Gestaltgabe an einen Ablauf innerseelischer Vorgänge, deren Wesen und Ziel durch die heiligmachende Gnade Gottes bestimmt sind. Lösbar war die Aufgabe nur, wenn sichtbare Geschehnisse synchronisiert die natürliche Welt des Menschen und die übernatürliche Gottes auf einer und derselben Ebene vereinten. Wie kaum eine andere künstlerische Vorstellung bietet dieses Thema noch einmal die Gelegenheit, zweierlei zu betonen, was in der üblicherweise so ungenügend behandelten späteren Ikonographie Christi unerwähnt zu bleiben pflegt: die Freiheit, eine bildliche Darstellung nicht auf absolute Übereinstimmung mit der in Worten formulierten Kirchenlehre auszurichten. Das ist in jedem Fall unvermeidbar, sobald etwas zu veranschaulichen war, »was für diese als supra rationem liegendes göttliches Mysterium rationell nicht formulierbar ist, wie es z.B. mit der Aufnahme des geschaffenen Körpers des Gottmenschen in die göttliche Trinität der Fall ist. Daß man entscheidende Elemente für die Veranschaulichung in der Bildsprache schon des Alten Testamentes finden mochte, zeigen die Inschriften von Hendrick Goltzius (1558–1617), Stich Abb. 3, von denen die wichtigste die Berufung auf Ezechiel 36,25 ist: »Ich werde über euch reines Wasser gießen und ihr werdet von allen Sünden gereinigt

3 Hendrick Goltzius: Die Rechtfertigung eines Sünders, Hirschmann 64 II, Hollstein VIII 1864 (Courtesy of the Metropolitan Museum, New York [Kupferstichkabinett], Dick Fund 1953)

4 Taufe und Beschneidung, Köln 1507, aus: Johannes Pfefferkorn: Judenspiegel

werden.« In einer Periode der christlichen Kunst, für die die Vorstellung des dem Leibe Christi entströmenden Wassers und ikonographisch die Themata des lebenden Toten und des Arma-Christus noch lebendig waren, konnte die Ersetzung des Lammes durch Christi Körper keine schockierende Neuerung bedeuten. Um den Gang der Entwicklung im einzelnen klarzulegen, dazu gehört eine Rahnersche Erudition. Ich jedenfalls bin dazu nicht imstande. Gezeigt müßte vor allem werden können, welche Bedeutung eine Wiederaufnahme patristischer Gedanken für die ikonographische Entwicklung hatte. Es kann als eine Rekapitulation einer patristischen Entwicklung angesehen werden, daß wahrscheinlich schon im späten 15. Jahrhundert Veranschaulichungen urväterlicher Konzeption erscheinen. Das älteste Beispiel für sie, das ich in meinem Arbeitsmaterial finden kann, stammt aus des Joh. Pfefferkorn 1. lateinischen Ausgabe seines Judenspiegels (Köln 1507), Abb. 4. Es zeigt die Verbindung des in Christi Leiden und Kreuzestod vergossenen Blutes und des aus der Seitenwunde geflossenen Wassers mit dem von ihm verheißenen lebenspendenden Wasser. Christus, der schon nach I Io 5,6 »mit Wasser und Blut« gekommen ist, »zwei Quellströme, die aus seiner Seite aufsprudeln und die Völker abwaschend rein machen« (Übersetzung einer Formulierung Hyppolyts durch Rahner, S. 208). Man lese bei Rahner nach, wie wesentlich das Blut, das den menschlichen Tod Christi anzeigt, für die Identität des lebenspendenden Wassers wurde, besonders wenn die Kirche als Leib Christi galt und sie – wie in Abb. 4 vertreten durch den Papst – die Sakramente verwaltet, von denen wieder vor kurzem betont wurde[8], daß Gott »[...] gerade die größten Sakramente in aquarum substantia begründet habe«. Blut ist für die Anschauung das ungeeignetste menschliche Reinigungsmittel. Aber in der Als-ob-Darstellung der gegenwärtigen Wirkung des vergangenen Leidens Christi für die Rechtfertigung von Sündern mußte es dem Beschauer überlassen bleiben, die dem Leibe des Gekreuzigten oder einer unwirklichen Gestalt des lebenden Toten entströmenden Flüssigkeit die erwünschte Interpretation zu geben. Unter den mir bekannten Darstellungen ist der Stich D. van Coomherts nach Martin Heemskerk (1498–1574, Abb. 5) der aufschlußreichste. Er ist es auch, der der Beschriftung eine Rolle zuweist, da der Inhalt der lateinischen und französischen Verse nicht übereinstimmt. Die ersteren ziehen trotz der Betonung der sola fides, die an protestantische Einstellung erinnert, doch das Motiv der Arma Christi heran, während in den französischen Versen der Glaube durch Leiden die bußfertigen Herzen in Christi Blute reinigt. Das Blut ergießt sich aus der Seitenwunde eines lebend-toten Arma-Christus, also einer rein künstlerischen Formulierung der Lehre, die sich in der geglaubten Wirklichkeit der Darstellung entzieht. Kunsthistoriker[9] sind noch gewohnt, solchen Körper Christi ausschließlich in seinem formalen Verhältnis zu einem antikisie-

8 John Hennig in: Liturgisches Jahrbuch, XV, 3, 1965, S. 133.

9 Vgl. z.B. Wolfgang Lotz in: Festschrift für Herbert von Einem, Berlin 1965, S. 149.

renden Heroen-Ideal zu sehen, während ikonographisch und frömmigkeitsgeschichtlich das Fortleben der mittelalterlichen Lösung des Problems, zu der völlige Nacktheit gehörten, viel bemerkenswerter ist. Dieser Arma-Christus hat aber eine Besonderheit, die selten genug ist, um die Aufmerksamkeit der Ikonographen zu erregen (vgl. Jos. T. M. Timmers im Reallexikon zur deutschen Kunstgeschichte, IV, s.o.). Es kann keinem Zweifel unterliegen, daß die auffallende Form des Sockels, auf dem Christus steht, die eines Baugliedes ist, also die des verworfenen Ecksteines, der zu seinem Leiden beitrug: »[...] aber bei Gott ist er auserwählt und köstlich« (I Pt 2,4) und »Wer an ihn glaubt, der soll nicht zuschanden werden« (ebd. V. 6 als Zitat von Is 28,16), denn er ist ein »lebendiger Stein« (V. 4) und kein »Stein des Anstoßes«, den die Beschädigungen belegen (V. 8). M.E. sitzt der Arma-Christus des Titelbildes von Dürers Kleiner Passion entsprechend auf einem viereckigen Block, der der Eckstein sein kann, aber trotzdem von den Juden verworfen wurde. (Man wird darauf achten müssen, wo Christus nicht auf dem Sarkophage, sondern auf einem den Eckstein bedeutenden Steine sitzt.) Der Glaube reinigt in dem von den Evangelistensymbolen getragenem Becken mit einen an einem Kreuzstab befestigten Besen im Blute Christi Herzen. Die noch nicht gereinigten sind durch

5 D. van Coomhert nach Martin Heemskerk, Hollstein IV, 229. 139; VIII. 240. 118 (Courtesy of the Metropolitan Museum, New York [Kupferstichkabinett], Whittelsey Fund 1949)

6 Antonie Wierix: Reinigung von Seelen, A. 1172 (Courtesy of the Metropolitan Museum, New York [Kupferstichkabinett], Whittelsey Fund 1951)

Abzeichen der Sünden bezeichnet, durch die sie befleckt sind. Man erkennt nicht nur einige der die Hauptsünden bezeichnenden Köpfe von Tieren und der Luxuria, Bezeichnungen über die ich bald etwas mehr zu sagen haben werde, sondern auch einige ungewöhnlichere wie einen Becher, Geldmünzen, Schwerter, Zeichen, deren Bedeutung leicht zu verstehen ist. Im Hintergrunde sieht man den kreuztragenden Christus als Verlebendigung einer seiner Leidenswaffen. Kurz läßt das Thema des Blattes sich am besten durch Worte im 9. Vers des 15. Kapitels der Apostelgeschichte bezeichnen: Gott reinigt Herzen durch den Glauben. Trägt es irgend etwas zum Verständnis bei, wenn man die Darstellung als symbolisch bezeichnet? Trotzdem sie in der Gegenwärtigkeit des Arma-Christus anschaulich dogmatisch verunklärte Teile enthält, tut sie das nur, um zu veranschaulichen, daß Christi Leiden Quelle und Voraussetzung der Rechtfertigung ist. Vergangenes, aber Fortwirkendes, als gegenwärtig zu veranschaulichen, ist eines der Sprachmittel bildender Kunst, und die logische Berechtigung der grundsätzlichen Ersetzung des Begriffes der Veranschaulichung durch den der Symbolik halte ich, wie schon erwähnt, nicht für erbracht. Ich verweise auch nochmals auf Grosches Betonung der Unentbehrlichkeit der »historischen Dimension« in der christlichen Kunst. Er erwähnt auch, daß jede geschichtliche Zeit ihre eigenen Symbole hat, ohne den Begriff näher zu definieren, was die Erinnerung an ein Wort eines anderen Theologen[10] weckt, daß »jeder unter diesem Wort etwas anderes versteht und keiner es genau definieren kann«. Man denkt auch an das von Gombrich nicht berührte Problem der Quantität. Wieviel Symbolik muß eine Darstellung enthalten, um in ihrer Gesamtheit den Charakter einer symbolischen zu erhalten? Daß man eine Darstellung wie die der Reinigung von Seelen im Bade des Kreuzes (lateinischer Vers), im Wasser des Lebensbaumes (französischer Vers) durch Engel in einem Stiche (Abb. 6) des Antonie Wierix (um 1552–1624?) als symbolisch bezeichnen muß, ist unbestreitbar, da anschaulich beinahe alle Einzelheiten dogmatisch »unrichtig« sind. Manches vom Kompositionsschema der Abb. 4 ist erhalten, aber jeder anschauliche Hinweis auf ein Sakrament fehlt. Es ist kein Taufbecken, in dem die wahrscheinlich Seelen repräsentieren sollenden Kinder stehen, und einige menschliche Körperteile (z.B. ein Auge!), mit denen gesündigt wird, von den Christi Wunden entströmenden Flüssigkeiten getroffen werden. Ihre Identifikation mit dem Wasser des Lebens muß also damals noch selbstverständlich genug gewesen sein, um die Auffassung als Blut entgegen der Anschaulichkeit zurückzudrängen. Der thematische Gedanke stammt z.T. vielleicht aus Ez 37,23: »et salvos eos faciam de universis sedibus, in quibus peccaverunt et emundabo eos« (vgl. Abb. 3). Welch reife Lösung der Aufgabe in Verbindung mit einem Taufbecken im Umkreise von Rubens noch möglich war, zeigt der Stich des Schelte van Bolswerth (ca. 1581–1659) nach Abraham van Diepenbeck (1596–1675). Sehr bemerkenswert ist der der Seitenwunde entströmende zweite schwache Strom, der offenbar das Wasser bedeutet. Es hat dogmatisch für die Erlösung, da nach dem Tode vergossen, keine Bedeutung, lenkt aber die Aufmerksamkeit anschaulich in kluger Weise auf die Bedeutung des Wassers des Lebens (Abb. 7).

Am vollständigsten und klarsten ist nicht nur durch die vielen Bibelzitate der Stich von Hendrick Goltzius (1558–1617) Abb. 3. Er zeigt eine künstlerische Lösung des Problems der gleichzeitigen Darstellung der fortdauernden Wirkung des Christus, der seine Leiden vollendet hat, und des Verklärten, wobei die Verbindung zwischen beiden durch den Glauben hergestellt und durch die Bußfertigkeit des Sünders ermöglicht wird. Nach der seit christlichen Vorzeiten gültigen Psychologie der Juden, der Griechen und Römer war die sittliche Haltung des Menschen durch sein Herz bestimmt. In diesem spielte sich der Kampf zwischen Tugenden und Lastern ab, durch die Teufel und Dämonen den Menschen beherrschen. Das Herz muß also durch Gott gereinigt »beschnitten« (Dt 30,6) werden. Vorchristlich ist auch schon

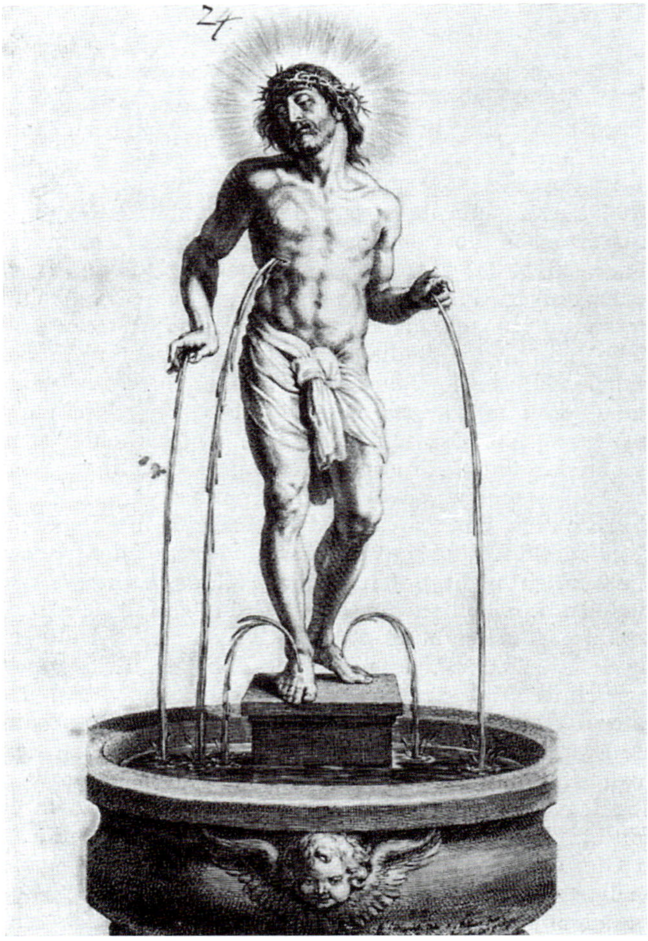

7 Schelte van Bolswerth nach Abr. van Diepenbeck: Der Lebensbrunnen (Courtesy of the Metropolitan Museum, New York [Kupferstichkabinett], Whittelsey Fund 1951)

die Identifizierung oder Symbolisierung der Leidenschaften und Laster durch Tiere. Wie die Sirenen in deren Kreis gekommen sind, ist jetzt bei Rahner, S. 249ff. nachzulesen. Für unseren Zusammenhang ist das immerwährende Lebendigbleiben dieser uralten Vorstellungen das Interessanteste an ihnen, während das Buch Rahners die Frage nahelegt, ob nicht das bisher unerklärte, neu erfolgte Beliebtwerden auch dieses Motivkreises wahrscheinlich im späten 15. Jahrhundert durch Studium der Patristik angeregt wurde. Solche Fragen zu untersuchen, muß der Zukunft überlassen bleiben. Was die Kunstgeschichte dazu beitragen kann, ist zunächst die Preisgabe der herrschenden Theorie, daß das Verhältnis der Renaissance-Werke zur Antike im wesentlichen allein durch die geistige Strömung, die man Humanismus nennt, bestimmt gewesen wäre. Wiederum ist für unseren Zusammenhang die Lösung der Frage dringend, ob eine Erinnerung an die urchristliche Identifizierung von Christus mit Orpheus, dem Bändiger der wilden Tiere, von Einfluß war. Erregend in dieser Beziehung ist die Abbildung des m.W. sonst, z.B. auch von Robert Eisler[11], unbeachtet gebliebenen Frieses mit wil-

10 Eduard Schweizer: Ego eimi, 2. Aufl., Göttingen 1965, S. 116.

11 Orphisch-dionysische Mysteriengedanken in der christlichen Antike, in: Vorträge der Bibliothek Warburg 1922/23, 2. Teil, Berlin 1925.

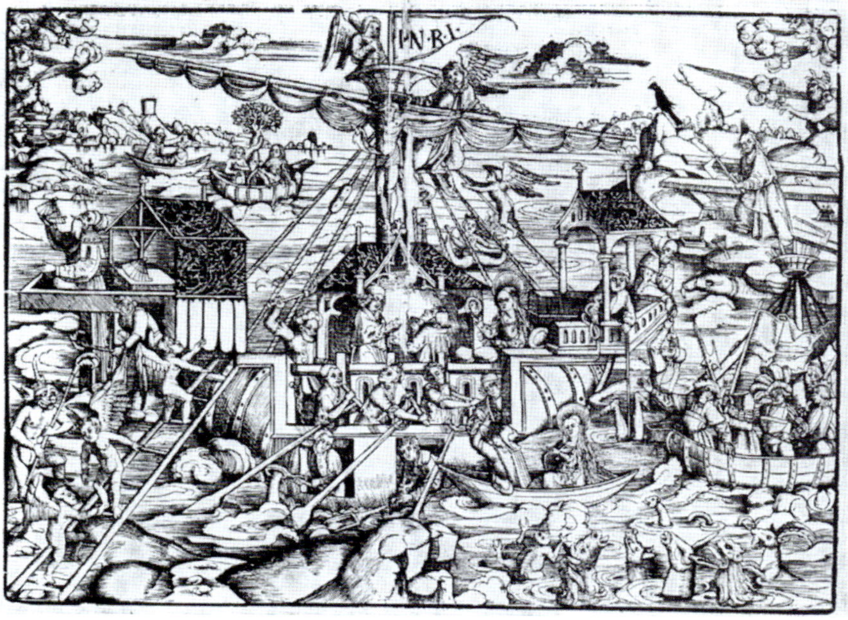

8 Das Schiff des Lebens, Flugblatt von P. Dell (?) (Germanisches Nationalmuseum Nürnberg)

den Tieren in dem liber apologeticus des nach 418 gestorbenen Orosius (Bibl. Laon, Ms. 137 fol. 10, 7.–8. Jahrhundert) durch Ekkart Sauser.[12]

Franz von Juraschek[13] hat in einem wichtigen Aufsatz »Der Todsündendrache in Dürers Apokalypse« aus der Dürer um etwa zwanzig Jahre vorausgehenden Blockbuchapokalypse die betonte lateinische Erklärung (siehe Abb. 1) hervorgehoben, daß die löwenartigen Köpfe des Drachen die sieben Hauptsünden darstellen, und daß er solche Interpretation in alten Kommenden nur in dem des Berengaud (9. Jh., PL 17,881) gefunden habe. Er glaubt, daß Dürer durch eigene, aber durch einen Theologen unterstützte Durchforschung der Bibel selbständig auf den Gedanken kam, den Köpfen die individuelle Gestalt von Hauptsünden-Tieren zu geben. Welche Bibelstellen konnten ihm aber über diese zureichende Hinweise geben? Selbst wenn man annimmt, daß die Zitate aus Ez 37 und Za 15 in dem Stich des Goltzius (Abb. 3) verwertet wurden, weil die sedes und die Götzenbilder in übertragenem Sinne als Hinweis auf die Welt der Sünde verstanden wurden, ist eine direkte Ableitung der Dürerschen von ihnen kaum wahrscheinlich zu machen. Für viel wahrscheinlicher halte ich, daß es bereits wieder eine Bildtradition gab, der Dürer die Hauptanregung für seine Darstellung entnahm. Es gibt eine in unserem Zusammenhange unbeachtet gebliebene, dem Riccio zugeschriebene, kleine Bronzegruppe, die die Höllen-Schlange zwischen einem Löwen und einem Hahn darstellt. (Abb. 12.) Das war offenbar ein Teil einer Darstellung, innerhalb derer die Veranschaulichung der Hauptsünden eine wichtige Rolle spielte. Adolf Spamer, der so vieles untersucht und gewußt hat[14], war geneigt, zum mindesten die Elemente, aus denen sich der Typus des späteren Gossnerschen Herzbüchlein von 1812 entwickelte, in Motiven des 15. Jahrhunderts zu suchen, während noch bei Eisler (a.a.O., S. 85) jede Aufklärung über seine Vorgänger fehlt. Ein direkter Nachweis der Entstehung des Typus im 15. Jahrhundert war Spamer und ist mir wegen Unkenntnis der möglichen Bildquellen nicht möglich.

Die wesentlichen Charakteristika des Typus sind die Isolierung des von einem menschlichen Kopfe bekrönten Herzen, das entweder den seelischen Zustand des bußfertigen Sünders repräsentiert oder den Sünder, der vom Teufel durch die Hauptsünden beherrscht wird. Die Darstellungen enden mit denen der Art des Todes der beiden Gattungen. Es ist durchaus möglich, daß die erste Zusammenstellung des Typs in der französischen Devotionaliengraphik noch im 15. Jahrhundert erfolgte, aber selbst wenn das nachweisbar wäre, würde sich noch nicht damit ergeben, daß die entscheidenden Einzelheiten sich auch in dieser Graphik entwickelt haben. Ich habe schon einige nicht zur Klasse der Devotionalien gehörende Arbeiten des späten 15. und frühen 16. Jahrhunderts genannt, die auf ein erneutes starkes Bedürfnis nach Personalisierung der sieben Haupt- oder Todsünden hinzuweisen scheinen, wobei die Macht des Teufels als Gegenspieler des Erlösers stark betont ist. Wenn ich mich nicht irre, enthält auch die noch unübertroffene Arbeit von Marie Gothein »Die Todsünden«[15] keinen Hinweis, worin der entscheidende Anstoß gelegen haben könnte. Eine der unerläßlichen Vorbedingungen war, daß eine – bis auf geringe noch möglich bleibende Abweichungen – bestimmte Verteilung der Tiere als Repräsentanten der Todsünden sich durchsetzte, wozu ein überragender Einfluß Voraussetzung war. Denn bis dahin hatte es keinen festen

12 Symbolik der katholischen Kirche. Tafelband zu Bd. VI des Textes, Stuttgart Hiersemann 1966, Abb. 88 nach fol. 10.
13 Jahrbuch der preußischen Kunstsammlungen, 58, 1937, S. 189ff.
14 Das kleine Andachtsbild, München 1930, S. 155ff.
15 Archiv für Religionswissenschaft, 10, 1907, S. 416ff. – Für unseren Zusammenhang war mir wichtig F.J. Dölger: Antike und Christentum, III, 4 (1932) S. 225.

9 Hendrick Goltzius: Christus als Seelenarzt, Hirschmann H. 58 I. (Courtesy of the Metropolitan Museum, New York [Kupferstichkabinett])

Kanon dafür gegeben, wie alle Ikonographen in Übereinstimmung mit M. Gothein feststellen. Man kann den Eindruck gewinnen, daß eine unbezweifelte Autorität als Quelle der Festlegung der Bedeutung der einzelnen Motive galt, und daß deshalb zunächst diese anschaulich als selbständige Vertreter des Bösen in der Welt dienen konnten.

Ich schließe das aus der Art ihrer Verwendung in einem Flugblatt des frühen 16. Jahrhunderts (Germanisches Museum Nürnberg, Abb. 8), wo sie nach dem Text die »vnthiere« sind, die das Schiff des Lebens eines jeden oft umwerfen. »Da ist der Lew des zorns / das Ross der hoffart / das Merschwyn der frass / die Geiss die vnluterkeit / der Meeresl die fulkeit / die Schlang des nyds / die Krot der gyrikeit.« Die zweite Vorbedingung war die isolierte Darstellung des menschlichen Herzens, der wahrscheinlich die des göttlichen vorausging. Diese ganze Entwicklung bedarf genauer Untersuchung, da m.E. Alfons Rosenbergs Versuch (Die christliche Bildmeditation, München-Planegg 1955, S. 114ff.) vieler Korrekturen und Erweiterung bedarf. Für uns ist es daher wieder der Goltziusstich (Abb. 3), dem wir die erste sichere Kenntnis entnehmen können. Das Herz des durch den Glauben an die Erlösung durch das Leiden Christi entsühnten Büßers wird durch Christus erneuert. Die Sündenbilder, denen allerlei Ungeziefer zugesellt sind, mußten fliehen, und das Herz ist «ein Gefäß zu Ehren, geheiligt, dem Herrn brauchbar« (II Tim 2,21). Die Veranschaulichung geht offenbar von diesem Vers aus, denn ungewöhnlicher Weise ist das Herz zu einem brauchbaren Gerät geworden, dem Korb eines Gärtners, in dessen Gestalt Christus das gereinigte Herz »zu allem guten Werk bereitet« hält. Die Vertreter der Sünden sind durch die von Tugenden ersetzt: dem Hahn der Wachsamkeit, dem Lamm der Geduld, dem kleinen Kinde der Geduld, dem Vogel der simplicitas. Maria Magdalena hielt den Auferstandenen für einen Gärtner (Io 20,15), und es ist sehr bemerkenswert, daß Christus in einer Gestalt des Auferstandenen, nicht mehr eines Leidenden, tätig ist. Er ist der Siegreiche, durch dessen Leiden auch die Macht des Teufels gebrochen ist (Col 2,15). Der spätere (1578) Stich von Goltzius (Abb. 9) bewahrt grundsätzlich zwar die beiden Hauptelemente des isolierten Herzens und der Sündentiere in ihm, aber sie erscheinen in einem ganz anderen Zusammenhang. Christus hält als Arzt das Herz und reinigt es von seinen Sünden (Hbr 1,3) dank der Macht seines weltbeherrschenden Wortes (ebd.), während durch den Glauben an das Erlösungsleiden unterstützt die kranke

L'état d'un homme qui se convertit à Dieu.

L'état d'un homme retombant dans le péché mortel.

10a+b (oben) Aus »Le Miroir du pécheur«, Troyes 1754 (Stadtbibliothek Troyes)

11 Schicksale einer bußfertigen und einer unbußfertigen Sünderin, wohl Frankreich Anfang des 18. Jahrhunderts (Courtesy of The Metropolitan Museum, New York [Kupferstichkabinett], Erwerbung 1964)

12 Die Höllenschlange zwischen zwei Sündentieren, Bronze, um 1550, Andrea Riccio zugeschrieben (Courtesy Fogg Art Museum, Cambridge Mass., aus der Sammlung P. Morgan, Nr. 66)

Seele die der Seitenwunde entströmende Flüssigkeit in einem Gefäß auffängt. Christus hält das von der ehernen Schlange umwundene Kreuz des Moses, dessen heilende Kraft klein im Mittelgrund gezeigt ist. Christus hat eine Instrumententasche und eine Gurde umgehängt, ist also in einer Mischung der Themata des Arma-Christus mit dem des Arztes[16], beides als Veranschaulichungen von Worten Jesu (Mc 9,12 und Mt 9,12) dargestellt. Als ganzes bedeutet die Komposition verglichen mit Abb. 3 keine weitere Annäherung, sondern eine Entfernung vom Typ des Gossnerschen Herzbüchleins.

In diesem sind acht Bilder den verschiedenen Zuständen des Herzens gewidmet und zwei den aus ihnen sich ergebenden Todesarten. Ob es darin der bisher verschollenen Würzburger Ausgabe des »Geistlichen Sittenspiegels« von 1732 folgte, ist nicht bekannt. Sagen läßt sich aber, daß »Le miroir du pécheur», den Spamer für seine Vorlage hielt, wenigstens in der einzigen mir bekannten Ausgabe Troyes 1754 außer den Sterbebildern nur zwei den Herzen gewidmete enthält (Abb. 10a+b). Eine Neuerwerbung des Kupferstichkabinettes des Metropolitan Museum in New York läßt aber darauf schließen, daß die Entwicklung des Types während des 17. Jahrhunderts auf keinen Fall nur im Bereich der populären Devotionalliteratur vor sich ging (Abb. 11). Wahrscheinlich ist die Radierung französisch und entstammt dem Anfange des 18. Jahrhunderts Sie zeigt außer den beiden Sterbeszenen und sechs Zuständen des Herzens einer Dame zwei für unseren Zusammenhang neue Motive, die offenbare Verdammung einer unbußfertigen Sünderin während sündhafter Beichte und den Empfang einer erlösten Frommen im Himmel durch die Jungfrau Maria. Ich kenne keine früheren Entwicklungsphasen für diese Darstellungen. Die die Schlange zertretende und von sieben Schwertern durchbohrte Jungfrau weist deutlich auf die Beichtszene, wobei wahrscheinlich das Zeigen dem toten Christus gilt, dessen Seitenwunde ein anfänglich betont aus zwei Flüssigkeiten bestehender Strom entfließt – wir kennen dieses Motiv von Abb. 7 – aber auch ein auf den Kopf zielender Blitz. Das ist ein mir unbekanntes Motiv, das vielleicht Vorgänger in Beichtveranschaulichungen hat. Dem Verzweiflungstod des Judas, dessen Hauptsünde im fehlenden Glauben an die unendliche Barmherzigkeit Gottes bestand, ist die Auferweckung Adams gegenübergestellt, während das Los der beiden Schächer durch die vom Kreuz Christi ausgehenden Strahlen bzw. einen Blitz veranschaulicht sind.

Ich wiederhole, das wirkliche Verhältnis der Herzbilder in Johann Gossners »Das Herz den Menschen« von 1812 zu ihren Vorgängern ist unermittelt. »Gossner mag sie verändert neu herausgegeben haben« (Spamer, a.a.O., S. 156). An Hand der Themata der Herzdarstellungen der Bilder 5, 4, 7 und 1, 2, 3 bei Gossner sind die der Reihe linker Hand in der Radierung bestimmbar: das von Sünden gereinigte Herz; ein gleiches aber der Verführung wieder ausgesetztes; das der wieder Unterlegenen; rechte Reihe: ein sündvolles Herz; ein ebensolches läßt sich von den Folgen der Sünde überzeugen und sucht sich zu reinigen; das durch Glauben und Reue gereinigte wird durch Gottes Barmherzigkeit vom Heiligen Geist erfüllt und folgt Christi Geboten. Im ganzen erscheint die Anordnung der Darstellungen in der Radierung durch Gegenüberstellung antithetischer als etwas logischer als in Gossners Reihenfolge. Motivlich gleichen sich die Darstellungen Nr. 5 bei Gossner und seine Entsprechung in der Radierung nicht, während sein Gegenüber bis auf einige Einzelheiten als einziges der Folge in

16 Ich fand die Behandlung der für unseren Zusammenhang interessanten Stiche in B. Knipping: De iconografie van de contrareformatie in de Nederlanden, Hilversum, I (1939), S. 37ff., S. 83, II (1940), S. 273f. enttäuschend.

Gossner Nr. 1 wiederholt ist. Sehr bemerkenswert ist dabei, daß die gleiche Wiederholung im »Miroir des pecheurs« von 1745 (Abb. 10b) im Gegensinne in allen Einzelheiten der Radierung entspricht (mit Ausnahme der Geschlechtsverschiedenheit des Kopfes und der gleichen Anordnung des Engels und der Taube links vom Kopfe). Das beweist, daß ein Zusammenhang zwischen den drei Bilderfolgen bestand, der sogar für Gossner Nr. 9 und Abb. 10a ein recht naher war. Der Zukunft muß es überlassen bleiben, ob es sich ermitteln lassen wird, ob die Radierung den einmaligen Fall bedeutet, daß ein guter Künstler die Themata einfacher Devotionalbuch-Illustrationen aufnahm oder ob diese mehr oder weniger einer Entwicklung in der künstlerischen Graphik folgten.

Für freundliche, z.T. entscheidende Hilfe bin ich hauptsächlich verpflichtet Miss Janet Byrnes vom Kupferstichkabinett des Metropolitan Museum in New York; der Bibliothek des Bayerischen Nationalmuseums in München; dem Direktor (1948) der Stadtbibliothek in Troyes F. Bibolet; Herrn Joh. Link vom Kupferstichkabinett des Germanischen Museums Nürnberg für Hinweis auf das Flugblatt Abb. 8.

Bibliographie der Schriften von Rudolf Berliner[*]

1 Zur Datierung der Miniaturen des Cod. par. gr. 139, Weida in Thür. (Thomas Hubert) 1911, 50 S. [Teildruck der phil. Diss. Wien 1910].

2 Angebliche Figur des Schnitzers der sogenannten Nürnberger Madonna, in: Monatshefte für Kunstwissenschaft 7, 1914, S. 228–229.

3 Die Tätigkeit Tintorettos in der Scuola di San Rocco, in: Kunstchronik und Kunstmarkt 31, 1919–1920, S. 492–496.

4 Der Goldschmied A.Z. 1573, in: Der Kunstwanderer, Berlin 1920, S. 10–11.

5 Ein handschriftliches Modelbuch vom Jahre 1531, in: Kunst und Kunsthandwerk 23, 1920, S. 52–61.

6 Zur älteren Münchener Künstlergeschichte, in: Kunstchronik und Kunstmarkt 32, 1920–1921, S. 435–436 und 733.

7 Ein frühchristlicher Agapentisch aus Konstanza, in: Byzantinisch-Neugriechische Jahrbücher 2, 1921, S. 150–153.

8 Eine übersehene mittelalterliche Textiltechnik, in: Der Kunstwanderer, Berlin 1921, S. 268–269.

9 Kleinasiatische Steinskulpturen, in: Der Kunstwanderer, Berlin 1921, S. 356–357.

10 Eine Vlämische Fayenceplatte des frühen 17. Jahrhunderts, in: Der Kunstwanderer, Berlin 1921, S. 476–477.

11 Probleme der orientalischen Teppichgeschichte, in: Kunst und Kunsthandwerk 24, 1921, S. 16–31.

12 Zu den Buchwidmungsbildern, in: Zeitschrift für Bücherfreunde 13, 1921, Sp. 278–279.

13 Aus der mittelalterlichen Sammlung des Bayerischen Nationalmuseums, in: Münchner Jahrbuch der bildenden Kunst 12, 1921–1922, S. 38–60.

14 Zu den Plaketten mit dem Dürerischen Rückenakt, in: Archiv für Medaillen- und Plaketten-Kunde 3, 1921–1922, S. 63–78.

15 Eine Plakette nach Dürers Kupferstich mit dem großen Pferde, in: Archiv für Medaillen- und Plaketten-Kunde 3, 1921–1922, S. 94–98.

16 Eine Augsburger Plakettenwerkstätte aus der Mitte des 16. Jahrhunderts, in: Archiv für Medaillen- und Plaketten-Kunde 3, 1921–1922, S. 124–127.

17 Eine Plakettenfolge von Jakob Corn. Cobaert, in: Archiv für Medaillen- und Plaketten-Kunde 3, 1921–1922, S. 134–135.

18 Zum Reliquiar mit den acht Elfenbeintäfelchen aus dem Halleschen Heiligtum, in: Mainzer Zeitschrift 17–19, 1921–1924, S. 40–41.

19 Das Kruzifix des Giovanni da Bologna in der Münchner Michaelskirche, in: Der Cicerone 14, 1922, S. 894.

20 Der Kunstdrechsler Daniel Vading, in: Der Kunstwanderer, Berlin 1922, S. 169–171.

21 (Zusammen mit Paul Borchardt) Silberschmiedearbeiten aus Kurdistan, Berlin (Reimer) 1922, 31 S., 20 Tafeln.

22 Die große Moschee von Diyarbakr, in: Monatshefte für Kunstwissenschaft 15, 1922, S. 161–172.

23 (Zusammen mit Wolf Bever) Anatolische Reisewege, in: Dr. A. Petermanns Mitteilungen aus Justus Perthes' Geographischer Anstalt 68, 1922, S. 214–217.

24 Zwei frühe Kirchen (I. Die armenische Felsenkirche von Dibeny, II. Das Oratorium von Mühlthal an der Isar), in: Kunstchronik und Kunstmarkt 34, 1923, S. 390–392 und 803–806.

25 Der Bildschnitzer Adam Lenck, in: Berliner Museen. Berichte aus den preußischen Kunstsammlungen 44/1, 1923, S. 26–28.

26 Eine Augsburger Devotionalienwerkstätte der ersten Hälfte des 17. Jahrhunderts, in: Archiv für Medaillen- und Plaketten-Kunde 4, 1923/24, S. 95–102.

27 Französische Muschelschnitte. Zugleich ein Beitrag zur Geschichte der Säkularisation in Bayern, in: Münchner Jahrbuch der bildenden Kunst N.F. 1, 1924, S. 26–49.

28 Beiträge zur bayerischen Kunst- und Kunstgewerbegeschichte (I. Der Deutsch-Römer Georg Kopp, II. Eine Münchner Glashütte im letzten Viertel des 17. Jahrhunderts), in: Münchner Jahrbuch der bildenden Kunst, N.F. 1, 1924, S. 104–125.

29 Die Neuaufstellung der Sammlung Barocker Elfenbeine des Bayerischen Nationalmuseums, in: Museumskunde 17, 1924, S. 140–146.

30 Ornamentale Vorlage-Blätter des 15.–18. Jahrhunderts, Leipzig (Klinkhardt & Biermann), 4 Mappen (450 Tafeln) 1925, Textband 1926, 182 S. – Erweiterte und völlig veränderte Neuausgabe unter demselben Titel durch: Gerhart Egger, 3 Bde., Braunschweig (Klinkhardt & Biermann) 1981. – Spanische Ausgabe: Modelos ornamentales de los siglos XV al XVIII. Barcelona (Editorial Labor S.A.) 1928, 187 S.

31 Ein Beitrag zum Werden des Rokokos, in: Kunst und Antiquariat 1, 1925, S. 8–10 und 41–43.

32 Plakette nach einer Dürerzeichnung, in: Archiv für Medaillen- und Plaketten-Kunde 5, 1925–1926, S. 158–160.

33 Die Bildwerke aus Elfenbein, Knochen, Hirsch- und Steinbockhorn. Mit einem Anhang: Elfenbeinarbeiten

* Diese Bibliographie ist eine ergänzte und korrigierte Version der von Theodor Müller und Richard Ettinghausen als Privatdruck München 1966 edierten und Rudolf Berliner zum 80. Geburtstag gewidmeten Literaturliste. Nicht aufgenommen wurden der verstümmelte Artikel ›Presepio‹ in der Enciclopedia Italiana XXVIII, Rom 1948, S. 205–206 und Taf. LIX–LXII (s. WK, S. 215, Anm. 663) sowie die illegale Edition seiner »Denkmäler der Krippenkunst« von 1934 (s. WK, S. 9, Anm.).

der Staatlichen Schloßmuseen in Bayern. Augsburg (Filser) 1926, 163 S., 336 Tafeln (Kataloge des Bayerischen Nationalmuseums XIII/4). – Rez. von: Ernst Kris, in: Jahrbuch für Kunstwissenschaft 1930, S. 94–95.

34 Herkules und Antäus von Peter Vischer d. Ä., in: Münchner Jahrbuch der bildenden Kunst, N.F. 3, 1926, S. 75–88.

35 Denkmäler der Krippenkunst, Augsburg (Filser) 1926–1930, danach die Edition abgebrochen, 168 Tafeln erschienen.

36 Nachtrag zu: Paul Reinecke: Römische und frühmittelalterliche Denkmäler vom Weinberg bei Eining a.d. Donau, in: Festschrift zur Feier des Römisch-Germanischen Central-Museums, Mainz 1927, S. 166.

37 (= I) Die Cedronbrücke als Station des Passionsweges Christi, in: Joseph Maria Ritz (Hg.): Festschrift für Marie Andree-Eysn, Beiträge zur Volks- und Völkerkunde, München (Seyfried) 1928, S. 73–82.

38 Der Schnitzer Matthias Loth in München, in: Georg Habich zum 60. Geburtstag, München (Kress & Hornung) 1928, S. 104–111.

39 Zur älteren Geschichte der allgemeinen Museumslehre in Deutschland, in: Münchner Jahrbuch der bildenden Kunst 5, 1928, S. 327–352.

40 (= II) Zu Dürers Kleiner Passion, in: Die Christliche Kunst 25, 1928–1929, S. 314–318.

41 Zur Geschichte des Bamberger Domschatzes, in: Münchner Jahrbuch der bildenden Kunst 6, 1929, S. 276–281.

42 (= III) Zur Sinnesdeutung der Ährenmadonna, in: Die Christliche Kunst 26, 1929–1930, S. 97–112.

43 Über einige Kleinplastiken, in: Belvedere 17, 1930, S. 99–111.

44 Kunstgewerbe und Plastik in der Sammlung Rohoncz, in: Belvedere 18, 1931, S. 22–28.

45 Die Sammlung Rohoncz, Erwiderung und Nachtrag, in: Belvedere 18, 1931, S. 182–183.

46 Peter Vischer-Probleme, in: Münchner Jahrbuch der bildenden Kunst 8, 1931, S. 133–155.

47 Die Beschau in den kunsthistorisch beachtlichen deutschen Gewerben, in: Münchner Jahrbuch der bildenden Kunst 8, 1931, S. 304–321.

48 (Zusammen mit Philipp Maria Halm) Das Hallesche Heiltum, Man. Aschaffenb. 14, Berlin (Deutscher Verein für Kunstwissenschaft) 1931, 74 S., 180 Tafeln.

49 Eine Martyrienfolge von Paulus van Vianen, in: Oud Holland 49, 1932, S. 33–46.

50 (= IV) Das Urteil des Pilatus, in: Die Christliche Kunst 30, 1933–1934, S. 128–147.

51 Niederländische Plaketten, in: Oud Holland 51, 1934, S. 171–175, 228–230 und 255–260.

52 Der Erzgießer Caspar Dietrich in Ingolstadt, in: Sammelblatt des Historischen Vereins Ingolstadt 53, 1934, S. 3–17; dasselbe in: Ingolstädter Heimatgeschichte, 1934, Nr. 11, 12, 13.

53 Italian Drawings for Jewelry, 1700–1875. An Introduction to an Exhibition at the Cooper Union Museum for the Arts of Decoration, New York 1940, 12 S.

54 The Christmas Crib. An Introduction to an Exhibition at Christmas 1940, Brooklyn N.Y. 1940, 12 S.

55 The Stage Designs of the Cooper Union Museum, in: Chronicle of the Museum for Arts of Decoration of the Cooper Union 1, 1941, S. 285–320.

56 (= V) The Freedom of Medieval Art, in: Gazette des Beaux-Arts VI/28, 1945, S. 263–288.

57 The Origins of the Crèche, in: Gazette des Beaux-Arts VI/30, 1946, S. 249–278.

58 Two Robert Adam Drawings in America, in: American Collector 16, 1947, S. 6–7.

59 Exhibition: Textile Panorama, in: Museum Notes, Museum of Art, Rhode Island School of Design 5/2, 1947, S. 1.

60 A Consular Gift Box about 450 A.D, in: Museum Notes, Museum of Art, Rhode Island School of Design 7/4, 1950, S. 1–3.

61 Arnolfo di Cambio's praesepe, in: Beiträge für Georg Swarzenski zum 11. Januar 1951, Berlin (Gebr. Mann) 1951, S. 51–56.

62 Two Contributions to the Criticism of Drawings Related to Decorative Art, in: The Art Bulletin 33, 1951, S. 51–55.

63 Intemperance. A Romanesque Sculptured Corbel, in: Museum Notes, Museum of Art, Rhode Island School of Design 9/1, 1951, S. 1–3.

64 A Palestinian Reliquary Cross of about 590, in: Museum Notes, Museum of Art, Rhode Island School of Design 9/3, 1952, S. 1–4.

65 Johann Adolf Gaap. Fragmente zur Biographie eines deutsch-italienischen Metallkünstlers, in: Münchner Jahrbuch der bildenden Kunst 3–4, 1952–1953, S. 233–252.

66 (= VI) A Relief of the Nativity and a Group from an Adoration of the Magi, in: The Art Bulletin 35, 1953, S. 145–149.

67 (= VII) »God is Love«, in: Gazette des Beaux-Arts VI/42, 1953, S. 9–26; dasselbe in: Essays in Honour of Hans Tietze 1880–1954, New York 1958, S. 142–160.

68 A Powder Tester of the Sixteenth Century, in: Museum Notes, Museum of Art, Rhode Island School of Design 10/3, 1953, S. 1–2 und 4.

69 Approviazione dei Presepi Natalizi del Padre Claudio Acquaviva, Generale della Compagnia di Gesù, nel 1592, in: Il Presepio, Bollettino dell'Associazione Italiana Amici del Presepio 2/4, 1954.

70 Die Weihnachtskrippe, München (Prestel) 1955, 244 S., 98 Abb. – Rez. von: Leopold D. Ettlinger, in: Burlington Magazine 99, 1957, S. 166–167; Albert Walzer, in: Schwäbische Heimat 7, 1956, S. 251–252.

71 (= IX) Arma Christi, in: Münchner Jahrbuch der bildenden Kunst 3. Folge, 6, 1955, S. 35–152.

72 (= VIII) Zwei ungewohnte Darstellungen des Gekreuzigten, in: Bayerisches Jahrbuch für Volkskunde 1956, S. 60–63.

73 (= X) Bemerkungen zu einigen Darstellungen des Erlösers als Schmerzensmann, in: Das Münster 9, 1956, S. 97–117.

74 Le sedie settecentesche della statua di S. Pietro nella Basilica Vaticana, in: Studi Romani 4, 1956, S. 301–307.

75 (= XII) Raphaels Sixtinische Madonna als religiöses Kunstwerk, in: Das Münster 11, 1958, S. 85–102.

76 (= XI) »Der Logos am Kreuz«, in: Das Münster 11, 1958, S. 177–180 [zugleich Rezension des gleichnamigen Buches von Aloys Grillmaier].

77 Zeichnungen von Carlo und Filippo Marchionni. Ein Beitrag zur Kunst- und Kulturgeschichte Roms im 18. Jahrhundert, in: Münchner Jahrbuch der bildenden Kunst 9–10, 1958–1959, S. 267–396.

78 (= XIII) Ein Beitrag zur Ikonographie der Christusdarstellungen, in: Das Münster 14, 1961, S. 89–103.

79 A Coptic Tapestry of Byzantine Style, in: Textile-Museum-Journal 1/1, 1962, S. 3–22.

80 Horsemen in Tapestry Roundels Found in Egypt, in: Textile-Museum-Journal 1/2, 1963, S. 39–54.

81 Tapestries from Egypt Influenced by Theatrical Performances, in: Textile-Museum-Journal 1/3, 1964, S. 35–48.

82 Moden in Rom im späten 18. Jahrhundert, in: Waffen- und Kostümkunde 6, 1964, S. 1–17.

83 Zwei kleine Beiträge zur Geschichte der Weihnachtsfeier, in: Die Weihnachts-Krippe, Jahrbuch der Krippenfreunde in Rheinland und Westfalen 31, 1964, S. 49–51.

84 Die kunstgeschichtliche Bedeutung einiger Kleisterfarbenpapiere, in: Anzeiger des Germanischen Nationalmuseums Nürnberg 1964, S. 106–122.

85 Einige Altarentwürfe des römischen Architekten Giuseppe Barberi (1746–1809), in: Studien zur Geschichte der europäischen Plastik, Festschrift Theodor Müller, München (Hirmer) 1965, S. 317–321.

86 Zeichnungen des römischen Architekten Giuseppe Barberi, T. I, in: Münchner Jahrbuch der bildenden Kunst 16, 1965, S. 165–216.

87 Zeichnungen des römischen Architekten Giuseppe Barberi, T. II, in: Münchner Jahrbuch der bildenden Kunst 17, 1966, S. 201–213.

88 Remarks on some Tapestries from Egypt, in: Textile-Museum-Journal 1/4, 1965, S. 20–41.

89 More about the Developing Islamic Style in Tapestries, in: Textile-Museum-Journal, 2/1 1966, S. 3–14.

90 (= XIV) Die Rechtfertigung des Menschen, in: Das Münster 20, 1967, S. 227–238.

Rezensionen

91 Otto Pelka: Elfenbein, Berlin 1920, in: Monatshefte für Kunstwissenschaft 14, 1921, S. 154–156.

92 Werner Grote-Hasenbalg: Der Orientteppich. Seine Geschichte und seine Kultur, 3 Bde., Berlin (Scarabäus) 1922, in: Monatshefte für Kunstwissenschaft 15, 1922, S. 311–313 und in: Cicerone 15, 1923, S. 398–399.

93 Wilhelm v. Bode und Ernst Kühnel: Vorderasiatische Knüpfteppiche aus älterer Zeit, Dritte verbesserte und vermehrte Auflage, Leipzig (Klinkhardt & Biermann) o. J. (Monographien des Kunstgewerbes), in: Monatshefte für Kunstwissenschaft 15, 1922, S. 313–315.

94 Joseph Braun SJ: Liturgisches Handlexikon, Regensburg (Kösel & Pustet) 1922, in: Cicerone 15, 1923, S. 440.

95 Albert von Le Coq: Die buddhistische Spätantike in Mittelasien. Zweiter Teil. Die manichäischen Miniaturen. Ergebnisse der kgl. Preußischen Turfan-Expeditionen, Berlin (Reimer) 1923, in: Cicerone 16, 1924, S. 878–879.

96 Oskar Wulff und Michail Alpatoff: Denkmäler der Ikonenmalerei in kunstgeschichtlicher Folge, Hellerau bei Dresden (Avalun) 1925, in: Deutsche Literaturzeitung 47, 1926, Sp. 2523–2525.

97 Simon Meller: Peter Vischer der Ältere und seine Werkstatt, Leipzig (Insel) 1925, in: Cicerone, Sonderheft 1927, S. 8–9.

98 Oskar Wulff und Walther Fr. Volbach: Spätantike und koptische Stoffe aus ägyptischen Grabfunden in den Staatlichen Museen Kaiser-Friedrich-Museum/ Ägyptisches Museum, Schliemann-Sammlung, Berlin (Wasmuth) 1926, in: Deutsche Literaturzeitung 48, 1927, Sp. 2107–2110.

99 Arvid Julius: Jean Cavalier och några andra elfenbenssnidare. Studier i elfenbenplastik i Sverige, Uppsala und Stockholm (Almquist & Wiksell) 1926, in: Deutsche Literaturzeitung 48, 1927, Sp. 2356–2358.

100 Simon Meller: Die deutschen Bronzestatuetten der Renaissance, München (Kurt Wolff) 1926, in: Deutsche Literaturzeitung 48, 1927, Sp. 2505–2508.

101 Ernst F. Bange: Peter Flötner, Leipzig (Klinkhardt & Biermann) 1926 (Meister der Graphik XIV), in: Repertorium für Kunstwissenschaft 50, 1929, S. 146–148.

102 Friedrich Sarre: Islamische Bucheinbände, Berlin (Scarabäus) 1923 und: Emil Gratzl: Islamische Bucheinbände des 14. bis 19. Jahrhunderts aus den Handschriften der bayerischen Staatsbibliothek ausgewählt und beschrieben, Leipzig (Hiersemann) 1924, in: Repertorium für Kunstwissenschaft 50, 1929, S. 84–85.

103 G. Arnaud d'Agnel und Léopold Dor: Noël en Provence, usages, crèches, santons, noëls, pastorales, Paris (Occitania), Marseille (Tacussel), Aix-en-Provence (Bastidon) 1927, in: Die Christliche Kunst 26, 1929–1930, S. 159–160.

104 Ernst Kühnel: Islamische Stoffe aus ägyptischen Gräbern in der islamischen Kunstabteilung und in der Stoffsammlung des Schloßmuseums, Berlin (Wasmuth) 1927, in: Deutsche Literaturzeitung 51, 1930, Sp. 1760–1761.

105 Friedrich Buchholz: Protestantismus und Kunst im sechzehnten Jahrhundert, Leipzig (Dieterich'sche Verlagsbuchhandlung) 1928 (Studien über Christliche Denkmäler 17), in: Die Christliche Kunst 27, 1930–1931, S. 94–95.

106 Christian Scherer: Die Braunschweiger Elfenbeinsammlung. Katalog der Elfenbein-Bildwerke des Herzog Anton Ulrich-Museums in Braunschweig, Leipzig (Hiersemann) 1931, in: Deutsche Literaturzeitung 53, 1932, Sp. 507–510.

107 Jean J. Marquet de Vasselot: Les crosses limousines du XIIIe siécle, Paris (Firmin-Didot) 1941, in: The Art Bulletin 33, 1951, S. 276–278.

Abkürzungen

a.a.O.	am angegebenen Ort
A.D.	Anno Domini, nach Christi Geburt
a.D.	außer Dienst
AASS	Acta Sanctorum, ed. Bollandus etc., Antwerpen etc. 1643ff. usw.
Abb.	Abbildung
Abt.	Abteilung
Act	Acta Apostolorum, Apostelgeschichte
AdB	Allgemeine deutsche Biographie, 55 Bde., Leipzig 1875–1910
Anm.	Anmerkung
Apc	Apokalypse, Offenbarung des Johannes
B.	Bartsch, Adam: Le Peintre-graveur, 21 Bde., Leipzig 1803–21
B.	Beato, Beata
B.C.	before Christ, vor Christus
Bd.	Band
bes.	besonders
bibl.	biblicus, biblicum
Bibl.	Bibliothek, bibliothèque, bilbiot(h)eca
Bodl.	Bodleianus
Brit.	British
Bull.	Bulletin
cap.	capitulum
Cart.	Cartusianus, Karthäuser
cf.	confer, vergleiche
Cgm	Codex germanicus monacensis der Bayerischen Staatsbibliothek München
ch.	chapter
Clm	Codex latinus monacensis der Bayerischen Staatsbibliothek München
cod.	codex
Col	Briefe Pauli an die Kolosser
col.	columna(e), Spalte(n)
Cor	Briefe Pauli an die Korinther
CSEL	Corpus Scriptorum Ecclesiasticorum Latinorum
Ct	Canticum Canticorum, Hohelied
D.	Campbell Dodgson: English Woodcuts of the XVth Cent., Straßburg 1936
d.Ä.	der Ältere
d.h.	das heißt
d.J.	der Jüngere
DAC	Dictionnaire d'Archéologie Chrétienne et de Liturgie
ders.	derselbe
disp.	disputatio
Diss.	Dissertation
Dn	Daniel
Dt	Deuteronomium, 5. Buch Mose
E.	Ende
e.g.	exempli gratia, beispielsweise
ebd.	ebenda, a.a.O.
ed.	edition, edited, editor
ehem.	ehemals, ehemalig (e/r)
ep., Ep.	epistula, Epistel
Eph	Brief Pauli an die Epheser
etc.	et cetera
Ev.	Evangelist, Evangelium
Ex	Exodus, 2. Buch Mose
Ez	Ezechiel
f.	die folgende Seite
f.	für
ff.	die folgenden Seiten
fig.	figure, Abbildung
fol.	folio
G.	Max Geisberg: Israhel v. Meckenem
Gal	Brief Pauli an die Galater
Gaz.	Gazette
geb.	geboren
Gn	Genesis, 1. Buch Mose
gr.	grecus/greca
Gr.	Große, Größe
H.	Hälfte, Heft
h.	heigth, hoch
Hain	Hain, L.: Repertorium bibliographicum, Stuttgart 1826ff.
Hall.	Hallesches
Hbr	Brief Pauli an die Hebräer
Heilt.	Heiltum
Heitz	Paul Heitz: Die Einblattdrucke
Hg.	Herausgeber
hg.	herausgegeben
hl., Hl.	heilige(r), Heilige(r)
Hom.	homilia, Homilie
Ier	Buch Jeremias
Inc.	Incunabula
inv., Inv.	Inventar, inventaire, inventory, inventario
Io	Johannes-Evangelium und Briefe
Iob	Buch Hiob
Is	Buch Jesajas
Jb.	Jahrbuch
Jh.	Jahrhundert(e)
K.	Königlich(e/er)
Kap.	Kapitel
Kat.	Katalog
Kr.	Kreis
L., Lehrs	Max Lehrs: Geschichte und kritischer Kat. des deutschen, niederländischen und französischen Kupferstiches im XV. Jh., Wien 1908–1934
Lam	Lamentationes, Klagelieder Jeremiae, Threni
lat.	latinus
Lc	Lukas-Evangelium

Lev	Leviticus, 3. Buch Mose
li.	links
lib.	liber
Libr.	Library
Lit.	Literatur
M.	Monsieur
m.E.	meines Erachtens
Mag.	Magazine
Mansi	Mansi, J.D.: Sacrorum conciliorum nova et amplissima collectio, 31 Bde., Venedig und Florenz 1757–98, Neudruck Paris 1899–1927
Mc	Markus-Evangelium
med.	meditatio
Mém.	Mémoire(s)
MG SS	Monumenta Germaniae Historica, Scriptores
Mr.	Mister
ms.	manuscrit, manuscriptum
Msc.	Manuscriptum
Mt	Matthäus-Evangelium
Mus.	Museum
n.	note, Anmerkung
N.F.	Neue Folge
Nat.	National-, Nationale
Nm	Numeri, 4. Buch Mose
no.	numero
Nr.	Nummer
O.A.	Oberamt
op. cit.	opus citatum, am angegebenen Ort
op.	opus, Werk
opp.	opera, Werke
Os	Buch Oseas
OSB	Ordo Sancti Benedicti
OV	Rudolf Berliner: Die Ornamentalen Vorlage-Blätter (Bibl. Nr. 30)
Oxf.	Oxfordiensis
p.	page, pagina, pars
P.	Passavant, Johann-David: Le Peintre-graveur, 6 Bde., Leipzig 1860–64
par.	parisinus, Pariser
PG	Migne, J. P.: Patrologia Graeca, 166 Bde., Paris 1857–66
PL	Migne, J. P.: Patrologia Latina, 217+4 Bde., Paris 1844–55 und 1862–64
pl.	plate(s)
pp.	pages, paginae
Ps	Psalm
Ps.	Pseudo
Pt	Petrus, Brief(e) des
publ.	published, publication
qu.	quaestio
r	recto
re.	rechts
Reg.-Bez.	Regierungs-Bezirk
repr.	reproduziert, reproduction
repr., Repr.	reprinted, Reprint

rez., Rez.	rezensiert, Rezension
Rm	Briefe Pauli an die Römer
s.	siehe
S.	Seite, San
s.a.	sine anno, ohne Jahr
s.l.	sine loco, ohne Ort
s.o.	siehe oben
s.u.	siehe unten
saec	saeculum, Jahrhundert
Schr.	Walter L. Schreiber: Handbuch der Holz- und Metallschnitte des XV. Jahrhunderts, 8 Bde., Leipzig 1926–30
sect.	sectio
ser.	series
Sir	Buch Sirach
SJ	Societas Jesu
Slg.	Sammlung
Soc.	Society, Société, Società
sog.	sogenannte(r)
Sp.	Spalte
SS	Saints, Sacrosanto, Sanctorum, Scriptores
St.	Sankt, Saint
symb.	symbolicus, symbolum
T.	Teil, Tafel
Taf.	Tafel
theol.	theologicus
Tim	Briefe Pauli an Timotheus
Tit	Brief Pauli an Titus
tr.	tractatus
u.	und, unten
u.a.	unter anderem; und anderenorts; und andere
usw.	und so weiter
v	verso
v.	verse, von
vat.	vaticanus
vgl.	vergleiche
vindobon.	vindobonensis, Wiener
vol.	volume, Band
w.	width, breit
WK	Rudolf Berliner: Die Weihnachtskrippe, München (Bibl. Nr. 70)
z.B.	zum Beispiel
z.T.	zum Teil
Za	Buch Zacharias
Zs.	Zeitschrift

Register

T

Reinhart Strecke

Romanische Kunst und epische Lebensform

Das Weltgericht von Sainte-Foy in Conques-en-Rouergue

Ausgangspunkt der Untersuchung ist die von Willibald Sauerländer am Beispiel des Tympanons von Conques aufgeworfene Frage, inwieweit für das Verständnis dieser Kunst die Bezeichnung romanisch noch aufschlußreich ist. Die Analyse der Gesamtkomposition und Szenen verdeutlicht, in welchem Maße hier Anliegen der zeitgenössischen Gottesfriedensbewegung bestimmend wurden. Die politische und soziale Brisanz der Thematik wäre demnach aus der besonderen Situation ihres konkreten Entstehungszusammenhangs im Südwesten Frankreichs zu erklären, für den bis ins 11. Jahrhundert das Fehlen einer anerkannten obersten politischen Macht kennzeichnend war. Den Auswüchsen der Feudalanarchie wird das Bild einer alle sozialen Gruppen integrierenden Lebensordnung gegenübergestellt, die exemplarisch qua Pilgerwegung und Reliquienverehrung erfahrbar wird und für die künftig die projektierte Annäherung von Held und Heiligem einsteht. Erst in dieser komplexen Kausalität wird die erbauliche Funktion christlicher Kunst wieder faßbar. Die Realität auch des Niedrigen, Häßlichen und Grausigen in ihrer alltäglichen Präsenz wird darstellbar und darstellungswürdig. Eine von der antiken Wirklichkeitsauffassung differierende Ästhetik zeichnet sich ab.

2002, Broschur,
105 Seiten, 24 Schwarzweißabbildungen
ISBN 3-931836-84-3 € 16,90

Frank Matthias Kammel

Kunst in Erfurt 1300–1360

Studien zu Skulptur und Tafelmalerei

Erfurt gehörte im Spätmittelalter zu den bedeutendsten deutschen Städten. Im 14. Jahrhundert befand sich die Kommune sowohl ökonomisch als auch politisch auf dem Gipfelpunkt ihrer Macht. Ihr ungewöhnlicher Kirchenreichtum war sprichwörtlich, und für die bildenden Künste war jenes Säkulum eine nie wieder erreichte Blütezeit.

Während die ältere kunstgeschichtliche Forschung vor allem der zweiten Hälfte des 14. Jahrhunderts besondere Aufmerksamkeit schenkte, wird nun die bisher weitgehend unterbewertete Periode zwischen 1300 und 1360 genauer untersucht. Im Mittelpunkt stehen die erhaltenen Werke der Skulptur und der Tafelmalerei, die im Kontext von Wand-, Buch- und Glasmalerei sowie vor der Folie der historischen Entwicklung der Kommune und kulturgeschichtlicher Phänomene der Zeit betrachtet werden. Herkunft, Bedeutung und die Funktion von Bildern sind dabei ebenso auf den Prüfstand gestellt wie die Intentionen unterschiedlichster Auftraggeber. Stärker als bisher tritt Erfurt daher als frühes und hochrangiges Zentrum spätmittelalterlicher kommunaler Kunstproduktion und Bildkommunikation hervor.

2000, Broschur,
409 Seiten, 123 Schwarzweißabbildungen
ISBN 3-931836-24-X € 50,–

Lukas Verlag
für Kunst- und Geistesgeschichte
Kollwitzstraße 57
D-10405 Berlin
Tel. +49 (30) 44049220
Fax +49 (30) 4428177
E-Mail lukas.verlag@t-online.de
Internet http://www.lukasverlag.com

Robert Suckale

Das mittelalterliche Bild als Zeitzeuge

Sechs Studien

Die Kunst des Mittelalters verstand sich nicht als autonom, und doch besaßen die Künstler mehr Freiheit als in späteren Epochen; die Rolle und das Ansehen des Bildes waren vielfältig und wechselten oft; die Breite der Aufgaben und die Unterschiedlichkeit der Adressaten sind für uns schwer begreifbar. Es ist kaum möglich, mit unserem rationalistischen Begriffsdenken dem mittelalterlichen Bild gerecht zu werden, seiner Vielfalt und Funktionsmischung, seiner Verbindung des Populären und des Hochintellektuellen. Welche Rolle es in seiner Zeit einnahm und wie es die Wirklichkeit seines historischen Umfeldes erfahrbar macht, ist freilich nur im Konkreten zu klären. Deshalb sind die genaue Datierung und Lokalisierung von besonderem Gewicht, ebenso das künstlerische und geschichtliche Verständnis der Entstehungs- und Wirkungsbedingungen.
Die sechs Studien des Kunsthistorikers Robert Suckale kreisen um das Problem des Verhältnisses von Datierung und (Vor-)Verständnis. Die umfangreichste über die Tafel des Jüngsten Gerichts aus dem Kanonissenstift S. Maria di Campo Marzio in Rom als ein Zeugnis der Kirchenreformbewegung des 11. Jahrhunderts wird hier erstmals vorgelegt. Die übrigen fünf Aufsätze sind Fallstudien zu Problemen der Skulptur im 13. und 14. Jahrhundert.

2002, Broschur,
273 Seiten, 114 Schwarzweiß- und 9 Farbabbildungen
ISBN 3-931836-70-3 € 36,–

Lukas Verlag
für Kunst- und Geistesgeschichte
Kollwitzstraße 57
D–10405 Berlin
Tel. +49 (30) 44049220
Fax +49 (30) 4428177
E-Mail lukas.verlag@t-online.de
Internet http://www.lukasverlag.com